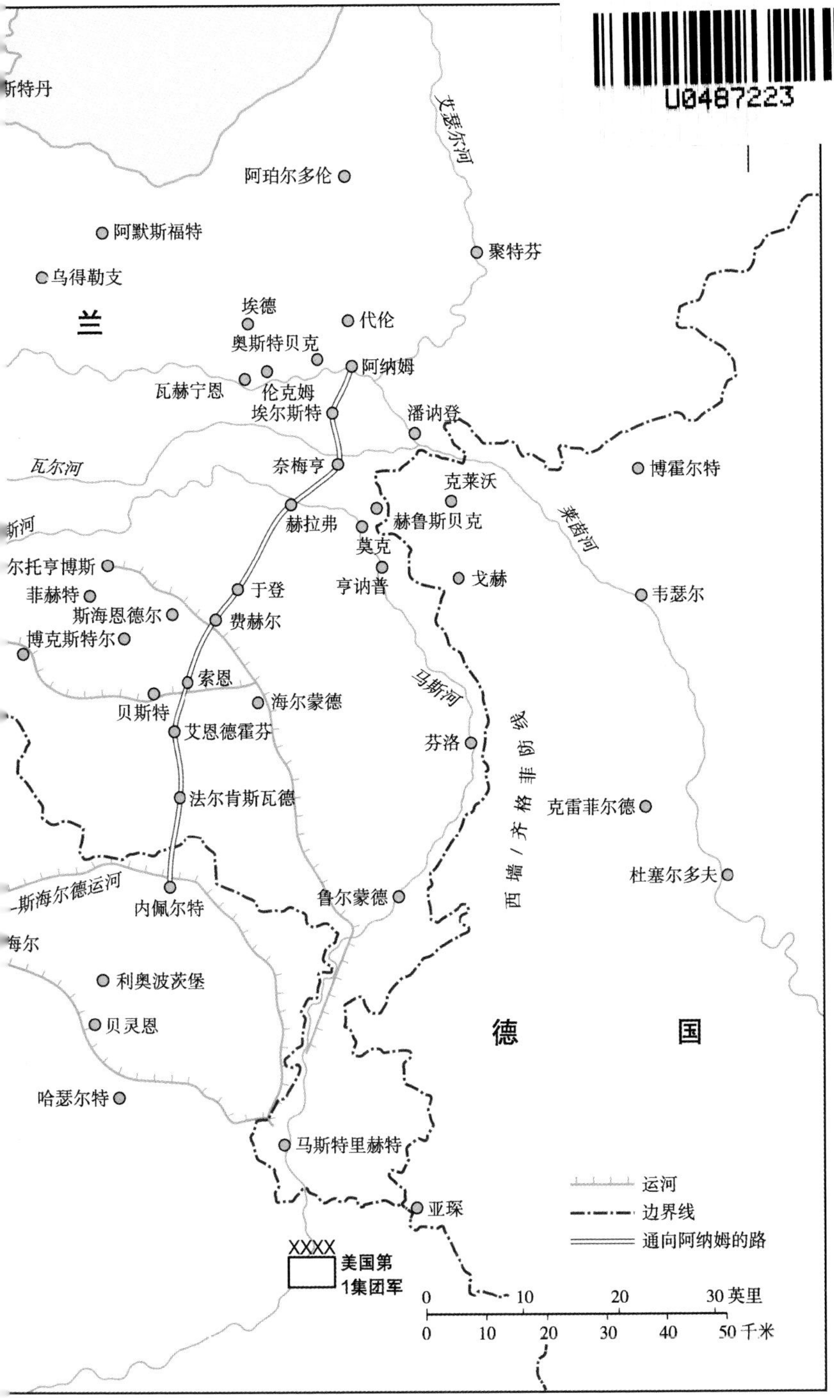
斯特丹
艾瑟尔河
阿珀尔多伦
阿默斯福特
乌得勒支
聚特芬
兰
埃德
代伦
奥斯特贝克
阿纳姆
瓦赫宁恩
伦克姆
埃尔斯特
潘讷登
瓦尔河
奈梅亨
博霍尔特
克莱沃
斯河
赫拉弗
赫鲁斯贝克
莱茵河
莫克
尔托亨博斯
亨讷普
戈赫
菲赫特
于登
韦瑟尔
斯海恩德尔
费赫尔
博克斯特尔
索恩
海尔蒙德
马斯河
贝斯特
艾恩德霍芬
芬洛
西墙／齐格菲防线
法尔肯斯瓦德
克雷菲尔德
杜塞尔多夫
-斯海尔德运河
内佩尔特
鲁尔蒙德
海尔
利奥波茨堡
贝灵恩
德
国
哈瑟尔特
马斯特里赫特
运河
边界线
亚琛
通向阿纳姆的路
XXXX
美国第
1集团军
0
10
20
30 英里
0
10
20
30
40
50 千米

让 我 们 一 起 追 寻

THE BATTLE FOR THE BRIDGES, 1944

安东尼·比弗作品集

II

[英]安东尼·比弗 — 著
石迪 — 译　　董旻杰 — 校

Arnhem: The Battle for the Bridges, 1944 © Ocito, 2018
Simplified Chinese edition copyright © 2023 by Social Sciences Academic Press (China)
封底有甲骨文防伪标签者为正版授权

阿纳姆战役

市场花园行动,1944

ANTONY BEEVOR

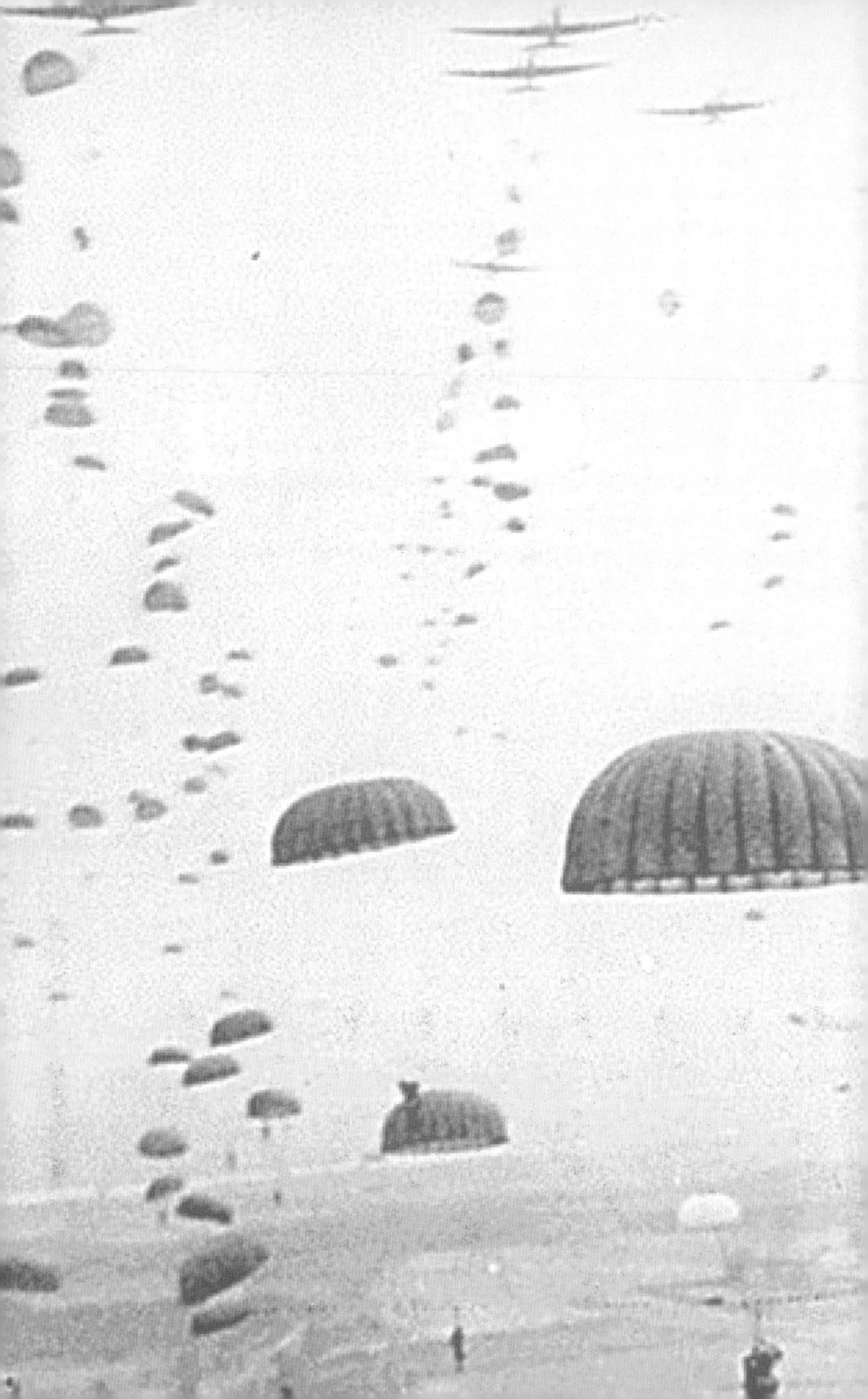

本书获誉

安东尼·比弗展示了一名狂妄自大的指挥官是如何通过对下属灾难般的指挥而摧毁一支军队的。这不是一个英雄的故事,尽管英雄们在场。这是一个关于战争的丑陋的故事……在再现令人眼花缭乱的战争喧嚣方面,没有人能与比弗相比。

——《泰晤士报》2018年年度历史图书

无论是对故事情节还是对素材都驾驭娴熟。美妙蕴藏在细节之中……

——基思·罗威(Keith Lowe),《文学评论》

比弗讲述了一个比他所谓的"英雄式失败的伟大神话"更为鲜活与复杂的故事,一个关于虚荣、傲慢、偶尔无能为力、人性脆弱,以及非凡勇气的故事……在他的笔下,《阿纳姆战役》成为一个研究民族性的切口。

——本·麦金泰尔(Ben Macintyre),《泰晤士报》

我们最伟大的二战编年史作家……在这个故事中,进军和反击的戏剧性,士兵和平民的勇气与怯懦,指挥官的愚蠢与虚荣尤其丰富,它们被绘声绘色、生动立体地展现出来。他的粉丝会喜欢的。

——罗伯特·福克斯(Robert Fox),《旗帜晚报》

比弗的作品注定会成为二战军事史上的经典之作……绝佳的配图使作战行动通俗易懂，而且作者清晰、明快的散文笔触使阅读变得有趣，令人受益匪浅。在写作中，比弗无缝地从战壕中的士兵视角切换到在总部指挥的将军视角，并平衡了包括德国和荷兰平民在内的所有参与者的观点。比弗的最新作品质量极佳，符合他一贯的卓越水准，是广大军事历史爱好者和二战历史专家的必读之作。

——《出版人周刊》

这部引人入胜的关于"市场花园"行动的新著，着眼于讲述我们期待从安东尼·比弗那里获知的细节……不过，这一次，他把自己作为军事历史学家的才华用在了一个事关战败而且愚蠢至极的题材上。

——《每日邮报》

非常棒的一本书，有孜孜不倦的研究和优美的行文，将长期是这一主题其他著作看齐的标准。

——索尔·大卫（Saul David），《每日电讯报》

我们这个时代最受欢迎的军事历史学家的另一部杰作。

——杰伊·埃尔维斯（Jay Elwes），
《展望杂志》（Prospect Magazine）

比弗像名法医般分析着这场灾难。军事历史爱好者们将陶醉在他细致入微的描写中，他将每一场小冲突置于恰当的位置上……尽管如此，比弗大量的研究还是为我们挖掘出许多宝藏，特别是他关于荷兰平民遭受苦难的描述，记录了这些荷兰人冒着掉脑袋的风险去照料受伤的盟军士兵。

——吉尔斯·米尔顿（Giles Milton），《星期日泰晤士报》

作为一名军事历史学家，比弗是一位技艺高超的大师……我们在这里得到了一个关于第二次世界大战中最惨痛经历之一的权威性描述。

——皮尔斯·保罗·里德（Piers Paul Read），
《平板》周刊（*The Tablet*）

这是一本极好的书……和伊恩·克肖（Ian Kershaw）一样，比弗有一种令人印象深刻的本领，能够将人物和事件置于历史的整体变迁中。

——《澳大利亚人报》（*The Australian*）

献给阿泰米斯

目　录

插图列表 ·· 001
示意图列表 ·· 005
术语表 ·· 007
军衔列表 ·· 011

第一章　追击开始！ ································ 001
第二章　"疯狂星期二" ······························ 012
第三章　盟军第1空降集团军 ························· 032
第四章　尘埃落定 ·································· 054
第五章　清算之日 ·································· 064
第六章　最后的修饰 ································ 079
第七章　9月16日，战斗前夜 ························· 091
第八章　9月17日，上午，空中进击 ··················· 103
第九章　9月17日，德军的反击 ······················· 127
第十章　9月17日，英军着陆 ························· 137
第十一章　9月17日，美军着陆 ······················· 152
第十二章　9月17~18日，阿纳姆的一昼夜 ············· 175
第十三章　9月18日，阿纳姆——第二次升空 ·········· 196
第十四章　9月18日，美国空降师和第30军 ············ 212
第十五章　9月19日，阿纳姆 ························· 236
第十六章　9月19日，奈梅亨和艾恩德霍芬 ············ 266

第十七章	9月20日，奈梅亨——渡过瓦尔河	285
第十八章	9月20日，阿纳姆大桥和奥斯特贝克	312
第十九章	9月21日，奈梅亨和"地狱之路"	338
第二十章	9月21日，奥斯特贝克	357
第二十一章	9月22日，黑色星期五	379
第二十二章	9月23日，星期六	402
第二十三章	9月24日，星期日	417
第二十四章	9月25日，"柏林"行动	437
第二十五章	9月26日，奥斯特贝克，阿纳姆，奈梅亨	455
第二十六章	1944年9月23日～11月，疏散并劫掠阿纳姆	469
第二十七章	1944年9～11月，"男人的小岛"	481
第二十八章	1944年11月～1945年5月，饥饿的严冬	496

注　释	519
参考文献	568
致　谢	575
索　引	580

插图列表

1 海军上将伯特伦·拉姆齐爵士与陆军元帅蒙哥马利（IWM B 10113）
2 位于阿纳姆的下莱茵河大桥
3 战前，来自荷兰民族社会主义运动的纳粹分子
4 新加入党卫军的年轻人
5 "男孩"布朗宁与波兰伞兵旅指挥官索萨博夫斯基少将
6 9月17日，维克托·格雷布纳获得骑士铁十字勋章
7 泽普·克拉夫特，第一批参战的党卫军指挥官
8 德军司令部筹划应对措施
9 （党卫军第9"霍亨施陶芬"装甲师的）瓦尔特·哈策尔
10 霍罗克斯、蒙哥马利和伯恩哈德亲王（IWM BU 766）
11 第101空降师马克斯韦尔·泰勒少将
12 第82空降师詹姆斯·加文准将
13 登上"斯特林"运输机之前的第21独立伞兵连空降先导员（IWM CL 1154）
14 第1空降师的滑翔机（IWM CL 1154）
15 荷兰上空的空中舰队
16 9月17日，阿纳姆西北方的滑翔机机降区（IWM BU 1163）
17 安东尼·麦考利夫准将与第101空降师的军官

18　9月17日，索恩西北方的第101空降师伞降区

19　英国伞兵和当地居民喝茶（IWM BU 1150）

20　一辆"谢尔曼-萤火虫"坦克从爱尔兰禁卫团坦克旁驶过（IWM BU 926）

21　第30军又一辆汽车在法尔肯斯瓦德南部遭到伏击（IWM B 10124A）

22　解放日狂欢中给同德国人上过床的荷兰女性剃头

23　骄傲的荷兰地下抵抗组织成员拿着从德国人手中缴获的武器

24　9月19日，艾恩德霍芬的围观人群

25　荷兰人用粉笔写下的感谢语让英国士兵大为吃惊

26　在索恩和圣乌登罗德之间受到欢迎的第101空降师

27　通过快速运输给克瑙斯特战斗群运送的德国坦克抵达

28　被英国第1空降师俘虏的党卫军官兵（IWM BU 1159）

29　德国炮兵迫使运输车队在"地狱之路"停下

30　英国皇家空军拍摄的一张照片显示了格雷布纳的侦察营残骸（IWM MH 2061）

31　卡特·特尔·霍斯特，"阿纳姆的天使"

32　"罗伊"·厄克特少将（IWM BU 1094）

33　9月19日，轻型炮兵团一门位于彼尔德伯格酒店以东的75毫米榴弹炮（IWM BU 1094）

34　9月19日，在奥斯特贝克北部参战的一名德国空军地勤人员

35　德国第280突击炮旅的一辆Stug Ⅲ自行突击炮

36　党卫军装甲掷弹兵在阿纳姆，周围是被遗弃的英军装备
37　被从圣伊丽莎白医院疏散的平民
38　由于恶劣的天气，波兰伞兵们再一次面临行动取消
39　阿纳姆大桥北边学校里的工兵和第3伞兵营被迫投降
40　第1营的伞兵们利用一处炮坑组织防御（IWM BU 1167）
41　9月21日，边民团第1营C连（IWM BU 1103）
42　冯·斯沃博达麾下高射炮旅的德国空军防空炮手
43　试图向英国皇家空军飞行员发出信号的绝望的伞兵（IWM BU 1119）
44　德赖延公路上的一辆党卫军"霍亨施陶芬"师半履带车
45　炮火下的美国伞兵
46　从斯洪奥德酒店被俘的士兵中尚能行动的伤员
47　布林克曼战斗群准备向南渡过下莱茵河前往贝蒂沃
48　贝蒂沃，一支由党卫军、德国陆军和德国空军士兵组成的混成部队
49　9月24日，德国人开始强制疏散阿纳姆及其周边地区
50　加拿大军队终于解放了已是一片废墟的阿纳姆（IWM BU 3510）
51　1944~1945年，饥饿的严冬中一名年轻受害者

插图致谢

本书大部分图片来自帝国战争博物馆（Imperial War Museum）以及罗伯特·沃斯奎尔（Robert Voskuil）和鲍勃·格里森（Bob Gerritsen）的私人收藏。其他图片来源分别为：图2，莱利斯塔德（Lelystad）机场；图3、26，WO2-NIOD图片库（Beeldbank WO2-NIOD）；图7，埃哈德·施密特（Ehrhard Schmidt）；图11、23、25、45、51，盖蒂图片社（Getty Images）；图15，国防部航空史馆（Air Historical Branch, Ministry of Defence）；图17，美国陆军军事史研究所（USAMHI）的S. L. A. 马歇尔藏品（S. L. A. Marshall Collection）；图18、24，卡雷尔·马格利藏品（Karel Margry Collection）；图22、36，科尼利厄斯·瑞恩（Cornelius Ryan）二战文集，此文集来自俄亥俄大学图书馆的马恩档案和特别收藏中心（Mahn Center for Archives and Special Collections）；图27，卡尔-海因茨·凯贝尔（Karl-Heinz Kaebel）；图38，伦敦波兰研究所和西科尔斯基博物馆（Polish Institute and Sikorski Museum）；图47，党卫军装甲军拉斯克（SS-PK Raske）；图49，玛利亚奥地利学院（Maria Austria Instituut）的塞姆·普雷瑟（Sem Presser）。出版商已竭尽所能查找版权，对于未明确版权的图片，欢迎提供归属信息，我们将尽力在再版中予以补充。

示意图列表

地图 1　1944 年 9 月 6~14 日，从布鲁塞尔进军 ………… 020
地图 2　1944 年 9 月 17~26 日，"市场花园"行动 ……… 047
地图 3　第 101 空降师的伞降区和机降区 ……………… 157
地图 4　第 82 空降师的伞降区 …………………………… 164
地图 5　1944 年 9 月 17~18 日，阿纳姆大桥 …………… 177
地图 6　1944 年 9 月 19 日，阿纳姆西部的战斗 ………… 237
地图 7　1944 年 9 月 19~20 日，第 1 空降师撤退至
　　　　奥斯特贝克 …………………………………… 246
地图 8　1944 年 9 月 20 日，夺取奈梅亨和瓦尔河的战斗
　　　　………………………………………………… 275
地图 9　1944 年 9 月 21~25 日，奥斯特贝克防御圈 …… 328
地图 10　1944 年 9 月，德国人对"地狱之路"的反击 …… 351
地图 11　1944 年 9 月 21~25 日，"小岛"（贝蒂沃）…… 482
地图 12　饥饿的严冬 ……………………………………… 505

主要军事标识

	盟军		德军
×××××	集团军群司令部	×××××	集团军群司令部
××××	集团军	×××	装甲军
×××	装甲/步兵军	⊠	步兵师

续表

盟军		德军	
装甲师 symbol	装甲师	伞兵师 symbol	伞兵师
步兵师 symbol	步兵师	伞兵团 symbol	伞兵团
步兵旅 symbol	步兵旅	装甲师 symbol	装甲师
步兵团 symbol	步兵团	装甲旅 symbol	装甲旅
空降师 symbol	空降师	工兵营 symbol	工兵营
伞兵团 symbol	伞兵团	高射炮旅 symbol	高射炮旅
伞兵营 symbol	伞兵营	炮兵团 symbol	炮兵团

术语表

Compo：战地组合口粮。英国陆军俚语，指罐装"复合"口粮。

Coup de main parties：突击队。这类部队往往乘滑翔机降落在离目标非常近的地方，以出其不意的方式夺取目标，如那些在诺曼底夺取飞马桥的部队。

Divers："Onderduikers"，字面意思为"潜水者"，指那些因躲避纳粹而进入隐藏状态的人，包括犹太人、逃跑的强制劳工以及逃亡的地下抵抗组织成员。

DZ：伞降区（空投场）。

Fallschirmjäger：隶属德国空军的德国伞兵。到1944年，参加过伞降行动（诸如1940年5月入侵荷兰、比利时和1941年5月入侵克里特岛）的德国伞兵已经所剩无几。大部分德国空军地勤人员于1944年转入了所谓的伞兵团和伞兵师。

Firing on fixed lines：沿固定弹道射击。可在白天对机枪进行特定设置，以便在之后的黑夜里以特定高度、特定方向沿固定弹道进行射击，覆盖敌人可能的行进路线。

Forward air controllers：前进航空控制员。无线电车辆中经过特殊训练的空军或陆军士官，通过无线电设备引导空袭行动。

Jedburgh teams：杰德堡小组。1944年，英国特别行动处与美国战略情报局合作，训练了一些小规模多国小组空降加入当地地下抵抗组织，以便在解放西欧时，在德军防线后方制造混乱。"市场花园"行动期间杰德堡小组被分散到各空降师，每个师均配备一名荷兰军官与当地抵抗组织联络，并组织他们支援盟军行动。

Kampfgruppe：战斗群。

KP（or LKP）："国家炮手"（Landelijke Knokploegen），是荷兰从事破坏行动的主要组织，人数在500~1000人。

Landser：对普通前线士兵的德语称呼。

LO：国家"潜水者"救援组织（Landelijke Organisatie voor Hulp aan Onderduikers），为隐藏状态中的人员提供帮助的中央政府组织。该组织通过虚假的或偷取的粮食簿帮助"潜水者"，并安排他们从荷兰出境。犹太人、被击落的盟军飞行员和从德国人手中逃离的地下抵抗组织成员在经由比利时和法国向西班牙逃亡的路上得到过他们的帮助。

LZ：机降区（空降场）。

MI9：军情九处，帮助战争中被俘人员或被困在敌军防线后方的人员转移的英国组织。

Micks：爱尔兰禁卫团士兵的昵称。

Moffen：德国佬，荷兰语中对德国人的蔑称，与"Krauts"类似。

Nebelwerfer：德军6管火箭炮，这种武器能发出高声的尖叫和嘶吼。这导致英国士兵将其称为"呻吟的米妮"（moaning meenie），美国人将其称为"嘶叫的米妮"（screaming meemie）。

NSB：荷兰民族社会主义运动（Nationaal-Socialistische Beweging）。

Oberst i. G.：得到总参谋部认证的上校军衔的参谋人员（Oberst im Generalstab）。

OD：治安队（Orde Dienst）。荷兰被盟军解放后，治安队的使命是为荷兰政府从伦敦返回做准备。该组织主要由1940年时原有行政部门中的军官和民政官组成，职责是搜集情报以及在权力真空期维持秩序。该组织的情报部门是荷兰特勤局（Geheim Dienst Nederland，GDN）。例如，在艾恩德霍芬，荷兰特勤局以当地博物馆为基地来迷惑来来往往的告密者。

Orders group：指令小组。英军术语，指由指挥官召集的会议，以发布作战命令和其他指示。

PAN：荷兰行动党（Partisanen Actie Nederland）。这是独立于"国家炮手"的另一个抵抗组织，从1944年3月开始在艾恩德霍芬及其周围地区变得尤为壮大。在必要时，它可以号召约600名年轻人采取行动。

PIAT：步兵反坦克抛射器。该抛射器是美军"巴祖卡"反坦克火箭筒在英军中的翻版，由弹簧弹射，只能将炸弹发射到100来米远的地方。

Polder：圩田，荷兰语中对低洼地带或田地的称呼，一般位于海平面以下，并由堤坝保护。

Reichsarbeitsdienst（RAD）：帝国劳工组织。

Royal Tiger：72吨重Ⅵ号"虎Ⅱ"坦克。该坦克被称为"虎王"（Königstiger），但常常被错误地译为"King Tiger"，而前者实际上指的是皇家虎或孟加拉虎（Royal or Bengal Tiger）。

RVV：抵抗委员会（Raad van Verzet），帮助"潜水者"并实施蓄意破坏行动。在"市场花园"行动期间，位于伦敦的流亡政府给予了抵抗委员会组织铁路罢工这样重要的任务，此次罢工令德国人恼羞成怒。

SD：党卫队保安局（Sicherheitsdienst），党卫队情报机构。在战争期间，该组织与盖世太保（秘密警察）和其他类似机构一道组成了帝国保安总局（Reich Main Security Office）。

Stick：伞兵分队，指一架飞机所装载的伞兵量，通常约为18人。

Stonk：英国军队俚语，意为迫击炮轰炸。

军衔列表

美军	英军	德国国防军		党卫军	
Private	Private/Trooper	Schütze	列兵	SS-Schütze	队员
Private First Class	Lance Corporal	Oberschütze	上等列兵	SS-Oberschütze	高级队员
		Gefreiter	二等兵	SS-Sturmmann/SS-Staffel-Sturmmann	突击队员
		Obergefreiter	一等兵	SS-Rottenführer	分队长
		Stabsgefreiter	上等兵		
Corporal/Technician Fifth Grade	Corporal	Unteroffizier	下士	SS-Unterscharführer	三级小队副
Sergeant/Technician Fourth Grade	Sergeant	Unterfeldwebel	中士	SS-Scharführer	三级小队长
Staff Sergeant/Technician Third Grade	Staff/Colour Sergeant	Feldwebel	上士	SS-Oberscharführer	二级小队长

续表

美军		英军		德国国防军		党卫军	
First Sergeant/Technical Sergeant	二级军士长/技术军士长	Regtl Quartermaster Sgt	军士长	Oberfeldwebel	军士长	SS-Hauptscharführer	一级小队长
Master Sergeant	一级军士长	Coy/Sqn Sergeant Major	连军士长	Hauptfeldwebel	连军士长		
		Regimental Sergeant Major	团军士长	Stabsfeldwebel	总军士长	SS-Sturmscharführer	突击队小队长
		Warrant Officer（Class Ⅱ）	二级准尉				
		Warrant Officer（Class Ⅰ）	一级准尉				
2nd Lieutenant	少尉	2nd Lieutenant	少尉	Leutnant	少尉	SS-Untersturmführer	三级突击队中队长
Lieutenant	中尉	Lieutenant	中尉	Oberleutnant	中尉	SS-Obersturmführer	二级突击队中队长
Captain	上尉	Captain	上尉	Hauptmann	上尉	SS-Hauptsturmführer	一级突击队中队长
Major	少校	Major	少校	Major	少校	SS-Sturmbannführer	三级突击队大队长
Lieutenant Colonel	中校	Lieutenant Colonel	中校	Oberstleutnant	中校	SS-Obersturmbannführer	一级突击队大队长
Colonel	上校	Colonel	上校	Oberst	上校	SS-Standartenführer	旗队长
Brigadier General	准将	Brigadier General	准将			SS-Oberführer	区队长
Major General	少将	Major General	少将	Generalmajor	少将	SS-Brigadeführer und Generalmajor der Waffen-SS	旅队长兼党卫军少将
Lieutenant General	中将	Lieutenant General	中将	Generalleutnant	中将	SS-Gruppenführer und Generalleutnart der Waffen-SS	地区总队长兼党卫军中将

续表

美军		英军		德国国防军		党卫军	
General	上将	General	上将	General der	兵种上将	SS-Obergruppenführer und General der Waffen-SS	全国副总指挥兼党卫军上将
				Generaloberst	大将	SS-Oberstgruppenführer und Generaloberst der Waffen-SS	全国总指挥兼党卫军大将
General of the Army	五星上将	Field Marshal	元帅	Generalfeldmarschall	陆军元帅		

表格说明：由于原作者的军衔对照表比较笼统和简单，为了让读者更清晰地了解二战时期各国陆军的军衔情况，本书重新制作了军衔对照表，并对此表做一些简单说明。各个国家的军衔体系都有各自的传承，在不同的层级上面各国都有符合各自国情的特色军衔，它们并不能完全相互对应起来，即便到了当代同样如此。这个军衔对照表是二战时期各国军人军衔的对照参考，因为各国的解读并不相同，所以彼此不能完全对等。比如德国陆军中没有准将军衔和大将，于是英美国家就把德军少将降了一等，以其少将军衔来对应自己的准将军衔（少将以上以此类推）。但德国的少将军衔级别分为五级，这是其他国家所不见的，因此长期以来德军士兵的将军，因此本书还是按照德国军队的习惯将其恢复。德国国防军士兵都有自己独立的名称，正式称谓中都带有兵种名，如步兵列兵（Schütze）、炮兵列兵（Kanonier）、装甲兵列兵（Panzerschütze）、骑兵列兵（Reiter）等，无法一一列出，为了行文方便本书只采用了数量最多最常见的步兵作为代表。党卫军是二战时期纳粹德国的特殊部队，其军衔体系和党卫队内部其他系统（主要是普通党卫队、党卫队机动部队、党卫队集中营骷髅部队、党卫队保安局）的军衔并不一样，又和国防军完全不同，因此本书采用的是党卫队武装党卫军，党卫军最终军衔。这套军衔的特色是终军的军衔称谓很冗长，因为从1940年开始，所有相当于陆军将军级别的党卫军军官同时获得了相应的陆军军衔，于是这批党卫军级别的陆军军衔就加上了"und"（陆军将军军衔）der Waffen-SS"。

下面表格表示，所列军衔在英国、加拿大和美国陆军中分别所指挥的分队（营以下）、中队（营或团）或编队（旅、师、军或军以上）。

军衔等级	英国和加拿大陆军	美国陆军	满编部队规模（近似人数）
下士	班	班	8
少尉/中尉	排	排	30
上尉/少校	连	连	120
中校	营或装甲团	营	700
上校		团	2400
准将	旅	战斗群	2400
少将	师	师	10000
中将	军	军	30000~40000
上将	集团军	集团军	70000~150000
元帅/五星上将	集团军群	集团军群	200000~350000

更为完整的战斗序列请参见网站：www.antonybeevor.com。

第一章　追击开始！

1944年8月27日星期日，这是诺曼底的一个完美夏日。在埃夫勒西南的圣桑福里安－德布吕耶尔（Saint-Symphorien-des-Bruyères），有人打着板球，单调的声音令人昏昏欲睡。毗邻的梨园里，参加完法莱斯（Falaise）包围战——诺曼底登陆战的高潮部分——的舍伍德义勇骑兵队（Sherwood Rangers Yeomanry）刚刚修理好他们的"谢尔曼"坦克。球板、木球、护垫以及柱门是他们用补给车偷偷运上岸的。一名球员写道："永远不要说我们是在毫无准备的情况下闯入这片大陆的。"[1]

一般而言，这个团①会提前24小时收到开拔的通知。但这次，午饭刚过他们就接到了1小时后出动的命令。坦克在70分钟内上路了，目标直指塞纳河。前一天，英军第一梯队——第43"威塞克斯"步兵师刚在韦尔农（Vernon）渡过塞纳河。英军非常嫉妒乔治·巴顿将军，他所率领的美国第3集团军领先英军6天渡过塞纳河，先胜了一筹。

8月29日，近百万人的盟军部队从塞纳河东岸桥头堡发起冲锋，直指比利时与德国边界。诺曼底战役终于打赢了，德军

---

① 此处原文如此。英军的"团"（regiment）在不同兵种中有不同的含义：步兵大多为"师—旅—营"三级指挥体制，"团"在其中作为行政管理单位出现；在骑兵、炮兵、装甲兵等兵种中，"团"则仍作为作战单位出现在战场上，实力与"营"相当。——译者注

陷入一片混乱的溃退当中。"沿着这些主要的补给线路，"一名美国军官在他的日记中写道，"你可以看到我们对敌军进行空袭的证据。一路上到处都是因遭到轰炸和扫射而扭曲变形、锈迹斑斑的卡车残骸。偶尔，也可以看见一辆运输汽油的槽罐车，鼓起的汽油罐子被烧得焦黑，就像一头腐烂肿胀的死牛；或者一列火车的残骸，上面满是鼓胀的油罐，以及损毁的车厢里扭曲的钢架。"[2]

对于英国骑兵团而言，追击正式开始。第30军指挥官布赖恩·霍罗克斯（Brian Horrocks）中将登上一辆指挥坦克的炮塔，义无反顾地加入了这场追击。"像这样打仗才会让我酣畅淋漓，"他后来写道，"又有谁不会呢？"禁卫装甲师①、第11装甲师和第8装甲旅驾着总数超过600辆的"谢尔曼"、"丘吉尔"和"克伦威尔"坦克迅速向前推进了80公里。"他们横扫敌人后方，"他补充道，"就像联合收割机穿过一片玉米地一样。"[3]

塞纳河和索姆河之间的乡间是一片"起伏的、开阔的田野，毫无阻碍且道路通畅"。[4]先前的危险地带——封闭的用树篱隔开的诺曼底牧草地和塌陷的道路已经被远远地甩在了身后。舍伍德骑兵们采用以前他们在北非战场上使用过的沙漠队形行军：一个"谢尔曼"坦克中队在正前方展开，团部紧随其后，然后另外两个坦克中队掩护侧翼。"在一个美好的早晨，以最快的速度穿越条件艰苦、视野开阔的乡野，"骑兵连的一位长官写道，"退一步讲，得知德国人正在逃跑也是很振奋人心的，每个人都打起了十二分精神。这几乎就像是在参加一场越野障碍赛。"[5]

---

① 禁卫装甲师于1941年6月17日组建，下辖掷弹兵禁卫团、冷溪禁卫团、苏格兰禁卫团、爱尔兰禁卫团、威尔士禁卫团和王室骑兵团。——译者注

当他们走近时，教堂的钟声响了起来。几乎所有的房子都以代表法国的红、白、蓝三色进行了装饰。村民们对没有遭到像诺曼底那样的毁灭感到大喜过望，正等着用美酒和水果迎接这些人的到来。胡子拉碴的地下抵抗组织的成员们戴着臂章，试图登上领头的汽车给大家带路。"猎鹿犬"（Staghound）装甲车上的一名禁卫装甲师参谋注意到，"他们兴高采烈地挥舞着各式各样且稀奇古怪的武器，完全不顾安危"。[6]

时不时就会有一辆坦克因燃料耗尽而趴在路边，直到团里的一辆3吨级运油车赶过来停在它的旁边，然后将提桶扔给站在引擎盖上的坦克车组成员。当先头部队赶上德军时，他们偶尔会和那些拒不投降的人发生短暂而激烈的交火。清除这些小股抵抗力量的行动被称作"去虱子"。[7]

8月30日下午，霍罗克斯觉得先头部队的推进仍然不够迅速。他命令绰号"皮普"的罗伯茨（"Pip" Roberts）少将派遣其第11装甲师务必于破晓前攻陷亚眠（Amiens）并夺取索姆河上的桥梁。尽管坦克手们在完成夺桥任务后已经精疲力竭，但他们还是成功赶在破晓时分用3吨级卡车运来了一个旅的步兵保卫这座小城。霍罗克斯紧随其后，并对罗伯茨取得胜利表示祝贺。在汇报完作战行动后，罗伯茨对他的军长说："将军，我有个惊喜要给您。"[8]一名身着黑色装甲兵制服的德国军官被带了上来。他胡子拉碴，大半个鼻子没了，面容十分可怕，那是第一次世界大战在他脸上留下的印记。霍罗克斯写道，罗伯茨"像极了一名农夫正骄傲地展示他获胜的公牛"。[9]他的战利品是德国第7集团军指挥官——装甲兵上将海因里希·埃伯巴赫（Heinrich Eberbach），其在床上被逮到。

* * *

9月1日，这一天是德国入侵波兰、开启第二次世界大战欧洲战场5周年的日子。一个有意思的巧合是，参与诺曼底战役的美英双方集团军群指挥官们碰巧都坐在各自的司令部里接受画像。自乔治·C. 巴顿将军成功控制住塞纳河以后，奥马尔·N. 布莱德雷（Omar N. Bradley）将军就沐浴在胜利的光辉之中。在沙特尔（Chartres）附近，昆斯伯里侯爵夫人凯瑟琳·曼（Cathleen Mann）此刻正在给他画像。在那个美好的日子，他们至少可以享受冰镇饮料。盟军统帅德怀特·D. 艾森豪威尔将军刚刚送给布莱德雷一个冰箱，里面附了一张纸条："该死的，每次去你司令部喝的都是温威士忌，我很厌烦。"[10]

英国陆军元帅伯纳德·蒙哥马利爵士正穿着他那标志性的灰色Polo衫、灯芯绒长裤，戴着黑色双徽章贝雷帽，坐在苏格兰肖像画家詹姆斯·冈恩（James Gunn）的面前。[11]他的作战指挥部和车队正驻扎在位于鲁昂和巴黎中间的当居庄园（Château de Dangu）。尽管那天早上蒙哥马利收到了晋升陆军元帅的祝贺信，但他的心情极差，以至于拒绝了与东道主当居公爵（duc de Dangu）以及地下抵抗组织成员会面。由于艾森豪威尔取代他担任了地面部队总司令，蒙哥马利希望在自己的领导下向德国北部发起联合进攻的计划化为泡影。布莱德雷变成了他的同僚，而不再是下属。在蒙哥马利看来，艾森豪威尔拒绝集中力量发起总攻简直是在将胜利拱手相让。

美军方面，高级军官对蒙哥马利的晋升更是感到愤怒。他被擢升为五星上将，而他的上级艾森豪威尔仍然只是个四星上将。巴顿——当时他的第3集团军已经逼近法国东部的凡尔登——那天给妻子写信说："（蒙哥马利）晋升陆军元帅一事让我们感到恶心，得此军衔的人应该是布莱德雷和我。"[12]甚至有很多英军高级将领认为,温斯顿·丘吉尔企图用向蒙蒂①和英国媒体大献殷勤的方式来掩饰蒙蒂明升暗降的事实是一个严重的错误。盟军海军总司令、海军上将伯特伦·拉姆齐爵士(Sir Bertram Ramsay)在他的日记中写道:"拔擢蒙蒂为陆军元帅,真是一件令人震惊的事情,我对此遗憾万分。我想这是首相一手操办的。真是愚蠢至极,我敢保证这是对艾森豪威尔和美国人最无礼的挑衅。"[13]

第二天,即9月2日星期六,巴顿、艾森豪威尔和美国第1集团军指挥官考特尼·H. 霍奇斯(Courtney H. Hodges)中将在布莱德雷的第12集团军群司令部会面,此刻昆斯伯里侯爵夫人已经收起了她的画笔。据布莱德雷的副官回忆,霍奇斯"像往常一样军容严整",而巴顿则"扣着黄铜纽扣,开着大车,花里胡哨的"。他们到这里来是要讨论进攻战略和关于后勤补给的重大问题。部队推进得出乎意料地迅速,这意味着连拥有强大军交运输能力的美国也无法满足需求。那天早上,巴顿向布莱德雷乞求道:"给我40万加仑汽油,我能在两天内把你弄到德国。"[14]

布莱德雷对此深表赞同,以至于他热心到支持把所有可用的飞机都用来继续为巴顿的第3集团军提供补给,反对率先进行空降行动,以加速盟军前进的步伐。巴顿渴望"如阪上走丸般地穿过齐格菲防线(Siegfried Line)"。[15]为此,他已经用抢来的香槟酒贿赂了运输机飞行员,但这还是不足以让他的愿望实现。艾森豪威尔拒绝做出让步。此刻,他还被蒙哥马利纠缠着,后者一心想获得补给,以支撑其向北部发起总攻的计划。

---

① 蒙哥马利的昵称。——译者注

盟军的外交政策要求最高指挥官尽可能地去平衡这两个集团军群的竞争性需求。这导致艾森豪威尔不得不采用"宽大正面战略"，反而让双方指挥官的要求都没能得到满足。① 艾森豪威尔的参谋长沃尔特·比德尔·史密斯（Walter Bedell Smith）中将在战后对蒙哥马利和布莱德雷的问题进行了评述。"真是令人瞠目结舌，"他说，"这就是优秀的指挥官们如何为了维护好他们不得不维护的公众形象而毁掉自己的！他们变得妄自尊大、爱慕虚荣。"甚至连看起来很谦逊的布莱德雷，"也在树立了一个公众形象后，而与我们产生了些摩擦"。[17]

随后发生的一次事故，让艾森豪威尔更加无法调和蒙哥马利与布莱德雷之间相左的战略。那天下午，在离开沙特尔附近的第12集团军群司令部后，艾森豪威尔飞回了位于诺曼底地区的大西洋海滨城市格朗维尔（Granville），他自己的司令部就设在那里。把司令部设在离迅速推进的战场前线如此之远的地方是一个巨大的失误。事实上，正如布莱德雷所指出的那样，如果艾森豪威尔当时留在了伦敦，或许还能更方便地与他人联络。在飞往格朗维尔的航程快要结束的时候，他乘坐的轻型飞机出现了发动机故障，飞行员不得不把飞机降落在海滩上。艾森豪威尔此前已经伤过一个膝盖了，现在为了帮助飞机在沙滩上掉头，他又磕伤了另一个膝盖。就在布莱德雷和蒙哥马利即将会面的当口，他腿上打着石膏，被迫卧床。有整整一周的时间，艾森豪威尔都动弹不得，而事实证明这恰恰是极为关键的一周。

---

① 艾森豪威尔的"宽大正面战略"（broad-front strategy）让德军最高统帅部（OKW）感到非常宽慰。"在德国人的观念里，"一位参谋写道，"为什么敌军没有集中兵力于一点，进行强行突破，仍是一个谜……相反，敌人在整个战线上将其部队以扇形展开倒是帮了德军指挥官一个大忙。"[16]——原注

* * *

9月2日,同一天晚上,霍罗克斯来到位于杜埃(Douai)的禁卫装甲师师部。令他感到懊恼的是,他当天就需要勒住自己部队的缰绳以支持对图尔奈(Tournai)的空降行动。然而,由于天气恶劣,加之美国第19军已经抵达预定的空降场,该行动在最后一刻被取消了。于是,霍罗克斯以一种极度夸张的姿态向聚集在一起的禁卫装甲师军官们宣布,明天的进攻目标定为大约110公里开外的布鲁塞尔。大家一阵欢呼雀跃。霍罗克斯同时命令罗伯茨的第11装甲师在"萨博"行动(Operation Sabot)中直取安特卫普(Antwerp)这一重要港口。

跑在威尔士禁卫团前面的,是位于右方的第2王室骑兵团的装甲车,以及位于左方的掷弹兵禁卫团装甲车。一名军官回忆道:"那时候,大家都按捺不住自己的争强好胜之心,没有什么可以阻挡我们。"对于这场比赛,大家都放手一搏,看谁能最先抵达布鲁塞尔。这场赌局的操盘手在早上6时大吼了一声:"押注完毕,买定离手!"[18]两股部队即刻开拔。几个小时后,预备队爱尔兰禁卫团也出发了。第2(装甲)营在他们的作战日志中记录道:"这是我们开过的最长一段距离,13个小时内行驶了82英里。"[19]但对某些部队而言,急速推进的过程并不是那么一帆风顺。掷弹兵禁卫团在一场与一队德国党卫军的恶战中损失了20多人。

那天晚上,禁卫装甲师在比利时首都布鲁塞尔的意外出现,引发了比解放巴黎时还要热闹的狂欢。"现在最主要的问题是聚集的人群",第2王室骑兵团一名军官记录道,他们的行军步伐不断被兴高采烈的比利时人打断,后者唱着"蒂珀雷里之歌",比画着代表胜利的V字手势,沿着街道挤出了一道

10多人厚的人墙。"另一个在被解放者中流行的习惯是,当那些汽车缓慢穿过人群时,人们在车身上写满表达欢迎的标语,"这位军官同时写道,"如果你停下车来,他们便蜂拥而上,在你的车上塞满水果、鲜花并献上美酒。"第2王室骑兵团和威尔士禁卫团"以微弱优势赢得了比赛",尽管"(穿过人群)是一项危险的任务——因为每每有人停下来问路,都会被从车里拽出来,然后被男男女女肆意地亲吻一番"。[20]

6　　德国军队仍然控制着比利时首都郊外的一座小型机场,并对王宫前面的公园进行了"五轮高强度轰炸",艾伦·阿代尔(Allan Adair)少将就在此处的帐篷里设立了他的战地指挥所。英军获得了比利时地下抵抗组织"白军"(Armée Blanche)的极大帮助,后者"被证明在围捕企图逃窜的德军散兵上发挥了巨大的作用"。[21]在没有亲吻解放者时,老百姓便对他们所能看到的每一名德军俘虏发出阵阵嘘声并施以拳脚。

许多英国士兵对在这里与在诺曼底所受待遇的鲜明反差感到震惊。在解放过程中,诺曼底的城镇和村庄遭到了可怕的摧毁,满目疮痍,因此他们在那里所受到的欢迎往往是半心半意的,并不真诚。"人们的穿着更为得体,"一名军官写道,"衣服样式似乎也更为丰富,每个人看起来都很干净健康。而法国人给人的印象则是每个人都穿着破衣烂衫,而且疲惫不堪。"[22]但是,表面上的相对繁荣可能是具有误导性的。德国占领者们为自己攫取了大量的食物、煤炭及其他资源,并且将超过50万比利时人掳走,让其充当德国工厂里的强制劳工。不过,比利时至少在盟军部队快速推进的过程中是受益了的。这使它免遭战争的破坏,并从德国国防军撤退前最后一刻的洗劫和惯用的焦土政策中逃脱。然而,由于东南方向上比利时地下抵抗组织对后撤德军发起的鲁莽进攻，党卫军对这一地区进行了残酷且不分青红皂白的报复行动。

德国人对当天盟军部队的推进速度感到震惊。一名士官①在他的日记中写道："这一事件超乎了所有人的预料，甚至让我们1940年夏天的'闪电战'都显得黯然失色。"[23] 富尔里德（Fullriede）中校记录下了"兵营里军官们的谈话。西线已经有消息了：敌人已进入比利时，并推进到了德国边境。罗马尼亚、保加利亚、斯洛伐克和芬兰正纷纷求和。就跟1918年一样"。[24] 其他人则主要在指责他们的首要盟友。"意大利人简直是罪大恶极。"[25] 奥斯卡·西格尔（Oskar Siegl）下士在家信中如此写道。同时，一些人拿意大利对德国的"背叛"与一战时奥地利的表现相提并论。在某些情况下，这引起了一种莫名其妙的自怜反应。"我们德国人在这个世界上只有敌人，人们不禁要问，为什么我们到处被人如此憎恨？没有哪个国家想了解我们。"[26]

盟军将领们也把此时与第一次世界大战的收尾阶段相提并论。他们如此乐观，以至于布莱德雷的第12集团军群司令部已经"为德国境内的军事行动"订购了多达25吨的地图。[27] 布莱德雷的副官切斯特·B. 汉森（Chester B. Hansen）也评论道："每人都像舞会前夕的青春少年那般兴奋。"[28] 在第12集团军群司令部，"目前我们讨论的每件事都被限定在'如果战争能持续那么久的话'这句话下"。[29]

他们彻底误判了上校克劳斯·申克·冯·施陶芬贝格伯爵

---

① 西方国家中，少尉及以上的军官由政府委任并授予军衔，而非任命军官（Non-commissioned Officer, NCO）由所服役部队或单位授予军衔，因此称之为非任命军官。NCO属于士兵序列，地位比普通士兵高，相当于我国的士官。——译者注

（Claus Schenk Graf von Stauffenberg）于7月20日对希特勒发动炸弹袭击的后果。盟军指挥官们认为，这一事件标志着德军瓦解的开始。事实上，施陶芬贝格的失败以及随之而来的镇压行动，导致了完全相反的结果。纳粹党和党卫军现在已经完全控制住了局面，总参谋部和所有部队都将被迫追随元首战斗到最后一刻。

9月3日上午，当盟军先头部队向安特卫普、布鲁塞尔、马斯特里赫特挺进时，布莱德雷和霍奇斯将军飞赴迈尔斯·登普西（Miles Dempsey）中将的英国第2集团军司令部。此行的目的，是与蒙哥马利讨论"未来将在鲁尔地区进行的作战行动"。[30]除了艾森豪威尔因腿伤躺在格朗维尔外，加拿大第1集团军司令亨利·克里勒（Henry Crerar）中将也因执意留在迪耶普（Dieppe），为1942年8月对该地进行的悲壮的突袭战中牺牲的同胞们举行纪念游行而缺席了这次会议。他本可以指出攻占英吉利海峡港口以及对付德国第15集团军会遭遇的困难，后者已经从加来海峡撤退至安特卫普以西、位于斯海尔德河口的口袋里。安特卫普港对于任何想要跨过莱茵河、挺进德国的人来说都是极其重要的，然而，不论是蒙哥马利还是布莱德雷都固执己见：英军向北推进，美军向东推进。

这次会议没有留下正式记录，后来布莱德雷确信，蒙哥马利在这次会议上蓄意误导了他。布莱德雷说，应该取消计划于第二天在列日（Liège）附近默兹河［Meuse，或者荷兰语中的马斯河（Maas）］的桥梁上进行的空降行动。蒙哥马利表面上表示了同意。"我们共同认为，"这位陆军元帅随后说道，"所有可用的飞机都应该继续用来执行运输任务，这样我们才能保持前进的势头。"³¹ 但是，那天下午晚些时候（16 时），蒙哥马利命令他的参谋长向身处英国后方的盟军第 1 空降集团军下达指示，要求其开始制订一个新的计划，一个更加雄心勃勃的计划。他的新想法是夺取"韦瑟尔（Wesel）到阿纳姆之间"的桥梁，以确保他的第 21 集团军群于鲁尔北部地区跨过莱茵河。³² 蒙哥马利显然算计过，如果他能率先在莱茵河上建立桥头堡，艾森豪威尔便不得不为他提供大量的补给，并调动美国部队支援他的行动。

很遗憾，艾森豪威尔没有出席这次会议。当布莱德雷发现蒙哥马利在没有告知他的情况下就撕毁了协议时，他勃然大怒。蒙哥马利拒绝承认几乎其他所有英国高级军官都明了的现状。英国此时在盟军中的地位已经变得越来越像是一个配角，因为美国提供了主要的兵力、大部分的武器装备以及几乎所有的石油。英国仍然是一流大国的观念不过是丘吉尔极力宣传的一种幻想，尽管他心知肚明事实并非如此。事实上，可能有人会说，1944 年 9 月便是"这个国家正超水平重拳出击"这一持续至今、糟糕透顶的陈词滥调的源头。

第二章 "疯狂星期二"

9月4日星期一,布鲁塞尔庆祝活动的第二天,荷兰女王威廉明娜从伦敦广播了一则消息:"同胞们!众所周知,我们的解放即将到来。我想让你们知道,我已经任命伯恩哈德亲王为最高指挥官艾森豪威尔将军麾下荷兰武装部队的司令。伯恩哈德亲王将担任武装抵抗组织的指挥官。此致。威廉明娜。"[1]

自9月1日起,德国人就已经开始经由荷兰向帝国后撤。该行动在四天后,也就是后来为人们所熟知的"疯狂星期二"(Dolle Dinsdag)那一天达到顶峰。[2]谣传蒙哥马利的军队已经抵达边境,9月4日晚英国广播公司荷兰语频道的一篇错误报道甚至声称,盟军已经抵达布雷达(Breda)和鲁尔蒙德(Roermond)。在阿姆斯特丹,人们第二天一大早就走出家门,希望一睹盟军坦克进城的风采。

大多数撤退行动是一幅令人伤感的景象,但当这一大批从法国和比利时撤退回来的德国国防军的残兵败将衣衫褴褛、垂头丧气地经过荷兰时,荷兰人民异乎寻常地欢呼雀跃。在被德国军队傲慢地入侵凌辱后,他们鄙视、嘲笑这些侵略者。艾恩德霍芬(Eindhoven,又作埃因霍温)的一名女士写道:"没有什么事情比看着这支曾经煊赫一时的(德国)军队慌慌张张地撤退更令人高兴了。"[3]一些临时组建的部队,比如由德国海军水手们组成的船员训练营(Schiffs-Stamm-Abteilungen)一路艰辛地从大西洋沿岸跋涉而来。另一些人则搜刮了沿途能找到的任何车辆，比如装有脚踏板的老式雪铁龙汽车，以及带有烟囱、燃烧木柴的卡车。

这一令荷兰人万分激动的场景似乎在证明着德国人正全面溃败这一印象。他们把椅子搬到街边，坐着"欣赏"德国人的撤离。德国国防军，这支曾经战无不胜的机械化部队，于1940年夏天如履平地般摧毁了他们的祖国，如今竟沦落到了偷窃一切所能想象得到的交通工具，特别是自行车的地步。

战争开始时，荷兰曾有400万辆自行车，数量达总人口的一半。1942年7月初，德国国防军征用了5万辆，而现在又有成千上万辆将前往德国。德国士兵们推着自行车沿公路行进，车上载着他们的武器装备和在战争中掠夺来的赃物。由于没有橡胶做轮胎，骑这些只有木质轮毂的自行车实在是太沉了。但是，丢失自行车对荷兰人而言是一项惨重的损失。荷兰的地下抵抗运动需要它充当情报员的交通工具，普通家庭也依靠它去乡间的农场寻找食物。

从比利时和法国抢来的汽车大多也没有轮胎，行驶时，光秃秃的轮毂撞击地面发出的噪声令所有人避之不及。大多数汽车由德国军官霸占。一名"看热闹的"艾恩德霍芬市民写道："很多汽车上载有年轻女孩，就是经常跟德国人暧昧不清的那些人。"[4]很显然，这些法国、比利时、荷兰姑娘在逃离家乡，以逃避作为"通敌者"的惩罚。同样，在阿纳姆，神经学家路易斯·范·埃普（Louis van Erp）也看到许多德国军官"腿上坐着女人，她们一部分是德国人，一部分是法国人"。[5]而这些军官正在挥舞着白兰地酒瓶。在一些城镇，这一天被称为

"属于柯纳克①的星期二"（Cognac Tuesday）。[6]德国士兵试图卖掉一些他们偷来的酒和其他物品。只有少数荷兰人占了他们提供的这些廉价商品的便宜，其中有缝纫机、相机、手表、纺织品以及被关在笼子里的鸟儿，最后这个是不太可能在旅途中幸存下来的。

一些汽车属于纳粹党在荷兰的支持者——荷兰民族社会主义运动②的成员们。他们清楚，如果失去了德国人的保护，荷兰南部的布拉班特省（Brabant）对他们来说就太危险了。其他逃避复仇的人包括来自法国的通敌者，以及来自比利时的天主教徒和亲纳粹的霸权主义者。忠诚的荷兰人将荷兰民族社会主义运动成员称为"假"荷兰人或"黑同志"，并且认为他们在某种程度上比德国人更可恶。[7]"荷兰民众对荷兰民族社会主义运动的态度仍然是完全否定的，"乌得勒支的一名德国军官说道，"普遍的观点是，十个德国人都比一个荷兰民族社会主义运动成员强。考虑到荷兰人对所有德国东西的排斥，这种厌恶程度就可见一斑了。"[8]

其他车辆，包括些许公共汽车和红十字会救护车等也载满了士兵和武器，没有哪条战争规则能允许这样做。有的德国士兵坐在农用马车上，车上装着关在木笼子里的鸡、鸭和鹅；还有的德国士兵坐在卡车上，车里载着偷来的羊和猪。有人看见公共汽车上歪歪斜斜地站着两头牛，还有名修女看见一辆救护车上装着一头奶牛。这样的景象使人们对从被占领国家偷窃粮食的无耻行径生出一丝苦笑。这里还有些许消防车，甚至还有

---

① 白兰地酒的一种，产于法国的柯纳克地区。——译者注
② 荷兰民族社会主义运动是荷兰一个法西斯党派，并在后来发展成为纳粹主义政党。——译者注

一辆落土的装饰有鸵鸟羽毛的灵车。德国国防军的车辆将松树枝绑在车头,试图清扫掉地下抵抗组织成员撒在马路上的钉子。

这些疲惫不堪的步兵——被荷兰人蔑称为"Moffen"的德国占领者——看上去灰头土脸、胡子拉碴,浑身脏兮兮的。① 当这支凄惨的队伍越过帝国的边界,他们以及坐在汽车后排的长官们的样子便引起了轰动。不着边际的谣言漫天飞舞,黑色笑话也层出不穷。一名二等兵听家里人说:"昨天晚上,有人在凯撒斯劳滕(Kaiserslautern)看见元首亲自检查汽车。"平民们也对军官的特权,以及他们对待普通士兵的态度感到厌恶。"这些'身份高贵的人'坐上塞满了东西的汽车走了,任由士兵们蹒跚而行。"9

德国人对东部前线的士兵和他们的同袍——西线战士的态度产生了明显差异。人们普遍怀疑,四年来,对法国和低地国家②的轻松占领,已经使西线德军软化了。"老百姓对西部前线士兵的印象并不那么好,"一名妇女在给她丈夫的信中写道,"而且我也相信,如果当时驻扎在西线的是东线士兵,那么敌军突破就不会发生。"10

一名枪手在写给家里的信中更加确切地证实了西线崩溃的景象:"我无法描述当时是个什么样的情景。这不是一场撤退,而是一次逃亡。"然而,他接着承认这是一次精心准备的撤离,"车上装满了杜松子酒、香烟以及数百罐油脂和肉食"。11 德国占

---

① 在荷兰语中,称德国人为"Moffen"就如同英国人称他们为"Kraut"或法国人称他们为"Boche"。这一习惯可追溯到17世纪早期,当时位于荷兰以东的德意志北部地区被称为"Muffe"。那些更富裕、更精致的荷兰人瞧不起他们粗鄙、野蛮的邻居。这个词在德国占领期间又复活了。——原注

② 低地国家是对欧洲西北沿海地区的荷兰、比利时、卢森堡三国的统称。英语中,Netherland 就包含有低地的意思。——译者注

领当局也参与了最后一刻的掠夺。在把教堂里的钟都收缴熔化之后,他们急忙把原材料,特别是煤和铁矿石运回帝国,并且扣留了机车和货车。这么做是有道理的,因为他们不能将"经济上的优势"留给盟国。[12]占领当局还在一定程度上施行了焦土政策。在艾恩德霍芬,德国人摧毁了机场的设施,炸毁了弹药库,一系列巨大的爆炸声不绝于耳,浓烟遮天蔽日。[13]

要将这些物资全部输送到帝国并不容易。荷兰地下抵抗组织在9月上旬进行了破坏活动。然而,一名德国军官写道:"铁路交通几乎陷入瘫痪的原因不在于燃料的短缺,而在于英国战斗机飞行员的作用,他们击毁了大部分火车头。"[14]令位于伦敦的荷兰流亡政府感到沮丧甚至愤怒的是,英国皇家空军的战斗机飞行员无法抗拒用航炮轰击火车头,因为它能产生壮丽的蒸汽爆炸景象。[15]

唯一能让老百姓感到满足的,是看着这些荷兰民族社会主义运动的成员及其家人如何在绝望地逃往德国的过程中,被这些耽搁逼得发疯的。在阿纳姆西南部的一个小镇上,他们的困境让大家十分幸灾乐祸。"这是一个美妙的景象,"一名叫保罗·范·威利(Paul van Wely)的当地人写道,"车站的候车室看起来就像一个塞满了流浪汉的杂货店,他们哭丧着脸,垂头丧气的。"[16]大约3万名荷兰民族社会主义运动成员及其家人去了德国,在战争最后几个月的溃败中,他们被德国忽视了。正如一位历史学家所说的,"自9月5日起,荷兰有组织的法西斯主义已经在事实上崩溃了"。[17]

荷兰警方在被占领期间扮演的角色很暧昧,因此在政权更迭的空窗期,他们多少有些隐藏自身。在这种情况下,地下抵抗组织绑架了荷兰民族社会主义运动成员,甚至还有几名德国要员。一些人随后被德国警方解救出来。在那个"疯狂星期二",帝国专员阿图尔·赛斯-英夸特(Arthur Seyss-Inquart)博士宣布进入紧急状态。①"按照下达给德国军队的命令,对占领军的抵抗将被暴力镇压。"[18]他接着威胁道,哪怕是最微弱的反抗都会被处死。

许多德国军官对荷兰人准备用鲜花和彩旗来欢迎他们的盎格鲁-撒克逊解放者感到愤怒。这是典型的纳粹式的因果混淆。在背信弃义地入侵并占领了一个中立国家之后,他们还指望着当地人民仍旧忠于他们。赫尔穆特·亨泽尔(Helmut Hänsel)中尉苦涩地写道:"荷兰人不仅懦弱,而且懒惰、迟钝。"[19]

然而,许多普通士兵对此并不认同。那些厌倦了战争的人常常讽刺说:"我对英勇牺牲的渴望已经得到充分满足了。"[20]居住在荷兰或在荷兰工作的德国人,哪怕是60多岁的老人,都出乎意料地在这场危机中被动员了起来。"他们在制服里套着便装,希望能够逃掉,"一名富有同情心的荷兰人观察后说,"但从来没有人得到单溜的机会。"[21]

"在一个狂风暴雨的日子,"拉姆齐海军上将在日记中写道,"英军来到布鲁塞尔和安特卫普。后一个港口虽然没有严重受损,但可以肯定的是,在河道入口附近的敌人被肃清之前,它是无法使用的。"[22]拉姆齐的担心并没有引起他陆军同僚的注意。他们仍然为自己取得的巨大进展而扬扬得意。

在行进过程中,"大批民众表现出极大的喜悦和热情",

---

① 赛斯-英夸特完整的头衔是"被占领的尼德兰地区的帝国专员"(Reichskommissar für die besetzten niederländischen Gebiete),反映了早期纳粹计划将荷兰纳入帝国版图的企图。——原注

因而第11装甲师进入安特卫普的过程"非常艰难"。令德国人大吃一惊的是，他们中只有少数几个人坚持决一死战。最重要的是，地下抵抗运动成员成功地保护了港口设施，没有让德国人在最后一刻的破坏行动得逞。它的成员也显示出了"在对付狙击手和战俘方面所提供的极大帮助"。[23]这些战俘被关押在安特卫普动物园的空笼子里，一个笼子专门用来关押德国军官、士官和士兵，其他一些用来关押叛徒和通敌者，还有一个用来关押他们的妻子和孩子，以及被控与德国人发生性关系的年轻妇女。而那些动物在被占领期间，要么饿死，要么被吃掉了。

为了保护盟军前往安特卫普的狭窄走廊，军队只好摊开在侧边组织防御。八天前，舍伍德义勇骑兵队放弃了一场板球比赛，经过400公里的长途跋涉，他们终于抵达了位于根特（Ghent）以南的勒奈（Renaix）。他们用"谢尔曼"坦克包围了德军一个1200人左右的团。在漫长的谈判过程中，这位"身材粗壮、长着公牛般粗壮脖子的、矮小的"德军指挥官坚持认为，作为一名军官，为了维护自己的荣誉，哪怕是在最后一刻也要给人留下一个继续战斗的印象。时间就被这么耗着，但舍伍德骑兵们明白这样是划算的，因为即便是一场一边倒的战斗也要耗费更多的时间。

德军指挥官最终同意在不把任何德国士兵交给地下抵抗组织的条件下，他和他的士兵于那天晚上带着武器出来投降。这位上校坚持要对他的士兵发表讲话，向其保证他们的投降是有尊严的，这一过程持续了约十五分钟。然后，他向他的一级士官长点头示意，后者随之喝令而下，德军几乎同时在路上摔碎了枪托。"然后每个人都举起右手，重复三遍喊道：'胜利万岁！'"²⁴这一场景看起来倒不像是在表示屈服。被剥夺了复仇权利的地下抵抗组织成员愤怒地看着他们的前占领者们被押往一个战俘营。

霍罗克斯的两个装甲师在取得了巨大突破后，在安特卫普和布鲁塞尔停下来休整，并对车辆进行维修保养。在前往布鲁塞尔的途中，霍罗克斯被一辆德军坦克追上并击中。第2王室骑兵团的装甲车被派回公路巡逻，他们的指挥官则将团部设立在拉肯宫（Palace of Laeken）的花园里。这是该城又一个欢庆的日子，庆祝胜利的游行队伍穿城而过。禁卫装甲师的后面跟着一个旅的比利时部队，他们被带上前参加了这次活动。一名禁卫装甲师军官称之为"一幅盛况空前的景象；几乎所有布鲁塞尔市民都在街道两旁欢呼雀跃。与此同时，一批又一批俘虏被比利时地下抵抗组织白军押解着游行，他们还时不时地向空中射击"。²⁵

不久之后，掷弹兵禁卫团——一个步兵营和一个坦克营，从布鲁塞尔向正东转移，夺取鲁汶（Louvain，或弗拉芒语Leuven）。对该团的许多人而言，这让他们回想起仅仅四年前向敦刻尔克撤退时的一次行动。蒙哥马利元帅也回到了老地方。他将自己的司令部设在布鲁塞尔以东15公里处的埃弗堡城堡（Château d'Everberg），此地位于通往鲁汶的交通线上。蒙哥马利很熟悉这个地方。这座后来被重新设计的18世纪建筑，曾是四年多前（1940年春末）第3师的师部所在地。这里的女主人，梅洛德公主（Princesse de Merode）见到她的客人并不十分高兴，显然，她还记得蒙哥马利的参谋们上次是怎么把酒窖里的酒全部榨干的。她不禁感到自己的家会被"当作酒店一样"对待。²⁶

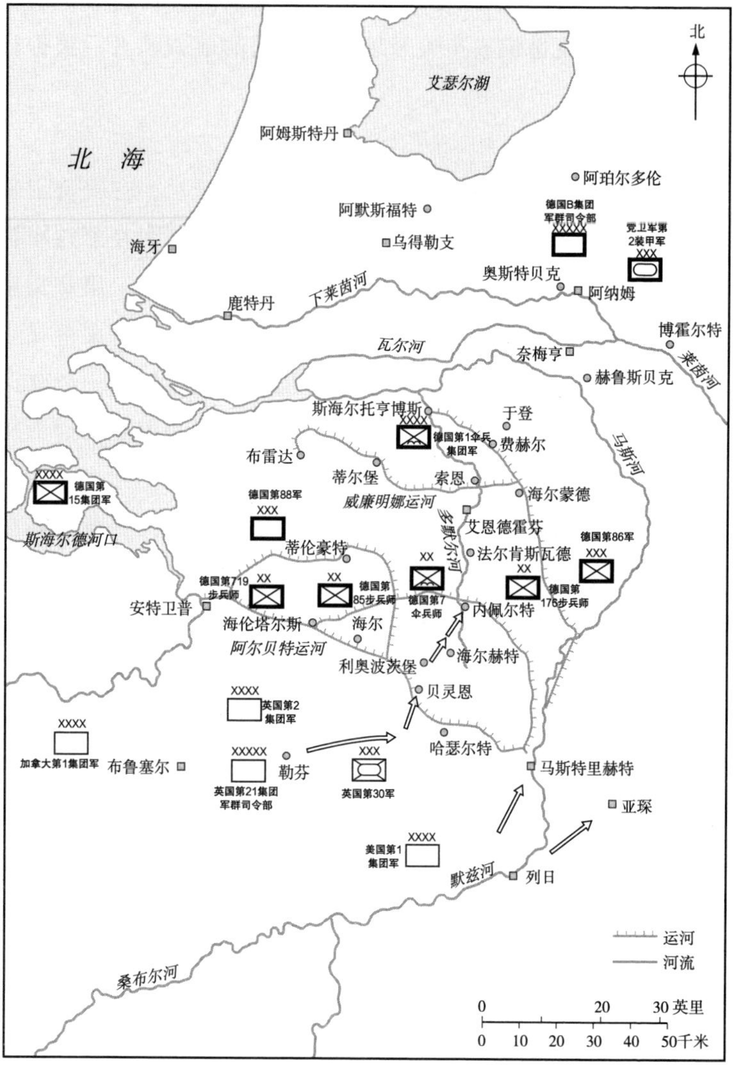

地图1　1944年9月6~14日，从布鲁塞尔进军

就在那天早上，来自 JG51——著名的默尔德斯战斗机联队（Jagdgeschwader Mölders）——的德国空军战斗机飞行员匆忙撤离，三个小时后，英国人抵达并占领了这里。

到9月的第一周结束时，燃料短缺已经开始影响蒙哥马利的第21集团军群和布莱德雷的第12集团军群。布莱德雷的副官汉森在9月6日写道，就连军长们都"被迫去借汽油罐来给自己的汽车加油"。由于英吉利海峡的所有港口都还没有开放，补给只能定期通过一支被称为"红球快车"（Red Ball Express）的运输车队从诺曼底西部运来。车队的数千辆卡车由非洲裔美国士兵驾驶。汉森补充说："庞大的红球快车车队正以每小时50英里的速度，载着一吨又一吨的汽油通宵达旦地在高速公路上行驶，它们明亮的灯光照亮了道路。"[27]

位于布鲁塞尔的禁卫装甲师接到命令，先向阿尔贝特运河（Albert Canal）推进，然后前往靠近荷兰边境的利奥波茨堡（Leopoldsburg，又作利奥波德斯堡），最后继续推进到艾恩德霍芬。他们只遇到了"预料之中的轻微抵抗"——"运河和大桥上"的抵抗要大一些。[28]他们发现了德国国防军一个用来存储饮料的大仓库，于是爱尔兰禁卫团派来一辆卡车，搜罗了28箱香槟、葡萄酒和利口酒，为他们的顺利推进加油。尽管德军炸毁了桥梁，但禁卫团还是设法在贝灵恩（Beringen）的阿尔贝特运河上站稳了脚跟。夜间，他们的工兵中队架设了一座贝利桥①来代替炸毁的桥梁。

第二天中午，禁卫装甲师意识到"我们将不得不把鲜花、

---

① 贝利桥为英国工程师唐纳德·贝利（Donald Bailey）于二战时期为解决军队渡河的问题，利用预先设计好的钢桁架迅速组合而成的桁架桥。——译者注

水果和亲吻先放到一边，转而考虑一些实在的东西"。抵抗力量突然得到了加强。"在那异常混乱的一天里，有那么一刻，当一名军官和四十名党卫军士兵在击毁了至少四十辆补给车，孤注一掷地爬上附近的驳船时，大桥甚至看上去要丢了。""威尔士禁卫团和冷溪禁卫团①都遭受了相当大的一个打击，"这位作战日志记录员写道，并补充说，"所有的党卫军都应该要么被打死，要么被打伤，但最好是前者。"29

善于观察的荷兰平民已经开始注意到德国军事活动的变化，即使这些意志消沉的部队还在继续通过他们的城市。艾恩德霍芬的一名旁观者指出："星期一，德国人继续撤退，但与此同时，一场清算运动似乎正在酝酿；一支大规模的军队在树枝的严密遮挡下正穿过城市，朝比利时边境方向驶去。"30

英国人于9月4日占领安特卫普一事，在东普鲁士的元首大本营——"狼穴"（Wolfsschanze）掀起了一场风暴。希特勒一听到这个消息就重新征召陆军元帅格尔德·冯·伦德施泰特为西线总司令，把6月底已经将其解职的事忘得一干二净。当接到从"狼穴"打来的电话时，库尔特·斯图登特（Kurt Student）大将正在位于柏林万湖（Wannsee）的德国空军伞兵司令部。他是德国伞兵力量的创建者，指挥过1940年荷兰及次年克里特岛的空降行动。希特勒命令他"沿阿尔贝特运河构建一条新的防线，并无限期地守住它"。31斯图登特的队伍被夸大地命名为第1伞兵集团军。据他手下一位愤世嫉俗的军官说，希特勒选择斯图登特的原因可从后面这句话感受出来："'有史

---

① 冷溪禁卫团于1650年成立于英国科尔德斯特里姆（Coldstream，又称冷溪）。——译者注

以来最伟大的指挥官'——元首自言自语道：'谁能防守住荷兰？只有征服荷兰的他（斯图登特）能做到这点。'于是斯图登特来到了荷兰。"[32]

斯图登特将从中校弗里德里希·冯·德·海特男爵（Friedrich Freiherr von der Heydte）的第6伞兵团开始，接手他能得到的每一支伞兵部队。他还带来了新的编队——那些新组建的正在训练的部队，甚至将德国空军地勤人员改编成了步兵营。海特是1941年参加空降入侵克里特岛行动的老兵，他对将未经训练的德国空军人员编为伞兵的做法提出了严厉的批评。"那些新组建的伞兵'师'不过是二流的野战高射炮师，"他对同袍们说，"这纯粹是为了满足戈林的虚荣心……问题的关键似乎在于他（戈林）认为：'如果和平被打破，我不明白为什么只有他希姆莱才有资格拥有一支私人军队。'"[33]

德国空军第6营（主要执行特别任务）实际上是从意大利拉回来的一个由罪犯组成的营，其中包括被判有罪的德国空军飞行员和地勤人员，以及因无能而被解职的军官。他们只有极其简陋的武器，而且仍然穿着热带制服。在诺曼底，经过与美国第101空降师的战斗之后，即使是海特的那支王牌部队也已是日薄西山了。"这支部队的战斗力很弱，"他报告说，"这些人还没有融合到一起，补充进来的年轻人占到了总兵力的75%，他们几乎没有接受过训练。部队里甚至有数百人此前连枪都没有摸过，他们在第一次交战中开出了人生中的第一枪！"[34]

第7伞兵师由三个新组建的团组成，斯图登特让他的参谋长埃德曼（Erdmann）中将来指挥这支部队。[35]斯图登特还被授予了负责海洋防御的第719步兵师以及作战营主要由伤残人员和病人组成的第176步兵师的指挥权。为了指挥他们，斯图登特把第 88 军军部纳入步兵上将汉斯-沃尔夫冈·赖因哈德（Hans-Wolfgang Reinhard）的指挥下，后者是"一名沉着冷静且经验丰富的将领"。尽管他收到了一个突击炮旅（它有一些重型"豹"式坦克），但他的"弱小且几乎无法机动"的部队在从北海到马斯特里赫特近 200 公里的战线上，却只有 25 辆坦克。[36]

斯图登特的伞兵集团军被纳入陆军 B 集团军群的麾下。由于缺乏炮兵支援，斯图登特从帝国航空队那里争取到了高射炮部队，因为他们的 88 毫米高射炮对付坦克同样非常有效。"然后，"他略带夸张地写道，"人们可以再次对德国组织机构和总参谋部令人难以置信的精细程度钦佩不已。从梅克伦堡的居斯特罗（Güstrow in Mecklenburg）到洛林的比奇（Bitsch in Lorraine），这些分散在德国各地的部队全部被以闪电般的运输力量送往阿尔贝特运河。他们于 9 月 6 日和 7 日，即在拉响警报后的 48~72 小时内抵达。最值得注意的是，当这 5 个从德国其他地区调集来的新组建的伞兵团到达车站时，武器和装备已经准备就绪。"[37]

对于这次仓皇撤离，也有一些自发性反应。9 月 4 日，库尔特·希尔（Kurt Chill）中将在听说英国人已经进入安特卫普和布鲁塞尔后，与他的第 85 步兵师残部在蒂伦豪特（Turnhout）停了下来。[38]他调整部队沿阿尔贝特运河重新部署。希尔这个师在诺曼底战役中已经减员到不足一个团的规模。该师已经经由布鲁塞尔撤离，在路上收编了一个几乎没有武装的补充营。纯属巧合的是，赖因哈德将军遇到了第 85 师的通信军官，得悉希尔已开始收拢散兵游勇，并控制一切仍在撤退的炮兵部队，前者非常激动。他正利用这些人在哈瑟尔特（Hasselt）和海伦塔尔斯

（Herentals）之间的阿尔贝特运河上构筑防线。

第85步兵师由此成为斯图登特的空降集团军的重要组成部分。在许多地方，军官和被人憎恨的宪兵队——因脖子上戴着金属项链而被称为"链子狗"（chain-dogs 或 Kettenhunde）——用枪口指着掉队的人，强迫他们加入仓促组建的队伍。在撤退过程中，战地指挥官被指派而来，正如一位军官解释的那样："我的职衔使我有权在任何时候叫停任何军衔不超过（包括）上校的军官，并强迫他立即参与行动，如果必要的话，甚至可以用枪口对着他。"[39]

9月5日星期二，斯图登特飞往列日附近的韦尔维耶（Verviers）拜访莫德尔。他强调，他们要是想获得足够的军队来守住这条路线，只能指望古斯塔夫-阿道夫·冯·灿根（Gustav-Adolf von Zangen）将军的第15集团军。多亏了英国人停留在安特卫普而不是保卫斯海尔德河口的决定，斯图登特果真开始从第15集团军得到增援。为了躲避盟军的空袭，他的人员和火炮在夜间才通过驳船运过斯海尔德河口。未能困住如此庞大的部队，将在本月晚些时候产生严重后果。美国伞兵的西部侧翼正在尽力保卫向北通往阿纳姆的公路，而到那时，这些德国部队将有能力对其发动进攻。

斯图登特接着会见了第88军的赖因哈德将军。在路上，他遇见一批由夏尔马拉着的第719师货车。这令人沮丧的景象提醒了他，德国人正在打一场穷人的战争。第二天，也就是9月6日，当希尔中将终于有机会向斯图登特汇报时，他们俩收到了英军坦克已经在贝灵恩渡过了运河的消息。斯图登特命令海特的第6伞兵团和第2伞兵团的一个营在希尔的督导下发起一次反攻。他们得到了陆军装甲兵营反坦克火力的支援。就在贝灵恩北部的贝弗洛（Beverlo），村庄里发生了激烈的战斗，禁卫装甲师在"铁拳"（Panzerfaust）反坦克火箭筒的攻击下损失了许多坦克。

盟军指挥官低估了陆军元帅瓦尔特·莫德尔的能量。在诺曼底战役最后的危难时刻，希特勒让他接管了B集团军群。莫德尔是个矮小壮实的男人，戴着单片眼镜，完全不同于希特勒讨厌的那种贵族做派的参谋军官。莫德尔平民出身，平易近人，他对希特勒忠贞不渝，而且希特勒也毫无保留地相信他，并委之以解决东线危机的"救火队长"。

莫德尔在手下中的反响则好坏参半。党卫军装甲掷弹兵师的一名团长说"莫德尔是西线的掘墓人"，但该师另一名团长则明确地表达了对他的钦佩。[40]"他是一流的即兴表演艺术家。他是一条异常冷血的猎犬，非常受人欢迎，因为他对他们有一定的感情，而且不会用任何夸张的方式让自己出风头。但他的确被自己司令部的参谋人员恨透了，因为他对他们的要求和对自己的一样多……莫德尔非常自负且精力旺盛，总是会有新的想法，并且无论身处何种窘境，他至少能提出三个解决方案。他是一个彻头彻尾的独裁者，不容有任何反对意见。"[41]另一名高级军官也认同莫德尔从不让下属插话这一说法，[42]他就是个"小希特勒"。[43]

这群散兵游勇从法国撤退的架势吓坏了国防军驻荷兰总司令弗里德里希·克里斯蒂安森（Friedrich Christiansen）航空兵上将，他觉得这些人蓬头垢面的样子会让自己的部队士气低落。在一些重要河流，尤其是瓦尔河（Waal）的大桥上，人们被拦住，重新拼凑组合成被称作警备营（Alarmeinheiten）的单位。

克里斯蒂安森是当时纳粹控制荷兰的三个人之一,他在第一次世界大战中是一名水上飞机王牌飞行员。此人并不是以智慧闻名于世,而是以他对元首近乎狂热的仰慕和对帝国元帅赫尔曼·戈林的绝对服从。他的副手是海因茨-赫尔穆特·冯·维利施(Heinz-Hellmuth von Wühlisch)中将,这匹憔悴衰老的普鲁士战马召集了一批志趣相投的参谋。然而,克里斯蒂安森却对他抱有深深的怀疑。在针对希特勒的炸弹暗杀之后,他立即尝试招募密探,因为他认为维利施是一个真正的或潜在的叛徒。克里斯蒂安森战后仍然坚持认为"维利施有罪",并补充说"他自杀了",就好像这是对自己观点的佐证。[44]

理论上,纳粹当局在这个国家的领导权掌握在帝国专员、奥地利人阿图尔·赛斯-英夸特博士手中。英夸特是个戴着眼镜的律师,他在1938年3月就已经是希特勒吞并奥地利行动的组织者,把自己的祖国变成了德意志帝国的奥斯特马克省(Ostmark)。赛斯-英夸特成了总督,并迅速下令没收犹太人的财产。入侵波兰后,他成了臭名昭著的负责波兰总督府的纳粹分子汉斯·弗兰克(Hans Frank)的副手。在中立国荷兰于1940年5月被入侵并遭到占领之后,这名铁杆反犹分子随即煽动了针对该国所有犹太人的迫害行动。不幸的是,在德国国防军占领行政大楼之前,荷兰官员未能销毁宗教信仰相关的行政记录。这些明确标注了每个人宗教信仰的官方名册对14万名荷兰以及外国犹太人中的绝大多数做了标识。现在,即1944年9月,赛斯-英夸特严重高估了荷兰地下抵抗运动的力量,他担心会爆发大规模起义,因此计划把鹿特丹、阿姆斯特丹和海牙变成防御核心。

第三个人——从某种意义上说是荷兰纳粹三巨头中最具权

势者——也是个奥地利人，他就是党卫队高级将领和警察总监、党卫队全国副总指挥汉斯·阿尔宾·劳特尔（Hanns Albin Rauter）上将。1942年6月，在德国大规模围捕犹太人时爆发了罢工和抗议活动，但它们除了表现出极大的勇气外，只是让镇压升级。荷兰的14万犹太人中大约有11万人被押解出境，这些人中只有6000人在战争中幸存了下来。剩下3万人中的大多数在荷兰民众的帮助下藏匿了起来或偷渡出境。阿纳姆的1700名犹太人中有1500多人被押解到德国的集中营并被杀害。[45]然而，地下抵抗组织，尤其是约翰内斯·彭泽尔（Johannes Penseel）和他的家人，藏匿并拯救了一部分人。

那些从德国人手中逃走的人——无论是犹太人还是非犹太人——消失后被称为"潜水者"。有些地区在藏匿犹太人方面比其他地区做得更好。例如，艾恩德霍芬的500名犹太人中，差不多有一半的人以潜水者的身份藏匿了起来并获救。[46]由于在一个没有山脉和大片森林的国家里进行武装抵抗几乎是不可能的，荷兰地下抵抗组织将主要精力集中在了通过提供虚假身份证件和配给簿来帮助那些有危险的人，为盟军搜集情报以及将被击落的飞行员沿着穿过比利时和法国的逃生路线送到西班牙上。

劳特尔毫无怜悯之心。1944年3月2日，他自豪地汇报道："可以说，荷兰的犹太人问题已经得到妥善解决。在接下来的10天里，最后一批犹太人将从韦斯特博克中转营（Westerbork camp）被带到东方。"他还多次下令对抵抗行动进行报复，这些行为后来被称为"针对荷兰人民的系统性恐怖主义"。[47]有身份地位的荷兰人被扣押为人质并遭到处决。在一列火车被荷兰地下抵抗组织炸毁后，德国人将奥黛丽·赫本的叔叔，奥托·

范·林堡·斯蒂鲁姆伯爵（Count Otto van Limburg Stirum）扣押为人质。当时，奥黛丽·赫本就住在阿纳姆郊外。1942年8月15日，他连同另外四人一起被处决。在大多数情况下，德国当局会选择医生和教师作为人质。到了1944年，他们因对盟军入侵的揣测变得紧张和残酷，进而不断地对破坏或杀害德方人员的行为进行报复。

"疯狂星期二"有它自己的悲剧性后果。在全面恐慌的气氛中，党卫军决定疏散位于菲赫特（Vught）的集中营［德国人称之为赫措根布施集中营（Konzentrationslager Herzogenbusch）］内剩余的3500名囚犯。[48]在这一阶段，留在荷兰的犹太人很少，所以大多数囚犯是非犹太人——荷兰人，不过也有法国人和比利时人。约2800名男性被送往萨克森豪森（Sachsenhausen），同时，超过650名女性被送往拉文斯布吕克（Ravensbrück）。[49]①

纳粹对荷兰的占领可能是对所有西欧国家的占领中最残酷的。德国纳粹曾希望荷兰人作为雅利安人的同伙加入他们的事业。劳特尔甚至坚持把荷兰党卫军称为"日耳曼党卫军"。因此，对于来自绝大多数民众的坚决反对，德国当局先是感到震惊，然后被彻底激怒了。所有学生都被命令宣誓支持纳粹政权。任何拒绝这么做的人都在1943年2月6日的大规模围捕中被捕。那些逃脱的人也不得不消失，成为"潜水者"。将近40万荷兰公民被征召入伍，并被送往德意志帝国接受强制劳动，而这实际上意味着沦为了奴隶。

荷兰的食物供应遭到了系统性劫掠。住在海岸线附近的居

---

① 有人认为，在所有民族中，荷兰人在集中营里的存活率最低，因为他们的身体已经习惯了摄入高脂肪含量的乳制品。突然变为"几乎完全不含脂肪的集中营饮食"被证明是毁灭性的。[50]——原注

民被强制转移，堤坝被掘开，大片农田被蓄意淹没。希特勒保卫"欧洲堡垒"计划的行动进一步扩大了因德国人的掠夺而造成的粮食供应上的缺口。营养不良的现象开始出现，尤其是在儿童身上。白喉，甚至斑疹伤寒也蔓延开来。

在某些秘密的地方，暴行要更为严重。瓦尔特·多恩伯格（Walter Dornberger）中将是远程火箭兵总监，他后来因其对同事、党卫队旗队长贝尔（Behr）暴行的口述被英国战俘营秘密记录了下来。"在荷兰，他（贝尔）强迫荷兰人为自己的 V-2 火箭建造基地，"多恩伯格告诉他的同僚，"然后，他将他们聚拢在一起，用机枪处决。他用 20 个荷兰姑娘为他的士兵开设了妓院。她们在那里待两个星期后就会被枪毙，然后又有新的一批被带来，以保证她们不会泄露从士兵那里可能得知的任何东西。"[51]

不幸的是，荷兰人不仅受到德国占领者的伤害，还受到盟军的伤害。整个战争期间，位于伦敦的特别行动处犯下最不可原谅的安全失误，导致一连串空降过去帮助地下抵抗组织的荷兰特工被出卖。德国反间谍机构阿勃维尔（Abwehr）在他们发起的"游说英格兰"行动［Englandspiel，又称"北极圈"行动（Operation North Pole）］中，成功欺骗了英国特别行动处负责军官，这对英荷关系造成了巨大打击。[52]① 而且在 1944 年 2 月 22 日，又发生了一次可怕的失误。当飞往位于哥达（Gotha）梅塞施密特工厂的美军轰炸机编队一部被召回时，它们决定转而将炸弹投向一个德国城镇。美军轰炸机机组人员没有意识到他们

---

① 在此次行动中，德国人抓获了在荷兰行动的盟军特工，并利用特工的密码诱骗英国特别行动处继续向荷兰渗透特工、武器和物资，致使几乎所有英国派来的特工和送来的武器等落入德国人手中。——译者注

刚刚越过荷兰边境，那天，他们摧毁了奈梅亨（Nijmegen）大部分的老城区，造成800人死亡。[53]不幸的是，即将爆发的解放荷兰南部的战斗还要带来更大的苦难，但事实证明，这些如此热爱自由的荷兰人民，不仅具备超凡的勇气，而且还非常宽容。

第三章　盟军第1空降集团军

当英国人和美国人从塞纳河向德国边境挺进时，处在英国后方的英国第1空降师因为行动一次又一次地被取消而沮丧不已。"9月2日，星期六，"第11伞兵营B连6排排长J. E. 布莱克伍德（J. E. Blackwood）中尉①在日记中写道，"接到命令在科特赖克（Courtrai）的东南方进行空降，以阻止德国佬撤退至埃斯科河（River Escaut，又名斯海尔德河）对岸。行动因为暴风雨被取消。该死的暴风雨！9月3日，星期日，接到命令在马斯特里赫特附近进行空降。由于美国佬的装甲部队推进得太快，行动被取消了。该死的美国佬！"[1]

令第1空降师的官兵最为愤怒的是，他们被排除在了D日行动之外。他们被储备下来以备后续行动或临时性行动之需。他们一次次地接到通知"起立"，然后又"坐下"，以至于他们开始变得愤世嫉俗。有几次，他们都已经进入在跑道上待命的飞机和滑翔机，才被通知取消行动。

早在6月的第二周，蒙哥马利秘密策划的第一个方案是将该师空投至埃夫勒西（Évrecy）附近，为夺取卡昂（Caen）打开突破口。出于多种原因，空军上将特拉福德·利-马洛里爵士（Sir Trafford Leigh-Mallory）坚决反对这个方案。马洛里这样做几乎可以肯定是正确的，但由于他曾经错误地预估D日的空

---

① 此处原文为少校，但布莱克伍德当时的职务是排长，而且在第1空降师关于阿纳姆之战的授勋表彰记录上，他的军衔记录是中尉。——译者注

降行动将会彻底变成一场灾难，蒙哥马利对自己的观点非常确信，那就是这名飞行员只是个"胆小鬼"。[2]

8月，随着巴顿从诺曼底突破出来，一个接一个的空降行动被设想出来，运输机也被用来运送燃料以帮助他向前推进。新成立的盟军第1空降集团军的司令——刘易斯·H.布里尔顿（Lewis H. Brereton）中将向最高指挥官抱怨道："我必须强调的是，连续不断地运输货物将使部队运输机司令部不能成功完成一次空降行动。"[3]他的说法是有道理的。艾森豪威尔在任命布里尔顿时就坚定地认为，后者的首要任务是提高第9部队运输机司令部的领航训练水平，以保证伞兵部队不再像1943年空降西西里岛以及后来的诺曼底登陆那样，落在错误的地方。

下一个计划是夺取塞纳河的渡口，但巴顿将军已经驻守在那里了。8月17日，计划开始在布洛涅（Boulogne）以东的加来海峡省（Pas de Calais）进行一次空降行动。但是，布里尔顿和蒙哥马利的参谋长、人称"弗雷迪"（Freddie）的弗朗西斯·德·甘冈（Francis de Guingand）少将随后一致认为，应该把精力转移到敌人的主要撤退路线上来。计划将于9月3日进行的"朱雀"行动（Operation Linnet），目标是将比利时边界上的图尔奈和埃斯科河上的桥头堡收入囊中。"朱雀"行动在9月2日被取消了，有可能取而代之以"朱雀-Ⅱ"行动——抢在美国第1集团军之前，用三个空降师的兵力夺取默兹河上的桥头堡。[4]第二天，在蒙哥马利与布莱德雷会面时，这一计划也被取消了。

盟军第1空降集团军是1944年8月2日在艾森豪威尔将军

的召集下成立的。尽管艾森豪威尔致力于平衡盟国之间的关系，但刘易斯·布里尔顿将军的参谋主要还是由美国陆军航空队①军官组成。在位于阿斯科特（Ascot）附近森宁希尔庄园（Sunninghill Park）的司令部里，他们乐于在自己的俱乐部中举办星期六晚间舞会，以及观看诸如《堪萨斯城的凯蒂》（*Kansas City Kitty*）和《路易斯安那谷仓舞会》（*Louisiana Hayride*）之类的电影。[5]

盟军第1空降集团军中唯一一位英军高级将领是布里尔顿的副手——绰号"男孩"的弗雷德里克·布朗宁（Frederick "Boy" Browning）中将。该集团军由美国陆军航空队将领和参谋人员组成的指挥机构及两支主要作战部队——美国第18空降军和英国第1空降军——编成，这一架构注定会使角色和权力的优先级复杂化。布里尔顿和"男孩"布朗宁之间强烈的相互厌恶，对于解决问题没有任何帮助。这两人之间唯一的共同点就是爱慕虚荣。布里尔顿是个身材矮小、尖酸刻薄的男人，而且极度好色，他的行为招致过美国陆军参谋长乔治·C. 马歇尔上将这位严苛的道德主义者的严厉谴责。

布朗宁是一名面容冷峻的掷弹兵禁卫团军官，有着偶像派明星的气质，他的夫人是作家达芙妮·杜穆里埃（Daphne du Maurier）。（她选择褐红色作为伞兵贝雷帽的颜色，因为这是"将军某匹赛马的颜色"。[6]）毫无疑问，布朗宁是英勇无畏的，但他的神经还是高度紧绷。焦虑的时候，他会情不自禁地扯着胡子。他毫不掩饰的野心，再加上精致考究的制服和飞扬跋扈的作风，没有让他赢得其他高级军官，尤其是美国伞兵指挥官

---

① 美国陆军航空队（United States Army Air Force，缩写为USAAF）是成立于1947年9月8日的美国空军（United States Air Force）的前身。——译者注

们的好感。他们认为"圆滑世故的'男孩'布朗宁"是一个高高在上、控制欲极强的集权主义者。[7]

不幸的是，当紧张关系达到顶点时，布朗宁竟以辞职相威胁，错误地挑起了一场与布里尔顿之间的战争。9月3日，他写信反对旨在帮助布莱德雷向前推进的"朱雀-Ⅱ"行动。他以正式的口吻开始道："阁下，我有幸以书面方式表达我的抗议……"[8]接着，他列举了理由，说明空降三个师（一个英国空降师和两个美国空降师）的兵力夺取马斯特里赫特和列日之间的默兹河渡口将会失败。整个行动将在36小时内落地。盟军第1空降集团军既无法向主攻部队提供该地区的地图，又没有关于敌军和防空高炮的部署信息，且盟军战斗机还无法掩护整个作战区域。

毫无疑问，布朗宁是对的。但在当天的会议上，布莱德雷和蒙哥马利却以截然不同的理由取消了"朱雀-Ⅱ"行动，那就是对燃料运输的更大需求。结果，布朗宁的抗议只起到了激怒布里尔顿的作用，比起帮助英国人，后者似乎更加热衷于帮助布莱德雷的部队。无论在什么样的情况下，以辞职相威胁这一策略都不可能在短时间内再次发挥作用。迫切希望在战争结束前指挥一支空降部队投入战斗的布朗宁非常清楚，下一次再这么干，自己的机会将会被夺走。他的美军同侪、第18空降军指挥官马修·邦克·李奇微（Matthew Bunker Ridgway）少将渴望接替他出征，此人也更有资格。李奇微曾率领第82空降师进入西西里岛、意大利，以及在6月进入诺曼底，因此他亲历了更多的空降作战。但是，布朗宁自第一次世界大战以来就再没有参加过军事行动。

* * *

9月3日，蒙哥马利在完成与布莱德雷的会面之后（会上前者阳奉阴违地同意了不使用空降部队），便立即于16时指示他的参谋长"弗雷迪"·德·甘冈："要求一个英国空降师和波兰军队于9月6日晚上或9月7日早上执行空降行动，以保卫位于韦瑟尔和阿纳姆之间的莱茵河上的桥梁安全。"[9]这就是所谓的"彗星"行动（Operation Comet）。

德·甘冈联系了布里尔顿的司令部。22时30分，布里尔顿的参谋长弗洛伊德·L. 帕克斯（Floyd L. Parks）准将打电话给布朗宁将军传达了这一命令。"你们立即为在阿纳姆和韦瑟尔之间、沿莱茵河进行的空降行动制订详细的作战计划。"[10]布朗宁这次没有表示反对。除了他自己决心要领导一次空降作战之外，第1空降师也因一系列任务在最后一刻被取消而十分沮丧，他们的士气迫切需要通过走出这一怪圈来得到提振。

布朗宁绝不是唯一希望以一种引人注目和决定性的方式使用空降部队的人。第82空降师师长詹姆斯·M. 加文（James M. Gavin）准将和第101空降师师长马克斯韦尔·D. 泰勒（Maxwell D. Taylor）少将都热衷于证明空降部队对赢得战争的胜利是至关重要的。丘吉尔还希望通过这次行动来提升英国日益衰落的国际声望。并且，蒙哥马利认为这是一个"夺取盟军战略控制权"的机会。[11]

英美两国都在建立一支由六个半师组成的盟军第1空降集团军中投入了大量资源。①虽然从传统意义上讲，这支部队的

---

① 盟军第1空降集团军由美国第18空降军和英国第1空降军组成。其中美国第18空降军下辖美国第82空降师、第101空降师，以及正在训练的第17空降师；英国第1空降军下辖英国第1空降师、第6空降师，附属波兰第1独立伞兵旅以及在占领敌军机场后进行空降的第52（低地）师。——原注

规模并不大，但它是迄今为止组建起来的规模最大、装备最精良的空降部队。身在华盛顿的美国参谋长联席会议主席马歇尔将军和美国陆军航空队司令、绰号"哈普"的阿诺德（"Hap" Arnold）上将都迫不及待地想在一次重大战略行动中使用它。美国新闻界也被空降作战代表着战争的未来这一观点所迷惑。《时代》周刊甚至认为，"建立一支国际空降部队便可维持战后的世界和平"。[12]这是幻想，因为它忽略了一些最基本的限制因素，比如满载部队的运输机航程相对较短。这是将军们常犯的一个错误，他们本应该有更清楚的认识。

9月4日，布朗宁和德·甘冈飞往法国。19时，他们在登普西的第2集团军司令部召开了一次会议。"我们讨论了夺取奈梅亨和阿纳姆的计划，"登普西说，"9月7日上午，我将与第30军从安特卫普出发，空降部队将于同一天上午空投两到三个空降旅夺取桥梁。"[13]

视线回到英国。英国和波兰的空降部队军官并不像他们的上司那样热衷于"彗星"行动。在该行动中，计划让一个伞兵旅空降至德军后方110公里处，其任务是夺取位于阿纳姆的下莱茵河（Neder Rijn）桥梁；让斯坦尼斯瓦夫·索萨博夫斯基（Stanisław Sosabowski）少将的波兰独立伞兵旅和一个机降旅夺取奈梅亨、大桥和城市东南方向的高地。这样的安排引发了关于"英国人和波兰人在夺回荷兰的行动中各行其是"的讽刺言论。[14]索萨博夫斯基，这位曾经的波兰战争学院教授，在简报会上打断了人称"罗伊"的罗伯特·厄克特（Robert "Roy" Urquhart）少将："可是德国人，将军……德国人！"[15]他还讽刺地将那些能想出这样一个主意的人称作"策划天才"。[16]人称"沙恩"的约翰·哈克特（John "Shan" Hackett）准将也开始为

"到时候一切都会进展顺利"这样天真的假设而感到坐立不安。将在阿纳姆大桥现场指挥部队作战的约翰·弗罗斯特(John Frost)中校对他的长官们十分直率,他对这些人说:"相信我,这将是一场血战。"[17]

受在欧洲大陆司令部里大行其道的令人陶醉的乐观情绪鼓舞,盟军第1空降集团军也严重低估了敌人的决心。"大批的空降部队,"他们的情报负责人写道,"胆大到在光天化日之下进行空降行动,很可能会把敌人吓得完全失去组织。"[18]尽管艾森豪威尔有指示,盟军第1空降集团军是去支援蒙哥马利的部队的,但布里尔顿还是倾向于用它来帮助布莱德雷。9月5日,在就"彗星"行动达成共识的两天后,布里尔顿甚至批准了"一项旨在将美国空降部队空降至位于齐格菲防线后方科隆地区附近的计划"。[19]如果这一计划真的实施,其结果将是灾难性的,因为德国人会集中所有可用兵力来保卫这座城市和那里的莱茵河渡口。

艾森豪威尔坚持必须采取一些措施来保护斯海尔德河口,以打开安特卫普港,困住德国第15集团军。蒙哥马利的司令部仅仅以在9月8日要求对瓦尔赫伦岛(Walcheren)发动空降突击这样的方式对此事进行了回应,全然不提"彗星"行动正在筹划的事情。这一次,布朗宁和布里尔顿联合起来表示反对。布朗宁"相信空军可以通过攻击正从斯海尔德河口南部撤离的德军运兵船来收到几乎同样的效果",但这可能不容易办到,因为德国人只在夜间行动。[20]布里尔顿拒绝了这个方案,因为"该岛面积很小,这意味着部队落水造成溺亡的损失过大"。[21]地形对滑翔机不利,且瓦尔赫伦岛有很强的高炮防御。

盟军第1空降集团军和蒙哥马利的司令部几乎是以一种漫

不经心的方式提出了一个又一个空降计划，而这次则是同时提出了两个，简直令人难以置信。蒙哥马利的情报主任、人称"比尔"的埃德加·威廉斯（Edgar "Bill" Williams）准将后来承认："我们没有像为 D 日行动工作时那样严肃认真。在布鲁塞尔，我们举行聚会，度过了一段快乐的时光。每个人都在工作，但心态上是错误的。"[22] 此外，蒙哥马利在讨论空降行动时只会见了布朗宁。他不想咨询英国皇家空军，尽管在西西里岛混乱的空降行动之后，英国陆军部和空军部已经就必须由空军方面主导计划进程达成共识。而且，布朗宁可能不愿意向蒙哥马利元帅承认的是，真正的决定可能将由布里尔顿司令部里的美国陆军航空队军官做出。无论如何，地面和空中部队缺乏联络，即便不是可耻的，也是可悲的。在空军方面，情况甚至一样糟糕。利-马洛里不得不写信给布里尔顿，指出后者没有邀请皇家空军第 38、第 46 大队的指挥官参加筹划会议，而这些部队的运输机将是"彗星"行动不可或缺的一部分。[23]

9 月 9 日，在第 1 空降师师长厄克特少将的陪同下，索萨博夫斯基在米德兰兹（Midlands，又称英格兰中部地区，分为东米德兰兹和西米德兰兹）的科茨莫尔（Cottesmore）机场会见了布朗宁，与之讨论"彗星"行动。"先生，"索萨博夫斯基直截了当地对布朗宁说，"我很抱歉，这个任务不可能成功。"

"为什么？"布朗宁质问。索萨博夫斯基回答道，投入兵力过少，这样的行为无异于自杀。然后，布朗宁试图恭维他一下："但是，我亲爱的索萨博夫斯基，'红魔鬼'（Red Devils）① 和

---

① 二战时期北非德军对英国伞兵的称呼。——译者注

勇敢的波兰人是无所不能的。"虽然索萨博夫斯基明显对这种肤浅的恭维无动于衷,但他还是把自己摆在了一个旁观者的位置:"凡胎浊体的力量毕竟是有限度的。"[24]然后他告诉厄克特,由于他拒绝为这样的灾难负责,他将只接受所有以书面形式向他下达的命令。尽管布朗宁隐晦地承认了兵力可能不足这一事实,但他对索萨博夫斯基的态度深恶痛绝。

在比利时,登普西将军在空降行动上刚刚得出了与索萨博夫斯基类似的结论。就在前一天,他邀请第30军军长霍罗克斯将军到布鲁塞尔机场参加一个简短的会议。正如他所料,霍罗克斯证实了他们在阿尔贝特运河上的桥头堡与"敌人发生了激烈的对抗"。[25]登普西第二天向蒙哥马利表达了自己的担忧,然后又于当天下午乘飞机会见了霍罗克斯。登普西在日记中写道:"很明显,敌人正在调集他们能控制的所有增援部队来防守阿尔贝特运河,并且他们(敌人)也意识到了阿纳姆—奈梅亨地区的重要性。看来他们似乎要不惜一切代价保住这一地区。在这种情况下,任何向东北方向迅速推进的想法似乎都不太可能实现。考虑到我们的休整情况,我们不太可能在十天或两周内进行一场真正的战斗。我们把第2集团军直接派往阿纳姆是合适的吗?还是说将其沿阿尔贝特运河布置,守住左翼,与第1集团军一起进攻正东方向的科隆会更好?"然而,这是蒙哥马利最不希望看到的局面。他希望北上,进而逼迫美国人来支援他。

次日,即9月10日星期日一早,登普西来到蒙哥马利的司令部,并成功说服了他"鉴于[德军]在阿纳姆—奈梅亨地区第2集团军前线的兵力不断增加,在这一地区仅空降一个师的兵力是不够的。我已经得到最高统帅的同意，可以使用三个空降师的兵力"。[26]

蒙哥马利乐于见到"彗星"行动被取消，然后代之以一个规模更加庞大的行动，从而将美国第82空降师、第101空降师纳入他的麾下。但令登普西失望的是，蒙哥马利同时在他面前摇晃着一则一天前从伦敦传来的消息。两枚V-2火箭在英格兰爆炸，它们显然是从鹿特丹和阿姆斯特丹地区发射的。政府紧急要求蒙哥马利对其下辖集团军群需要多长时间才能封锁该地区进行评估。对蒙哥马利而言，这正是他为自己的决定进行辩护所需要的依据。他想取道阿纳姆向北进军，而非像登普西和自己手下其他人更希望的那样，经由韦瑟尔往东走。

陆军元帅蒙哥马利的头上只有一朵云飘着，但对他来说这是一朵乌云。他发现艾森豪威尔允许布莱德雷和巴顿向卢森堡东南方的萨尔（Saar）挺进。最高指挥官并没有像蒙哥马利所认为的那样，给予其北方集团军群充分的优先权。而艾森豪威尔的作战指挥部——位于西边650公里处的格朗维尔——由于通信故障，没能使情况得到改善。此刻，蒙哥马利刚写完一封长信给大英帝国总参谋长——陆军元帅艾伦·布鲁克爵士（Sir Alan Brooke），向其抱怨自己彻底失去了与艾森豪威尔的联系，且对作战行动毫无控制力。他同时写道："艾森豪威尔本人对如何与德国人作战一无所知，他手下也没有懂行的助手来做这项工作，那里就没有一个能搞清楚状况的人。"[27]

登普西把布朗宁叫到他的作战指挥部，在接下来的两个小时里，他们制订出了一份作战纲要。这一新的作战行动将被命名为"市场花园"行动（Operation Market Garden）。该行动由两部分组成："市场"行动是空降行动，在这一行动中，美国第 101 和第 82 空降师将夺取从艾恩德霍芬到奈梅亨一线河流和运河上的渡口，以及位于马斯河和瓦尔河上的大桥——欧洲最大的桥梁；与此同时，在更远处，英国第 1 空降师和波兰旅将降落在阿纳姆附近，占领下莱茵河上的大桥。布朗宁把"市场"行动描述成一块"空中地毯"，他对自己的说法很满意，就好像它只需要在地面部队面前徐徐展开一样。

"花园"行动的主要参与方是霍罗克斯的第 30 军，他们由坦克开道，沿一条单行道向北进军，道路两旁都是沼泽和圩田，偶尔会有一些树林和种植园。他们会一路穿过由伞兵保护的桥梁。在通过阿纳姆大桥后，他们将占领属于纳粹德国空军的代伦（Deelen）空军基地。第 52（空运）师①将飞抵这里，第 30 军则将由此继续一路奔袭到艾瑟尔湖②畔，那里距出发地 150 多公里。英国第 2 集团军的目标是切断德国第 15 集团军以及整个荷兰西部，绕过齐格菲防线，渡过莱茵河，从北部包围鲁尔，甚或向柏林进军。

同一天，蒙哥马利前往布鲁塞尔机场会见了艾森豪威尔，后者是与他的副手——空军上将阿瑟·特德爵士（Sir Arthur Tedder）乘机飞抵布鲁塞尔的。这次会议早在几天前就安排好了，因此关于空降行动的讨论不在会议议程内。艾森豪威尔的膝伤仍然很严重，他无法从飞机上下来，所以他们在飞机上进行了会谈。蒙哥马利给布鲁克写信表达他的失望，写的过程中他变得异常愤怒，情绪非常暴躁。他直截了当地拒绝了艾森豪

---

① 即前文提到过的第 52（低地）师，它的全称是第 52 苏格兰低地步兵师。——译者注
② 艾瑟尔湖（IJsselmeer），也被称为须德海（Zuyder Zee）。——原注

威尔的总后勤部长、中将汉弗莱·盖尔爵士（Sir Humfrey Gale）的出席，却坚持要让自己的后勤部长迈尔斯·格雷厄姆（Miles Graham）少将留下来。

蒙哥马利从口袋里掏出一沓电报。"这些是你发给我的吗？"他挥舞着电报问道。

"当然，"艾森豪威尔答道，"怎么了？"

"好吧，这简直是胡说八道，纯粹一堆垃圾。"艾森豪威尔让他说了一会儿后，探身向前，把手放在蒙哥马利的膝盖上，说："蒙蒂，你不能这样对我说话。我是你的上司。"[28]

蒙哥马利停止了自己的长篇大论，只能含含糊糊地表示抱歉。但他仍然坚持必须制止巴顿的行动，同时坚持应该从霍奇斯的第1集团军中抽调两个美国军加强他自己的集团军群，而且，在物资供应上他应该享有"绝对的优先权"，"即如果必要的话，甚至可以停掉其他所有行动"。[29]艾森豪威尔否定了蒙哥马利对"优先"一词进行的解读，并且强调进攻目标是鲁尔，而非柏林。他准备给予蒙哥马利优先地位，但不会叫停巴顿的行动。艾森豪威尔提醒蒙哥马利，他已经得到了盟军第1空降集团军的支持。这引发了一场针对最新空降计划的非常简短的讨论。

艾森豪威尔遵循的是美国陆军的标准做法。在一项总体战略已经被敲定之后，他不认为有进一步对其实施干预的必要。蒙哥马利后来得以利用这一准则来暗示艾森豪威尔，他已在此次会议上对新的"市场花园"行动计划表示了青睐。他们只讨论了作战时机和后勤保障问题。为了获得更多资源，蒙哥马利刻意把后面这个问题夸大了。艾森豪威尔也许本应该提出飞机航程的问题。他曾收到来自布里尔顿的警告，说盟军的空降师和部队运输机编队应该迁往欧洲大陆，否则的话，对于执行渡过莱茵河的行动而言就太远了。然而，他"被蒙蒂绘制的军需图吓到了"，并同意看看能否增加对登普西第 2 集团军的补给。[30] 本应对形势了如指掌的格雷厄姆认为，每天 500 吨的补给虽然不足以支撑蒙哥马利深入德国北部平原的想法，但对于"市场花园"行动而言已经够了。艾森豪威尔和特德都认为，"与一支大量补给仍然要从巴约（Bayeux）北部海滩拉来的军队谈论进军柏林的问题是一件很荒唐的事情"。[31] 安特卫普港必须首先被打开。

与此同时，登普西迅速行动起来。当蒙哥马利从布鲁塞尔机场回到他的作战指挥部时，登普西已经"［与布朗宁］制定好了行动大纲"。[32] 蒙哥马利在日记中写道："他最早可于 9 月 16 日完成任务准备。"那天下午，蒙哥马利接下来会见了霍罗克斯。"在我的司令部会见了第 30 军军长，并交给他预期由空降军和第 30 军实施的作战计划。该计划将得到右翼第 8 军和左翼第 12 军的配合。"

蒙哥马利曾想给盟军第 1 空降集团军造成一个已经得到最高指挥官首肯的既成事实，他的确做到了这一点。而且他还决定将目标放在阿纳姆，而非韦瑟尔。几乎可以肯定的是，他将与美国第 1 集团军分享（韦瑟尔）这个渡口。

有传言说布朗宁更倾向于韦瑟尔，但他曾经坚定地支持过包含有阿纳姆的"彗星"行动。现在，他将要指挥三个半师——而非之前的一个半师——的空降部队去完成同样的任务，因此他不太可能会在这个问题上反对陆军元帅。而且，关于 9 月 10 日布朗宁曾对蒙哥马利说阿纳姆可能成为一座"遥远的桥"（a bridge too far）这一传言是极为荒谬的，因为当天他们好像并未见过面。在登普西的日记里也未曾提到与蒙哥马利的晨会中有布朗宁出席，且后者直到中午才抵达登普西的司令部，而此时蒙哥马利正和艾森豪威尔在一起。

空降部队终于看到了行动的曙光，布朗宁的喜悦之情溢于言表。他从登普西的司令部向位于森宁希尔庄园的盟军第 1 空降集团军发去一个代号——"新"（New）。[33]这意味着他回来的那天晚上，将会召集一个行动筹划会。

布里尔顿将军一定对蒙哥马利事先根本不征求他的意见而感受到了极大的侮辱。他的怨恨是完全有道理的。在艾森豪威尔最初的指示里，已经坚定了应该共享计划制订权的立场。①蒙哥马利故意忽略了这一点。他写信给陆军元帅布鲁克："空降集团军司令部曾拒绝我要求空降部队帮助夺取瓦尔赫伦岛的请求……现在艾克②将命令他们按照我的吩咐行事。"[35]

18 时，27 名高级军官聚集在森宁希尔庄园的会议室，听取布朗宁中将对当天在比利时所做决定的说明。这些人中包括布里尔顿，以及他的参谋长帕克斯准将、第 9 军部队运输机司令部的保罗·L. 威廉斯（Paul L. Williams）少将、第 82 空降师的詹姆斯·加文准将和第 101 空降师的安东尼·C. 麦考利夫（Anthony C. McAuliffe）准将。[36]令人惊讶的是，无论是第 1 空降师的厄克特少将，还是索萨博夫斯基少将都没有受到邀请。非布里尔顿的部下里，唯一出席会议的英国军官是皇家空军第 38 大队的空军少将莱斯利·诺曼·霍林赫斯特爵士（Sir Leslie

---

① "北方集团军群总司令联合盟军第 1 空降集团军指挥官筹划并指导整个空降力量的使用，以帮助北方集团军群完成被赋予的任务。"[34]——原注

② 艾森豪威尔的昵称。——译者注

Norman Hollinghurst)。几乎可以肯定的是,布朗宁不希望厄克特在场,如此一来,他便可以完全掌控行动计划的制订过程。[37]

布朗宁介绍了他和登普西基于"朱雀"行动的空运时间表而制订的行动计划。他不厚道地暗示这份计划已经得到了艾森豪威尔的青睐,而此时,最高指挥官并没有见过这个东西。布里尔顿和他的参谋人员私下里不屑地认为这只不过是一个"试探性的行动框架"。[38]布朗宁最后宣布,行动将于9月14~16日进行,仅仅三天多以后,时间短得要命。

布里尔顿抛出了第一个关键性的议题:行动是在夜间还是昼间进行?德军夜间战斗机的"效率要比昼间战斗机的更高,但高射炮在昼间射击更准确"。布里尔顿决定在昼间行动,"因为他相信,恰当地使用现有空中支援力量可以提前摧毁高射炮阵地,并且在空降行动中,他们自己也能将其击毁"。他的参谋们称:"这是一个莽撞的决定,因为已知在'市场'行动的任务区域内,敌人的高射炮力量已经增加了35%,运输机没有装甲防护,没有配备密封油箱,并且飞行速度在每小时120~140英里。"[39]但出席会议的加文准将的情报科长认为,他们言过其实了。布里尔顿"对高射炮的估计与我四小时前在美国第2轰炸机师那里得到的结果大相径庭。这个轰炸机师每天都在奈梅亨地区执行轰炸任务"。[40]

布里尔顿随后邀请威廉斯少将发表意见。这位部队运输机司令官的发言对布朗宁而言一定犹如惊雷。他和登普西那天依据的大部分关键性假设,现在都被抛到了九霄云外。"威廉斯将军说,由于距离的原因,将不得不对起飞方式进行调整,这就排除了挂载两架滑翔机的可能……只能采用单挂载的方式。"[41]这意味着每架飞机只能拖拽一架美军滑翔机,而非两架。

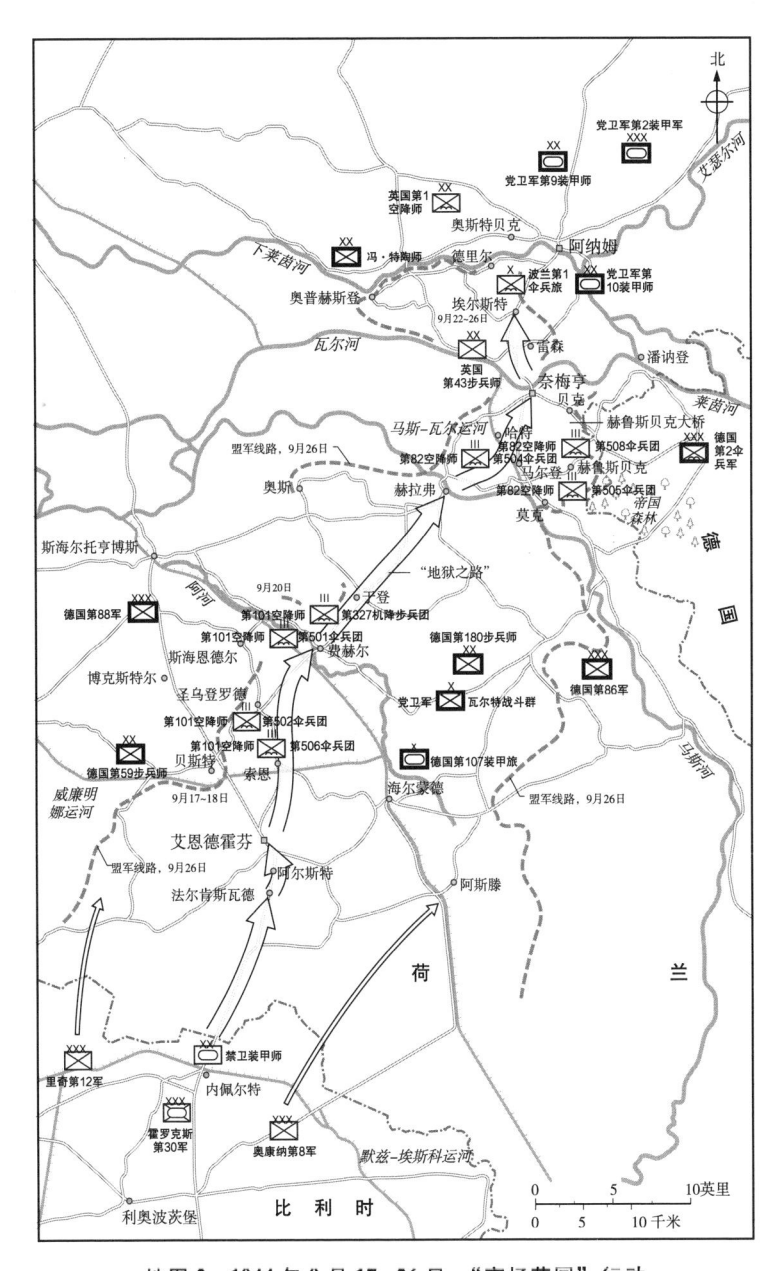

地图2　1944年9月17~26日，"市场花园"行动

在布朗宁和登普西计算结果的基础上，每次起飞只能带上一半数量的滑翔机。而且9月中旬的白昼更短，早晨雾气也更浓，因此，威廉斯排除了一天起降两个波次的可能。

这些改变意味着将花费多达三天的时间来运送空降师，并且这还是建立在天气情况良好的基础之上。因此，在至关重要的第一天，"市场"行动——"市场花园"行动中的空降部分——不会比"彗星"行动空降更多的突击部队，因为一半的部队将不得不留下来保卫机降区和伞降区，以保障后续空降行动。在搞清楚盟军的意图后，德国人将能够在接下来的几天里集中装甲部队和防空力量对这些地区进行打击。由于这一计划事先故意未征求空军意见，威廉斯执拗的态度中，或许含有一定报复的成分。但问题更多地出在蒙哥马利，以及他决心要实施一项考虑不周全的计划上。

第二天，即9月11日上午，厄克特少将出席了布朗宁的简报会。英国第1空降军司令部就位于伦敦的西北方向，坐落在摩尔庄园（Moor Park）中一座有着巨大科林斯廊柱、宏伟而精致的帕拉第奥式大楼里。布朗宁在覆盖着滑石粉的地图上画了三个大圆圈，标明这三个师的进攻目标。当画完第三个圈时，他故意用一种令人不安的眼神盯着厄克特，说："阿纳姆大桥——拿下它。"[42]

后来，他们在对地形进行了更为详尽的查看后发现，由于下莱茵河以北高地的存在，他们的防御计划必须包括近10万人口的阿纳姆市以及城外的伞降区。这勾勒出的防御圈大小是正常情况下一个师战线的许多倍。厄克特的第1空降师被赋予了一个最靠前也最危险的任务，他不禁怀疑，这么做到底是出于对其进攻能力的肯定，还是出于盟国间的外交关系无法承受美国军队在英国人的指挥下惨遭失败的考验。他强烈怀疑是后者，而事实也的确如此。①

同样在伦敦西北郊，一场后续会议在第9部队运输机司令部位于伊斯特科特（Eastcote）的总部举行。美国陆航军官或多或少地左右了伞降和机降区的选择。他们的首要目标是在进出途中避开德军的高射炮。为了在短时间内拿出结果来，这些空运负责人正基于为之前的行动所精心制订的计划来开展工作。然而，威廉斯少将拒绝让滑翔机携带突击队以奇袭的方式来夺取关键性桥梁，而这曾是此前计划中的一个关键环节。英国皇家空军第38大队的霍林赫斯特空军少将说，他百分百乐意与他们一起前进。威廉斯否决了他的提议，理由是"正常规模的突击队不足以夺取和控制关键性桥梁"。[44]但据霍林赫斯特在一份备忘录中所言，之所以做出在"大白天"实施整个行动的决定，"是因为（美国）第8航空队不能在黎明或黄昏时分出动战斗机"，这也是突击队被取消的原因。[45]美国人对能见度的要求比英国皇家空军更为严格。但同样属实的是，一个连的部队在黎明前着陆——就像诺曼底战役中夺取飞马桥（Pegasus Bridge）的行动那样——会在主力部队抵达之前将德军所有能调集的部队都吸引到桥上，并且布朗宁拒绝考虑在白天发动奇袭。

第101空降师师长马克斯韦尔·泰勒少将负责前60公里的道路，他拒绝在"7个孤立的区域"（分别靠近7座他务必夺取

---

① 当艾森豪威尔的参谋长——沃尔特·比德尔·史密斯中将——在战后被问及盟国远征军最高统帅部（SHAEF）是否要求必须由一支英国师担负进攻阿纳姆的任务时，他回答道："不，我们没有做过这样的要求，但我太他妈高兴结果是这样了。如果让一个美国空降师在执行英国人的作战计划过程中被撕成碎片，这将在美国造成灾难性的政治后果。"[43]——原注

的桥梁）实施空降。[46]他担心自己的部队太过分散。[47]伞降区被减小到 2 个，并且后来在与登普西会晤之后，他负责保卫的北方线路缩减到了 25 公里。[48]

加文也对自己伞降区的分散感到不满。威廉斯断然拒绝对它们做出改变。第 101 空降师好歹拥有的飞机数量最多，因为它离前方作战基地最近。分配给第 82 空降师的飞机是第二多的，而给英国第 1 空降师的最少，部分原因在于布朗宁将军挪用了 38 架滑翔机给他自己的司令部。（德国军官后来分析这次行动时得出了相反的结论，他们相信最靠前的那个师实力应该是最强的。）

德军集中的高射炮左右了飞行航线和空投场的规划。考虑到阿纳姆和奈梅亨大桥部署有防空系统，部队运输机司令部希望尽量远离这些重要目标。在阿纳姆，他们还受到位于该城北部德国代伦空军机场的威胁。结果，英国空降师将被空投至很靠西的位置，差不多要行军 10~13 公里，穿过一座主要城镇才能抵达这座公路桥。由此，出其不意——空降作战中最为至关重要的元素——在他们起飞之前就已经烟消云散了。

"开展这次行动的一个最大困难是部队运输机司令部制订计划时僵化死板，"加文的作训科长①诺顿（Norton）中校回忆道，"地面计划事实上成了空中计划的附属。"[49]第 1 空降师厄克特少将根本没有与部队运输机司令部进行强有力谈判的经验。他接受了指定给他的机降区和伞降区。"最终发言权在飞行员那里，"厄克特后来写道，"我们知道这一点。"[50]但是，这些飞行员深信没有别的地点可选。

---

① 此处原文为情报科长，疑有误，实际应为作训科长。——译者注

许多历史学家都抱有一种"要是……就好了"的心态来看待英国人的失败，他们往往过于关注"市场花园"行动中出现问题的不同方面，以至于对核心问题视而不见。这纯粹是一个极其糟糕的计划，从一开始就是这样。其他所有问题都源于此。蒙哥马利对空降作战的实际问题没有表现出任何兴趣。他没有花一分钟时间去研究北非、西西里以及诺曼底的科唐坦（Cotentin）半岛上频繁出现的混乱场景。蒙哥马利的情报主任"比尔"·威廉斯准将也指出，"在做出选择阿纳姆的决定时，蒙蒂并没有进行任何地形研究"。[51]事实上，他顽固地拒绝了听取荷军总司令伯恩哈德亲王的意见，后者曾警告他，让装甲车从高出地面的单行道上下来，部署至低洼的圩田、滩涂是不可行的。[52]

威廉斯还承认，第21集团军群"对敌情的了解非常有限，我们对形势知之甚少"。[53]然而，比其他事情都重要并且从未被公开承认的事实是，整个行动是建立在一切都能顺利进行这一基础之上的。而一条不成文的战争规则是，任何作战计划在与敌人打起仗来后都会失效。空降作战更是如此。德国人炸毁位于奈梅亨的瓦尔河上的大型公路桥的可能性几乎没被讨论过。如果他们真的这样做了，第30军就不可能及时抵达阿纳姆接应第1空降师。德国人没能摧毁它，这对他们来说是一个难以置信且极不寻常的错误，盟军的策划者们不应该指望出现这类错误。

同样在9月11日，海军上将拉姆齐飞往格朗维尔（艾森豪威尔在布鲁塞尔机场与蒙哥马利会晤后就返回了这里）。"我去看艾克，发现他穿着睡衣，膝盖又坏了，"拉姆齐在日记中写道，"我留下来喝茶，他继续谈论蒙蒂、指挥、他的困难和未来的策略等问题。显然他很担心，原因无疑是行为不端的蒙蒂。艾克信不过他，并且可能有充分的理由怀疑他的忠诚。艾克此前从未像现在这样让自己表现得如此依赖于我。"[54]

在接下来的几天里，拉姆齐一直试图与蒙哥马利会面，讨论有关斯海尔德河口和打开安特卫普港的问题。陆军元帅不愿见他。就他而言，安特卫普已被确定为加拿大第1集团军的一个进攻目标。但是，拉姆齐的头脑异常清醒，坚持认为应该按地理顺序依次推进。加拿大人应该继续沿着海岸前进，首先占领并打开那些更小、受损更严重的海峡港口。不管怎样，蒙哥马利清楚地相信，如果他能越过莱茵河，那么安特卫普随后就能得到处理。

与此同时，蒙哥马利正尽其所能地榨取一切资源。9月11日，布鲁塞尔飞机会议的后一天，他向艾森豪威尔发去一则消息："你关于北翼向鲁尔推进的行动**不**应具有超越其他所有行动的优先权的决定会产生一定的负面影响，这你应该知道……修改后的'彗星'行动不能再重蹈覆辙，最早到9月23日还无法实施……拖沓会给敌人时间来组织更好的防御。"[55]他宣称现在发现自己缺乏足够的补给。艾森豪威尔担心盟军陷入既不能在莱茵河上建立桥头堡，又不能确保安特卫普安全的境地，于是派他的参谋长沃尔特·比德尔·史密斯将军去摆平这件事。

第二天，比德尔·史密斯飞往陆军元帅的作战指挥部。他承诺每天额外增加500吨补给，即使这意味着要剥夺三个美国师的运输力量。史密斯同时向蒙哥马利保证，美国第1集团军也将得到优先考虑，以便有力量保护他的右翼。这意味着要在萨尔勒住巴顿的缰绳。蒙哥马利觉得他赢得了一场"伟大的胜利"。他向陆军元帅布鲁克吹嘘说，他给艾森豪威尔的消息已经"产生了令人振奋的效果。艾克让步了,他今天派比德尔来见我。向萨尔推进的行动将要被停止"。[56]

蒙哥马利得到了他想要的东西,又给艾森豪威尔发了一则消息:"谢谢你派比德尔来看我。由于得到了每天 1000 吨的补给,以及现在霍奇斯已经获得保证,他的一切维修需求都会得到满足,我又研究了我自己的问题。我现在已经确定 9 月 17 日星期日为'市场'行动的 D 日。"[57]此时此刻,布莱德雷正对从未征求过自己的意见而暴跳如雷,一听到这个消息就对艾森豪威尔说,他"强烈反对"这个计划。[58]巴顿对此很是反感。"蒙蒂在为所欲为,"他在日记中写道,"而艾克则说'遵命,先生'。"[59]事实上,蒙哥马利并没有得到任何承诺给他的东西,而且后来,他也在试图利用这一点来推卸"市场花园"行动失败的责任。艾森豪威尔将军直到生命的最后一刻,都还在对蒙哥马利坚称他自己对任何过失都不负有责任的行径耿耿于怀。

第四章　尘埃落定

9月10日早些时候,在登普西已然成功说服蒙哥马利取消"彗星"行动之际,英国第1空降师收到了一条新的消息。据弗罗斯特第2营的一名军官说,"整支部队都去诺丁汉和林肯喝酒了,因为只有第1伞兵旅知道该干些什么"。[1]但当他们宿醉返回营地时,他们得知自己终究是要出动了,不过是去执行一个新的、更大的任务。

厄克特的参谋长,查尔斯·麦肯齐(Charles Mackenzie)中校是个小个子男人,他的胡子修剪得整整齐齐,眼睛里流露出一种诙谐的神情,还带有一种冷幽默感。当他和其他一些同事听说任务被取消后,决定那天去泰晤士河上享受一番划船的乐趣。下午返回时,他们发现厄克特将军很激动。"来吧,"厄克特对他们说,"我们被赋予了一项任务,接下来我们有事要做了。"[2]他们开始仔细研究地图,试图搞清楚有可能发生变化的地方。当然,直到第二天的两次简报会后,他们才有了明确的想法。麦肯齐认为,新的行动有三个以上的师参加,至少看起来比此前的计划更靠谱。

美国伞兵在诺曼底战场上亲历过空降作战,他们并没有像英国第1空降师那样,开始滋生愤世嫉俗的情绪。他们部队的风格有点"即便是恶魔也可能会在意树立起来的自我形象"的味道。第82空降师的弗兰克·布伦博(Frank Brumbaugh)从诺曼底回到诺丁汉,带回来"一背包德军头盔"作为纪念品出售。但是，他发现顾客们想要的是那些布满弹孔、被打坏了的头盔，而不是这些锃亮如新的玩意儿。于是，他用一把抢来的"瓦尔特"P-38手枪给他的存货打上枪眼儿，价格也从1英镑涨到了5英镑。"我们也抓住一切机会来安慰这些英国人的妻子和女友，她们的丈夫和男友出征去了远东……晚上灯火管制时，人们在公园里穿梭，不得不蹑着脚走路，以免踩到在地上缠绵的众多情侣，同时也为自己和临时女友找个地方。"[3]

诺曼底战役的损失非常之大，以至于在一些营里，新补充的兵员占到了他们总兵力的60%。[4]第508伞兵团在返回时，2055名士兵只剩下了918人。为了让新来的士兵做好战斗准备，他们加强了训练，但玩笑话不断。美国伞兵称，与英国第1空降师不同的是，当行动被取消时，他们并不感到失望。当因第3集团军的快速推进而越过了目标区域，任务在最后一刻被取消时，他们喊出的是"战斗是一件能让男人受伤的事情！"[5] 和"让巴顿赢得战争！"[6]

与他们的指挥官不同，当行动被取消时，第101空降师中大多数人松了口气。马克斯韦尔·泰勒少将被认为是过于"卖力"。他不停地告诉自己的手下，"除非为大家捞到一个好任务，否则他决不罢休"。[7]他们更喜欢吹嘘另一种不同类型的战斗，"如果某支宪兵部队在第101空降师驻扎在城里的休假期间出来执勤，他们可能会得到总统的嘉奖"。[8]所幸，第82空降师驻扎在东米德兰兹，而第101空降师驻扎在英格兰南部，因为这两个空降师之间喜欢打架。第82空降师的人会指着第101空降师士兵的臂章，假装恐惧地大喊"呼啸山鹰①——救命！救

---

① 美军第101空降师由于其臂章上有一个正在嚎叫的鹰头，被称为"呼啸山鹰"（Screaming Eagles）。——译者注

命!",想要以此激怒他们。[9]

这两个美国空降师中,并非所有人都痴迷于女人、酒精、赌博和斗殴。第101空降师第327机降步兵团的路易斯·辛普森(Louis Simpson)是名诗人,他对东道国的国民性进行了思考。"英格兰人是个非常伟大的民族,他们遇事处乱不惊,不像美国人那样喜欢咋咋呼呼。所有女孩都会向你展示她们家人的照片,并且很有趣似的提到她们遭到空袭,以及自己的兄弟约翰上一年在非洲阵亡的故事。有时候,这种露骨的冷漠让我不寒而栗。我更喜欢像我们那样强调生命的价值。"[10]

波兰伞兵则完全不同。他们不像英国人那样,只想通过开玩笑的方式吊儿郎当地在一场糟糕的战争中发挥最大的作用,并且把任何一场战斗都称作"一场派对"。他们也不像美国人那样,想要尽快完成任务,然后回家。这些波兰人是流亡者,他们是在为本民族的生死存亡而战。一名美军军官看见他们在训练场上的表现,把他们称为"绵里藏针的杀手"。[11] 波兰人的爱国主义一点也不像英国式的爱国主义那样矫揉造作:他们的爱国主义是一种燃烧着的精神火焰。

此时此刻,他们的同胞正在希望渺茫的华沙起义中遭受巨大的苦难。"作为波兰人,我们明白自己必定会为一项注定失败的行动而送命,"沃耶武德卡(Wojewódka)下士说,"但作为一名士兵,我们希望这项行动能够加快战争进程。我们中的一些人希望苏联在占领波兰前会被人制止,并且我们天真地祈祷奇迹会发生。"[12] 英国人无法真正理解这场战争对波兰人来说意味着什么。"我的苏格兰女友哭了,"一名(波兰)伞兵写道,"她明白我们必须分开,也许这将是永别。她不明白的是,作为一名士兵，我必须为了波兰的利益而不懈战斗。"[13]

他们的指挥官——斯坦尼斯瓦夫·索萨博夫斯基少将——是个难于相处且要求严苛的人。他的部下不喜欢他，但尊重、惧怕而且依赖他，因为任何他要求他们做的事情，他自己都会做到。他们称他为"斯塔雷"（Stary）——波兰语中"老家伙"的意思。[14]这位52岁依然坚韧不拔的极端爱国主义者，有一双深陷的眼睛和一张饱经风霜的脸。在与高级官员打交道时，若他认为他们出了岔子，他会表现得极其顽固且毫不客气。

索萨博夫斯基和他手下的一切行为都被一个想法支配着。他们旅的格言是"最短路线"，他们的使命是做解放祖国的先锋队。早在1940年10月，波兰总司令瓦迪斯瓦夫·西科尔斯基（Władysław Sikorski）将军就签署了他"为波兰民族的崛起做准备的命令"。[15]就像后来的许多文件一样，这是份意义重大的文件，它对战争可能的进程高瞻远瞩，但同时也无可救药般地乐观认为，身在英国的波兰军队终究会在自己的土地上与敌人作战。他们甚至考虑了将来装甲师飞行的可能性。

西科尔斯基没有被英国官僚吓倒。他坚持认为，索萨博夫斯基的波兰第1独立伞兵旅组建后，不应被纳入盟军的指挥体系使用，而应作为支援波兰起义的力量被保留下来。尽管毫无疑问英国人有些不满，但他们还是接受了这一条件，并且嘴里嘟囔着"这群疯狂的波兰人"。但是，1943年5月17日，布朗宁与索萨博夫斯基进行了接触，希望在开始制订进入法国的作战计划时修改这一协议。据索萨博夫斯基说，四个月后，布朗宁对他说，"除非你们成为英国空降部队的一员，否则我将剥夺你们的装备和训练机会"。[16]

下一年，当D日行动进展得顺风顺水之时，陆军部认为，任何在波兰开展的起义或作战行动都无非是在把主要精力从诺曼底方向分散出去。蒙哥马利"拒绝接受在使用该旅上附加的任何条件限制"。[17]索萨博夫斯基的指挥权就这样被纳入了英国第1空降军之下。

波兰的问题在于，苏联红军"巴格拉季昂"行动（Operation Bagration）的推进速度出乎意料地迅速，这使他们在1944年7月底就差不多已经兵临华沙城下。波兰从来没有计划发动大规模起义，直到"德国的失败已经不可避免"。[18]但是，为了避免苏联控制波兰首都，波兰国内军（Armia Krajowa）①于8月1日发动了华沙起义。

就在两周后，华沙在这场恶战中被焚毁。波兰总司令半带歉意地写信给索萨博夫斯基说："在适当的时候你会知道这件事的。我尽了最大的努力，希望至少把独立伞兵旅的部分人马，派往过去几年一直让你魂牵梦绕的那个地方。不幸的是，事实证明阻碍比你我的意志力更为强大。但是，我们将咬紧牙关，沿着我们的阳关大道继续前进。保持乐观的精神，向世界展示伟大的波兰军人与命运搏击、冲破一切艰难险阻的才能……好好战斗，打败德国人，从而至少间接地帮助华沙。我们将继续努力为它筹备足够的武器装备和弹药。"[19]但对身处华沙的起义者而言，从空中获得补给的难度将被证明堪比身处阿纳姆的伞兵们。

尽管最近发生了一起训练事故——两架C-47"达科他"运输机相撞，造成他们36名战友死亡，但索萨博夫斯基的战士们依然决心不减。他们仍试图安慰自己，如果不能空降到华沙，

---

① 波兰国内军（又作波兰家乡军）是第二次世界大战期间，在纳粹德国和苏联占领的波兰境内活动的主要抵抗组织。——译者注

至少差不多可以"从厨房走进德国"。[20]但当起义达到恐怖的高潮时,他们因为没有被空降到华沙而"出离愤怒"。那里是他们应该去的地方,他们训练的目的就是为此而战。尽管一个简单的事实是,C-47运输机不具备将满舱的士兵空投到波兰上空并返回英国基地的能力,但这丝毫没有缓解他们的情绪。

9月12日,索萨博夫斯基在摩尔庄园与厄克特再次会晤。[21]厄克特告诉他,波兰独立旅只被分配了114架飞机和45架"霍萨"滑翔机。索萨博夫斯基并不高兴。这意味着他将不得不把他的炮兵部队留在后面。与此同时,他的反坦克分队只能带上他们的炮,开上吉普车,而且每个炮组只能配备两名人员,他们将与第1空降师一起在下莱茵河以北着陆,而波兰独立旅的主体将在南边着陆。

随着时间一天天过去,作战计划中的缺陷也日益凸显。9月14日16时,索萨博夫斯基在林肯郡斯坦福德(Stamford)附近的威特灵(Wittering)机场与厄克特会面。他指出,他的旅只有在英军占领了大桥之后才能在阿纳姆渡过下莱茵河。在会议备忘录中,这位波兰指挥官以生硬的语气记录道:"索萨博夫斯基毫不遮掩地指出,将由第1空降师第1旅夺控的桥头堡在10多公里之外。而且在波兰旅到达之前,第1旅甚至都可能没有到达该地区,甚至还有可能被包围在一个更小的区域内。在这种情况下,波兰旅必须在他们占领桥头堡前等待他们。"[22]

他同时指出,"将由第1空降师和波兰第1独立伞兵旅夺控的桥头堡地形复杂,绵延超过10英里。而且通常还存在这样一种可能,即直到波兰旅于D+2日抵达后,他们的防御阵地还掌握在敌人的手中,因为第1空降师可能根本就没有能力建立并守住如此之大的一个防御圈。在这种情况下,波兰旅将不得不发起进攻，以便前往分配给他们的位于阿纳姆以东的阵地"。厄克特显然认同这种情况有可能发生，但他并没有"预想过敌人任何强烈的抵抗"。[23]

索萨博夫斯基强调："为了确保旅战斗群渡过下莱茵河，第1空降师应该控制该桥梁，或者寻找到其他的渡河手段。"[24] 显然，厄克特向他保证，第1空降师将有能力做到这一点，并保护波兰伞兵旅的伞降区。事实证明，索萨博夫斯基的担忧绝对是有道理的。

英军旅级指挥官们对这个计划并没有那么挑剔，主要是因为第1空降军真的无法面对行动再一次被取消的结果了。他们只是想继续推进这一行动。而且，在第1机降旅指挥官、人称"皮普"的菲利普·希克斯（Philip "Pip" Hicks）准将看来，相比于先前几个行动计划，"市场花园"行动至少看起来有更大的把握取得成功。他说："他们中的有些人绝对处于精神失常状态。"[25] 还有一个因素也不容忽视。官兵们都知道，他们如果不是在一次行动中被空投进战场，则要么将被迫作为一个普通步兵师奔赴战场，要么在被打散后补充进其他部队。[26]

令第82空降师师长詹姆斯·加文准将感到震惊的是，厄克特竟然接受将机降区和伞降区定在离他的主要目标如此之远的地方。并且，加文自己也被布朗宁告知，他的首要任务是保护奈梅亨东南方赫鲁斯贝克（Groesbeek）高地的安全。这片高地俯瞰着帝国森林（Reichswald）——一片刚好横跨德国边境的大森林，据说那里隐藏着坦克。布朗宁的论点是，如果德国人占领了赫鲁斯贝克高地，那么他们的大炮就可以阻止第30军抵达奈梅亨。由此，公路大桥的优先级被降低，部分原因在于盟军第1空降集团军拒绝使用机降滑翔机突击队。与此同时，布里尔顿将军向位于华盛顿的阿诺德将军抱怨称，地面部队的指挥官们"固执地提出了太多的目标"。[27]自然，当蒙哥马利的计划涉及跨越不少于三个主要的，以及不计其数小的水体障碍时，就不会有人大惊小怪了。包括布里尔顿在内，没有人敢说这个作战计划有多糟糕，它完全是建立在德国军队正在崩溃这一假设之上。

尽管英国人已经于9月6日从贝灵恩渡过了阿尔贝特运河，但令斯图登特感到欣慰的是，这些人将会发现前进的道路非常坎坷。"大家普遍认为，"他后来写道，"敌人现在将进入荷兰迷宫般的运河系统，这是一个最有利于防御的地形，在这里敌人将同样无法大量使用他们的坦克。"[28]

9月7日，当贝灵恩和海赫特尔（Hechtel）的战斗还在继续的时候，登普西命令第50（"诺森伯兰"）师渡过海尔（Geel）南部的阿尔贝特运河。[29]这一地区由德赖尔战斗群负责防守，该部队由希尔中将手下最具活力的团指挥官指挥。格林霍华兹团第6营设法建立了一座桥头堡。毫无疑问，格奥尔格·德赖尔（Georg Dreyer）中校因为他的手下被突袭而感到愤怒，于是一次又一次地发起反攻。第50师师长眼看着这场战斗愈发激烈，于是请求布鲁塞尔附近的另一个旅提供支援。第二天，即9月9日上午，舍伍德义勇骑兵队的坦克驶过头天晚上由皇家工兵部队搭建的预制贝利桥。他们将支援达勒姆轻步兵团第6营，并与后者一道于9月10日占领海尔。正如舍伍德义勇骑兵队一名领导后来所写的那样："从我在诺曼底时起，就应该对德国军队有充分的了解。我应该意识到，即便是受伤和走投无路的老虎也必须以最谨慎的态度对待，并给予最大的尊重。我很快就在海尔上了这么一课。"[30] 赖因哈德将军并没有迟疑。他命令第559重坦克歼击营的一个连以及海特第6伞兵团的一个营支援德赖尔战斗群夺回这个阵地。

经过第一天的战斗，位于海尔的舍伍德义勇骑兵队C中队占领了这个城镇，他们对此心满意足，而且这似乎也给当地居民带来了欢乐。但到了白天快要结束的时候，坦克车组成员开始感到不安。他们注意到当地人正匆忙地取下比利时和盟军的旗帜。该中队弹药非常短缺，而且在经历了诺曼底战役的伤亡后，达勒姆轻步兵团第6营的人手已经不足。夜幕降临时，那些剩下的依旧坚守在城镇周围阵地上的德军士兵轻蔑地大声呼喊。据无线电报告，德军坦克或坦克歼击车进入了该区域。幸运的是，来自中队队部的一名勇敢的中士驾驶着一辆满载弹药的卡车穿过德军阵地到达了他们那里。

德国步兵进行了试探性攻击。一名分队长（排长）从他的"谢尔曼"坦克炮塔向外观察时被击中头部，随后坦克车身也被击中并起火，烧死了剩下的车组成员。另一名分队长斯图尔特·希尔斯（Stuart Hills）及时发现了一辆德军坦克歼击车。他的炮手抢在这辆坦克歼击车瞄准他们的"谢尔曼"坦克前将其击毁。部队里另一辆坦克是配备有大威力17磅火炮的"萤火虫"坦克，它在10米开外的地方成功伏击了正在拐弯的一辆重型"猎豹"坦克歼击车。爆炸的冲击波在一定距离外都能被感觉到。

9月11日拂晓时分，舍伍德义勇骑兵队C中队的成员担心那些参加了一系列战斗而疲惫不堪的达勒姆轻步兵团第6营步兵会开始放弃阵地。很快他们就明白，已经没有步兵来保护他们自己不被德国步兵的"铁拳"反坦克榴弹攻击了。到上午晚些时候,该中队只剩下6辆坦克,而当撤退的命令下达时,舍伍德义勇骑兵队有11辆坦克被击毁,2辆严重受损。这场战斗比他们在诺曼底战役中经历的任何一场都更血腥。他们面对的并不是一支溃败的军队。

第五章　清算之日

尽管英国第 2 集团军从南部逼近荷兰边境时被揍得鼻青脸肿，但位于荷兰的德国占领军明显地紧张了起来，荷兰民族社会主义运动中的合作者们再次逃离这个国家。

9 月 8 日，位于乌得勒支的出纳员海因里希·克吕格莱因（Heinrich Klüglein）描述了又一次混乱的撤退潮。他写道："当英军坦克向荷兰南部边境发起攻势的消息传来时，军队和行政当局的一场几乎毫无计划的撤退，导致一些［交通工具］被随意洗劫。那些满载着逃亡者的火车和汽车造成了交通堵塞，被［盟军的］对地攻击机击毁并起火燃烧；简而言之，这是一幕令人感到非常遗憾的场景，它不幸地显示出领导和纪律的缺失。"他所在的部门已经把位于鹿特丹和阿姆斯特丹的所有女性员工集中到了乌得勒支，并且火车已经做好了准备，如果需要的话，便可把人们送到德国或荷兰北部。"这些荷兰人的表现相对平静。"[1] 他继续写道。

位于荷兰的纳粹高官显然比出纳员克吕格莱因要焦虑得多。他们大大高估了荷兰地下抵抗组织的力量，一些地方的地下抵抗组织成员已经开始把树木放倒，横摆在马路上。他们害怕清算之日（Bijltiesdag）① 到来之时，地下抵抗组织会揭竿而起，杀死他们。赛斯-英夸特害怕被民众撕成碎片，但他知道，要

---

① "Bijltiesdag" 在荷兰语中是斧头日的意思，可引申为清算之日。——译者注

逃回德国，就得冒着被送上法庭并被希特勒绞死的风险。英夸特的计划是把阿姆斯特丹、海牙和鹿特丹变成德军防御核心，然后带着剩余部队退往那里。党卫队全国副总指挥劳特尔强烈反对这一防御措施。他们虽然有着共同的奥地利背景，但相处得并不融洽。赛斯-英夸特曾轻描淡写地评论道，这位以屠杀荷兰犹太人为荣的党卫队高级将领和警察总监，只不过是"一个有着孩子式残忍的巨婴"。²

为了缓解赛斯-英夸特的焦虑，冯·维利施将军宣布，他将发布一则告示，恐吓说任何针对德国人的蓄意破坏行动，都将遭到该社区内房屋被纵火焚毁、居民被扣押为人质的报复。赛斯-英夸特对他这般冷酷无情印象深刻，但劳特尔既不喜欢也不信任维利施，决定第二天亲自发布一则更加严酷的命令。于是，荷兰的德国国防军和党卫军领导层互相竞争，看谁能以最暴力的手段震慑住荷兰地下抵抗组织。

第二天，劳特尔向盖世太保和党卫队保安局下达了他"打击恐怖分子和破坏者"的密令，规定任何"非法集会活动都必须被无情地镇压"，那些房子也要"用英国人的炸药和手雷炸毁"。³①三天后，劳特尔收到了党卫队帝国领袖海因里希·希姆莱下达的电报命令："莫德尔就在你的辖区内，立即与他取得联系。"⁴劳特尔发现B集团军群司令部已经回撤至奥斯特贝克（Oosterbeek）。他起身前往桌山酒店（Hotel Tafelberg），并在那里与莫德尔及其参谋长汉斯·克雷布斯（Hans Krebs）步兵上将②进行了会晤。⁵

---

① 爆炸物由英国特别行动处通过空投的方式提供，由于英国人的不称职，荷兰特工在抵达时不幸被捕。——原注
② 此处原文是中将，疑有误，克雷布斯已于1944年8月1日晋升为步兵上将。——译者注

劳特尔后来声称,在这次会议上,他预言了盟军企图占领马斯河、瓦尔河和下莱茵河河上桥梁的空降行动,但莫德尔和克雷布斯否定了他的看法。他们强调,对于那些务必要前去接应伞兵编队,以巩固后者战果的部队而言,阿纳姆大桥实在太远了。莫德尔铁定说过"英国人不可能到阿纳姆来"这样的话。[6]他认为对于蒙哥马利这样谨慎的指挥官而言,整个计划过于草率了。在任何情况下,空降师都是十分珍贵的,他们不会被如此随意地扔下来。"英国人只有两个空降师,美国人也是一样。"[7]因此,盟军会把他们紧紧地攥在手里,直到他们真正有能力渡过莱茵河。

国防军驻荷兰总司令克里斯蒂安森和他的司令部的确预料到会有空降作战,但认为对于这一行动,盟军只会结合着对荷兰海岸进行的两栖登陆作战同时进行。[8]驻扎在阿纳姆北部代伦基地的德国空军第3战斗机师更有先见之明。他们在几天前的作战日志中记录道:"预判在我们的防区内将会发生空降行动。"[9]①

希姆莱曾告诉劳特尔,如果盟军进攻荷兰东南部,将由后者负责炸毁关键桥梁。所以,在这次对奥斯特贝克的拜访中,

---

① 二战结束后,有传言称"市场花园"行动的计划方案已经被荷兰地下抵抗组织叛徒克里斯蒂安·安东尼厄斯·林德曼斯(Christiaan Antonius Lindemans)出卖给了德国人。林德曼斯因其身材魁梧而被称为"金刚"(King Kong),他出生于鹿特丹,在其父亲的车库里工作。战争期间,他帮助荷兰地下抵抗组织建立了一条逃生路线。1944年3月,他被德国反间谍机构阿勃维尔的荷兰分支机构负责人——赫尔曼·吉斯克斯(Hermann Giskes)少校——策反。认为整个计划方案遭到泄露的说法并没有说服力,因为所有来自德国的消息均显示他们完全被蒙在鼓里。战后,林德曼斯被荷兰法庭判处死刑,并于1946年在狱中自杀。

根据历史学家和战时情报官员休·特雷弗-罗珀(Hugh Trevor-Roper)撰写的战后报告,帝国保安总局外国情报处处长、党卫队旅队长瓦尔特·舍伦贝格(Walter Schellenberg)于1944年9月中旬收到情报,预判盟军将在荷兰进行一场旨在夺取莱茵河上一座桥梁的空降行动。[10]但是,他并未采取任何行动予以回应。——原注

劳特尔向莫德尔提出了这个问题。莫德尔坚持认为，炸毁桥梁的决定绝对应当由他来做出。莫德尔后来说，他的意图一直在于确保奈梅亨大桥完好无损，这样他就可以对任何冲锋发起反击并将其阻断。他甚至下令拆除了已经布设好的爆炸装置，以防它们被炮火引爆。

党卫队全国副总指挥劳特尔对自己在荷兰的野蛮行径十分满意，而现在，他渴望扮演一个积极的军事角色。一周后的空降行动将给他提供一个机会来指挥其所谓的劳特尔战斗群。这支部队大概由党卫队看守营①或来自阿默斯福特（Amersfoort）集中营的西北警卫营、一个团的秩序警察和所谓的党卫军第34"尼德兰风暴"掷弹兵师组成。后面这一掷弹兵师事实上只是由几个营的荷兰志愿者组成，他们已经在阿尔贝特运河上被荷兰皇家陆军伊雷妮公主旅击溃。盟军方面，布莱德雷的部队报告了一场东南方向上与荷兰党卫军进行的艰苦卓绝的战斗。"14日，第19军与一个旅的荷兰党卫军交战，遭到了后者的顽强抵抗，"布莱德雷的副官写道，"他们是一群没有什么盼头的雇佣兵，只能被无情地歼灭。［我们］把与他们的战斗同与拒绝投降的日本鬼子（Japs）的战斗相提并论。"[11]

劳特尔为他的荷兰"日耳曼党卫军"而得意扬扬，然而，这支队伍中的许多士兵甚至不是荷兰民族社会主义运动的成员。这些人中的大多数只不过是意志薄弱或投机取巧的年轻人，不想被送往德国充当强制劳工。他们得到承诺，加入党卫军后所要做的只有看守阿默斯福特集中营的犹太人和政治犯。他们不会有危险，他们的家人也会得到额外的食物和燃料配给。由于

---

① 党卫队看守营：纳粹种族政策的主要执行者，主要负责集中营的看守工作。——译者注

即便在这样的情况下也没有招募到足够的志愿者，这支部队还通过在监狱和矫正学校招募新兵来充数。这些"志愿者"被迫签署了一份他们中大多数人看不懂的德文合同。

他们的军官和高级士官都是德国人，营长、党卫队二级突击队大队长保罗·黑勒（Paul Helle）是个来自蒂罗尔州（Tyrol）的奥地利人。黑勒是个无耻、腐败的机会主义者。"虽然他在德国有妻子和孩子，"荷兰战争历史学家特奥多尔·布雷（Theodor Boeree）上校写道，"但他有一个非常亲密的女性朋友。由于此人在爪哇被抚养长大，因此皮肤呈深棕色。当黑勒像往常一样高谈阔论，聊起金发碧眼的北欧人在人种上的优越性时，全营的人都笑了。"[12]黑勒的下属讨厌他，因为他对上司阿谀奉承，对下属态度傲慢。不管是黑勒还是他的部下都没有想过除了欺负被他们看守的囚犯外，还能干点什么别的，更不用说与英国伞兵作战了。

驻扎在下莱茵河北岸的德国党卫军第2装甲军是一支截然不同的作战力量。该军由党卫军第9"霍亨施陶芬"装甲师和党卫军第10"弗伦茨贝格"装甲师组成，其军长是党卫队全国副总指挥威廉·比特里希（Wilhelm Bittrich）。因为持续的空袭和劳累，再加上从诺曼底撤退的过程中几乎失去了所有的坦克，他们所谓的"战斗优越感"已经被严重挫伤。[13]甚至它的兵员实力也下降到满员状态的20%以下。

9月3日，党卫军第10"弗伦茨贝格"装甲师奉命前往马斯特里赫特，在那里，他们被告知从撤退中的德国空军部队那里征用汽车和弹药补给以重新武装自己。党卫军第9"霍亨施陶芬"装甲师以及军部参谋人员被派往35公里以西的比利时哈瑟尔特。就在第二天,比特里希接到命令,要求将他位于下莱茵河北面的两个师撤退到阿珀尔多伦(Apeldoorn)和阿纳姆地区进行休整,但仍要保持战斗状态。他带着他的参谋人员以及一些军部直属分队前往阿纳姆以东 30 公里处、位于杜廷赫姆(Doetinchem)的一处城堡。该城堡状态良好,而且周围有护城河环绕。

比特里希几乎是党卫军中唯一一位受其陆军同僚尊敬和喜爱的将军。他身材健硕、聪明睿智、富有涵养、思虑周全,而且颇具幽默感。在完成莱比锡音乐学院的学习后,他原本想成为一名音乐家和指挥家。尽管他的官方身份是个纳粹分子,但他对党内高级成员和希特勒的追随者们鄙夷不屑。在 7 月 16 日于诺曼底与陆军元帅埃尔温·隆美尔的谈话中,他对元首大本营以及他们拒绝承认西线战场正在发生溃败的做法表达了强烈的批评,甚至明确表示同意隆美尔与盟军进行秘密谈判的计划。比特里希坚决反对绞死涉嫌参与 7 月 20 日暗杀希特勒行动的埃里希·赫普纳(Erich Hoepner)大将,他的一位军官向柏林报告了此事。比特里希被命令交出自己的指挥权,但随着诺曼底战场形势的恶化,他无法逃脱被惩处的命运。莫德尔元帅随后在往荷兰撤退的途中,挫败了进一步惩罚他的企图。

比特里希的首要任务是恢复他两个师的战斗力。除了党卫军第 9"霍亨施陶芬"装甲师带回的 8 辆破旧的"雷诺"(Renault)坦克外,第 10"弗伦茨贝格"装甲师只剩下 3 辆 V 号"豹"式坦克尚可使用,另外还有 2 辆在车间维修。[14]此外,这两个师有突击炮、自行火炮和重型迫击炮共计 20 门。在那些绝望的日子里,比特里希不得不进一步弱化自己的指挥权。他奉命派遣党卫军第 9"霍亨施陶芬"师的泽格勒战斗群和亨克战斗群去加强瓦尔特（Walther）上校指挥下的混成力量，以对付新建立起来的英军桥头堡，后者横跨马斯-斯海尔德运河，几乎到了荷兰边境。[15]此外，"霍亨施陶芬"师的侦察营和三个装甲掷弹兵营也是难啃的硬骨头。

当"市场花园"行动还处于筹划阶段时，对于党卫军第2装甲军的兵力情况就已经有了很多的争论。早在"彗星"行动准备期间，盟军情报机构就已通过荷兰地下抵抗组织和截获的无线电信号得知了这支部队的存在。[16]然而，简报会上几乎没有提到它的存在，部分原因是人们认为它在从法国撤退的过程中实际上已经被摧毁了，部分原因是出于避免让军队失望的错误尝试。

9月12日，当比德尔·史密斯前去会见蒙哥马利，向其承诺提供所需的额外补给时，他带了盟军最高统帅部情报主任肯尼思·斯特朗（Kenneth Strong）少将一同前往。"这次行动是在第21集团军群内部酝酿形成的，"战争结束后比德尔·史密斯说，"我们对此心里一直犯着嘀咕。斯特朗认为，在第1空降集团军预定空投地点及其周边，可能会部署有三个师的装甲部队。"比德尔·史密斯还认为被派往阿纳姆的英国军队"太弱了"。[17]

此时，蒙哥马利的司令部已经把他们的观点传达给了盟军第1空降集团军，即"已知唯一即将抵达荷兰的增援部队是士气低落、组织混乱的第15集团军残余，他们正从比利时经由荷兰的岛屿逃跑而来"。[18]蒙哥马利甚至拒绝让斯特朗出现在他面前，同时反驳说"我有我自己的情报机构"，[19]他"草率地将［比德尔·史密斯的］反对意见搁在一边"。[20]

情报官员之间的相互敌视和厌恶有时甚至比他们各自指挥

官之间的还要严重。蒙哥马利手下才华横溢但脾气古怪的情报主任"比尔"·威廉斯准将对待艾森豪威尔的手下斯特朗少将的态度十分尖刻。战后,威廉斯对美国官方历史学家福雷斯特·波格(Forrest Pogue)说"他什么都担心",并称斯特朗老是"莫名其妙地恐惧"和"捕风捉影地怀疑"。他甚至认为斯特朗是"懦夫",说他"不会靠近前线"。[21]

撇开个性上的冲突不谈,他们各自在不同的方面犯了错误。"霍亨施陶芬"师和"弗伦茨贝格"师确实出现在这一地区,而且不是像蒙哥马利和威廉斯想象的那样完全失去战斗力。但由于只有3辆"豹"式坦克以及不足6000人可以参加战斗,他们很难被算作正规的党卫军装甲师。"事实上,"其中一名指挥官说,"他们几乎不具备团一级部队的战斗力。"[22]

令所有参与讨论的盟军指挥官都始料未及的是,德国军事机器有着惊人的反应速度和决心。即使处于虚弱状态,这两个装甲师也足以提供一个让其他缺乏战斗经验的部队依附的核心。

布朗宁的情报处长布赖恩·厄克特(Brian Urquhart)少校对自己长官的自满越发感到不安。他十分确信阿纳姆地区有德国坦克的存在,于是请求了一次摄影侦察任务。[23]照片显示,属于赫尔曼·戈林师训练和补充营的Ⅲ号和Ⅳ号坦克正用于训练驾驶员。正如厄克特所料想的那样,他们不属于党卫军第2装甲军。盟军在"市场花园"行动中遭遇的绝大多数坦克在行动开始时并不存在,而是之后用快速运输列车以惊人的速度从德国本土运过来的。

无论党卫军第2装甲军有何种优势和劣势,英国第1空降师能否幸存，完全取决于霍罗克斯的第 30 军能以多快的速度沿一条单行道一路向北 103 公里抵达阿纳姆。相比于最初的计划，行军距离已经缩短了，因为禁卫装甲师现在占领了位于内佩尔特（Neerpelt）的马斯-斯海尔德运河上的桥头堡。

第 2 王室骑兵团克雷斯韦尔（Cresswell）中尉所属部队在运河前成功包抄了德军，正如该师所报告的那样，"采用的是他们那令人难以置信的迂回战术"。[24] 他们将装甲车和侦察车藏匿在德军后方的一片森林里。克雷斯韦尔和卡特勒（Cutler）骑兵下士利用偷来的自行车执行他们的侦察任务，并且最后爬上了一座工厂的房顶，在那里，他们可以从背后侦察德军阵地。他们汇报道，德赫罗特屏障（De Groote barrier）上的桥梁完好无损，尽管它被牢牢地控制住了，但他们仍能在地图上确定这些阵地的位置。

"我们在夜幕降临时抵达这座桥梁附近，" 9 月 10 日，爱尔兰禁卫团第 3 营在他们的作战日志中写道，"营长［J. O. E. 范德勒（J. O. E. Vandeleur）①中校］在迅速踩完点后，决定试探性地对其发起突袭。2 连和一个坦克中队被派去执行这项任务。坦克对大桥进行了密集火力射击，成功地打掉了几门 88 毫米火炮。由一队坦克打头阵，斯坦利-克拉克（Stanley-Clarke）中尉那个排向大桥发起冲锋并成功抵达了对岸。2 连和 3 连的剩余人员迅速赶了过来，加入他们的战斗，阵地于是迅速得到了巩固。与该营一起的那名皇家工兵部队军官成功拆除了所有准备摧毁大桥的炸药。"[25] 这次引人注目的奇袭以仅 1 人牺牲、5 人受伤的代价取得了胜利。

---

① 通常被称为乔·范德勒。——译者注

爱尔兰禁卫团对自己的成就深感自豪,他们根据乔·范德勒中校的名字将他们的战利品命名为"乔之桥"(Joe's Bridge)。与其共同作战的装甲营在作战日志中夸耀道:"我们的胜利为第 2 集团军的推进节省了整整一天的时间。"[26]第二天上午 9 时,德军组织自行突击炮和步兵进行了反击,其中一门突击炮冲到了距营部不足 100 米的地方。但德军最终被击退,损失惨重。爱尔兰禁卫团的步兵营有 14 人伤亡,其中包括 1 名上尉,他在用 PIAT 反坦克抛射器瞄准突击炮时阵亡。

师长艾伦·阿代尔少将要求第 2 王室骑兵团对向北通往艾恩德霍芬的道路进行侦察。他想知道法尔肯斯瓦德(Valkenswaard)附近多默尔河(River Dommel)上的那座桥梁是否坚固到可以通过坦克。由于该区域的防御得到了新组建的瓦尔特战斗群的迅速加强,因此这是一项艰巨的任务。通晓德语的鲁珀特·布坎南-贾丁(Rupert Buchanan-Jardine)中尉只带了两辆侦察车。[27]到了早晨,薄雾尚未被阳光驱散,他们几乎没有遇到任何阻碍就穿过了德军防线。他们一路向德军防线后方大约 10 公里处的法尔肯斯瓦德开去。布坎南-贾丁向当地人打探了这座大桥的情况,而且自己也好好地观察了一番,然后回到车上。他们关上舱门,从德军阵地往回冲,机枪和步枪子弹如雨点般倾泻在装甲车上,发出震耳欲聋的响声。他们非常幸运,因为沿途的德国人还没来得及掉转反坦克武器。他们的小规模突围在德军后方引起了巨大的骚动。艾恩德霍芬的警察用扩音器命令所有平民立即离开街道。[28]

9 月 13 日拂晓,德军对内佩尔特桥头堡发动了一次小规模反击。在黎明时自动进入战斗准备状态的禁卫团官兵们并未被成功偷袭。他们的炮兵支援力量已经探明了敌人可能的集结地,立即组织了反击,进攻似乎还没开始就已经结束了。在艾恩德霍芬,一名女性在那天早上的日记中写道:"我们听到了炮火声。最新消息是,盟军已经靠近了15公里……他们一定在法尔肯斯瓦德。艾恩德霍芬将会成为第一座获得解放的荷兰城市吗?解放的过程中能不能尽量避免太多的流血牺牲呢?我们向上帝祈祷,我们的国家将免于遭受太多的苦难。"[29]就在同一天,赫尔曼·戈林师的富尔里德中校率军南下。不到一个星期后,第30军将沿着同样的道路北上。富尔里德认为,守卫奈梅亨和赫拉弗(Grave)主要桥梁的"兵力完全不够"。而且在他看来,他们并没有为炸毁大桥做好适当的准备,"那是在犯罪",他在日记中如此补充道。[30]

禁卫装甲师在为"花园"行动做准备的过程中得到了"几天的喘息时间",并替换了坦克以使其恢复战斗力。爱尔兰禁卫团将第30军的命令总结为"把油加满、收拾干净、潇洒起来(Top up, tidy up, tails up)——好几天内都不会出发"。[31]对于军官们而言,"潇洒起来"似乎意味着溜到布鲁塞尔去拜访新结识的女友,并在独家烤肉(Le Filet de Sole)餐厅免费用餐。禁卫团的士兵就没这么幸运了。军士长们让他们在车上卖力工作。

盟军第1空降集团军和位于比利时的英军指挥机构之间的通信状况并没有得到改善,而后者正是这项作战计划的制订者。布里尔顿和他的参谋人员在计划开始实施的几天后才发现,"第30军将沿着一条30英尺宽、70英里长的道路行军"。[32]没有人搞得清楚空降部队的主要增援力量,即英国第52(空运)师究竟将在什么时候到来。大家普遍想当然地认为,一旦占领了德国空军的代伦机场,该师就可以飞往那里。

9月12日，盟军第1空降集团军召开会议讨论空中支援行动，内容主要涉及实施对德军兵营和高射炮防御阵地的轰炸。[33] 三天后，美国第8航空队、第9航空队、轰炸机司令部，英国防空司令部、海岸司令部以及盟国海军的代表们召开了一次规模更大的会议。其中，英国防空司令部将提供英国皇家空军战斗机承担护航职责。不过，参会者中没有来自第2集团军、第30军，甚至是位于欧洲大陆的英国皇家空军第2战术航空队的代表。只有美国第101空降师曾尝试与第30军建立联系。9月12日，第101空降师炮兵指挥官安东尼·麦考利夫准将与C. D. 伦弗罗（C. D. Renfro）中校一同飞往布鲁塞尔，后者将担任该部队派驻霍罗克斯参谋部的联络官。[34] 他们前往登普西的司令部，然后拜访了位于海赫特尔南部的霍罗克斯，伦弗罗待在了那里，但大家都对他敬而远之。

同样在9月12日（星期二），厄克特少将召集成立了一个指令小组向他的旅和一些部队指挥官下达简要指令。罗伯特·厄克特，人称"罗伊"，是个身材魁梧、留着浓密黑胡子的男人。他曾是一名在意大利战场上表现勇敢的步兵准将。当被告知将要指挥第1空降师时，厄克特大吃一惊，坦白道："这些玩意儿到底是怎么运转的，我完全没有概念。"[35] 他一生中从未跳过伞，对空降行动一无所知，还受着严重的晕机症的折磨。尽管如此，他还是难以拒绝这样的拔擢。

1944年1月初，厄克特向布朗宁报到，当时他还穿着他的老部队——高地轻步兵团（Highland Light Infantry）的格子呢军装。看到这一幕，布朗宁立即说道："你最好先去把衣服换好。"厄克特建议说，考虑到缺乏跳伞经验，自己最好做一些相应的练习。布朗宁瞥了一眼他的块头，然后答道："学习跳伞不是我应该操心的事情。你的任务是让这个师做好进袭欧洲的准备。不管你是不是块头太大不适合跳伞，你都得上。"[36] 此时，厄克特 42 岁。布朗宁解释道，他跳了两次，两次都受了伤。这就是他决定转而把自己训练成一名滑翔机飞行员的原因所在。

厄克特很清楚地意识到，空降兵兄弟会把他看作外来人，甚至是让人感到好奇的人。他明白无论是军官还是士兵，都会对他进行一番打量。没有人讨厌他，并且大多数人钦佩他的勇气、幽默和公正。但也许他传统的军事背景所导致的最大缺点，在于过于简单地认为"空降师是一支训练有素的步兵部队，在常规炮兵和工兵支援下遂行作战任务。而且一旦降落到地面，它就进行常规的地面战斗"。[37] 事实并非如此。空降师一着陆，就必须立即利用出其不意的特点，来弥补它相对于作战对手在运输能力、大规模炮兵支援和重型武器方面的不足。

55　　厄克特手下有三名准将。三人中最年长的是"皮普"·希克斯，由他指挥下辖三个机降步兵营的第 1 机降旅。希克斯是个沉默寡言、缺乏激情的指挥官，在进袭西西里的战斗中，他乘坐的滑翔机在海上迫降，他差点被淹死。第 1 伞兵旅高大而优雅的指挥官杰拉尔德·拉思伯里（Gerald Lathbury）则完全不同。据厄克特说，他说起话来慢悠悠的，但很有头脑。拉思伯里有伞兵部队下辖第 1、第 2 和第 3 营，其中许多官兵在突尼斯和西西里经受过战火的考验。三人中最年轻，也最聪明的是人称"沙恩"的哈克特准将，一名身材矮小却极为自信的骑兵，他来自国王属皇家爱尔兰轻骑兵团第 8 营。哈克特指挥着第 4 伞兵旅，不喜欢与蠢货打交道。然而，他辖下的三个营无论是在经验还是在专业性上，都无法与拉思伯里的手下相匹敌。

厄克特原本想让首批起飞的部分部队空降到下莱茵河以南的圩田里，但遭到了英国皇家空军的断然拒绝，因为德军高射炮阵地就设在阿纳姆大桥附近。运送第1空降师的飞机将构成一个从英格兰出发、自北向南靠左飞行的编队。因此，在空投伞兵或释放滑翔机后，他们不得不向左转弯，以避免与在奈梅亨空投第82空降师的飞机相撞。如果他们飞临下莱茵河以南的阿纳姆，那么他们将在高射炮阵地上空转弯，然后回来时正好掠过位于代伦的德国空军机场。由于第9部队运输机司令部提出的种种限制，厄克特别无选择，只能在阿纳姆—代伦一线以外的区域选择伞降和机降区。索萨博夫斯基的波兰伞兵旅预计仅能在第三天的时候被空投到阿纳姆公路桥南侧。第9部队运输机司令部认为，到那个时候大桥和所有的防空阵地都已经被占领了。

任何只要具有一点空降作战经验的人都能看出，英军位于阿纳姆以西多达13公里的机降和伞降区太过遥远了，无法取得出其不意的效果。在D日指挥过第6空降师的理查德·盖尔（Richard Gale）少将向布朗宁警告道，突击队的缺席可能导致灾难性的后果，他宁愿辞职也不肯接受这个计划。布朗宁并不认同他的看法，并要求盖尔不要对任何人提及此事，因为这可能会影响士气。[38]厄克特对这一根本性缺陷了然于胸，计划使用侦察中队驾驶吉普车，带着机枪，在前方开路。侦察中队的指挥官、"嬉皮笑脸、面色通红、满头银发的少校"弗雷迪·高夫（Freddie Gough）到指令小组时迟到了，受到了严厉的训斥。[39]这也许不是个好兆头。

对于即将到来的行动中的另一个根本性错误，厄克特就无能为力了。当拉思伯里的第1伞兵旅准备向大桥进发时，希克斯的第 1 机降旅不得不待在后方,以保卫伞降和机降区的安全,为第二天哈克特的第 4 伞兵旅的着陆做好准备。这意味着厄克特将只有一个旅的兵力来夺取他的主要目标。从一开始,他的师就被一条巨大的鸿沟一分为二。更糟糕的是,他的一名通信军官开始担心,由于阿纳姆城和树林之间隔着这么远的距离,22 型电台(22 Set radio)可能会无法工作。[40]

第六章 最后的修饰

在荷兰，占领者和被占领者之间的关系骤然变得紧张起来。9月10日，星期日，奈梅亨，所有年龄在17岁至55岁之间的男性都被命令去挖掘防御工事。占领者们警告道，对于那些没有出现的人，他们的财产将被没收，妻子和孩子将遭到逮捕，房屋也会被纵火焚毁。德国人任命的市长是个遭人憎恨的荷兰民族社会主义运动成员，他召集学校老师开会，命令他们监督好自己的学生。老师们对此事避犹不及。第二天，一名妇女在日记中写道："出于报复，德国人正在洗劫那些没有出席会议的教师的房子，而且路过的人也被胁迫帮助他们做这样的事情。"[1]据德国人说，这些人的家具被充公，转而送给了帝国境内那些家具被炸毁的家庭。[2]老师们不得不作为"潜水者"隐藏起来。[3]

9月13日，奈梅亨市体格健壮的年轻人仍然拒绝带着铁锹出现，不想为挖掘防御工事做准备。第二天，当奥兰治电台（Radio Oranje）宣布马斯特里赫特已经获得解放时，全副武装的党卫军士兵出现在了街道上。因为害怕遭到逮捕，很少有男性平民敢冒险出门。一份德国公告宣称，他们会处决采用任何方式搞破坏的人，并焚毁其房屋。[4]据斯图登特第1伞兵集团军的报告，有"9名恐怖分子被击毙"，另有5人因间谍活动遭到逮捕。[5]

9月15日，党卫队全国副总指挥劳特尔向莫德尔位于奥斯特贝克的 B 集团军群司令部发送了一则消息，表达他对即将发生的起义的恐惧，并建议解除所有荷兰警察的武装，以防存在"藏匿的恐怖分子"。[6] 同一天，在阿纳姆市郊的莫伦贝克（Molenbeke），一群男孩试图放火烧毁一个军火库。[7] 作为报复，有三人遭到处决，其中一人是学校校长。此时，还有许多大一点的男孩正忙于切断电话线，割破德国国防军车辆的轮胎。正如其中一人后来所说的："我们不知道危险是什么。"[8] 马里厄斯·范·德·贝克医生（Dr Marius van der Beek）——阿纳姆以西沃尔夫海泽（Wolfheze）一家诊所的神经科医生——记录下了一则警告：如果不交出两天前被绑架的一个荷兰民族社会主义运动成员，还有三人将被处死。[9] 一个匿名电话显示，此人还活着，且没有受伤。

沃尔夫海泽是个小村庄，它坐落于一座小型火车站旁的树林里，这里不但有一所盲人学院，还有一家精神病院。这使它成为德国人藏匿部队和军需物资的理想场所。9 月 11 日，40 门崭新的 105 毫米榴弹炮从工厂运了过来，还有 600 名炮兵（既有年轻人，也有年长者）乘火车抵达，在树下扎营。他们的指挥官布雷德曼（Bredemann）上尉声称，他们费了很大的劲才恢复了秩序，因为一些建筑被用来安置德国空军的那些女通信员，即"闪电妞"（Blitzmädel）。"疯人院很久以前就被大量德国荡妇占据了，"布雷德曼回忆道，"她们在代伦机场上班，部分职责是充当'闪电妞'，这是对妓女的新称呼。因为她们在与士兵进行亲密的团队合作的那一刻，给他们带来了极其短暂的快乐——有时还得排队。"[10]

9 月 15 日，星期五，供火炮使用的弹药运达，并且在树林附近设立了一个大型仓库。作为保卫艾瑟尔河（River IJsser

防线计划的一部分，10多门由征用的马匹拖曳的火炮被运送至阿纳姆东北方向的杜斯堡（Doesburg）。纯属偶然的是，在厄克特的要求下，沃尔夫海泽即将成为两天后被空袭的目标，因为它恰好就在第1空降师的伞降区和集结地附近。[11]显然，美国陆军航空队要求得到确认，在该地机构内及周围的确有德国军队的存在，而不仅仅是精神病人。厄克特的参谋长麦肯齐中校做出了保证，尽管他也不能确定。而之后轰炸的结果将是惨绝人寰的，主要原因则在于他们直接命中了隐藏的弹药库。

在皮特·克鲁伊夫（Piet Kruijff）的领导下，阿纳姆地区的"国家炮手"地下抵抗组织被管理得非常好。[12]克鲁伊夫是人造丝制造商AKU的工程师，领导着一个安全可靠且组织严密的团队。他设立了不同的小组，每个小组由组长秘密挑选自己的成员。1944年8月，特别行动处向阿纳姆以北的费吕沃（Veluwe）高地空投了武器和炸药。克鲁伊夫的主要助手包括：工作上的同事，阿尔贝特·霍斯特曼（Albert Horstman）；海军军官查尔斯·杜·范·德·克拉普（Charles Douw van der Krap）少校，他曾因勇敢被授予荷兰最高勋章——威廉勋章（Willemsorde）；负责看管爆炸物的哈里·蒙特弗罗伊（Harry Montfroy）；负责通信的约翰内斯·彭泽尔。这个小组开展过多次破坏行动，如曾在埃尔斯特（Elst）炸毁一列火车。

9月15日，克鲁伊夫的小组部分炸毁了一座重要的高架桥。虽然损坏没有他们所期望的那么严重，但德国人还是在第二天发布公告称，除非肇事者自首，否则他们将在9月17日星期日中午枪杀12名人质。医生、教师和其他知名人士立即躲藏起来，以免在必将到来的报复行动中遭到逮捕。[13]克鲁伊夫的几位同志认为，他们应该牺牲自己而不是让无辜的人死去。而克鲁伊夫的态度很坚决：他们身处战场，谁也不能放弃自己。幸运的是，星期日早晨盟军猛烈的空袭解决了这一难题。德国人有更要紧的事情要操心。

克鲁伊夫在阿纳姆和其他地方——特别是奈梅亨——的组织已经认识到电讯的重要性。他们不但招募了电话接线员，还对部分自己人进行了培训。荷兰电话组织PTT（postal telephone and telegraph service）的工程师尼古拉斯·德·博德（Nicholas de Bode）帮助建立了一个秘密系统，有了此系统，地下抵抗组织便可利用由29位数字组成的特殊号码，通过自动拨号的方式将该国南北联系起来。[14] 尽管德国人在每一次班组轮换的时候都安插了本民族的人来监视可疑活动并处理德国国防军的电话，但他们对该系统依旧全然不知。他们也不知道该地区的PGEM电力公司在阿纳姆和奈梅亨之间有自己的私人电话网络，这一网络还被地下抵抗组织利用。[15] 不幸的是，纯粹出于些许在其他地方的糟糕经历，英国军队并不真正信任任何抵抗组织。厄克特少将曾从意大利游击队那里得到过不可靠的情报，倾向于认为所有这一类型的消息源所提供的仅仅是"爱国主义童话故事"。[16] 而且蒙哥马利直接向伯恩哈德亲王挑明，他"并不认为抵抗组织成员能担大任"。[17] "市场花园"行动前的一些情报摘要甚至认为，靠近边境地区的荷兰人——特别是奈梅亨周围——很可能是亲德派。

9月14日，皮特·克鲁伊夫的同僚沃特·范·德·克拉茨（Wouter van de Kraats）注意到异常之多的德军车辆出现在了阿纳姆以西5公里处的奥斯特贝克。这个宁静祥和的村庄主要由大型别墅和坐落在精心打理的花园中的住宅组成。这里融合了多种建筑风格：无可挑剔的、几乎称得上荷兰工艺品的茅草屋顶，以及屋顶铺着粉红瓦片、墙壁被粉刷得像生日蛋糕的别墅。奥斯特贝克沿着下莱茵河北岸的一片高地展开，这里有成荫的树木，景色优美的河面，以及远处贝蒂沃（Betuwe）的圩田。多年以来，奥斯特贝克一直是荷属东印度的高级官员和富商们退休后理想的栖居之地。

毫无征兆的情况下，奥斯特贝克竖起了巨大的标牌，上面写着"德国国防军——禁止入内！"[18]高射炮，甚至包括一门反坦克炮特别把守着一条道路——彼得堡路（Pietersbergseweg）。沃特·范·德·克拉茨观察到人员活动主要集中在桌山酒店。[19]他假装住在附近，成功说服了第一个哨兵让他过去。另一个更爱摆谱的哨兵抬起自己的步枪，命令他立即离开这个地方。沃特·范·德·克拉茨很乐意地照办了。他已经看到了他所需要的一切。酒店外，方格状的金属三角旗象征着这里是一个集团军群的司令部，而司令只可能是一个人。

精力充沛的莫德尔没有浪费一丁点儿时间，在匆忙看了一眼他的新司令部后，便立即前去会见该地区最重要的部队指挥官，党卫队全国副总指挥比特里希，后者将自己的司令部设立在了有护城河环抱的斯朗根堡城堡（Kasteel Slangenburg），此地位于阿纳姆以东25公里处的杜廷赫姆。

9月14日，莫德尔刚好在黄昏前到达了斯朗根堡城堡。这次会见没有他的参谋长——克雷布斯上将的陪同，莫德尔穿着灰色皮革大衣，戴着单片眼镜，大步流星地走了进去。比特里希比他那矮小的集团军群指挥官要高出许多。他后来说："他只到我耳朵那么高。"比特里希已经把他的两位师长——党卫军第10"弗伦茨贝格"装甲师的海因茨·哈梅尔（Heinz Harmel，党卫队旅队长)和党卫军第 9"霍亨施陶芬"装甲师的瓦尔特·哈策尔(Walter Harzer,党卫队一级突击队大队长/党卫军中校①)——召集了过来。

莫德尔自始至终都没有坐下。他一直在不停地问这问那。"你还剩下什么？多久你能恢复元气？"

比特里希回答道，他每个师的一线作战部队几乎不超过 1500 人，尽管他们总的人数是这个数字的两倍。接着，他们讨论起重新武装的问题。党卫军司令部已经做出决定，这两个师中的一个将被送回德国进行彻底的重新武装，而另一个将留在荷兰，原地进行整编。比特里希更加青睐他的旧部——党卫军第 9"霍亨施陶芬"装甲师，于是选择让该师返回德国。随后，莫德尔命令"霍亨施陶芬"师的军官们在离开前将他们的装甲车、重型武器以及一些人员一道移交给他们的姊妹师。哈梅尔肯定高兴不起来，他觉得既然自己的师是这两个师中较弱的那一个，就应该是他们被派回去接受重新武装。

"还有什么别的问题吗，先生们？"莫德尔问道，几乎没有看他们一眼，"还有别的吗？没了？那再见吧。"[20]

虽然莫德尔在诺曼底战役和撤退过程中保护了比特里希，但有一些事情是这位党卫军第 2 装甲军指挥官不希望他的上级知道的。比特里希可能会用歌德的《浮士德》和柏拉图的《理想国》作为"随军书籍"来装点门面，但他最喜欢的消遣方式没有那么高尚。[21] 他在柏林有一个"小舞者"。[22] 哈策尔中校曾是他的参谋长，前者经常在莫德尔要求知道比特里希的位置时替

---

① 此处原文是旗队长，疑有误。哈策尔晋升旗队长是在 1944 年 11 月 30 日，这里实际应为党卫队一级突击队大队长，也就是党卫军中校。后文出现的"哈策尔上校"也相应改为"哈策尔中校"。——译者注

他打掩护。现在，比特里希已经让哈策尔接管了党卫军第 9 "霍亨施陶芬"装甲师的指挥权，而该师师长党卫队旅队长施塔德勒（Stadler）在诺曼底负伤后仍在医院接受治疗。

党卫军第 10 "弗伦茨贝格"师师长哈梅尔有些嫉妒比特里希对哈策尔的偏爱，尤其是在他为使自己的部队恢复元气而做了那么多努力之后。在混乱的撤退过程中，"弗伦茨贝格"师碰巧遇见了一列被遗弃的载有野战炮的德国列车。

哈梅尔命令他的手下占据这些东西，并把它们带在身边。而且他们一到荷兰，哈梅尔就启动了一项高强度的训练计划，同时强调对体能的锻炼。他甚至在"弗伦茨贝格"师提出了"没人超过 18 岁"这样的口号，意思是每个士兵都必须像 18 岁以下的孩子那样灵活。[23]

莫德尔刚一离开，比特里希就注意到，由于扩充和替换的车辆是由柏林附近的党卫队作战总局（Führungshauptamt）分配的，若他们中任意一人亲自前往，一切都能进展得更加顺利。他决定派哈梅尔前往，因为后者的军衔更高，这将更加管用。哈梅尔应该在两天后，也就是 9 月 16 日离开。而对于莫德尔，他们将绝口不提这件事情。

在哈梅尔起身离开、返回他的师部之后，哈策尔告诉比特里希，为了以防万一，他计划保留"霍亨施陶芬"师侦察营的所有车辆，直到最后一刻。他想卸下这些车辆的履带和火炮，如此一来，它们就会被认为是不可使用的，这样他的目的就能达到了。比特里希平静地答道："我什么也没听到。"[24]

第二天晚上，莫德尔元帅在桌山酒店召开了他的第一次会议，与会者有党卫队全国副总指挥劳特尔和冯·维利施中将。整个酒店都被仔细搜查了一遍，以确保没有隐藏着的麦克风或爆炸物。然而，苏联辅助人员①却在厨房里削土豆皮，他们是前战俘，被强制征召过来从事勤务工作。毫无疑问，他们受到了由 250 名宪兵组成的莫德尔卫队的严密监视。

在桌山，最开心的人似乎是莫德尔的参谋人员。他们觉得至少可以在一个地方稍微安定一会儿了。古斯塔夫·耶德尔豪泽（Gustav Jedelhauser）少尉在他的日记中写道，奥斯特贝克看起来"就像是天堂一样——所有东西都是那么干净漂亮"。[25] 最近几周，他们一直在四处奔波，现在终于有机会把衣服洗洗了。他们被告知要在 9 月 19 日，也就是四天后完成这些工作。当晚，参谋部的军官们还决定组织一个晚会，庆祝从诺曼底战役中获得晋升的消息终于得到证实。莫德尔与他的一些参谋人员不同，他并没有在奥斯特贝克那虚假的平静中放松下来。

富尔里德中校在他 9 月 15 日的日记中写道："每天，我们都在等待敌人的大举进攻。"[26] 莫德尔的顶头上司——冯·伦德施泰特元帅已经被希特勒召回担任西线总司令。那天，他向元首大本营的约德尔大将发出警告："在过去的一周，B 集团军群面临的形势进一步恶化。该集团军群在一条约 400 公里长的战线上作战，拥有大约 12 个师的作战力量，同时，目前有坦克、突击炮和轻型坦克歼击车共计 84 辆可供使用。它所面对的敌人是一支完全机械化的部队，下辖至少 20 个师和大约 1700 辆坦克。"[27] 他接着问道，是否有可能将个别装甲师或至少更多的突

---

① Hiwi，德语 hilfswillger（志愿帮助者）一词的缩写。在第二次世界大战期间，它指在纳粹德国占领的东欧地区招募的各种由当地人组成的志愿勤务部队。在"巴巴罗萨"行动期间，希特勒勉强同意边疆地区招募苏联公民成为辅助人员，并在很短的一段时间内，他们中的许多人被调整到了战斗部队。——译者注

击炮旅从东线调到西线来。

莫德尔和伦德施泰特都把自己的目光投向了当天将对马斯-斯海尔德运河上内佩尔特桥头堡发起的反攻上。瓦尔特战斗群隶属于斯图登特的第1伞兵集团军,他们的指挥所位于法尔肯斯瓦德,刚好就在运河北面。然而,瓦尔特缺少参谋军官、通信人员甚至后勤人员。第6伞兵团的冯·德·海特中校评论道,德军的指挥"糟糕到令人无法想象的地步"。[28]海特认为,盟军行军北上的那条必经之路,竟然是他所在团和党卫军第10"弗伦茨贝格"师两个装甲掷弹兵营之间的分界线,这太荒唐了。他警告瓦尔特的高级作战参谋,称没有人直接负责这条公路的防御任务,但他的警告收效甚微。

由于缺乏炮兵支援,德军的进攻再一次被英军精准的炮击击溃。在那片地势平坦的乡间,海特相信可以利用反坦克炮炸掉教堂的塔楼,以消灭盟军部署在那里的炮兵前进观察员。[29]海特一到指挥所,英军炮兵就对那座房子发起了猛烈的攻击。福尔茨(Volz)少尉描述了炮弹落地时的场景:"[海特]优雅地一跳,便从底楼的窗户消失了。我——在漫天飞舞的碎片中,身上落满瓦砾和尘土——钻到了更远处的桌子底下。刺耳的电话铃声响个不停,渐渐地让我心烦意乱起来。我够不着听筒——顶着疾风骤雨般呼啸而过的碎片去接电话简直是在找死。在短暂的停火间隙,第1伞兵集团军参谋沙赫特(Schacht)少校解释说,他还不习惯被晾在电话机前,这让他不能像军事条例规定的那样,至少得到一些关于紧急情况的信息。"[30]

海特出离愤怒。他所在团的损失"相当之大"。[31]那天晚上,愤怒的富尔里德在日记中写道:"对于一些几乎没有受过训练的新兵,一旦他们的军官脱离战斗,他们就会变得群龙无首,进而陷入坦克的炮火中。好在他们远在德国的亲属对自己孩子在这里被毫无意义、不负责任地牺牲掉毫不知情。"[32]斯图登特的司令部下令发起更多的攻击，但瓦尔特上校不想白白损失更多的人。他只是象征性地进行了佯攻。

位于西线的德军士兵经常会受到盟军空中火力的威胁，这使他们曾在东线所看到的一切都相形见绌。[33]"前线炮火的危险程度，"位于后方警卫营的一名士兵说，"都比不上战机低空扫射。"[34]

在英国，空中行动计划正在进行最后的修饰。[35]第一批次1500架运输机和500架滑翔机将在两天时间内陆续起飞，更不用说担负提前轰炸敌军机场、兵营和高射炮阵地任务的数百架轰炸机、战斗轰炸机以及战斗机了。9月17日早些时候，轰炸机司令部的200架"兰开斯特"轰炸机以及23架"蚊"式战斗轰炸机将扔下890吨炸弹，袭击德军位于吕伐登（Leeuwarden）、斯滕韦克-哈弗尔特（Steenwijk-Havelte）、霍普斯滕（Hopsten）和萨尔茨贝根（Salzbergen）的机场。黎明后不久，另有85架"兰开斯特"轰炸机和15架"蚊"式战斗轰炸机会在53架"喷火"战斗机的护卫下，用535吨炸弹攻击位于瓦尔赫伦岛的岸防高射炮连。（作为对照，在不列颠空战中，德国空军对伦敦发动的最猛烈空袭只投掷了350吨炸弹。）美军第8航空队的"空中堡垒"轰炸机将轰炸艾恩德霍芬机场，与此同时，由161架P-51"野马"战斗机护卫的主力部队，将攻击运输机飞行航线上以及伞降区和机降区周围的117个高射炮阵地。

虽然布里尔顿的盟军第1空降集团军对自己的计划充满信心，但随着各种细节问题的出现，空降师的一些军官变得越来越不安。美国人只给每架滑翔机分配了一名飞行员,这就意味着如果此人遭到射杀或受伤,某位此前从未驾驶过滑翔机的士兵将不得不接手他的工作。不过,载有高级军官的滑翔机被允许配备两名飞行员。尽管被英国第1空降师在阿纳姆的作战计划吓了一跳,但第82空降师的詹姆斯·加文准将从未反驳布朗宁将军的观点——"相比于奈梅亨大桥,赫鲁斯贝克高地对这次及其后续行动的成功具有更为重要的意义"。[36]布朗宁曾向加文强调过,德军将从帝国森林——就在奈梅亨东南方向的边境地区——发起反击。如果德国人成功守住了高地,那么他们就可以炮击第30军及其后勤补给物资北上将要经过的一些桥梁和道路。然而,加文仍对没有直奔首要目标——奈梅亨公路桥——而感到奇怪,敌人很可能已经做好了炸毁这一桥梁的准备。无论如何,加文没有忘记他的第505伞兵团是如何在西西里与赫尔曼·戈林装甲师对抗的。[37]这次他打算让自己的机降炮兵部队投入战斗,越快越好。

厄克特少将同样有充分的理由感到担忧。他的指挥车停在一棵大榆树下,正对着摩尔庄园高尔夫球场的球道。所以在9月15日星期五那天,他抽空打了几洞高尔夫。他抬头看见参谋长正等着和他说话。麦肯齐中校看上去很严肃。他们刚听说滑翔机的数量减少了。厄克特仔细想了想,然后说,无论他们必须砍掉什么,一定不能是反坦克炮,尤其是17磅反坦克炮。

厄克特处境艰难。各级军官都不愿批评下达给他们的计划,因为这可能表明他们缺乏勇气。他显然并不认为"市场"行动会进行得一帆风顺,否则就不会如此强调要保住他们的反坦克炮了。与此同时,他必须在部下面前隐藏自己的恐惧。在厄克特的报告或他战后写的书中,没有任何迹象表明他反对过下达给自己的作战命令。但厄克特不是一个招惹是非的人，他当然也不想反驳后来关于阿纳姆战役是一场英勇且值得的豪赌的说法。然而，根据布朗宁将军的副官埃迪·纽伯里（Eddie Newbury）上尉的说法，9月15日，厄克特出现在布朗宁位于摩尔庄园二楼的办公室里，大步走向后者的办公桌。"长官，"他说，"你命令我筹划此次行动，我已经完成了。现在我想告诉你的是，我认为这是一次自杀行动。"[38]旋即，他转身走出了布朗宁的办公室。

第七章　9月16日，战斗前夜

利奥波茨堡是内佩尔特桥头堡西南一个十分萧条的驻防城镇。9月16日，星期六，早晨，街道上挤满了吉普车，里面坐着去往火车站对面电影院的第30军所属各部队和编队的指挥官，布赖恩·霍罗克斯中将将在那里向他们做简报。头戴红帽子、手着白手套的宪兵试图指挥交通，但许多高级军官无视他们的指令，想把车停在哪儿就停在哪儿。

在电影院的大厅里，一百多名头戴各种颜色贝雷帽和卡其布船形帽的上校、准将和少将逮着朋友闲聊。在向人数更多的宪兵出示了身份证件之后，他们鱼贯进入电影院，各自就座。11时15分，霍罗克斯入场。自沙漠之战以来，他一直保持着第8集团军对着装漫不经心的态度，身穿作战夹克和迷彩伞兵工作服，夹克里面是一件圆领马球衫。霍罗克斯是位魅力十足且颇受欢迎的指挥官，当他沿着中央通道走向舞台时，迎接他的是来自四面八方的欢呼声。舞台上，一幅巨大的荷兰西南部地图正等着他的到来。

霍罗克斯转过身来面对着他们，激动的喧闹声终于平静了下来。"下一个行动，"他说，"会让你的余生有足够的资本向子孙们不厌其烦地吹嘘。"[1]紧张的情绪得以释放，现场发出了一阵哄堂大笑。接着，他按部就班地概述了当前形势、敌军实力和己方部队情况，然后才谈到"花园"行动的目标。他描绘了从艾恩德霍芬到阿纳姆，在第30军前方铺就的"空中地毯"。

禁卫装甲师将在14个炮兵团和配备火箭弹的"台风"战斗轰炸机中队的支援下，突破德军防线，向北挺进。然后，他们会沿着单行道行军103公里抵达阿纳姆。霍罗克斯称之为"俱乐部路线"（Club Route），但美国人很快就把它叫作"地狱之路"（Hell's Highway）。[2]

这一计划中有七个主要水障碍需要跨越，不过正位于禁卫装甲师后方的第43师将配备船只和架桥设备，以防德国人对桥梁进行破坏。届时公路上将有2万辆车，并将实施最严格的交通管制。隆起的公路两旁是低洼的圩田，这就意味着只有步兵能展开部署到侧翼，因为对于重型装甲车而言，那里太过泥泞了。在阿纳姆之后，他们将最终目标指向艾瑟尔湖，以此将德国第15集团军的残余力量阻隔在西部，然后向东进攻鲁尔地区和那里的工业基地。随着这项雄心勃勃的行动计划的实施范围变得明朗起来，大家的反应各不相同，有些人受到其冒险精神的鼓舞，有些人则担心沿着坦克开辟的战线前进，这种鲁莽会带来什么样的后果。

霍罗克斯讲了一个小时，几乎没有参阅过他的笔记。[3] "他对此次行动的热情和信心"给第101空降师驻第30军联络官伦弗罗中校"留下了很深刻的印象"。但伦弗罗中校仍然对"禁卫装甲师将在2~3小时内到达艾恩德霍芬"，并在60小时内到达阿纳姆的想法深表怀疑。[4]

因为荷兰是一个相当富裕的国家，霍罗克斯开玩笑说，这次行动应该被称为"淘金行动"（Goldrush）。在场的几位来自伊雷妮公主旅的荷兰军官对霍罗克斯的玩笑不以为意。更重要的是，他们觉得英国人太想当然了。"首先我们将占领这座大桥，然后是那一座，再越过这条河，诸如此类。"[5] 他们对地形及其带来的困难了然于胸,因为这一路线恰好是他们在参谋学院时的一道重要考试题。任何想要一直沿着这条主干道,从奈梅亨北上前往阿纳姆的应试者都失败了,而这正是英国人打算做的。不幸的是,英军中制订计划的人并未与他们协商。他们的参谋长也出席了会议,他用拿破仑式的格言向旅长德·勒伊特·范·斯泰芬宁克(de Ruyter van Steveninck)上校提醒道:永远不要打仗,除非你有至少75%的胜算,其余的25%你可以听天由命。[6]他们所同意的霍罗克斯的计划,这两个数字似乎刚好是反过来的。

霍罗克斯过早长出的白发和迷人的微笑使一些人认为他看起来更像一个主教而不是将军。他从来没有透露过在大部分时间里他有多痛苦。这不是因为他在第一次世界大战中胃部受了重伤,而是因为一年前他于意大利遭到了一名德国士兵的扫射。一颗子弹射穿了他的腿,另一颗子弹穿透了他的肺,并在穿出身体时碰到了他的脊椎。他极其幸运,没有死亡或瘫痪。手术一个接一个地进行,医学上普遍的观点认为,他永远不会再回到现役了。但蒙哥马利对霍罗克斯情有独钟,称其为"乔罗克斯"(Jorrocks),他在1944年8月将其召回,让其接管第30军。这对霍罗克斯来说为时过早。他此时仍遭受着严重的伤痛折磨,高烧和剧烈的疼痛可能会持续长达一周的时间。[7]他身体最近一次垮掉发生在他的师即将渡过塞纳河的时候。蒙哥马利猜到了所发生的事,不声不响地出现在他的指挥所,向他保证不会把他送回家。他把霍罗克斯的行营搬至自己的作战指挥部,在那里,他请来军队里顶级的医疗专家照顾后者。

很难评估那年秋天伤痛的侵袭对他的判断力造成了多大的影响。大家只知道12月德国人在阿登地区(Ardennes)组织大规模反击的过程中,他提出了这样一个疯狂的设想——他想放德国人跨越默兹河(即马斯河),然后在滑铁卢的旷野上击败他们。针对这样一个设想,即使是蒙哥马利也坚持要把他送回英国养病。尽管如此,霍罗克斯的"花园"行动计划是清晰明确的,这是他从蒙哥马利和登普西那里接到的命令。然而,他却因为选择了禁卫装甲师而非罗伯茨的第 11 装甲师来主导向北进军而遭到批评。霍罗克斯后来说,他之所以选择他们来"打开突破口,是因为我相信他们会'不惜一切代价'地完成任务。他们有更好的步兵,军官们时刻准备着无条件献出自己的生命"。[8]

1941 年 6 月,禁卫装甲师在英格兰成立,以弥补德国入侵时坦克部队的不足。[9]当希特勒在那个月晚些时候对苏联发起进攻后,德国的跨海峡突袭就变得越发不可能了。但无论如何,这一变革仍在继续,因为禁卫步兵有如此多的预备营可用。得益于他们与王室之间的密切关系,这些禁卫部队长期以来一直发挥着巨大的影响力,并在很大程度上自行其是。甚至他们的征兵系统也保持着独立,如此一来,这支所谓的"禁卫旅"得以扩张到总共 26 个营的规模。但令许多人感到惊讶的是,一个为出席阅兵式而刻意挑选高个子男人的组织,竟然转而强迫这些人进入一辆空间有限的坦克。一个更为致命的矛盾是,他们对指挥链条的过度尊重导致了对主动性的压制,而主动性正是机械化作战快速推进的关键因素。

教授迈克尔·霍华德爵士(Sir Michael Howard)是冷溪禁卫团成员,他一直认为禁卫装甲师的组建是个"巨大的错误"。他认为,禁卫团"非常擅于防守,但毫不擅长进攻行动"。他们被教导"去牺牲",却从未被教导去杀戮。"我们缺乏作为杀手的本能。"[10]在他看来，这个本能只有爱尔兰禁卫团才有。因此，霍罗克斯，或者艾伦·阿代尔少将，至少选对了牵头发起进攻的那个团。

指挥爱尔兰禁卫团第3（摩托化）营的范德勒中校身材高大、身体结实、面色红润，是个很有战斗力的人物。他的祖先参加过包括滑铁卢战役在内的许多次战斗，但当他从霍罗克斯那里听说爱尔兰禁卫团将主导北向进攻时，他的反应是"哦，天哪！"[11]那天晚上，诺曼·格沃特金（Norman Gwatkin）准将在他的第5旅指挥所向爱尔兰禁卫团的军官们做了简要汇报。"第二天从桥头堡发起进攻，并向北推进到须德海（艾瑟尔湖）的命令已经签署。"[12]当范德勒的军官们听说他们将再一次充当先头部队时，他毫不意外地听见有人发出"小声的呻吟"。[13]他们觉得在占领了乔之桥后理应休息一下。格沃特金宣称："我们有48小时的时间赶上位于阿纳姆的第1空降师。"[14]有几个人摇了摇头，表示难以置信。他们知道德国人的抵抗在过去十天里变得有多顽强。并且，艾瑟尔湖远在145公里之外。

视线回到英国，当天的简报会引发了各式各样的反应——从过度自信到彻底的怀疑。大多数伞兵被告知，"市场花园"行动将迅速结束这场战争。一些军官甚至说，如果一切顺利的话，他们应该会在圣诞节前回家。布朗宁在摩尔庄园的最后一次简报会上表示，向北进攻将会切断大批德军部队的进攻，从而使德国在几周内投降。

听到行动将在白天进行时，几乎每个人都松了一口气。参加过诺曼底战役的老兵们无法忘记夜间空降在那里时的混乱场景，科唐坦半岛上到处散落着伞兵分队。第82空降师的一名排长描述了他们与部队运输机司令部军官们参加简报会的情景。来自陆军航空队的弗兰克·克雷布斯（Frank Krebs）上校刚说完，第508伞兵团第3营营长——路易斯·G.门德斯（Louis G. Mendez）中校就站了起来，慢慢地环顾四周。一阵沉寂之后，他对飞行员们讲道："先生们，我的军官们对这张地图了然于胸，而且我们做好了出发的准备。在诺曼底战役之前，当我率领我的营参加简报会时，我拥有同等规模的部队里有史以来最精良的作战力量。先生们，当我在诺曼底把大家再次集结起来时，他们中有一半人已经牺牲了。"此时，眼泪顺着他的脸颊滑落下来。"我要求你们——不管是把我们扔到荷兰，还是把我们扔到地狱，总之要把我们所有人扔在同一个地方，否则至死我也不会放过你们。"[15]然后，他转身走了出去。

一些伞兵对"市场花园"行动这一代号感到有些失望，"它听起来就像是我们将要去摘苹果或是蹑手蹑脚地穿过郁金香花园一样。我们觉得这一行动的名字应该听起来更硬气一点"。[16]对于那些令人鼓舞的关于敌军兵力的情报，诺曼底的老兵们往往将其斥为"不过是老态龙钟的、连扳机都无法扣动的士兵与溃烂的部队的故事"。[17]他们更愿意相信的是，计划制订者们不会让他们陷入灾难性的境地。第82空降师的一名上尉写道："我们坚信布里尔顿将军不会让他崭新的盟军空降集团军在鬼门关里走一遭。"[18]

美国空降部队的代表多次在简报会上表示他们对英国盟友持有保留意见。第504团的鲁本·H.塔克（Reuben H. Tucker）上校向他的军官们说："我应该告诉你们——这也是我引用别人的话——'在这次行动中，世界上最密集的装甲部队将和我们在一起'。"[19]然后，他哈哈大笑，接着自言自语道：

"可能会出来一辆'布伦'机枪运载车。"塔克上校麾下的第504伞兵团曾被空降到西西里岛，随后又被拉回意大利作为步兵在亚平宁山脉作战，甚至还参加了安齐奥登陆战（Anzio landings）。由于经历了多场硬仗，该团没有参加第82空降师的D日行动。出于某种原因，塔克好像和第82空降师师长詹姆斯·加文之间产生了一些嫌隙，但这一问题没有持续很久。

对波兰人而言，战争的目的是接近并消灭德国人，现在时机已经成熟。"每个人都很严肃，都知道我们要走了，"一名波兰伞兵写道，"在敏锐的眼睛看来，这些人的脸上流露出对复仇甚至是恐惧的渴望——这完全是一种自然的感情流露，因为我们不是去演习，而是要面对面地与敌人作战。尽管某些事情正在发生，这里还是充满了喜悦。"[20]

当写"尽管某些事情正在发生"时，他当然指的是华沙起义，他们全都渴望参与那场战斗，与波兰国内军一同作战。当那些位于荷兰的进攻目标的地图和航拍照片展现在他们眼前时，斯坦利·诺塞基（Stanley Nosecki）闭上眼睛，冥想着"波尼亚托夫斯基大桥（Poniatowski bridge）、齐格蒙特三世纪念柱（Column of Zygmunt）、国王城堡（King's Castle）和无名战士墓（Tomb of the Unknown Soldier）"。他很想知道，"他们还战斗在华沙那著名的新世界街（Nowy Swiat）和塔姆卡街（Tamka）上吗？我以前每隔一个星期日都要去做祭坛男孩的那个圣十字教堂（Holy Cross Church）还在那儿吗？"[21]

英军的简报会通常围绕着沙盘展开。根据空中侦察照片，弗罗斯特麾下第2营的罗伯特·琼斯（Robert Jones）中士花了几个小时复制出了阿纳姆公路桥及其引桥的7米见方的沙盘模型。该模型放在斯托克罗奇福德庄园（Stoke Rochford Hall）图书馆的地板上，这座庄园是位于东米德兰兹格兰瑟姆（Grantham）附近的一幢维多利亚式乡间别墅。

一些人认为，简报会的内容听起来和不到两周前的"彗星"行动一样令人不安，尽管这次行动得到了两个美国空降师的加强力量。他们认为"市场花园"行动同样会在最后一刻被取消，然后又一次，他们会在刚登上飞机准备起飞时退出行动。那些曾在北非和西西里战斗过的更有经验的第1伞兵旅的伞兵，对德军抵抗力量将会很微弱之类的保证并不信服，但他们保持了沉默。第1营的一名军官称，他和其他几个人强烈反对在距离大桥如此之远的地方设置伞降区，"并自愿集体在目标正上方，或稍微靠南一点的地方跳伞。这一请求及其理由被上报给上级指挥部，但遭到了拒绝，因为靠近北侧代伦机场和南侧潮湿的圩田可能会导致无法接受的伤亡。事实证明，所谓'安全'的伞降区给我们造成了更大的伤亡"。[22]

不管军官们对这个计划怀有什么样的顾虑，他们知道自己必须坚持下去，树立一个好的榜样。在英国军队中，这通常意味着回到一些老生常谈的笑话上来。这就好比是在空降行动中，当你正拉开降落伞，保管员对你说："如果它坏了，就把它带回来，我们会负责更换。"[23]

在荷兰，当地人试图坚持他们的周末日程，但恐惧和期待主宰了一切。马丁·路易斯·戴尼姆（Martijn Louis Deinum）——奈梅亨宏大的德弗里尼欣音乐厅（De Vereeniging concert hall）的经理——在他的日记中写道，整个城市的神经都紧绷着，"要出事了"。[24]在阿纳姆旁边的奥斯特贝克，年轻的亨德里卡·范·德·弗利斯特（Hendrika van der Vlist）偷偷地把一些早餐送到了她哥哥的藏身之处。他们的父亲是斯洪奥德酒店（Hotel Schoonoord）的主人，目前该酒店已被德国人接管。他们把房间弄得一团糟，所有能找到的花都被他们摘下来装饰自己的房间。德国士兵仍然试图相信他们会赢得战争。其中一人对弗利斯特说："你就等着新武器的到来吧。"[25]

当天上午，党卫队全国副总指挥劳特尔签署命令，禁止市民"在任何大桥及其周边、引桥，任何通往德军指挥所或军事设施的地下通道中停留"。[26]然而，冯·伦德施泰特的司令部此时更关心的是美国第1集团军对城市亚琛（Aachen）的进逼。他正在召集第12步兵师和第116装甲师，以及位于丹麦的第107装甲旅和第280突击炮旅。

对东普鲁士的狼穴而言，这是一个重要日子。希特勒刚从黄疸病的侵袭中初愈，他的出现让聚集在一起参加完上午军情会的将军们大吃一惊。他打断了约德尔大将的讲话，宣布他决心从阿登发动一场以安特卫普为目标的大规模反攻。[27]这是他患病期间，在毒品制造的幻觉中构想出来的。当他谈到要调集30个师的兵力发动进攻时，他们更加震惊了，此时他们连防守亚琛的兵力都不够。约德尔试图将讨论拉回到现实中来，这时他指出了盟军在空中力量上的优势，以及他们随时都可能在丹麦、荷兰甚至德国北部进行空降行动的事实。希特勒的注意力被拉回到亚琛所面临的迫在眉睫的威胁上，但他无意放弃自己的新想法。

那天晚上发布了一则元首命令。"西线的战事已经蔓延到德国本土广大区域——德国的城镇和乡村正在成为战场。这些事实促使我们的战时领导务必狂热起来，每个人都武装起来，并带着最坚定的信念参加战斗——每个地堡，每个德国城镇的住宅区,每个德国村庄都必须成为堡垒,如此一来,敌人要么付出鲜血和生命的代价,要么其驻军被淹没在肉搏战之中。"[28]

焦土政策已经在荷兰和被围困的海峡港口施行。第 15 集团军参谋长报告说:"在奥斯坦德港已经有 18 艘船被击沉。"[29]他们讨论了摧毁鹿特丹港和阿姆斯特丹港的议题。与此同时,冯·灿根将军继续趁着夜色将部队和野战炮从斯海尔德河口撤回。

那天下午,"弗伦茨贝格"师的党卫队旅队长哈梅尔乘车前往柏林,讨论比特里希麾下装甲部队的重新装备问题。[30]由于许多道路被轰炸得坑坑洼洼,路况不佳,他直到第二天上午才抵达柏林。对哈梅尔来说,这个时间点再糟糕不过了。

与哈梅尔身在柏林不同,当第二天阿纳姆以西的空降行动进行时,党卫队二级突击队大队长泽普·克拉夫特(Sepp Krafft)刚好就在现场。37 岁的克拉夫特曾是东线的秘密警察,一年前才转隶到党卫军。他身材高大,长着一双深蓝色的眼睛,尽管他指挥的仅仅是党卫军第 16 装甲掷弹兵训练和补充营,但他是个野心勃勃的人。在空降行动之前,他可能不认为自己就是那个天选之人,但毫无疑问,不久之后他就这样认为了。他也有点偏执,后来声称党卫队全国副总指挥比特里希"认为我是希姆莱的间谍"。[31]阿纳姆战役结束后,克拉夫特似乎认为,比特里希应该推荐他获颁骑士铁十字勋章,但恼人的是,他并没有得到这个勋章。比特里希带着几分傲慢,坚称:"我根本就不记得那个人。"[32]

克拉夫特的那个营由三个连构成,分散在阿纳姆和奥斯特贝克地区之间。许诺给他让他训练的一千名新兵还没有到来。他在那里只待了几天,便有一位少校从参谋部过来,告诉他必须离开，因为莫德尔元帅的司令部正向奥斯特贝克转移。这样一来，克拉夫特把他的部分兵力部署在了村庄西北方向的树林里。靠近沃尔夫海泽的一个分队几乎位于为第1空降师选定的伞降区边缘。

9月16日晚，克拉夫特在前往阿纳姆的路上遇到了瓦尔特·格拉布曼（Walter Grabmann）将军，后者是秃鹰军团（Condor Legion，西班牙内战中支持佛朗哥将军的德国空军部队）的一名老兵。格拉布曼现在指挥着位于代伦的德国空军第3战斗机师。他邀请克拉夫特共进晚餐，参观他的新指挥所。吃饭时，格拉布曼说他感到如临深渊。天气状况依然良好，盟军的空中活动却实际上停止了。"英国人不会让一天白白流逝的，现在尤其如此。"[33] 在他看来，这表明英国人可能正在准备一场大规模行动，甚至可能是一次空降行动。他去过莫德尔的司令部，并向参谋长汉斯·克雷布斯上将表达了自己的担忧。但克雷布斯对这个建议一笑置之，说如果为这样的事做准备，会让自己看起来很可笑。克拉夫特决定在他所驻的宏伟的瓦尔德福瑞德（Waldfriede）别墅的塔楼上设立一个瞭望台。

那个星期六的晚上，克拉夫特的手下正在为他们能有幸住在如此舒适的环境里而高兴不已。党卫队突击队员班加德（Bangard）观察道："那里的生活一片安宁祥和。"[34] 每个人都收到了一瓶但泽（Danziger）的戈德瓦瑟利口酒（Goldwasser liqueur），有人拉着手风琴，他们唱起喜欢的歌曲，就这样，许多人直到凌晨3时才上床睡觉。

同一天晚上在英国，第82空降师的伞兵们欣赏着乐队演奏。"一些士兵在独自跳舞，另一些则跟着音乐打节拍，"德韦恩·T. 伯恩斯（Dwayne T. Burns）写道，"有些人在打球，有些人则躺在床上，沉沉睡去，对烦恼和噪声浑然不觉。这将是一次在白天进行的空降行动，我们知道这必然比在夜间降落到诺曼底那会儿要好。"[35]那些嗜赌成性的赌徒还在继续。其他人则在磨着他们的伞兵刀，拿铅中毒的德国佬开玩笑，或者讨论他们的武器——这是一个充满激情且非常私密的话题。一些伞兵甚至为他们的步枪或"汤普森"冲锋枪取了个昵称。通常，他们通过移除枪托或进行其他非法改装的方式来改进他们的"汤米"冲锋枪。然而，相当多的人对这种武器深恶痛绝。"我们对那种枪不再抱有幻想，"尼尔·博伊尔（Neal Boyle）上士说，"自从有一次我的那把枪卡在了我的身上后，我再也没带过这玩意儿。"[36]

埃德·维兹博夫斯基（Ed Wierzbowski）中尉——第101空降师第502伞兵团第3营H连2排排长——那天晚上进行了一次忧心忡忡的谈话。他们排的一名军士从指挥区被封锁的金字塔形帐篷中向他走来。约翰·J. 怀特（John J. White）上士对他说："中尉，我感觉这次我去了就回不来了。"维兹博夫斯基试图用一个笑话把怀特从忧虑中解脱出来，但毫无效果。怀特上士很平静，但从他的眼神里可以明显看出他仍然百分百相信自己的命运。"然后他微笑着离开了，说道：'明早见，中尉。'"[37]维兹博夫斯基难以入睡。怀特的眼神让他难以忘怀。

第八章　9月17日，上午，空中进击

即将到来的这一天将会异常繁忙。刚一破晓，共计84架"蚊"式战斗轰炸机，连同第2战术航空队的"波士顿"和"米切尔"中型轰炸机，就起飞去攻击位于奈梅亨、克莱沃（Cleve，现通用名字为Kleve）、阿纳姆和埃德（Ede）的德军兵营。这一行动紧随轰炸机司令部和美军第8航空队在夜间对德国空军机场进行的突袭而实施。与此同时，另外872架B-17"空中堡垒"轰炸机装载着杀伤炸弹①，成群结队地飞往荷兰境内已经探明的德军高射炮和部队阵地。它们由147架位于其侧方和上方的P-51"野马"战斗机护航。护航编队几乎无事可做。当天得出的结论是，"德国空军的反应很犹豫"。[1]只有15架Fw-190战斗机出现，并且其中7架被击落，盟军为此付出了损失1架美军战机的代价。

在盟军飞机飞往它们打击目标的过程中，美国和英国伞兵排队吃着早餐。美国人吃了热蛋糕、配有各种佐料的炸鸡、苹果派，喝了果汁。约翰·弗罗斯特麾下第2营的英国伞兵们用熏鳕鱼填满了他们的饭盒，一名中士评论道："其中相当多的熏鳕鱼最后掉落在了飞机地板上。"[2]

---

① 杀伤炸弹（fragmentation bombs）：主要利用爆炸时产生的破片来杀伤有生目标和毁伤武器装备的炸弹，是轰炸机、战斗轰炸机、攻击机携带的一种主要武器。——译者注

弗罗斯特吃了鸡蛋和培根。他的心情不错。出于对"彗星"行动的失望,他认为这一回至少在行动安排上看起来要好多了。弗罗斯特曾在1942年2月非常成功地领导了布吕内瓦尔突袭(Bruneval Raid),占领了位于法国北部的一处德军雷达设施,他同时也清楚发生在突尼斯和西西里的灾难性失败。他并不认为接下来的战斗会很容易,但还是命令自己的勤务兵威克斯(Wicks)把他的晚礼服、高尔夫球杆和猎枪打包好,准备稍后随参谋车运过来。然后,他检查了自己的装备,包括一个48小时配给包、柯尔特0.45英寸口径自动手枪和用来召集全营人马的猎号。[3] 弗罗斯特是个笃信宗教的人,深受部下的钦佩。"这就是老约翰尼·弗罗斯特,"他们会说,"一只手拿着一本《圣经》,另一只手拿着一把0.45英寸口径手枪。"[4]

当这三个师奔赴各自的机场——共有8个机场归英军使用,17个归美军使用——时,一轮骄阳冉冉升起,穿透晨雾,呈现出一幅美丽的初秋景色。第一批次准备运送2万多人的1544架运输机和478架滑翔机已经做好了升空的准备。跑道上的景象令人印象深刻,一架架牵引飞机和滑翔机笔直排列,准备起飞。部队运输机司令部辖下的C-47"达科他"运输机也一字排好,每间隔20秒即将有一架升空。

绰号"男孩"的布朗宁将军此刻正位于斯温登(Swindon)机场,兴致很高。他终于率领着一支空降兵部队奔赴战场了。他的滑翔机将由滑翔机飞行员团团长乔治·查特顿(George Chatterton)上校驾驶。这架滑翔机还载有将军的勤务兵、厨师和医生在内的随行人员,以及他的帐篷、吉普车和行李。据他的传记作者说,布朗宁还带了三只泰迪熊。[5] 事实上,在第一批飞机起飞时,他至少为自己的军部分配了38架滑翔机。这种做法让很多人感到震惊,尤其此时分配给第1空降师的滑翔机数量已经被削减,大家认为他这么做纯粹是虚荣心在作怪。这三个师彼此独立运作,所以军部能做的事情很少,尤其是在这至关重要的第一天。

在机场时,厄克特突然意识到他还没有明确如果自己退出战斗,应该由哪个旅的指挥官来接过指挥权。于是他把参谋长拉到一边,说道:"注意,查尔斯,如果我出了什么事,接替顺序是拉思伯里、希克斯、哈克特。""好的,长官。"[6]麦肯齐回答道,却没有想过这样的事情真的会发生。厄克特并没有提前向有关准将们明确这一安排,后来,他俩都将为此后悔不已。

当第1空降师在登机前排队喝茶和吃三明治时,一些伞兵表现得看起来似乎是在卖弄自己的乐观主义。一名中士带了一个放了气的足球,准备在他们占领大桥之后举行一场比赛。另一名士兵,当被问及为什么要随身携带飞镖时,他回答说,飞镖游戏总是有助于"打发无聊的夜晚"。[7]第1伞兵旅旅部的一名上尉坚持要带一瓶雪利酒来为占领大桥庆功。[8]那些乘坐滑翔机的人争相用粉笔在机身的迷彩帆布上写下低俗的段子。厄克特将军注意到在一架"霍萨"滑翔机上,字迹潦草地写着"和小妞们的裙子一起飞起来"。[9]到处都充斥着黑色幽默。"这些家伙都一个德行,"一名滑翔机飞行员在他的日记中写道,"有个人在打赌,我们当中有多少人会被杀掉。我不知道他将来是否会回来收债,或者偿债。"[10]

美国人的乐观主义似乎主要出自对异国他乡的幻想。一名年轻的中尉回忆说,他当时很想知道"那些脚上穿着木屐,眼里满是风车的金发女孩到底长什么样"。[11]许多伞兵听说荷兰是钻石之国,梦想着能带上足够的战利品回家,把自己打扮得时髦一点。

与此同时,可能即将到来的死亡也唤醒了大家的宗教意识。天主教徒更是借此进行精神慰藉。美国空降师里有一个来自天主教文化圈的多种族融合体,这个群体里有多个国家的后裔,包括西班牙、德国、波兰、爱尔兰和意大利后裔。由于没有时间做个人告解,第101空降师的桑普森(Sampson)神父对跪在机场边上的那群没戴帽子的人做了集体赦免。一位旁观者写道:"这位天主教神父金白相间的圣衣看起来与周围的橄榄色(军装)很不协调。"[12]

有几名年轻的伞兵非但没有感到乐观,反而陷入了极度恐惧的状态。前一天,有两个人在简报会后擅离职守。然后,就在第101空降师登上卡车准备去往机场之前,另一个人用他的M-1步枪射穿了自己的脚。在跑道旁,又有一人躲在一架C-47后面做了相同的事情。麦考利夫准将后来承认道:"有一些人开小差,还有相当多的人在飞机上故意让他们的降落伞从包里掉出来。"[13]降落伞以这种方式冒出来意味着这个人将无法跳伞了,但如果这是故意的,那么他将因为自己的怯懦而面临被送上军事法庭的处罚。许多人害怕自己在飞机上最后一刻会胆怯,从而拒绝跳下去。

伞兵们的负重太沉,以至于他们几乎无法移动,需要靠别人的拉拽才能登上舷梯进入飞机。他们头上戴着覆盖了伪装网的头盔并扣好下巴带,身着装具背带,挎着装有剃须刀和香烟等个人物品的野战挎包,携带了三日份口粮,装有充足弹药的米黄色弹药带,手榴弹,以及一枚装有塑性炸药、用来对付坦克的"甘蒙"(Gammon)反坦克手雷,自己的M-1步枪或"汤普森"冲锋枪,以及迫击炮弹、机枪弹药带或者一枚通用型反坦克地雷，当然每个人身后还都背着降落伞。反坦克火箭筒兵、迫击炮兵、机枪手和通信兵扛着自己的全部或部分武器以及无线电设备。平均下来，每个人携带的物品的重量与他自己的体重相当。由于他们中几乎没有人能够得着自己的香烟，于是有一名中士在飞机过道穿梭，帮其他人掏出并点燃香烟。

登机前，詹姆斯·加文准将与配属给他的荷兰军官阿里·贝斯特布勒尔切（Arie Bestebreurtje）上尉交谈，后者透露自己从来没有从C-47运输机的舱门往外跳过。他只从英军飞机地板上开的一个洞里跳过伞，加文当场教训了他一顿。加文说："把脚踏出去就行，就像从公交车上下来一样。"[14]贝斯特布勒尔切身高6英尺3英寸（约1.91米），比加文还高，他戴着绿色突击队员贝雷帽，身穿英军作战服，肩章上有一只橙色的狮子，底部写着"荷兰"。他是杰德堡小组的成员，每个师的师部均配有一名该小组成员，另有一人配属给军部。这些小组由英国特别行动处与美国战略情报局合作组建，训练了一些小规模的多国小队，通过伞降的方式加入当地地下抵抗组织，在德军防线后方制造混乱。他们在荷兰的主要任务是联络地下抵抗组织成员，并帮他们组织活动以支援盟军行动。

第一批起飞的飞机里搭载着每个师的"探路者"（空降先导员，pathfinders）。他们会着陆在各自的机降和伞降区，击退所有的德国人，设置尤利卡（Eureka）导航信标，引导成群的运输机，并在它们接近时发射彩色烟幕弹。第21独立伞兵连搭乘来自英国皇家空军格洛斯特郡费尔福德（Fairford）基地的12架"斯特林"运输机①给第1空降师的伞降和机降区做标记。

---

① "斯特林"轰炸机在二战后被大量作为运输机使用。——译者注

该连至少有 20 名成员是德裔和奥地利裔的犹太人,他们是从工兵部队(Pioneer Corps)调来的。为了防止被捕时被认定为犹太人,他们的身份牌和身份证件上印着苏格兰或英格兰式的名字,在宗教信仰一栏通常标有"英格兰教会"的字样。他们战斗英勇,会用敌人的语言辱骂嘲讽敌人。

接下来离开的是牵引飞机和 320 架滑翔机,它们搭载着第 1 机降旅、师指挥部和野战医院。除了部队、补给和弹药,这些"霍萨"滑翔机还携带吉普车、拖车、摩托车和 6 磅反坦克炮,而较大的"哈米尔卡"(Hamilcar)滑翔机则携带了"布伦"机枪运载车和 17 磅反坦克炮。牵引飞机缓慢前进,直到拖缆拉紧,滑翔机终于开始沿跑道移动了。一名少尉回忆说,滑翔机飞行员会扭过头大喊"系好安全带,拖缆已经系紧了……他们正在紧固设备……抓紧!"然后,飞机猛地前倾,"机尾抬起,机头下沉,夹板吱吱作响,我们正沿着跑道疾驰而过。早在牵引飞机离开地面之前,飞快的速度就已经让轻薄的滑翔机升上了天空"。[15]

最后轮到的是 C-47 运输机。随着一阵震耳欲聋的轰鸣声,它们的引擎突然加速,螺旋桨的气流压平了跑道旁的草地,然后,塞得满满当当的飞机加速、离开。在坚固的金属机舱内部,伞兵们顺着过道,面对面地挤在铝制斗形座椅里,在到达巡航高度之前,大多数人尽量避免眼神交流。

在比利时,霍罗克斯将军再次邀请第 101 空降师的联络官伦弗罗中校向他简要汇报空降计划。"他们跳伞时带了多少天的食物?"他问道,"他们能坚持多久?"这些问题让伦弗罗略微有些吃惊,因为霍罗克斯在简报会上已经宣布过,禁卫装甲师将在几小时后到达艾恩德霍芬。霍罗克斯和他的参谋长哈罗德·派曼（Harold Pyman）准将问伦弗罗对他们的计划有什么看法。他冷淡地答道："都还好。"[16]霍罗克斯意识到他的迟疑，笑了起来。伦弗罗无法分辨这是焦虑不安的苦笑还是在虚张声势。

当他们谈话时，运河附近的军属和师属炮兵在继续他们的准备工作，以支援禁卫装甲师的攻击。1个重型炮兵团、3个中型炮兵团和10个野战炮兵团已经调整好他们的射击诸元，准备以每分钟前进200码的节奏提供一个徐进弹幕。[17]他们奉命无论如何都要避免在前面的道路上留下弹坑。幸运的是，这条公路相当笔直。在后方，调度军官和宪兵正在调整将要跟在禁卫装甲师后面的庞大的运输车队。

就在10时30分之前，盟军轰炸机和战斗轰炸机袭击了奈梅亨和阿纳姆地区的德军高射炮阵地。由于瓦尔河岸边的PGEM发电厂被击中，整个地区的电力供应几乎是被立即切断。聪明人马上开始往浴缸和水桶里灌水，以防水泵无法恢复工作。人们带着双筒望远镜或老式望远镜爬上屋顶，试图观看空中作战行动。[18]他们必须动作迅速。在阿纳姆，"蚊"式战斗轰炸机低空呼啸而过，袭击了一处重要兵营——威廉斯兵营（Willemskazerne），但它们也伤及了对面的皇家饭店（Restaurant Royale）。附近的一名古董书商看到"德国人从威廉斯兵营的废墟中跌跌撞撞地走出来，他们的鼻子和耳朵都因脑震荡而鲜血直流"。[19]盟军的轰炸机误炸了一处名为圣凯瑟琳娜旅社（St Catharina Gasthuis）的养老院，它就在德军的仓库旁边，而事实上，德国国防军已经废弃了这座仓库。[20]许多居民被埋在瓦砾下。扫射战斗机低空飞来。修女克里斯蒂娜·范·戴克（Christine van Dijk）看到德国士兵躲到树干后面躲避机枪的射击。[21]

荷兰人曾经开玩笑说，在空袭中最安全的地方是火车站，因为英国皇家空军从未成功命中过它。[22]但在阿纳姆的部分地区，几乎没有什么事情能让人们笑起来。兵营周围有大量房屋着了火，但是人们束手无策。一位匿名的日志记载者写道："德国人在向消防车开枪，致使它们无法工作。"[23]这是荷兰人因支持盟军进攻——尽管有大约200名平民在空袭中丧生——而遭到报复的第一个案例。英国皇家空军的主要目标是阿纳姆公路桥周围的高射炮阵地。然而，莫德尔元帅的司令部本能地认为，"据信，对阿纳姆附近高射炮阵地的空袭是为了摧毁这座大桥"。[24]

星期日早上，阿纳姆动物园的年轻饲养员托恩·希灵（Ton Gieling）正在回家的路上，此时盟军的空袭开始了。德军阵亡和负伤的士兵躺在位于布卢姆大街（Bloemstraat）的一家咖啡馆前。然后，"一只严重烧伤的兔子在我面前冲过马路，消失了"，把他吓了一跳。[25]接着，他发现一名重伤员被抬上了担架。希灵很强壮，他抓住担架一头，和他们一道赶紧把伤员送到圣伊丽莎白医院（St Elisabeth Hospital），却发现这名伤员在路上时就已死去。和其他许多人一样，希灵作为红十字会志愿者留在医院帮忙。在阿纳姆以西，只驻扎了180名德国士兵的城镇埃德在空袭中被炸成了废墟。

在厄克特将军的要求下，沃尔夫海泽作为攻击目标也于11时40分遭到重创。不幸的是，其中一枚炸弹直接命中了树丛下的炮兵弹药库，大爆炸造成了巨大的破坏并夺去了许多人的性命。在沃尔夫海泽盲人学院被袭击后，女舍监有序地将大家疏散到森林中预备好的避难所里。但隔壁精神病院的1100余名精神病人中，很多人因轰炸受到了精神创伤。护士们开始把白床单铺在地上，做成一个巨大的十字架形状，以防遭到更多飞机的攻击。马里厄斯·范·德·贝克医生和其他医生开始对大约80名伤者实施手术，81名死者于之后的星期五下葬。[26]

在这个星期日的早上，天主教和荷兰归正会（Dutch Reformed Church）教堂都没有像往常那样挤满了人，因为来做礼拜的几乎只有妇女和儿童。为了避免在对袭击高架桥的报复行动中被扣为人质或遭到射杀，男人们都"潜水"了。[27]爆炸使得窗户咯咯作响，突然切断的电力供应使教堂管风琴的声音在灯光熄灭的同时戛然而止。在一些教堂里，神职人员祝福完会众，大家就迅速排队离开了。位于奥斯特贝克的荷兰归正会会众猜测，这些袭击标志着解放即将到来。他们不由自主地唱起了国歌《威廉颂》（"Het Wilhelmus"），这首歌可以追溯到16世纪反抗西班牙占领荷兰的起义时期。

在阿纳姆和奈梅亨之间地势低洼的贝蒂沃地区，人们急忙爬上堤坝，以便更好地观察这两座城市里升起的烟柱。在奈梅亨市，当地人在经历了先前提到过的美国于2月22日进行的灾难性轰炸后，对新一轮的轰炸难免感到焦虑。但当他们看到"台风"和"蚊"式战斗轰炸机的主要攻击目标是位于大桥北侧的高射炮连以及哈曾坎普路（Hazenkampseweg）西南的德军阵地时，他们的心情很快就放松下来。待火箭弹的嘶吼声停止，飞机消失在远方，人们便拥上街头。在关于盟军进攻这类由乐观情绪产生的过早的谣言传开之后，空气中洋溢着一种期待的气息。

斯图登特大将和他的第1伞兵集团军司令部就位于菲赫特南部，离臭名昭著的集中营不远。斯图登特的工作地点位于他手下参谋人员占领的一栋别墅里，他在堆积如山的文件里苦苦挣扎。"讨厌的繁文缛节甚至跟着我们上了战场,"他抱怨道,"我把房间里的窗户敞开。上午晚些时候,敌人的空中行动突然活跃了起来。战斗机编队和小型轰炸机编队不断飞过。在远处,人们可以听到投掷炸弹、飞机机枪和防空火炮的声音。"[28]他当时并不认为这件事特别重要。

在阿纳姆火车站,来自党卫军第9"霍亨施陶芬"装甲师的装甲掷弹兵继续把武器装备装上火车运回德国,在那里,这支部队将会接受重建。虽然一部分武器装备已经移交给了党卫军第10"弗伦茨贝格"装甲师,而且"霍亨施陶芬"师的部分部队已经在过去的两天离开了这里,但该地区仍保留有相当规模的德国部队。它包括尚未装备坦克的党卫军第9装甲团坦克车组成员,两个装甲掷弹兵营,一个炮兵营,位于代伦机场旁边的党卫军第9装甲侦察营,一个工兵连,一个师属警卫连和两辆装备有4管20毫米高射炮的半履带车。

10时30分,就在轰炸开始的时候,哈策尔在他"霍亨施陶芬"师两名军官的陪同下,驱车前往位于代伦机场北部边缘洪德洛(Hoenderloo)的侦察营驻地。由党卫队一级突击队中队长①维克托·格雷布纳(Viktor Gräbner)指挥的约500人的部队被拉到一个露天广场上接受检阅,两侧是几辆八轮装甲车和半履带车。哈策尔向他们发表了讲话,然后向格雷布纳颁发了骑士铁十字勋章,以表彰他在诺曼底战役期间的出色表现和领导能力。仪式结束后,哈策尔在格雷布纳及其手下军官的陪同下共进午餐。

---

① 此处原文为二级突击队大队长,疑有误,维克托·格雷布纳的军衔实际应为一级突击队中队长。——译者注

第八章 9月17日，上午，空中进击

哈策尔深知格雷布纳不愿意把他的车辆移交给党卫军第10"弗伦茨贝格"装甲师，已经让下属把许多车辆的机枪、履带和车轮移走，这样他就可以宣称它们"不可使用"。[29]由于最近的盟军部队位于南边至少90公里的地方，似乎没什么理由会让他们的装甲战车在接到通知后立即行动。

爱尔兰禁卫团的两个营越过了乔之桥，并占领了边境以南1公里处的桥头堡。他们只能通过望远镜观察边防哨所。许多人有一种身处敌人腹地、危险迫在眉睫的奇怪感觉。乔·范德勒在一条腿严重受伤之前曾是马术高手，他认为"这感觉就像一场比赛的开始。我们在起跑线上一字排开，终点是90英里外的须德海"。[30]由于得到徐进弹幕和从"台风"战机上发射火箭弹攻击前方敌军火炮阵地的承诺，他的疑虑在一定程度上被打消了。他在下一辆车里安排有一名来自英国皇家空军的前进航空控制员，还有一部与炮兵部队直接联络的无线电台。

范德勒身着他常穿的伞兵罩衣和一条灯芯绒裤子，脖子上系着一条爱尔兰禁卫团士兵的祖母绿领结。霍罗克斯几乎没有批评他的资格，却喜欢挪揄他的打扮一点也不像禁卫军。范德勒坐上一辆侦察车，位置处于第2坦克中队的后面。他的步兵正骑在爱尔兰禁卫团第2（装甲）营的"谢尔曼"坦克上。该营由贾尔斯·范德勒（Giles Vandeleur）中校指挥，他和乔·范德勒这对堂兄弟比亲兄弟还亲。

当C-47运输机在空中盘旋，等待编队集结时，许多人开始晕机。第82空降师的一名中尉出神地从敞开的舱门口往下看，一座修道院映入他的眼帘，院子里一群修女正惊奇地抬头

望着他们。[31]其他人则盯着类似英国乡村的"小方格子田"。[32]

由于滑翔机很轻,它总是比牵引飞机飞得更高。这也给了上面的乘员一个一睹满天飞机的机会。但滑翔机的结构轻薄脆弱,飞行起来十分危险。令一架"斯特林"运输机上的机组人员感到惊恐的是,他们拖着的一架"霍萨"滑翔机的机翼折断了,机身坠落到地面,搭载的人员无一生还。在一个完全不同的案例中,第101空降师的一架"韦科"(Waco)滑翔机在东安格利亚(East Anglia)上空飞行时,一名士兵突然惊慌失措。他"跳了起来,松开了连接滑翔机和牵引飞机的控制装置。滑翔机坠落在了英格兰"。[33]他将面临军事法庭的审判和长期监禁。一名英国滑翔机飞行员向身后瞥了一眼,难以置信地看到一群国王属苏格兰边民团第7营的成员正在胶合板地板上泡茶。[34]他对这样的鲁莽行为感到愤怒,冲他们大喊,但他们只是问他是否也想来上一杯。第82空降师一名新来的少尉演示了又一个愚蠢的行为。他戴着一条白色的丝巾,觉得这样很时髦。[35]有人建议他把丝巾取下来,因为任何白色的东西都容易成为被瞄准的目标,但他没有这样做,在落地后不久头部就受了重伤。

1000英尺下方,海岸线缓慢后退。他们现在飞行在北海上空,这就是美国飞行员口中的"闪电溪"(Blitz Creek)。[36]在经历过先前所有行动被取消后,有人开玩笑说:"这次他们取消的时间有点晚了。"[37]飞行员低头看着飞机印在海面上的影子,发现了2架"霍萨"滑翔机和1架C-47运输机坠毁在水面上。幸存者们站在机翼上,等待着正向他们赶来的英国皇家空军海空救援船。一架滑翔机"在海面上漂浮了2.5小时,海军不得不用炮火将其击沉"。[38]几天后,一架滑翔机创造了漂浮17小时的纪录。时不时地，他们会看见零星几艘军舰，但令人印象最深刻的是这个在"雷电"战斗机、"野马"战斗机、"喷火"战斗机和"台风"战斗轰炸机中队护航下的庞大空中舰队。"哇！"一名来自俄亥俄州的伞兵说道，"这是在克利夫兰（Cleveland）无论如何也见不到的航空展。"[39]

在穿越海峡的过程中，伞兵团一名士兵观察着他的同伴们，"有的人狂妄自信，有的人沉默寡言，有的人若有所思，有的人惊恐不安。奇怪的是，后面这些人大多是在残酷的北非战争中幸存下来的老兵。他们知道接下来将发生什么"。[40]另一名伞兵说："我们偶尔相互间会试着挤出一丝微笑，但不会有什么交谈。"[41]在一些飞机上，伞兵们——通常是补充兵员——试图播放空降歌曲。在《约翰·布朗之躯》（"John Brown's Body"）这首歌中，人们最喜欢的一段是"血淋淋的，血淋淋的，多么可怕的死法……大家把他从停机坪上捡起，他的尸身就像一罐草莓酱一样"。美国伞兵也哼着类似的曲调，"我不会再跳了，再也不会了"。[42]

有些人睡着了，或者至少闭上眼睛假装睡着了。帕特里克·卡西迪（Patrick Cassidy）中校与第101空降师师长马克斯韦尔·泰勒少将同乘一架飞机。他写道，他们的师长"大部分航程中都在睡觉，他醒来过一次，吃了一份单兵食品，然后又睡着了"。毫不奇怪，他的飞机里没有歌声。"大多数人也在睡觉，很少说话。"[43]

飞行员们很紧张。荷兰有着"高射炮小巷"（flak alley）的称号，因为有大量的敌军防空设施守卫着这条盟军轰炸机前往德国的最短路线。滑翔机飞行员对他们轻薄的滑翔机几乎没有控制力，当曳光弹画着一道弧线，懒洋洋地向上冲他们飞来时，他们感到尤其脆弱。由于担心弹片会从下面蹿上来,许多人坐在他们的防弹衣上,来为他们的私处提供额外的保护。一些飞行员甚至带了一个沙袋坐在上面,倒不是说这样做会有什么好处。他们不被允许使用降落伞,因为他们的乘客也没有降落伞。

近在眼前的危险往往会激发起人们对死亡的不祥预感和迷信观念。许多人阅读《圣经》的不同章节来寻找对他们可能的命运的指示。第 82 空降师的火箭筒手、一等兵贝尔彻(Belcher)似乎确信自己活不下来。他要求队友帕特里克·奥黑根(Patrick O'Hagan)一定要帮他把戒指和《圣经》交给自己的女友。奥黑根写道:"他从飞机上跳落后在空中就被击中了。"[44]不同于这些预感成真的人,大多数预测过自己的死亡,却又幸存下来的人,往往在事后忘记了此事。然而,在北非、西西里和意大利的老兵中流行着一种思维方式:他们开始相信属于自己的运气已经用得所剩不多了。一名上士称自己是"一个逃脱了平均法则的人"。[45]

当他们到达荷兰海岸线时,他们同样也进入了锚泊着的驳船上高射炮的火力范围。"我们可以看到曳光弹,"第 504 伞兵团的随军牧师德尔伯特·屈尔(Delbert Kuehl)写道,"我们知道,每一枚肉眼可见的曳光弹之间都有更多的炮弹。我们看到伞兵们正从我们联队一架飞机里往外跳,而当我们向下看时,却震惊地发现下面是茫茫的水面。然后,我们注意到这架飞机着火了。"[46]一名伞兵描述了机枪明显的弹道曲线,看起来就像"拖着红光的高尔夫球"。[47]

德国人故意捣毁了堤坝,于是沿海的大部分陆地都被洪水淹没了。那些在 6 月时被空投到诺曼底地区科唐坦半岛的人看见类似的场景，痛苦地想起了在那里溺亡的战友们。放眼望去，那些被淹没的村庄里只能看见房屋的屋顶、教堂的尖顶，或者零星的几棵树木，一派凄凉的景象，让人非常沮丧。伞兵在踏上了干燥的陆地之后，才丢掉他们的梅·韦斯特①。

配属给第82空降师师部的荷兰军官贝斯特布勒尔切上尉看着这个被敌人占领着的熟悉而平坦的地区，心里大为触动，他已经阔别这个地方四年之久了。"这片土地让我感到温暖，"他后来解释道，"我看到了田野和农舍，甚至还能看到一座正在转动的风车。我清楚地记得当时我对自己说：'这是我可怜的旧识的〔荷兰〕，我们现在赶来解放你了。'"[48]

第101空降师沿着更靠南的航线飞过比利时上空。当一架载着第502伞兵团一个伞兵分队的飞机低空飞过根特时，街上兴高采烈的市民们开始用代表胜利的V字手势向他们致敬。一个悲观主义者对一名激动的二等兵说："看，他们给了你二比一，我们回不来了。"[49]一名坐在侦察机里的英国广播公司记者在比利时上空目睹了这支空中舰队。"密密麻麻的运输机遮天蔽日，以完美的队形飞过，"他写道，"'台风'、'喷火'、'野马'、'雷电'和'闪电'战机将整个天空遮盖。这是一个由一层层的飞机在空中堆叠而成的蛋糕……正如我的飞行员冲我大喊的那样：'这里没给杰瑞②留空间！'"[50]

空中舰队里有些人以前从未见过高射炮火。马克斯韦尔·

---

① 梅·韦斯特（Mae West）：二战时期救生背心的俚语。飞行员们认为他们穿上救生背心后，胸部丰满得同美国著名女演员梅·韦斯特一样。——译者注

② 杰瑞（Jerry）：二战期间盟国士兵和平民，特别是英国人称呼德国人的绰号。该绰号最早起源于一战期间。杰瑞这个名词可能来自1916年引进的德国钢盔，英国士兵说它像一个夜壶或大号酒杯。或者，它也可能是German这个词的谐音。——译者注

泰勒少将乘坐的这架 C-47 运输机上还载有一名作为观察员前来的美国陆军航空队上校。"那是什么玩意儿？"他指着一缕缕黑烟问道。"上校，"副驾驶回答，"你可以放心，这不是毛毛球。"[51]伞兵们很讨厌高射炮，因为他们感到很无助——"没有办法反击"。[52]一架飞机上的伞兵被高射炮打伤，无法跳伞，被安置在飞机后部，然后被送回英国接受治疗。高射炮刚一发射，一些军官就命令他们的伞兵分队起立并将开伞钩挂上，以便做好在飞机着火时起跳的准备。

那些乘坐滑翔机的人更容易受到伤害。当第 326 空降工兵营的一组人员飞过海岸时，高射炮弹片穿透地板，炸伤了滑翔机飞行员的一条腿、一只手臂以及胸部。机上没有副驾驶，所以一个名叫梅尔顿·E. 史蒂文斯（Melton E. Stevens）的机降工兵爬上了空座位，飞行员只是给了他一些"滑翔机飞行和降落的指导，然后就昏迷了"。他们一路飞到预定的机降区，尽管"挡风玻璃上方的滑翔机机头上堆满了泥土"，但他们还是在降落中成功活了下来。[53]史蒂文斯及其战友把受伤的飞行员装上了他们的手拉弹药车，然后带他去找医护人员。

绑在滑翔机上的英国机降工兵在飞行的大部分时间里都紧张地盯着装有炸药的吉普车，那辆车就在他们前面。[54]即使是一枚炮弹擦边而过，也能引爆整架飞机。唯一能让人感到安慰的是，死亡将会是瞬间发生的。除了"如坐针毡地看着高射炮火外"，他们别无选择。[55]他们唯一的希望就是他们的护航编队。一旦德军高射炮阵地开火，"喷火"战斗机、装着火箭弹的"台风"战斗轰炸机和 P-47"雷电"战斗机就会行动，并冒着枪林弹雨深深地俯冲下去进行还击。一架滑翔机上的乘员突然看到一架 P-51"野马"战斗机跟在他们旁边。飞行员摇摇机翼跟他们打招呼，然后俯冲向令人讨厌的高射炮阵地，将其打掉，然后再次飞上来摇摇机翼，接着又冲了下去。

令人敬畏的罗伯特·辛克（Robert Sink）上校是第506伞兵团团长，他正站在自己的C-47运输机的舱门口，看着高射炮攻击他们飞行编队里的其他飞机。突然，他所在的飞机剧烈摇晃，他发现机翼的某一部分被炸飞了。他对伞兵分队其他人员说："好吧，机翼没了。"[56]最终，飞行员创造了奇迹，因为他把他们带到了刚好位于索恩（Son）大桥西北方的伞降区，这是他们的首个进攻目标。在很多情况下，当运输机着火时，飞行员们会牢牢地控制住飞机，保持飞机平稳以创造机会让机上所有伞兵都跳下去。他们充分展现了自我牺牲的勇气。

卡西迪中校看见火焰开始吞噬邻近的一架飞机。飞行员仍勇敢地使飞机保持水平，给伞兵们创造跳伞的条件，尽管他知道这样做的话，他和他的机组人员会坠机身亡。他被这一幕弄得思绪万千，没有注意到绿灯已经亮了。"卡西迪，"马克斯韦尔·泰勒将军平静地说，"绿灯亮了。""是，长官。"[57]他如此说道。而他的眼睛仍然盯着燃烧的飞机，他跳了下去，他的师长紧随其后。这位后来成为肯尼迪总统任上参谋长联席会议主席的泰勒将军，身后紧跟着的是他的警卫员斯特万·德迪耶尔（Stevan Dedijer），一名南斯拉夫裔普林斯顿大学毕业生。吊诡的是，德迪耶尔声称，自己纵身一跃之时，高喊着的是"斯大林万岁！"[58]

不可避免地，会有一两名伞兵惊慌失措。据第101空降师作训科科长汉克·汉纳（Hank Hannah）中校说，他飞机上的一名伞兵"突然胆怯了，并拉开备用降落伞的绳索，说：'看，我现在跳不了了.'"⁵⁹汉纳怒吼着叫他出列,告诉他无论如何都得跳下去。随即,飞机被击中了,这名焦躁不安的伞兵很乐意地用他的应急伞跳了下去。纯属偶然,另一名伞兵的开伞索挂在了某个突出物上,他的伞包被拉开了。在极度的愧疚中,他不得不随飞机返回英国。

当他们接近指定的伞降区时,军官们四处搜寻,试图找到地标来确定自己的方位。贝斯特布勒尔切上尉看见了奈梅亨至赫鲁斯贝克间树木丛生的山脊,兴奋极了,加文和他的司令部将空降到那里。在门德斯中校火气冲天地发表了那篇不管是被扔到荷兰,还是被扔到地狱的著名言论之后,一些军官揶揄他们的飞行员,说他们在诺曼底时,被扔到了离指定空投场多么远的地方。第504团的沃伦·R. 威廉斯(Warren R. Williams)中校不得不收回他的话。⁶⁰他们的飞行员把他们扔到了离学校不到200米的地方,而该学校在英国后方被选定为团指挥所。

播音员爱德华·R. 默罗(Edward R. Murrow)坐在一架运输机上,用无线电广播着他的所见所闻:"现在〔我们正在〕接近伞降区,我〔坐着〕向下看机身的长度。跳伞长跪在最后面用内线电话与飞行员交谈……我们〔看到了〕第一波高射炮火。我觉得这是从运河边的那个小村庄射过来的。更多的曳光弹出现了,刚好从我们跟前飞过。他们刚刚在机舱门口列队完毕,准备跳伞……你们也许能听到他们检查挂在强制开伞索上的开伞钩时发出的咔嚓声——你听到他们喊 3——4——5——6——7——8——9——10——11——12——13——14——15——16——17——18 了吗?——现在他们出发了——所有人都跳了下去。"⁶¹幸运的是,对于默罗的听众而言,所有事情都在按照计划顺利进行,除了第506团的两名伞兵以一种惨烈的方式牺牲了之外。他们所乘的飞机准确地投下了所有伞兵分队，但"随后，一架正在坠落的飞机——该机所有乘员已经弃机跳伞——撞上了他们，螺旋桨把他俩切成了碎片"。[62]

第501伞兵团的一名跳伞高手站在他的飞机舱门口，向几百英尺下方兴奋得上蹿下跳的荷兰人挥手致意。一些伞兵有些惊讶地发现，他们脚下的乡村正是自己所期待的堤坝、风车和茂盛的青草。在场级别最高的军官通常第一个跳下，而级别次之的军官则站在身后，扮演着"推手"的角色，把任何犹豫的人都推出去。第82空降师的弗格森（Ferguson）上尉站在敞开的舱门口，等着绿灯亮起，"当我低头往外观察的时候，飞机正在减速，风呼啸着打在我的脸上，带给我一阵刺痛"。[63]每发炮弹爆炸时产生的冲击波都会使飞机摇晃，所以当绿灯终于亮起时，大家都松了一口气。伞兵分队摇摇晃晃地以最快的速度向前移动，他们急切地想要冲出去，同时又要避免因踩到满地的呕吐物和尿液而滑倒。飞行员还必须记得拉动操纵杆，释放固定在机腹下方的沉重的空投包裹。由于挂在上面的降落伞没有打开，一个装满了反坦克地雷的包裹像石头一样坠落下去，并引发了一场剧烈的爆炸。

"做好准备，我们正在松开拖缆！"一名"韦科"滑翔机飞行员一边放下尼龙牵引绳，一边回头喊道。然后，滑翔机一圈又一圈地盘旋以降低飞行速度，但仍将以每小时60英里的速度着陆，在它犁过着陆地域时扬起大量尘土。他们终于停了下来，随即大喊一声："走！"[64]所有人都从一侧蜂拥而出。降落在犁过的土地上对伞兵来说是件好事，因为新翻的土地很软，但对于那些没有顺着沟壑降落的滑翔机而言，这可能是灾难性的。他们经常落得个倒栽葱的下场。

一名来自第 101 空降师的军医写道:"医护兵忙着从被撕碎的飞机残骸中抢救血肉模糊的伤员。"[65]最严重的事故发生在第 506 伞兵团,他们的两架滑翔机在半空中相撞,造成机上好几人死亡,胶合板碎片散落了机降区一地。一名士兵回忆说,当此事发生时,"一辆吉普车飞了出来,大家四散而逃"。[66]第 82 空降师的一名军官写道:"在这些降落位置颇为尴尬的数百架滑翔机中,有一架一头扎进了风车里,它的机尾呈大约 65 度角指向天空。"[67]

沿北线飞行的英国第 1 空降师从位于瓦尔河和下莱茵河之间贝蒂沃地区的果园和圩田上空进入。当他们接近伞降区时,情绪骤然紧张起来。"他们的笑容明显是假的,"弗罗斯特中校写道,"而且直到最后一刻他们还在猛抽着烟,这一切都提醒我,这次飞行以及在深入敌后如此之远的地方跳伞,对任何人的神经系统来说都是个不小的考验。"[68]

伞兵分队在过道列队完毕,从后面开始,每名士兵将他们的左手搭在前一人的肩膀上。这架载着埃里克·麦凯(Eric Mackay)上尉和第 1 伞降工兵中队的 C-47 运输机在飞向目标的过程中被击中。[69]舱门上方的红绿灯被一发炮弹——很可能是一发 20 毫米炮弹——给打灭了。因此,麦凯不得不通过敞开的舱门来观察其他飞机上的伞兵何时起跳,然后跟着跳下去。

滑翔机被任何比机枪威力更大的武器击中,它的生存概率都非常小。在离机降区不远的地方,一架"斯特林"牵引飞机的机组人员突然感到一阵晃动。由他们牵引的那架"霍萨"滑翔机的尾部已经被高射炮火炸掉了,接着一个机翼被削掉,拖缆也断了。后来，他们从附近一架飞机的飞行员那里听说，他看到在滑翔机解体时，一些尸体从里面掉了出来。[70]

一名滑翔机飞行员记录下了他们接近下莱茵河的过程。"我们现在差不多已经抵达释放点，下面的场景看起来和前一天简报会上的照片几乎一模一样。在右侧，我可以看到我们此行的主要目标——这座横跨莱茵河的大桥。"[71]数十架滑翔机试图同时降落在沃尔夫海泽西北方向的荒野，由此造成前方一片混乱。当时没有空中交通管制系统，所以由副驾驶（如果他们有的话）负责四处观察其他滑翔机，而飞行员则专注于着陆。另一个问题是牛群。当一头牛一直疯狂地向前面狂奔而不是往边上逃时，罗伊·哈奇（Roy Hatch）中士变得绝望起来。[72]即使滑翔机停了下来，这些人仍然处于危险之中。另一架失控的滑翔机撞上它的可能性总是存在。由于露天相对而言更加安全，舱门处又经常拥堵，士兵们常常从机身一侧猛力冲击以开辟出一条出路。

霍罗克斯将军爬上一架铁梯，站在乔之桥附近一处工厂的屋顶上。当搭载着第101空降师的运输机和滑翔机编队从他们头顶飞过时，他向通信员下达指令：14时30分将是H时①。后方，皇家炮兵350门火炮于14时准时开火，并且在一连串炮击的掩护下，这个爱尔兰禁卫团战斗群转移到了他们最后位于进攻发起线上的阵地。时钟嘀嗒嘀嗒地走着，直到H时，炮手们仍在猛击德军的前沿阵地。然后，随着一声令下——"出动！"[73]——基思·希思科特（Keith Heathcote）中尉指挥的领头

---

① H时（H-Hour）：与D日（D-Day）相似的军事术语，表示进攻发起时刻。——译者注

坦克出发了。

在最初几分钟，一切似乎都进展得很顺利，但当他们通过边防哨所进入荷兰时，一辆接一辆的坦克被击中了。不一会儿，就有9辆坦克燃烧起来。范德勒呼叫来皇家空军。"这是我第一次目睹执行任务中的'台风'战斗轰炸机，"他后来写道，"天哪，那些飞行员的勇气让我大吃一惊。它们一架接一架地飞来，首尾相接，径直穿过我方火力网。我看见一架飞机就在我头顶上方解体。声响极大。枪炮声、头顶飞机的嘶叫声，以及士兵们的喊叫和咒骂声，让我必须对着麦克风大喊才能被听到。"在一片混乱之中，师部用无线电询问战况如何。"我的副手丹尼斯·菲茨杰拉德（Denis Fitzgerald）只是举起麦克风说：'你听。'"[74]在刺耳的爆炸声和四周的喊叫声中，一名军官觉得耳机里的无线电"雪花音"听起来很舒服。[75]

紧跟在范德勒的侦察车后面的是两辆英国皇家空军的车，车上坐着前进航空控制员，空军少校马克斯·萨瑟兰（Max Sutherland）和空军上尉唐纳德·洛夫（Donald Love）。洛夫看见牛群因恐惧而发狂，激战时刻，它们在两边的田野里绕着圈飞奔。在边境哨所的"一个带着条纹的盒子里"，他还发现了"一颗被砍下来的头颅，同时在几码开外的地方躺着一具无头的德国人尸体"。洛夫沮丧地发现一些"台风"战斗轰炸机飞行员没有配备正确的网格地图，所以当空军少校马克斯·萨瑟兰向他们指示目标时，他们几乎无能为力。他们还必须使用前方燃烧着的坦克作为"提示前线部队位置的地标"。[76]

当"台风"战机逼近时，萨瑟兰想要使用黄色烟幕弹来标记自己的部队，但这很危险，因为德军炮手立马会利用它们来瞄准目标。范德勒以为"台风"战机正在用机炮误击他的爱尔兰禁卫团，随后他承认了自己的错误。坦克车组成员原本以为有几梭子弹击中了炮塔，结果却发现那是低空飞过头顶的"台风"战机抛落下来的弹壳。

约翰·奎南（John Quinan）中尉抛弃了他那辆正在燃烧的"谢尔曼"坦克，此刻他正站在一名被狙击手射穿了心脏的士兵旁边。"当他倒地时，他非常清楚地说了一句'哦，上帝！'"奎南后来回忆道，"我常常思考，他到底是在死亡之前还是之后说的这句话，这是一个很好的神学问题。"[77]

第2中队的"谢尔曼"坦克刚一着火，爱德华·泰勒（Edward Tyler）少校就把他的坦克从公路上开到了圩田里，所幸圩田是干的，然后他摇晃着将坦克转向右边。以"鹰眼"著称的一等兵考恩（Cowan）发现了一辆伪装过的突击炮，并用自己"萤火虫"坦克的17磅炮将其击毁。敌军车长向他投降，考恩让他们跳到自己坦克的后面，然后继续前进。此时他的俘虏却拍拍他的肩膀，指出来另一辆没被他发现的突击炮。这一辆也被击毁了。"而且，在这位前敌军突击炮指挥官和爱尔兰禁卫团中士的超凡结合下，他接着又搞定了第三辆。"[78]这个德国人的英语还算流利，并且对"萤火虫"坦克的射击精度很满意。他对自己这种异乎寻常的行为的解释是：自己是一名职业军人，看不得任何人使用错误的战术，就像他认为考恩在做的那样。

第3营的协同步兵将战俘带了回来。禁卫兵们对狙击手非常粗暴，逼迫他们沿公路小跑，同时用刺刀捅他们。或许是出于恐惧，一名战俘试图逃跑。"坦率地说，当他脑子里面冒出这个想法时，他就已经完蛋了。好像每个人都朝他开了枪。他只跑出去15~20码就被打成了筛子。"[79]

当德国战俘双手抱头穿过车队往回走时,"我用余光瞥见一个动作",范德勒写道,"其中一个杂种私藏了一枚手榴弹,并将它扔进了一辆机枪运载车里……我看见一名中士躺在路上,一条腿被炸断了"。[80]这个德国人马上就被击毙了,他是瓦尔特战斗群下面由冯·霍夫曼(von Hoffmann)指挥的伞兵团的一员。因为霍夫曼手下肮脏的作战手段,这些爱尔兰禁卫兵想当然地认为他们就是要尽可能多地杀人。

布坎南-贾丁中尉几天前开展的野外侦察表明,德国人曾强迫当地人在法尔肯斯瓦德外挖了一条反坦克壕沟。因此,范德勒已经命令一辆推土坦克在纵队的前方就位。这真是万幸,因为他们急需清理被击毁在路上的9辆坦克,这样才能让后续部队继续通行。如此之多的坦克被伏击摧毁给范德勒造成了极大的冲击,他开始担心前方等待着他们的将会是什么。

第九章　9月17日，德军的反击

9月17日，星期日，一个阳光明媚的初秋早晨，克拉夫特麾下党卫军第16训练和补充营里那些不当班的士兵在前一天晚上喝了酒，直到很晚才起床。"远处，"党卫队突击队员班加德写道，"我们听到有轨电车轰隆隆地从奥斯特贝克驶向阿纳姆。"[1]克拉夫特本人在他位于奥斯特贝克-霍格火车站边上的指挥所里忙着处理公文。当"蚊"式战机飞来攻击阿纳姆，B-17轰炸机轰炸了沃尔夫海泽时，他困惑了。这些地方很难说得上是重要军事目标。不久之后，当战斗轰炸机攻击该地区的高射炮阵地时，他命令自己的20毫米高射炮部队投入战斗。"多么美妙的声音，就像鼓点的声音一样，"克拉夫特一听到他们进行战斗的声音，就兴奋不已，"它温暖了我们的心。"[2]

在菲赫特附近，斯图登特大将继续处理着自己的公文。"伏在桌案，我突然感到一阵心惊胆战，"他写道，"一阵急促的声音越来越响。我走到阳台上，看见到处都是飞机——运输机和滑翔机——它们以松散的队形超低空飞过。"

斯图登特，这名空降兵老将，发现自己满怀眷念地回想起在1940年对荷兰和1941年对克里特岛发起的空降突击。"这突然映入眼帘的壮观景象给我留下了深刻的印象。在那一刻，我想到的不是大家处境的危险，相反，我的脑海里充满了对先前行动的回忆和渴望。"当他的新任参谋长赖因哈德①上校冲出来和他一起站在阳台上时,斯图登特说:"要是有这么多资源能任由我调配就好了!"³接着,这两人爬到了房屋的平顶上。司令部的驾驶员和文书们带着步枪出现在楼下,向低空飞行的飞机射击。

莫德尔元帅在桌山酒店外小站了一会儿,看着B-17"空中堡垒"轰炸机从头顶飞过。他以为这些飞机正飞往德国。后来在午餐时间,汉斯·格奥尔格·冯·滕佩尔霍夫(Hans Georg von Tempelhoff)上校接了个电话,对方告诉他看看窗外。滕佩尔霍夫看见有伞兵和滑翔机出现,提醒走过来的莫德尔和克雷布斯也往外看去。这两人都戴着单片眼镜,当他们惊讶地耸起眉毛时,眼镜几乎要掉了下来。克雷布斯说:"这将是本场战争的决定性一战。"

"别那么夸张,"莫德尔斥责他道,"这样也太明显了。滕佩尔霍夫,去工作!"作为B集团军群首席参谋(相当于作训参谋主任),滕佩尔霍夫冲回电话旁,呼叫该地区的所有部队,首先是党卫军第2装甲军。在与尽可能多的人取得联系后,他给冯·伦德施泰特元帅的司令部打了电话。滕佩尔霍夫对他们的泰然自若大为震惊——他称这种反应为"近乎麻木不仁的正常"。⁴

对于为什么撤离桌山酒店,大家说法不一。一些人说是出于惊慌。当时并不在现场的党卫队全国副总指挥比特里希说:"[莫德尔]跑到他的卧室,把他的东西塞进了手提箱。他急忙

---

① 全名为瓦尔特·赖因哈德(Walter Reinhard),非前文出现过的步兵上将赖因哈德。——译者注

下楼，穿过马路，此时手提箱突然绷开了，他所有的盥洗用品都散落在街道上。在下属的帮助下，他再次把这些东西装好，然后出发了。"[5]另一个人说，克雷布斯忘记了他的帽子和手枪腰带，以及整套的作战地图，地图上面标注着从荷兰到瑞士边境的所有德军部队的部署情况。其他更有说服力的说法则暗示，尽管匆忙，他们还是井然有序地出发了。

当然，也有一些麻烦事。一名参谋军官在想到他把自己的雪茄烟落在了桌山酒店的房间里时勃然大怒，因为它可能被某个盟军军官享用。更多的人像耶德尔豪泽少尉一样，对换洗衣服的丢失感到遗憾，他们离开时除了身上穿着的这套制服没带其他任何衣服。不管怎样，有一件事是所有人都认同的。莫德尔和他的参谋人员确信，空降行动是抓捕B集团军群首脑之计划的一部分。他们认为自己在奥斯特贝克出现的消息一定是被荷兰人泄露出去了。

莫德尔的车队快速驶向阿纳姆。他们在城防司令库辛（Kussin）少将的司令部短暂停留。莫德尔指示库辛弄清楚到底发生了什么。车队由宪兵的摩托车队护送，首先前往莫德尔位于泰尔博赫（Terborg）的后方司令部，然后前往比特里希的司令部，该司令部位于几公里外的杜廷赫姆斯朗根堡城堡。

在奥斯特贝克，随着B集团军群司令部的迅速撤离，位于公路边的斯洪奥德酒店发生了疯狂的一幕。[6]德国军官们发疯似的跑来跑去，把自己的行李扔进汽车和卡车，而德军的女性辅助人员——她们因为制服的原因被称为"灰老鼠"——正急急忙忙地跑回她们位于乌得勒支路的宿舍，取回她们的行李然后逃跑。

"位于阿纳姆的后勤服务部门开始惊慌失措地撤离，"耶哈特医生（Dr Gerhardt）写道，"载有军官、出纳和女性军队辅助人员，以及塞满了手提箱和其他行李的客车，载人的卡车，骑自行车者，连同成群结队或是单独行进的士兵，所有人都力求尽快离开这座危险的城市。"[7]荷兰平民站在自家门外和花园门口，急切地想知道正在发生什么。由于没有电，无线电收音机也指望不上了。

德国空军位于代伦的第3战斗机师师部似乎已经被恐慌压倒了。由于担心被伞兵活捉，首席参谋下令销毁他们过去六个月的作战日志。他们发出信号："指挥所遭到战斗轰炸机的攻击。"他们声称不可能离开掩体，因为盟军正在"师指挥所正西、西南、正南和西北方向"着陆。[8]他们接到第1战斗机军的命令，炸毁地堡，并撤退到鲁尔北部的杜伊斯堡（Duisburg）。与此形成鲜明对比的是，他们的地勤人员匆忙集结成了一股力量并向南进军，以阻止任何沿阿姆斯特丹路推进的英国伞兵。

对克拉夫特所在的营来说，到了中午时分，一切似乎又恢复了平静。[9]"那天是星期日，所以我们美餐了一顿，"班加德写道，"我们每人得到了一份美味的猪排，还有一大盘布丁作为甜点。"据班加德说，在13时40分左右，"我们听到一声大喊'伞兵！'"[10]起初他们认为这一定是搞错了。克拉夫特自己也听到了"滑翔机那令人毛骨悚然的呼啸声"。[11]越过树梢向西望去，他可以看到牵引飞机正在释放滑翔机。"我感到肚子一阵难受，"克拉夫特后来用日耳曼式坦率的口吻叙述了这件事，"我解开腰带，然后走到灌木丛后面。"[12]显然，他因此感觉好多了，他"提起裤子"，回到指挥所，随即发布命令"部队准备出发！"[13]

克拉夫特的手下一边听着他的指示，一边往弹药袋和口袋里塞子弹和手榴弹。"一阵紧张的忙碌后，所有的东西都打包好了，"班加德说，"戴上钢盔，拿好武器，出发！"[14]克拉夫特现在已经可以确定，盟军的行动绝对是以阿纳姆公路桥为主要目标。对于袭击像莫德尔的司令部这样的目标而言，这个行动的规模太大了，而且这座大桥是该地区唯一的战略目标。他在报告中写道："阻止他们的重任落在了我的肩上。"他决定构筑一道防线，穿过从西部以及沿铁路线通往阿纳姆的两条主要道路，"但我没有足够的人手将防线延伸到莱茵河"。克拉夫特那个营由13名军官、73名军士和349名士兵组成，总共只有435人。[15]据他所知，在这附近几乎没有其他军事组织的存在，除了"我们很可能根本指望不上的B集团军群"。看到那些军官穿着总参谋部宽大的紫红色条纹马裤，戴着头盔，手持冲锋枪奔赴战场，那的确是一件不同寻常的事。"我手下的士兵年轻又稚嫩，但我拥有优秀的军士和军官，"克拉夫特写道，"尽管有一名开小差的少尉后来被送上了军事法庭。"他还吹嘘说："我们的确遇到了荷兰恐怖分子的骚扰……他们得到了妥当的处理！"[16]但这话不那么可信，因为到那时为止，暂时还没有荷兰平民武装的报告。

克拉夫特声称，他派了一名传令兵骑边三轮摩托车前往沃尔夫海泽酒店附近的重机枪组和第2连，向他们传达"立即发起进攻，上报敌军准确位置"的命令。[17]但是，英军的报告里并没有反映出立即遭到反击的迹象。克拉夫特还声称已经下令让自己的迫击炮连投入战斗。该部队配备了多联装火箭发射器，这种武器发出的声音令人胆寒。因此对于这支部队的火力，给人留下的印象远比它实际所拥有的更加猛烈。事实上,至少直到一个小时或者更长时间之后,战斗才真正开始,当时第一批向阿纳姆进发的英国军队冲进了克拉夫特设立在彼尔德伯格(Bilderberg)森林以西的第一道防线。

后来,克拉夫特用他那夸夸其谈的方式声称,尽管人们常说不应去以寡敌众,但他已经证明,"在这场为德意志民族的生存而战的战争中,只有坚定的战斗精神能带领大家走向成功,以少胜多这样的事情每天都在发生"。[18]他的手下确实打得很有章法,但他们是在打防守战,而不是像他自诩的那样在进攻。

15时刚过,阿纳姆的城防司令库辛少将出现在沃尔夫海泽酒店,说他已经给国防军驻荷兰总司令克里斯蒂安森航空兵上将打过电话。增援部队将会在黄昏前到达。克拉夫特警告库辛不要从乌得勒支路返回。但是,库辛——在两名军官和一名司机的陪同下——深信他们会没事的。几分钟后,他们直接驶向了英国伞兵的一个前卫排,全部阵亡。

13时40分,在"霍亨施陶芬"师侦察营的午餐行将结束之时,一级突击队大队长哈策尔接到了一个从军部打来的紧急电话。德国空军情报网刚刚将第一波伞降和滑翔机着陆的情况通知给了党卫队全国副总指挥比特里希。他给哈策尔的消息是:"伞兵已经在阿纳姆附近降落。立即动员部队。命令随后就会下达。"哈策尔要是只需要喊格雷布纳让他的人开始去干就好了。他需要知道得花多长时间才能把半履带车重新装好,并把它们的火炮重新架上。咒骂命途多舛是没有意义的。要不是格雷布纳耍了个小把戏,让这些车辆暂时无法使用,他们根本就不可能成功把这些车辆攥在手里。在与首席机械师商量过之后,格雷布纳承诺他们将在三小时内做好出发的准备。

哈策尔试图迅速弄清楚他有哪些部队可用。有些人已去了德国锡根（Siegen），他们将不得不被召回。"霍亨施陶芬"师的"装甲团没有一辆坦克处于战备状态"，所以坦克车组人员将作为步兵投入战斗。[19]他最大的遗憾在于被迫将两个装甲掷弹兵营派遣给了位于艾恩德霍芬以南的瓦尔特战斗群，并把优秀的伊林营移交给他的姊妹师——"弗伦茨贝格"师。因此，这场战斗将在很大程度上依靠师里的其他兵力：工兵、炮兵部队和高射炮部队。

在布吕门（Brummen）——阿纳姆东北方向通往聚特芬（Zutphen）的路上，"霍亨施陶芬"师工兵营的党卫队一级突击队中队长汉斯·默勒（Hans Möller）正在户外和他的副官、党卫队三级突击队中队长格鲁普（Grupp）一起享受这美好的一天。远处天空中一堆白色的小点突然引起了他的注意。"卷积云？"他满心狐疑地向同伴问道，然后又自我否定，"不，是爆炸的高射炮弹！不，如果是那样的话这也太多了。"他注意到附近的荷兰平民也在驻足观看。"我的天哪，格鲁普，那些是降落伞！"[20]他们跑去拉响了警报。

与英国军队不同的是，德国军官不会等待上级的命令，所以主动采取行动的不只是克拉夫特麾下那个营。默勒并不满员的工兵营和几公里外位于迪伦（Dieren）的"霍亨施陶芬"师的炮兵团都以最快的速度向盟军进军。默勒立即调遣他的侦察排编入党卫队二级小队长温内尔（Winnerl）麾下。其余人员在两个小时内也跟了过来。这些部队遵循了传统普鲁士军队"朝枪炮声进军"的格言。黄昏时分，炮兵团长——党卫队一级突击队大队长施平德勒（Spindler）将领导组建一个由零散的"霍亨施陶芬"师直属分队构成的联合部队，定名为施平德勒战斗群。

很快，所有能端得动枪的后勤服务单位都被动员到了荷兰和邻近德意志帝国的第 6 军区（Wehrkreis Ⅵ）。这些人中有警察营成员，甚至身着棕色制服、正在服劳役的帝国劳工组织的青年们，这让荷兰人觉得他们不过就是希特勒青年团成员。一名下士接到如下命令后在他的日记中写道："我们了解到盟军伞兵部队已经在阿纳姆和奈梅亨地区着陆。我们被命令撤离。正在分发武器、弹药和罐头。具体细节尚未可知。"[21]

赫伯特·斯特尔岑米勒（Herbert Stelzenmüller）是德国海军学员。星期日，当他在位于德国边境的克莱沃古城散步时，警报声突然响起。宪兵们开车走街串巷，命令所有服役人员返回营房。他们给这些学员配发了 1940 年缴获的荷兰或比利时步枪，然后将其送往奈梅亨。斯特尔岑米勒和他的同伴们看到一名帝国劳工组织军官和两名荷兰少年在一起，这两名少年当时因佩戴有橙色臂章被捕。"这名帝国劳工组织指挥官拿出手枪，冷血地射杀了这两个手无寸铁的荷兰男孩。他们都倒在路上死掉了。"[22]

"弗伦茨贝格"师师长、党卫队旅队长哈梅尔那个星期日上午才抵达柏林。直到那时，他才发现党卫队作战总局已经搬到首都以东的巴特萨罗（Bad Saarow）以躲避轰炸。中午时分，他抵达巴特萨罗，不得不等候与党卫队全国副总指挥汉斯·于特纳（Hans Jüttner）的会面。汉斯·于特纳满头白发，皮肤光滑苍白，戴着无框眼镜，看上去更像是一名成功的牙医，而不是党卫军的头目。很明显，这一搬迁行动和从法国撤退时的绝

第九章 9月17日，德军的反击

望情景已经让司令部陷入某种混乱状态。

会议期间，一个助手送来了一封电报，并把它放在于特纳面前。这封电报是比特里希发来的。于特纳念给了哈梅尔听。"哈梅尔：立即返回。阿纳姆地区有空降行动。"在简短的道别之后，哈梅尔冲向他的汽车，命令司机拼命往回赶。这一行程将至少花费9个小时，主要是因为鲁尔遭到轰炸，而且一旦夜幕降临，就需要在关闭前车灯的情况下继续行车。哈梅尔急切地想回到他的部下当中去。他知道他们的胜利"只能依靠迅速行动"。[23]

党卫队全国副总指挥汉斯·劳特尔收到空降行动的消息时正在海牙。他的第一个电话打给了位于阿默斯福特集中营的荷兰党卫军西北警卫营指挥官、二级突击队大队长黑勒。然而，黑勒却和他的爪哇情妇在一起。他对他的副官、党卫队二级突击队中队长瑙曼（Naumann）下了死命令——任何人都不许打扰他。按照他的指示，当镇长打来电话，说大批伞兵已经在东部降落时，瑙曼什么也没做。但电话铃再次响起了，当发现这是全国副总指挥劳特尔亲自打来的时，瑙曼"一跃而起"。[24] 劳特尔告诉他，这个营必须做好立即行动的准备，二级突击队大队长黑勒必须立即向汉斯·冯·特陶（Hans von Tettau）将军报告。这一次，瑙曼的确打扰了他的指挥官。

汉斯·冯·特陶中将的司令部位于阿纳姆以西瓦赫宁恩（Wageningen）附近的格雷伯山（Grebbeberg）。克里斯蒂安森已经收留了绝大多数从诺曼底沿着下莱茵河北岸逃跑回来的士兵。他们垂头丧气且没有武器，克里斯蒂安森不希望这些人拉低自己位于荷兰的军队的士气，所以把他们隔离开了。特陶的指挥部负责收拢这些渡过下莱茵河的散兵游勇，恢复他们的纪律，并把他们编入临时部队。但特陶一脸憔悴倦怠，很难成为一个鼓舞人心的领导人，而且像许多高级军官一样，他一开始以为英国人已经在代伦机场着陆了。"我们的指挥官们真是可怜，"富尔里德中校在他的日记中抱怨道，"特陶和他的参谋给人以一种老派绅士的印象。"[23]

随后，劳特尔打电话给克里斯蒂安森的副手——冯·维利施中将。他把自己下达给位于阿默斯福特的黑勒那个营的命令告诉了他。劳特尔称，维利施害怕的"清算之日"终于还是来了，后者说："是的，但是你怎么能通过这样的方式削弱自己的阵地呢？"

"现在我们的前线是阿纳姆，"劳特尔反驳道，"我想要把所有能用的士兵都派到那里去战斗。如果后方发生叛乱，我们将连同勤务兵、办事员和话务员一起共同作战。我的预备队已经在行军路上了。"考虑到当时黑勒可能还没有穿好衣服，他的关于"预备队"正在"行军"的想法有些乐观了。

"那么祝你好运吧。"维利施冷冷地回道，然后挂了电话。

根据他自己的叙述，劳特尔还把电话打给了位于柏林的党卫队帝国领袖海因里希·希姆莱，就盟军的入侵行动向他发出警告。"你打算怎么办？"希姆莱问。

"我马上去阿纳姆！我已经把所有的预备队都投入进去了。我希望地下抵抗组织在这一关键时刻不要骚扰我！"

"我希望你顶住，劳特尔。"希姆莱答道。随后，劳特尔立即离开，并没有遭到"恐怖分子"的伏击。他说："我真走运。"[26]

第十章 9月17日,英军着陆

英国第1空降师的首批跳伞人员是第21独立伞兵连的空降先导员。他们于12时40分准时从12架"斯特林"轰炸机上跳下。一名下士在着陆时,不幸把他那把以不安全而臭名昭著的"司登"冲锋枪掉落在了地上,结果枪支走火,他当场毙命。[1] S和Z机降区以及X伞降区分别由一个排保护,然后他们设置上尤利卡导航信标。一个德国人骑着摩托车过来,问他们是否见到过什么英国大头兵。这是一个"相当致命的错误",正如其中一名空降先导员所目睹的那样。

首批300架滑翔机在距离目的地大约1.5公里的地方松开了拖缆,13时左右,它们开始着陆。机降旅从铁路线正北的S机降区进入。医疗小组很快就开始处理因滑翔机坠毁而伤亡的人员。该旅有16架滑翔机失踪,其中8架载有来自国王属苏格兰边民团第7营的官兵。一名风笛手开始吹奏《越过边境的蓝呢帽》("Blue Bonnets over the Border"),示意他们应该以连为单位集合。[2]点名很快便完成了,结果显示,即使在有滑翔机失踪的情况下,国王属苏格兰边民团第7营仍然集结了40名军官和700名士兵。他们的任务是与南斯塔福德郡团(South Staffordshire Regiment)第2营部分人员和边民团第1营一起保卫伞降区和机降区。

在接下来的40分钟里,"霍萨"和一些大型"哈米尔卡"滑翔机载着师直属部队进入Z机降区。他们包括携带有75毫米轻型榴弹炮、反坦克炮、吉普车、"布伦"机枪运载车的轻型炮兵团，皇家工兵中队，野战医院和侦察中队。一名高级军医报告说，一架"哈米尔卡"滑翔机"着陆得很失败，它看上去像是以极高的速度坠落到了一片土豆地里，头冲地、屁股朝天地扎到土堆里，于是机头下方积聚起大量的泥土。一名飞行员死亡，另一名受伤，并被机舱内的货物给卡住了"。[3]

在那些未能抵达的滑翔机中，有一架搭载着"布伦"机枪运载车的滑翔机很明显是被党卫军格茨·贝伦斯·冯·劳滕费尔德团（Regiment Götz Berens von Rautenfeld）"摩尔营"①的一个分队击落的。② 这支部队奉命保卫布雷达—蒂尔堡公路（Breda-Tilburg road）上的一个交叉路口，他们成功利用轻武器击落了这架滑翔机。他们的指挥官马丁少尉在日记中记下了用粉笔写在滑翔机上的字："这次旅行真的是非去不可吗？"[4]这段英式幽默打出了英国政府倡议减少国内旅游的口号，似乎让这位年轻的军官一头雾水。

一个名叫扬·东德温克尔（Jan Donderwinkel）的邮递员穿着制服，拿着急救箱，出现在 S 机降区提供救助。他惊讶地看到士兵们把滑翔机机尾扯下，一辆吉普车开了出来。他发现一名士兵躺在地上，他的脚在滑翔机着陆时被压碎了。士兵问："你是邮递员吗？""是的。"东德温克尔答道。"那么，有我的信吗？"

"没有，"他说，"但你能给我一支烟吗？"[5]受伤的士兵笑了，

---

① 摩尔人（Moors）：欧洲人对穆斯林，特别是西班牙、北非的阿拉伯人或柏柏尔人的称呼，带有贬义。——译者注

② 当时正在南斯拉夫与游击队作战的党卫军第 13 "弯刀"师的穆斯林出现在荷兰有些出人意料，但这并非不可能。因为他们可能已经被配属给了党卫军第 12 军。——原注

递给他一包 Player's 香烟。东德温克尔把士兵带到沃尔夫海泽精神病院，此地就在第 131 伞兵野战医疗队设立的伤员临时收容站附近。弹药库被击中后发生了剧烈爆炸，病人们在受到惊吓后从精神病院跑了出来，在树林里乱窜。要劝说他们回来十分困难。

有人认为弗雷迪·高夫少校的侦察中队在十字路口损失了所有 32 辆武装吉普车中的大部分，不过实际上只有 4 辆未能抵达目的地。但还有另外 6 辆吉普车被卡在了坠毁的滑翔机里，除非将滑翔机尾部拆除，否则它们无法被开出。"我们的滑翔机在着陆时非常颠簸，"一名年轻的侦察军官回忆道，"而且以尾部朝天收场。我们花了四个半小时才把物资卸下。"[6]

侦察中队被赋予对大桥实施闪电突袭的任务。然而，高夫出于对滑翔机的厌恶坚持选择跳伞，这又耽搁了很长时间。[7]他手下大多数人员有着同样的感受，也选择了跳伞。结果，那些上面装备了两挺"维克斯-K"（Vickers K）机枪的吉普车并没有随他们一起到达。高夫很生气，因为他们没有得到与"彗星"行动计划中相同的任务。在该计划中，他的中队原本将在下莱茵河南岸，阿纳姆和奈梅亨之间的埃尔斯特附近空降。最后，侦察中队的第一批部队直到 15 时 40 分，也就是所有滑翔机已经降落两个小时后才出发。

13 时 50 分，由 145 架 C-47 "达科他"组成的运输机编队出现，大约 2700 人开始跳伞，其中大部分来自杰拉尔德·拉思伯里准将指挥的第 1 伞兵旅。旅部警卫排排长帕特里克·巴尼特（Patrick Barnett）中尉率先从飞机上跳了下来，他不知道剩下的伞兵分队成员在降落过程中发生了什么。后来他才发现，他的勤务兵在最后一刻胆怯了，就是不站起来，还阻止了其他人往外跳。[8]飞行员不得不再绕一圈回来。

这时，当地的农民们及其妻子出现了，他们帮伞兵割断伞绳，哪怕只是为了把珍贵的丝质伞衣拆下来改做成连衣裙和内衣。[9]在十分钟多一点的时间里，所有伞兵都着陆了，几乎没人骨折。特里·布雷斯（Terry Brace）下士是名军医，他刚一落地就开始梳理自己的头发。他的军士长目睹了这一切，冲他大喊："布雷斯，如果你那该死的脑袋都快保不住了，就没有必要操心你的头发了。"[10]

甫一落地，第2伞兵营的成员们就集结在约翰·弗罗斯特中校那熟悉的猎号声下。弗罗斯特没有浪费时间。他的部队于15时整向南朝海尔瑟姆（Heelsum）方向进发。然后，他们沿着代号为"狮子"的路线，穿过多尔韦尔斯（Doorwerthse）森林向东前进，这是离下莱茵河最近的线路。他们的主要目标是横跨莱茵河的大型钢铁公路桥——这座大桥连同两侧的引桥共有600米长。

那天，行动最为迅速的是11名宪兵支队士兵，他们以实际行动证明了速度决定一切这个道理。[11]在没有遇到任何抵抗的情况下，他们径直奔向阿纳姆，然后直奔目标——警察局而去。这支部队一直在那里保持着"光荣孤立"①，直到48小时后此处建筑被党卫军攻破。

与此同时，同样奉命前往阿纳姆的第3营沿着中线乌得勒支路进军，此线路代号"老虎"。拉思伯里认为一切都进展得

---

① 光荣孤立（splendid isolation）是19世纪晚期，英国在保守党首相迪斯雷利和索尔兹伯里侯爵任内奉行的一项外交政策，意在维持英国自身行动的自由，努力保持欧洲大国之间的均势。——译者注

很顺利，于是命令手下充当预备队第 1 营，沿着北线阿姆斯特丹路进入阿纳姆，此线路代号"豹子"。当时他得到了一则关于侦察中队的误导性报告，便给弗罗斯特发出指令，让他尽一切可能快速推进。在这一阶段，无线电通信似乎运转得很好，但很快，树林和建筑物阻断了通信链路。正如通信军官所警告的那样，22 型电台的功率根本就不够。与此同时，德国人正在师通信网频段上开设一个大功率干扰站。遗憾的是，此前并没有下达关于如何切换通信频率的明确指示。最终在 17 时 30 分时，一名传令兵带着新换频率的信息乘摩托车前往第 1 伞兵旅。他没能找到他们，于几个小时后返了回来。

第 101 空降师的保罗·B. 约翰逊（Paul B. Johnson）中尉率领着一个美军大型空中支援分队，对他们而言，通信情况也没好到哪儿去。[12] 他们与英国人一道乘滑翔机飞入并平稳着陆。在不到五分钟的时间里，他们就把吉普车卸下来，开到了集结地。然而，他们另外一架滑翔机的机鼻扎进了松软的田地，里面人"受了点惊吓"。约翰逊的队伍刚一抵达位于机降区边缘的师临时指挥所就设好了无线电台频率，但发现它无法传输信号。另一个队伍也遇到了同样的问题。"下午，我们几次与某个电台取得过联系，他们没有回答我们的文电鉴别码，而是反复询问他的信号强度，并要求我们给他发一串'V'。"这让他们断定，这是一台旨在扰乱彼方电台的德国 Y 服务电台（Y-service set）。通信员们试了一整夜，但毫无结果。

15 时 30 分，就在第 1 营出发之时，第 1 伞降工兵中队的吉普车也出动了。为了鼓舞士气，在他们出发时有人打开了收音机，里面播着《老虎拉格》（"Tiger Rag"）。[13] 当吉普车拖着轻型炮兵团的榴弹炮出发时，一等兵琼斯本能地靠道路左边行驶。[14]他的连军士长咒骂他暴露了他们是英国人的身份。

这似乎太容易了。与夜间在西西里着陆时的一片混乱和第6空降师在诺曼底的空降行动相比,伞兵们惊讶地发现这次在白天进行的空降行动竟进展得如此顺利。医务处副处长格雷姆·沃拉克(Graeme Warrack)上校指出:"伤亡人数比预期的要少,因为在飞行和空降的过程中,几乎没有遭到敌人的抵抗。"[15]他们的第一印象是个别德军士兵在投降时的样子。有几人甚至是在树林里碰见的,其中一人正与他的荷兰女友在一起,这名荷兰女孩表现得比她那自愿投降的士兵情人还尴尬。

随后,一切迅速发生了变化。当巴克内尔(Bucknell)中尉的侦察中队越过位于沃尔夫海泽的铁路线,沿着铁路路堤旁的一条小路向阿纳姆进发时,他们首次与克拉夫特的手下发生了真正的冲突。[16]在这条小路南边不到1公里处的隘口,几辆吉普车遭到了克拉夫特麾下第2连的猛烈攻击,后者的阵地部署得很好。巴克内尔以及其他6人阵亡,另有4人受伤被俘。紧随其后的高夫听到了前面的枪声。他知道他的吉普车也牵涉其中,因为他能分辨出"维克斯-K"机枪的声音。他转身警告戴维·多比(David Dobie)中校指挥的第1伞兵营,道路已经被封锁了。多比决定绕道往北走,沿阿姆斯特丹路进入阿纳姆。

大约就在这个时候,由于缺乏行动进展情报,厄克特将军变得不耐烦起来,他跑到希克斯位于沃尔夫海泽交叉路口的第1机降旅指挥部去看看希克斯知道些什么情况。当时,希克斯主要担心的是边民团第1营指挥军官的缺阵,他们的滑翔机依旧没有现身。[17]然而,当一名非常年轻的德国空军女性辅助人员作为他们的第一个俘虏被带到希克斯面前时,希克斯被逗乐了。这个可怜的姑娘吓坏了,拒绝了提供给她的一杯茶和一些巧克力，她无疑是在害怕里面会含有什么可怕的东西。

就在这时，厄克特听到了关于侦察中队的吉普车未能抵达的错误报告。他给高夫发出一则消息，告诉他尽快赶来报到。事实上，高夫离那儿已经很近了。他想把侦察中队的任务从在桥上发动奇袭调整为侦察各营前方的三条主要路线。高夫启程返回位于机降区边缘的师指挥所，但与此同时，厄克特已离开，寻找拉思伯里和第1伞兵旅的司令部去了。于是高夫开始了一场徒劳无功的追赶，此时，厄克特犯下了一个巨大的错误，他与自己的师部失去了联系，当然，无线电通信的崩溃也起到了推波助澜的作用。从此时起，几乎所有事都开始出岔子。

第1营在向北穿过树林去往阿姆斯特丹路的途中直接撞上了从代伦赶过来的那支由德国空军仓促拼凑而成的部队，伤亡惨重。德国空军警备营（Luftwaffe Alarmeinheit）很快就得到了来自格雷布纳所属"霍亨施陶芬"师侦察营的第一批装甲车的加强，有效阻断了北部代号为"豹子"的这条路线。黄昏时分，多比收到一条无线电消息说弗罗斯特的第2营正在通过大桥，这是这个电台当天起的为数不多的几次作用之一。于是，多比决定放弃封锁阿纳姆北部的任务。他让部队掉头，再次南下去帮助弗罗斯特。

第3营——击毙库辛少将的正是他们的前卫排——沿着中线乌得勒支路前进。他们沿这条道路南下，快到奥斯特贝克时，遭到了德军突击炮的袭击。一辆吉普车和一门6磅反坦克炮被击毁。最终，在轻型武器的密集火力掩护下，该营得以撤退。约翰·菲奇（John Fitch）中校担心前方的道路可能会被堵塞，于是派出彼得·刘易斯（Peter Lewis）少校指挥的C连尝试走另一条路线。刘易斯带着他的人马来到了铁路线上，然后顺着铁轨一路抵达阿纳姆,其间还打了几场小胜仗。他们在午夜前成功抵达公路桥,这是一项了不起的成就。

这可能是盟军部队与克拉夫特那个营部分人员之间发生的一次小冲突,却让这位党卫队二级突击队大队长确信自己处在被隔断的危险之中。他决定放弃进一步坚守阵地的想法,在夜幕降临时把他的人马撤回到东北部。他们遇到了施平德勒战斗群的部分人员,后者正着手建立自己的封锁线。施平德勒直到那时才知道克拉夫特的存在,他得到比特里希的指示,让他把这个营纳入自己的帐下。

厄克特少将仍在寻找拉思伯里准将,现在他正为进军缓慢而深感忧虑。他找到了拉思伯里的参谋长托尼·希伯特(Tony Hibbert)。"厄克特将军开车来了,"希伯特记录道,"并且我看得出他很生气。他说我们前进的速度'太他妈慢了'。"[18]厄克特又一次开车前去寻找拉思伯里。就厄克特所担心的事情,希伯特向弗罗斯特发出了警告。

菲奇第3营的其余人员刚通过一条红砖路抵达奥斯特贝克,就开始经历令人尴尬的洋溢着欢乐和盛情的场面。扬·沃斯奎尔(Jan Voskuil)写道:"人们在街上大喊大叫、指指点点。又是欢笑,又是鼓掌。小男孩上蹿下跳。"[19]由于伞兵的头盔是圆形的,不像是那种常规的汤盘型的英军帽子,扬·艾克尔霍夫(Jan Eijkelhoff)问他们是不是美国人。"才不是呢,"对方生气地回答道,"我们是英国人。"[20]

漂亮的荷兰姑娘亲吻着因酷热和行军而汗流浃背的士兵们。"到处都在用丘吉尔的V字手势来表达友谊和问候。"[21]欢呼的平民,包括妇女和老人在内,拿来水果和饮料,其中还有杜松子酒。军官们大声喝令，任何人都不得饮酒或停止前进。年轻男性从藏身之处冒了出来，恳求能被允许加入他们的行列并与之一起战斗。尽管如此，一些荷兰人还是觉得英国人的进军过于谨慎，甚至有些犹豫不决。"英国士兵来了，"一位女士写道，"我们向他们挥舞白色手帕和橙色丝带以鼓励他们前进，并告诉他们这里很安全。"但是，随后他们听到了德军摩托车逼近的声音。"就像慢速播放的电影一样，英国人拿起了挂在肩上的枪。"[22] 荷兰人溜回了他们的房子，那些更慌张的人则躲进了地窖。

与此同时，弗雷迪·高夫已经驱车赶回师指挥所去寻找厄克特。参谋长查尔斯·麦肯齐告诉他，厄克特将军正和拉思伯里在一起。他最终找到了位于奥斯特贝克的第1伞兵旅旅部，但是托尼·希伯特对于厄克特和拉思伯里的去向一无所知。希伯特耸耸肩道："他们一起待在某个地方，但他们都失踪了。"[23] 事实上，情况还要糟糕得多。就在厄克特意识到自己失去联系，处境非常危险时，他发现在自己走开时，德军一枚迫击炮弹在他的吉普车旁爆炸了，他的通信员受了重伤。二等兵詹姆斯·西姆斯（James Sims）本人就是第2营的一名迫击炮手，他对德国对手的准确性抱以相当的尊重。"哪怕拿出个军用饭盒放在半英里外，那帮混蛋也能扔三颗炸弹进去。"[24]

在南线，弗罗斯特的第2营由A连领导，该连连长是古怪而无畏的迪格比·泰瑟姆-沃特（Digby Tatham-Warter）少校。他们都很健壮，因为弗罗斯特曾训练他的伞兵每天负重60磅走至少30英里。在卡特·特尔·霍斯特（Kate ter Horst）和她五个年幼的孩子的注视下，维克托·多弗（Victor Dover）少校率领的C连穿过奥斯特贝克的神父寓所和教堂，随即向右发起攻击,以占领铁路桥。他们迅速穿过躺着大片死牛的圩田。多弗命令彼得·巴里(Peter Barry)中尉带领他的排上桥,并带上一些工兵去处理各种爆炸物。当看见一个德军士兵从南侧跑上桥时,他们已经离大桥很近了。"他来到大桥中央,我看到他跪了下来然后开始倒腾着什么。我让一拨人趴下,并命令他们开火。对于敌人的距离,我报给'布伦'机枪手的是500码。至于另一拨人,我命令大家赶快从桥面上冲过去。"[25]他们已经来到了桥面,下方就是河水,而此时大桥的中央部分就在他们面前被炸飞了。

弗罗斯特那个营的其余人员继续向阿纳姆进发,紧随其后的是拉思伯里第1旅旅部的部分人员,麦凯上尉和他手下的工兵、第16伞兵野战医疗队以及杰德堡小组克劳德分队的一部分——该分队由荷兰上尉雅各布斯·格罗内沃德(Jacobus Groenewoud)和美国中尉哈维·托德(Harvey Todd)领导。杰德堡小组的任务是随第1伞兵旅主力一同向前推进到阿纳姆。在那里,他们将联系前市长和前警察局长,让他们管理阿纳姆,直到军政府官员随第30军抵达。他们一着陆,格罗内沃德就直奔奥斯特贝克去寻求帮助和运输支持,以运走空降场的补给。他带着三辆货车和一辆德国欧宝"闪电"(Opel Blitz)卡车回来了。格罗内沃德击毙了站在卡车旁的两个德军士兵。"他们可能已经投降了,"他对托德说,"但这里没有时间处理战俘。"[26]

泰瑟姆-沃特的一名排长认为他们的前进几乎"就像是一场胜利游行",直到他们被德军的炮声吓了一跳——一辆八轮装甲车正在用机枪和20毫米火炮射击。[27]弗罗斯特的部队越是接近阿纳姆,反抗的力度就越是猛烈。泰瑟姆-沃特带领他的手下越过一个又一个花园的篱笆或栅栏,以便从侧翼包抄德军的机枪阵地。现在响起的不是弗罗斯特的猎号,而是泰瑟姆-沃特的冲锋号。在战斗中,泰瑟姆-沃特信不过以无线电传达命令,他用传统的轻装步兵军号来训练他的士兵。

最激烈的反抗在他们从奈梅亨钻过铁路线后不久便发生了。在他们的左边,有一片树木丛生、被称为登布林克(Den Brink)的陡崖。这一制高点已被施平德勒战斗群的先遣队占领。弗罗斯特命令道格拉斯·克劳利(Douglas Crawley)少校的B连清除他们,而让A连继续推进,但这一切都需要花费时间,也会造成一些伤亡,包括一名中士双腿被射穿。军医特里·布雷斯下士把一支点燃的香烟放在中士的唇间,好让他平静下来。这名中士失血严重。他抓住布雷斯的双腕,问道:"我会没事的吧?"

"当然,你会的。"布雷斯答道。

"请尽力帮帮我吧,"他恳求道,"我家里还有两个孩子,拜托。"

"别担心,"布雷斯安慰他道,"你会没事的。"[28]但他知道这名中士很快就要死了。

一名荷兰小女孩看见英军士兵后非常激动,此时,可怕的一幕发生了,她一边喊着"巧克力!",一边跑上马路。[29]两名伞兵朝她大喊,让她回去,但她还是在交火中被射杀了。有人冲出来收拢她的尸体,把她抬过马路。荷兰人不顾猛烈的炮火,把伤员拖回自己的房子照顾他们。

当他们到达离圣伊丽莎白医院不远的Y字路口时,主力部队在岔路口拐向右侧,直奔大桥而去。第16伞兵野战医疗队的医生和护理员径直来到医院门口,"等待救治的伤员几乎排到了门口"。[30]在里面,他们发现荷兰医生妥当地把受伤的英国人放在医院的一边,德国人放在另一边。

野战救护连军官和士兵的大部分装备都背在身上,他们受到了最热烈的欢迎。当首个关于空降兵着陆的消息传来时,"数十名护士和医生涌上街头,他们围成一圈,手拉手,转着圈,欣喜若狂"。[31] 40名同样在那里工作的德裔天主教修女,对情况的意外反转感到非常紧张。所有的荷兰医务人员聚集在一架钢琴前,唱着《威廉颂》,许多人泪流满面。然后他们又唱了《天佑吾王》("God Save the King")。

"当他们唱歌的时候,一名英国士兵出现了。他用步枪顶着一个德国军官的后背。原来那个德国人是名外科医生,他站在那里全神贯注地听着,直到国歌结束。"[32] 这个德国医生被迫在医院里工作。现在,这里的工作人员包括荷兰、英国和德国医生,德国修女,荷兰护士,英国勤务兵,来自荷兰地下抵抗组织的志愿者以及红十字会助理。

范·戴克修女自豪地对被俘的德国医生说:"现在我们自由了。"他摇了摇头道:"可别这么说。这仅仅是个开始。"一个受伤的德军俘虏问她是否知道他将会被送往哪里。她自信地答道:"可能去英国。""谢天谢地!"[33] 他回说。圣伊丽莎白医院的神经科大夫向其中一名英国军官打听他认为接下来会发生什么。"好吧,我们有两天恶仗要打,然后蒙蒂就到了。"[34] 那天晚上,大约30名被迫充当步兵的奥地利裔德国空军人员来到医院,大声嚷嚷着处理他们的伤口,这些伤口是浅表的。他们都带着武器,所以医院工作人员不得不解除他们的武装并将武器锁在一个安全的房间里。这些奥地利人很乐意交出他们的武器,因为他们很清楚自己不想为德国人而战。

* * *

莫德尔元帅和他的参谋于 15 时抵达比特里希的指挥所。"我正在寻找一个新的司令部，"他说，"他们差点儿就把我给干掉了。"[35]比特里希可能不得不隐藏他对上司自大心理的嘲笑，莫德尔竟然认为自己是盟军的首要目标。起初，比特里希认为盟军的计划是切断冯·灿根将军的第 15 集团军。现在，行动的目的已经相当清楚了。那天晚上，当一支巡逻队带着在菲赫特附近坠毁的一架"韦科"滑翔机上发现的盟军详细作战计划返回时，斯图登特大将变得非常兴奋。而当德军指挥部将对大桥的突袭与第 30 军的进攻联系起来后，盟军的意图立马就变得不言而喻了。不过，这些文件的真正重要之处在于提供了后续空运行动的细节，使德国人能够集中他们的高射炮力量来防守机降区。

比特里希已经将他的命令下达给了党卫军第 2 装甲军。"命令你部在阿纳姆和奈梅亨方向进行侦察，"他指示第 9 "霍亨施陶芬"师师长哈策尔，"赶快行动！占领并守住阿纳姆大桥至关重要。"[36]由于比特里希打算把保卫奈梅亨的任务交给第 10 "弗伦茨贝格"师，所以在给哈策尔的命令中提及这座城市是个错误，这会让他麾下由维克托·格雷布纳指挥的侦察营开往离核心目标过远的地方。

莫德尔的思路更为清晰。他想让哈策尔的"霍亨施陶芬"师阻止英国人占领阿纳姆，与此同时让哈梅尔的"弗伦茨贝格"师穿过下莱茵河，并确保阻断英国第 2 集团军与伞兵会合。贝蒂沃的圩田上有一条经过埃尔斯特的主干公路，那里将是阻击他们的最佳地点。莫德尔否决了一切关于炸毁阿纳姆和奈梅亨公路桥的建议。这些大桥必须保住，以便为全面的反击创造条件。比特里希同意保留阿纳姆大桥，但令他感到沮丧的是，他够不着奈梅亨的瓦尔河大桥。

尽管莫德尔的 B 集团军群已经与伦德施泰特的司令部失去了联系,但它仍然可以通过西部德国空军传递命令。一连串的命令和指示如潮水般涌来,其中就包括一项代号为"格奈泽瑙"(Gneisenau)的命令——所有选定的战斗群立即动员了起来。费尔特军和第 406"乡土防卫"师接到命令,从克莱沃和戈赫(Goch)向奈梅亨东南方向的第 82 空降师发起攻击。位于科隆的第 2 伞兵军是由伞兵上将欧根·迈因德尔(Eugen Meindl)指挥的,他们奉命前往克莱沃,"凡是扛得动枪的人都得去"。[37]他们的任务是击退第 82 空降师,并与保卫奈梅亨的部队会合,尽管在当时不论是迈因德尔还是莫德尔都还不知道他们会是谁。

莫德尔元帅向伦德施泰特的司令部提出请求:"提供重型机动式反坦克武器支援,越快越好。近程反坦克武器['铁拳'反坦克榴弹]和燃料的缺乏让所有应对措施都滞后了。"[38]莫德尔还要求将第 107 装甲旅和突击炮旅从丹麦转移至亚琛。此外,他还想要一个装备有"虎王"坦克的重型装甲营,88 毫米高射炮连,以及几乎所有可以派去阻止盟军突破的部队。

莫德尔对德国空军进行了猛烈的批评。"几乎完全没有来自空中和地面的具有决定性意义的反击。不论白天黑夜,我们都需要有战斗机在空中,这非常必要。"[39]显然,他在电话里冲着第 2 战斗机军的布洛维乌斯(Bulovius)中将大声抱怨。布洛维乌斯试图声称他的飞行员击落了 90 架"野马"战斗机,这是一个毫无意义且荒谬的谎言。

对航空兵上将维尔纳·克赖珀(Werner Kreipe),这位位于东普鲁士元首大本营的德国空军参谋长来说,情况不太乐观。他在日记里记录了下午关于"荷兰上空空降行动"的第一批报道。[40]"狼穴"被疯狂的电话和"应对措施指示"吞没了。在慌乱中,国防军最高统帅部甚至通知伦德施泰特的司令部,一个美国空降师已经"降落在了华沙"。[41]

克赖珀写道,自己在被元首和约德尔召见时"相当激动"。希特勒对德国空军没有攻击盟军的飞行编队而大为光火。他指责空军"效率低下,胆小懦弱,无法为他提供支持"。克赖珀已经习惯了这样的脾气发作。他要求元首举出例子。"我拒绝和你再谈下去,"希特勒反驳道,"我明天要见帝国元帅[戈林]。我希望你至少有能力把这件事给安排好。"[42]

当得到莫德尔从英国空降部队手中死里逃生的消息时,希特勒深受震动。他决定大规模增加"狼穴"的防御力量,以防止苏联红军针对他采用类似的行动策略。希特勒最害怕被苏联人俘虏,并作为战利品被带到莫斯科。"这里,我与大本营全体成员待在一起。帝国元帅、国防军最高统帅部、党卫队帝国领袖、帝国外交部长也在这里。那么很明显,这里就是最有价值的目标。如果我能一举控制住整个德国,我会毫不犹豫地冒险将两个伞兵师空投到这里。"[43]

第十一章　9月17日，美军着陆

当第88车指挥官赖因哈德上将于午餐时间看见这支空中舰队时，他正在返回位于蒂尔堡以东穆尔海斯特尔（Moergestel）的司令部的路上。他已经有五次不得不扔下自己的指挥车，在战斗机低空扫过时跳进沟里。"为了不给敌人的战斗轰炸机提供太大的目标，我坐在卫队中一辆边三轮摩托车里继续行进。"

当他最终抵达自己位于佐纳文德别墅（Villa Zonnewende）的司令部时，他的参谋人员告诉了他盟军伞兵在索恩地区的着陆情况，但他们也收到了一份错误报告，称有一次在蒂尔堡以北的于登豪特（Udenhout）的着陆。赖因哈德召集了大约1000名士兵组建起临时部队，并把其中一支部队派往索恩，另一支派往于登豪特，同时把第245步兵师的两个连派往贝斯特（Best）。他唯一的后备力量是"蒂尔堡的一个警察营，其全体人员都是上了年纪的人"。[1]

在艾恩德霍芬，"国家炮手"——地下抵抗组织的军事分支——控制了电话交换机，他们发现德国人在离开的时候并没有破坏这个系统，他们甚至可以把电话打到阿姆斯特丹和海牙。"彼得·朱伊德"（Peter Zuid）——约翰内斯·博格霍斯（Johannes Borghouts）的化名——给他在奥斯特贝克的妻子打了个电话。一听到她的声音，他就哭了起来，因为他在东躲西藏的日子里从来没有跟她说过话。

在奈梅亨，飞机引擎发出的巨大轰鸣声和从西南方向逼近的黑影引起一阵巨大的骚动。人们喊道:"汤米来了!"同时,一些人开始爬上屋顶,以便获得更好的视野。当没有伞兵出现在他们的视野中时,人们感到有些失望。其中一人突然在附近一所房子的屋顶上发现了一个戴着头盔的德国机枪手。他有一挺被盟军称为"施潘道"(Spandau)的MG-42机枪,身上斜挎着几条子弹带,"就像个墨西哥土匪"。[2]

许多德军部队开始离开奈梅亨,绝大多数人是去反击伞兵,少数人越过边境逃往了德国。剩下的部队处在焦虑不安之中,他们布设机枪阵地,并开始用铁丝网在街上设置路障。如果看到街上有外出的平民,便大声喊道:"走开,不然就毙了你!"援军也开始出现了。一群年轻骄纵的德国伞兵乘卡车抵达,以保卫洪纳公园(Hunner Park)和通往大桥的巨大环形交通枢纽——洛德韦克国王广场(Keizer Lodewijkplein)。其中一人向平民宣称:"这些伞兵很快就击退了美国人。"[3]

店主们迅速用木板封住了他们的窗户,但一旦战斗开始,这样做并不会有何裨益。与此同时,当地地下抵抗组织的领导人开始从莫勒大街(Molenstraat)的邦特奥斯(Bonte Os)餐厅下达命令。尽管只有七支步枪,但他们还是把城区分成了四个部分,让治安队来维持治安。"国家炮手"战斗群的装备则要精良得多。

沿着莫勒大街继续往前,人们正匆忙地将行李箱装进盖世太保总部外面的一辆灰色军用卡车。那些躲在窗帘后面观察这一切的人确信箱子里面装满了赃物。一个盖世太保被治安队叫住,他的口袋里塞满了手表和珠宝。当天下午,伪政府官员和荷兰民族社会主义运动的剩余人员大多借口说他们需要从家里拿些东西而悄悄溜掉。但是,几名德国警察和遭人憎恨的头号通敌分子费斯塔彭（Verstappen）警长并没有试图逃跑。不久之后，费斯塔彭在格勒纳大街（Groenestraat）的警察局自首。

在乡下，人们匆忙奔向空降场以提供帮助。每个人都想和解放者握手。他们受够了被占领期间那近乎木屑味道的孔西牌（Consi）香烟，此时，有幸得到一支好彩牌（Lucky Strike）香烟对忠实的荷兰烟民来说是难以置信的享受。对许多人来说，第一支美国香烟的味道给了他们一种感受强烈的体验，让他们有资本向那些还没有经历过这种人生新阶段的朋友吹嘘。

对大多数美国伞兵来说，这次行动与他们在诺曼底着陆时，天女散花般被撒得到处都是的经历极为不同；事实上，他们降落的队形非常紧密，几乎是一个贴着一个地落下来的。甚至不乏一两个被别人的伞绳缠住，或者被武器箱砸中的案例。桑普森是第101空降师的一名天主教随军神父，他让在自己下方降落的那个人近乎崩溃。后来，他给自己的战后回忆录命名为《往下看!》。

当地面火力进行射击时，几乎所有在空中的伞兵都觉得德国人瞄准的是他，而不是别人。詹姆斯·科伊尔（James Coyle）中尉在下降过程中用一把0.45英寸口径自动手枪向远处的德国人射击。他从没想过要击中他们，但这样做减轻了他的无助感。刚一触地，他们就奋力脱掉自己的伞包。一名被伞绳缠住的士兵抬头惊恐地发现一个平民正拿着把大刀站在自己身旁，不过此人是过来帮忙的。一名荷兰人自豪地穿戴上1940年留下来的军装和头盔，骑着自行车前来迎接伞兵，"他因为穿着奇怪的制服而差点被射杀"。[4]然而，事实证明他非常有价值，因为他既会说英语又会说德语。

卡西迪中校落在一根带着倒刺的铁丝围栏上,花了五分钟才得以脱身。在一些案例中,伞兵的单兵反坦克武器——"甘蒙"反坦克手雷——在腿袋脱开并垂直坠落地面时发生爆炸。落地后的首要任务是找到并打开从飞机上投下的包裹。第101空降师的一名中士发现一个荷兰妇女的丈夫在两天前盟军飞机对德军高射炮阵地的袭击中被射杀,而她仍在帮助他们从索恩附近的田野里取回包裹,中士为之动容。[5]伞兵们都被当地居民的帮助所打动。

一名下士报告说,与沃尔夫海泽附近的情景明显不同的是,"荷兰人甚至把我们的降落伞收集起来,放在路边以便回收,而不是像法国人经常做的那样,带着它们匆匆离开"。[6]但同时,美国军官们又一次对他们士兵的铺张浪费感到失望。"当士兵带着重型装备的某个零件着陆时,"第506伞兵团一名成员观察道,"如果没有立即找到其他人拥有与之相对应的其他部件,他往往会把自己的也扔掉。"[7]那天晚上,第2营发现他们只有两门完整的迫击炮。

相比北边的英国人,美国伞兵以更紧凑的节奏向他们的第一个目标进发——公路两边各有一个纵队在行军。旁观的荷兰人目瞪口呆地看着他们一边嚼着口香糖一边行军。美国伞兵制服注重实用、不拘一格的设计也令他们耳目一新。军需官试图寻找民用车辆来从着陆场运送弹药和粮秣。许多荷兰农民很快就猜到了他们需要什么,于是带着一些由几匹马拉的大车赶来帮忙,而且谢绝了今后可以要求其付款的登记表。几名伞兵甚至用奶牛运输弹药,这让他们的战友感到非常滑稽。

几架滑翔机迫降在了敌占区。荷兰人把干草堆掏空,以便把飞机上的东西藏匿起来,然后提供自行车和向导把人员送回所在的部队。[8] 一架滑翔机在博克斯特尔（Boxtel）东南方向2公里处着陆之前，遭到了德军猛烈的炮击。荷兰平民跑过来帮忙，并抬走在坠机过程中摔断了腿的炮手詹姆斯·西博尔特（James Seabolt）。他们和美国人再次暴露在了炮火之中。过了一会儿，"一名漂亮的荷兰姑娘推着手推车来了"。[9] 他们把西博尔特放在手推车上，随之将他推离了战场。他痛苦万分，战友们不得不将他留在谷仓，交给这位姑娘照料。他们给了他一剂吗啡和一把手枪，这似乎不是一个用来保命的搭配，但由于荷兰人的帮助，西博尔特和他的战友们都在接下来的一周时间里回到了美军前线。

第101空降师在艾恩德霍芬以北、环绕费赫尔（Veghel）和索恩的四个不同地点着陆。前往费赫尔的美军第501伞兵团询问了他们称之为"双A桥"的位置。[10] 莱奥·斯赫雷弗斯医生（Dr Leo Schrijvers）十分困惑，直到他意识到他们指的是阿河（Aa River）上的那座桥梁。在更靠南的位置着陆的第502伞兵团不得不把部队分散开，一个营向多默尔河旁的圣乌登罗德（St Oedenrode）进发，一个营向西南方向的贝斯特进发，而辛克上校的第506伞兵团的第一个目标是威廉明娜运河上的索恩大桥。

斯图登特大将声称自己亲自指挥了与第101空降师的战斗。"我比任何人都清楚，空降部队在最初的几个小时里是最为脆弱的，因此我们需要迅速果断地采取行动。"[11] 他手头并无预备队可用，但在斯海尔托亨博斯［'s-Hertogenbosch，也被称为登博斯（Den Bosch）］有数千名伞兵部队的补充兵。一个仓促集结的混编营被派往圣乌登罗德，另一个则被派往费赫尔。他命令瓦

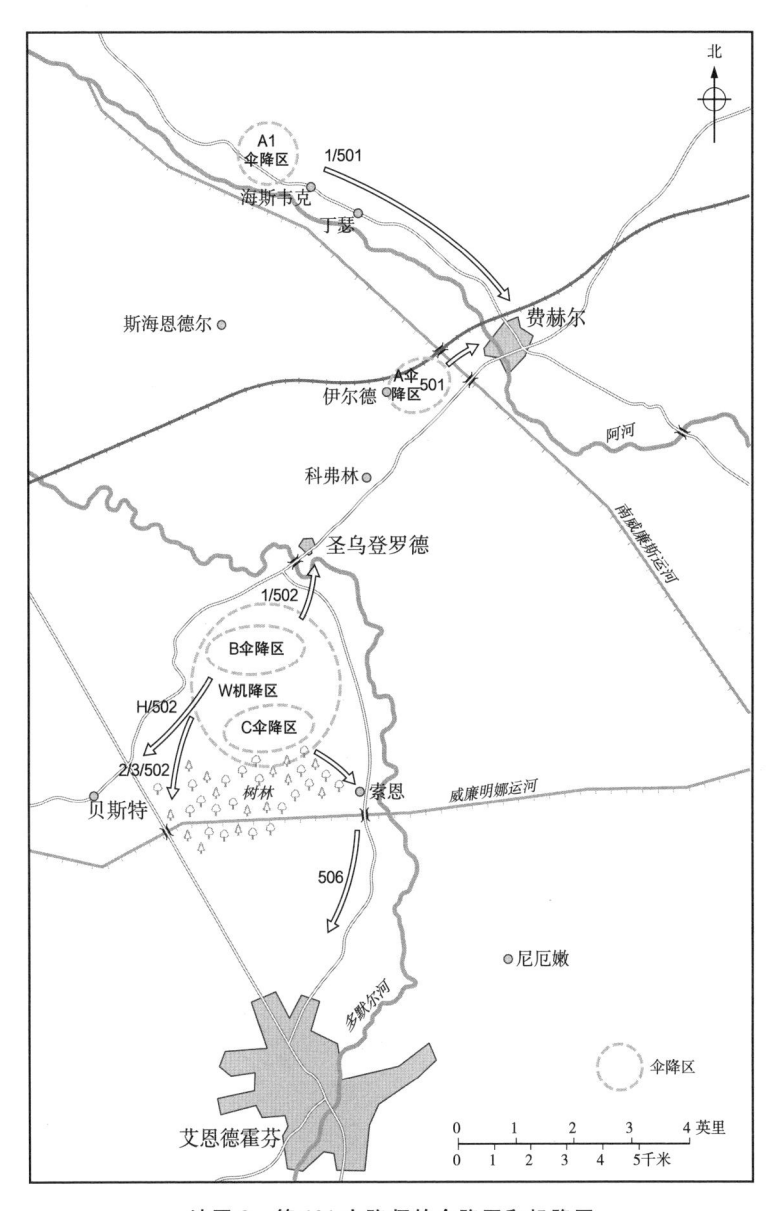

第十一章 9月17日，美军着陆 / 157

地图 3 第 101 空降师的伞降区和机降区

尔特·波佩（Walter Poppe）中将的第59步兵师——第15集团军第一支被调用的部队——立即向博克斯特尔进发。然而，它的先头部队则被派往了索恩，那里的大桥由赫尔曼·戈林师的训练营的部分人员控制。几天前在贝弗洛的战斗中，该营迅速学会了战斗技巧。

当第506伞兵团在索恩西北方向降落时，伞兵们惊恐地看到了5辆（有人说是8辆）敌军坦克。[12]这些坦克来自赫尔曼·戈林师富尔里德中校手下的训练和补充营，厄克特少校航空侦察机的照片曾捕捉到他们。对伞兵们而言，所幸"战斗轰炸机发起了攻击，摧毁了2辆坦克，把其余的都赶走了"。[13]第506伞兵团在一片松软的耕地上着陆，辛克的第一印象是他所在的团"完好无损"。[14]第一拨人刚一抵达他们将要集结的树林，辛克就把第1营部分人员派往了索恩大桥。想要一股脑获得出奇制胜的效果，那就太不现实了。"在离第一个目标不远的地方，"一名中尉报告说，"偶遇了一辆载有3名德国军官的大众汽车。他们立即被'汤米'冲锋枪'无害化'了。我们击毙了2名军官，重伤1人。"[15]作为第101空降师师长，泰勒少将身先士卒，他的贴身警卫称，他对此唯一的评论是："你们应该冲在我前面。"[16]

一个骑着自行车的德军士兵抵达索恩边缘时毫无防备，径直闯入了前卫排阵地。他一边喊着"朋友！"① 一边试图举起双臂投降，就在此时，他摔倒了。不一会儿，一门架设在小镇主要街道上的88毫米炮开火了。对于第1营而言，幸运的是这枚炮弹命中了一所房子，并没有造成人员伤亡。打头阵的那个连立即出动去

---

① 原文为"Kamerad"，是德国士兵在投降时说的话。——译者注

对付那门火炮。由于缺乏步兵的支援,这门88毫米火炮的侧翼没有得到保护,于是一支火箭筒分队匍匐迂回了过去,并由一等兵托马斯·G.林赛(Thomas G. Lindsey)成功将其端掉。幸存的炮手转身逃跑,但被赖斯(Rice)中士的"汤普森"冲锋枪击倒。

到目前为止,对美国人而言,一切都进展顺利。然而,尽管在索恩的德国军队遭到了突袭,可他们的反应仍十分迅速,尤其是那些被派去保卫主要桥梁的赫尔曼·戈林师的训练营士兵。[17]他们拆除了炸药的起爆装置,把它重新安装在运河南侧科宁斯仓库(Konings Garage)的地下室里。当D连向大桥推进时,运河对岸,藏匿在一所房子里的德军士兵抄着机枪和步枪开火了。运河边上88毫米火炮也开始向从树林里攻过来的该营剩余部队开火。树木被炸裂,造成了可怕的创伤,共有12名伞兵被四溅的碎片炸死或炸伤。

德国人停止射击,以便让其他伞兵接近。空气安静得令人窒息。随之发生了一场巨大的爆炸,大桥在他们面前被炸开了花。碎片如雨点般落在士兵们身上,他们"被这猝不及防的爆炸吓怔住了"。[18]来自第506伞兵团E连①的迪克·温特斯(Dick Winters)上尉②在大块的混凝土像雨点般落下时扑倒在了路边,心想:"该死的,在战斗中被石头砸中是多么可怕的死法啊。"[19]

辛克上校为没能完好无损地占领大桥而沮丧,他的团本应抵达艾恩德霍芬准备接应第30军。但他指出,至少大桥中柱依然完好无损,所以大桥是可以被修复的。[20]詹姆斯·L.拉普拉德

---

① 此处原文为Easy Company,英语国家中,用A、B、C、D……区分各个连队,由于单音节字母太短,容易漏听和误听,因此用一个长音节单词代替单个字母,如A-Alpha、B-Bravo、C-Charlie等。——译者注

② 此处原文为少校,疑有误,温斯特晋升少校是在1945年3月。——译者注

（James L. LaPrade）中校①和另外两人跳下运河，游了过去。（温特斯称，他们拆掉了一些木制车库大门，并把它们扔进了运河，力求在过河时不把脚弄湿。）另一些人找来了船，很快，该营部分部队就渡过了运河。在不到两个小时的时间里，空降工兵就搭好了一座临时人行浮桥。来自第326空降工兵营的士兵（他们已经把滑翔机飞行员送去接受治疗）赶到这里，搭建了一个"足够大的浮筒和木梁，这样，用一根溜索便可渡过运河"。[21]

汉纳中校写道，工兵和伞兵们享受着镇上居民可能提供的一切帮助。"我们获得了热烈的掌声、欢呼声、食物、微笑，以及对我们全心全意、毫无保留的接纳——这与我们在诺曼底受到的待遇截然不同——我几乎热泪盈眶。整个村子万人空巷，和我一起跳下去的那个年轻荷兰军官被村民的热情所征服——这无疑是他一生中最伟大的一天。"[22] 圣约瑟夫医院（St Joseph Hospital）的斯赫雷弗斯医生帮助处理了在这次跳伞行动中下颚和脚踝骨折的伤员。[23] 青霉素在美军的医疗机构中有着充足供应，但对于他来讲还是第一次接触，这让他很是着迷。

第502伞兵团就降落在辛克那个团的北面，他们面临着分头执行任务的危险。第1营向北朝圣乌登罗德进发。"行军时热得要命，士兵们因为衣服穿得太多而备受煎熬。"[24] 他们来到一座在地图上没有被标记的老桥旁。不远处有一座教堂，藏匿在墓地里的德军开始向他们发射迫击炮。第1营的迫击炮排用60毫米迫击炮进行了还击，但墓碑很好地保护了德国人。终于，一些伞兵冲过大桥并迫使德军撤退，这场战斗以胜利告终。接下来，一路上几乎没有遇到什么阻力。当前卫排接近时，一些

---

① 此处原文为少校，疑有误，拉普拉德此时的军衔为中校。——译者注

德国人小心翼翼地从壕沟里爬出来，高举双手表示投降。黄昏时分，圣乌登罗德已经安全了，然后该营派遣了一支巡逻队沿着公路去往东北方向，与位于费赫尔的第501团联络。

一项更加危险的任务正等待着被派往相反方向保护贝斯特和大桥的H连。泰勒将军已经意识到失去索恩大桥所面临的风险，所以他决定守住贝斯特东南的渡口以备需要。根据现有的情报，执行此项任务所需要的兵力似乎不会超过一个作战连外加一个工兵排。这支小部队在罗伯特·琼斯上尉的指挥下，从伞降区出发，沿着索恩和贝斯特之间树林的边缘行进。他手下那些超负荷工作的士兵也在酷热中备受煎熬。几名后备队员在途中悄悄丢弃了一些机枪弹药。

前方的侦察兵在树林里迷失了方向，所以该连从过于靠近贝斯特的树林里冒了出来，而不是再往南500米、他们可以向大桥发起冲锋的地方。该连立即遭到了轻武器攻击。维兹博夫斯基中尉那个排被安排从侧翼包围德军的阵地，但随后遭到了来自其他一些建筑里的步枪的精准射击。怀特上士是他们排的一名士官，他于前一天晚上预言了自己的死亡。维兹博夫斯基讲述了他是如何"从一栋掩护自己的大楼拐角处一跃而出，立即用步枪瞄准二楼的窗户。躲在那里的狙击手抢先开枪，一颗子弹正中他的眉心。当他倒下的时候，我的思绪又回到了前一天晚上他的预言上"。[25]怀特是他们排的第一个阵亡者。

不久之后，H连的阵地变得更加岌岌可危。"一支由12辆载有德军步兵的卡车组成的机械化纵队"，还有3辆装备有20毫米轻型高射炮的半履带车——相当于美国人的"绞肉机"在德军中的翻版——"沿着公路南下"。[26]车队仅仅由一队德军摩托车护卫队带领。琼斯上尉觉察到这是一个绝佳的伏击机会，于是大声喝令不要开火。他希望在这一纵队从他们面前经过时将其打成筛子，但是"司令部的一些人没有听到命令，对摩托车骑手开了枪，骑手的尸体似乎挂在了半空中，摩托车继续前行"。[27]卡车紧急停下，里面的士兵纵身跳下车，迅速按小规模战斗队形完成部署。

失败的伏击把赖因哈德将军派往索恩的援军拖入了贝斯特的战斗。琼斯那个连队现在面对着近千名敌军，以及6门88毫米火炮和3辆装备有20毫米高射炮的半履带车。躲在篱笆后面的维兹博夫斯基和他的排试图包抄这支新进入的部队，但琼斯上尉把他叫了回来，因为88毫米火炮把树木炸得木片四溅，让美军损失了太多人员，并且琼斯刚刚接到他们营长罗伯特·科尔（Robert Cole）中校不惜一切代价也要赶到大桥的命令。该连撤回到了树林里，从那里他们可以前往运河。

维兹博夫斯基手下的部队已经减员至18名他们排的士兵和26名工兵，他们被赋予了夺取大桥的任务。[28]他们小心翼翼地穿过树林和一片片松树种植园，三五成群地跑过防火带。天开始下起雨来，由于乌云密布，天黑得更早了。在两名侦察兵的带领下，他们主要以匍匐前进的方式成功抵达了运河岸边的堤坝，且并未被发现。由于害怕照明弹随时会让他们无处遁形，他们在离大桥不远的地方停了下来。在夜空的映衬下，他们只能依稀看到大桥的轮廓。维兹博夫斯基和一名侦察兵匍匐蜿蜒前进，计划靠近一点观察，但当他们几乎潜伏到哨兵脚下时，留在后方的伞兵们变得焦躁不安，并发起了牢骚。德军卫兵听到了他们的声音，开始投掷手榴弹，然后一挺机枪开火了。

他们在靠近运河一侧堤坝上的阵地暴露了，几名伞兵惊慌失措，随之逃跑。维兹博夫斯基不得不跑回去将其余的人带回到堤坝后侧，命令他们在背坡位置挖掘战壕。截至此时，维兹博夫斯基手下总共还剩 18 人。他试图通过无线电台与琼斯上尉取得联系，提醒上尉敌人的阵地位置，但发现一枚弹片打坏了电台。尽管枪声断断续续地持续到深夜，琼斯上尉派出的搜寻队员还是没能找到他们。维兹博夫斯基不知道是应该渴望还是惧怕黎明的到来。

费赫尔小镇已经被人称"跳跃"（Jumpy）的霍华德·R.约翰逊（Howard R. Johnson）上校的第 501 伞兵团占领。第 1 营从西北方向过来，该营的营长是哈里·金纳德（Harry Kinnard）中校，一名年轻的得克萨斯人。该团其余人员从他们位于南部的伞降区赶过来，并在行军途中夺取了阿河上的桥梁。金纳德听说荷兰民族社会主义运动任命的当地官员已经逃之夭夭（一些消息人士坚称他已被私刑处死），于是挑选了一位名叫科内利斯·德·菲瑟（Cornelis de Visser）的显赫居民，说："你就是这里的负责人了。"[29]当地的天主教神父是地下抵抗组织的一位重要人物，他带来了看守战俘的人员。然而，金纳德担心如果荷兰人过于公开地表露他们的爱国主义，一旦德国人随后又夺回这个地方，他们将会遭到可怕的报复。

约翰逊上校抵达后不久就登上了大桥，据科内利斯·德·菲瑟说，他"头盔的伪装网上插着树枝，看上去很有兵味"。一辆载有两个德国士兵的汽车驶近，当司机看出他们是美国人时，突然将车停了下来。约翰逊喊道："举起手！滚出来！"[30]这两个人试图冲下路坡逃跑，但一名波兰裔美国伞兵用手枪将他们全部击毙。约翰逊在克瑟马克斯医生（Dr Kerssemakers）位于费赫尔中心的房子里设立了自己的指挥所，并给它起了一个代号——"克朗代克"（Klondyke）。小镇很快就被橙色的旗帜和代表荷兰的"红白蓝"三色国旗装饰起来，所有当地人都在庆祝。

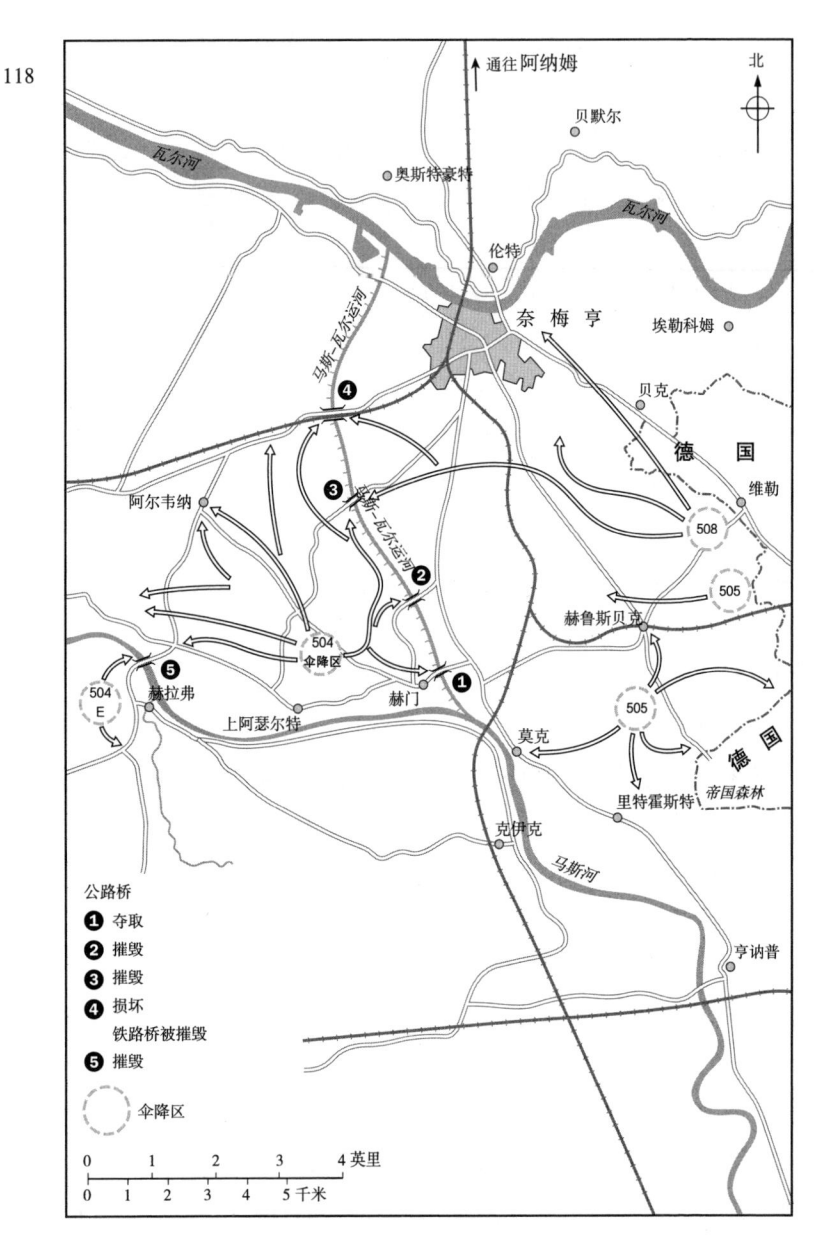

地图4 第82空降师的伞降区

桑普森神父与金纳德那个营一同纵身跳下时,他几乎压塌了下面那名伞兵的降落伞。他降落在了海斯韦克城堡(Kasteel Heeswijk)宽阔的护城河里。同该营的军医一道,桑普森神父决定将他们的战地救护站开设在这座11世纪的城堡里。这位神父发现该城堡已经被改造成了博物馆。里面有"酷刑架、切割工具、鞭子、铁制面具",他写道:"这可不是一个能激发伤员对军医信心的理想场所。"[31]这些从空降场运过来的伤员刚转移完毕,桑普森便紧随金纳德的脚步去往了费赫尔,看是否能把伤员们都挪到那里。可是等他回来的时候,德军已经占领了这座城堡和救护站。他们所有的伤员现在都沦为了俘虏。

C-47"达科他"运输机载着第82空降师的官兵们接近赫鲁斯贝克附近的空投场时,遭遇了"猛烈的高射炮火"。[32]先后有5架飞机被击中。"熊熊大火从一架飞机机翼的一端烧到另一端,人们正从燃烧着的飞机里往外跳,"一位美国陆航军官讲述他们的经历道,"18名伞兵全都跳了出去。我们的无线电通信员在500英尺高的位置跳下,触地时背部拉伤。我们的跳伞长同样跳了出来,但他在降落的过程中被轻武器或高射炮射杀。飞机主驾驶,罗伯特·S.斯托达德(Robert S. Stoddard)中尉留在了飞机里,当飞机撞到地面时,他被烧死了。我在200英尺处跳了出来,脚踝骨折。荷兰人把我和一些伤员拖进他们的房子,随后把我们送到了一家野战医院。"[33]

第82空降师的荷兰联络官阿里·贝斯特布勒尔切本可以因为辨认出了赫鲁斯贝克前方的地形轮廓而感到高兴,但飞行员未能提升飞行高度以弥补地形高度上升造成的影响。结果,詹姆斯·加文准将从仅仅只有400英尺(约120米)左右的高度

"艰难地完成了跳伞"。"我好像刚下飞机就着陆了。我的屁股真的经历了一次前所未有的撞击。"事实上，撞击给他的脊柱造成了两处骨裂。"我处于高度亢奋状态。德国人正在附近的树林里朝我们射击。于是我掏出手枪并将之放在地上，以便在我试着解开我的伞包的过程中，如有需要能迅速拿到它。而且我还带着步枪。"[34]

加文总是会像普通士兵那样带着那支 M-1 步枪，这在他的部队里是出了名的。他出生在布鲁克林，作为一名孤儿加入了美国陆军。加文因极为突出的智力水平和军事素质被西点军校选中，并迅速成为他那一代人中最年轻的将军。他电影明星般俊朗的外表、智慧和魅力吸引了马琳·黛德丽（Marlene Dietrich）和玛莎·盖尔霍恩（Martha Gellhorn），他和她们两人都有过风流韵事。

尽管十分痛苦，加文还是与一名工兵和贝斯特布勒尔切一道出发了，他们沿着一条通向一片松树林的坑坑洼洼小路走去。一挺机枪突然向他们开火，不过要么是工兵，要么是贝斯特布勒尔切（根据不同的消息源）一枪击中了枪手的前额。[35]很快，加文那个师的炮兵指挥官加入了他们的队伍，此人在着陆时扭伤了脚踝，所以他的一名手下不得不把他放在手推车里推着走。这使他能够亲自向加文报告："所有火炮都已准备就绪，随时待命。"[36]加文坚持要让该空降炮兵营参加第一波次的炮击，因为他一刻也没有忘记在面对赫尔曼·戈林装甲师的"虎"式坦克时，只有一个反坦克火箭筒的情景。

无论交战规则如何，美国伞兵对那些刚刚试图杀死他们的德国人并不友好。其中一人回忆道："我们一从降落伞里出来就朝此前已经发现的 20 毫米火炮阵地赶去。四个德军士兵站在他们的火炮旁,高举双手,喊着'朋友!'狗屁的朋友!他们被'汤普森'冲锋枪以及步枪打成了筛子。"[37]这一幕发生在贝尔赫-达尔酒店(Hotel Berg en Dal)附近靠近贝克(Beek)的地方,旁边就是德国边境。第508伞兵团的伞兵在卧室里发现了几个已经换上便装的德国军官。

当天下午晚些时候,贝斯特布勒尔切在距奈梅亨市中心只有3公里的贝尔赫-达尔酒店附近找到了当地一名地下抵抗组织领袖,然后他将自己的司令部设立在赫鲁斯贝克路上的西翁斯霍夫酒店(Hotel Sionshof)里。他开始从那里往城里打电话,了解德军的实力和阵地位置。加文拒绝将自己的司令部设在贝尔赫-达尔酒店,他更喜欢在几百米开外的树林里搭帐篷。

布朗宁将军也选定了这个地区作为自己司令部的所在地,并将营帐搭建在加文附近的树林里。[38]滑翔机着陆后,布朗宁骄傲地拿出一条丝质的飞马三角旗,将其挂在自己吉普车的天线上随风飘扬。(这个带翅膀的马的标志出自他妻子达芙妮·杜穆里埃的另一个建议。)随后,他司令部的士兵不得不安排好将军的睡处,这意味着他们要在地上挖一个深深的、像墓穴一样的坑来安放他的行军床,并将一顶帐篷支在上面。[39]

第508伞兵团某个连有两架飞机的伞兵没能在赫鲁斯贝克高地上空降落,而是被空投在了再往东8公里的地方,最后着陆在德国境内。"我们往外跳的时候嘻嘻哈哈,有说有笑,"德韦恩·T.伯恩斯(Dwayne T. Burns)说,"很难相信现在我们正处于我方前线数英里以外的德国领土上。我一直在等待着某种事情的发生。"[40]库姆斯(Combs)中尉在跳伞前就已被高射炮火击伤,他"在德军中一名乌克兰裔逃兵的帮助下"成功将手下22名士兵带了回来与营里其他人会合。[41]根据官方报告,他们途中击毙了大约 20 个德国人，并带回了 49 个俘虏。

121　　靠近赫鲁斯贝克空降场南端，有一个来自第 39 补充营的康复连。他们从克莱沃被派来以收拢从法国和比利时撤下来的德军散兵。该连由一名从未参加过战斗的年轻中尉指挥，所以经历了法国和东线作战的老兵雅各布·莫尔（Jakob Moll）连军士长向这个年轻人保证，如果他们不得不参加战斗，自己会接过指挥权。当第 82 空降师开始着陆时，这个德军连队正在树林里巡逻。他们走到树林边缘向外张望，眼前的景象让他们惊呆了。"满地都是滑翔机，伞兵们跑来跑去组装武器，并从滑翔机上卸下物资。"[42]这些德国人惊叹于盟军严密的组织和大量的物资，他们还看到有荷兰平民前来提供帮助。年轻中尉想立即发起进攻，但莫尔说服了他，用这些装备差劲的士兵来作战，无异于自取灭亡。该连有一些老式机枪，但没有三脚架。他们要想射击必须把枪管搭在别人的肩膀上，而这么做会震聋此人的耳朵。在赫鲁斯贝克以南的布雷德路（Breedeweg），当地牧师写道，德国军官跳进汽车并驾车离开，而一名年轻士兵被空降着陆的景象"吓得魂飞魄散"，举枪自尽。[43]

　　在赫鲁斯贝克，被俘的德国人高举着双手被押往学校，其他一些人则被要求面向当地鞋厂的墙壁站着。镇上居民为沿路奔跑的美国人欢呼。"他们几乎没注意到我们，"一名年轻女子在日记中写道，"我们的解放者脸上涂着迷彩油膏，黑黢黢的，白眼球显得尤为突出，看起来很奇怪也很阴沉。他们的衣服看起来更像一件罩衫，而不是制服，口袋开在了最不寻常的位置。"[44]他们刚刚开挖散兵坑，"满脸笑容的孩子们"便出现了，请求让他们接过小镐和铁锹。[45]

　　荷兰地下抵抗组织成员立即出现在街上提供帮助。前面那名女子在她的日记中还写道,他们都是"身强力壮的男子,穿着统一的蓝色罩衫,那看上去像是一种古老的制服。除此之外,他们还都带着枪"。他们抓捕了荷兰民族社会主义运动的成员,令居民们钦佩不已。"在过去几年里一直在恐吓着这个小镇的人,现在正可怜地躺在路边,许多人路过时用肮脏的词汇辱骂他们,以发泄自身压抑已久的仇恨和恐惧。"[46]这些俘虏将被关押在赫鲁斯贝克以西沃尔夫斯贝格(Wolfsberg)森林里的一个废弃军火库中。

一名当地人说,有个德国士兵没有和其他士兵关在一起。"有一名美军士兵在着陆时脚踝受伤,一个身着全套制服的德军俘虏用一辆童车拉着他穿行在乡间小路。他像雷加米埃夫人(Madame Récamier)那样斜躺着,抽着香烟,脸上带着一丝扬扬得意的微笑。"[47]再往南到莫克(Mook),村民们在学校上空升起荷兰国旗,一边跳舞一边唱着《牛仔乔》("Cowboy Joe"),这是他们所知道的唯一一首美国歌。[48]

当第508和第505伞兵团占领了帝国森林对面的赫鲁斯贝克高地之时,第504伞兵团正在执行一项棘手的任务——占领位于赫拉弗附近马斯河上的大桥以及马斯-瓦尔运河上的四座桥梁。这五座桥梁中有三座被德国人炸毁,另一座严重受损,只有位于赫门(Heumen)的那座桥被完好无损地收入囊中。

C-47运输机群以600英尺的高度向赫拉弗大桥的伞降区靠近。当20毫米高射炮开始射击时,约翰逊中士挥舞着拳头喊道:"你们这帮肮脏的德国佬,给我等着,过不了多久我们就下去治你们!"[49]鲁本·塔克上校——第504伞兵团令人敬畏的团长——认为,他们在进行一场"超低空跳伞"。[50]在他那个团的1936名士兵中，1人因降落伞未能打开而丧生，44人受伤。塔克的副官就是伤者之一，他砸穿了一座瓦屋的屋顶。[51]

当第504团第2营的两个连在位于马斯河北岸靠近赫拉弗的地方跳下时，E连降落在南岸。该连部分人员跳得太早了，但离他们最近的那个排并没有等待。他们在一声"非常简短的命令"中便集结到公路上。[52]当这些人沿着排水沟涉水接近大桥时，遭到了轻武器的射击。然后，一挺机枪从伪装起来的高射炮塔上开火。两辆德军卡车驶了过来，也与他们发生了交火。幸运的是，车上的德国士兵并没有多少斗志，他们很快就溜走了。该排由此得以迅速攻占距离大桥约50米远的一栋建筑，然后将碉堡上的轻型高射炮炮手射杀。这门20毫米高射炮没有遭到损坏，于是他们把它转移到了北端相应位置的另一座碉堡上。这座桥现在是他们的了。

第2营降落在马斯河北岸的部队与大家取得了联系。他们开始准备夜袭赫拉弗镇。"就在这个时候，一辆坦克沿着公路从南边开过来。它在距离我方地雷不到25码的地方怠速并停下来。我们有3个反坦克火箭筒小组的火力范围可以覆盖这辆坦克，但就在他们开火之前，有人大喊：'别开火！别开火！这是英军装甲车。'（我们得到的消息是英国人将在6~24小时内出现。）当那个不知姓名的人高喊'英军装甲车'时，这辆[德军]坦克上的75毫米火炮开火了，并在向我方阵地及其周围发射了6发炮弹后撤了回去。这造成1名军官阵亡，大约15人受伤。"[53]唯一让他们感到欣慰的是，德军1辆侦察车和2辆边三轮摩托车被他们埋下的地雷炸毁。

夜幕降临，奈梅亨的紧张气氛令人窒息。音乐厅经理马丁·路易斯·戴尼姆在他的日记中写道:"人们焦躁不安起来,德国人也一样。"远处可以听到枪声。盟军已经在城外某些地方着陆,但城里没人知道究竟发生了什么。害怕局面失控的德国人命部队"荷枪实弹,踢着正步穿过街道"。[54]另一人在日记中写道,那些人穿着钉着掌钉的马靴快速齐步走过时所发出的声响是"此刻能想象得到的最令人厌恶的声音"。[55]恐惧、期待和兴奋的情绪交织在一起,这意味着当晚几乎没有人能安然入睡。

一群人冲进了图尔马克(Turmac)工厂的仓库,因为德国国防军将所有掠夺来的烈酒都存放在那里。门被撞开,人们得意扬扬地拎着一箱箱瓶装酒夺门而出。一些人对其他平民以身犯险的举动感到震惊,他们在火车站抢劫了一列货运列车,而德国人仍然在附近部署有全副武装的军队。"男男女女以及孩子们吃力地搬运着包裹、箱子和木桶,看起来他们甚至都懒得仔细检查自己手上到底拿的是什么。我看到一个小女孩正拎着一堆木鞋,一个年轻女人抱着一抱扫帚柄。所有人都异常亢奋,互相咒骂个不停。"[56]

加文坚持要在对大桥发起正式进攻之前夺取赫鲁斯贝克高地,贝斯特布勒尔切对他的主张感到十分沮丧。加文告诉他,"此刻,我们的兴趣点不在这座大桥上",[57]因为他仍然认为"〔德国人〕会从帝国森林发起大规模反击"。加文勉强同意让贝斯特布勒尔切进城侦察。不过,他已经命令罗伊·E. 林德奎斯特(Roy E. Lindquist)上校的第508团派遣一个营到奈梅亨,一旦赫鲁斯贝克北部地区的安全得到保障,他也许能侥幸拿下这座大桥。加文后来承认自己对林德奎斯特的评价不如对其他两个团指挥官的那么高,因为他缺乏"杀手本能",也未能

"直取咽喉"。[58]加文告诉林德奎斯特不要派他的部队穿过这个城镇。他们应该绕过它向东，然后沿河岸的平地接近大桥。

然而，林德奎斯特和他第 1 营的营长希尔兹·沃伦（Shields Warren）中校无视了这一指令。根据当地一名地下抵抗组织成员的建议，第 1 营从赫鲁斯贝克沿着主干公路径直进入奈梅亨。他们到来的消息立刻传开了。人们聚集在一起为他们欢呼，与他们握手，欣赏他们棕色的伞兵靴，这种橡胶鞋底的靴子走起来的时候非常安静。这些士兵非常放松，不像德国人那样大喊大叫、使劲跺脚。德国军队撤回到小镇北部以保护大桥，人们以为获得解放的时刻已经到来，两个年轻人爬上步兵兵营正门脸，把那只巨大的石质纳粹鹰凿落成块，围观的人群冲上去将大的碎块砸得粉碎。[59]

据音乐厅经理说，22 时许，交火开始。"我们听到第一声凄厉的嚎叫，那声音令人毛骨悚然。"当伞兵们被击中时，有人高喊"医生！"，但荷兰人迅速将伤者拉进他们的房子，并在那里照顾他们。[60]接踵而至的是黑暗中混乱的战斗，有时甚至是堑壕里的白刃战。尽管有一个连向前推进了很远的距离，大桥就在眼前，但总的来说，该营从未成功突破交通枢纽——卡雷尔国王广场（Keizer Karelplein），德军增援部队已经着手防守此处。贝斯特布勒尔切和他来自杰德堡小组克拉伦斯分队的下属格奥尔格·费尔哈格（George Verhaeghe）在吉普车中遭到了枪击。费尔哈格的大腿处受了严重的枪伤，贝斯特布勒尔切手掌和胳膊上的伤情则要轻一些。

一个大好机会被错过了。当天晚上，起初只有 19 个来自"弗伦茨贝格"师的党卫军士兵、12 个来自赫尔曼·戈林师训练营的士兵，以及一小撮不情不愿的"尼德兰风暴"师民兵把守着奈梅亨大桥。[61]炸药已安放完毕——大桥南北两端各950公斤,但用于起爆炸药的电爆网路还没有连好。沃伦那个营与刚刚抵达的德军增援部队发生了正面交火。

对于几个小时前降落在敌军前线后方这个陌生国度里的伞兵而言,第一个晚上有些茫然失措。"就在赫鲁斯贝克以东,"第505团的一名中尉说,"我们离铁轨大约100码远。当我们中的一些人坐在那里交谈时,一列敌方火车从我们后面驶来并穿过我军阵地。我们都怔住了,只是眼巴巴地看着火车经过。"[62]加文准将正要在树下睡下,听到声音后立刻清醒了过来,并要求向他说明为什么没有截住这列火车。

盟军位于赫鲁斯贝克高地的前线正对着帝国森林。当天晚上,在"树丛中",一名紧张的哨兵在黑暗中射杀了一头乱跑的奶牛。[63]在着陆地区,某些营的士兵不知廉耻地从其他部队的滑翔机上偷东西。在奈梅亨以东和乌得勒支以西,英国皇家空军轰炸机司令部空投了一些伞兵人偶来迷惑敌人。[64]艾森豪威尔将军向荷兰人民广播,敦促他们不要集体起义,而是要尽量采取隐蔽行动来摧毁敌人的运输工具。

在第30军位于比利时北部海赫特尔附近的司令部里,第101空降师联络官伦弗罗中校十分不安。当天下午,爱尔兰禁卫团的"谢尔曼"坦克遭到重创,这意味着"迅速'冲到海边'的预期没有实现"。[65]他的信心并没有因为霍罗克斯的参谋长派曼准将假装一切都进展顺利而有所增加。

乔·范德勒中校奉第5禁卫旅旅长诺曼·格沃特金准将之命,在法尔肯斯瓦德命令爱尔兰禁卫团各营停止前进,格沃特金这时已在此地与他们会合。当他们一起享用缴获的香槟时,格沃特金告诉他："在去往艾恩德霍芬的路上可以从容行进，不用着急，因为索恩大桥已经被炸毁了，[他们]必须等待大桥修复完毕。"[66]这一决定显然是得到霍罗克斯的同意的，他后来写道："在我看来，这是一位经验丰富的指挥官在大桥修复期间停住自己的部队，让他们喘口气的行为。"[67]但这毫无意义。索恩位于艾恩德霍芬北边，大桥的修复工程要等到禁卫装甲师的工兵赶来搭好一座贝利桥后才能启动。如果霍罗克斯正经八百地评估过第101空降师的工兵有能力建造一座可以让坦克通行的贝利桥，那么他本应该和伦弗罗中校核实一下。如此一来，格沃特金（大概在霍罗克斯的同意下）可能就不会告诉范德勒慢慢走了。

第十二章　9月17~18日，阿纳姆的一昼夜

一位荷兰日记作者从家里可以俯瞰阿纳姆大桥入口，当一枚照明弹升起时，他猜想英国人一定就在附近了。德国哨兵惊慌的叫喊声传来："就我一个人！"[1]

弗罗斯特第2营的前卫排于20时许抵达阿纳姆公路桥，此时夜幕刚刚降临。迪格比·泰瑟姆－沃特少校命令他手下A连的官兵在大桥下方保持隐蔽，让德军车辆继续通行。他将两个排分散在大桥两侧，准备在附近的一些房屋里构建防御阵地。军士们恭恭敬敬地敲门，向房主解释他们必须做的事情，并建议房主到其他地方避难，以免卷入即将到来的战斗。不出所料，大多数人对此非常担忧。他们一尘不染的房子很快就被改造成了阵地。由于电力供应必定会再次中断，为了保证供水，他们将澡盆和脸盆都装满了水。窗帘、百叶窗及其他任何易燃物品都被扯下来，家具被搬来搭建射击阵地，为减少飞溅的玻璃造成伤亡，窗户也被砸碎。正在给这些伞兵搭手帮忙的随军神父伯纳德·伊根（Bernard Egan）承认："有点缺德的是，由于确信附近没有警察来训斥我，我把一把椅子从窗户扔了出去，从中找点乐子。"[2]

当夜幕降临时，弗罗斯特中校想起了德军中流传的一句谚语："黑夜不是任何人的朋友。"但黑夜似乎确实在帮助他的伞兵。弗罗斯特追上了正静静躺在大桥路堤上的A连其余人员，

与此同时德国人仍在桥上来回穿梭。奉比特里希的命令,格雷布纳的党卫军第9"霍亨施陶芬"师侦察营大部分官兵通过该桥,向南突袭奈梅亨。弗罗斯特大概在这一小时之后抵达大桥。然而,"霍亨施陶芬"师师长哈策尔却忽略了比特里希的第二部分指示——确保大桥本身的安全。只有屈指可数的几个原属于警卫分队的人留在桥上。

弗罗斯特失望地发现,他们刚刚通过的后方1公里处的那座浮桥已经被拆除。在铁路桥被炸毁后,现在除了派人乘船过河夺取公路桥的南端以外别无他法。但派出去寻找船只的队伍并不走运。泰瑟姆-沃特一直在等待从两端同时发起冲锋的机会,但他们不能再拖延了。约翰·格雷伯恩(John Grayburn)中尉那个排被选中执行此项任务。格雷伯恩似乎决心要表现出非凡的勇气,他率领部下拾级而上,来到了行车道。[3]他的排依托两侧巨大的钢梁,顶住了一门双管20毫米高射炮的火力。格雷伯恩肩部中弹,其他人也受了伤,他们不得不撤退。因为在此次行动中的英勇表现,格雷伯恩获得了维多利亚十字勋章(Victoria Cross)。[4]

在首次尝试夺取大桥的过程中,越来越多可以俯瞰坡道和引桥的房屋被占用。(参见地图5。)吉普车和6磅反坦克炮最初停放在大桥西边一处被房屋遮住的地方。第1伞兵旅——拉思伯里准将并不在此处,他仍与位于奥斯特贝克远处的厄克特将军和第3营在一起——的旅部和警卫排接管了位于坡道西侧、紧挨着弗罗斯特的营部的那栋房屋。

侦察中队的弗雷迪·高夫少校和他的指挥部乘三辆吉普车抵达,并向弗罗斯特做了汇报,这时他们正在第二次尝试夺取这座大桥。为了对付大桥侧方的碉堡,另一个排和一名携带火

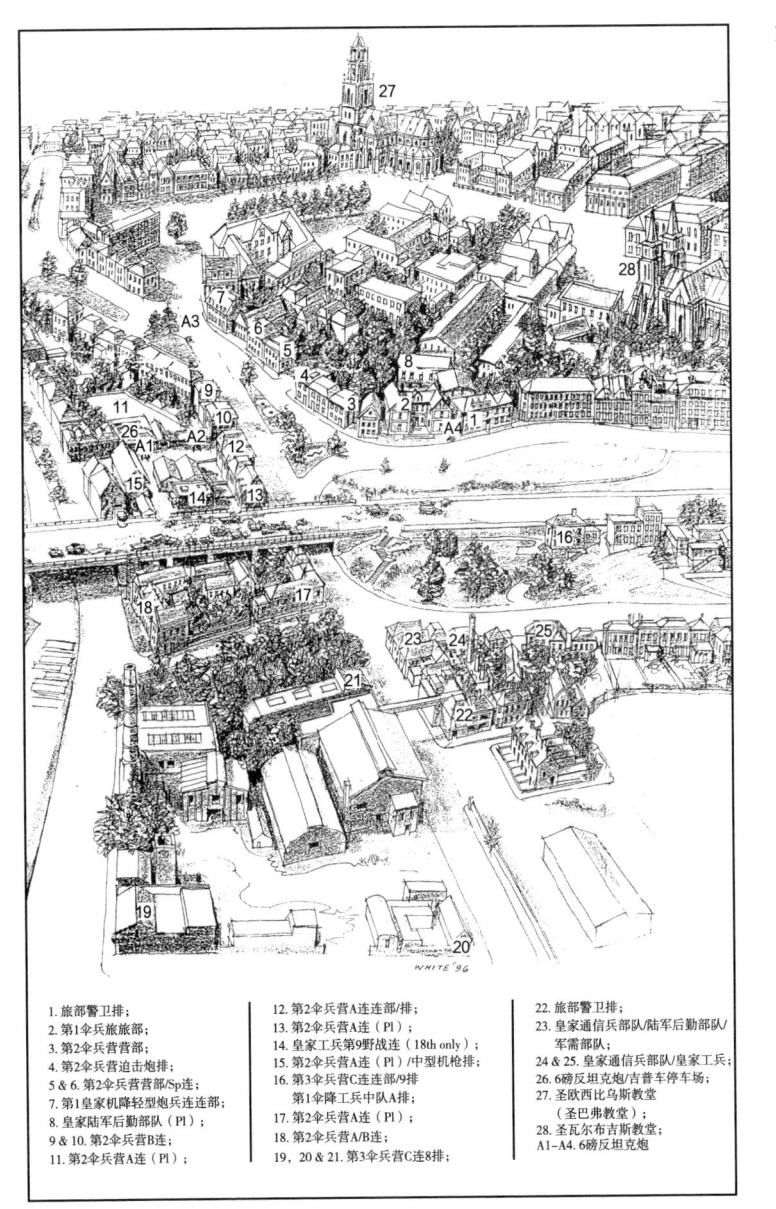

第十二章 9月17~18日，阿纳姆的一昼夜 / 177

1. 旅部警卫排；
2. 第1伞兵旅旅部；
3. 第2伞兵营B连；
4. 第2伞兵营迫击炮排；
5 & 6. 第2伞兵营营部/Sp连；
7. 第1皇家机降轻型炮兵连连部；
8. 皇家陆军后勤部队（Pl）；
9 & 10. 第2伞兵营B连；
11. 第2伞兵营A连（Pl）；
12. 第2伞兵营A连连部/排；
13. 第2伞兵营A连（Pl）；
14. 皇家工兵第9野战连（18th only）；
15. 第2伞兵营A连（Pl）/中型机枪排；
16. 第3伞兵营C连连部/9排
第1伞工兵连A排；
17. 第2伞兵营A连（Pl）；
18. 第2伞兵营A/B连；
19, 20 & 21. 第3伞兵营C连8排；
22. 旅部警卫排；
23. 皇家通信兵部队/陆军后勤部队/军需部队；
24 & 25. 皇家通信兵部队/皇家工兵；
26. 6磅反坦克炮/吉普车停车场；
27. 圣欧西比乌斯教堂
（圣巴伯教堂）；
28. 圣瓦尔布吉斯教堂
A1–A4. 6磅反坦克炮

地图5　1944年9月17~18日，阿纳姆大桥

焰喷射器的空降工兵在阵地就位。但就在这名操作手即将开火的时候，副手拍了拍他的肩膀，他吃惊地猛然往后一缩。结果，喷射器迸发出的火舌跃过碉堡顶部，击中了后面的两座小木屋。屋里一定是装有弹药和燃料，因为旋即发生了剧烈的爆炸并由此形成巨大的火球。看起来他们好像把整座桥都点着了，有人讽刺说他们的任务是占领而非摧毁这座桥梁。不过这也有个好处，三辆满载着德国士兵的卡车从桥上驶过，当司机们试图绕过大火时，弗罗斯特的伞兵开始射击。很快，三辆卡车都剧烈地燃烧起来，此外还有好几个倒霉的士兵被击倒。

回想起德国人在自己眼皮子底下炸毁铁路桥的情景，弗罗斯特担心这座公路桥也会遭受同样的命运，但一名皇家工兵军官向他保证，大火产生的高温足以摧毁任何连接爆炸装置的导线。尽管如此，弗罗斯特还是彻夜未眠。大规模进攻将于早上发起，尽管通信员们进行了紧急抢修，他们仍然没有与师部或其他营取得联系。到目前为止，第1空降师的通信状况为什么会如此糟糕还没有得到充分的解释，也许这永远都会是个谜。森林和建筑物的地形因素、电台功率不足、电池耗尽，以及某些电台被配发了错误的晶体管，都可能是出现问题的原因所在。

在评估公路桥北端他们需要控制的范围时，弗罗斯特希望他仍然掌控着多弗少校指挥下的C连，但他的通信员无法通过无线电召回他们。[5]在铁路桥被炸毁后，C连就已经奔赴它的第二目标——位于新广场（Nieuwe Plein）的德军司令部。在经过圣伊丽莎白医院时，多弗的连队惊动了正从两辆公交车上下来的30个德国士兵。他们在这场一边倒的交火中将大部分德国士兵击毙，并俘虏了5人。但就在前进的过程中，他们开始遭遇即将成为布林克曼战斗群的一队人马，该战斗群基于党卫军

"弗伦茨贝格"师侦察营组建而成。尽管 C 连成功利用 PIAT 反坦克抛射器击毁了一辆装甲车,但他们还是被迫撤退。最终他们被包围了,不过设法继续坚持了 16 个小时,直至弹药耗尽。

仿佛是为了弥补弗罗斯特丢掉的 C 连,一支增援部队出乎意料地出现了,他们是刘易斯手下沿着铁路线进入阿纳姆的第 3 营 C 连。当匍匐穿过市中心向公路桥进发时,他们在漆黑的街道上被卷入一场混乱而血腥的遭遇战。

一队来自重型高射炮支队的帝国劳工组织青年已经等在阿纳姆车站准备返回德国了。当天下午晚些时候,他们的指挥官鲁道夫·迈尔(Rudolph Mayer)上尉在得知盟军空降着陆的消息后,立马起程前往城防司令的办公室,为他们下一步应该怎么办寻求答案。回来后,他宣布这支部队将进行武装,接受党卫军的指挥。这些男孩被带到附近的一座兵营,在那里被配发了老旧的卡宾枪。枪栓不能正常工作,打开枪膛的唯一方法就是用坚硬的东西敲击它们。其中一名军官记录道:"他们的士气本来就不高,而当他们看到这些破枪时,士气才算是真的跌到了谷底。"[6] 那天晚上,他们仍然没有接到任何命令,也没有获得食物补给。事实上,由于滞留在车站,他们已经有将近 48 小时没有进食了。

黄昏时分,党卫队二级突击队中队长哈德(Harder)出现了,并宣布他们现在已经成为党卫军第 10 "弗伦茨贝格"装甲师布林克曼战斗群的一部分。他们将从市中心向下莱茵河方向发起进攻。在一片漆黑中,他们开始注意到其他士兵的存在,认为这些士兵也属于同一个战斗群。突然,一名英军伞兵喊道:"德国人!"所有人立即仓皇开火。这一疯狂的场面不时被曳光弹或爆炸的火光所照亮。在近战场景下,英军的"司登"冲锋枪比配发给帝国劳工组织青年的老式栓动步枪歼敌效率更高。迈尔手下的那群孩子几乎被打死了一半,剩下的一定也都受了伤,而刘易斯的连队也损失了一名排长和一名中士,同时他手下的士兵被党卫军装甲掷弹兵俘虏了三分之一。

第 3 营 C 连的残部来到了位于大桥坡道处的范·林堡·斯蒂鲁姆学校(Van Limburg Stirum School),在那里,他们加入了部署在两栋大楼里由麦凯上尉率领的工兵部队。没过多久,装甲掷弹兵——要么来自布林克曼战斗群,要么来自党卫军伊林营——蹑手蹑脚地接近离大桥最远的那栋房子,并将手榴弹朝窗户里扔去。

"我们在房间里短兵相接,"麦凯写道,"他们其中一人端起一挺'施潘道'[MG-42]机枪,从窗户探进来冲着房间里扫射。当时我正拿着我的 0.45 英寸口径手枪站在那里,果断把枪口塞进他嘴里并扣动了扳机。他的头爆掉了,或者说他下巴以上部位都被炸没了。我抓住那把'施潘道',掉转枪口对付外面的德国人。"[7]在这栋建筑里的其他地方,大家在把德国人赶走之前与他们进行了近身肉搏——拳头、靴子、枪托和刺刀……由于有可供德军进攻人员隐蔽的灌木丛,麦凯意识到大桥北边一侧两栋建筑中较小的那栋太容易遭受攻击,所以他决定放弃那座房子。他们把伤员拖出来,但有一堵 2 米高的院墙挡在他们前面,麦凯骑了上去,其他人把伤员一个个举起来递给他,就这样他们翻过了院墙。

弗罗斯特的部队共有 700 多人,包括从皇家工兵到皇家陆军军需部队(Royal Army Ordnance Corps)在内的所有附属武装力量和保障力量。在旅部,通信员把几块瓦片卸下来安放天线,并把自己安置在了屋顶。他们花了一整夜的时间试图与师部和其他两个营取得联系，告诉他们第 2 营已经在大桥上了，急需增援。

第 1 皇家机降轻型炮兵团第 3 连连长丹尼斯·芒福德（Dennis Munford）少校明白，如果没有一部电台能用的话，他就无法从部署在奥斯特贝克教堂周围的榴弹炮群中获得火力支援。因此，他和另一名军官决定当晚驾驶吉普车穿过德军防线回到沃尔夫海泽。在那里，他们重新调试好 22 型电台，在收集了更多的电池，报告了桥上的情况后，再次驾车穿过德军防线返回。只有芒福德的吉普车成功了。另一名军官腹部严重受伤并被俘虏。黎明时分，芒福德把敌人可能从南部和北部防御圈附近逼近的道路都置于 75 毫米榴弹炮的射程之内。一个居住在离教堂和火炮炮轴线很近的房子里的居民，讲述了一名英军炮手如何礼貌地敲开他们的门，告知他们在炮声响起时不要害怕。"当你先听到砰的一声然后是呼啸声时，那是我们的炮弹，"他解释道，"当你先听到呼啸声然后是砰的一声时，那是他们的炮弹。"[8]

在无线电报务员接收到其中一条信息后，多比中校和他的第 1 营放弃了沿北线进入阿纳姆的打算，决定前往大桥支援弗罗斯特。第一个晚上他们往南行军，后来多比决定走中间的乌得勒支路这条较短的路线。但当他的前卫连抵达位于奥斯特贝克以东的铁路路堤时，他们遭遇了默勒的党卫军第 9 工兵营。默勒自己夸张地写道："随着黎明的到来，舞会开始了……这是一场男人之间的战斗——'红魔鬼'对'黑衣人'、精英对精英间的战斗。"[9]第 1 营绝无攻过去的可能。在与德国空军警备营爆发战斗后，他们本就有一个连处于失踪状态，现在他们的力量因进一步的伤亡而变得更加薄弱，于是该营顺着河流附近的公路南段迂回前进。多比的部下很疲惫，他们几乎没有得到休息。

菲奇中校的第 3 营已经在位于奥斯特贝克西侧的哈尔滕施泰因酒店（Hotel Hartenstein）附近停留了大半个晚上，他们于 4 时 30 分再次出发。菲奇同样选择了南线。拉思伯里准将和厄克特少将一同随着前卫连继续前进：这么多高级将领如此靠近前线是不明智的。该营不得不穿过一片林区，在那里，德军枪手已经在树上埋伏好了。这些袭扰阻碍了这支 2 公里长纵队的后半部分。奥斯特贝克的一位居民亲眼看见一名英军士兵射杀了一名狙击手，他非常激动，"就像射杀乌鸦一样"。[10]

当他们在黎明时分小心翼翼地穿过奥斯特贝克时，发生了进一步的延误情况。当地人会打开窗户，然后冲街对面大声喊"早上好！"由于行踪被暴露，他们很是冷淡地回答："早上好。"[11]很快，家家户户都涌上街头——有些人把外套披在睡衣或睡裙外面——为他们提供花园里种的西红柿、梨和苹果，以及咖啡和茶。

在交火之后，这些让人分心的事情又耽搁了该营负责殿后的部队，并使他们与先头部队失去了联系。而那会儿，后者已经通过了奥斯特贝克教堂以东 1 公里处的铁路桥。让情况变得更加混乱的是，多比的第 1 营也加入了南线，与第 3 营的殿后部队混在一起，而后者并没有走拉思伯里和厄克特带领的前卫连所走的路线。这支先头部队将宝贵的时间浪费在了等待其他连队上。在接下来的行军过程中，他们在距离公路桥约 2 公里处的圣伊丽莎白医院附近，撞上了施平德勒的第二道封锁线。现如今，施平德勒的阻击力量正得到自行突击炮（英军的记录经常错误地将其描述为坦克）的加强。与此同时，第1营很快就发现自己处在来自登布林克高地的火力覆盖之下。位于后方的英国行动筹划者们并没有从地图上发现危险的存在。通往阿纳姆西部的两条公路位于铁路与河流之间的一侧山坡之上，这为延缓或阻止英军前进提供了理想的瓶颈。

当然，德军同样也是一头雾水。大概是因为采纳了前一天晚上向南推进的格雷布纳的侦察部队发回的无线电报，莫德尔的B集团军群于20时报告称："阿纳姆—奈梅亨公路没有敌人。阿纳姆、奈梅亨大桥在德国人手中。"[12] 但不久之后，阿纳姆电话局的两名德国女接线员警告比特里希说，英国伞兵已经夺取了公路桥的北端，而且他们整晚都在传递情报。战斗结束后，比特里希为她们每人授予了一枚铁十字勋章。清晨，他怀着愤怒的心情去往哈策尔的指挥所，因为格雷布纳无视了他"占领并牢牢控制大桥的命令"。[13]①

莫德尔也出现在哈策尔设立在阿纳姆北部库辛少将司令部的指挥所。他观察到，那天云层很低，这至少会阻碍盟军空军的行动。他告诉哈策尔，装备有"虎王"坦克的第503重装甲营正通过快速运输列车从德累斯顿附近的柯尼希斯布吕克（Königsbrück）运送过来。这就意味着除了元首的私人专列之外，帝国铁路必须腾空每条线路和每列火车。从帕德博恩（Paderborn）的第506重装甲营调集的另外14辆"虎王"坦克也已经上路。0时30分，位于森讷拉格（Sennelager）兵营里的车组人员被叫醒，截止到上午8时，所有坦克都被装上了平板车列车。莫德尔还宣布，

---

① 国防军驻荷兰总部仍旧对荷兰地下抵抗组织成员的起义高度警惕，以至于在9月18日早上发布的一则消息上称："阿纳姆公路桥已经被恐怖分子占领。"[14]——原注

他将切断奥斯特贝克的供水，以便逼退据守在那里的英国军队。虽然莫德尔还是否决了比特里希关于炸毁奈梅亨大桥的请求，但当天上午晚些时候，他通过电传发送了一条简短的命令："继续摧毁鹿特丹和阿姆斯特丹的港口。"[15]这是德国针对为支援盟军行动而进行的铁路罢工所实施之报复的第一阶段。

整个晚上，莫德尔的参谋人员都在下达依托博霍尔特镇（Bocholt）为铁路枢纽，向阿纳姆调集援军的命令。当时正在从丹麦前往亚琛途中的第280突击炮旅转而被调往阿纳姆。其他增援部队包括：三个营，每个营约600人；九个临时警备营，共1400人；两个来自黑尔福德（Herford）的装备有坦克歼击车的反坦克连；六个德国空军摩托化连，共计1500人；以及由十个高射炮连组成的高射炮战斗群，共36门88毫米高射炮和39门20毫米高射炮。由于得到了民用拖拉机和卡车的牵引，他们"暂时被摩托化"了。[16]这些20毫米轻型高射炮被调往前方机降区以应对进一步的空降行动。

当这些部队抵达阿纳姆地区时，比特里希将他们在"霍亨施陶芬"和"弗伦茨贝格"两个师之间做了如下分配。对于哈策尔，他分配了一个来自阿珀尔多伦的警察营，一个来自霍赫芬（Hoogeveen）的由退伍老兵组成的预备役营，以及一个将在稍后抵达的高射炮旅。[17]这些兵员补充将使哈策尔的"霍亨施陶芬"师达到接近5000人的规模。哈梅尔的"弗伦茨贝格"师将吸收那个从帕德博恩赶来、装备有"虎王"坦克的装甲连，不过由于故障，将只有3辆坦克抵达；一个党卫军重迫击炮营；一个从格洛高（Glogau）赶来、装备有火焰喷射器的工兵营；以及一个从埃默里希（Emmerich）过来的装甲掷弹兵训练和补充营。[18]

最后那支部队听起来没什么指望。它里面许多人都缺胳膊少腿,指挥官汉斯-彼得·克瑙斯特(Hans-Peter Knaust)少校也拄着拐杖。但是,这位在莫斯科战役中失去一条腿的克瑙斯特少校——当时他隶属于第6装甲师——是一名令人敬畏的指挥官。他没有劳神费力地与地方当局商量,就命令部下霸占了储备在博霍尔特镇的燃料,以灌满他们的油箱。他坐在分配给战斗群的唯一一辆半履带车里,顶在自己部下的前面,于那天凌晨2时向比特里希的军部报到。比特里希的党卫军副官轻蔑地称克瑙斯特是"来自陆军的某人"。[19]比特里希——无论在什么情况下,都与国防军保持着良好的关系——见到克瑙斯特的到来非常高兴。每一支能搞到手的部队他都需要,而克瑙斯特,连同后者的四个装甲掷弹兵连,还将接收一个排的突击炮和一个连的7辆Ⅲ号和8辆Ⅳ号坦克,它们来自比勒费尔德(Bielefeld)的一所驾驶员训练学校。

莫德尔的计划不仅仅是要阻止第1空降师剩余部队抵达阿纳姆公路桥,更是要借助哈梅尔和哈策尔这两股力量将其摧毁。他彻夜都在用电传向国防军驻荷兰总司令克里斯蒂安森将军发指示,后者手下那些在冯·特陶将军指挥下的部队将要从"西部和西北部攻击空降下来的敌人",并与北部的党卫军第2装甲军会合。[20]9月17日,特陶除了让二级突击队大队长黑勒把他的党卫军警卫营从阿默斯福特集中营带到埃德之外,几乎什么都没做。毫无疑问,黑勒正对突然要向其情妇告别而感到难过。不知为何,在他的想象中,英军正在向西推进,冲他而来。而此时英国人正向东往阿纳姆进军。他的警卫营——曾被承诺永远不必参加战斗——甚至一枪未发就已开始减员。三分之一的人或是在行军途中,或是在首次品尝到战斗的滋味后不久就开溜了。[21]

一支靠谱得多的队伍是由党卫队一级突击队大队长汉斯·利珀特（Hans Lippert）指挥的党卫军士官学员队。而此刻，利珀特正在格雷伯山等待自己人马的到来，他得到一个海军分队——第10舰员训练营，该分队指挥官警告说他的部下从未接受过步兵训练；以及一个所谓的德国空军场站营（Fliegerhorst-Bataillon of Luttwaffe）的地勤人员——该部队的军事经验"仅限于滚油桶"。[22]利珀特的力量日益壮大但人员混杂，他们被委任为"西部战斗群"（Westgruppe），以便与以"霍亨施陶芬"师为基础组建的实力更强大的"东部战斗群"（Ostgruppe）相呼应。比特里希武断地认为，"在来自东西两个方向的联合反击下，敌军将在9月19日被摧毁"。[23]

在意识到只有一小部分盟军空降师抵达大桥后，比特里希命令哈策尔的"霍亨施陶芬"师集中一切可用力量构筑两道阻击线，以确保不再有英国军队通过。"霍亨施陶芬"师麾下默勒的工兵营已经在奥斯特贝克东郊沿着向南通往奈梅亨的铁路线占领好了阵地。他的部队正是那支在夜间击退了多比的第1营的部队。"在我们周围，是房子里惊恐的居民，他们充满敌意地看着我们，"他写道，"我们在这片由花园和别墅组成的丛林中挖掘战壕，仿佛置身于一座微缩城堡，周围是篱笆、栅栏和附属建筑。"[24]他们很快就得到了师属高射炮支队的增援。在他们后面，默勒已经在乌得勒支路一角的一所大房子及其周围部署了由一级突击队大队长福斯（Voss）指挥的另一个连，该房子部分被浓密的杜鹃花丛遮住了。

因此，当哈策尔的"霍亨施陶芬"师向西阻击第1空降师的其余部队时，哈梅尔的"弗伦茨贝格"师大部被命令尽快摧毁桥上的抵抗力量，以便向南派遣增援部队以确保对奈梅亨的有效防御。唯一的替代路线是绕到东部,然后在瓦尔河以北2公里处的潘讷登(Pannerden)将部队和车辆摆渡过下莱茵河。

党卫军第21装甲掷弹兵团第1营被命令保护靠近大桥北边的关键建筑。其中的某个连只有一辆半履带车,装甲掷弹兵们通常称它为一口"移动的棺材"。英军一枚6磅穿甲弹穿透了这辆车,但除了留下两个圆孔外,几乎没有造成任何损伤。在对自己的好运感到惊讶之余,他们迅速撤回。"为了彼此的利益,我们所有人都表现得像英雄一样,"名叫霍斯特·韦伯(Horst Weber)的装甲掷弹兵承认道,"而事实上,此刻我们都胆战心惊。"[25]

他们连奉命占领那幢雄伟的法院大楼。由于确信大楼已经落入英国伞兵的手里,他们推来反坦克炮,近距离直接对着一面侧壁开火,直到炸出一个足够大的缺口以供人进入。该连一名来自装甲团的士兵——只知道他是一名"装甲兵",因为他仍穿着黑色的制服——率先通过这缺口。法院大楼是一座很大的建筑,大厅里装饰着大理石柱子,还有许多地下室,但这里没有英国人。他们架起机枪,以守卫沃尔堡大街(Walburgstraat)和集市。

第1营的另一名士兵"在战斗中看到了一些荷兰平民。他们来到街上为伤员包扎。我们曾试图避免击中他们,尽管这并不总能得偿所愿"。[26]

在公路桥北端,弗罗斯特的部队于那个星期一拂晓之前就已经整装待发了。他们手边摆着备用弹匣和预先准备好的手榴弹,等待着一睹天亮后究竟会发生什么。迫击炮排一名士兵写道:"莱茵河上升起的凉雾几乎遮住了大桥。"[27]他的中尉决定把观察哨设在桥对面仓库的顶上，营里的"维克斯"机枪就架在那里。"他们丑陋的鼻子就在窗户后面的阴影里，但是他们仍然占据着一个绝佳的射击位置。"在等待德国人注定要进行的反击时，机枪手们却在紧张的气氛中忙于处理不必要的琐碎事务。但是，当这名迫击炮排指挥官检查他们刚刚弄好的那条连接其中一个迫击炮位野战电话的线路时，他发现自己带来的听筒根本没用。他恶狠狠地将听筒砸在墙上，嘴里咒骂个不停。他们不得不尝试另一种解决方案，由一名伞兵记下他从地图上估算出来的距离，然后从这栋建筑的后面向下大喊，将信息传递到主干道两侧他们在草坪中挖出的迫击炮位。

然而，车上的司机似乎对大桥周边事态的最新发展毫不知情，几辆德国卡车被"布伦"机枪、步枪和"司登"冲锋枪的急速射击打成筛子。车上没有被射杀的士兵都成了俘虏。他们中有几人来自V-2火箭战斗群，不过，他们当然不会向抓获他们的人承认这点。PIAT小组和6磅反坦克炮车组人员适可而止，他们知道不能把弹药浪费在这些没有装甲的车辆上。美国战略情报局军官哈维·托德中尉与杰德堡小组一道被安置在旅部的阁楼上，他在战斗后的报告中这样描述道："在一幢建筑的屋顶处靠近一个小窗户的梁上，我占据了一个视野良好的观察哨和狙击阵地，从那里可以俯瞰公路和大桥。在这里，我击毙了三个试图穿过马路的德国人。"[28] "一个重伤的德国人，"一名迫击炮手说，"爬到了距安全地带只有几码远的地方，然后被我们的狙击手送上了西天，后者一直在冷眼观察着他的逃离过程。"[29]

9时整，就在大桥南部目力无法企及的地方，一个由大约20辆车组成的纵队正在集结，他们来自"霍亨施陶芬"师一级突击队中队长格雷布纳的侦察营。格雷布纳在桥上停了一会儿,刚好处在视线之外。他的脖子上戴着前一天刚收到的骑士铁十字勋章。众所周知,格雷布纳向来鄙视半途而废的行为。他坚信开足马力发起突然袭击就能达到目的。于是,他举起手臂,驾驶员们开始发动引擎。格雷布纳发出信号,所有车辆加速前进。最新式的"美洲狮"(Puma)八轮装甲战车打头阵,随后是半履带车,最后是只装载了供保护士兵用的沙袋的欧宝"闪电"卡车。

一名通信员在阁楼上喊道:"有装甲车正从桥上驶来!"[30]弗罗斯特想入非非地认为他们可能是提前抵达的第30军先头部队,但很快就打消了这种幻想。他和手下目不转睛地注视着这个纵队不得不减速,以迂回穿过北部坡道上烧毁的卡车。伞兵们期盼打头阵的车辆会引爆他们布设在大桥上的反坦克地雷,但最前面的四辆"美洲狮"加速驶离雷区进入了城区,车上面的50毫米火炮和机枪不断吐着火舌。

弗罗斯特下定决心要挽回对他们不利的开局,他的伞兵们最终用上了所有步枪、"布伦"机枪和"司登"冲锋枪进行反击。迫击炮和"维克斯"机枪也对德军造成了毁灭性的打击。敌军进入了轻型炮兵团反坦克炮的射程内,后面的7辆半履带车被击中并起火燃烧。格雷布纳的部下从来没有在如此狭小的空间里进行过战斗,他们试图逃跑,但车辆撞在了一起。一辆半履带车在倒车的过程中撞上了后面的那辆,动弹不得。这些敞开着的半履带车变成了修罗场。弗罗斯特的伏兵向驾驶舱和炮舱开火并投掷手榴弹。其中一辆半履带车逃下路坡,冲进了一栋校舍。另一辆撞破护栏,坠落到大桥下面的滨河公路上。

一些被困在大桥上的人翻过护墙,跳进了下莱茵河。据说格雷布纳本人就是在爬出他那辆被缴获的英制"亨伯"（Humber）装甲车，试图控制住混乱局面时被杀的。尸体烧焦的味道在空气中弥漫了好几个小时，其间还夹杂着从燃烧着的车辆里冒出来的恶臭的黑烟。格雷布纳的尸体自始至终都没有被从烧焦碳化的尸体中辨认出来。

　　托德中尉在房顶对着下面的 6 磅反坦克炮炮手大喊。"几名德国步兵想要过桥，但我在观察哨看得一清二楚，"他汇报道，"并在他们试图穿过沿着大桥栏杆铺设的路障时击毙了 6 人。随即有人发现了我，一枚狙击手打出的子弹穿过窗户擦到了我的头盔，但是窗户上溅出的玻璃渣子和碎屑扎进了我的眼睛和脸上。"[31]托德被带到设在地下室的救护站。接替他在屋顶位置的伞兵没有戴头盔，而是戴着自己的栗色贝雷帽。一名德国狙击手发现并射杀了他。

　　麦凯部署在校舍里的工兵没有配发反坦克武器，所以他们除了依靠自己的单兵武器进行射击以及朝半履带车背部投掷手榴弹外别无他法。迫击炮弹一度落到学校，但麦凯很快意识到他们正被自己人攻击。"停火，你个蠢货！"他喊道，"我们在这。"[32]刘易斯少校当时也在这栋楼里，他记录道，他们听到一个伤势严重的德国士兵在呼唤自己的母亲，他一定是从某辆起火燃烧的半履带车里爬出来的。他们没有看见这个士兵，但喊声持续了差不多整个白天，直到半夜他才安静下来。刘易斯回忆说，那真是一种"令人毛骨悚然的感觉"。[33]

　　一旦猛烈的射击停息下来，一句"哇！穆罕默德！"就会挑衅般地冒出来。这是第 1 伞兵旅从北非带回来的战斗口号。麦凯写道："很快它就在那座大桥周围回响起来。"[34]从那以后，几乎每一次交战都是如此，因为这也是确定哪些建筑仍被控制在守军手里的好方法。当欢呼声停止，能听到的只有一声呼啸而过的汽笛声。"我们是要加班吗，先生？"排里一个人开玩笑道，"刚响过哨声。"[35]

在短暂的停火后，德军依托步兵、几辆半履带车以及密集的迫击炮火力从相反方向发动了另一次进攻。PIAT小组和反坦克炮手又拿下了4辆装甲车，但他们对担架队的迫切需求表明，英军伤亡同样惨重。当担架不够用时，他们便把门板拆下来，伤员们被放在门板上抬到旅部下面的地下室。地下室迅速挤满了伤员。吉米·洛根（Jimmy Logan）上尉和赖特（Wright）上尉这两名医生以及他们的勤务兵都被工作压得喘不过气来，但目前没有办法将伤员转移到位于圣伊丽莎白医院内的第16伞兵野战医疗队。死者则被堆放在旅部后面的院子里。

弗罗斯特中校不知道他们究竟该如何养活人数日益增加的俘虏。其中一个被关押在政府大楼地下室的俘虏被确认是第9"霍亨施陶芬"装甲师的党卫队一级突击队中队长。弗罗斯特下到地下室问他党卫军装甲师在阿纳姆干什么。弗罗斯特说："我本以为你们在法莱斯包围战后就被解决掉了。"这个党卫军军官回答说他们也许在那里遭到了一记痛击，但他们已经在阿珀尔多伦附近被重新武装。"我们这些人只是前卫，"他自信地告诉弗罗斯特，"你还可以期待更多。"[36]

尽管枪声时断时续，但由于德国枪手一直在等待目标，任何在房屋之间的活动都可能是危险的。英国伞兵注意到，德国人的枪法在最初的交火中非常糟糕，这也许是因为他们太过紧张了。

位于建筑物顶部，配备有"维克斯"机枪的迫击炮排指挥官能够很容易地通过地图作业算出射程。他迅速让下方迫击炮坑里的3英寸迫击炮对聚集在大桥南端的德军车辆进行炮击。通过双筒望远镜，他可以看到在这样一次成功的"集中炮轰"中，许多目标被直接命中，为此他感到心满意足。但到了下午，克瑙斯特的战斗群，包括来自比勒费尔德的装甲连在内，已经在大桥匝道东边韦斯特福特大街（Westervoortsedijk）的一个乳制品厂里完成集结。[37] 依托那条街道以及与之平行的一条马路，他们袭击了迪格比·泰瑟姆-沃特手下A连控制的房子。尽管他们占领了两座建筑，并已将兵力渗透到桥下，但克瑙斯特显然为在这场残酷的战斗中失去了四名连长中的三名而感到不安。

在大桥上发生激战的同时，有几个英军战斗群被包围在市中心附近，还有一场重要的战斗在圣伊丽莎白医院以西展开，阿纳姆市已经沦为了战场，一个甚至比它的许多居民意识到的更惨烈的战场。阿纳姆北部的人们不知道市中心和大桥方向发生了什么。他们认为自己听见的战斗发生在下莱茵河以南。[38] 那些出去买面包的人很快又回来了，"脸色看起来如死尸般惨白，因为街上发生了枪战"。[39] 包括两个兵营——威廉斯兵营和萨克森-魏玛兵营（Saksen-Weimar-kazerne）——以及那个大型国防军仓库在内的许多建筑物仍在燃烧。

市中心的大部分地区也在燃烧。一名男子写道，那些听起来像是暴雨的声音"原来是火焰在噼啪作响"。德国人确信盟军的侦察员或狙击手就在著名的圣欧西比乌斯教堂［St Eusebius，更广为人知的名字是圣巴弗教堂（Grote Kerk）］那座巨大的塔楼里，于是不停地向它射击。来自第21装甲掷弹兵团的某个连队甚至开始用他们的75毫米反坦克炮向塔楼射击。"在狭窄的街道内，它发出震耳欲聋的噪声，回声似乎久久不能停息。"[40]

有几个人看见"教堂上大钟的指针疯狂地旋转着——好像时间在飞逝"。[41]

从登布林克周围到圣伊丽莎白医院阴森的正门脸,再到更远的地方,德国人占据着高地的优势。第1和第3伞兵营奋力拔掉他们,却无功而返。更糟糕的是,当在Y形路口周围试图向北进攻时,他们暴露在了部署在下莱茵河南岸的德军高射炮火力之下。并且在他们前面,将会突然出现德军Ⅳ号坦克、自行突击炮或装甲车对其进行炮击,但当这些车辆发现有一门6磅反坦克炮部署在此地后,它们便会尽可能迅速地撤退回去。

第1营的一名排长起初被他们的进展深深鼓舞。"在高地上前进的途中,"他在日记中匆忙写道,"我们接到了占领前方那座山丘的命令,上面建有一些房屋和一个高耸着烟囱的毛纺厂。来到房屋周围,一枚子弹从一栋仍被荷兰人占据的房子里射出。它直直穿出,正好击中另一栋房子里一个10岁左右的小女孩的大腿。我的医护兵照顾着她,但我们不得不防止她的母亲靠近,因为她完全失去了理智。德国人跑了。"但随后,我们的攻势减弱,增援的德国人又回来了。"先是遭到一名狙击手的射击,然后是一挺机枪的射击。"[42]排长们的伤亡率非常高。"我们处在来自河对岸的炮火下,"另一个人写道,"被分割。德国人的手榴弹击中了我的胳膊和眼睛,就像被一根滚烫的针刺穿了一样。我很害怕,因为我以为自己瞎了。"[43]

有许多可怕的景象。"浓烟遮天蔽日,街道变得昏暗起来。碎玻璃、损毁的车辆和瓦砾散落在道路上。"第1营的一名伞兵描述道,他们前面有一具"中尉的尸体正在冒烟"。一枚曳光弹引燃了他口袋里的磷弹,他被烧死了。有人看见一位悲痛欲绝的父亲推着一辆手推车,车上放着一具孩子的尸体。"一具身穿蓝色工作服的平民的尸体躺在排水沟里,[从破裂的水管里喷出来的]水轻轻拍打着他的身体。"[44]这场战斗中也有一些意想不到的瞬间。一个荷兰人走出家门,用英语询问两名英国士兵需不需要来杯茶。阿纳姆的地下抵抗组织成员阿尔贝特·霍斯特曼写道,沿着他们过来的行军线路,英国伞兵的尸体"躺得到处都是,有很多在树木或柱子后面"。然后,他看见"一个戴着顶帽子的中年人,走到每个死去的士兵身边,脱下自己的帽子,静静地伫立在那里几秒钟。这一幕给人一种相当卓别林式的意味"。[45]霍斯特曼如此总结道。

混乱的战斗意味着不论是第 1 营还是第 3 营都有许多人掉队。团军士长约翰·C. 洛德(John C. Lord)是个留着大胡子的掷弹兵,由"男孩"布朗宁招募而来(伞兵们称他为"耶稣基督"),当他正试图控制住圣伊丽莎白医院周围的局势时,突然被一颗德军子弹击中。他写道:"那种感觉特别像我的手臂被锤子砸了一下。"强烈的撞击使他转过身来,仰面着地。"我的胳膊动弹不得,还流着血,但奇怪的是并没有感觉到疼。"[46]洛德被抬进了医院,很快他就对护士们的专业精神和良好的幽默感产生了深深的钦佩之情。甚至当战斗在医院周围激烈进行的时候,他们都没有选择离开,后来医院大楼被河对岸的重型炮弹击中。

一名德国修女正在用勺子给一个 90 岁的老人喂食,这时,一发炮弹几乎贴着修女飞过,直接把老人的脑袋割了下来。她吓蒙了,有些难以置信,"她坐在那里,眼睛盯着他,手里还拿着盘子"。[47]由于炮火猛烈,荷兰医生开始把平民病人转移到战场外的迪亚科内森诊所(Diaconessenhuis)。为了表明身份,他们披着印有红色十字的白色床单，戴着同样印有红色十字的白色头盔。范·戴克修女认为他们看起来像十字军。[48]

午后不久，比特里希仍旧乐观地估计，弗罗斯特在桥上的兵力只有"大约 120 人"。[49]当天早上，英国人可能遭受了惨重的伤亡，但"弗伦茨贝格"师并不打算像他曾经期望的那样迅速摧毁他们。

在公路桥上，第 1 伞兵旅参谋长托尼·希伯特建议，在拉思伯里缺席的情况下，弗罗斯特中校应该成为代理旅长，同时由他的副手接管他们营。他们希望这只是一个迫不得已的临时措施。弗罗斯特的一个无线电通信员截获了第 30 军的通信信号。信号听起来很强烈，他们认为该军离这儿不会太远了。弗罗斯特和他的军官们认为，禁卫装甲师的到来只是几个小时后的事情。

第十三章　9月18日，
阿纳姆——第二次升空

第1空降师师部是在沃尔夫海泽外的着陆场过的夜，对外面正在发生的事情知之甚少。9月18日黎明时分，仍然没有厄克特将军的踪影，也没有任何关于他可能的去向的报告。于是参谋长麦肯齐中校与他的同袍决定向阿纳姆进发，他们认为厄克特是在第1伞兵旅旅部过夜的。麦肯齐对此不是很担心，但失去无线电联系和信息这件事让他心烦意乱。

麦肯齐和师炮兵指挥官罗伯特·洛德-西蒙兹（Robert Loder-Symonds）中校去寻找希克斯准将。刚过6时，他们就在乌得勒支路的一所房子里找到了希克斯准将。他们说服他接过该师的指挥权，直到厄克特或拉思伯里再次出现。希克斯同时也接纳了他们关于自己应该再派一个营去增援弗罗斯特在桥上的第2营的建议。他们建议派南斯塔福德郡团第2营前往，尽管该营缺编两个连。剩下的人乘滑翔机着陆后便会跟过去。在推进过程中，能进一步加强进攻力量以突破封锁冲向大桥的，也许是哈克特的第4伞兵旅第11伞兵营，他们将于上午10时降落。选择第11营是因为它的伞降区离阿纳姆最近。出于对哈克特准将那"一点就着"的脾气的了解，麦肯齐知道他既不会高高兴兴地接受这一增援任务，也不会在听见希克斯——相较于希克斯，哈克特的资历更深——已经接管该师的指挥权后感到高兴。[1]

第十三章　9月18日，阿纳姆——第二次升空

希克斯对自己暂时得到晋升并不是欣然接受的态度。这是一个糟糕的时刻，因为顺位接替他担任第1伞兵旅指挥官的军官"崩溃了——简直是吓破了胆"。[2]必须从师部另找一位上校。希克斯发现师部的情况因指挥官的失踪、糟糕的通信状况和对现实处境缺乏清晰的认识而变得"有点混乱"。唯一可以肯定的是，德国人的反击"迅速而且激烈"。希克斯后来承认道："这是我一生中度过的最糟糕的几个小时之一。"[3]

南斯塔福德郡团第2营直到9时30分才出发。[4]他们似乎没有太大的紧迫感，因为遵照标准程序，他们每行军50分钟就休息10分钟。他们在穿越奥斯特贝克的途中，遭到Me-109战斗机（又称"梅塞施密特"战斗机）的扫射，损失了一些人手。后来，当他们抵达由默勒的工兵营防守的铁路路堤时，遭受了更大的伤亡。然后，就像在他们之前通过这里的部队一样，南斯塔福德郡团第2营不得不转向靠近下莱茵河的更加低洼的道路，同时他们也暴露在了来自登布林克的德军猛烈的火力网下。当晚，该团直到将近19时才与圣伊丽莎白医院附近的第1和第3伞兵营取得联系。

那天早上，美国陆航第306战斗机控制中队的布鲁斯·E.戴维斯（Bruce E. Davis）中尉随师部一道向奥斯特贝克进发。他的任务是派遣盟军飞机支援地面部队的行动。"10时30分左右，我们看到大约60架飞得很高的飞机，"他后来汇报道，"我们以为那是'台风'战机，于是试图用甚高频（VHF）联系它们，让这些飞机为我们进行侦察。我们觉得有点不好意思，或者更确切地说有点迫不得已，此时它们却突然俯冲下来扫射，结果证明那是一队德军Me-109战斗机。"[5]

另外两个营仍在保卫机降区和伞降区，为第二批起飞的国

王属苏格兰边民团第 7 营和边民团第 1 营的到来做准备。黎明前，他们就已经遭到攻击。由于分散在一个很大的区域，而且周围是森林，他们发现要有效地保卫这些区域几乎不可能。

当被第 10 舰员训练营包围时，边民团第 1 营位于伦克姆（Renkum）的一个连不得不撤退到一座砖厂里。德军指挥官费迪南德·凯泽（Ferdinand Kaiser）中校抱怨道，他的手下装备的是从第一次世界大战时期传下来的老式"毛瑟"步枪和一挺法国"哈奇开斯"（Hotchkiss）机枪。交火的过程中，他们的战斗队队长、党卫队一级突击队大队长利珀特前来看望他，此时，一枚迫击炮弹在他们旁边爆炸。"冲击波把我震飞到一片灌木丛里，一块弹片击中了我的大腿。一名党卫军士兵的脸被炸成了'碎肉沙拉'，他大声尖叫着说自己什么也看不见了。其他所有人都毫发无损。"凯泽被疏散到位于阿珀尔多伦的德国军医院，那里的外科医生一口气给他做了 20 个小时的手术。他后来回忆道："太可怕了。"[6]

寡不敌众的边民团第 1 营的连队后来不得不撤了回去，他们损失了 6 辆吉普车和仅有的 2 门反坦克炮。在他们北边的欣克尔荒原（Ginkel Heath）周围，国王属苏格兰边民团第 7 营的一个连在黎明时遭到黑勒手下党卫军西北警卫营某个连的攻击。一个孤立的排失去了无线电联系，没办法与主力部队联络，被迫选择投降。当哈克特的第 4 伞兵旅于当天晚些时候开始跳伞时，这些荷兰党卫军已经在可以直接向他们开火的位置占领好了阵地。边民团的另一个连表现较好，在第一轮炮击中，他们就用一门 6 磅反坦克炮敲掉了一辆半履带车。

到了上午，就连营部的参谋人员也参与到击退德国侵略者的白刃战中。隶属于情报部门的荷兰突击队军官阿德里安·贝

第十三章 9月18日，阿纳姆——第二次升空 / 199

克迈耶（Adriaan Beekmeijer）发现自己陷入了激战。贝克迈耶的任务之一是审问敌方俘虏。当"发现其中有许多荷兰人时，他羞愧难当"。[7]他认出他们是黑勒手下来自阿默斯福特的党卫军警卫营士兵。俘虏中有一个名叫费尔瑙（Fernau）的党卫队一级突击队中队长，他曾是前德国皇帝在多伦（Doorn）的侍从。

到11时许，两个营都在帝国第11战斗机联队的扫射中幸存了下来，但曳光弹在伞兵和滑翔机预备着陆的荒原上引发了危险的大火。[8]德国空军在那天早上姗姗来迟地投入战斗，他们因希特勒对其前一天的平庸表现大发雷霆而加快了战斗进程。① 有大约300架Me-109和Fw-190战斗机被安排参与这次战斗。然而，它们中的大多数又被叫了回来。飞行员们只能待在驾驶舱里，等待着敦刻尔克的守备部队向他们发出另一支空降编队正在逼近的无线电告警信号。

虽然当地气象条件良好，但由于与布朗宁的司令部缺乏无线电联系，希克斯准将对身处英国的他们因恶劣的能见度而耽误了行程毫不知情。（布里尔顿将军曾警告艾森豪威尔，"英国的天气经常与欧洲大陆的不同"，这也是空降基地应该迁往法国的另一个原因。[10]）希克斯写道："时间一拖再拖。"[11]由于缺乏关于大桥局势和圣伊丽莎白医院周围战斗情况的确切情报，这种等待更加令人无法忍受，但在这混乱的战斗中也的确很难把情况都搞清楚。这家医院已经被德国人占领了，第16伞兵野战医疗队的大部分人被他们俘虏，只留下几个外科医疗队还在

---

① 德国空军参谋长描述了当天上午另一次希特勒式的咆哮。"元首对德国空军的失败大发雷霆，他想立即知道有多少以及有哪些战斗机部队致力于保卫荷兰。我给德国空军打了个电话，了解到只有少量部队参加了战斗。元首以我的报告为依据，进行了最严厉的斥责：整个无能且懦弱的德国空军都背弃了他。"[9]——原注

那里。[12]晚上,英国人重新占领了它,但并没能持续多久。

当第3伞兵营的先头部队在圣伊丽莎白医院附近等待其他连队赶上来时,来自河对岸的敌军高射炮以及高地上迫击炮和轻武器的攻击,迫使他们不得不找个地方隐蔽起来。当他们被敌人的火力压制在乌得勒支路北侧的房子里时,面对沿着公路行进的自行突击炮,唯一能做的只有从窗户扔出一枚"甘蒙"反坦克手雷。拉思伯里准将和厄克特将军也动弹不得。他们待在亚历山大大街(Alexanderstraat)的一所房子里,这条街与乌得勒支路平行,一直延伸到圣伊丽莎白医院一侧。

直到15时,该营的其余人员才赶上来,并带来一辆装满急需弹药的"布伦"机枪运载车。第3伞兵营B连连长彼得·沃迪(Peter Waddy)少校坚持要帮忙卸货,结果被打死了。军官的伤亡率高得令人惊恐,这大大加剧了后来的混乱。菲奇中校仍然决心要抵达大桥,认为唯一的机会是向北进攻,然后沿着铁路线前进,但德军强大的火力迫使他们放弃了任何尝试。

拉思伯里和厄克特英勇无畏地跑到外面,希望找到一条前进的道路。一阵机枪扫射击中了拉思伯里的大腿。厄克特和另外两名军官把他拖到一间小房子里,一对勇敢的当地夫妇收留了他们。过了一会儿,一个德国人出现在门口。厄克特迅速拔出他的军用手枪,并朝对方开了两枪。他们把拉思伯里抬到地窖,之后厄克特便带着那两名军官从后门溜了出去。逃跑并没有让他们摆脱德国人的魔爪,事实上,他们早已被困住了。这位第1空降师指挥官将不得不在战斗的第二晚充满沮丧且极不耐烦地躲在阁楼里。

＊　＊　＊

尽管第16伞兵野战医疗队仍在圣伊丽莎白医院内运转着，但四周全面交战使得往那里疏散伤员几乎成为不可能之事。必须在远在后方的奥斯特贝克寻找到解决方案。亨德里卡·范·德·弗利斯特——她父亲是斯洪奥德酒店的老板——描述了一名英国医生乘吉普车抵达时的情景。后者直截了当地问道："你能在一小时内把这家酒店改造成医院吗？"[13]她解释说德国人征用它做了宿舍楼，把里面弄得一团糟。医生告诉她，如果有必要，可以从街上招募人手。在得知这一消息后，邻居们立即行动起来，急忙跑过来帮助他们打扫这个地方。[14]一个小时后，伤员开始被担架抬进来。人们把秸秆和床垫铺在小厅里，在大厅里架上一排排的床。

斯洪奥德酒店是"一座又长又矮的两层建筑。大门两侧的房间面朝阿纳姆公路，正面装着大型玻璃墙，通常用作餐厅和酒吧休息室"。来自希克斯旅的第181机降野战医疗队同时接管了斯洪奥德酒店和桌山酒店，后者于一天前被莫德尔遗弃了。[15]桌山酒店被改造成了外科手术楼，便携式手术台就架在办公室里。斯洪奥德酒店离位于哈尔滕施泰因酒店的师部只有300米，但它在乌得勒支路旁一个比较突出的位置，这使得它在日后非常容易遭受攻击。其他年轻的荷兰妇女也在尽其所能地提供帮助，尽管有些伤员严重毁容，让人不敢直视。她们会给伤员们点上香烟，这通常是他们的第一个请求，而第二个请求则是让她们尽可能地用英语为家人写一封信。毫无疑问，最触动人心的时刻莫过于口述与家人的诀别信，每每这时，写信的人都禁不住哭起来。第一批被送进来的伤员来自搭建在河边仓库里的临时急救站，这个地方被南岸一个德军多管火箭炮炮连的炮火命中。[16]

当厄克特仍处于失踪状态时，党卫队旅队长哈梅尔已于当天上午从柏林回到"弗伦茨贝格"师位于阿纳姆东缘费尔普（Velp）的前线指挥所。"谢天谢地，你回来了！"他声称他的代理参谋长就是这样问候他的。哈梅尔不在的时候，比特里希一直在给"弗伦茨贝格"师下命令。哈梅尔给比特里希打了个电话，然后去往阿纳姆北部的"霍亨施陶芬"师指挥所拜访党卫队一级突击队大队长哈策尔。当军阶更低的哈策尔正向他汇报情况时，哈梅尔对他摆起了架子，突然道："我奉命带领我的师南下前往奈梅亨。你们打通这座大桥的交通了吗？赶走那些英国兵，哈策尔。"[17]

"我？"哈策尔称自己是这么回答的，"我要确保伞兵不能进入阿纳姆，没有时间同时对付这座大桥。"[18]很明显，哈策尔吃惊地发现哈梅尔仍然不清楚他们各自的职责是什么，他不得不再次向哈梅尔解释清楚。

哈梅尔对格雷布纳带领"霍亨施陶芬"师侦察营向奈梅亨方向进行追击特别生气，认为其毫无意义，因为在该营于大桥上被"彻底打成筛子后"，比特里希把自己师的侦察营移交给了第9"霍亨施陶芬"师。他觉得格雷布纳的行为"完全令人费解"，现在"熊熊燃烧的半履带车在整座大桥上俯拾皆是，还堵塞了整个车道"。[19]哈梅尔坐上一辆装甲车去视察争夺大桥北端的战斗情况。"我可以看到一具士兵的尸体躺在那里，我们没有办法把他挪走，因为他在英军的火力范围内。那里有很多狙击手。我认为唯一能解决他们的办法就是用重炮轰击他们的房子。那里就有大炮，我命令他们开火，从屋顶的山墙开始，一米一米地往下轰，直到房子倒塌为止。"[20]

当时，在阿纳姆中心城区，德军炮兵只拥有一门150毫米火炮。负责这门火炮的炮手们开始攻击宽阔的欧西比乌斯单行道（Eusebiusbinnensingel）西侧的建筑，这条公路通向阿纳姆大桥。"这是我见过的最棒、最有效的炮击，"年轻的装甲掷弹兵霍斯特·韦伯写道，"他们从屋顶开始，一米一米地往下打。建筑物最终会像积木一样坍塌。"[21] 幸运的是，当弗罗斯特正琢磨着要发动一次突袭打掉这门火炮时，一发榴弹炮或是一发迫击炮炮弹，杀死了那些炮手并炸坏了火炮。

德军40毫米高射炮在下莱茵河南岸就位，这是盟军的另一个威胁。他们接着开始摧毁那栋架设有"维克斯"机枪的建筑物的屋顶，机枪从那里控制着大桥。没过多久，大楼本体就着火了，机枪排不得不逃出去寻找新的阵地。然而，第1机降轻型炮兵团的75毫米榴弹炮仍然需要身为前进观察员的芒福德少校来指示目标。他在测量射击距离时一直很小心，以保证他们的炮火既能落在去往大桥的通道上，又不至于伤及大桥本身，因为他们需要给第30军留下一座完好无损的大桥。

在伞降区和机降区度过了一段漫长的等待期后，终于在14时前不久传来了航空发动机的声音。一阵如释重负般的喊声爆发出来："他们来了！"[22] 127架C-47"达科他"运输机正载着哈克特的第4伞兵旅前往欣克尔荒原，那里正是国王属苏格兰边民团第7营在艰难防守的地方。另有261架滑翔机松开拖缆，朝机降区飞去。他们把师部剩余人员和车辆、第1机降轻型炮兵团余部、波兰反坦克炮中队的一部分和机降旅剩下的部队——包括南斯塔福德郡团第2营最后几个连——都带来了。

紧随其后的是 31 架用于空投给养的皇家空军"斯特林"运输机。[23]

尽管盟军第二天需要捣毁的高射炮阵地要少一些，但德国空军的大量出现，使得英国皇家空军 259 架"喷火"、"暴风"、"野马"和"蚊"式战机忙得不可开交。第 8 航空队与 90 架 Me-109 战斗机交火，损失了 18 架飞机，英国皇家空军则损失了 6 架。戴维斯中尉指出，在飞行过程中，空降兵的伤亡相对较轻，但伞降和机降行动"遭到了比我们前一天遭受的更为猛烈的攻击"。[24]他所在的美军小组仍在试图通过甚高频联系盟军飞机，但没有取得成功。

在弄清楚后续伞降行动的着陆区后，德国人对所有可用的高射炮进行了调整部署。每当一枚高射炮弹在附近爆炸时，准备跳伞的伞兵就会感到一阵令人作呕的摇晃。第 11 伞兵营火力支援连连长弗兰克·金（Frank King）上尉讲述了他们乘坐 C-47 运输机飞抵目标时的情景，他注意到美军跳伞长睡着了，"下巴垂到了胸前"。金走过去想摇醒他，却发现那人已经死了，他背后的机身上有一个洞。金站在门口，注意到编队中其他飞机正在爬升，而他们的却没有。随后他发现其中一个引擎着火了。金转身，对着伞兵分队另一头的军士长加特兰（Gatland）大喊："我们着火了！和飞行员商量一下。"[25]加特兰打开通往驾驶室的舱门，一股火焰喷涌而出，他随即砰地关上了舱门。金命令伞兵分队立即起跳，随后带头跳了下去。他们在只有 200 英尺高的低空跳伞，这意味着降落伞几乎没有足够的时间张开。伞兵分队中的大多数人在高速撞击地面时受到了严重冲击，其中一人的降落伞根本就没有打开。

同为第 11 营的布莱克伍德中尉在日记里做了更详细的记

录。"13时55分，飞行员给我们亮起了红灯，于是我发出列队指令准备跳伞。站在门口，我的视野很好，但观察起来并不方便。现在我们离高射炮近得要命。我们以1500英尺的高度飞过一片树林，整片树林的边缘都燃起了火焰。左侧机翼上有些弹孔，但没有造成实质性的影响。差不多就在此刻，我们营有两架飞机被击中，并在大火中坠毁。尽管飞入了密集的火力网中，但飞行员们仍保持以壮美的编队飞行。14时10分，绿灯亮起。我对自己的伞兵分队最后喊道：'Hi-de-hi！'随后我在起跳时听到了他们的叫喊。"但是，降落伞在打开时猛地一拽扯松了他的武器包，让他失去了自己的"司登"冲锋枪、弹匣、两个24小时配给包，以及洗漱包。①"我看着它坠落到地上。"然后，他注意到自己的降落伞上"有一些弹孔"。他们处在树林边缘一挺德国机枪的火力范围内，迫击炮弹也从天而降。"一些人在降落过程中死在了伞带里，其他一些人着陆后还没来得及脱掉伞带就被击中了。"布莱克伍德以及他的战友一站起来就立刻投入战斗，进攻荷兰党卫军。他写道："年轻的莫里斯（Morris）兴高采烈地带来一名块头大约两倍于他的狙击手。"26

德国人的炮火也给位于沃尔夫海泽以西2公里处的X机降区造成了人员伤亡。多架滑翔机中弹起火，诠释了它们"火柴盒"的绰号。受人敬仰的滑翔机编队随军牧师G. A. 佩尔（G. A. Pare）在担架手的陪同下抓起一面红十字旗跑到空地上。"有5架滑翔机化为灰烬，草地上可以看见散落的躯体。第一个人已经死亡，另一个人呻吟着表示感谢。我来到下一具躯体旁边，挥挥手，吉普车搭载另一批担架手从树林里开了出来。那些遇

---

① 每个24小时配给包内装有肉块、浓缩燕麦片、硬糖、黑巧克力、香烟、苯丙胺片、一包茶叶粉，以及拌好糖的奶粉（加入热水便可饮用）。——原注

难者都是在跑向掩体时被人从背后开枪打死的。所有这些滑翔机中的货物都没有被卸载。我查看的最后一个人趴在一具尸体旁边。令我惊讶的是，他并没有受伤，而是在为自己同伴的死亡悲痛欲绝，久久不愿离去。我非常严厉地训斥了他，然后一个担架手过来把他架走了。"[27]

在荒原上，循着沙质小路，莱斯·弗雷特（Les Frater）上士看见一辆被烧毁的吉普车，车子旁边有一团像烧焦的面粉一样的东西。[28]他用脚戳了一下，当发现这是一个人的躯干时被吓得直往后退。一架滑翔机在着陆时机头着地，里面的车辆将驾驶员和副驾驶碾压在下，他们还活着，但完全被困住了。他们可能被注射了吗啡，但据说后来由于无法将他们解救出来，所以别无选择。"有人开枪打死了他们中的一人或两人，好让他们有个解脱。"[29]据信，南斯塔福德郡团第2营的一名少校在滑翔机坠毁后躺在地上，双腿被碾得粉碎，他也要求给自己一枪。

伞降区也发生了类似的可怕事件。第156营的一名排长被20毫米曳光弹击中，当他手下的士兵来到他身边时，他胸部的伤口处正在冒烟。在极度的痛苦中，排长恳求他们给自己一枪。"因此，我们把他那把上了膛的手枪交给了他，"其中一人回忆道，"然后他开枪自杀了。"[30]那天早上，拜荒原上的大火和德军迫击炮火所赐，弹药箱一着陆就发生了爆炸。在该营的集结地，连军士长告诉B连连长约翰·沃迪（John Waddy）少校，连里有一名排长——约翰·戴维森（John Davidson）中尉——还没有赶到。有迹象表明，戴维森在一片燃烧着的荒原上摔断了腿，在大火引燃他所携带的磷弹之前，他举枪自尽了。[31]许多伞兵的降落伞挂在了荒原远处的树梢上，他们十分无助，成了黑勒手下荷兰党卫军的活靶子。

第十三章　9月18日，阿纳姆——第二次升空

乘坐滑翔机进场的五个波兰反坦克炮组决心尽快投入战斗。他们甚至在英国索尔兹伯里（Salisbury）附近的机场接受补给时都没有三心二意过，当时，年轻的空军妇女辅助队员（Women's Auxiliary Air Force，WAAF）在向他们分发口粮时冲他们笑了笑。"她们既年轻又漂亮，"一名波兰伞兵在日记中写道，"我们也很年轻，但［我们］唯一关心的是我们还没有收到第一批特遣队着陆的报告。"[32]

来自第21独立伞兵连的空降先导员们留在了着陆场以帮助新抵达的部队，并与德国人进行战斗。该连的一名英国士兵被"我们中一名德裔犹太士兵的仇恨所震惊——他把满满一个'司登'冲锋枪弹匣的子弹都打到了一个德国人身上"。[33]大家对欣克尔荒原附近德军的严酷无情是有原因的。斯坦利·沙利文（Stanley Sullivan）中士"发现三具年龄在12～14岁的小男孩遗体四肢张开地躺在地上，他们都戴着橙色臂章"。[34]他们可能是在与荷兰通敌者的内战中死于来自阿默斯福特的党卫军警卫营之手。

一名派驻在哈克特司令部的荷兰军官看见英国士兵把香烟递给正由他们看守的一些荷兰党卫军成员——"彻头彻尾的卖国贼"，他表现得非常生气。[35]一名波兰军队联络官同样被激怒了，当其中一名俘虏为某事大声抱怨时，他大步走了过去，威胁他立即保持沉默。

鲍勃·威尔逊（Bob Wilson）少校是空降先导员指挥官，虽然已经步入中年，但依旧极为强硬。他描述了他的士兵们如何听到德国人在毗邻的树林里叫喊，让他们出来投降。"士兵们大声回答说，我们太害怕了，你们可不可以过来接我们。60个德国人从树林里出来，在大约150码处被两挺'布伦'机枪

打倒。他们在惨叫中死去。"³⁶一辆德军广播宣传车开了过来,并开始播放音乐。声音里说,一个(德军)装甲师正在向他们逼近,他们的将领已经被俘,如果投降,他们将受到优待。某人成功用一枚反坦克炮弹让它消停了下来。

当然也有一些轻松时刻。约翰·沃迪少校讲述了他们是如何刚一着陆就俘虏了一个身穿德军制服的士兵的故事。"我们正痛苦地用蹩脚的德语审问他,五分钟后,他用地道的英语问道:'你会说英语吗?'他是个波兰人。"³⁷

厄克特的参谋长麦肯齐中校在空降场找到了哈克特,直截了当地告诉他现在希克斯已经接管了师里的工作。"看着我,查尔斯,"哈克特答道,"我比希克斯资历更深。因此,理应由我来接管这个师。"

"我完全理解,先生,"麦肯齐答道,"但是厄克特将军给我的接班顺序的确如此,况且希克斯准将已经在这里战斗了24小时,他对这里的情况更加了解。"³⁸厄克特在离开英国之前并没有通知这些准将谁是他的指定继任者,现在看来这一困扰完全是不必要的。他优先考虑的是希克斯,因为他在指挥步兵营进行地面作战上的经验,比那个精力旺盛的年轻骑兵哈克特更加丰富。

虽然哈克特对于事先没有向他征求关于移交第11伞兵营指挥权的意见一事同样非常不满,但他似乎接受了这样的安排。麦肯齐随后去了哈尔滕施泰因酒店,并在楼上休息了一会儿。半小时后,有人叫他最好下来一趟,因为"那两个准将——希克斯和哈克特——正在进行一场激烈的争吵"。³⁹麦肯齐准备全力支持希克斯,却发现暴风骤雨已经过去。哈克特发泄完他的愤怒，接受了目前新的状况。

第11伞兵营沿阿姆斯特丹路向阿纳姆进军的行动并没有想象中那么利落。营军医斯图尔特·莫森（Stuart Mawson）奉命去照顾理查德·朗斯代尔（Richard Lonsdale）少校，他还在飞机上时手部就受了重伤。朗斯代尔是营里的二把手，也是名令人生畏的战士，此刻，他对研究地图更加上心。莫森警告他，如果没有得到正确处理，他的手可能会瘫痪。但朗斯代尔对此并不在意，并告诉他"不要像个骚货一样到处乱窜"。"试图说服他站在医学的角度来看待他的伤口，"莫森写道，"就像在士兵食堂里传递一瓶牛奶一样毫无意义。"[40]

据布莱克伍德中尉说，第11营直到黄昏时分才向阿纳姆进发，"我们的运输工具和反坦克炮是在行军途中捡到的，这些东西成功被滑翔机运了过来。除了几名狙击手外，在这个阶段我们几乎没有遇到什么抵抗，而且可以欣赏瓦尔加斯（Vargas）《时尚先生》（Esquire）里的性感女郎，这些令人心潮澎湃的画像被几把刺刀钉在了树上"。[41]其他消息源表明，更早一批离开的人是在17时出发的，但那也是着陆近三小时以后的事了。

哈克特那个旅的余部——第156营和第10营——并没有尽早动身，部分原因在于伦克姆荒原（Renkum Heath）着陆场一片混乱。事实证明，很难从那里被摔得粉碎的滑翔机中将吉普车弄出来。有伤员需要接受治疗，野战医疗队也需要被护送到东边去。莫森注意到，他的伤员"似乎更惊讶于他们的伤情而不是疼痛"。[42]哈克特指出，在战斗开始之前——也许是在空中，也许是在着陆过程中——他已经损失了200多名士兵，这相当于他们旅兵力的十分之一。然而，厄克特的缺席和两位准将之间的争吵也可能是行动推迟的一个因素。紧随第156营的脚步，第10营也沿着铁路线向阿纳姆进军。他们的计划是在铁路线和北面的阿姆斯特丹路之间强行推进,占领科佩尔(Koepel)高地。

前方的情况也好不到哪里去。第1和第3伞兵营损失惨重,并被困在了圣伊丽莎白医院西边。那些没有到过那里的人——包括身在后方奥斯特贝克哈尔滕施泰因酒店的两名准将——还没有意识到这个地区为德国人提供了一个绝佳的咽喉,可扼住那些试图攻入阿纳姆的部队。

在阿纳姆公路桥另一边的远处,德国军队开始搜查该城南部地区的部分房屋。很明显,这是一项危险的任务,他们的神经高度紧绷。"大多数德国步兵都不超过十七八岁,他们大口抽着烟,在那里故作镇定,"一位居民说,"有些人紧张地环顾四周。一名年长的士兵带着大约五个这样的'孩子'走了过来,脸色苍白,看起来非常不安。他们像狗一样跟着他。你可以看到这些男孩完全依赖于这个年长者。五名德国士兵和一名上士走进一位邻居的花园,并命令我和另外四个人靠墙站着。他们宣布因为有人从我们房屋所在的方向朝他们开火,我们将被枪决。我的一个邻居更加适应德国人的行事方式,开始和上士交谈。他举起两根手指,发誓没有人从我们街区开枪。这些士兵离开了,我们深深地舒了一口气。"[43]

在大桥北端的英军防线周围,年轻的(德军)装甲掷弹兵们尽管看起来士气高昂,但内心仍十分害怕。霍斯特·韦伯写道:"我们渴望战斗。"装甲掷弹兵全副武装,头戴钢盔,装备MP-40冲锋枪和手榴弹,身着党卫军的迷彩服。(它类似于英国空降部队的迷彩服,但套用一名英军中士的话说,"它上面的图案看起来更像豹纹"。⁴⁴）当他们进入战场时，当地人沮丧的表情鼓舞了他们。"就在不久前，荷兰人还像胜利者一样欢迎英国人的到来，"韦伯自豪地说，"但当我们接近时，他们就作鸟兽散了。"不过现在回想起来，他不得不承认："当时我们不过是一群像玩过家家一样扮演士兵的小男孩。我们有些愚蠢。但我们坚信自己会取得胜利。"⁴⁵

当天下午晚些时候，党卫军第10侦察营——该部队的作战能力相较于格雷布纳那个营要弱得多——来到桥上参加战斗。"随着时间一分一秒地过去，阿纳姆市这一地区的战况越来越激烈，"党卫队旅队长哈梅尔写道，"敌人在巷战中的表现显得十分训练有素，他们以极大的决心保卫着自己迅速建立起来的抵抗力量。"⁴⁶

夜幕降临，英国守军暂时松了一口气。弗罗斯特中校四处走访各个房屋。他告诉士兵们，他们可以期待第30军将于明天到达。一些人认为，这是"我们最愉快的一场战斗"，大家互相讲述着当天杀死了多少德国人。⁴⁷但是，他们几乎没有时间休息。那天晚上，德国人纵火烧毁了坡道东侧的那所学校。麦凯的工兵和刘易斯的士兵用灭火器灭火，甚至不得不用他们的伞兵罩衫扑打火苗。直到凌晨，他们才把火势控制住。那天晚上剩下的时间里，其他火场发出的闪烁的火光让哨兵们紧张不安。

第十四章 9月18日，
美国空降师和第30军

弗罗斯特曾向他的士兵保证过第30军将在星期二之前与他们会合，但可悲的是，这完全不着边际。爱尔兰禁卫团第3营听从了格沃特金准将认为他们在索恩大桥重建完成之前不必匆忙行军的错误意见，用乔·范德勒自己的话说，他们"闲庭信步"般地离开了法尔肯斯瓦德。[1]

德国人仍在紧锣密鼓地组织增援力量。库尔特·斯图登特大将承诺将集中兵力在艾恩德霍芬地区歼灭第101空降师。[2] 德军调来的第一批主力部队——隶属于瓦尔特·波佩中将的第59步兵师——已经通过铁路被送至了博克斯特尔。[3] 博克斯特尔位于贝斯特西北方向10公里处，威廉明娜运河流经后面这一地区，维兹博夫斯基中尉的那个排就被危险地孤立在运河岸边。第59师远没有达到齐装满员的水平。其前卫部队虽有五个营，但每个营不足200人。他们的火炮由马拉着跟在后面，为避开盟军战斗机的攻击，炮兵们只能夜间行军。第59师的后卫部队此刻仍在穿越斯海尔德河，他们的大部分弹药留在了斯海尔德河口以南的布雷斯肯斯（Breskens）包围圈里。整个师的105毫米炮弹储备不足100发。由于蒙哥马利没能守住河口北岸，德军第15集团军的几乎所有人都成功逃出生天，并被用于阻击参与"市场花园"行动的左翼部队。

那天晚上，H连连长琼斯上尉派遣了几支巡逻队去联系维兹博夫斯基，但每一支巡逻队都遭到了激烈的抵抗。第3营营长科尔中校确信，维兹博夫斯基那个排和工兵们已经全部阵亡。他对他的副营长说道："毫无疑问，他们已全军覆没。"[4]

黎明的到来使得维兹博夫斯基能够观察一下周围的环境。他们离那座混凝土公路桥非常近，而且刚好可以看见大约300米开外的铁路桥。公路桥附近有一座被战壕和机枪阵地环绕的德国兵营。维兹博夫斯基的人刚一抬起头，德军马上就是一通扫射。他们注意到一些德国人试图从树上偷袭他们。维兹博夫斯基告诉他的士兵不到最后一刻决不能开火，以免打草惊蛇，然后他们一举歼灭了许多敌人。

10时许，一名德国军官乘车抵达。他传达了一些命令，随后便离开了。没多久，那里就发生了一次巨大的爆炸。德国人现在已经炸毁了位于贝斯特的那座大桥。当大块的混凝土像雨点般落下时，美军伞兵们不得不像鸭子般佝偻着跳进他们的散兵坑。由于无线电台坏了，维兹博夫斯基无法向琼斯上尉和营部发出警告。当时，他手下的许多士兵受了伤，虽然医护兵可以给他们进行包扎，但要把他们疏散开来是不可能的。更糟糕的是，他们还遭到了己方P-47"雷电"战斗机的误击，飞行员无视了他们用于表明身份而发射的橙色烟幕弹。尽管如此，维兹博夫斯基和他的手下当天给德国人造成的伤亡还是远远超过了他们自己所遭受的损失。他的反坦克火箭筒小组甚至成功击毁了部署在运河沿岸的一批88毫米火炮。

下午，他们听到了汽车引擎的声音并判断这些人是德国援军。相反，运河对岸出现了一辆英军装甲车和一辆来自王室骑兵团的侦察车，他们对此兴奋不已。这支小股部队用机枪把最近处的德国人吓跑了。维兹博夫斯基隔着运河大喊大叫，要求他们用无线电台与第101空降师联系一下，警告后者大桥已被摧毁，但装甲车的无线电通信员无法与第101空降师取得联系。作为替代方案，值班的骑兵下士向他自己的中队进行了汇报，并要求把消息转达给美国人。

由于无法疏散维兹博夫斯基手下的伤员，王室骑兵团把自己的全部医疗用品和备用弹药都给了他们，用一艘破旧的小船把这些东西运了过去。后来，琼斯上尉那个连的另一个排出现了，排长尼克·莫托拉（Nick Mottola）中尉同意在维兹博夫斯基阵地的左侧挖掘战壕。这支英国侦察部队认为这个被敌军围困的排现在已经安全了，于是继续前进。但是，对维兹博夫斯基的包围战还远远没有结束。幸运的是，他的三个手下"潜伏了下来"，在潜伏过程中，他们俘虏了一名德国军官和两名医护兵。这些俘虏被派去照顾伤员，但仍然没有血浆给那些失血过多的人。

156　　第502伞兵团指挥官约翰·米凯利斯（John Michaelis）上校当天在他的西翼部队包围贝斯特时遇到了一个大问题，这个问题远不止维兹博夫斯基那个排可能会被全歼那么简单。维兹博夫斯基的营长罗伯特·科尔中校在诺曼底战役中，为夺取卡朗唐（Carentan）而与党卫军第17装甲掷弹兵师和冯·德·海特中校的第6伞兵团进行过战斗，并获得了荣誉勋章（Medal of Honor）。科尔的火暴脾气、善良和勇敢都是出了名的，他被称为"卡朗唐的咒骂上校"。[5]

科尔那个营被困在索恩和贝斯特之间的松舍森林（Sonsche Forest）里，于是米凯利斯派遣史蒂夫·沙皮伊（Steve Chappuis）中校带领第2营去解救他们。"此时此刻，德国人已在一片开阔地域追上了我们,"沙皮伊手下的一名连长写道,"并且采用了一项绝妙的策略,几乎把两个营给困住了。第2营是该团的后备部队,我们从中抽身出来以图从侧翼包抄德国人。"[6]

但沙皮伊很快发现,在缺少坦克或大炮支援的情况下,要穿过如此开阔平坦的乡间向前推进是非常困难的。荷兰人一直在收割晾晒草料,他写道:"前方的田地里散落着这些尚未收拢的小型干草垛。这是我们唯一的掩体。"他们从一个干草垛转移到另一个干草垛,以这样的形式进行冲锋,尽管这些干草垛只能提供最低限度的保护。曳光弹点燃了干草垛,许多人中弹。"排长们鞭策他们继续前进。那些坚持下去的人通常都能活下来,那些畏缩不前的人则被打死了。"[7]沙皮伊最终不得不叫停这次行动,至少暂时是这样的,因为他们损失了太多的人手。

"经过一天半的战斗,我们营的伤亡率高达50%。"营里这名军医的记录稍微有些夸张。实际数字应该是接近50%。"我不得不把伤员安放在曲曲折折的战壕里,给他们输血。战斗非常激烈。"他说德国人击倒了一名试图运走伤员的医护兵,而且当他们试图用一辆挂有四节拖车的吉普车疏散伤员时,德国人也朝他们开了枪,尽管"那辆吉普车上红十字会的标识清清楚楚"。[8]

与此同时,科尔那支位于树林里的部队遭到了猛烈的炮击,而且德国人正冒着被己方炮弹击中的危险,开始向他们的阵地渗透。科尔需要空中支援,但"一枚炮弹刚好击中了他们营无线电通信员的头部,把他的脑袋炸飞了。科尔走到电台前,擦掉上面的血迹和脑浆。它还在运转"。[9]一架P-47"雷电"战斗机被呼叫了过来。科尔决定检查一下放在树林边缘的识别板,

157 以确定己方阵地的位置。他从树林里走了出来，举起一只手挡住眼睛，向天空搜寻。一颗子弹从大约 200 米外的一座房子里射出来，刚好打在他的太阳穴上，射穿了他的脑袋。很快，一名德国士兵从房子的一个角落跑出来，随后被击毙了。科尔的手下确信他们至少让凶手得到了应有的惩罚。他们将科尔中校放在一个散兵坑里，然后用一个投物伞盖住他的遗体。

沙皮伊的手下被迫在原地挖起了战壕。"我们待在开阔地带一条狭窄的战壕里，当德国人开始穿过这片土地发起攻击时，我正待在机枪阵地。有个战友被吓破了胆，开始用头砰砰地撞着战壕的一侧，像个婴儿一样哭了起来。"[10] 伤亡人数再次攀升。军医在一处凹地里设立了急救站。"当有伤员需要输血时，我们会把他放在凹地最低洼的地方，这样你就可以 [拿着血浆袋] 站在那里，而不用暴露在从北边和西边穿过树林扫射过来的子弹前。"[11] 在遭受如此猛烈的攻击之后，这两个营唯一能做的只有坚持到第二天早上，并祈祷救援的到来。

第 502 团驻扎在圣乌登罗德的第 1 营怀疑德军正在向他们西边的斯海恩德尔（Schijndel）附近集结，为进攻做准备。所以那天早上，七辆吉普车"像从地狱里出来的蝙蝠一样"穿过圣乌登罗德，卡西迪中校对此非常生气。他们朝斯海恩德尔方向移动，甚至不曾停下来勘察一下情况。

德军的位置甚至比卡西迪预想中的还要近。这队吉普车沿公路仅开出几公里就遭到了伏击。这个观摩团只有最后那辆吉普车得以及时掉头并逃脱。车上坐着第 1 空降集团军的卡特赖特（Cartwright）上校，他跑回来通知卡西迪立即派人营救。他们不得不去拯救其他吉普车上的人，那些人扑倒在路边的水沟里，然后被机枪火力困在了那里。卡西迪异常愤怒，因为这些人的"匹夫之勇"意味着他必须牺牲一些自己的属下才能把他们救出来。"你他妈究竟为什么要沿着那条路往北走？"他咄咄逼人地问道。卡特赖特答说，一名向导认为那里是安全的。

幸运的是，卡西迪手下由缪伯恩（Mewborn）中尉指挥的那个排看见了那些吉普车，其中有两辆正在燃烧。他们最终靠伏击成功击退了德国人，甚至还夺回了两辆吉普车。泰勒将军在他来自普林斯顿的共产党卫兵的陪同下从索恩过来视察阵地，此刻，他已经抵达了圣乌登罗德。当他听闻发生的事情后，告诉卡西迪："不要再在这种任务上耗费你的兵力。你的职责是守住这座城镇。"[12]

第502团正在贝斯特周围全力奋战，辛克完全没有意识到这是一场孤注一掷的战斗。由于第506团急于向南朝艾恩德霍芬快速挺进，他只在索恩留下了一个排外加一个工兵支队的兵力。他们团的大部分兵力已经由临时搭建的简易桥过了河，而且几辆吉普车也用由油桶做成的筏子摆渡到了对岸。打头的第3营在艾恩德霍芬北部边缘的文塞尔（Woensel）遭到了火炮、迫击炮和步枪的攻击。约翰·W.基利（John W. Kiley）上尉被藏匿在教堂塔楼里的狙击手狙杀了。"然后一枚反坦克火箭弹命中了塔楼，让狙击手安静了下来。"[13]

一名坚持要陪着第3营的荷兰警察看见人们此刻正蜷缩在文塞尔大街（Woenselsestraat）旁的房子里。令伞兵们无语的是，他开始大喊："他们不是德国人，是美国人——解放者！"[14] 这些行军途中的伞兵最不希望看到的就是人们冲出家门欢迎他们，与他们握手并亲吻他们，尤其是当他们与撤退中的德军发生零星交火时。直到德军在克洛斯特大街（Kloosterdreef）的一门 88 毫米火炮开火后，街道才恢复畅通。

12 时 15 分，王室骑兵团的一支部队绕过阿尔斯特（Aalst）和艾恩德霍芬，在文塞尔遇到了辛克上校。为了传回他们与"呼啸山鹰"相遇的消息，巡逻队指挥官通过电台进行了汇报，并引用了自己所在团在禁卫装甲师内部的外号："马倌已经与那些长着羽毛的朋友取得了联系。"[15]①这支部队的部分人员接着沿威廉明娜运河南岸向贝斯特进发，他们正是帮助了维兹博夫斯基的那个排。没过多久，得益于通过德国通信网的荷兰电话服务，一名位于索恩的美军少校为皇家工兵提供了桥梁的所有尺寸信息。

随后，辛克上校命令他的第 2 营绕向东部朝市中心进发，占领大桥，但分出了一个连的兵力去处理那门制造麻烦的 88 毫米火炮。不过，事实证明那里其实有两门火炮。这个伞兵连队由一名当地男子带领，后者知道这些火炮的确切位置。就在美国人准备从两边夹击第一门火炮时，泰勒中士看见一名女士正从一楼的窗户里急切地向他挥手。她示意有三个德国人正在靠近。泰勒很欣慰他们当时还没有冲出去，他往后退了几步，直到这几名德国人走过去，才从后面俘虏了他们。霍尔（Hall）中尉率领一个班的兵力带着枪榴弹悄悄向炮位接近。他们的射界并不清晰，但有一枚枪榴弹击中了目标。接着，一门 60 毫米迫击炮——并没有靠底座支撑，而是架在一名伞兵的腿上——击毁了第二门火炮。

甚至在这些受伤的炮手于炮台后面的一所房子里被俘虏之

---

① 英国军官相信德军监听站无法理解他们的黑话——大多数情况下使用绰号、板球术语和校园俗语，但事实情况通常并非如此。——原注

前，人们就已经在文塞尔集市跳起舞来。一位居民描述说："聚集的人群变得疯狂起来，弄得那些浑身疲惫而且满头大汗的'男孩们'几乎无法通过。他们必须和每个人握手。"[16]辛克的一名部下写道："荷兰平民簇拥在军队周围，给他们苹果、果酱，偶尔还会给他们一点杜松子酒。大家都得到了极好的招待。空气中似乎弥漫着对德国人的仇恨。"

随着美国伞兵对该城清场行动的继续，还有更多的"零星交火"发生，这让欢庆的市民们纷纷扑倒在地以寻求掩护。[17]荷兰行动党成员迅速出现，准备提供帮助。人们对他们的突然出现感到十分惊讶。"放眼望去，到处都能看到身着蓝色制服、挂着'荷兰行动党'臂章的人。他们肩上扛着枪，要么骑着摩托车，要么开着插有旗子的汽车冲锋到各个地方。"[18]所有剩下的德国士兵和荷兰民族社会主义运动的成员都被赶出了房屋，脸朝下趴在街上。在1940年被迫投降的荷军士兵穿着他们的旧制服重新出现，准备看管俘虏。一位居民满怀感激地写道："四年四个月零六天之后，我们获得了解放。"[19]相比之下，他们早上醒来发现没有煤气和供电的情况就显得微不足道了。

令辛克上校深感担忧的是，他们可能无法及时替禁卫装甲师肃清城内的残敌。13时——正好在泰勒将军到达之前——他从第2营的罗伯特·L.斯特雷耶（Robert L. Strayer）中校那里得知，他们已经巩固了对多默尔河上全部四座桥梁的防守，并检查了它们的损坏情况。泰勒爬上一座教堂的尖塔，以便更好地俯瞰这座城市。他通过无线电与斯特雷耶中校通话。泰勒问道："你说你在哪儿？"传来的是得意扬扬的回答："将军，我正坐在大桥上。"[20]斯特雷耶的手下还占领了警察局。

"外面到处都是旗帜，"一位日记作者写道，"一群系着橙色丝巾、戴着纸质帽子的人兴高采烈地在马路上跳舞。"[21]年轻人拆毁了德国国防军设立的路标,并把占领者更改的街道牌撬了下来。没过多久,一幅巨大的朱丽安娜公主(Princess Juliana)画像就被悬挂在了皇家酒店外面,荷兰王室的照片也出现在窗户上。

这里仍然会有一些奇怪的紧张时刻。两名伞兵正在监视奥斯丁大街(Augustijnerdreef),并享受着几名女孩的关注。当一个穿着黑色制服的人骑着自行车闯入视线时,他们立刻警惕起来。当时正在现场的 J. P. 博扬斯(J. P. Boyans)博士看见他们举起了冲锋枪,便立即喊道:"别开枪!别开枪!那是一名荷兰警察。"伞兵们有些惊讶。"好吧,"其中一人说道,"我以为他是党卫军。"博扬斯问,如果自己不警告他,会发生什么。"哦,也没什么,只是两眼之间穿个小洞而已,"他咧嘴一笑,"我可是个神枪手。"[22]

在经历了长期被占领之后,空气中到处都弥散着复仇的味道。迪克·温特斯上尉突然听到一阵嘘声。他转过身,看见一名妓女搔首弄姿地向他们走来。"市民们抓住了她,"他回忆道,"我猜我们最后一次看到她的时候,她正要去理发。"[23]当地居民听说从这天早些时候伪市长就开始害怕自己会被处以私刑,感到非常可笑。"他和他的妻子跑到宪兵营寻求庇护,[但是]他的自行车在路上被一个开小差的德国士兵抢走了。"[24]

另一位日记作者写道:"凌晨 3 时,在人们的尖叫和呐喊中,所有荷兰民族社会主义运动成员被集中到一块,他们被关进了犹太公墓附近的学校里。"[25]越来越多的年轻人恳求第 101 空降师军官把阵亡和受伤士兵的武器、制服发给他们,以便能让他们继续战斗。在这方面,美国人远没有英国人那么官僚主义,尽管这是严重违反规定的,但还是有一些平民加入了他们的行列。有些人甚至一直服役到战争结束。

在那个多事的下午,15时30分,第二批滑翔机进入索恩西北方向的机降区。在第327机降步兵团服役的诗人路易斯·辛普森描述了他们抵达时的情景。"当我们飞临机降区上空时,滑翔机飞行员拉动操纵杆,松开拖缆。第一次,风筝获得了自由。它像鸟儿一样翱翔,然后在气流中悄然航行。我们满耳听到的只有大梁的嘎吱声。然后,它的一只翅膀向下倾斜。你的生命掌握在飞行员手中。"[26]当这架滑翔机在场地上颠簸,然后在地面上停下来时,大家明显感到了一种解脱。

他写道:"这里地势平坦,滑翔机横七竖八地散落一地。"各连队以散兵队形匆匆撤离。"在地平线上,立着一座风车,就像一幅荷兰油画。枪炮在某处隆隆作响。日光很暖,穿着羊毛衫的你开始淌汗。黄昏时分,我们走进一座村庄。村口停着一辆被炸毁的德国坦克。黑乎乎的车组成员散落在坦克内外,看上去他们已经被烧焦炭化了;透过黑色的表皮,可以看见一条条深红色的血肉。"[27]

辛普森对德国士兵的心理状态很感兴趣。"我绕过一个像墓穴一样的深坑,坑的尽头立着一座十字架,上面挂着一顶被子弹击穿的美军头盔。十字架上用哥特式字体写着'欢迎第101空降师'。德国佬真是古怪。试想一下,在战争的巨大压力下,竟然还有人能想出这样一个恶作剧并将其付诸实践!"[28]

在由C-47"达科他"运输机牵引起飞的450架滑翔机中,有428架抵达了第101空降师的机降区。他们不仅搭载了第327

机降步兵团，还运送了两个伞降野战炮兵营、一个工兵营，甚至还有一个带着一台 X 光机的外科小组。[29] 根据第 327 团的报告，"在一些地方，可以看到德军士兵排成纵队向滑翔机开火。总的来说，由于没有打出足够的提前量，他们的射击精度很差。但是，哈珀上校的滑翔机尾部开始出现一条条明亮的弹道"。[30] 他们的团长约瑟夫·H. 哈珀（Joseph H. Harper）上校并不打算坐以待毙，于是他和吉普车司机用他们的单兵武器从滑翔机上进行了还击。

安东尼·麦考利夫准将——泰勒的副手、第 101 空降师炮兵指挥官——和第 377 伞降野战炮兵营一起抵达。他的滑翔机里还有一个来自合众社（United Press）的年轻小伙子沃尔特·克朗凯特（Walter Cronkite）。"我们的头盔被撞飞了，"克朗凯特后来以一名记者的口吻写道，"比飞来的炮弹还糟糕。我抓起一顶头盔，一个装着［打字机］的野战背包，然后开始向运河爬去，那里是会合点。当我往回看时，发现有 6 个人跟在我后面爬着。好像我戴的是一顶中尉的头盔，它后面有一道规整的竖条。"[31]

所有滑翔机着陆后不久，B-24"解放者"轰炸机飞抵机降区上空投送物资。第 327 机降步兵团后悔那天晚上放松了警惕。他们在报告里写道："捆绑在滑翔机里的补给品有 75% 被其他部队和荷兰平民运走了。"[32] 从那时起，他们的哨兵就开着吉普车进行武装巡逻，防止发生进一步的盗窃行为。

第 101 空降师意识到他们非常幸运。一方面，保卫艾恩德霍芬的德国守军不多，只有百余人。另一方面，加文准将知道，德国人会尽快增援奈梅亨，而且他们正在往城市的中心和北部集中兵力。在星期日盟军着陆,以及沃伦中校那个营第一次试探性地从南部进入奈梅亨之后,德国人在凌晨炸毁了他们的弹药库,一系列巨大的爆炸惊醒了该市居民。

据当时正负责奈梅亨城防事务的党卫军第10"弗伦茨贝格"师师长哈梅尔所说,盟军空降行动正在进行之时,我们的守备队是"德国最糟糕的士兵",而且还不足750人。[33]除了弗里德里希·亨克(Friedrich Henke)上校率领的那支骄纵的第1伞兵教导团很快赶到之外,还有"铁路安保人员、一些当地民兵、警察乐团成员、一些党卫军散兵游勇和其他部队参与到这座城市的防御工作中来"。[34]哈梅尔称,他们中许多人装备的还是第一次世界大战时期,甚至是1870年普法战争时期的步枪。他们每人被配发了五个弹夹,由于没有配备弹药袋,这些人只能把弹夹塞在口袋里。他们唯一拥有的反坦克武器是公路大桥上幸存下来的高射炮。

为了阻止英国第30军在阿纳姆与第1空降集团军会合,党卫队全国副总指挥比特里希想炸毁位于奈梅亨的铁路大桥和公路大桥。但要完成这项任务,必须首先保证它们得到妥善的保护。因此,在午夜过后的9月18日第一个小时里,比特里希向哈梅尔发出命令:"党卫军第10装甲师从阿纳姆出发,向东南方进军并摆渡过下莱茵河,然后在瓦尔河南岸建立一个桥头堡。做好摧毁大桥的准备。"[35]

显而易见,阻止盟军会师的最行之有效的办法是炸毁奈梅亨的桥梁,但那天上午晚些时候,莫德尔元帅再次驳回了比特里希的建议。"我们仍然需要这些桥梁,"他坚称,"我们需要利用它们发起反击。"[36]比特里希并未被说服,他确信他们缺乏足够的力量组织一次有效的反击。比特里希既沮丧又懊恼,怀疑莫德尔是不是有什么特别的计划。不过,至少现在比特里希撇清了责任,因为他已经正式提出过请求了。

哈梅尔的党卫军第 10 "弗伦茨贝格"师工兵营的一个连在凌晨时骑着强征来的自行车前往潘讷登,其位于下莱茵河岸边,就在下莱茵河与瓦尔河分岔口的北面。骑自行车的一个好处在于遇到盟军攻击时能够迅速下车,扑进沟里。紧随这些部队之后的是即将组建为赖因霍尔德战斗群的先头部队。赖因霍尔德(Reinhold)是"弗伦茨贝格"师装甲团第 2 营营长,他带来了只有 200 来人的伊林装甲掷弹兵营——只有车组人员,并无坦克——以及一个炮兵连。据哈梅尔评价,指挥党卫军第 21 装甲掷弹兵团第 2 营的一级突击队中队长卡尔-海因茨·伊林(Karl-Heinz Euling)是"一个了不起的人、一名优秀的军人"。

尽管在用绑在一起的橡皮艇运送装甲掷弹兵渡过下莱茵河时有所耽搁,伊林的部队还是在中午前抵达了公路桥。赖因霍尔德开始紧锣密鼓地组织城市防御,并为他的部队以"如虹的气势"击退任何盟军进攻而做准备。[37]然而,运送野战炮和半履带车的行动却令人十分沮丧。由于盟军的空中力量,他们只能在夜间通过,而且不能使用灯光。指挥官们一边后退,一边在黑暗中挥舞一块白手帕向司机示意,指挥他们向左或者向右打方向盘,以便其将车开上渡船。

赖因霍尔德刚到就命令所有部队向这座城市北部通往两座大桥的道路附近集中。那座可以追溯到查理大帝时期的瓦尔霍夫(Valkhof)古堡将成为他们防御的核心。他还把帝国劳工组织的青年们给拉了过来。[38]由于打算利用大火来保卫奈梅亨大桥,赖因霍尔德给他们派发了一项特殊的任务。

* * *

布朗宁将军曾向加文强调,盟军的主要威胁将来自帝国森林的德军坦克。虽然后来证明事实并非如此,但几乎所有能想到的位于德国西北部的部队都被动员了起来,以对他们东侧的第82空降师进行反击。驻扎在克雷菲尔德(Krefeld)北部,由骑兵上将库尔特·费尔特(Kurt Feldt)率领的费尔特军已经开始集结。其中有由格尔德·舍尔贝宁(Gerd Scherbening)中将指挥的第406师,费尔特称其完全是一支"临时拼凑起来的部队"。[39]该师包含有一支士官学校分队和一些替补分队,以及"耳朵"营和"胃"营——里面的成员分别是几乎听不到声音的聋子和需要特殊饮食照料的胃病患者。

这只是个权宜之计。莫德尔和斯图登特打算把伞兵上将欧根·迈因德尔麾下更为专业的第2伞兵军拉过来。费尔特将军承认说:"我对此次进攻没有信心,因为对第406师来说,用他们东拼西凑起来的部队去打败万里挑一的敌人几乎是一项不可能完成的任务。"[40]除了立即推进是B集团军群所坚持要求的以外,费尔特认为这么做唯一正当的理由就是先发制人,阻止美军向东推进,并试图给人一种兵强马壮的印象。

第406师的部队在莫克东南部陷入一片惊慌失措之中。"舍尔贝宁将军和我费了很大的劲才成功在出发阵地拦住了部队。这一次,我只是设法避免了自己在帕彭山(Papen Hill)地区被俘。"中午,费尔特获悉(德国)第3和第5伞兵师的先头部队已经抵达埃默里希。他立即赶到那里,却吃惊地发现"他们是由各个师里战斗力最弱的一个营拼凑成的,这些营大部分由诺曼底战役中幸存下来的勤务部队组成。他们几乎没有重型武器"。[41]费尔特回到他的指挥所,发现莫德尔和迈因德尔将军已经在那里了。费尔特表示,他对这两个伞兵师的状况感到震惊。

他说，他们必须把这两支部队合并为一个战斗群，编入卡尔-海因茨·贝克尔（Karl-Heinz Becker）少校的麾下。

　　加文准将在他听到火车声的那棵树下睡了一觉。因为脊椎骨裂，一开始他几乎无法动弹。但他仍不顾疼痛，抄起 M-1 步枪，吃力地走出去巡视阵地。当天的一个关键任务就是清理机降区，因为第 82 空降师的 454 架滑翔机将于当天下午着陆。碰巧，他首先在西翁斯霍夫酒店遇到了贝斯特布勒尔切上尉，后者已经召集了近 600 名戴着橙色臂章的地下抵抗运动成员。

　　加文向他们警告道，如果被俘虏，他们将被德国人处死。"我们不在乎，"他们回答道，"把你们死伤者的武器给我们，我们要跟你们并肩战斗。"[42]加文同意了，并告之其主要任务是确保德国人不会炸掉这座大桥。

　　据德弗里尼欣音乐厅的经理马丁·路易斯·戴尼姆说，一小群美国伞兵整夜都在独自坚持着与德国人作战，但他们没能成功抵达大桥。"三个面目狰狞而且脏兮兮的（美国）年轻伞兵端着机枪走了进来，并开始从窗户向外扫射。我们去了地下室。没有电。"戴尼姆怀疑他们是不是喝醉了。其中一人对他说："德国人的枪法真烂。"[43]令戴尼姆没有想到的是，沃伦中校那个营此时仍在奈梅亨与亨克战斗群作战，还没有抵达大桥。在城市的其他地方，美国伞兵被当地居民邀请到家里洗漱、刮胡子。维斯曼（Wisman）夫人惊讶地发现"有些人一天竟然刷了三次牙"。"他们不喜欢被拿来和英国佬做比较，"她补充道，"他们觉得英国人总是慢半拍，而他们美国人必须冲在最前头。"[44]

　　在西翁斯霍夫酒店的会议结束后，加文前往第 508 伞兵团的指挥所,想了解沃伦那个营到底怎么了。关于他已经成功占领这座大桥的早前报告后来被证明是错误的。沃伦认为"情况会好起来的",于是没有按照命令沿河岸行军,而是直接进入城市。[45]加文对他的做法非常愤怒。沃伦那个营仍被困在奈梅亨市中心,而此时,城外的第508团正承受着来自东部的压力。

大约在上午,加文接到报告说德国人正向滑翔机降落区靠近。这是费尔特反攻行动的一部分。位于教堂尖塔的美军观察哨目睹了一起针对赫鲁斯贝克的袭击。尽管交火仍在继续,而且偶尔还会有炮弹落下来,教区教士赫克(Hoek)神父还是坚持要挨家挨户查看他的信徒。伞兵们已经习惯了这一点,赫克回忆说,当情况变得危险时,一个脑袋会从散兵坑里冒出来,喊道:"神父,隐蔽!"[46]然后,他就会扑倒在地上。

第一天晚上,当第508伞兵团在俯瞰帝国森林的"林木线"上就位时,他们非常清楚自己已经在德国的边境上了。士兵们被命令不需要对前方任何人进行盘问,直接开枪就行了,"因为每个人都可能是敌人"。这就不可避免地发生了一些悲剧,包括一名排长被自己人开枪打死。该团的一名中尉也承认,他们的人"在肃清一座城镇时,采用的方法不是很谨慎。例如,他们搜查房子里的德国人时,会走到门口说:'过来!'一旦有人在房子里动一下,他们就会用冲锋枪向里面扫射"。[47]

然而,荷兰人似乎能够原谅他们的解放者所做的几乎所有事情。"人们从屋里出来,"驻扎在贝克的第508团的德韦恩·伯恩斯写道,"发现自家前院里被挖了很多深坑,士兵们从里面探出头来。他们非常地友好,见到我们很高兴,还给我们提供食物和饮料,但最重要的是,他们想和我们交谈,尽可能地向我们提供他们所掌握的信息。"伯恩斯班里的一名士兵在夜里被杀害了。"我们把他埋在路障对面的空地里。有个士兵——他的父亲是名牧师——为其读了《圣经》中的一些章节并做了祈祷。然后,我们,也就是他的战友,掩埋了他并把泥土抚平,然后将他的头盔和身份牌放在坟墓上作为标记。该地区的荷兰人随后赶过来,并从他们的花园里采了一些花放在坟墓上。"[48]

在南边大约10公里处的莫克,一名伞兵犹如惊弓之鸟般在炮火下从一座房子跑到另一座房子,这时一扇门突然打开了,他被吓了一跳。"我掏出0.45英寸口径手枪,正准备开枪,"他写道,"站在门口的是一位荷兰老妇人,手里拿着一杯咖啡、一个蛋糕夹心的切片面包。"[49]伞兵有些吃惊,对她的盛情款待表示了感谢,但出于对她安全的考虑,还是请求她待在屋里。

那天早上,德国人对路障和村庄的攻击就像费尔特所描述的那样缺乏协调性,但其中一些进攻仍然对机降区构成了现实的威胁。由安东尼·斯特法尼奇(Anthony Stefanich)上尉指挥的C连属于第505团,位于赫鲁斯贝克东南方,遭到了藏在干草堆里的德国人的攻击。斯特法尼奇——一名虔诚的天主教徒,"团里的传奇人物"——深受部下的爱戴。[50]当滑翔机即将着陆时,他下令连队以宽阵面向前推进,把德国人赶出了空降场。"C连士兵在那里射击,"他的一名军官写道,"德国士兵从我们身边逃跑,看起来就像是一群猎人在驱赶兔子一样。说时迟,那时快,一个落单的德国士兵冲向位于我们前面75～100码处的一条小沟渠,然后转身朝我和斯特法尼奇上尉开了一枪。子弹打在'斯特法'的心脏附近,他倒在了我的脚下。"还有一种说法是斯特法尼奇在冒着枪林弹雨试图营救一名滑翔机飞行员时中了枪,但结果是一样的。[51]他的两名副手在他即将死去时陪伴在他的身边，斯特法尼奇一再敦促他们"务必要让 C 连打个漂亮仗"。[52] 他的士兵们为连长的牺牲而号啕大哭，然后用降落伞包裹住他的尸体。

在 454 架起飞的滑翔机中，共有 385 架安全着陆，19 架越过边界飞到了德国境内，令在下方观察的人十分揪心。一些滑翔机犁过一块甜菜地，把甜菜铲得老高。许多滑翔机坠毁了，里面的乘员或货物却幸免于难。当听到新到的炮兵营携带的 36 门榴弹炮只损失了 6 门时，加文大大松了一口气。滑翔机飞行员已经出色地完成了任务。但是，他们不像英国滑翔机飞行员团的飞行员，后者已经接受过训练，一旦着陆，就能与空降兵协同作战。这些美国同行属于美国陆军航空队，且没有步兵技能。事实上，他们希望将人员和货物运到后自己马上就能得到保护。据一名美国陆军航空队军官称，第 30 军刚赶上第 101 空降师，他们的滑翔机飞行员就开始搭便车经由布鲁塞尔返回。"有几个特别胆大妄为的飞行员把他们的制服穿在了飞行服里面，然后搭便车去了巴黎，而不是返回英国。其中一人甚至成功抵达了里维埃拉（Riviera）。"[53] 加文觉得这种情况令人非常难堪。他更喜欢英国滑翔机飞行员作为步兵参加战斗这种体制，但在大西洋两岸，不同军种之间的划界同样存在非常不同的意见。

加文别无选择，只能执行他顶头上司——布朗宁中将的命令。但是，他热衷于把真实情况记录在作战日志中。"9 月 18 日 15 时 30 分，加文将军与布朗宁将军举行了一次会议。会上，布朗宁将军询问了他们未来 24 小时的作战计划。加文将军说，他计划于 9 月 18 日与 19 日之交的晚上利用第 504 团一个营占领奈梅亨北部的大桥，并与第 508 团协同，从东西两侧包围桥头堡。布朗宁将军大体上同意了该计划，但考虑到当时第 30 军的形势，他对其进行了进一步的思考，认为保持对奈梅亨南部高地的控制更加重要，于是指示他们首要任务应该是守住该高地，并保持其位于马斯-瓦尔运河以西的阵地。因此，加文将军召集各团的指挥官，发布了一则保卫阵地的命令。"[54]

由于他们的指挥所挨得很近，布朗宁自然忍不住会对加文指手画脚。然而，正如加文的记录里所显示的那样，布朗宁仍然过于重视对侧翼的防守，以至于忽视了对奈梅亨大桥的保护。这一点非常奇怪，因为要想把他自己的第1空降师从毁灭中拯救出来，奈梅亨大桥是至关重要的。

很明显，布朗宁已经变得有些懊恼。他花了大量时间飞快地开着吉普车到处乱窜，挂在无线电天线上的飞马三角旗骄傲地飘扬着。当汽车在沟壑纵横的道路上摇摇晃晃地颠簸时，他还要求所有乘客能阅读地图。"他把车子开得极快，完全不顾危险，"他的助手回忆道，"他当然可以这么做——他是指挥官，有权这么做。"[55]这种自我宣泄的行为暴露了他的愤怒：直到霍罗克斯前来接替他们，这场战斗都是由空降师独立完成的。布朗宁仍然不愿意承认他和他人数众多的空降军军部完全是多余的。

很大程度上由于停留在法尔肯斯瓦德享受了一个"安静的夜晚"，而且听从了格沃特金准将不要着急出发的建议，霍罗克斯的第30军——由爱尔兰禁卫团的两个营打头阵——比原计划晚了24个多小时才出发。[56]他们直到10时才开拔，尽管两个营的作战日志对为什么延误给出了不同的理由。第3营声称他们正在等待第50师的一个步兵营过来接替他们，而第2（装甲）营说他们"推迟到10时，是因为有份报告称在阿尔斯特有一辆'豹'式坦克和两门自行火炮"。[57]

王室骑兵团的一支装甲车部队沿着"俱乐部路线"向艾恩德霍芬以南6公里处的阿尔斯特进发。乔·范德勒中校把前方将由"台风"战机中队打击的目标分配给了随行的英国皇家空军前进航空控制员、空军上尉洛夫。在经历了前一天的惨重损失——9辆"谢尔曼"坦克被击毁，23人阵亡，37人受伤——之后，爱尔兰禁卫团的两个营不愿再沿着一条毫无遮掩的道路一股脑往前冲了。

在他们等待"台风"战机的间隙，范德勒让这支纵队停下来吃午饭。他和贾尔斯在路边找到一幢带有游泳池的别墅。他们进去游了游泳，又喝了香槟使自己恢复精神，这时一名年轻的女战地记者加入了他们的行列。[58]最后，在第一次空袭请求发出两个小时后，洛夫听说由于飞行条件太差，行动被取消了。范德勒大发雷霆。"怎么了？"他带着挖苦的语气咄咄逼人地问道，"难道英国皇家空军害怕阳光吗？"[59]那天，他们获得的唯一一次支援是一项战术侦察行动，通过此次侦察，确认了索恩大桥确实已被摧毁。

飞利浦电器公司——位于艾恩德霍芬的一家著名电器公司——的一名高级职员穿过防线，带来一幅标注有德军所有火炮阵地的地图。[60]这对英国部队来说是一个很大的帮助，但一系列延误仍旧束缚着他们前进的步伐。后来，他们在发现有四门88毫米火炮在步兵的支援下正防守于阿尔斯特以北的防线时，又发生了一次耽搁。[61]当时第2中队正与德军炮兵交火以牵扯他们的精力，好为第1中队和一个步兵连从侧翼包抄他们的阵地提供机会，但宽阔的战壕挫败了此次越野行动。炮兵部队也被拉进来并参与了战斗。17时，阿代尔少将和格沃特金准将前来查看造成延误的原因。不久,王室骑兵团报告说,德国人已经撤离。17时30分,纵队开始再次沿阿尔斯特路(Aalsterweg)北进,半小时后,装甲车飞速驶过艾恩德霍芬。他们以为这座城市仍然被德国人控制着,因此在行驶的过程中,装甲车车门紧闭。这样,他们也错过了当地居民的热烈欢迎。

19时30分许,艾恩德霍芬的市民们听见有人在街上大喊。"英国人正从阿尔斯特路赶来!"他们晚饭都顾不上吃,便急匆匆走出家门,很快就是"一片欢声笑语,男女老少都欢呼雀跃起来"。[62]

坦克和其他车辆上的禁卫团士兵比画着表示胜利的V字手势来回应大家,因为欢呼的市民几乎让这个纵队停了下来。无论老少,大家都在部队经过时用粉笔将标语和表示感谢的话写在"谢尔曼"坦克车身上。不可思议的是,竟然没有人被卷压到坦克的履带下。据一名住在艾恩德霍芬的妇女说,英国士兵注意到"无论荷兰和比利时人缺什么,他们肯定不缺粉笔"。[63]一名爱尔兰禁卫团军官被四面八方彰显爱国主义的橙色海洋所震撼,发现"所有这些橙色的旗帜让它看起来很像阿尔斯特①"。他甚至怀疑那帮美军伞兵已经"吻遍了所有想要被亲吻的女孩"。[64]

当爱尔兰禁卫团开着他们的坦克在人群中艰难行进时,乔·范德勒和贾尔斯·范德勒悄悄开着一辆侦察车溜出了城,来到位于索恩的运河边上。他们找到一艘划艇划到对岸,在那里,他们遇到了一些来自第101空降师的伞兵。"他们一边喝着咖啡,一边抽着烟。你绝对不会想到此时此刻有一场战争正在进行,他们完全处于放松状态。"乔·范德勒如此评论道,也许他已经忘记

---

① 此阿尔斯特(Ulster)为爱尔兰一地区,前文的阿尔斯特为荷兰的一个村庄。——译者注

自己当天早些时候还游了泳这件事。"我们打了个招呼,他们慢慢吞吞地站起来,三心二意地向我们敬了个礼。"[65]

无论是艾恩德霍芬声嘶力竭尽情欢呼的市民,还是第101空降师的官兵,都没有意识到德军第107装甲旅就在附近。该旅由少校贝恩特-约阿希姆·冯·马尔灿男爵(Berndt-Joachim Freiherr von Maltzahn)指挥,他们的"豹"式坦克已经于当天清晨通过铁路平板车运抵芬洛(Venlo)。当范德勒的部队抵达位于索恩的运河边上时,德军第107装甲旅已经在艾恩德霍芬东北郊多默尔河上的苏特贝克大桥(Soeterbeek Bridge)处停下来。[66]由于德国人没有侦察机,马尔灿对于盟军兵力的部署知之甚少。当地有这样一个传言,一名叫威廉·希克斯普尔斯(Willem Hikspoors)的花匠脑子转得飞快,他告诉马尔灿前方的桥梁不够坚固,无法通过他的坦克。显然,马尔灿决定不冒这个险,于是让他的纵队掉了头。

前一天晚上,当那列德国火车从奈梅亨逃离,一路呼啸着冲过加文那个师的防线时,他被激怒了。不过,同样的招数不可能奏效两次。"一列驶向德国的火车靠了过来,"一名伞兵回忆说,"许多发火箭弹打在车头上,使火车停了下来。这列火车的许多节客车车厢装有各种各样的艺术品。"[67]第505团的杰克·P.卡罗尔(Jack P. Carroll)中尉说:"火车上有不少人,而且装满了打算带回德国的战利品。这些战利品中有雪茄、袜子和从荷兰人那里抢来的衣服。有一节车厢装满了羊毛袜,另一节车厢则装满了新手绢。我们击毙了5名该火车上的士兵,并俘虏了另外40名。"[68]一名伞兵对"一群穿着漂亮制服——通身黑色,配有被擦得锃亮的红色腰带和靴子——的人印象深刻"。他问看守他们的一个美国人，这些人是否属于德国总参谋部。这名卫兵笑了笑，答道："不，那是列车员。"[69]

170 再往北 12 公里的奈梅亨就没有那么好玩了。赖因霍尔德战斗群的到来，标志着一场主要针对奈梅亨平民的残酷无情的战斗即将开始。为了使人们感到恐惧，党卫军巡逻队驱散了街上的平民。在斯米德大街（Smidstraat），一支小分队在一所房子前停了下来，他们听见里面有孩子的哭声。其中一名巡逻队员大声喝令让他们安静下来，但哭声还在继续。他掏出一枚手榴弹，所幸，他的同伴成功劝阻了他不要把手榴弹扔进地下室。[70]

当赖因霍尔德战斗群准备保卫大桥南侧的瓦尔霍夫古堡、贝尔维代尔（Belvedere）瞭望塔、洛德韦克国王广场和洪纳公园时，德军炮兵已经在市中心大型交通枢纽——卡雷尔国王广场部署完毕。黄昏时分，赖因霍尔德派遣了几支劫掠队和帝国劳工组织青年进城纵火。他们砰砰砰地敲门，大声喊道："还有人吗？这栋房子就要被点燃了，你们必须马上离开这里。"[71] 他们冲进位于多登大街（Doddendaal）的卡梅利特（Carmelite）修道院，声称有人从这里朝他们开枪。"当修道院院长试图让他们相信这些指责是子虚乌有时，"威廉默斯·彼得森（Wilhelmus Peterse）神父写道，"士兵们已经忙着往房间里扔浸过汽油的木柴了。"[72]

有记录表明，德国人试图用掠夺来的杜松子酒壮胆。劫掠现象随处可见。在莫勒大街，两个德军士兵用他们的枪托打碎了一家商店的玻璃橱窗，然后爬进去竭尽所能地抢掠。那些"国家炮手"地下抵抗组织成员也在利用这种混乱浑水摸鱼。"在圣安娜街（St Annastraat），一辆废弃的德军卡车遭到了地下抵抗组织的袭击,"一位日记作者写道,"他们拿走了大量步枪、弹药和手榴弹,把它们装上一辆手推车,迅速拖回总部。"[73]

防空袭小组成员已经向城市北部居民发出警告,让他们打开窗户,以免瓦尔河上的大桥被炸毁时将玻璃震碎。但当大火开始吞噬整栋房子时,到处都是玻璃在高温炙烤下炸裂的声音。

阿尔贝图斯·厄延(Albertus Uijen)指出,"火势非常凶猛"。随着德军和美军之间交火的持续进行,整个街区都燃烧起来。"火焰上蹿到很高的地方……墙壁和房梁轰然倒塌,其间夹杂着逃跑出来的人们的哭喊声,以及步枪和机枪尖锐的嘶叫声……人们争先恐后地奔逃。没人留在危险地带。一些人抢救出来一部分最基本的必需品,比如衣服和毯子,并在恐惧中把它们拖到更加安全的地方。母亲们把哭泣的孩子抱在身边;绝望的父亲带着大一点的孩子,以及匆忙打包的手提箱。从他们的脸上可以明显看出他们所经历的焦虑和不安。"[74]

只有民防组织和红十字会一直在努力避免陷入全面恐慌之中,令人印象深刻。新教医院的疏散工作开展得顺利且及时,他们使用汽车和手推车将病人转移到了其他地方。一旦消防队扑灭一场大火,德国人又会重新将其点燃。据悉,他们射杀了一名去往德军司令部求情的消防员。而且,为了彻底阻止奈梅亨消防队进行救援,他们命令消防队员开车越过边境到克莱沃去。消防队员们朝要求的方向驶去,但当他们刚一行驶到德军视线以外,就掉转了方向,把车辆藏在一家工厂里。惊恐的阿尔贝图斯·厄延当天晚上在他的日记中总结道:"看来整个奈梅亨都要化为灰烬了。"[75]

第十五章　9月19日，阿纳姆

第3和第1伞兵营试图突破德军防线冲上大桥，但经过星期一混乱的战斗后，他们把最后的希望都寄托在了要在当晚发起的另一次进攻上。最终，行动直到星期二凌晨才发起。在一栋被毁的房子里，他们于烛光下召开了作战会议，第1伞兵营的多比中校在其他部队指挥官均不在场的情况下主导了这次会议。他们离莱茵阁（Rhine Pavilion）很近，这是圣伊丽莎白医院南面的一座水边建筑。一份报告错误地显示，德国人已重新占领了大桥的北端，这导致师部命令他们取消进攻，但随后进攻又开始了。

南斯塔福德郡团第2营营长德里克·麦卡迪（Derek McCardie）中校和第11伞兵营营长乔治·利（George Lea）中校加入了多比的行列。尽管隔得并不远，但多比与第3伞兵营的菲奇没什么交流。多比仍然坚定不移地支持着弗罗斯特在大桥上的行动，尽管现实情况是他们的左翼、前方和右翼将分别再次暴露在敌人机枪、突击炮以及河对岸高射炮的火力之下。他们的设想是在黑暗中发动进攻，并在天亮前突破封锁冲向大桥。

德军已经收缩了他们的防线。这让英军得以重新占领圣伊丽莎白医院，厄克特少将也成功从他藏身的阁楼里逃了出来。但是，为了创造一个更好的杀戮场，哈策尔决定回撤到位于开阔地偏远一侧的新防线上，它在莱茵阁以东约500米、阿纳姆市博物馆外200米处。

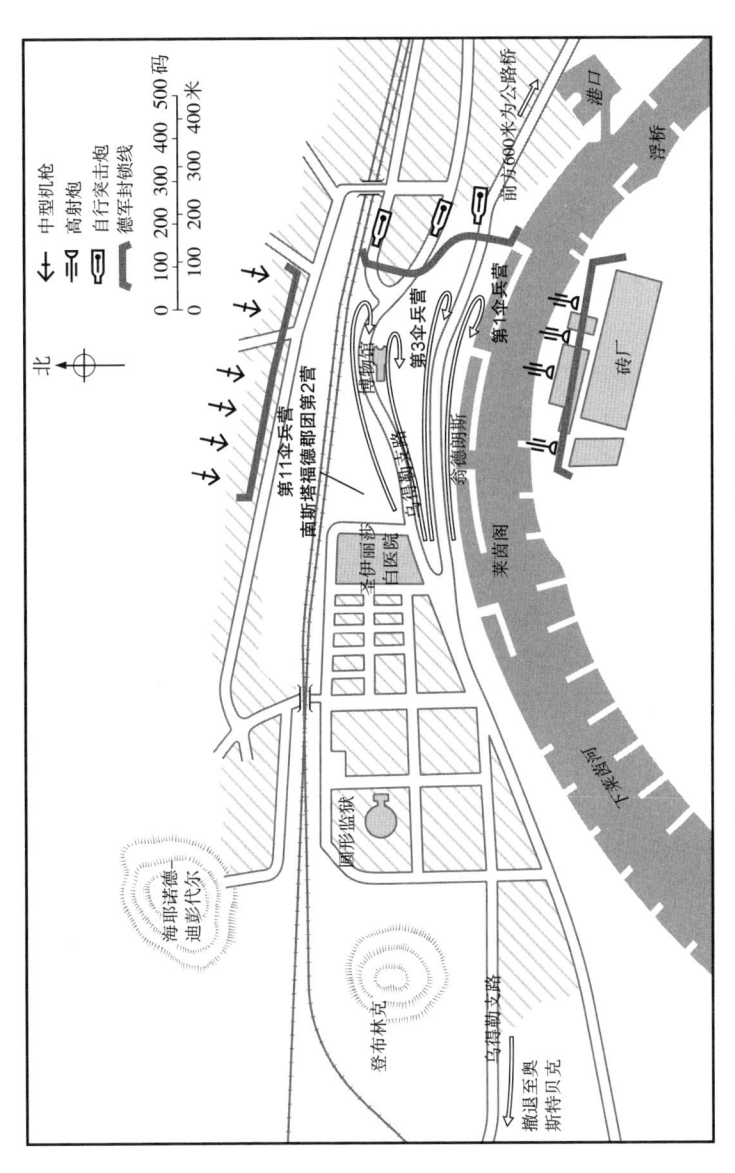

地图6 1944年9月19日，阿纳姆西部的战斗

凌晨3时刚过，多比的第1营沿着河岸快速前进，只为赶去与菲奇的第3营会合，后者在经历了一番殊死搏斗之后，正在回撤。菲奇那个营总共也就50来人还能战斗。多比不相信自己的队伍无法冲破防线，于是继续前进。菲奇把他精疲力竭的部队调转过来，同意支援多比的进攻。在乌得勒支路靠山的那一段，南斯塔福德郡团第2营带领第11伞兵营绕过博物馆，随后撞上了哈策尔用突击炮构筑的封锁线。他们的左翼还遭到来自铁路线后方路堤处机枪的扫射，大口径高射炮也从河对岸一座被德军占领的砖厂里朝他们射击。88毫米炮弹爆炸，释放出极其惊人的毁灭力量。与此同时，双管20毫米高射炮炮弹发射，亦产生足以让人丧命的冲击波。

伞兵团一名中尉——只知道他名叫大卫——在战斗结束后东躲西藏之时写下了一些个人感受。"反复出现的噩梦让我心神不宁——一只胳膊吊在脖子上的默文；举止怪诞、完全令人辨认不出来的皮特；黑暗中垂死挣扎般在草地上爬行的安格斯；徒劳地喊着卫生员的二等兵，他的四周空无一人；欢快地跑过开阔地的一名士兵，他突然捂住自己的后脖颈，脸上露出惊讶的表情，随后更多的子弹打在他的身上，他抽搐地跳了起来。这场战争是多么愚蠢，我只希望我们在这些日子里所做的牺牲不会白白浪费——然而，即使在此刻，我仍然觉得它毫无意义。它将永远只是一种姿态。"[1]

默勒的党卫军第9工兵营在奥斯特贝克的东部边缘隐蔽得非常完美，成功伏击了后面的英国军队。"工兵们开火了，"他回忆道，"装甲车将伞兵群打散，火焰喷射器向敌人吐着火舌……乌得勒支路就是一条死亡之路。"[2]

在北边，施平德勒战斗群的其余士兵正在铁路线和阿姆斯特丹路之间与第 10 和第 156 伞兵营作战。他们还袭扰了准备去防守 L 机降区（在彼尔德伯格森林以北，第三批起飞的滑翔机将在那里着陆）的国王属苏格兰边民团第 7 营。而随着冯·特陶将军的部队从西侧推进，第 1 空降师也几乎被包围。

在乌得勒支路东边靠近圣伊丽莎白医院的地方，南斯塔福德郡团第 2 营 B 连连长罗伯特·凯恩（Robert Cain）少校看见一名男子向他招手。随后，此人递给凯恩一支步枪和一个背包。这名男子正在照顾一名受伤的英军士兵，他不想因为家里藏有武器而遭到报复。"德国人……"³ 他抱歉地说，然后把两根手指放在太阳穴上代表手枪来强调他的意思。不久之后，凯恩和他的连队占领了另一个阵地，并击退了德军从阿纳姆市中心发起的突围行动。凯恩抄起一把"布伦"机枪，然后立马打完一个弹匣。他意识到自己正站在一堆扁平的石头上，随之往下一看，发现是刻有希伯来文的墓碑。此时，他们站在一个犹太人的墓园里，这个墓园可能是被德国人或荷兰纳粹分子捣毁的。

随着携带有重型武器的德军增援部队的抵达，英军在来自三个方向的猛烈炮击下毫无胜算。在菲奇的第 3 伞兵营几乎被打垮之后，多比的第 1 伞兵营也在对德军阵地发起的半自杀式攻击中被击溃。几乎所有人都挂了彩。现在唯一能逃生的办法就是到附近的房子里寻求掩护，但是德国装甲掷弹兵在突击炮的支援下把他们围了起来，并在一个多小时后将他们中的大多数人俘虏。

在北面几百米的地方，南斯塔福德郡团第 2 营的步兵反坦克抛射器的弹药已经不多了。这座被英国人称为"修道院"的博物馆此前一直是他们的急救站。现在不得不疏散里面的人员，但那里的医生巴舍·布朗斯科姆（Basher Brownscombe）留在了那些无法转移的伤员身边。几天后，他在医院被一个丹麦籍党卫军成员谋杀，后来，后者因此项罪行被审判并被处以绞刑。博物馆后面依托山谷构建的一处防御阵地也因密集的迫击炮攻击而被放弃了。

布莱克伍德中尉带领第11伞兵营抵达这里，目睹了前一大战斗留下的场景："通信和输电线缆都断了，路上时不时就会有被烧毁的车辆阻塞着交通，德国人的尸体横七竖八地躺在街上。我们顶着炮火的攻击，转移到山上一处靠近那所大型医院的阵地，并在保持一个营进行低强度进攻的同时，在那里挖掘了一条战壕。噪声太可怕了。在医院后面的某个地方，一门大口径火炮突然开火，我想多了解一些情况，结果'施潘道'机枪子弹如狂风骤雨般从耳边飞过。因此，在大多数情况下，我们只能小心翼翼地躺在那里，眼巴巴地望着一名军官和第1伞兵旅士兵们可怕又僵硬的尸体堵住我们侧翼的通道。"[4]

9时许，德军Ⅳ号坦克以及突击炮出现了。一名南斯塔福德郡团第2营士兵写道，起初，他们被最后几发步兵反坦克抛射器发射的破甲弹拖住了，"但到了11时左右，所有反坦克弹药都打完了，坦克碾压着这一阵地，造成了巨大的伤亡，并把该营分割包围"。[5]他们没有在前沿阵地部署反坦克炮，因为山丘凸起的轮廓遮挡了敌人的装甲车，直到它们几乎爬到了山顶才被发现。当南斯塔福德郡团第2营回撤到圣伊丽莎白医院附近时，这名士兵还看见一名英军士兵穿过一栋房子的一楼窗户跳到坦克顶部，试图将一枚手榴弹扔进炮塔里，但他还没有得手就被打死了。

在南斯塔福德郡团第2营后方的第11伞兵营试图沿铁路线

和路堤向左侧推进,但阻击从未消停过。在乌得勒支路和下莱茵河之间,第1和第3伞兵营的幸存者撤回到莱茵阁。菲奇中校不在其中,他被一枚迫击炮弹炸死了。由于几乎没有留下任何医护人员和担架队,伤员们被告知要尽最大努力前往圣伊丽莎白医院,尽管现在医院已经落到了德国人的手中。

10时30分,医疗队二把手沃拉克上校成功与圣伊丽莎白医院里的第16伞兵野战医疗队取得了联系。[6]他正在使用的是奥斯特贝克一个平民的电话,后者的儿子在荷兰党卫军服役。沃拉克听说,尽管德国人带走了第16伞兵野战医疗队的负责人以及该部队多名勤务兵,但有两支外科医疗小组仍在工作。他们那里有近百名伤员,其中许多人伤情严重。沃拉克在与野战医疗队的牙科医生交谈时可以听到背景中战斗的声音,机枪声和突击炮开火声不停传来。上午晚些时候,拉思伯里准将从他的藏身之处被带到圣伊丽莎白医院,他的大腿受了重伤。他取下所有的军衔标识,伪装成了拉思伯里下士。

荒诞的是,在英军遭受如此之大不幸的情况下,一个仅受了点皮肉伤的德国党卫军装甲掷弹兵却在医院哭了起来。[7]一名留下来的英国医生让他闭嘴,因为他死不了。荷兰护士解释说,这名男子不是因为疼痛而哭泣,而是因为元首下令决不能允许盟军越过莱茵河,然而盟军现在已经实现了这一目标。

正如布莱克伍德中尉所言,位于南斯塔福德郡团第2营后方的第11伞兵营也觉得自己迫于压力必须撤退:"13时,有消息显示,我们对阿纳姆大桥的进攻已经被击退,德军坦克从侧翼包抄并围住了我们……B连在可以俯瞰一个重要十字路口的房子里占领了阵地。我们的命令很简单——等着坦克过来,把我们所有的手榴弹都扔向它们,在我们死之前尽可能多地射杀敌军步兵。我和斯科特（Scott）一道走进了一栋位于街角处的房子里，对那个看上去忧心忡忡的房主说了声'早上好'，然后径直上楼来到了一个视野最为开阔的房间。对于注定要战死沙场的人而言，这间屋子一定是最好的归宿。角落里有一尊圣母马利亚石膏雕像，两个耶稣受难像，三篇装裱华丽的经文，还有一幅教皇的画像。我们把所有的玻璃制品和瓷器都搬到一个偏僻的角落里，把手榴弹、弹药和武器摊开放在床上，然后喝了点水。斯科特是罗马天主教徒，他偷偷地使用一些宗教物品做了祷告，而我也插了一两句话。"[8]

就在圣伊丽莎白医院外面，凯恩少校正在医院东侧一条长长的防空壕中隐蔽。他叮嘱自己的手下就趴在战壕里，因为他们能听到德军突击炮逼近的声音，它离这里只有50来米远。凯恩贴着壕沟边缘密切注视外面的情况，他看见敌军车长站在车里，脑袋和肩膀均暴露在外面。后者戴着黑手套，手持双筒望远镜。凯恩——除了他那把左轮手枪外一无所有——听见一声枪响从战壕内传来，被吓坏了。他手下一名士兵试图打死那名车长，但失败了。德军车长缩了回去，咣当一声关上了舱门，随即，突击炮掉头向他们开了过来。凯恩的三个手下被吓破了胆。他们从战壕里爬出来，很快被机枪扫倒。当突击炮掉转炮口时，凯恩从战壕里钻出来，顺着后面陡峭的斜坡滚了下去，然后坠落到医院的院子里。就在医院外面，他撞见了一些第11营的士兵。他想要向突击炮复仇，但他们没有反坦克抛射器的弹药。

相反，凯恩被告知要竭尽所能召集人手去占领位于登布林克的高地。[9]该计划是以凯恩位于登布林克的部队为支点，运用第11伞兵营的力量进攻铁路线以北、被称为海耶诺德-迪彭代尔（Heijenoord-Diependal）的另一座山。凯恩和他的手下经过一座穹顶很浅的圆形监狱，然后从旁边冲上了登布林克。让凯恩松一口气的是，当他们发起攻击并占领这个地方时，几乎没有遇到抵抗，但是地底下错综缠绕的树根使得挖掘战壕变得异常困难。凯恩要求手下动作快点，他知道德军会迅速用迫击炮发动攻击。果然不出凯恩所料，德军的确做到了这一点，炸得木屑四飞，在很短的时间内，他手下就有三分之二的人被弹片击伤。14时刚过，凯恩就觉得除了撤退以外别无选择。他们不但没能突破敌人防线与弗罗斯特的部队在大桥会合，而且四个营也在这一过程中遭到重创。由于大量军官伤亡，形势转变为一场混乱无序的溃败。士兵们穿过战场的硝烟，三三两两地跑了回来，"就像从森林大火中逃出来的动物一样"。[10]

大清早，厄克特将军和他的两个同伴刚从藏身处出来就找到了一辆吉普车，然后开到了哈尔滕施泰因酒店。"当我下台阶时，"滑翔机飞行员团的随军牧师写道，"有人走上来了。除了厄克特将军还能有谁呢？有几个人看见了他，但没人说一句话。我们全都惊呆了。师长归队会令所有人信心大增。"[11]

正如厄克特的参谋长查尔斯·麦肯齐刚刚发现的那样，现在空降兵们急需提振信心。在对师防区的视察中，麦肯齐发现了一个废弃的机枪掩体和一辆"布伦"机枪运载车，这让他十分恼火。然后，他撞见了大约20名惊慌失措的士兵，其中一些人喊道："德国人来了！德国人来了！"[12]他和洛德-西蒙兹让他们冷静下来，随后麦肯齐把运载车开回了哈尔滕施泰因酒店。他发现厄克特正怒不可遏地站在台阶上，毫无疑问，这是因为他回来时发现一切都乱套了。查尔斯·麦肯齐对他说："长官，我们以为您永远离开了我们。"

在哈尔滕施泰因酒店周围，地下抵抗组织"国家炮手"的武装成员正强制他们逮捕的荷兰民族社会主义运动勾结者开挖战壕。[13]其他荷兰志愿者则在收殓尸体，以便把它们送到墓地。与此同时，滑翔机飞行员团随军牧师驾驶一辆吉普车出发了，车上坐着两个年轻的党卫军俘虏。他俩坐在前排，仍穿着虎斑迷彩服。他们此行的目的是去埋葬库辛将军和他的同伴。

当天清晨，位于哈尔滕施泰因酒店的参谋人员突然发现"英国广播公司一部用以向伦敦回传新闻稿件的电台与其基地设备取得了联系，于是我们争取到通过该电台发送信息的许可。由位于伦敦的英国广播公司安排盟军最高统帅部工作人员接收这些信息，并将它们转送到位于摩尔庄园的英国第1空降军军部"。在接下来的两天里，"这是我们师与外界唯一可靠的无线电联系"。[14]

就在奥斯特贝克以北，当其他四个营试图突破德军防线冲上大桥却以失败告终的时候，哈克特准将的第4伞兵旅已经开始独立作战。当晚，由中校理查德·德沃爵士（Sir Richard Des Voeux）指挥的第156伞兵营继续沿着铁路线和阿姆斯特丹路之间的区域向阿纳姆推进。哈克特的计划是占领科佩尔高地。该地位于自北向南穿过树林、一直延伸到奥斯特贝克的德赖延公路（Dreijenseweg）的外围，但这也是施平德勒战斗群的封锁线。由于公路东侧是陡峭上升的山林，且施平德勒战斗群的装甲掷弹兵和炮兵在八轮装甲车、半履带车及突击炮的支援下均潜伏在那里，该阵地实实在在是块难啃的骨头。午夜时分，第156营已经开进了公路以西的敌军前哨阵地。德沃中校决定先后退一步，等待天亮，以便更好地判断自己的处境。

由于预料到盟军将在黎明时分发起进攻，德军充实了前沿的兵力。第156营的一个连首先发起进攻，然而他们刚一穿过街道，就因德军集火射击而遭到毁灭性打击，该连几乎全军覆没。另一个连被派了出去，据说是为了包抄德军侧翼，但事实上后者是一条连续防线。他们也无法准确识别树林里伪装良好的战壕和火炮掩体。

B连连长约翰·沃迪少校发现了一辆装有双管20毫米高射炮的德军半履带车，并开始跟踪它。然而，在一棵树的树梢上，一个德军狙击手在他还没来得及发射反坦克破甲弹之前就射中了他的腹股沟。沃迪手下一名中士是个身材魁梧的罗德西亚人，他像抱孩子似的把沃迪抱在怀里，对他说："拜托，长官，这里不是我们的归宿。"[15]然后，中士把他带回了营里的医疗点。沃迪的苦难并没有就此终结。作为桌山酒店的一名伤员，他后来又有两次负伤的经历：一次是遭到了德军迫击炮炮击；另一次是在战斗快结束时，为下莱茵河南岸的英军炮兵打出的炮弹弹片所伤。

一上午，第156伞兵营损失了近一半的兵力。哈克特准将不得不将部队撤回。北边，肯·史密斯（Ken Smyth）中校指挥的第10伞兵营在行军途中遇到了一队吉普车，其伤亡景象令人沮丧。史密斯的前卫连遭遇了与第156营遇到的相似规模的敌军火力，并最终潜伏了起来。由于不想再让另一个连也搭进来，史密斯请求哈克特派一个连绕到阿姆斯特丹路以北，从侧翼包抄封锁线的尾部。很快，第10营就被战斗力更强、装备更精良的施平德勒战斗群牵制住了。

即便没有进一步向前推进的可能，哈克特的旅也必须要守住这条防线，因为在德赖延公路以西不到1公里处就是L机降

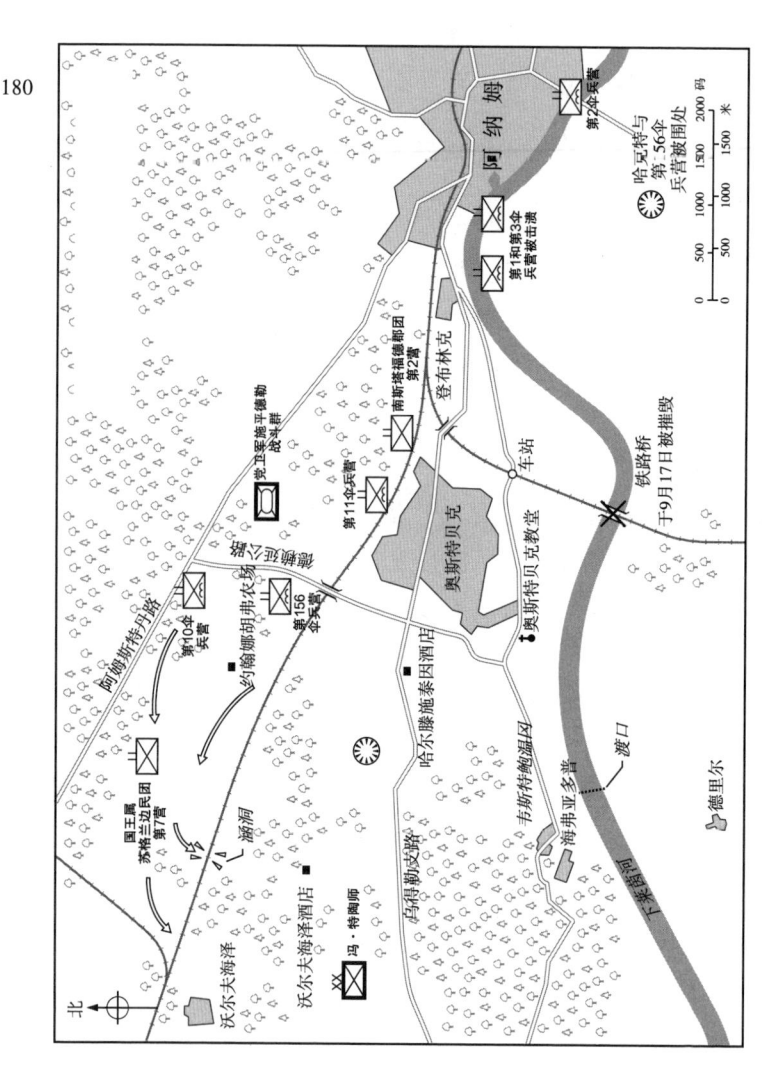

地图 7 1944 年 9 月 19~20 日，第 1 空降师撤退至奥斯特贝克

区,部分第三批升空的滑翔机将在当天下午到达。国王属苏格兰边民团第7营已经很难守住他们的防线了。与此同时,冯·特陶的部队正在向后方的沃尔夫海泽推进,而沿着第4伞兵旅南部侧翼有一条很高的铁路路堤,它的存在可能把他们困在一个极度脆弱的阵地。厄克特和哈克特两人现在都猛然意识到了第4伞兵旅的危险处境。

当撤退的命令传达到第156伞兵营时,C连连长杰弗里·鲍威尔(Geoffrey Powell)少校大发雷霆。他们只得到了15分钟的窗口时间,而且在白天如此大张旗鼓地撤退会导致灾难性的结果。"这是荒唐、疯狂的。我们接到命令,要求马上停止进攻然后撤离。撤退行动混乱至极。"[16]在德军的持续进攻之下,该营被分化随即瓦解掉了。

A连副连长莱昂内尔·奎里佩尔(Lionel Queripel)上尉已接管了第10营位于阿姆斯特丹路以北的A连的指挥权。以他略显滑稽可笑的表现,奎里佩尔似乎不太可能是个能在一系列行动中赢得维多利亚十字勋章的人。他的部下称他为"Q上尉",而且认为他看起来"更像是一名乡村牧师而不是士兵"。[17]然而,要判断一个人是否勇敢,决不能以貌取人。尽管脸上受了伤,但他还是首先把一名受伤的中士救了出来。随后,他突袭了一处配有两挺机枪以及一门被缴获的英军6磅反坦克炮的德军阵地,并全歼了敌人。他再次中弹。然后,他捡起德国人刚刚扔过来的木柄手榴弹,并把它们扔了回去。"最后,由于德军的反击力量大大增强,他下令让手下撤离,而自己则靠'司登'冲锋枪和手榴弹牵制敌人。"[18]奎里佩尔的自我牺牲必将以死亡告终。

菲茨帕特里克(Fitzpatrick)——那个被奎里佩尔从危险中解

救出来的中士——由他们的军医 G. F. 德雷森（G. F. Drayson）上尉照看，后者正跪在他的旁边。一枚迫击炮弹落下来，并发生爆炸。那名医生扑倒在菲茨帕特里克的身上，将虚弱的他压在地上，而自己的脑袋几乎被炸掉了。菲茨帕特里克中士开始啜泣，他对德雷森以自己的生命来保护他的行为震惊不已。

当载着波兰反坦克炮中队的滑翔机开始进场时，这个遭受重创的营终于抵达了机降区。在哈尔滕施泰因酒店，由戴维斯中尉率领的美国陆航战斗机控制小组正试图联系盟军战斗机，以保护即将到来的空降部队。戴维斯只是与一名"喷火"战斗机飞行员进行了一次简短的交谈，而飞行员因为周围都是高射炮弹爆炸的声音，什么也听不到。"在整个行动过程中，德国空军都非常活跃，但他们的这种活跃行为非常怪异，"戴维斯在战斗结束后的报告中写道，"除了有两天例外，Fw-190 和 Me-109 战斗机每天都在天上飞着，他们的战术也几乎一样：在大约 4000 英尺高的空域来回巡逻，然后下降到 2000 英尺，随后脱离编队，做出一副来扫射我们的样子。但我怀疑在整个过程中他们是否有向我们发射超过 500 发子弹。看起来他们似乎害怕使用弹药，那样的话在面对我方可能到来的战机时会毫无还手之力，另外，这样的行动只是为了提振德军士气。"[19]

在地面上，第 10 营和第 156 伞兵营的撤离为德军开始从树林向机降区发起进攻提供了可能。国王属苏格兰边民团第 7 营发现自己遭到了猛烈的炮火攻击。"这是我人生中第一次见到活生生的杰瑞，并且朝他开了一枪，"其中一人说，"他跪倒在地，我给托尼·摩根（Tony Morgan）让开了射界，然后他朝这名德国佬打了一梭子弹。更多的杰瑞在MG-34机枪和'施迈瑟'(Schmeisser)冲锋枪的掩护下从树林里冒了出来,我们予以回击。我又成功击毙一人。"[20]

16时左右,有人大声喊"第三批飞机来啦!",滑翔机飞行员团的随军牧师记录道,"我们所能做的只有茫然无措地盯着我们的朋友不可避免地走向死亡。我们极度痛苦地看着这可怕的一幕。这是空前绝后的英雄壮举。我们看到不止一架飞机虽起火燃烧,但仍在继续前进。现在我们认识到,我们面临着可怕的反击"。[21]

尽管波兰伞兵旅从米德兰兹起飞的计划已经因能见度的问题而被取消,但运送余下的反坦克炮中队的第2滑翔机大队人员成功乘坐35架滑翔机,从位于索尔兹伯里平原的机场起飞向南飞去。然而,只有26架与英军滑翔机一起抵达L机降区。"我们着陆之时也是战斗最激烈的阶段,因而遭受了惨重的损失,"一名波兰人称,"在空中、着陆过程中和地面上,滑翔机差不多被打成了筛子。"[22]许多人在着陆过程中受伤。"英国人对此也无能为力,因为他们有自己的困难。"[23]

德国人甚至使用多管火箭炮对着陆场进行打击。场面已经混乱到波兰士兵向穿过机降区后撤的第10伞兵营开火的地步,误以为他们是德国人。好几人因此被误杀,其中就有火力支援连轻机枪排排长帕迪·拉德克利夫(Paddy Radcliffe)中尉。"绝对是人间炼狱,"第10伞兵营火力支援连连长弗朗西斯·林德利(Francis Lindley)少校写道,"德国人用高射炮和机枪将开阔地围得水泄不通。滑翔机降落在我们周围。C-47喷着熊熊烈火从空中飞过。'斯特林'运输机坠毁在公路附近。波兰人开始一通乱射。"[24]最后,波兰人从朝他们挥舞的黄色三角旗中意识到，他们是在向英国人开火。第 10 营营长史密斯中校看到他的残部时，"泪水在眼眶里打转"。[25]

"下午晚些时候，运送补给的'斯特林'和'达科他'运输机飞过来，闯进了可怕的高炮火力网，"一份报告描述道，"太多的飞机被击中，然后燃烧坠地，太多的补给品落入德国人手中……按计划，我们本可以控制投放补给的地区。但很明显，他们没有得到任何关于更改空投场的消息。当飞机从头顶飞过时，我们尝试用甚高频联系他们，但换了三个频率都没有得到回应。黄色识别板和发烟点都已经布置好了，但由于高大树木的遮挡和低空飞行，只有少数飞机看到了它们。"[26]

为了表彰当天下午的英勇行动，又有一人被追授维多利亚十字勋章。英国皇家空军上尉戴维·洛德（David Lord）将其驾驶的 C-47 "达科他"运输机降到了笼罩着奈梅亨北部的云层以下。德军一门高射炮开火，引燃了他的右翼发动机。洛德问还要多长时间才能飞到空投场，得到的答案是"再飞 3 分钟"。随着火势蔓延，飞机开始倾斜。洛德通过内线电话告诉机组成员："他们需要这些物资。我们将飞入空投场然后再跳伞。穿上你们的降落伞。"他告诉自己的领航员到后面去帮助那 4 名皇家陆军后勤部队（Royal Army Service Corps）的士兵，他们这会儿可能正在往外推包裹。由于机器坏了，他们只能徒手把装满弹药的箱子推出舱外。一共有 8 个包裹，他们只成功投放了 6 个，所以洛德坚持再转一圈，以便把最后 2 个也扔下去。它们一出舱，洛德就大喊："跳伞！跳伞！"洛德让飞机保持了足够长时间的稳定飞行好让他们跳下，但对他自己来说，时间已经不够，他牺牲了。

英国皇家空军中尉亨利·金（Henry King）——洛德的领

航员——在跳伞后无法确定洛德是已经阵亡还是成功使飞机迫降。"洛德是个怪人，"金后来说，"他曾学习神学，但于1936年离开神学院加入了英国皇家空军，他是个严酷坚定的家伙。"金碰巧遇到了第10伞兵营的一些成员。他们给了他一杯茶和一些巧克力。其中一人说："我们只有这些了。"

"什么意思？这是你们所有的东西？"金回应道，"我们刚给你们空投了补给。"

"当然，你们给我们空投了沙丁鱼罐头，但德国佬得到了它们。我们什么也没得到。"[27]

让这些伞兵感到沮丧的是，许多包裹——如果不是绝大部分的话——飘向了德军阵地。党卫队一级突击队中队长默勒兴高采烈地说："现在我们也抽上了英国香烟，吃上了英国巧克力。"[28]

默勒的师长，"霍亨施陶芬"师师长、一级突击队大队长哈策尔描述了莫德尔每天造访他指挥所时的场景。他在一名身材矮小的警卫的陪同下抵达，一进门就要求对战况进行简短而清晰的报告。每当出现问题时，现场指挥官必须提供三种不同的解决方案。这一切结束后，哈策尔被允许提出增配更多人员、车辆、武器、弹药和物资的请求。然后，莫德尔会做出决定，并打电话给他的参谋长克雷布斯将军，"几个小时后，运输纵队和作战部队被重新调往阿纳姆"。[29]由于"霍亨施陶芬"师缺乏运输工具，德国国防军的卡车会将炮弹直接运往前线炮位。当需要用火焰喷射器进行巷战时，莫德尔会将它们从德国中部的一个军械部门空运到师里。德国军队是在基于一种刚性的优先顺序行事，而英国军队显然没有做到这一点。

莫德尔处理完哈策尔这边的事务，便马上起程去视察每个战斗群的指挥所,在那里他会向军官以及士兵询问战斗进展情况和部队士气。正如默勒所指出的,士气高昂不仅是因为他们在诺曼底战役失败后坚信会赢得这场战斗,还因为盟军丰厚的空投补给如雨点般降落在了他们头上。在获得了解码无线电信号的指令和引导盟军空投补给的识别板后,他们预计还会获得更加丰盛的空投补给。这些识别板很快被仿制出来,并在第二天分发了出去。

除此之外,撤退中的英军正在失去他们对空投场的控制,也缺乏无线电联络向英国皇家空军发出警告。盟军飞机将很快陷入更大的风险之中。哈策尔的实力将会随着奥地利人胡贝特·冯·斯沃博达(Hubert von Swoboda)空军中校指挥的高射炮旅的到来而得到增强。该旅由来自鲁尔的5个高射炮营组成,装备中混合了20毫米、47毫米、88毫米甚至105毫米高射炮。虽然大部分火炮必须由农用拖拉机甚至以木材为燃料的卡车来牵引,但是党卫军第2装甲军仍然能够在阿纳姆以西集结近200门高射炮,他们的阵地部署既可以支援地面部队行动,又能够兼顾与盟军飞机交战。然而,据克瑙斯特少校说,比特里希仍然对战斗结果心里没底。那天,当视察克瑙斯特位于坡道东面的指挥所时,他说:"克瑙斯特,我们有能力再在这里坚持24小时吗?我们必须为部队从德国境内赶来争取时间。"[30]克瑙斯特和海因里希·布林克曼(Heinrich Brinkmann)的战斗群在大桥北边的巷战中均遭受了重大伤亡。克瑙斯特破旧的坦克要么是坏的,要么是被英军6磅反坦克炮迅速击毁。"他们是怎么徒手把重炮搬到楼上去的,这似乎是个奇迹,"哈策尔后来评论说,"这些重装步兵武器或是从地下室射击,或是从窗户撤离,因此它们不容易被人发现。"[31]

第十五章 9月19日，阿纳姆 / 253

* * *

前一天晚上，在阿纳姆，德国人强行疏散了所有依然居住在公路桥北端附近的荷兰平民。昆拉德·胡勒曼（Coenraad Hulleman）记得在离开家之前，他听见的最后几个声音中有一个是楼上一架立式钢琴被子弹打得千疮百孔时发出的令人毛骨悚然的嘈杂声。[32]

不出所料，德国人在拂晓发起了进攻。桥上的盟军守军已经听到了向西开火的声音，在那个方向，其他位于圣伊丽莎白医院周围的营都在奋力突破防线冲向他们。哈梅尔的"弗伦茨贝格"师似乎正集中力量，利用克瑙斯特的战斗群和他仅存的几辆装甲车解决坡道东侧学校内的残余盟军士兵。"星期二早上，"唐纳德·欣德利（Donald Hindley）中尉回忆道，"德军坦克开了回来，然后开始猛烈地炮击这所房子。"三名空降工兵成功尾随其中一辆坦克并将其击毁。"车组人员逃了出来，沿着房屋外墙匍匐，直至抵达我正坐着的那扇窗户下才停下来休息。我向他们扔了一枚手榴弹，然后就没有然后了。我拿了2秒钟才把它丢下去。"[33]

工兵约翰·布雷瑟顿（John Bretherton）的前额中枪。"刹那间，布雷瑟顿显得很惊讶。然后，他一声不吭地倒在了地上。"[34]另一名工兵突然抓住诺曼·斯威夫特（Norman Swift）中士的胳膊，问他是否还好。斯威夫特不明白对方的意思，因为他没觉得自己有什么问题。他顺着这名士兵的目光望去，看到自己脚边有一大片血液一样的东西，之后才意识到那是从一个被打成筛子的散热器里渗出来的锈水。另一名受到严重惊吓的工兵走出大楼，喊道："我们都会死的。"每个人都朝他大喊，让他回来，"但他隔得太远了，没能弄清楚大家的意思，然后径直走进了德军的火力范围"。[35]

在学校对面的一所房子里,装甲掷弹兵阿尔弗雷德·林斯多夫(Alfred Ringsdorf)党卫队分队长被学校内的守军激怒了,他们"从楼梯井的窗户里射击,以至于我们无法使用楼梯"。[36]他认为对付大楼里守军的唯一办法就是发射"铁拳"反坦克榴弹炸掉窗台。这样一来,便可干掉任何等待时机企图冷不丁来上一枪的士兵。林斯多夫和党卫队二级突击队中队长福格尔(Vogel)那个连的余部在一起,他没有烟抽,此时他们迫切想要抓住一些战俘好把他们的抢过来。

麦凯上尉给他的部下分发了苯丙胺兴奋剂。这些药品让有些人产生了复视,而且偶尔还会让人产生幻觉。其中,发生的最为普遍的幻觉是认为第30军已抵达大桥的另一边。一些人开始沉迷于这种幻想。其他没有受到苯丙胺影响的人则急切地等待着波兰伞兵旅降落在大桥南端附近的圩田上。弗罗斯特知道波兰人将在那里面临一场绝望的战斗,于是召集了一支"敢死队",由弗雷迪·高夫带领突破大桥加入波兰人的战斗。他不知道的是,索萨博夫斯基本人也十分恼火,因为直到最后一刻他才被告知那天只有他的反坦克炮中队进场。

由于德军狙击手瞄着学校的窗户,第3营的工兵和伞兵不得不保持安静以防被发现。"我们用破布条把脚裹起来,"麦凯写道,"以便让我们在屋子里走动时保持安静。石质地板上覆盖着玻璃、灰泥,而且血迹斑斑的,很滑,楼梯上尤其如此。"[37]德国人的枪法有所提高。"大量的狙击子弹正射进我们的房子,"另一名伞兵在日记中写道,"这毫无疑问造成了相当大的人员伤亡,尽管在我们看来,我们给敌人造成的伤亡至少是敌人给我们的两倍。我们仍然联系不上师长,虽然无线电小组已经能很清晰地接收到第 2 集团军的信号，但不幸的是他们收不到我们的。"[38]

美国战略情报局哈维·托德中尉志得意满地记录了德军于黎明发起进攻期间遭遇的另外三次屠戮。过了一会儿，他离开了位于旅部楼顶上的栖身之所。中午前后，敌人又发动了一次反攻，这次反攻要猛烈得多。[39]托德从他楼顶的阵地位置记录下另外五次杀戮，但一个德军机枪手随后将其锁定，他不得不迅速撤离。大楼里，一名"布伦"机枪手被射杀，于是托德接过他的武器。他发现有德军正用 20 毫米高射炮攻击另一所房子，随后成功射杀了炮组人员。

一架 Fw-190 从南边呼啸而来，并在大桥上方投下一颗炸弹。当这颗炸弹从欧西比乌斯单行道的主路弹跳至市中心时，并没有发生爆炸，"大家都高兴坏了"。学校里的工兵们用"布伦"机枪扫射飞机。飞行员侧着机身躲过了他们的子弹，但他的左侧机翼撞上了西边的教堂尖塔，飞机在巨大的爆炸声中坠毁。这再一次让大桥周围的建筑物里爆发出一声"哇，穆罕默德！"的吼叫。[40]

这种蔑视掩盖了弗罗斯特的部队正遭受沉重打击的事实。托德中尉报告说："现在光是我们这座大楼里就有 50 多人伤亡。"[41]军医吉米·洛根上尉和他的勤务兵们在没有自来水的情况下完成了任务，因此赢得了普遍的赞誉，而且此时他们几乎没有干净的绷带、吗啡和其他野战医疗必需品。伤员们不得不使用空酒瓶和水果罐子来小便。自打该营参加北非战斗以来，受人敬仰的伯纳德·伊根神父和洛根一直配合得很好。[42]那时，洛根已经知道他的哪些伤员是天主教徒，一旦他们中的某人需要做临终圣事，他就会通知伊根神父。一名因重伤即将身亡的男子说:"我还担心降落伞打不开呢。"[43]

雅各布斯·格罗内沃德上尉是杰德堡小组内荷兰人的领袖,他试图给圣伊丽莎白医院打电话,但电话线断了。格罗内沃德和托德决定跑到附近一名医生家里,从那里给医院打电话。大约在半路上,也就是他们准备再一次冲过马路时,格罗内沃德上尉被狙击手打死了。托德写道:"子弹从他的前额射入,从后脑勺穿出。"[44]托德躲进一个门洞,发现一个会说一点英语的男人。他们成功溜进隔壁的房子,那里有一部电话可以用。他把电话打到医院,但与他通话的医生解释说无法派救护车过来。医院已经试过这样做,但德国人警告说,他们会向任何被派出去的救护车开火。医生还解释说,德国人控制了通往医院的道路,那里正处于激战当中,他们想让英国伤员转移,这样就有更多的空间留给他们自己的伤员。当托德成功返回旅部时,那里的情况同样糟糕。在为数不多的几次无线电通信中,他们得知第30军还没有攻占奈梅亨大桥,但它准备在当天晚上进行一次尝试。

当天上午晚些时候,德国人用"铁拳"反坦克榴弹轰击了学校。他们以为已经压制住守军,于是就包围了学校。麦凯告诉他的手下每人准备两枚手榴弹,然后在他的命令下,他们将手榴弹从楼上的窗户扔了下去。他们抓起武器,干掉了所有没有被手榴弹炸死的敌人。"几分钟后,一切都结束了,只在房子周围留下一片由田野灰①铺就的地毯。"[45]麦凯被他的手下认作为数不多的几个英勇无畏的人之一。

另一个英勇无畏的人是A连连长迪格比·泰瑟姆-沃特少

---

① 二战时期,德国士兵制服的颜色大多是田野灰。——译者注

校。他像查理·卓别林那样戴上圆顶礼帽,手里转着一把从屋子里找来的雨伞,露天走来走去,几乎是用扮演小丑的方式鼓舞了大家。当弗雷迪·高夫向弗罗斯特中校提及这件事时,后者轻描淡写地说:"哦,是的,迪格比是个了不起的领导者。"[46] 旅部警卫排排长帕特里克·巴尼特中尉看见泰瑟姆-沃特撑着伞,沿着那条被重型迫击炮火力覆盖的大街大摇大摆地走了过去。巴尼特惊讶地看着他,问他要到哪里去。"我想我得去看看那边的伙计。"此刻,德军迫击炮还在不停地开火。巴尼特笑着指了指雨伞:"这玩意儿对你没多大帮助。"泰瑟姆-沃特瞪大了眼睛看着他,假装很惊讶:"哦?天哪,但要是下雨了怎么办?"[47]

有些士兵变得嗜血成性。二等兵沃森(Watson)被派去替换一个据推测叫乔克的苏格兰人。"他叫我滚开。他说他已经在自己的[步枪]枪托上划了10道凹痕,而且他打算在那帮狗杂种干掉自己之前再干掉10个。他看起来就像那种会这么做的疯子。"几个小时后,沃森又跑了过来。"乔克仰面躺在地上。一枚子弹射穿了他的嘴巴。"[48] 弗雷德·高夫记得博尔顿(Bolton)下士是他们最好的狙击手之一,也是这个师为数不多的黑人士兵之一。博尔顿"身材高大,行事不紧不慢",对自己的工作非常满意,"爬来爬去,狙杀敌人",每次得手后都会"咧嘴大笑"。[49]

哈梅尔旅队长命令自己的手下停火,同时派一名被俘的英军士兵面见弗罗斯特中校,向他提议双方进行会面以讨论投降事宜。德军装甲掷弹兵抓住这一机会进食或睡觉。"片刻停顿之后,"霍斯特·韦伯写道,"英军伞兵突然爆发出一阵可怕的喊叫:'哇,穆罕默德!'我们一下子蹦了起来,不知道发生了什么事。一开始，我们被这可怕的喊声吓坏了……接着，枪声又响了起来。"[50]

弗罗斯特决心继续战斗，但由于他们弹药枯竭，他觉得有必要下达命令，只有在击退德国人进攻时才能开枪。在德军下一轮的猛攻中，有人听到一个声音冲敌人喊道："站住，你们这些蠢货，子弹是要花钱的！"[51]

现在，这四个营的余部已经被尽数击退到大桥西边，他们曾试图突破敌军防线，但目前已陷入全面的溃退当中，遭受着德军追兵的骚扰。"我们经过的每户人家，都有一名男性或女性提着一桶水，拿着几个杯子。我们需要这些水，"第11伞兵营的布莱克伍德中尉写道，"人们兴高采烈地聚集在我们周围，给我们提供水果和饮品。但当我们告诉他们德国佬正在逼近的时候，他们的欢笑变成了眼泪。当我们在花园里为自己挖掘狭长的壕沟时，开始有难民愁眉苦脸地扛着毯子从我们身边走过。"[52]

布莱克伍德的部队不可能在这些战壕里待很长时间，因为撤退的步伐加快了，而且也变得更加混乱。大部分连长和排长在战斗中牺牲了。南斯塔福德郡团第2营一名士兵记录道："一名中士——他的靴子里灌满了伤口淌出的血液——给我们下达指挥命令，试图让我们摆脱目前这种境地，回到刚来时那种有序的状态……每个还活着的人几乎都挂了彩，或者受到了严重的惊吓。"[53]

另一支撤退的部队是第4伞兵旅，他们向西撤离以摆脱陡峭的铁路路堤给他们带来的困境。穿过铁路线的路口只有两个，一个是位于沃尔夫海泽的平交道口，另一个是位于铁路线下方、仅能容许一辆吉普车通过的涵洞，而且前提是要把挡风玻璃折平，司机几近侧身躺着。6磅和17磅反坦克炮则太大了。一些反坦克炮组人员竭尽全力，试图徒手把他们的炮搬上这令人眩晕的路堤。德国人趁机派出一些机枪班冲上路堤，沿着铁轨射击。

当自行火炮出现时，即便是最勇敢的伞兵也会胆寒，因为他们知道自己的装备有多差。第4伞兵旅的一名书记员详细讲述了一名少校如何喊着"你们这帮懦夫。把它们夺过来！"，之后却没有坚持多久，很快就在向前冲锋的过程中被德军炮火击倒。[54]沃尔夫海泽附近的一名空降先导员中士看到"数百名空降兵惊慌失措地奔跑。他们如潮水般溃退，有些人甚至把武器都丢了……我们沿着铁路线行进，我记得看见一名波兰士兵在路堤顶部正试图使用一门6磅反坦克炮。他用波兰语大声叫喊着。我们看到火炮的后膛被拆了下来，试图让他明白这门炮无法开火，但没有用。我们撇下了他。他疯了，我非常为他难过"。[55]

国王属苏格兰边民团第7营也参加了从机降区以及毗邻的约翰娜胡弗（Johanna Hoeve）农场开始的灾难性撤退。该营营长佩顿-里德（Payton-Reid）中校描述了他的部队是如何从"一支16时还人员齐整，武器、运输工具齐备，组织健全，士气也因成功挫败敌人的一次进攻而得到进一步提振，并准备好迎接任何即将到来的挑战的部队，在一个小时内实力减少到先前的三分之一，失去了大部分运输工具和重型武器，一个连完全失踪，还有两个连实力减半"的。佩顿-里德一路带领着剩下的人马回到奥斯特贝克北部，来到一家名为德赖耶罗尔德（Dreijeroord）的小旅馆——该营永远将其称为"白宫"。佩顿-里德在21时敲开了旅馆大门，并作为一名解放者受到欢迎，但他觉得自己是个伪君子。他知道"他只会给他们带来危险和毁灭。到了第二天晚上,这座建筑已经变成了一副空壳"。[56]

在这样的溃退中,照顾伤员变得更加困难。随着冯·特陶将军的部队从西部推进,沃拉克上校不得不迅速组织将伤员从沃尔夫海泽的包扎站撤离。大多数人搬到了斯洪奥德酒店。沃拉克在 11 时的时候去了那里,并发现"伤员人数正在迅速增加"。[57]事实上,伤员总数已经超过了 300 人,而且他们已经接管了附近的建筑来容纳更多的人。店主的女儿亨德里卡·范·德·弗利斯特穿上了她的女童子军制服,因为它的材质坚韧。她们与其他年轻女性志愿者一起,开始为伤员洗脸和洗手,以减少被感染的风险。

她们还得充当翻译。英军和德军伤员都被带进这里,起初要把他们区分开来实在困难。即使德国人变成了俘虏,他们的态度也没有改变。其中一人使唤她道:"护士,冷毛巾!我头疼。"她指出,"这些优等民族(Herrenvolk)的人已经变得如此习惯于发号施令,以至于他们都不知道该如何见风使舵"。[58]与此同时,一个从未想过参军的德国人很快就和他两旁的英军士兵成了朋友。他们开始用自己的语言互相教授单词和短语。

然后,她发现了一名身穿德军制服的荷兰男孩,他的下巴被子弹射穿了。虽然他是叛徒,但她还是禁不住心生怜悯。那一周晚些时候,她发现他有"智力缺陷"。她惊讶地发现自己很快就适应了处理可怕的伤口。"要是在一周之前,我看到这样一张受了重伤的脸,准会吓坏的。现在我已经习惯了。这些在我眼里单纯只是一些伤口罢了,而且到处都是浓重的血腥味。"[59]

当天下午,厄克特去斯洪奥德酒店看望伤员。不久之后,第 131 伞兵野战医疗队的其余人员正好赶在黑勒的党卫军警卫营逼近沃尔夫海泽之前从那里撤了过来。为了给这些人提供食物，农民们带来了在战斗中死亡的牲畜，当地人带来了他们菜园和果园里的农产品，尤其是西红柿、苹果和梨。伤员们不是很饿，但他们迫切需要水，这也是医院遇到的最大困难。幸运的是，作为预防措施，星期日飞机着陆后，酒店就在浴缸里储满了水。现在，志愿者们开始抽取中央供暖系统和散热器里的水，以补充浴室里正在消耗的水资源。

还有一些平民出现在斯洪奥德酒店，尤其是一些从藏身之所出来的"潜水者"，包括前政治犯和几个犹太人。他们过来是因为他们认为待在这里一定很安全。对欧洲大陆许多被占领地区的人民而言，他们的普遍印象——盟军差不多已经赢得这场战争——正在被证明是极其危险的。

当天，在大桥上的德军损失惨重的情况下，哈梅尔旅队长欣然迎接了从丹麦出发的第 280 突击炮旅的到来，这支部队被移防至阿纳姆而不是亚琛。[60] 该旅一名士兵后来说，他们在阿纳姆市及其周边的战斗中损失了 80% 的车辆，而这一场景比他在苏联目睹的任何一场战斗都要野蛮得多。英国伞兵先是按兵不动，让突击炮通过，然后从后面射击，因为那个部位的装甲要薄得多。他补充说，这种短兵相接的战斗挫败了车组人员的勇气。他们害怕被磷弹活活烧死。

最重要的是，哈梅尔急切地等待着装备有"虎"式坦克的第 506 重装甲营胡梅尔连的到来。他们于当天清晨在博霍尔特完成卸载，那时他们刚刚通过快速运输穿过德国抵达荷兰边境。但只有两辆"虎"式坦克完成了 80 公里的行军，剩下的

191　大部分在沿途因履带和链轮断裂而抛锚。当天晚上，这两辆尚能使用的坦克在党卫军"弗伦茨贝格"师装甲掷弹兵的保护下投入了战斗。他们的穿甲弹径直穿过一所房子，在两侧各留下一个洞。"它们在半明半暗的光线下看起来异常地邪恶，"弗罗斯特中校回忆道，"它们的大炮左右摇摆，喷吐火焰，就像史前怪物一样。"[61]当弹药被转换成高爆弹时，它们的88毫米火炮开始轰击守军头部周边的房屋。这一度让大家感觉呼吸困难，因为这些砖石建筑被粉碎后扬起的灰尘太过厚重。营部所在的那栋建筑被击中了，迪格比·泰瑟姆-沃特和伊根神父双双负伤。

　　在学校里，刘易斯少校命令他的手下进入地下室，因为"虎"式坦克不可能与之拉开足够远的距离来射击如此之低的目标。[62]他们一往回撤，守军就重新占领了第一层。一名勇敢的反坦克炮手单枪匹马地挑战一辆"虎"式坦克。他冲了出去，炮弹上膛，射击，然后跑到房子后面。幸运的是，当坦克摧毁他所用的那门火炮时，他已经在掩体下了。不过就在那天晚上，两辆"虎"式坦克中的一辆被打掉了。一发来自6磅反坦克炮的炮弹命中了坦克炮塔，使车长和另一名车组人员身受重伤，但第二发炮弹则卡了壳。随后，第二辆"虎"式坦克出现了机械故障，也不得不撤回到杜廷赫姆进行大修。胡梅尔连的一名士兵写道："第一天的交战就这样以惨败告终。"[63]

　　哈梅尔下令调集重型榴弹炮和更多的突击炮来接管近距离轰击英军据点的任务。对英国守军而言，这表明德国人并不着急，也意味着第30军还没有跨过奈梅亨大桥。事实上，哈梅尔正承受着巨大的压力。莫德尔元帅听说第30军已经抵达奈梅亨边缘，因此，他希望摧毁第1空降师并迅速打通阿纳姆大桥，这样他们就可以快速增援这座城市。[64]那天晚上，莫德尔把刚刚占领了沃尔夫海泽的所谓的冯·特陶师的指挥权移交给了党卫军第 2 装甲军，目的是"彻底摧毁阿纳姆以西的敌人"。[65]德国人禁不住夸大他们当天已经取得的巨大战果。比特里希声称有 1700 人被俘，4 辆英军坦克和 3 辆装甲车被打掉。似乎"布伦"机枪运载车现在也被算作坦克了。

大桥周边房屋遭到的炮击比第 2 营在西西里所经历的还要猛烈得多。"迫击炮弹多得不能再多了，"二等兵詹姆斯·西姆斯写道，"炮弹一枚接一枚如雨点般落下，爆炸声绵延不绝，此起彼伏的爆炸震得地动山摇。"他蜷缩在欧西比乌斯单行道外侧的一条战壕底部。"孤零零地躺在战壕里，就像躺在新挖的坟墓里等着被活埋一样。"[66]不仅仅只有弹片能够杀人。在旅部，情报军官布坎南中尉死于爆炸产生的冲击波，身上没有一处伤痕。

在当天战斗的某个阶段，警卫排的巴尼特中尉看到两个德国医护兵冲了出去，照顾街上受伤的英国人，直到他们被一挺德国 MG-34 机枪击中，横倒在他们试图帮助的人的尸体上。"他们是被自己人射杀的。"[67]炮兵前进观察员受了重伤，于是托德中尉接替了他的工作，他曾在自己所属的美军加农炮连服役。为了加快进度，哈梅尔派遣新近抵达的工兵带着火焰喷射器去放火烧毁房屋。"随着夜幕的降临，一排排房屋被大火吞噬，"哈梅尔写道，"但英国人依然没有放弃。"[68]当一栋房子着了火，他们就从"老鼠洞"钻到另一栋去。没有水来扑灭大火。

一名装甲掷弹兵解释说，引燃一些房屋是为了确保街道被持续照亮。"这样，如果他们试图逃跑的话，就会成为活靶子。"[69]但现在哈梅尔自己的装甲掷弹兵也受到了大火的影响。

"房子着火了,气温高得可怕,"阿尔弗雷德·林斯多夫记录道,"灰渣不止一次地落入我的眼睛,而且浓烟熏得我眼睛很疼。它还会让你咳嗽。瓦砾中的灰烬和黑烟使情况变得更糟。这就是地狱。"他还没有完全从当天早些时候的幸免于难中缓过劲来。"我抓住一名俘虏,一个很沉很壮的人。我让他站起来,举起双手,以便让我对他进行搜查。就在我刚弯下腰搜他的身时,他发出'哦'的一声,然后瘫倒在地上死了。这颗射杀他的子弹本来是英国人准备用来干掉我的。有那么一秒钟,我全身都是瘫软的。然后,我冒出一身冷汗,下意识地钻进了掩体。"[70]

林斯多夫讨厌近距离战斗,因为"这是一个人面对面与另一个人搏斗,而且你永远不会知道敌人将在什么时候突然冒出来"。他避免在夜里四处走动,免得无意间撞上盟军的枪口。他很想做的一件事就是摘下头盔,因为它太沉了,以至于他的脖子都僵硬了。"英国人是非常出色的神枪手。大多数德军士兵,无论是死是伤,都是头部中枪。"他认为,自己能在战斗中幸存下来的唯一原因就是他顶在排头。"敌人很少朝第一个人开枪,而是等等看是否会有更多的士兵过来。他们先放前面的几个人过去,然后袭击后面的人。"[71]

除了这些蓄意放的火外,市中心还有许多地方在燃烧,包括圣欧西比乌斯和圣瓦尔布吉斯(St Walburgis)这两座教堂的塔楼。它们的钟被子弹击中时发出奇怪的声音。由于大火,阿纳姆监狱典狱长打开了所有牢房的大门——除了最危险的囚犯以外。被释放的囚犯身着囚服,面无血色,剃着光头。大火继续蔓延。一位不知姓名的日记作者言简意赅地写道:"你可以借着火光阅读报纸。"[72]每当炮火间隙,平民们就开始逃离这座燃烧着的城市。老人和病人则只能靠手推车,甚至是独轮车来运送转移。

在大桥上的英国人对逃离危险不存任何幻想。燃烧的建筑物发出的噼里啪啦声,以及地板和外墙时不时垮塌的声音,给人一种世界末日的感觉。弗罗斯特和高夫爬上阁楼观察。如果风向改变,他们就会被困在一片火海之中。

第十六章 9月19日，奈梅亨和艾恩德霍芬

在第30军耽搁了这么久之后，皇家工兵第14野战中队在索恩通宵达旦地工作着。他们挑战自身的极限，在不到8个小时里就架起了一座横跨威廉明娜运河的贝利桥；而且截至星期二早上6时15分，王室骑兵团的装甲车已经隆隆地在这座大桥上行驶了。他们在半小时后渡过阿河，并穿过费赫尔，弥补了被耽搁的时间。掷弹兵禁卫团的所属部队接替爱尔兰禁卫团打头阵，整个上午，他们都在稳步向位于赫拉弗的马斯河大桥前进。爱尔兰禁卫团在他们的作战日志中写道："除了俘虏以外，没有敌人存在的迹象。"[1]

紧随其后的第30军呈一字长蛇阵展开。一支来自第15/19轻骑兵团（营级单位）的"克伦威尔"坦克中队被调往贝斯特，以支援被敌人围困的第502伞兵团。这两个营在松舍森林边缘挖起了战壕，目前，没有人知道在前方1公里多的地方，维兹博夫斯基的那个排在黎明时分还在被炸毁的大桥旁顽强抵抗。维兹博夫斯基希望通过王室骑兵团的装甲车来传递他们被困的信息，帮助他们得到解救。

维兹博夫斯基势单力薄的残余部队现在只能靠自己，因为莫托拉的那个排——在他们左翼挖掘战壕——在夜间已经土崩瓦解、消失不见了。[2]维兹博夫斯基和他的手下都已筋疲力尽，几乎无法保持清醒，但他们知道不能丢下受伤的战友们不管。

黎明时分，运河上升起浓雾。突然，他们透过雾气看到影影绰绰的人影从四面八方出现。维兹博夫斯基大声发出警告，但德国人已率先扔出了他们的木柄手榴弹。有些人动作很快，抢在爆炸前把它们扔出了战壕，但有一枚手榴弹在一名伞兵面前爆炸，把他彻底炸瞎了。另一枚落在战壕里，刚好就在维兹博夫斯基旁边、一等兵曼（Mann）的身后，后者"倚靠在战壕后面，而且双臂都因先前的伤而绑着绷带"。曼大喊"手榴弹！"维兹博夫斯基看到他"特意把背贴在手榴弹上，盖住它"。手榴弹爆炸了，他用自己的生命吸收了冲击波的伤害。维兹博夫斯基抓住他的肩膀。曼抬头看着他说："中尉，我的背没了。"[3]他不再作声，永远地闭上了眼睛。维兹博夫斯基和战壕里另外两人因此只受了轻伤。曼死后被追授荣誉勋章。

很快，维兹博夫斯基的那个排就打完了最后几发子弹。[4]他们除了投降之外别无选择。两名先前被他们俘虏的德国医护兵，跳出来恳求他们的战友不要杀害任何人。维兹博夫斯基和六名幸存者被带回德军野战医院。过了一段时间，一阵轰鸣般的震动传来，德国人变得异常焦虑不安。禁卫装甲师的坦克正在逼近。维兹博夫斯基通过他手下一名会说德语的士兵成功说服那个管事的德军少校放下武器，美国人立即俘虏了他们。维兹博夫斯基和他的手下于第二天回到第502伞兵团，并引发了一场轰动，因为大家都以为他们阵亡了。

禁卫装甲师势如破竹，快速进军，他们面对敌人微不足道的抵抗，滋生出许多错误的乐观主义情绪。"这是一条横穿荷兰的快车道，"弗兰克·吉拉德（Frank Gillard）在为英国广播公司报道时表示，"他们一路与那些已经在地面准备就绪，并试图通过夺取大桥和交通枢纽来为进军创造条件的伞兵与机降部队保持沟通。在5个小时，仅仅5个小时内，就前进了将近30英里……这是一项令人难以置信的成就。"[5]

一听说禁卫装甲师已经抵达赫拉弗大桥，布朗宁就让查特顿上校驱车载着他去和他们以及位于上阿瑟尔特（Overasselt）的加文准将会面。[6]虽然表面上看起来很平静，但布朗宁还是对与位于阿纳姆的第1空降师没有联系而深感忧虑。蒙哥马利给他发来的电报中所表达的祝贺之情渐渐变得苦涩，但他不愿承认。英国国内也出现了奇怪的谣言。布朗宁的妻子、小说家达芙妮·杜穆里埃在凌晨3时接到一名记者的电话，"对方询问我的丈夫是否真的被俘虏了"。[7]

布朗宁没能认出迎接他的掷弹兵军官，因为后者的脸上沾满了被装甲车扬起的尘土。"'男孩'布朗宁将军，"他写道，"由一群长相彪悍的滑翔机飞行员陪同，衣着一如既往地整洁，与我们邋里邋遢的样子形成了鲜明的对比。"[8]加文一看到坦克就欣喜若狂。他后来说："我真的活了下来。"[9]第82空降师孤立无援的状态已经结束，有了禁卫装甲师的坦克，他现在确信自己不但可以占领奈梅亨大桥，还有能力击退来自帝国森林的任何进攻。

加文和布朗宁会见了禁卫装甲师师长艾伦·阿代尔少将，后者在听说美国人还没有占领这座大桥后，大吃一惊。他曾以为这是第82空降师的首要目标，进而他的坦克只须"掠过"这座城市，然后驶向阿纳姆。[10]加文一直把他最好的营作为后备部队，现在他提议让该营乘掷弹兵禁卫团第2装甲营的"谢尔曼"坦克，和他们的步兵营一道向大桥发起冲锋。作为交换条件，他要求冷溪禁卫团的一个营接替它驻守在赫鲁斯贝克地区。

所有英国军官都同意了,他们不知道"弗伦茨贝格"师的援军已抵达奈梅亨北部。事实上,这也"暗示了这座城市并没有被强有力地控制住,利用坦克向敌人炫耀武力可能会促使敌人撤退"。[11]

与此同时,掷弹兵禁卫团所属部队已经经由赫鲁斯贝克向东转移,由上尉拉特兰公爵(Duke of Rutland)指挥的第1摩托化营第2连打头阵,亚历克·格雷戈里·胡德(Alec Gregory Hood)少校指挥的第2装甲营第3中队紧随其后。一群皇家工兵在检查完桥梁后认为,只有位于赫曼(Heuman)的那座桥的墩距,具备足够的稳健性来承受坦克的重量。

这些掷弹兵奉命在奈梅亨以南5公里处的马里恩布姆(Marienboom)修道院与贝斯特布勒尔切上尉会面。他们将坦克停在外面,但随后遭到了空袭。掷弹兵禁卫团第2装甲营营长罗德尼·穆尔(Rodney Moore)中校——他识别飞机的水平是出了名地差——确信袭击他们的飞机是一架盟军战斗机。他开始投掷黄色烟幕弹来表明自己的身份。这严重地阻挡了他的副官托尼·海伍德(Tony Heywood)上尉的视线,后者此时正发了疯似的用"谢尔曼"坦克炮塔上的机枪向低空扫射的Me-109战斗机还击。

飞机一离开,贝斯特布勒尔切就领着军官们来到了西翁斯霍夫酒店。关于举行这次会议的消息早就传播开了,几乎各地下抵抗组织的成员都聚集到了这里,场面十分混乱。掷弹兵禁卫团第1摩托化营第3连连长、少校亨利·斯坦利(Henry Stanley)描述了当时的情景。"那天天气晴朗,咖啡馆已经吸引了人们的注意。一群群激动的平民挤进来,和任何愿意倾听的人交谈。荷兰联络军官把地下抵抗组织的支持者们集合在一个房间里，方便大家一起交流。荷兰卫兵们——不言而喻，他们对这一重要场合印象深刻——未能有效阻止人员进出。外面，美军一个连的75毫米榴弹炮正竭尽全力地射击，当我们的坦克抵达时，又有更多既激动又高兴的围观者加入了人群。与此同时，在咖啡馆里，老板们正做着唱片生意。就在这一切发生之际，我们正试图制订一项计划，来占领西欧最大河流之上的两座桥梁。"[12]

加文和他最信任的营长本杰明·H. 范德沃特（Benjamin H. Vandervoort）中校也到了，很快就同意了这个计划。荷兰地下抵抗组织的成员坚持认为，用来炸毁主桥的炸弹的起爆装置就放在德国人控制的邮局大楼里。加文承诺增派一个排的伞兵来帮忙夺取那个地方。他走出去，逮住他遇到的第一个排让他们去执行这项任务。与此同时，贝斯特布勒尔切挑选了四名地下抵抗组织成员担任这三个作战小组和一个邮局小组的向导。①

在阿代尔的陪同下，加文启程前往马尔登（Malden）附近的一所学校会见霍罗克斯将军。[14]加文告诉霍罗克斯，万一当天晚上他们没能夺取大桥，他想要得到一些船以便在大桥北端发动进攻。霍罗克斯同意了他的要求，且阿代尔说他当晚就可以调来28艘冲锋舟。因此，与当时许多人的看法相反，采用一种截然不同的方式渡过瓦尔河完全是加文的主意。

---

① 有一个叫扬·范·霍夫（Jan van Hoof）的志愿者，是个身材颀长的童子军，他的申请遭到了拒绝。[13]贝斯特布勒尔切给出的理由是："他太过年轻，而且看起来非常紧张"。然而在战后，奈梅亨出现了一个传说，并被一名耶稣会教士大肆宣扬，说扬·范·霍夫切断了所有连接桥上爆炸装置的线缆，从而挽救了大桥。这个故事很难让人相信。扬·范·霍夫后来很快就在战斗中牺牲了，他根本没有机会靠近当时依然戒备森严的大桥。如果他事先已经切断了线缆，那为什么不告诉贝斯特布勒尔切呢？在当时那种情况下，这么做是他的职责所在。再一次，这座大桥能够幸免于难的原因被归结到莫德尔的明确指示，即不得炸毁大桥。——原注

掷弹兵们登上坦克，开始向奈梅亨推进。范德沃特的第505伞兵团第2营的部分人员骑在引擎盖上，其余人则在赫鲁斯贝克大道（Groesbeekseweg）两旁的树林里跑步前进。据一个美国消息人士透露，当掷弹兵向卡雷尔国王广场周围巨大的交通圈推进时，该纵队停了下来。可以听到88毫米火炮开火时震耳欲聋的轰鸣声，还可以看见曳光弹从头顶飞过落在街道上。罗伯特·弗兰科（Robert Franco）上尉——第2营的军医——决定从他的吉普车上下来，然后和一名医护兵一道走上前去看看发生了什么事。"弗兰科上尉，快瞧！"他的医护兵突然冒出这句话，用手指了指。"让人大吃一惊的是，两名戴着黑色贝雷帽的坦克手正坐在马路中央，在一只常用的方形油桶上煮茶，桶里装了半桶沙子，并用汽油淋透了。我看了看表，当时正是16时。"[15]即便考虑到这是士兵们编造的故事，那也有太多类似的故事来贬低他们了。第101空降师的迪克·温特斯上尉回忆道："英国人坚持要停下来'泡杯茶'的习惯让我们很无语。"他得出的结论是，除了空降部队外，其他英军都是"吊儿郎当"的。[16]

这支部队由掷弹兵禁卫团第1摩托化营和第2装甲营组成，现在又得到了范德沃特那个营的增援。第153野战炮兵团A连和第21反坦克炮团Q连为其提供火力支援。当英美两军的大炮不停地轰击大桥北端时，这两支主要的攻击纵队开进了奈梅亨。一支开向铁路桥，另一支开向公路桥，但是他们在卡雷尔国王广场遇到了激烈的抵抗。燃烧的建筑为那些隐蔽得非常好的德国88毫米火炮又提供了一层掩护。纵火队不断扩大前一天开始的破坏行动的规模，瓦尔河以北的德国炮兵也朝这座城市射击。

在这一尝试中，唯一品尝到成功滋味的是那个规模最小的邮局小组。乔治·索恩（George Thorne）上尉，指挥着一个"谢尔曼"坦克连、一个掷弹兵排和一个伞兵排奔向邮局，"有传言说，一个可怕的小个子男人正坐在起爆装置旁，等着遥控炸毁大桥"。当他们进入奈梅亨南部时，居民们从自己房子里出来，挥手欢迎他们的到来。斯坦利少校说："他们的向导在接受人们赞赏方面表现出一种非凡的能力，直到第一声枪响，他才畏缩到坦克屁股后面，拒绝挪动半步。最后，他被人一把揪住脖子，逼问邮局的位置。他环顾四周，然后指了指一栋房子。坦克在那栋房子旁边停着。邮局遭到了猛攻，随即被占领了，但他们并没有找到什么可怕的小个子男人。"[17]掷弹兵有理由对整个故事表示怀疑，因为任何起爆装置的合理部署位置都应该是在瓦尔河北岸，而不是在城里。尽管在邮局内的德国人立马投了降，但还是有8名禁卫团士兵被一枚炮弹炸死。炮弹是从河对岸打过来的，并在邮局大楼前发生了爆炸。

包括一个党卫队二级突击队中队长在内的一些党卫军成员在位于范韦尔德伦大街（Van Welderenstraat）的商场里被俘，当时他们喝得酩酊大醉。他们被带回到邮局，并和其他俘虏关押在一起。这个中队长发现赫拉尔杜斯·赫罗特海斯（Gerardus Groothuijsse）是地下抵抗组织成员，现在又和看守们待在一起，就告诉他如果德国人重新占领这座城市，他和他所有的同伙都将被枪毙。一名掷弹兵把这个中队长拖了出去，将其射杀，还拿走了他的手表，并骄傲地把手表交给了赫罗特海斯，作为"美好的纪念品"。[18]

索恩的部队从邮局出发向洛德韦克国王广场推进，后者是靠近公路桥南端的一个较小的交通枢纽。但随着洪纳公园的开阔地带出现在眼前，他们也进入了88毫米火炮的射程，不得不紧锣密鼓地组织撤退,这造成了更大的伤亡。在前方,德军的防御体系令人生畏。在大桥西侧的悬崖边上,矗立着一座加洛林王朝时期的要塞——瓦尔霍夫古堡,还有一座建于16世纪、高高耸立在瓦尔河上的瞭望塔——贝尔维代尔。而且,赖因霍尔德战斗群——党卫军装甲掷弹兵伊林营就在其麾下,还得到了博多·阿尔博恩(Bodo Ahlborn)少校率领的一支混编部队的增援。他们自抵达后,就争分夺秒地挖掘散兵坑和战壕。通往大桥的道路也被毁坏的车辆堵塞了。[19]

"整座城市都在燃烧,"范德沃特手下的一名军官报告说,"火焰映照出了英军坦克的轮廓,使它们成为德军88毫米火炮的活靶子。这些坦克不得不退出战斗。我被困在了桥边。我有两个排,并且得到15名英军士兵的加强。德国人企图从侧翼包抄我们。我们将6名英美士兵伤员集合,抬着他们穿过一栋燃烧着的公寓楼,来到了后院。"[20]他们发现那里有一堵3米高的墙,因此,想要把伤员从墙上递过去是件很困难的事情。他们还看见一些德军士兵在瓦尔河北岸挖掘防御工事,于是范德沃特的一些伞兵爬上对面的屋顶,在德军挖掘时将其击毙。[21]

即使对大桥的突击失败了,奈梅亨处掷弹兵坦克的到来依然挽救了许多人的生命。一群德军士兵正在追赶一名与地下抵抗组织合作的警察,后者曾试图偷走一辆装满弹药的德军卡车。他穿过防空袭小组总部,然后从后门逃走了。德国人冲进来,用步枪指着在那里工作的每个人。当德国军官咆哮着说德军新鲜血液正从四面八方赶来时,全部的40多名工作人员都不得不双手举过头顶站着。他喊道:"城市被包围了!"他声称有人从这座大楼向他和他手下射击。"我们要把整座城市都化为灰烬。"[22]这时,一个人举起手来,问他要不要把香烟掐灭,因为它快要烧到他的手指了。这引发了其他人一阵紧张的笑声，但这样并没有缓和德国人的情绪。这名军官说他要把他们所有人转交给盖世太保，但随后坦克驶来，隆隆的轰鸣声吓得这群德国人纷纷逃命。"一个人只有在面对死亡时，"其中一个人说，"才会意识到生命的宝贵。"[23]

这种情绪在许多人身上得到了印证。当人们在大火面前被迫放弃自己的房屋和财产时，他们表现出了惊人的顺从。在顶着四溅的火花从冒着熊熊大火的房子里逃出来后，他们只是庆幸自己和家人至少还活着。当然，许多人在压抑和恐怖的气氛下崩溃了。前一天晚上，在德军士兵和帝国劳工组织的青年们纵火之后，大多数家庭准备好了"飞行箱"，里面装着生活必需品和贵重物品，以备情况发生时迅速离开。

一名日记作者描述了整个街道在燃烧时的情景，大火是德国人放的，居民们不得不翻过花园的围墙逃出来。他写道，"一些德国人把手榴弹扔到了他们身后"，但"有一名士兵帮忙把孩子和手提箱递过了墙去"。一群德国人甚至向即将被他们纵火焚毁的房子里的居民道歉。"我们很抱歉，但我们必须把它点燃。"[24]在另一所房子里，一个喝醉了酒的德国士兵继续弹着钢琴。就在瓦尔霍夫古堡防御工事的南面，党卫军正扔着酒瓶，举行一场疯狂的派对。他们中的一些人在和木头模特跳舞，这些模特是从商店被砸碎的橱窗里抢来的。逃亡中的居民对他们敬而远之，唯恐他们发疯后会做出什么事来。

一名妇女描述了来自帝国劳工组织和党卫军的德国青年——其中一些人喝得酩酊大醉——是如何大喊大叫着走过大街的："他们到处开枪，往房子里浇汽油……他们把我们整个城市都点着了。"[25]另外一人写道："我们听说一对中年夫妇被

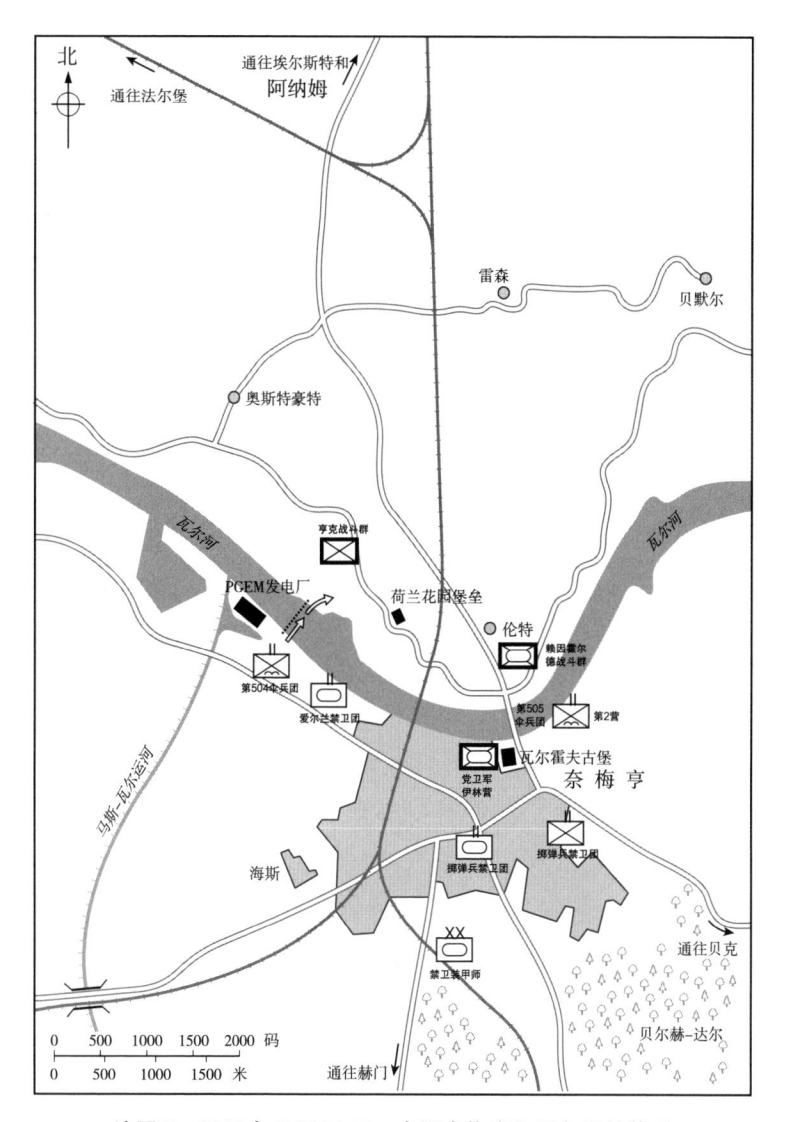

地图 8　1944 年 9 月 20 日，夺取奈梅亨和瓦尔河的战斗

那些混蛋逼入了火海！他们是弗雷德里克夫妇，他们的儿子在前一年，即1943年的罢工中被处决。他是在散发传单时被抓住的。"[26]

那天晚上，在燃烧着的建筑物中间发生了异常激烈的战斗。范德沃特那个营的一名中尉将其描述为"一场激烈的肉搏战，战壕刀是唯一使用的武器"。他补充道："对狙击手无休止的追捕让我们变得神经质了。"[27]音乐厅经理描述了卡雷尔国王广场周围的战斗情形，德国人在那里肆意纵火，"火炮、迫击炮和机枪的轰鸣声非常可怕"。[28]

卡雷尔国王广场周边，包括大学校舍、法院大楼以及圣约瑟夫教堂（St Josephkerk）附近房子在内的大多数建筑都着了火。浓烟呛得大家几乎无法呼吸。"当夜幕降临时，无数的火苗把天空染成了红色。"[29]关于燃烧着的奈梅亨，许多与之类似的景象被记录了下来。"市中心看起来就像是一座炼狱。一片红光映在黑色的天空上。远处传来烈火的噼啪声。"[30]越来越多的人开始在恐惧和绝望中逃离这座城市。

"弗伦茨贝格"师的哈梅尔在战后拒绝承认他自己的手下是故意纵火的，并试图辩称这只是战争的不幸结果。"经过激烈的巷战，整个奈梅亨北部地区看起来都在燃烧。"[31]当天21时30分，哈梅尔的顶头上司、党卫队全国副总指挥比特里希向莫德尔的司令部传递了一个信息："负责指挥党卫军第2装甲军的将领强调，奈梅亨的防守非常薄弱。"[32]用极端暴力的表现来掩盖相对羸弱的实力是党卫军的惯用伎俩。

在奈梅亨的盟军指挥官们很快就认清，他们对大桥的正面进攻将以失败告终。因此，有必要采用不同的作战方案。他们必须一个街区一个街区地肃清这座城市的敌人，而加文准将提出的强渡瓦尔河、实施突袭的想法就变得至关重要。

加文突然出现在第504伞兵团团部。据鲁本·塔克上校的副官路易斯·A.豪普特弗莱施（Louis A. Hauptfleisch）上尉所言，加文对计划在大白天强渡瓦尔河深表歉意。豪普特弗莱施认为这个命令是由布朗宁将军下达的，而事实上，这个主意完全出自加文。塔克很坚定，他回答说："好的，我们会全力以赴。"[33]他吩咐豪普特弗莱施召集麾下三个营的营长，以便在他从加文位于贝尔赫-达尔酒店附近森林里的师部开会回来时立即组成一个指令小组。

在滑翔机飞行员团团长乔治·查特顿上校的陪同下，布朗宁与来自第30军的高级军官一起出席了会议。据查特顿描述，一位禁卫团的准将（可能是格沃特金）身着灯芯绒裤子，脚穿绒面沙漠靴，坐在一把折叠座手杖上；鲁本·塔克戴着头盔，左腋窝下的枪套里塞了一把硕大的手枪，腰带上别着一把战壕刀。塔克嘴里叼着一支雪茄，"偶尔，他会把雪茄从嘴边拿开，放得远远的，啐上一口唾沫。每当他这么做的时候，我都能看到禁卫团军官们脸上闪过一丝诧异的表情"。[34]

作战计划是一旦该城被占领，塔克的第3营就在烟幕的掩护，以及爱尔兰禁卫团第2（装甲）营"谢尔曼"坦克的火力支援下，乘船渡过瓦尔河，到达公路和铁路桥的西边。随后，他们会沿着河岸向右转，一旦抵达公路桥的北端，掷弹兵的坦克就冲过桥去。这项计划听起来并不复杂。

第504伞兵团第3营由朱利安·库克（Julian Cook）少校指挥。那天晚上，他向军官们简要介绍了第1空降师的情况，以及渡过瓦尔河占领奈梅亨大桥的必要性。他的军官们听说阿纳姆的进展情况不妙都相当震惊。简报会上，一声枪声响起。二等兵吉特曼（Gittman）一直在替 1 连连长 T. 莫法特·伯里斯（T. Moffat Burriss）上尉保养手枪，他忘记了枪膛里还有一发子弹，枪支意外走火。[35]子弹射穿了他的手掌。第二天，他的战友们一听说自己受领的任务，就取笑吉特曼，说他这样做是在故意逃避。吉特曼对任何关于他是在自残的暗示都感到极为愤怒，便决定第二天就加入他们的行列，即便手上还裹着厚厚的绷带。

随着禁卫装甲师的到来，加文准将的信心大增，但这种信心并没有持续多久。那天晚上，在冷溪禁卫团的协助下，第508团将德国人对其防区实施的反攻挡了回去，该防区位于登赫弗尔（Den Heuvel）森林里的小山脚下。但第二天早上，坦克不得不迅速南下，因为莫克附近的形势变得更加危险，位于赫梅尔（Heumel）的重要桥梁受到威胁。德军对第 30 军生命线的全面进攻正在筹划当中，这将威胁到整个行动。霍罗克斯轻快诙谐的术语"俱乐部路线"很快就被遗忘了。美国人给取的"地狱之路"这个名字则更具代表性。

禁卫装甲师当天上午路过的圣乌登罗德也遭到攻击。对卡西迪上校和第 502 伞兵团第 1 营而言，幸运的是，爱尔兰禁卫团一辆"谢尔曼"坦克在小镇上遇到了机械故障并留下来修理引擎。当 C 连报告德军正在接近这个小镇时，詹姆斯·J. 哈奇（James J. Hatch）上尉跑到由帕迪·麦克罗里（Paddy McCrory）中士指挥的那辆坦克那里，问他是否能提供帮助。对方答道："废话，当然可以！"[36]坦克以不超过 5 英里的时速叮叮咣咣地驶向另一条道路，前去加强防御力量。在行驶过程中，麦克罗里直接把头从炮塔里探了出来,全然不顾枪林弹雨。然后,他发现左边有条小路,就顺着它开了过去。大约走了200米后,他突然看见前面有3门德军20毫米轻型高射炮排成一排,正在向C连射击。这些德国人全神贯注于自己的工作,全然不知坦克的到来,直到麦克罗里的炮手开火,把他们一锅端。麦克罗里继续沿着斯海恩德尔公路推进。在坦克里帮忙的一名美国伞兵发现前方有一门伪装起来的火炮。他朝麦克罗里大吼一声,随即,炮塔转向了目标。过了一会儿,炮手又击中一辆德国卡车,从爆炸的情况判断,卡车里装满了弹药。据统计,大约有30个德国人阵亡,53人被俘。

事后,当卡西迪中校对帕迪·麦克罗里做出的贡献表示感谢,说他的坦克改变了整个战斗进程时,这名爱尔兰禁卫团中士简单明了地答道:"当你拿不定主意的时候,干就完了。"卡西迪决定把这句话也作为自己的座右铭。他的手下几乎没怎么休息。当天下午,德军对圣乌登罗德又发起了一次进攻,据莫德尔的司令部报告:"16时整,由第59步兵师发起的反攻慢慢地在圣乌登罗德西部边缘取得胜利。"[37]

英军坦克为贝斯特南部较远处发生的一次规模更大的战斗做出了至关重要的贡献。在这里,第502伞兵团另外两个营在第327机降步兵团两个营的支援下,在松舍森林发动了一场反攻。一份报告还提到,大约有100名荷兰行动党的地下抵抗组织武装人员参加了战斗。

配备"克伦威尔"坦克的第15/19轻骑兵团受到了伞兵们的热烈欢迎。他们的指挥官泰勒中校让美国人站在后面,自己的部队则在森林边缘排成一排。"克伦威尔"坦克一齐开火,并迅速装填弹药。"这些坦克扭转了战局,"约翰·L. 克罗宁

（John L. Cronin）中尉在报告里说，"德国人看到坦克，开始挥舞手帕和白纸。一些十分顽固的家伙枪杀了那些提议投降的德国人。"[38]德国军官似乎已经命令机枪手们将这些人打死。

"我们的人想消灭这些德国人，"克罗宁继续说，"但营[长]说，我们必须生俘每一个想要投降的德国人。然后，我们看见他们畏畏缩缩地站在我们的武器前。他们看起来无比绝望。甚至那些孩子也看起来毫无生气。有人问他们为什么不早点投降。'军官们不允许我们这么做。'他们如此答道。"[39]

沙皮伊中校也认为"坦克是决定性因素"。[40]不同的报告给出了不尽相同的结果，一些统计结果声称，有2600人被俘，600人被击毙。第502伞兵团第2营F连连长勒格兰德·K.约翰逊（LeGrand K. Johnson）上尉称，这是"我见过的最惨烈的屠戮之一。由于火力太猛，绝大多数德国人投降了，还有相当多的人连投降的机会都没有，只能站在那里等待时机"。[41]另一名军官直截了当地说："这次行动如同风卷残云一般。两个小时内，第2营就俘虏了700名战俘。"[42]由于人数过多，沙皮伊不得不通过无线电叫来更多宪兵。第3营副营长"在宪兵抵达前，召集了一群炊事兵、通信兵和勤务兵代行看守职务"。

14时15分，依然是在"克伦威尔"坦克的支援下，第502团占领了贝斯特，并彻底击溃了那里的残余卫戍部队，后者此前已经遭到维兹博夫斯基中尉及其手下的猛烈攻击。下午将近结束的时候，第15/19轻骑兵团不得不匆忙离开，向正东方向的索恩前进。他们刚刚收到一条消息，说第101空降师师部正遭到冯·马尔灿少校麾下第107装甲旅部分部队的袭击。

魏德迈（Wedemeyer）上尉已经找到穿过多默尔河的通道，它是一个将该河与威廉明娜运河分开的巨大涵洞。[43]魏德迈率领一群V号"豹"式坦克出现，让位于索恩指挥所内的泰勒少将大吃一惊。在那里，泰勒只有不到一个排的兵力用于保卫新架起来的贝利桥。炮弹开始在小镇中爆炸，桥上的一辆英国卡车被引燃。泰勒派了一些人带着火箭筒去跟踪这些"豹"式坦克，与此同时，他直接开车去了附近的空降场。他从第327机降步兵团召集了一些人马和一门57毫米反坦克炮，并很快把他们带了回来。一枚火箭弹和另一枚反坦克炮弹让魏德迈确信，这座大桥的防御比他们想象中的更为严密。魏德迈刚好赶在第15/19轻骑兵团抵达前撤回了他的部队。

泰勒少将现在充分意识到了这条"俱乐部路线"有多不堪一击，他从艾恩德霍芬调回了第506伞兵团的一个营，以确保这座贝利桥的安全。德国第107装甲旅自东部发起的进攻本应得到由第59师自西部发起的进攻的配合，所以盟军应当庆幸这一策略没能成功。[44]但这也明确了一个事实，即德国人可以肆意袭击这条路线上的几乎任何地方，并将其切断。第2集团军迈尔斯·登普西爵士麾下的另外两个军，第8和第12军，本应从侧翼掩护第30军向前推进，现在他们也迟到了：第8军遭到了德军的顽抗，而在右翼的第12军则是受到了燃料短缺的影响。

艾恩德霍芬又是欢庆的一天，大家在街上又唱又跳。女孩们穿着橙色的衣服，"头上戴着大大的橙色蝴蝶结"，到处都可以看到红白蓝三色水平条纹的旗帜。[45]"一个穿着荷兰纳粹制服的假人被挂在灯柱上，街道也恢复了它们原来的名字。"[46]

"谢天谢地，我们自由了！"另一位日记作者写道，"早上，所有旗子都被挂了出来。这座城市到处都是军队，大部分是美国人。绵延不绝的车辆（英国第2集团军）自南向北驶去。荷兰行动党或荷兰游击队（由数百名武装人员构成）守卫着公共建筑，并汇拢被他们看管的荷兰民族社会主义运动的成员。与德国人过从甚密的妇女正在被剪去头发。在斯特里普（Strijp），这项工作是由荷兰民族社会主义运动的一名理发师在贝泽姆大街（Bezemstraat）一所修道院内完成的。"[47]

在城市的边缘，博扬斯博士看见一群人围着两个漂亮的女人。他们正准备剃光她们的头发。操刀者咔咔地比画着手中的剪子，这时，第101空降师的两名美军伞兵用"汤普森"冲锋枪在这圈人中打开了一条通道。他们用武器指着那些自诩是"理发师"的人，命令道："不许胡闹！"然后，他们俩每人抓着一个女人的胳膊，带着她们穿过人群进城去了。沮丧的复仇者们除了抱怨以外，什么也做不了。站在博扬斯博士旁边的一位老人平静地说："这些美国人不是傻瓜。他们在寻找有生活经验的女性，如果你问我，我会说他们选对了人。"[48]

当天晚上，盟军第1空降集团军司令布里尔顿将军和第18空降军司令马修·李奇微少将都抵达了艾恩德霍芬。布里尔顿留在了登普西的司令部，因为他知道布朗宁不会欢迎他的到来。[49]李奇微自然还在为他的两个美国空降师被布朗宁而不是他自己指挥愤愤不平。不管怎样，两位将军造访艾恩德霍芬的时机都再糟糕不过了。李奇微后来称，"任何时候他和布里尔顿去往任何地点"都会遭到炸弹袭击。[50]

起初，是德国第107装甲旅冲城市北部而来的消息传开了。"我们永远都不会忘记那个恐怖的夜晚，"一位女性日记作者写道，"大约7时，我们听到了德国人将重新进入艾恩德霍芬的谣言，还说在那里将会发生一场坦克大战。我们都得赶快回到家里去。就在我们这么做的时候，有人警告我们要把所有旗子都

海军上将伯特伦·拉姆齐爵士（右）与陆军元帅蒙哥马利，后者没有理会他保卫斯海尔德河口，以便打开安特卫普港的紧急请求

位于阿纳姆的下莱茵河大桥,此照片刚好拍摄于战争爆发前

战前,来自荷兰民族社会主义运动的纳粹分子

新加入党卫军的年轻人

"男孩"布朗宁（右）与波兰伞兵旅指挥官索萨博夫斯基少将，后者直言不讳地批评了他的计划

9月17日,维克托·格雷布纳获得骑士铁十字勋章,不到一天后他就战死了

泽普·克拉夫特，阻得了盟军向阿纳姆进军的党卫军指挥官

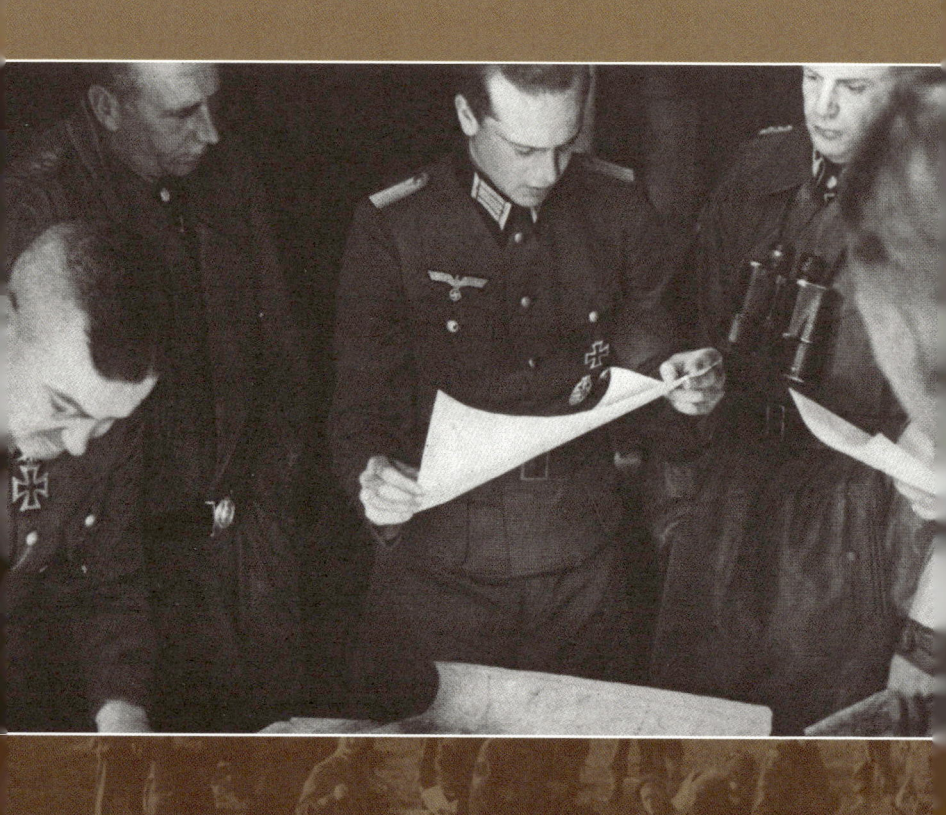

德军司令部筹划应对措施，从左至右的四个人依次为莫德尔、比特里希、一名参谋和（党卫军第10"弗伦茨贝格"装甲师的）哈梅尔

左:(党卫军第9"霍亨施陶芬"装甲师的)瓦尔特·哈策尔

右:霍罗克斯、蒙哥马利和伯恩哈德亲王

左：第 101 空降师马克斯韦尔·泰勒少将
右：第 82 空降师詹姆斯·加文准将

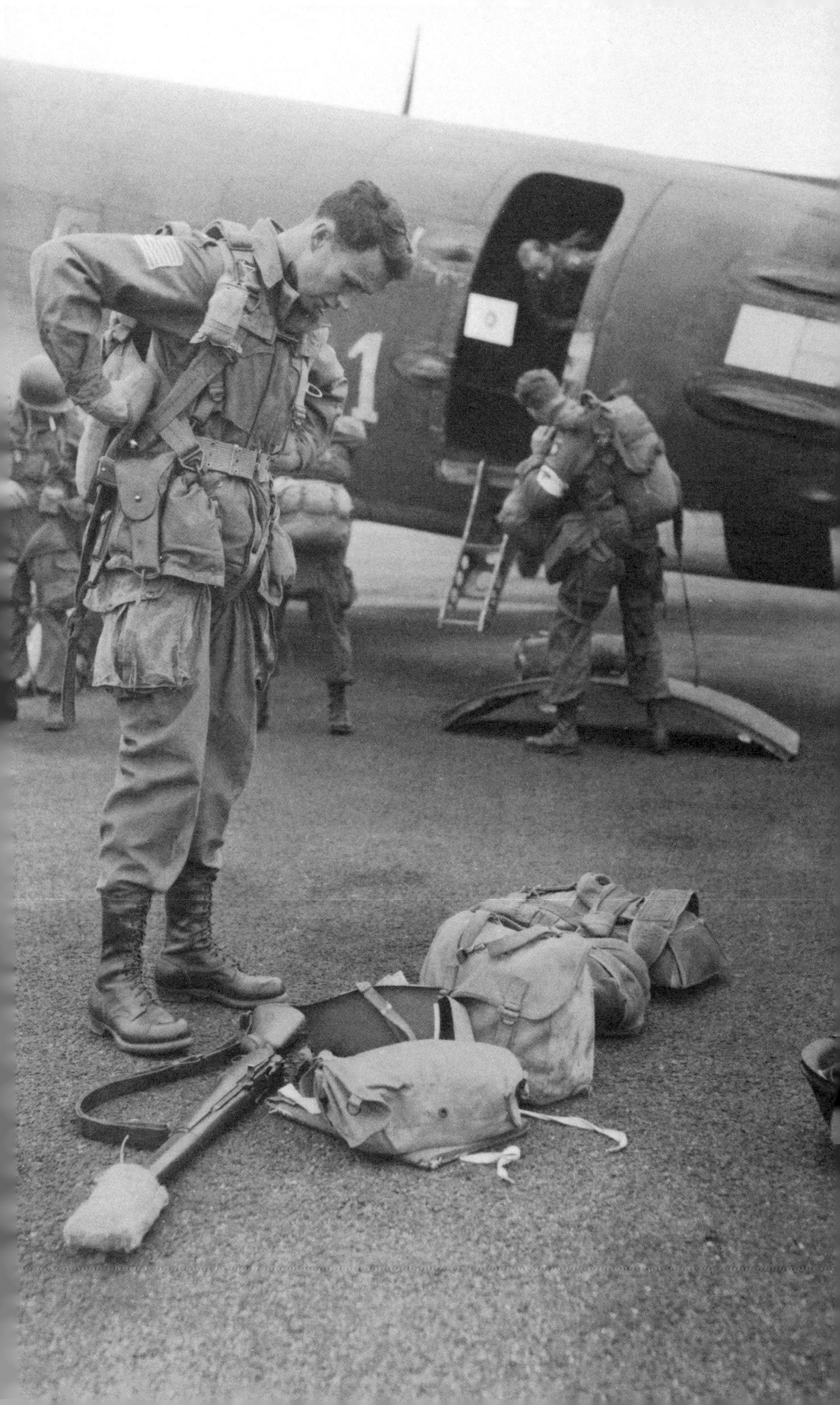
1

登上"斯特林"运输机之前的第21独立伞兵连空降先导员,其中至少有20人是打算复仇的德裔和奥地利裔犹太人

第1空降师的滑翔机在下莱茵河上空松开拖缆,远处是贝蒂沃圩田

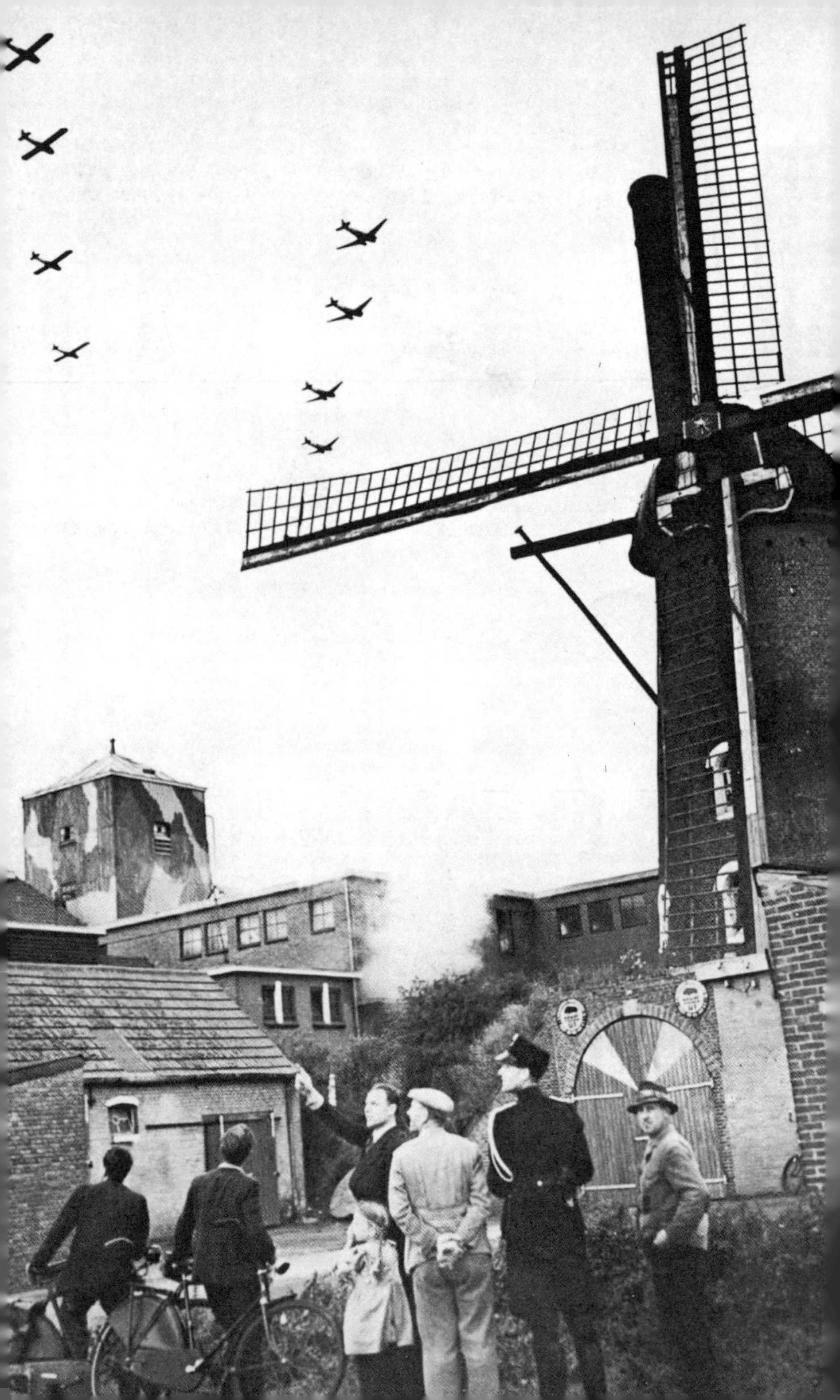

左：荷兰上空的空中舰队

右：9月17日，阿纳姆西北方的滑翔机机降区

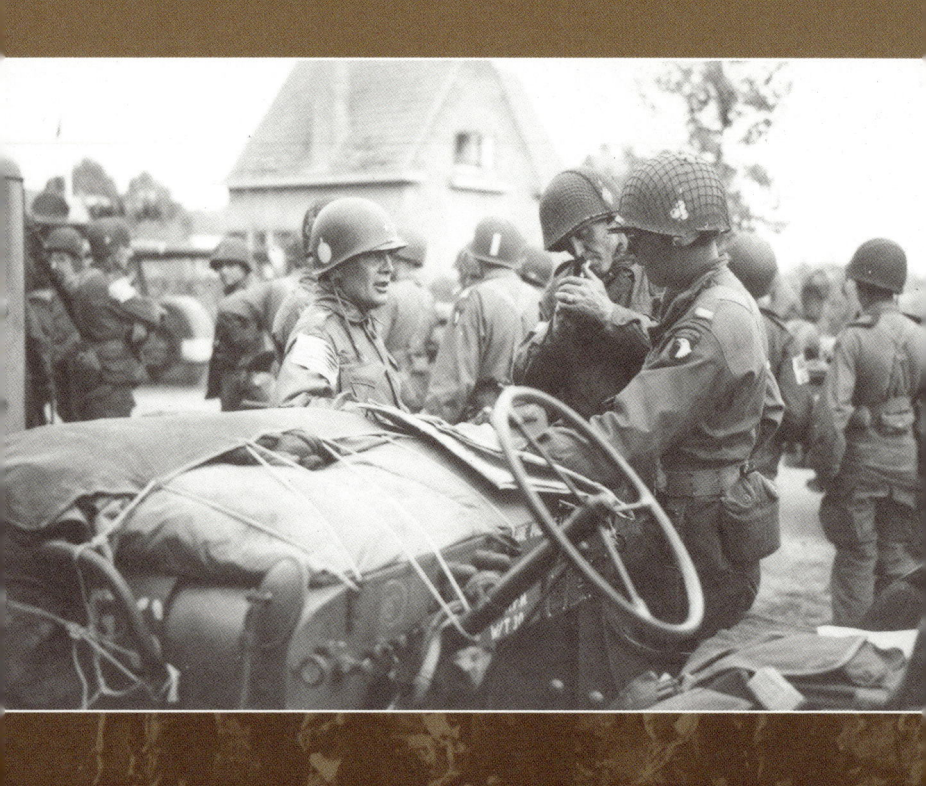

安东尼·麦考利夫准将（左一，他后来在巴斯托涅保卫战中声名大噪）与第101空降师的军官

9月17日,索恩西北方的第101空降师伞降区

英国伞兵和当地居民喝茶

一辆"谢尔曼-萤火虫"坦克从爱尔兰禁卫团坦克旁驶过,后者在"花园"行动开始几分钟后就被摧毁了

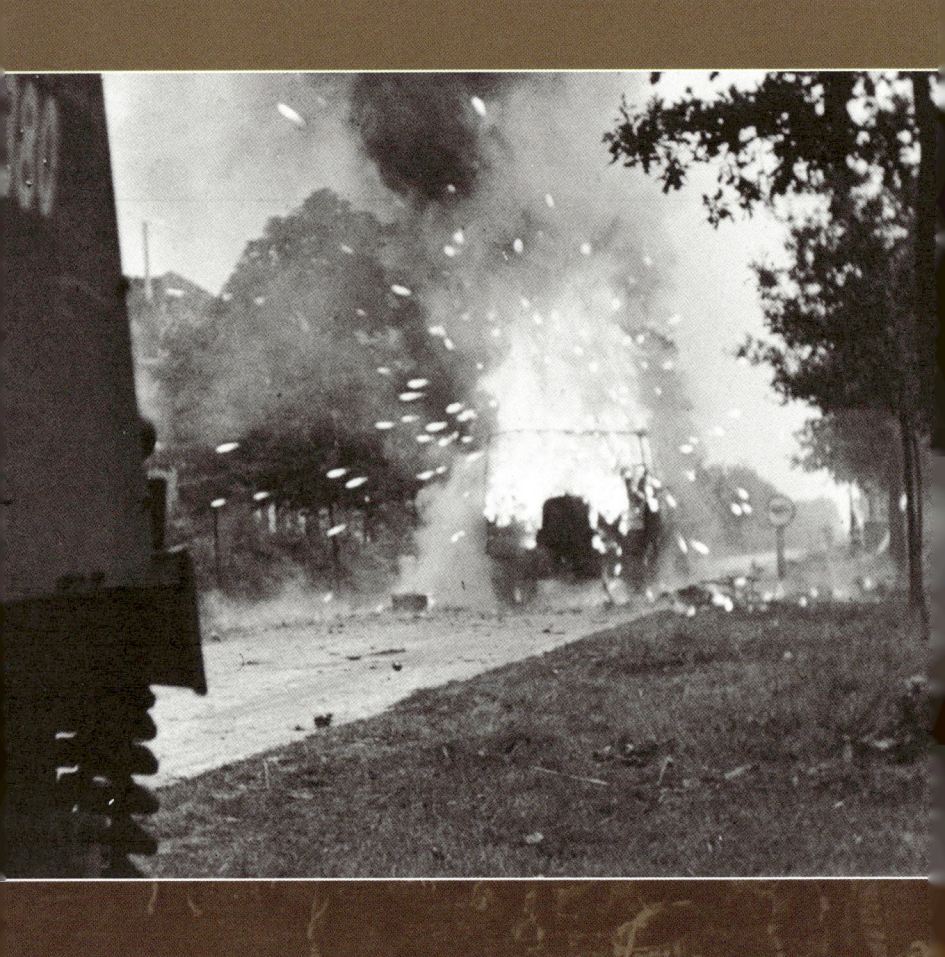

第 30 军又一辆汽车在法尔肯斯瓦德南部遭到伏击

解放日狂欢中给同德国人上过床的荷兰女性剃头,荷兰围观者"没有表现出法国群众在类似场合所表现出的那种令人作呕、近乎兽性般的快乐"

骄傲的荷兰地下抵抗组织成员拿着从德国人手中缴获的武器,包括一挺 MG-34 机枪

9月19日，艾恩德霍芬的围观人群为严重迟到的禁卫装甲师欢呼

荷兰人用粉笔写下的满坦克都是的感谢语让英国士兵大为吃惊

在索恩和圣乌登罗德之间受到欢迎的第 101 空降师

通过快速运输给克瑙斯特战斗群运送的德国坦克抵达，盟军永远也无法想象德国人会以多快的速度从德国各地调集装甲部队

被英国第1空降师俘虏的党卫军官兵

德国炮兵迫使运输车队在"地狱之路"停下

英国皇家空军拍摄的一张照片显示了格雷布纳的侦察营残骸

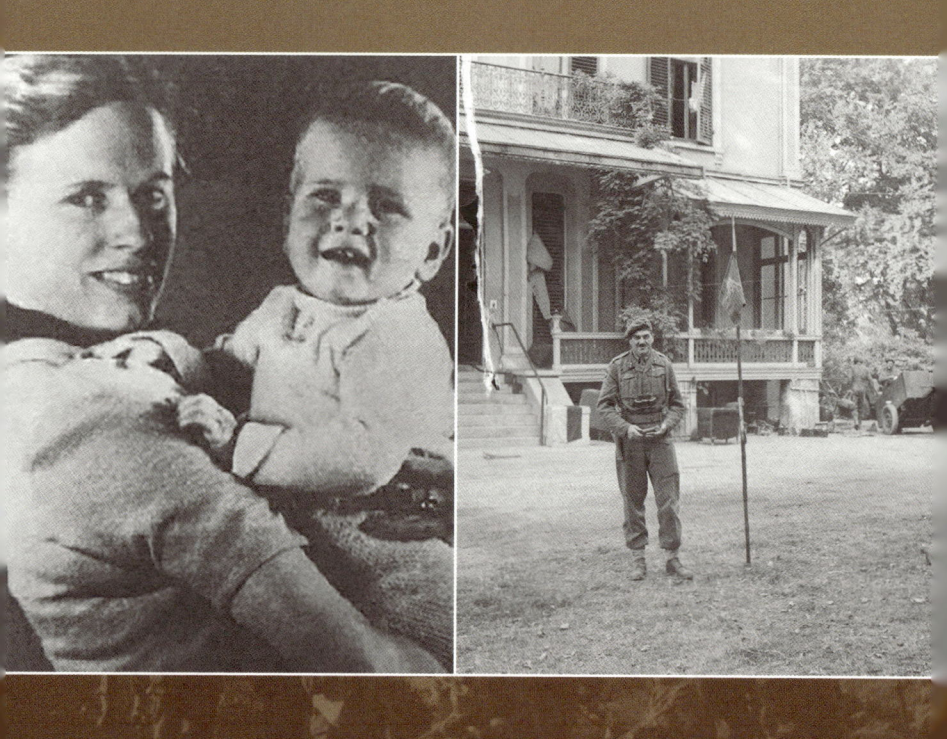

左：卡特·特尔·霍斯特，"阿纳姆的天使"，她通过诵读《圣经》来安抚伤员

右："罗伊"·厄克特少将于哈尔滕施泰因酒店外

9月19日，轻型炮兵团一门位于彼尔德伯格酒店以东的75毫米榴弹炮

9月19日，在奥斯特贝克北部参战的一名德国空军地勤人员

第1和第3伞兵营被击溃后,德国第280突击炮旅的一辆Stug III自行突击炮位于莱茵阁附近

9月19日，党卫军装甲掷弹兵在阿纳姆，周围是被遗弃的英军装备

被从圣伊丽莎白医院疏散的平民

由于恶劣的天气,波兰伞兵们再一次面临行动取消

阿纳姆大桥北边学校里的工兵和第 3 伞兵营被迫投降

第 1 营的伞兵们利用一处炮坑组织防御

9月21日，边民团第1营C连准备击退德军对奥斯特贝克防御圈西侧的进攻

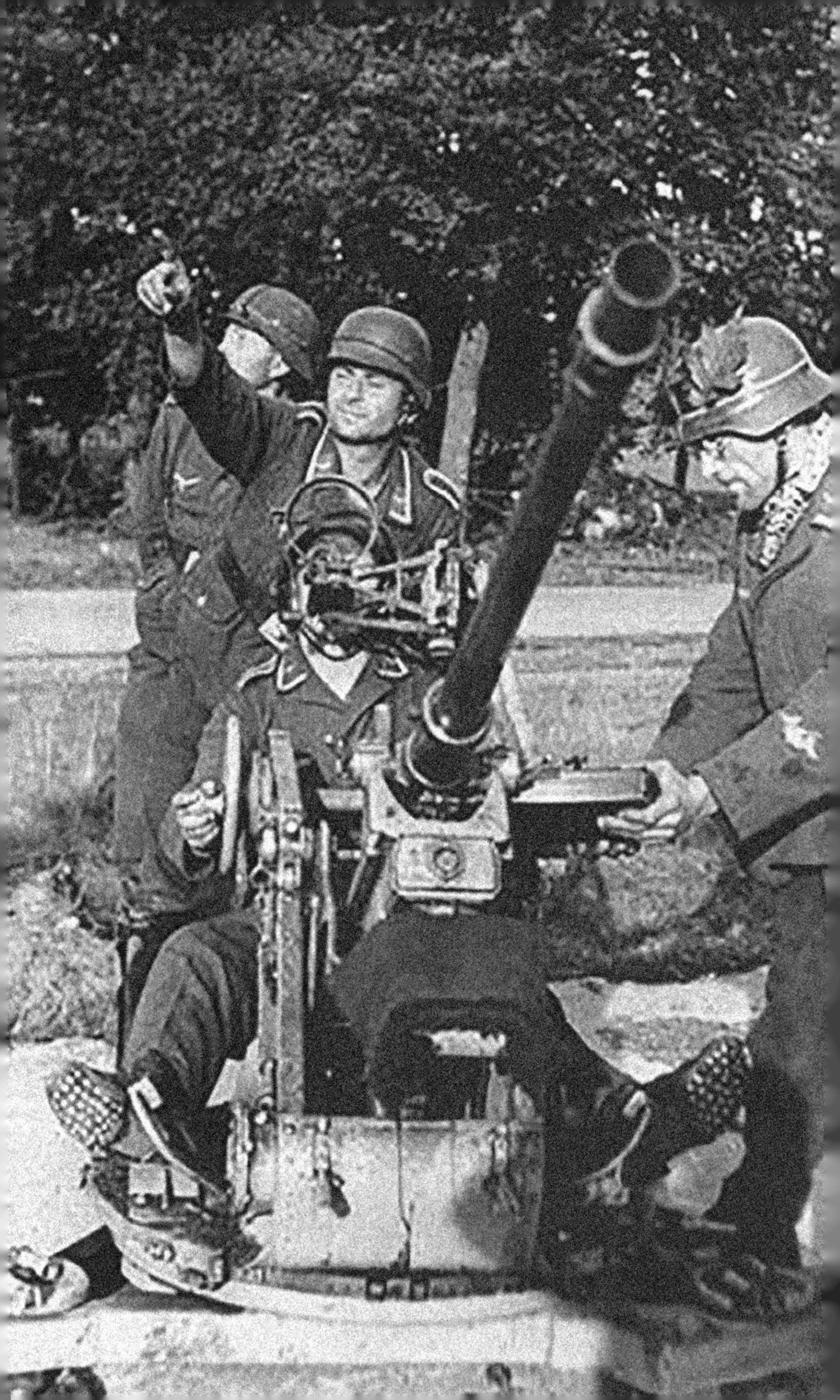

左：冯·斯沃博达麾下高射炮旅的德国空军防空炮手正在阿姆斯特丹路向英国皇家空军运送补给的飞机开火

右上：试图向英国皇家空军飞行员发出信号的绝望的伞兵

右下：德赖延公路上的一辆党卫军"霍亨施陶芬"师半履带车,后面的树上挂着空投补给

炮火下的美国伞兵,位于"地狱之路"附近

9月20日，从斯洪奥德酒店被俘的士兵中尚能行动的伤员

弗罗斯特那个营在阿纳姆大桥上被击溃后,布林克曼战斗群准备向南渡过下莱茵河前往贝蒂沃,以应对从奈梅亨紧急北上的英国军队

贝蒂沃,一支由党卫军、德国陆军和德国空军士兵(从左至右)组成的混成部队

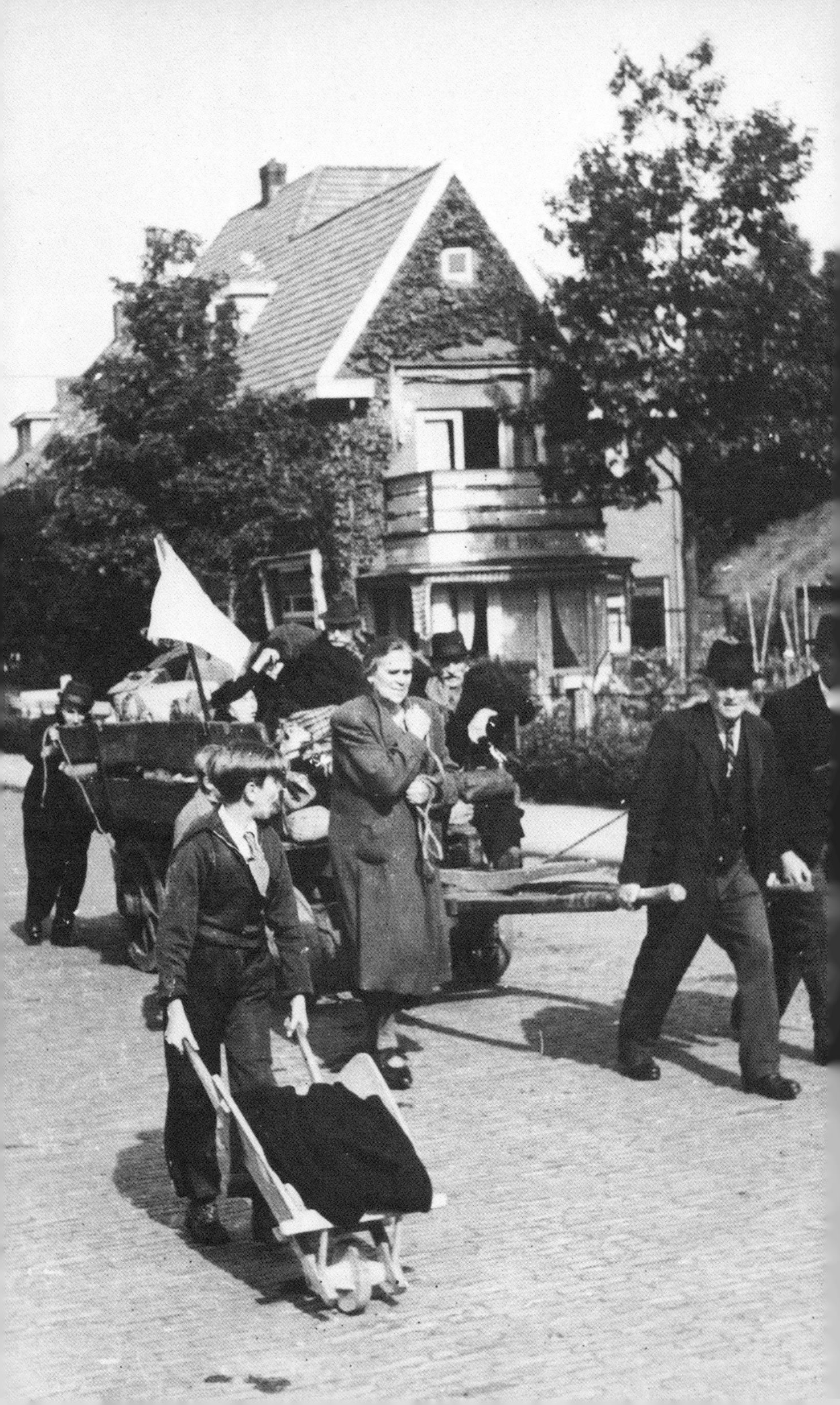

左：9月24日，德国人开始强制疏散阿纳姆及其周边地区，这一行动既是对荷兰人支持盟军行动的报复，也让他们能毫不遮掩地洗劫这座城市

右：1945年4月14日，加拿大军队终于解放了已是一片废墟的阿纳姆

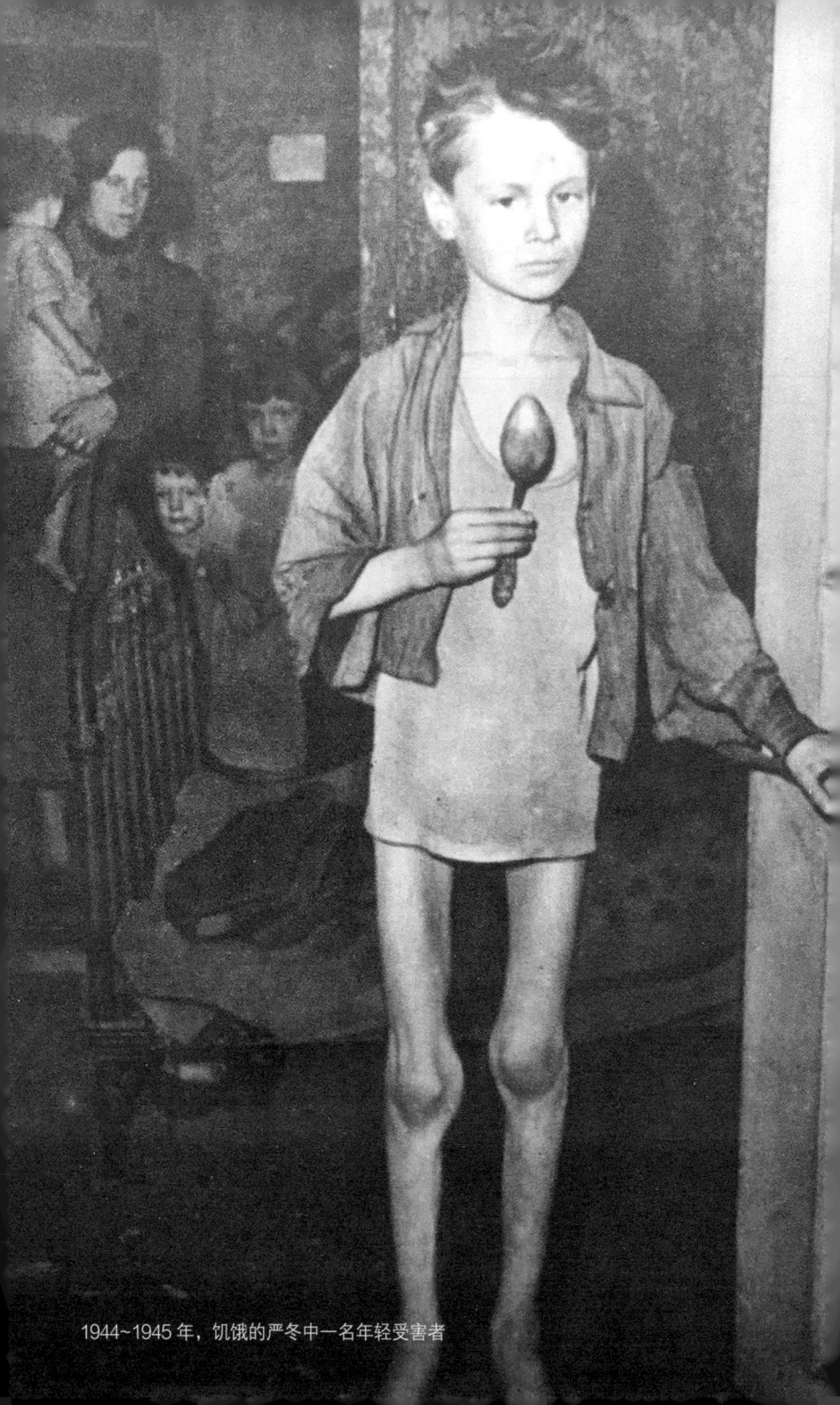

1944~1945年，饥饿的严冬中一名年轻受害者

拿回去藏好——那天早上，我们无比骄傲、满怀希望地升起了这些旗子。我们被告知德国人会向那些飘着［它们］的房子开火。"[51]

但真正的危险来自天空。当天早些时候，王室骑兵团的两个中队已经开始护送 800 多辆运输车从利奥波茨堡向北开往奈梅亨。当这支一眼望不到头的纵队队首穿过艾恩德霍芬时，夜幕刚刚降临。降落伞照明弹被扔了下来，整个城市都被这一令人眩目的强光照亮。这拉开了德国空军一次长时间空袭行动的序幕。英国皇家陆军后勤部队有 18 辆运送弹药和汽油的车燃烧起来，并发生了"剧烈爆炸"。[52]当大火延烧到轻武器弹药和炮弹时，噼里啪啦的响声听起来好像一场大战已经开始了。约翰·普罗富莫（John Profumo）上尉是 A 中队的副中队长（多年后将担任英国陆军大臣），他以极快的速度组织了平民工作队清理废墟，以便让纵队继续前进。如果该纵队一直被堵在艾恩德霍芬，那么轰炸机就会接二连三地回来。尽管英国和美国的军队会竭尽全力来救人救火，但是消防队无能为力，因为炸弹也炸毁了水管。

"这是一个可怕的夜晚，"一位居民写道，"轰炸持续了半个小时。炸弹疾风骤雨般倾泻在人们藏身的地下室和地窖之上。一个迟到的人被爆炸产生的冲击波给推了进去。轰炸结束后，仍然会爆发出如同火炮射击般的巨大轰鸣声，但后来我们得知这是满载弹药的卡车燃烧时发出的声音。"[53]前面提及的那位女性日记作者也深受震动。"在那天晚上，我们都品尝到了恐惧的滋味。有人被炸死在了地下室里，而我们这些没有地下室的人只能站在厨房里不停地祈祷。恰巧那时，我们得到了救赎，因为有一位牧师前来拜访我们，这使我们平静下来。轰炸好像永远不会结束似的。屋顶的瓦片掉了下来,各种各样的东西都掉落下来,而且每件东西掉下来时,总会伴随着炮弹不断从头顶上呼啸而过的声音。"[54]当晚总计有227名平民遇难,另有800人受伤。[55]阿纳姆和奈梅亨在燃烧,艾恩德霍芬市中心被炸得粉碎,获得解放的喜悦之情已在这暴虐无道中戛然而止。

第十七章　9月20日，奈梅亨——渡过瓦尔河

当在前一天晚上赶到奈梅亨公路大桥的计划落空之后，这两位风格迥异的师长，身材颀长的詹姆斯·加文准将和留着一战时期胡子样式的禁卫装甲师少将艾伦·阿代尔达成了完全一致的意见。他们现在唯一的希望就是一个街区一个街区地肃清城市北部的敌人。每一个步兵连，无论是范德沃特的伞兵还是掷弹兵，都将得到一队坦克的支援。

斯坦利少校和他的掷弹兵连在朱丽安娜公园（Juliana Park）等待着黎明的到来，该城大部分区域在他们周围燃烧着。"这是一件相当紧张的事情，"他写道，"只能等待，房子在燃烧，大火正朝我们这边烧来，驱赶着它前面一群群无家可归的当地人。他们无助的样子真是令人心碎。"[1]大量无家可归者聚集在圣卡尼修斯医院（St Canisius Hospital），这所医院经历过七个月前美军飞机误炸奈梅亨事件，在处理灾情方面很有经验。[2]工作人员每天要为4000人提供食物。

由于德军突击炮在四处穿行并可能突然开火，参与每个阶段战斗任务的作战小组都面临着双倍的危险。因此，阿代尔下令，每条街道一旦被清理干净，就应当由第21反坦克炮团Q连的M-10"阿喀琉斯"坦克歼击车封锁住。[3]这种坦克歼击车强大的17磅火炮甚至可以摧毁一辆"虎"式坦克。但是，由于绝大多数房屋着了火，当面对顽固的党卫军装甲掷弹兵时，一

个街区一个街区地清理将变得困难重重。在德军逐渐向瓦尔霍夫古堡撤退的过程中,纵火行为仍在继续。携带火焰喷射器的德国工兵挨家挨户地打碎窗户,然后向屋内喷射燃油。

斯坦利承认说:"从最开始的五分钟来看,战斗进展一点也不符合我最初的计划。"他们在马路上遭受了惨重的伤亡,因此,为了避开危险,他们还是需要穿过房屋并翻过花园的围墙,尽管那里的火势正在迅速蔓延。斯坦利看见一个德军士兵扔出一枚手榴弹,它在一名军官和帕特里奇(Partridge)中士的脚下爆炸。"砰的一声巨响,但让人意想不到的是,只有帕特里奇中士受了伤,他的脸上血肉模糊。中士仅仅恍惚了几分钟,之后便清醒过来,他很生气,以牙还牙地对德国佬进行了猛烈的还击。"前面还有一幢很大的房子,然而"我们没有足够的人手来肃清里面的残敌",斯坦利接着说,"由于我们遭到了他们的无礼对待,所以我们决定把那些'布伦'机枪堵在出口,然后把他们炖了。磷弹和从美军那里借来的燃烧弹奏效了"。[4]这座房子着火了,之后开始爆炸。"弗伦茨贝格"师把这里当作他们的弹药库。后来,从被审问的俘虏那里得知,里面还有许多党卫军士兵。

终于,斯坦利可以报告说在他的地界上,所有敌人都已经被肃清了。"拉特兰随即松了一口气。在看见正在行军的2连后,我跑回去找指挥官,后者把指挥所设在了邮局里。"在度过了漫长的一夜之后,他很快在那里睡着了。"但是一个人内心的平静,"斯坦利用禁卫步兵们那种略显轻慢的口吻写道,"会持续不断地被敌人猛烈的150毫米或210毫米火炮突然搅乱,这些炮弹断断续续地扫过整个地区,把它击中的任何东西都弄得一片狼藉。"[5]

事实证明,这一阶段的战斗是最苦涩的。在滚滚浓烟下,坦克车长们想要看清任何东西都不得不将头伸出炮塔舱口。待在建筑物顶部的德国狙击手和机枪手成功狙杀或重伤了詹姆斯·鲍斯-莱昂(James Bowes-Lyon)少校的掷弹兵禁卫团第2装甲营第2中队的四名坦克车长。格雷戈里·胡德的第3中队从东边赶来与范德沃特的伞兵部队并肩战斗,他们与守卫洪纳公园附近洛德韦克国王广场交通枢纽的党卫军装甲掷弹兵进行了一场残酷的战斗。

往西,鲁本·塔克上校的伞兵和贾尔斯·范德勒中校的"谢尔曼"坦克肃清了位于瓦尔河南岸巨大的 PGEM 发电厂后面的区域。大清早,这两人就已经在第 30 军指挥所碰过面,然后一起乘坐一辆侦察车离开。电厂就在朱利安·库克少校那个营即将出发的地方附近。不幸的是,运船的卡车在索恩受阻,德军第 107 装甲旅再次对那里发起了进攻。德军一波炮击就让可用船只的数量从 32 艘减少到 26 艘。

当天晚些时候,最为艰巨的一项任务等待着掷弹兵禁卫团第 1 摩托化营国王连。他们的目标是加洛林王朝时期的瓦尔霍夫古堡。国王连首先占领了配有一个指挥所的警察局。附属机枪排发现它提供了"一个绝佳的射击位置"。国王连继续占领港口,从那里他们可以把侧翼火力倾泻到瓦尔霍夫古堡。"我们只知道要带上自己拥有的所有东西奔赴那座该死的大桥。"[6]当他的师与加文的伞兵并肩作战,肃清通往大桥南端的通道时,艾伦·阿代尔少将预计德军随时可能会炸毁这座建筑。"我咬牙切齿地坐在那里,生怕听到爆炸的声音。"[7]

一支掷弹兵坦克部队被"排除在了战斗之外"。掷弹兵禁卫团第 2 装甲营第 1 中队 1 分队分队长彼得·鲁宾逊(Peter

Robinson）中士是名意志坚强、经验丰富的骨干士兵，他在军队里还从没听说过战斗期间会无所事事的情况，想知道他们的任务是什么。中午刚过，他就接到中队长约翰·特罗特（John Trotter）少校的命令，让他陪同自己乘侦察车去侦察公路桥。特罗特事先向他简要指出，让他的"谢尔曼"坦克做好向大桥冲锋的准备，一旦收到信号，"你们必须不惜一切代价冲过大桥"。然后，特罗特试着宽慰鲁宾逊道，"如果你出了什么事"，他们会联系他的妻子。[8]

上午晚些时候，城市西北部的敌人刚被肃清，库克少校和他的连长们以及营作战参谋亨利·基普（Henry Keep）就开着吉普车前往瓦尔河边的发电厂，那里离他们准备发起突击渡河的地方很近。他们爬上了九楼，在那里他们刚好可以清楚地看到河对岸远处的德军阵地。不仅他们的团长塔克上校和贾尔斯·范德勒加入了他们的行列，布朗宁、霍罗克斯以及加文也来了。

军官们利用双筒望远镜仔细观察着大约 300 米开外瓦尔河的对岸。"我们看到一块 900 码宽，绿油油、长满草的平地，"亨利·基普写道，"然后一道堤坝拔地而起，上面有一条双车道公路。这就是我们前往铁路和公路桥要走的路线……沿着堤坝以及平坦地带，我们可以看到敌人的机枪阵地。我们观察到隐藏在堤坝后面的敌军迫击炮和炮兵部队，以及铁路桥上的 20 毫米火炮……我感到一阵心悸。我想其他人也一样，尽管没有人说一句话——我们只是看着。"[9] 在他们研究地形的时候，向北飞往阿纳姆运送补给的盟军飞机，被来自河对岸阵地"一堵由小型武器和高射炮打出的名副其实的墙"招呼着。[10] 霍罗克斯告

第十七章 9月20日，奈梅亨——渡过瓦尔河 / 289

诉加文，自己的伞兵在这样痛苦的境况下还能安然入睡令他印象深刻。亨利·基普写道："幸运的是，他们没有一个人看到我们所目睹的一切。"[11]

对于要发动突击行动的那些连队，最初的设想是在PGEM建筑西侧的马斯-瓦尔运河登船，如此一来他们便可处于敌军视线之外。但是，"运河汇入瓦尔河的地方水流太急了"，所以他们不得不在发电厂上游释放冲锋舟。[12]

范德勒的坦克预期将为渡河行动提供火力支援，他还带着爱德华·泰勒少校一道来和塔克上校讨论行动细节。泰勒说，渡河计划"让我对上帝心生敬畏"。他问塔克，他的伞兵是否接受过突击渡河方面的训练。塔克回答说，这将是一个"在岗培训"的例子。他还说："你们只管阻止德国佬向我们射击，剩下的交给我们就行了。"[13]泰勒担心自己的坦克会击中伞兵，但塔克告诉他继续开火。如果炮火离他们太近，他的人就会发射信号弹或挥舞旗帜。

泰勒担心他的16辆坦克赫然出现在地平线上会很容易遭到攻击，所以他尽可能将它们之间的距离拉大到20米远。前面有一道高高的铁丝栅栏，这些"谢尔曼"坦克会慢慢把它碾平。泰勒沮丧地发现，在地平面上根本无法辨识出伪装得很好的德军炮位，虽然在发电厂顶部他们很容易地发现了它们。同时，塔克的第2营带着他们能找到的每一把机枪占领了阵地，以增强火力。在他们后方的恰当位置，配备25磅"教堂司事"（Sexton）自行火炮的第153（莱斯特郡义勇骑兵）野战炮兵团将为他们提供烟幕掩护。

运送船只的卡车的延误并没有让库克的部队放松下来。"随着15时的临近，"第3营的情报参谋弗吉尔·F.卡迈克尔

（Virgil F. Carmichael）中尉观察后说，"士兵们变得愈发紧张不安。我清楚地记得，有个人掏出一支骆驼牌香烟，并用很贵重的 Zippo 打火机点燃了它，随后把烟盒和 Zippo 都扔了，他说自己再也不需要它们了。结果的确如此，他的确不再需要这些了。"库克少校尝试着通过开玩笑来缓和气氛。"他打算再现那副著名油画——《华盛顿横渡特拉华河》中的场景，要像乔治·华盛顿那样，笔挺地站在船头，右手紧握，从头顶往前一挥，喊道：'前进吧伙计们，向前进！'"[14] 纯粹因为有另一名军官被期待来指挥这个营，库克刚到任的时候并不受待见，但随着他那天所表现出的勇气和领导力，这种情况将会发生天翻地覆的变化。

库克的军官们把他们的排分散在堤坝和坦克后面，并给每艘冲锋舟分配了 13 人。当卡车总算卡在 15 时前抵达时，伞兵们惊讶地发现那 26 艘冲锋舟不过是由一个平底木框外加覆盖在上面的帆布组成。H 和 I 连将发起第一批次突击。当第 307 空降工兵营的 3 名工兵——他们每人登上一艘船，充当船员的角色——把船开回来后，G 连就会立马跟进。正如许多人所承认的那样，工兵的任务是最可怕的。

第 153（莱斯特郡义勇骑兵）野战炮兵团在 15 时整准时开火，施放烟幕。15 时 15 分，命令下达，伞兵和工兵们"像扛棺材一样扛着船，外侧的手拿着武器"，越过堤坝，然后冲下斜坡。[15] 他们跌跌撞撞地在泥里行进，在艰难地爬上船后，他们努力保持船只在水里笔直前行。[16]

冲锋舟刚一下水，"谢尔曼"坦克里的爱尔兰禁卫团士兵就抄起他们的 32 挺"勃朗宁"机枪开火了，塔克的第 2 营也是这么做的。第 376 伞降野战炮兵营对后方更远处的目标发起攻击。起初,第153(莱斯特郡义勇骑兵)野战炮兵团提供的烟幕起到了很好的效果,但很快就出现了巨大的缺口。塔克问贾尔斯·范德勒,他的坦克能不能帮帮忙。每辆"谢尔曼"坦克只配备12发烟幕弹,所以他们坚持不了多久。爱尔兰禁卫团士兵们还发现,他们的"勃朗宁"机枪因持续射击而变得滚烫,以至于会让子弹"溜走",这意味着即使松开扳机,它们还会继续射击,直到弹带被打完。[17]

卡迈克尔中尉与库克一道坐在第一艘船上,后者是虔诚的天主教徒。他听到库克"念着玫瑰经,而且当他用桨划水时,你能听到他说:'万福马利亚,你充满圣宠。'他一边尽自己最大努力划向对岸,一边一遍又一遍地重复着这句玫瑰经经文"。[18]毫无疑问,他就如同站在船艏的华盛顿。每个人都竭尽所能用力划桨,有些人甚至用上了自己的枪托或手。曾在普林斯顿当过桨手的亨利·基普数着"1——2——3——4",但他们实则在一阵瞎划。[19]基普有"一个相当格格不入的幻觉,我们在普林斯顿卡内基湖上的艇长有节奏地敲打着小艇两侧轻薄的壳体,大家一齐跟着他的节拍划船"。[20]然后,德军开始竭尽全力组织射击:子弹和炮弹来自前方阵地的轻武器和机枪,来自稍微偏右侧那座19世纪荷兰花园(Hof van Holland)堡垒的机枪和20毫米火炮,甚至来自足足1公里以外的铁路桥。

一开始,德军火力飘忽不定,但在进入他们射程范围内后,火力大大增强。"水面上有烟幕,"爱尔兰禁卫团第2装甲营的约翰·戈尔曼(John Gorman)中尉说,"你可以看到子弹打到水面时溅起的水花,[以及]坐在船上的美国士兵突然趴了下去。"[21]在谈到射击效果时,一些人将子弹击到水面上比作一场冰雹。"这是一幅非常非常可怕的景象,"贾尔斯·范德勒写道,"冲锋舟真的被震出了水面。我可以看到炮弹击中水面时掀起的巨大水柱,而且北岸轻武器打来的子弹让这条河看起来像是一口沸腾的大锅。"[22] 如果一名掌舵的工兵被击中了,冲锋舟就会漫无目的地原地打圈,直到另一人接手。

"每个人的耳朵里,"亨利·基普写道,"都充斥着炮弹爆炸的持续轰鸣声、20 毫米火炮的沉闷重击声,或步枪子弹令人不安的呼啸声。"[23] 当子弹打在人身上时,也会发出清晰可辨的击中声。船身被打出太多的洞,以至于人们不得不用头盔往外舀水。那些划桨者胳膊上的肌肉因用力过猛而咯吱作响。助理军医海曼·D. 夏皮罗(Hyman D. Shapiro)中尉认识到,在这样的战斗中,他所能做的只是额外多带些伤口敷料和吗啡。他说,"医生只不过是被美化了的救援人员。我抬头看了看坐在我旁边的人,发现他的头没了",估计是被一枚 20 毫米炮弹直接命中的结果。[24] 就如同坐在他身后的那位新教牧师一样,夏皮罗的主要作用是提供精神上的支持。随军牧师屈尔——用夏皮罗的话说,是"一位受到了指引……真正受到了指引……的阿拉斯加糙汉子"——因为划桨而筋疲力尽。夏皮罗没有注意到屈尔把桨递给了别人,所以一看到屈尔的手空着,他就把自己的桨递给了屈尔。

那个关口上的每个人都有一种极度脆弱的感觉。"我觉得自己就像刚出生时那样缺乏保护,"亨利·基普写道,"我们浑身湿得透透的,喘着粗气,累得要死,一直期待着子弹撕裂你身体时那种灼热的感觉。我想吐;很多人已经吐了。不知怎的,我们已经划过了四分之三的路程。每个人都喊着要坚持下去,但他们几乎耗尽了自己的体力……不过最终,我们抵达了对岸。我们跨过躺在船底的伤亡人员,蹚过没膝深的河水,上了岸,然后扑倒在一段矮小的堤坝后面大口喘气,暂且避过无休止的炮火。"[25]

参与第一批次渡河的 26 艘冲锋舟中,只有 11 艘返回接走第二拨人。一些船沉了,剩下的一些被强劲的水流冲走了,由于船上伤亡惨烈,船员也无能为力。下游很远处的荷兰平民们目睹了发生的这一切,纷纷涉水将伤者拉到岸上。

爱尔兰禁卫团的戈尔曼中尉看着第一拨人员到了岸边。"他们的人数少得让我惊骇。我无法想象他们怎么可能靠这么少的人来站稳脚跟。"[26]贾尔斯·范德勒与布朗宁、霍罗克斯以及塔克一起,站在发电厂顶部,俯瞰着整个战场。"我的天!这是多么英勇的场景啊!他们坚定地穿过那片开阔地。我未曾见到有一个人卧倒,除非他被击中。"[27]然而,由于距离的原因,从河对岸看伞兵们像是在闲庭信步。第一拨人员刚一抵达对岸,泰勒少校就命令他的 16 辆坦克抬起机枪射击,并开始用他们的 75 毫米火炮轰击荷兰花园堡垒。他们一开始使用的是穿甲弹,后来改用高爆炸弹。这让堡垒中的两挺双管 20 毫米机枪将火力转移到了"谢尔曼"坦克上,他们杀死了泰勒的一名坦克车长。

有一次,泰勒看见一匹灰色的马独自拖着一门反坦克炮向铁路桥走去。它的炮手一定是已经阵亡了。他下令向这匹马射击。然后一名坦克炮手——他曾是马夫,非常喜爱马匹——在将近 1 公里开外的位置成功利用一枚实心穿甲弹击中了反坦克炮,彻底摧毁了这件武器,而没有伤及那匹灰马。这匹马"若无其事地继续向前走着,就像是出来送早餐牛奶似的"。[28]

坦克开始出现弹药不足的情况,而且战场上的硝烟使得区分美军和德军士兵变得异常困难。但截至那时，谁将赢得这场战斗已经毫无疑问。"现在，整个河岸一线都是呈散兵布置的我方部队，"基普继续写道，"他们正冲向从 800 码开外的路堤上射来的致命火力网当中，但他们还是排成一条几百码宽的长龙，继续沿着平地前进。他们一边前进，一边互相大声咒骂，士官和军官们领路，士兵们从他们屁股后面用'勃朗宁'自动步枪、机枪和步枪开火。他们稳步前进。在这段时间里，河对岸的第 2 营及其坦克一直在全力支援我们。"[29]

"我曾多次目睹这样的情形：被逼到极度狂热的部队；在短暂的战斗间隙，自愿解除武装的部队；因愤怒和对杀戮的渴望而失去理智的狂热分子；暂时忘却了恐惧的人们。就在那时，伟大的军事奇迹发生了，我们的教科书对其进行了如此辉煌的记载。这是一幅令人肃然起敬的景象，但并不美好。"克拉克·富勒（Clark Fuller）上士如此描述自己突然由恐惧转变到无所畏惧的经历。"当我们最终抵达对岸时，我体验到了一种从未有过的感觉。过去 15 或 20 分钟里经历的所有恐惧似乎都离我而去，取而代之的是一股子不顾后果的放纵情绪，谨慎被抛到了九霄云外。我觉得自己好像能干翻整个德国军队。"[30] 美国伞兵们的勇气和侵略性让一名禁卫团军官评论道："我想这些伞兵一定是被喂了枪药或者生肉。"[31]

在混乱中，谁应该属于某排或某连的概念被打破了。不论是谁，只要在附近，军官们就把他召集起来，并以小组为单位发起冲锋，攻击孤立在通往大桥路上的各个据点。绝大部分防守瓦尔河这一地区的德军来自前一天从黑尔福德赶来的一个补充营。当看见他们抵达时，赖因霍尔德的副官、党卫队三级突击队中队长格诺特·特劳佩尔（Gernot Traupel）十分震惊。

"这些士兵都很年轻，大约 17 岁的样子，在我眼里，他们就像是群孩子，尽管我也只有 21 岁。"[32] 当伞兵们将他们杀死在散兵坑后，便把他们的尸体拖了出来当作沙袋使用，从其身后进行射击，直到伞兵们停下来喘口气。塔克上校追上他的部下，从后面抓住一个德军男孩的衣领，将其从散兵坑里揪了出来。这些士兵都吓得瑟瑟发抖。塔克用德语告诉他们，他们已经被俘虏了，而且不会被枪杀。他一松开手，这名男孩就跳回了坑里，蜷缩作一团。

当库克的部队沿着路堤向东靠近铁路桥时，他们首先要对付的是被一条不流动的护城河包围着的荷兰花园堡垒。根据卡迈克尔中尉所言，有个人成功"通过一些有力举措［游过护城河并爬上城墙］登上荷兰花园堡垒顶部。在那里，我们的人会给他把手榴弹扔上去，然后他扯下保险环，从堡垒顶部将它们扔进炮眼"。[33] 与此同时，一小群人从木桥上冲了过去，进入通往里面开阔庭院的隧道。里面的人很快就投降了。哥伦比亚广播公司（CBS）的比尔·唐斯（Bill Downs）报道称，有 75 具德国人的尸体被丢进了这条浮满绿藻的护城河。[34]

在继续向铁路桥推进的过程中，H 连 2 排排长理查德·G. 拉里维埃［Richard G. La Riviere，常被称为"里弗斯"（Rivers）］中尉报告说，他们遇到了一群想要投降的德国士兵。他估计这些"普通士兵"有三四十人之多，但由于自己的部队里只有 15～20 名伞兵，他们当场枪杀了这些德军士兵。[35] 在混乱的战斗中，一名德军出纳员在逃跑时丢弃了他的箱子，伞兵们发现了散落一路的现金。他们只拿了几张钞票留作纪念，不曾想到这些钱还是有效货币。[36]

这时天已经快黑了。任何回头看看河对岸的人都会看到大火中奈梅亨的可怕景象，水面上满是火光的倒影。当 H 连连长卡尔·W. 卡普尔（Carl W. Kappel）的队伍来到铁路桥时，他们看到德国人惊慌失措地从桥一侧跳了下去，那里距水面有将近 100 英尺高。有些人非常害怕，以至于尽管他们还在河岸上，也跟着跳了下去。根据一些说法，他们曾试图投降，但被告知要向南边的伞兵投降。"当时很混乱，"一名上尉报告说，"几个德国人向我们的士兵投掷手榴弹，后者用步枪和机枪予以还击。"[37]一旦开火，就停不下来了。一些伞兵试图向从桥上跳下来、还在半空中的德国人开枪，但卡普尔命令他们停止射击，因为他们的弹药快用完了。取而代之的是，他们掉转德军本来用作保护大桥的机枪枪口，用它们进行射击。

德国人被南侧第 2 营的人马给困住了，遭到了可怕的杀戮。"千真万确，我看见德军老兵抓着我们的 M-1 步枪乞求宽恕，"杰克·博默尔（Jack Bommer）下士回忆道，"他们被近距离射杀。这就是战争。"他记得在他们上船之前，一名军官说的"不要俘虏，只管开枪打死他们。时间有限"。[38]卡普尔上尉与跟着他们的第 1 营一位连长交谈，这位连长吹嘘说他们俘虏的敌人比库克营的多。"你们抓你们的，"卡普尔反驳道，"我们杀我们的。"[39]

仅从铁路桥上就清理出 267 具尸体，这还不包括跳桥的人。[40]除此以外，一份报告称，在桥那里也俘虏了 175 名德军。[41]显然，也有伞兵从死去的德国人身上取下金质婚戒的情况，这通常需要割下他们的手指。[42]他们的一些战友表达了强烈的反对，但这在野蛮的胜利气氛下收效甚微。大屠杀的消息在德军中流传开来。一周后，富尔里德中校在日记中写道："美国人一如既往地以那种卑劣的方式行事。他们把我们的伤员从桥上扔进瓦尔河,并射杀了他们俘虏的几名国民自卫军。"[43]把伤员扔进河里几乎可以肯定不是真的,但这反映了德国人对美国伞兵的恐惧和仇恨,因为纳粹的宣传告诉他们,这些人都是从最严酷的监狱里征召来的。

爱尔兰禁卫团第2装甲营第2中队中队长爱德华·泰勒少校通过无线电发回一则消息,宣布第3营已抵达铁路桥,但禁卫装甲师以为他们抵达的是还要再往前1公里处的公路桥。[44]特罗特少校命令鲁宾逊中士做好准备。然而,掷弹兵们仍在瓦尔霍夫古堡附近与党卫军装甲掷弹兵伊林营作战,而且特罗特其余的"谢尔曼"坦克正迅速开火支援。伊林的指挥所设在瓦尔霍夫古堡与大桥之间、一座名为贝尔维代尔的16世纪砖制塔楼的瞭望台上。一个德军炮兵观察军官在他的无线电被摧毁后,采用向预定目标发射照明弹的方式,成功地继续从河对岸获得了火力支援。

"掷弹兵团国王连,这支团里最为出众的部队,"斯坦利少校写道,"穿过一条无人把守的小巷后,对堡垒发起猛攻。"[45]他们的连长牺牲了,一枚子弹射穿了他的脑袋。伊林的装甲掷弹兵声称,他们已经将18名掷弹兵爆头。贝斯特布勒尔切上尉后来看到了伊林的人在瓦尔霍夫古堡的墙上写的口号,如:"我们黑衣人相信元首";"吾之荣誉即忠诚"(这是党卫军的座右铭);"宁死不屈";"谁懦弱谁就是王八蛋";"干掉侵犯祖国的人";"我们相信阿道夫·希特勒以及我们的胜利"。[46]

鲁宾逊在一辆装备有威力巨大的17磅火炮的"谢尔曼-萤火虫"坦克上指挥着他的部队。他被给予了绝对的无线电使用优先权,以便能持续与师部保持联系。当他们的四辆坦克冲向路坡时,鲁宾逊回忆道:"好像整座城都在燃烧。"[47]他们刚开上桥，鲁宾逊的坦克就被击中了，而且他的无线电台也被打坏了，于是他接管了下一辆"谢尔曼"坦克的指挥权，这让原来指挥它的中士非常生气。

少校彼得·卡灵顿勋爵（Lord Peter Carrington）——第 1 中队副中队长（后来，他成了玛格丽特·撒切尔政府的外交大臣）——站在他的坦克炮塔上，他知道下一个要走的人就是自己。附近，皇家工兵第 14 野战中队的托尼·琼斯（Tony Jones）中尉也做好了准备。他的任务是在坦克通过大桥后，立马清理掉所有的电线和炸药。"看到曳光弹从巨大的公路桥中间划过，的确让我感觉到我们是有机会完好无损地夺取它的，"他写道，"在开过去之前，彼得·卡灵顿从他的坦克炮塔往下看，我还能看清楚他的脸。起码来说，他看上去是一副若有所思的样子。"[48]

范德沃特中校后来回忆说："场面蔚为壮观。当先头坦克到达大桥顶部时，它遭到了隐藏在沙袋后面的 88 毫米火炮的射击，后者距大桥北端约 100 码远。先头坦克和 88 毫米火炮各打了 6 发炮弹，同时，坦克一直在用机枪发射 7.62 毫米的曳光弹，在黄昏的暮色中好看极了。坦克没被击中，而 88 毫米火炮停止了射击。"[49]鲁宾逊中士认为他的坦克主炮直接命中并击毁了它。

在冲过大桥的过程中，鲁宾逊并没有意识到一个德军枪手正依托大桥的上层结构居高临下地向他射击。他忙着指挥自己的坦克开火，以及操作安装在炮塔上的"勃朗宁"机枪，射杀逃跑的德国步兵。鲁宾逊和他的坦克车组能感觉到他们的坦克正碾过被他们击毙的德国人的尸体，而且后来发现他们的坦克履带上满是血迹。位于伦特村（Lent）的哈梅尔旅队长同样也目睹了这一场景，他说："我嘴里总是叼着一支雪茄，而且只有在关键时刻我才会点燃它……当我第一眼看到英军坦克时，我就点燃了雪茄。"[50]

鲁宾逊和他的坦克继续前进了一小段路程,穿过伦特村来到铁路线下面的公路。第82空降师的伞兵向他们开火,他们进行了反击。但幸运的是,双方都在有人员伤亡之前意识到了自己的错误。伞兵们如释重负,跳上坦克并亲吻了它,也似乎是在亲吻坦克车长。但从那时起,双方的观点就产生了严重分歧:禁卫团拒绝在没有接到命令的情况下向前推进,伞兵则指责他们怯懦,抛弃他们的空降兵战友。卡灵顿晚些时候抵达,那时已构筑好一个四辆坦克炮口冲外的防御圈。鲁宾逊、卡灵顿和他们的坦克手们或是四处走动,或是靠坐在一辆坦克旁来保持清醒。他们一起喝着卡灵顿带来的一瓶威士忌,等待着爱尔兰禁卫团一个连的加入。

一些美军报告添油加醋地写道,第82空降师的军官们对卡灵顿受命等待步兵支援而拒绝前进的行为进行了严厉的斥责。甚至有人声称他曾用"汤普森"冲锋枪指着卡灵顿的脑袋。[51]不过可能性更高的是,美国人义愤填膺的程度是如此之深,以至于他们事后不断让自己相信,他们确实向英国人明白无误地表达过自己对他们的看法。①

紧跟在鲁宾逊坦克后面的是琼斯中尉的皇家工兵第14野战中队,他们一赶到公路大桥就开始切断电线。随后,他的一支皇家工兵部队立即赶到现场,开始拆除炸药。事实证明,这是一项令人抓狂的工作,正如库克那个营的军官们所发现的那样。

---

① 艾森豪威尔的参谋长沃尔特·比德尔·史密斯将军战后说:"对于英军装甲部队能否到达那里[阿纳姆],我表示怀疑。我们的部队倒是有可能。"[52]而在德军方面,哈梅尔旅队长坚持说:"他们到那里时早就没有机会了,因为那时……阿纳姆已经落入我们德国人的手中了。"[53]——原注

"当大桥的两端都被把守住之后,无数被困的德国佬已经在大桥高高的钢梁上找到了暂时的庇护。从这些有利位置,他们继续向我们以及从他们下面经过的车辆射击。尽管天很黑,我们还是不断用自动武器向他们扫射。破晓时,一幅令人毛骨悚然的景象映入眼帘。德国佬的尸体怪诞地盘绕在巨大的钢梁上窥探着整个世界。他们活像一群石像鬼①,面目可憎地斜视着下方几百英尺处的行人。"[54]

掷弹兵和库克的伞兵都深信是他们首先占领了奈梅亨公路桥。在这种情况下,或许不可避免的是,即使处于同一阵营,双方的报告也很少能对得上。不过,美军也有几份报告说率先通过大桥的是坦克部队,同时,英军也有零星报告说他们抵达时美国伞兵已经在那里了。然而,这样的争论是毫无意义的。更重要的是要搞清楚那晚英军没能挺进阿纳姆的原因。塔克及其伞兵们的愤怒是可以理解的。库克那个营和负责操纵冲锋舟的工兵共计89人阵亡,151人负伤。他们理所应当地认为,自己之所以要在大白天半自杀似的渡过瓦尔河,唯一的解释就是如果第30军想要拯救位于阿纳姆的第1空降师,那么每一个小时都至关重要。要不然,他们可以等到天黑后再展开行动。

霍罗克斯必须为英美关系受损承担大部分责任。他支持了加文强渡瓦尔河的计划。为了强调紧迫性,他向塔克的军官们强调了第1空降师所面临的危急情况,而美国伞兵比大多数人更能想见英国同行们的处境。然而,当他们以巨大的损失和几乎令人难以置信的勇气完成目标后,就没有下文了。霍罗克斯

---

① 石像鬼(gargoyle):建筑物上,特别是哥特式建筑上一种带有一个出水口的石雕怪兽,用于将水从屋顶引流到建筑物侧面,从而避免雨水从砖墙上流下并侵蚀砖墙之间的砂浆。——译者注

甚至在他的回忆录中写道："另一个困难已经被克服，我开心地上床睡觉了。"[55]

他们有许多很好的理由解释为什么禁卫装甲师，尤其是那些掷弹兵不能在当天晚上继续前进。首先，掷弹兵在奈梅亨遭受了严重的伤亡，而且他们与伊林的装甲掷弹兵的战斗一直持续到22时以后，因此他们无法从战斗中回过神来。除了鲁宾逊的部队，他们所有的坦克都缺少弹药和燃料。这就是为什么格沃特金准将和阿代尔少将决定改由爱尔兰禁卫团所部来打头阵，但由于陷入火海的奈梅亨正处于一片混乱之中，爱尔兰禁卫团为支援渡河行动而耗费的大量弹药并未得到补充。

但话又说回来，霍罗克斯应该预见到这些问题，并确保一些准备充分的战斗群处于待命状态，随时可在夜间迅速向北进军阿纳姆。他不是那种固执地认为装甲兵只能在白天使用的教条主义者。"我非常相信坦克可以在夜间使用，"他写道，"我试了三次，而且每次都非常成功。它重挫了敌军士气。"[56]霍罗克斯可能又一次被伤痛搞得精疲力竭，但不管怎样，现在都不是"开心地上床睡觉"的时候。

那天晚上，通往阿纳姆的道路是否畅通一直是另一个争论的焦点，但即使在乔治·巴顿将军的鞭策下，最强大、最具有活力的战斗群也只能侥幸过关。那天下午，德国人重新占领了阿纳姆公路桥，并往南向奈梅亨调遣装甲掷弹兵和"虎"式坦克。一个简单的事实是，第30军迟到太久了，而且夺取奈梅亨大桥的目的是为了保卫赫鲁斯贝克高地。

德军方面则是一片愤怒、沮丧和迷茫的景象。鲁宾逊的坦克一冲过大桥，在伦特村观战的哈梅尔旅队长就直奔赖因霍尔德的指挥坦克。他用无线电通知比特里希，称盟军已经越过瓦尔河。各个司令部里，电传打字机开始一直不休地跳动，电话也此起彼伏地响了起来，中间还夹杂着大喊大叫的声音。莫德尔的参谋长汉斯·克雷布斯上将不得不接很多棘手的电话，有时还得假装什么事都没发生。18时35分，"当被国防军驻荷兰总参谋长问及炸毁瓦尔河上大桥的问题时，集团军群参谋长解释说，奈梅亨大桥暂时还不应被炸毁"。[57]与此同时，在另一份通信中，他坚持要从阿纳姆火速调集增援部队——包括两个装甲掷弹兵营、一些"虎"式坦克和突击炮——"堵住瓦尔河北岸的突破口"。[58]不到一小时，党卫军第2装甲军首席参谋就打电话到莫德尔的司令部汇报说，目前，盟军渡过瓦尔河已成定局。"形势已经非常严峻。"[59]

包括党卫军"弗伦茨贝格"师哈梅尔旅队长在内的一些德国军官试图一口咬定，尽管莫德尔下令不得炸毁大桥，但阻塞行动已经施行了，只是没起效果。[60]哈梅尔甚至说，他是在坦克通过时就下达了命令，但这种说法据推测大概是一位军官为了保护自己免于希特勒的暴怒而做出的反应。另一些人则更为荒谬地坚持认为，为了让伊林营的残部逃脱，爆破作业被推迟了。

莫德尔既生气又难堪。那天早上，他又一次拒绝了比特里希炸毁两座大桥，并回撤到瓦尔河北岸的请求。他坚持要"保住桥头堡"。[61]他相信赖因霍尔德和伊林的党卫军装甲掷弹兵能够顶得住，所以当他听到盟军正在通过大桥的消息时，扬言说要把这两个人送上军事法庭。（事实上，赖因霍尔德和伊林反而都因他们的指挥和勇敢而获得了骑士铁十字勋章。）莫德尔很难否认他自己下达的命令的存在。党卫队全国副总指挥劳特

第十七章 9月20日，奈梅亨——渡过瓦尔河 / 303

尔说："集团军群总司令莫德尔元帅私下里告诉我，他将炸毁奈梅亨大桥的决定权保留在了自己手里。他希望这座大桥在任何情况下都能完好无损。"[62] 他可能不是一个会讲情面的总司令，但他一定不是一个试图把责任推给下属的人。当电话疯狂地从东普鲁士的"狼穴"打来时，比特里希的军部简要地描述了结果。"从最高统帅部国防军指挥参谋部所提出的未能炸毁大桥的责任归属问题，得到了集团军群的回应。"[63] 在战争的那个阶段，只有莫德尔才能面对希特勒的愤怒且不受惩罚。

加文准将没能看到他的士兵横渡瓦尔河的军事壮举。大约13时30分，他还在发电厂的时候，收到了他的参谋长通过无线电台打来的紧急电话，后者打了将近一个半小时的电话后才成功接通。"将军，你最好赶紧回来，否则你的师就片甲不留了。"敌军对北部的维勒（Wyler）、贝克，中部的赫鲁斯贝克，南部的莫克的总攻已经展开。其兵力组成为北部的贝克尔战斗群，中部的第406师格雷希克战斗群，南部的赫尔曼战斗群——该战斗群前六个营来自迈因德尔的第2伞兵军，并得到了一些"豹"式坦克支援。

加文开着他的吉普车迅速返回师指挥所。让他非常痛苦的是，英格兰的恶劣天气和飞机的短缺再次推迟了第325机降步兵团的到来。为了保卫一片长达50公里的地区，他的部队铺开得太散了。最大的危险是在南部，对莫克的攻击威胁着赫门大桥和第30军补给线的安全。[64] 当第456伞降野战炮兵营在冷溪禁卫团一个坦克中队的帮助下成功延缓了德军的前进速度后，加文执意要提前调来空降炮兵部队的决定终于得到了回报。在莫克发生了巷战。

加文刚抵达自己的指挥所，就惊讶地看到第 18 空降军军长马修·李奇微少将正和他的参谋人员谈话。加文将精力集中在了研究战场形势图上，而没有礼节性地向上级简要汇报情况。形势太严峻了，他认为自己必须马上前往莫克，而且他的确这么做了，全然不顾李奇微的存在。在一段时间里，李奇微都对加文的行为耿耿于怀。在艾恩德霍芬遭到轰炸并在那里与布里尔顿将军被迫分开后，李奇微的心情就已经很糟糕了，但最主要的原因还是指挥部队行动的是布朗宁，而不是他。英国人糟糕的计划以及干劲的缺乏激怒了他，而且这一切似乎都在坐实他最坏的偏见。

当加文到达莫克的边缘时，他发现一名伞兵手上拿着一个"明显颤抖着"的火箭筒，旁边有一辆燃烧着的冷溪禁卫团的坦克，这辆坦克压在了一枚美军地雷上。[65]他告诉随行的中士和中尉，赶紧带上步枪跑到路堤上，并以最快的速度开火，给敌人以一种防御有力的印象。随后，一名来自第 505 团的伞兵带着俘虏出现了，"一个 18 岁左右、真正长着一张苹果脸的孩子，一个身体健壮、桀骜不驯的孩子"。他穿着德军伞兵制服。加文向前走去，匍匐着穿过一条马路，然后来到前面的一道散兵坑旁，向他的士兵们保证增援部队正在赶来。考虑到这位年轻的指挥官背部疼痛难忍，以至于双手都麻木了，这就更令人印象深刻了。几天后的一个战斗间隙，他去看了医生，后者没有意识到加文脊椎骨折了，说这只不过是神经系统对战争高压的应激反应。加文继续着自己的战斗。"如果你真正投身到了战斗当中，那么在战斗中你身体所遭受的伤害并没有什么大不了的，"他后来说，"如果你足够兴奋和忘我，你是感觉不到那些东西的。即便挨了一枪，你也不知道发生了什么。"加文养成了一种故意把事情描绘得云淡风轻的习惯。霍罗克斯被他后面这句漫不经心的话给逗乐了,"我们只是稍微巡逻了一下",而当时他的手下正在发动一场大规模的突袭。[66]

莫克在一次反击中被夺回,但这时加文已经向北转移了。贝克尔战斗群已经穿过维勒拿下了贝克,正向贝尔赫-达尔酒店推进。格沃特金准将听说了这一威胁后,派出了一支由第21反坦克炮团Q连组成的队伍带着M-10"阿喀琉斯"坦克歼击车前往贝克,这无疑解了燃眉之急。加文来到前线给士兵们加油鼓劲,而且他欣慰地发现,他们的营长路易斯·门德斯中校似乎指挥得很好。

事实证明,格雷希克战斗群对赫鲁斯贝克的进攻是加文最不用担心的事情。前一天晚上,德军步兵通过铁路线下面的一个涵洞潜入了这个小镇,用这种方式,他们成功来到了镇中心。面对训练有素、装备精良的美国伞兵,他们几乎毫无胜算。赫克神父回忆说,那天他们为7名德军士兵挖了一个巨大的坟墓,但没有填上它,以防有更多的士兵,当然的确还有。[67]赫鲁斯贝克居民们非常欣赏美国伞兵那种不拘小节的战斗方式,他们一只手拿着枪,另一只手拿着苹果。[68]

南部较远处的第101空降师也面临着压力,因为德军试图把"地狱之路"切断。拂晓时分,(德国)第107装甲旅带着一个摩托化伞兵营再次袭击了索恩。"他们把坦克径直开到运河岸边,"汉纳中校报告说,"并牵制住了我们一个营的大部分兵力。"[69]泰勒少将发现他设在一所学校里的指挥所遭到了炮火的直接攻击。第30军一支向北行进的车队受到了威胁,但幸运的是,第15/19轻骑兵团仍在该地区活动,并与第506团第1

营联合进行了反击。随后,第44皇家坦克团的部分部队——他们正朝海尔蒙德(Helmond)进军——和第2营支援了他们。第101空降师宪兵排看守着一所监狱里近2000名俘虏,此刻焦躁万分,他们与"豹"式坦克仅有400米出头的距离。"我们自己的指挥所和支援保障部队撤了出来,让我们实际上坐镇前线,"一名中士写道,"我们让翻译告诉俘虏们躺下,保持安静。"[70] 德国空军也发动了袭击,但幸运的是,没有俘虏被击中。

第107装甲旅撤退了,一定程度上是遭到了英国装甲中队的重创。那天晚上,该旅报告说损失了7辆坦克和12辆半履带车。尽管如此,汉纳中校还是被盟军情报部门"从行动一开始就对敌军实力和组织能力水平严重估计不足而感到震惊。在每一次战斗中,德军的重组速度都远远超过了预期。而且他们能在D+2日〔9月19日〕就利用步兵和装甲部队发动一次协同攻击,这完全出乎意料"。[71]

由于第101空降师的补给卡车没有一辆能通过拥堵的"地狱之路",伞兵们的口粮出现了短缺。[72] 在消耗完刚开始带的三日份口粮后,他们不得不靠芜菁以及从德国人手里抢来的食物,或慷慨的荷兰百姓捐赠的食物过活。对盟军而言,幸运的是,当天第2王室骑兵团B中队在奥斯(Oss)发现了一个巨大的德军食品仓库。(该连还与1艘悬挂着纳粹旗帜的轮船和3艘沿瓦尔河航行的驳船交战,这让第2王室骑兵团指挥部在回复他们的汇报时说:"祝贺这次出色的海军行动。干杯。"[73])

泰勒将军带领一个营渡河增援索恩,并决定将师部迁至圣乌登罗德西部边缘的亨肯斯哈赫城堡(Kasteel Henkenshage)。一支先遣支队随后返回,称德军坦克正在攻击新的指挥所。泰勒从圣乌登罗德打电话给卡西迪,对他说:"你能把它们清走吗?我不喜欢坦克围着我。"[74]卡西迪——他的营配属六辆第44皇家坦克团的坦克——带着它们开上公路去解决这一问题。

那天,卡西迪的一个排在一次战斗后,从海特的第6伞兵团抓了个俘虏。俘虏告诉他们,他的巡逻队是被专门派去摧毁麦克罗里中士的坦克的。当时,这位爱尔兰禁卫团中士正应卡西迪的要求,看他能否帮忙从两辆英军坦克中将幸存者解救出来,这两辆坦克在通往科弗林(Koevering)的公路上被反坦克地雷炸毁。"如果他们只有一具反坦克火箭筒,"麦克罗里回答道,"我们就会把它打掉。"[75]为布里尔顿司令部撰写这份报告的美国人,显然是被麦克罗里中士的传奇经历给迷住了。

当他们到达那两辆被击毁的"谢尔曼"坦克那里时,麦克罗里爬下自己的坦克,走向第一辆坦克。车长受了重伤。"麦克罗里看见他还有呼吸,但他的头盖骨翻到了后面,脑袋耷拉着,另一块锋利的碎片划开了他的腹部,肠子露了出来。他已经不可能被救活了。"一名美军士兵随后看到麦克罗里"突然从坦克里跳了出来,迅速向前往右手边沟的方向跑了大约20码,一边跑一边拔出左轮手枪。他一跑到那里,就向下方稍微靠前的位置开了四五枪"。麦克罗里回到坦克边,手里拎着一头死去的乳猪。他把乳猪扔给美国人,说:"今晚,我们就吃这个。"[76]

麦克罗里代替了那两辆被摧毁的坦克继续向前推进。即便遭到藏在房子里的一门德军88毫米火炮攻击,他也继续待在那辆慢慢往前碾的坦克车里。他向那栋房子发射了3发75毫米炮弹,"然后又向花园发射了3发炮弹,命中了88毫米火炮"。里面有6具德国人的尸体。现在,这辆"谢尔曼"坦克几乎和一座修道院处在了同一水平面。"麦克罗里判断教堂的尖顶有一个观察哨,于是对他的炮手说:'向右瞄准十字架。'炮手犹豫了一下。麦克罗里又对他说:'我说瞄准十字架。'于是他开炮了,彻底摧毁了教堂尖顶。"[77] 一辆德军装甲侦察车露了出来,然后炮手一发将其命中。

位于索恩的贝利桥是第 30 军补给线上一个明显的咽喉,但在斯图登特大将看来,"最敏感的地方是费赫尔,它是敌军通道的'蜂腰'"。[78]

用劳伦斯·克里切尔(Laurence Critchell)上尉的话说,费赫尔是个"整洁、欢快以及温馨的小镇……有梧桐树和一个乡村广场"。尽管因为没有找到郁金香和风车而感到有些失望,但上尉还是很高兴"约翰逊上校发现自己处在他最喜欢的环境中。这场战争戏剧化十足"。有太多人想提供德军的信息,以至于约翰逊的参谋人员不得不在司令部外面安排一些可靠的地下抵抗组织成员,以过滤掉所有那些只想要找个听众的人。"通敌者被赶出家门,等待她们的是一个迟到太久的报应。这些姑娘大都相当年轻、相貌撩人,她们毫不犹豫地跑去把头发剃光了。她们似乎认为这是意料之中的命运……荷兰围观者在观看这种'理发师的司法审判'时,没有表现出法国群众在类似场合所表现出的那种令人作呕、近乎兽性般的快乐。他们只是觉得好玩,仅此而已。"[79]

当年轻人穿着标志性的橙色衣服,戴着由降落伞衣制成的丝巾,在大街上载歌载舞时,他们的欢乐非常具有感染力。而且当士兵们在他们的草坪和玫瑰花圃中挖掘散兵坑以及开掘战壕时,他们的父母从来没有抱怨过。但是,9 月 19 日星期二下午,德军炮兵开始炮轰这座小镇,获得解放时的田园风光荡然无存。躲在散兵坑里的伞兵们"像土拨鼠一样"从视野中消失了。[80]

第 59 步兵师从斯海恩德尔袭击了费赫尔。斯图登特亲自前往观战。"我看见帝国劳工组织的一个高射炮排,它用两门 88 毫米火炮向坐在高高的树上的美军狙击手射击,并从侧翼阻击我们的进攻。与此同时,运河以东的丁瑟(Dinther)周围,在泥泞不堪、危险重重的森林和灌木丛中,汉斯·容维尔特(Hans Jungwirth)少校指挥下的野战伞兵营正在独自进行一场小规模战斗……但仅凭自己那点儿轻武器,他们无法阻止得到加强的第 501 团第 1 营于 9 月 20 日拿下丁瑟和海斯韦克。"[81]

实际上,该营几乎没有得到加强。它只是被指挥得很好,而且执行了一个巧妙的包围策略。约翰逊上校终于听从了哈里·金纳德中校的恳求,沿着运河往西北方向扫荡到海斯韦克,所有被德军俘虏的、在跳伞过程中受伤的人员都被关押在那里的城堡中。金纳德坚决主张由于通道太过狭窄,他们抵挡德军的唯一希望就是进攻。金纳德当天的行动取得了巨大的成功,他以 2 人受伤的代价围捕了 480 名俘虏。有些俘虏年龄太小,甚至都还没开始刮胡子。如果非要说金纳德的部队如斯图登特试图声称的那样得到了增援,那么它的辅助部队就是骑在自行车上的荷兰志愿者,他们扮演手无寸铁的侦察兵,骑着自行车向前方和两翼行进。约翰逊对金纳德的战果印象深刻,决定第二天再运用一次该战法,这次是两个营。他们决定向西朝斯海恩德尔发动一场夜间袭击。"地狱之路"上的战斗即将火速升级。

尽管最终从德军占领下解放了出来,奈梅亨的居民却没有心情去庆祝。为夺取大桥而进行的战斗的惨烈程度震惊了所有见证过它的人。威廉默斯·彼得森神父写道:"正是在那里,我看明白了战争真正意味着什么。"美国人将他命名为"大桥上的神父",以纪念他在战斗结束后提供的援助。"支离破碎的尸体。重伤和濒死的士兵。公路上被扔满了手榴弹。"这些伤亡人员都是德国人,但并没有妨碍彼得森神父跪下来安慰垂死之人以及帮助伤者,而被俘的德国医护兵们则在一名美国军官的监视下对他们的同胞进行治疗。

隐藏在大桥下方桥洞里的德军士兵出来投降了。皇家工兵琼斯中尉得到一名英语很好但没有穿靴子的俘虏的帮助,这名俘虏告诉了他隐藏炸药的地方。这群战俘——包括一些海军士兵和几名身着国防军制服的苏联辅助人员——被押往大桥南端。突然一声枪响,一名美国空降兵军官倒地身亡。那名对此负有责任的党卫军军官被打成了筛子,他藏匿在大桥的钢梁上。

当德国战俘从桥上被押送到城里时,"市民对他们一点儿也不友好,"彼得森神父写道,"但用这样的方式是无法赢得战争的。"[82]贝图斯·厄延也目睹了他们得到的待遇。"德国战俘遭到嘘声和嘲笑……他们举着双手齐刷刷地走过。其中有一人保持不住这个队形。他一只手掌几乎没了,只留下一团生肉,鲜血直流。他们的外表相当糟糕:黑如煤炭或面色蜡黄,汗淋淋的,穿着破烂的制服,没有头盔和腰带,没有徽章,甚至没有纽扣。这是一幅可怕的景象。突然,我又一次被战争的野蛮和荒谬触动。"[83]护送他们的美军伞兵告诉那些发出嘘声的荷兰人要保持冷静。

"内城已经成了一个巨大废墟,"彼得森神父写道,"在布尔奇大街(Burchtstraat),一辆巨大的坦克被埋在倒塌房屋的瓦

第十七章 9月20日，奈梅亨——渡过瓦尔河 / 311

砾下。偶尔，可以在废墟中听见枪声。毫无疑问是一些愚蠢的德国人想要发泄他们的愤怒。"[84]身穿工作服、戴着手套的志愿者们已经开始用马车收拢街道上的尸体，并将未爆炸的炮弹记录下来，以便后续处理。在受损较轻的奈梅亨南部，一名美国伞兵"注意到，在街道和人行道之间狭窄的草地上，有很多土堆和木制十字架。当地人把德国人的尸体收集起来埋葬了"。[85]但这场战斗和可怕的大火让很多人难以承受，而不仅仅是那些无家可归的人。他们跋涉到了邻近的村庄，在那里，那些陌生人慷慨地欢迎他们进入自己的家门，这让他们非常感动。来自城里的火焰和浓烟在很远的地方都可以看见。

那天晚上，陆军元帅蒙哥马利向艾森豪威尔将军非常明确、自信地发了一则无线电报："我对'市场'行动所涉及区域内形势的看法是一切都在向好的方向发展……位于阿纳姆的英国空降师仍处在至暗时刻，但既然我们可以从奈梅亨向北进军以支援他们，他们的处境应该会得到改善。我们可以搏一把占领阿纳姆大桥，该桥目前掌握在德国人手中，完好无损。"[86]

第十八章　9月20日，
阿纳姆大桥和奥斯特贝克

星期三破晓时分天下着小雨，但这丝毫没有减弱阿纳姆大桥北端和城中心附近的火势。该地区仅存的几个平民惊恐地凝望着圣瓦尔布吉斯教堂，其中一人写道："这些塔楼看起来像巨大的火柱。"[1]

弗罗斯特的部队怀疑他们并没有蒙蒂所谓的"搏一把"就能拿下大桥的机会，不过他们也猜测，自己的存在给德国人带来的不仅仅是不便。哈梅尔旅队长此刻正在瓦尔河北岸指挥奈梅亨的行动，十分渴望听到英国第1空降师被击溃的消息。"他妈的，一群又臭又硬的家伙！"[2]他如此骂道。哈梅尔迫切需要打通公路桥，因为在潘讷登临时搭建的轮渡系统根本无法满足增援和后勤保障的需求。比特里希的军部感到有必要向上级指挥部解释清楚，之所以消灭弗罗斯特那个营的行动时间拉长了，是因为他们"狂热似的顽固"。[3]弗罗斯特和他的手下永远不会接受"狂热"这个词，但他们应该会承认这是彻头彻尾的英国人的嗜血本性。

弹药几乎耗尽了。对付装甲车辆的反坦克抛射器也打光了破甲弹。尽管弗罗斯特对他们的前景不再乐观，但一种信念已经牢固树立，那就是"这是我们的大桥，你休想踏上它"。[4]一名通信兵告诉他，他们已经和师部取得了联系。弗罗斯特第一次有了与厄克特沟通的机会，厄克特告诉他自己的处境同样很艰难。弗罗斯特向他保证自己会尽可能地坚持下去，但弹药是个问题，医疗用品和水也是个问题。然后，他询问了第30军的情况。厄克特掌握的情况并不比他多，弗罗斯特预感到他和他的手下不可能逃出生天了。关于禁卫装甲师停下来擦亮腰带和靴子的玩笑已不再好笑了。前一天，他已经和侦察中队的弗雷迪·高夫讨论过，如果他们不得不突围的话应该怎么办。一个显而易见的方向是正西方的奥斯特贝克，但弗罗斯特认为以小组为单位，穿过后花园向北偷偷溜走可能会更好。

每个人都想知道第30军的下落。旅部的比尔·马昆德（Bill Marquand）上尉派了一名报务员带着一套38型电台来到阁楼上。他不顾一切想要与他们取得联系，一遍又一遍地进行着清晰的广播："这里是第1伞兵旅，呼叫第2集团军。"[5] 可仍旧是杳无音信。

越来越多的建筑物被大火或炮弹摧毁。由于德国人使用了磷弹来加速这一进程，这两种破坏往往兼而有之。在占领了东侧仅存的第二栋房子后，德国人派工兵在桥下安放了炸药，以便在英军坦克真的从奈梅亨突破时可以炸毁大桥。由A连2排排长杰克·格雷伯恩（Jack Grayburn）中尉指挥的反击迫使他们退了回去，然后英军工兵拆除了炸弹。德国人再次发起进攻，已经两度负伤的格雷伯恩在坦克机枪的一轮扫射中被射杀。他被追授维多利亚十字勋章。

在身穿迷彩服的装甲掷弹兵的陪伴下，一个营的"虎王"坦克于当天早上抵达阿纳姆，当它从费尔普方向越过威廉斯广场（Willemsplein）时，发出了可怕的噪声。"然而，一头60吨重的装甲巨兽，"斯图登特大将承认，"在狭窄的街道和巷战中，可能不会很高效。"[6] 不过，至少他们不必承担炮手被碾碎的风险。在光滑的柏油马路上开炮,意味着每发射一枚炮弹,大炮就会往后退十来米的距离,而且炮手还不容易及时跳开。与此同时,哈梅尔旅队长写道,布林克曼战斗群"撑过了一段异常残酷的夜间战斗,转抄起反坦克榴弹发射器和火焰喷射器将个别落入包围圈中的抵抗力量用浓烟熏出来"。随着英军的视野被浓烟遮蔽,布林克曼的战斗力得到了增强。"很多人被俘虏了,绝大部分是伤员。"[7]

在学校里,埃里克·麦凯上尉给每名工兵发了两片安非他命,但他自己一粒也没拿。"这些人又累又脏,"麦凯写道,"每当看到他们,我都感到恶心想吐。他们憔悴、肮脏,眼睛布满血丝。几乎每个人都绑着肮脏的绷带,而且到处是血。"[8]他们已经三天没刮胡子了,脸被战火熏得乌黑。为了处理伤口,他们的伞兵服和作战裤被军医们剪了下来。每个人都渴得要命。他们一直在喝那些从没被击中的散热器里倒出来的锈水。

范·林堡·斯蒂鲁姆学校现在看上去就像个筛子。"不管你从哪个角度看,都能见到阳光。"[9]它是英军坚守在大桥东侧的最后一个堡垒,这也是德国人再次把火力集中到那里的原因。麦凯担心它可能会像哈梅尔所希望的那样从顶部坍塌,后者的策略就是从顶部有条不紊地炸毁大楼。下午早些时候,新抵达的"虎"式坦克再一次向它开火。

麦凯意识到,他们急需为地下室里的35名伤员做点什么。刘易斯少校自己刚刚在一次爆炸中受伤。只剩下14名体格健全的人了,所以如果楼里的火势越来越大,或者地板开始坍塌的话,他们就没有时间把伤员们救出来了。他们决定突围,以方便让学校里的人投降,并把地下室里的伤员留给德国人照料。他们开始行动,6个人拿着他们剩下的"布伦"机枪充当开路前锋，8个人充当担架手抬着4名伤员。但是，争取自由的过程是短暂的。几乎所有人都被俘了。

来自布林克曼战斗群的林斯多夫记录下了他看到有人从地下室的缝隙往外看时的情景。"我的第一反应是往地下室的窗户里扔一枚手榴弹。然后我听到一个声音大喊：'别！别！'此外，我还听到有呻吟的声音。当时我已经拉开了手榴弹上的保险环，于是我把它扔向另一座建筑的方向。之后，我走进地下室，警惕任何陷阱。进去后，我喊道：'举起手来！'地下室内满是受伤的英国士兵。他们非常害怕，于是我说：'放轻松，不会怎么样你们的。'我俘虏了他们，并把他们带回去照料……这些伤员非常无助，许多人不得不被抬走。他们的状况看起来很糟糕。"[10] 林斯多夫表现出令人印象深刻的克制，因为他最为爱戴的连长、二级突击队中队长福格尔刚刚被英军的机关炮几乎撕成两半。

弗罗斯特正在和B连连长道格拉斯·克劳利少校讨论局势，这时两人都被一枚迫击炮弹重伤。军医吉米·洛根上尉建议注射吗啡，但弗罗斯特拒绝了，因为他需要保持头脑清醒。他尽可能久地与疼痛和恶心做斗争，甚至不敢看人喝威士忌。他让弗雷迪·高夫少校接过指挥权，但要高夫在做出所有重要决定前都应当首先和他进行确认。最后他接受了吗啡注射，并被担架抬到旅部地下室。

尽管弗罗斯特依旧想守住他们的阵地，但他们已经丢掉了离大桥最近的几栋房子。德国人很快就来到了路坡上。他们用坦克把格雷布纳烧成空架子的侦察车推到一边。所以，刚好在塔克的伞兵和掷弹兵占领奈梅亨公路大桥之前，第10"弗伦茨贝格"师就已经派出了他们由装甲掷弹兵和"虎"式坦克组成的第一批增援部队。

那天晚上,当弗罗斯特醒来时,天已经黑了。他听到"一些炮弹爆炸的声音"。[11]每发生一次爆炸,都有更多的人开始无法控制地颤抖。显然,有一名士兵的黑头发在不到一周的时间里就因压力而变白了。军医洛根上尉警告说,大楼着火了,于是弗罗斯特派人去叫高夫,让他全面接管指挥权。首先,他们将把那些尚且能战斗和走动的人转移出去——只剩下100人左右——然后高夫将安排停战事宜,把伤员转交给德国人。一名伞兵写道:"这无疑是一个正确的决定,但一些状态不佳的人对被抛弃感到愤愤不平,尽管营里的军医和护理人员与他们待在一起。"[12]

停战一开始,德军就马上收紧了包围圈。然后,他们坚持要英国人用自己的吉普车撤运伤员。在那个节骨眼,高夫已经没有资格拒绝这种条件了。在转移伤员的停战行动正式开始时,弗罗斯特中校摘下了军衔徽章。洛根上尉拿着红十字旗走出去。一声枪响,他大声喊道:"停火!""这里只有伤员。"他又补充道。枪声停止了。在外面,他向一名德国军官解释说,他们需要在大楼被烧毁或坍塌之前把所有人都转移出来。这名德国军官表示同意,并下达了命令。当德国士兵走下楼梯时,"一名伤势严重的伞兵掏出一把'司登'冲锋枪,弹匣里填满了子弹,他就是想给德国人一个合适的招待,但幸运的是,他被制服了,而且枪也被拿走了"。[13]

一名德国军官身穿大衣,头戴钢盔,带着一把MP-40冲锋枪进入地下室。他环顾了下四周可怕的景象,叫来后面的人去帮助转移伤员。德国人与英国人一道,在伤员被烧死之前把他们抬了出去。他们用担架把弗罗斯特抬了出来,然后放在大桥旁边的河堤上。他发现自己就在与他一块受伤的克劳利身边。"好吧,"他说,"看来我们这次没有逃掉。"

"是的,"克劳利答道,"但我们给了他们一个绝好的烧钱的机会。"然而,弗罗斯特对在这种状态下脱离自己的部队感到极为痛苦。"我在第2营待了三年。我指挥过它所参加的每一场战斗,现在要离开它了,我感到非常失落。"[14]

非常讽刺的是,当被告知要投降时,一等兵约翰·克鲁克(John Crook)发现围住他的是一直被他看守的德国俘虏。他砸碎了自己的步枪,"在这种情况下,这是一种心灰意冷的表现"。一名"身材高大的党卫军装甲掷弹兵"用冲锋枪指着他,喊道:"举起手来!"然后,一些德国战俘试图安慰他们,拍了拍他和他战友的后背,说:"朋友。"[15]总共有大约150名德国战俘,其中许多人受了伤。

在院子里,英国伞兵伤员欣慰地看到一门6磅反坦克炮停在一边,轮胎还在燃烧,周围是炮组人员的尸体。在把伤员转移走之前,一些来自德国陆军而非党卫军的守卫允许他们吃了点儿东西,喝了点儿水。看到周围躺着的德军士兵尸体,伞兵们都感到震惊,并暗自高兴。但是,这一情形使一些党卫军装甲掷弹兵的态度变得强硬起来。

在彻底搜查完隐藏的武器后,6名伞兵和工兵被强迫靠墙站着。党卫军装甲掷弹兵朝着他们围成个半圆形,一名非常年轻的士兵站在中间,手里拿着火焰喷射器。其中一人下令,准备开火。一名伞兵大声喊道:"祈祷吧,伙计们。"而后其他人开始吟诵:"耶和华是我的牧者,我必不至缺乏。"突然,一名党卫军军官跑了过来,喊道:"不许这样。不行!不行!不行!"[16]这些装甲掷弹兵明显不情不愿地放下了他们的武器。

一名曾与伞兵们并肩作战的地下抵抗组织成员被德国人认了出来，因为他的双手被严重烧伤，缠上了绷带。他曾试图捡起一枚磷弹扔开。"他被强迫跪在地上，一名德国军官从后脑勺一枪射穿了他的脑袋。"[17]

随着停战的结束，大楼里的伤员正被逐渐疏散，迪格比·泰瑟姆-沃特少校接管了一些撤离大楼的幸存者。他们在旅部后面的花园地带和一些房屋的废墟中占领了新的位置，但现在他们的地盘变得越来越小，几乎所有的建筑都着了火。其他人试图在夜间通过德军警戒线逃跑，希望能回到位于奥斯特贝克的第1师。但极少有人成功。

大多数伤员被那辆缴获的吉普车带到一个教堂，在那里，一名英国军医处理了他们的伤口。那些伤势更重的伤员则被直接送往圣伊丽莎白医院。令外科医生彼得·德·格拉夫（Pieter de Graaf）——他曾下令将伤员从窗户处挪开，因为该地区发生了多起枪击事件——感到震惊的是，英国军队里很少有人喊叫。当一队党卫军进来搜查德国伤员中装病号的人时，一名党卫军医生开始朝四面八方发号施令。"没有人真正在意，"德·格拉夫写道，"那人大喊大叫是因为他除了能制造噪声之外，别的什么也做不了。英国和荷兰医生们只是继续他们的工作，假装他不存在。"[18]在过去的两天里，只有一名平民伤亡。那是一位上了年纪的病人，他从楼上的窗户探出头来，想看看发生了什么，结果被狙击手射杀。他和英国士兵的遗体一起被埋在医院的院子里。

尽管医院周边的战斗已经结束了，但德国人仍然很紧张。一辆坦克轰隆隆地驶往圣伊丽莎白医院，它的履带发出刺耳的金属声。炮塔向右转过去,炮口指向医院正门。[19] 舱门打开,一名身穿黑色装甲兵制服的德国军官出现了。他大叫着要见这里的负责人,称有人从医院大楼里向他开枪,除非那个人立即出现,否则他会用坦克炮击大楼。德国外科医生走了出来。最开始,他是英国人的俘虏。在德国人重新占领医院后,他理论上取得了这里的控制权,但他还是像以前一样继续与荷兰和英国医生合作。他告诉装甲兵军官他受到了很好的对待,而且他确信没有人从医院开枪。坦克车手平静下来,继续沿着公路向奥斯特贝克前进,下一场战斗即将在那里爆发。

前一天下午,其他几个试图赶到大桥的营的散兵游勇开始出现在奥斯特贝克。他们呈现出一幅令人遗憾的景象。在过去的两天里,军官和士官的沉重伤亡意味着大多数人处于一种群龙无首的状态。他们在试图攻入阿纳姆的过程中所经历的灾难,有可能破坏良好的秩序和军事纪律。第11营一名连军士长回忆说,在撤退期间,一名上士拔出手枪恐吓他道:"现在我们都是平等的。没有人会知道。"不过令军士长感到安慰的是,他偶然间听到一名二等兵对其同伴说:"我很高兴就要回到我的鸽子身边去了。"[20] 显然,这名二等兵的同伴也是一个来自伦敦的鸽子迷。

第1机降轻型炮兵团(营级)指挥官、人称"谢里夫"的汤普森("Sheriff" Thompson)中校警觉地发现,他位于奥斯特贝克教堂下方的榴弹炮并没有部队在前方进行掩护。他说:"第11伞兵营的部分部队非常虚弱。"[21] 汤普森开始组织四个营的剩余兵力构筑一道面向东部的防线,以保护他的大炮。在损失了至少四分之三的兵力后,目前第1、3、11伞兵营以及南斯塔福德郡团第 2 营的兵力减少到总计不足 450 人。他们暂时被称作汤普森部队。在令人敬畏的罗伯特·凯恩少校的指挥下，南斯塔福德郡团第 2 营在奥斯特贝克教堂附近的洗衣店驻扎下来。特尔·霍斯特家族的老教区长住宅——已经是轻型炮兵团的急救站——也将成为防御圈东南部地区的临时医院。

第 11 伞兵营的二等兵威廉·奥布赖恩（William O'Brien）一瘸一拐地走进教堂，在一张长凳上躺下来睡觉。教堂遭到了严重的破坏，透过屋顶的弹洞，他可以看到头顶的天空。"现在，我开始顾及自己的身体，"奥布赖恩承认，"在我看来，他们让我们卷入了一件他们不应该让我们卷入的事情。"但根据他的描述，一位不知姓名的荷兰女士（可能是卡特·特尔·霍斯特）前来安慰伤者，她说："鼓起勇气，上帝与你同在。"[22] 很多人并不相信上帝的确如此，但这位荷兰女士在炮火下表现出的勇敢让他们印象深刻，偶尔，还会有些装作病号的人因羞愧难当而回到自己的岗位。

前一天，哈克特率领的第 4 伞兵旅在经历了与第 9 "霍亨施陶芬"师沿德赖延公路设置的封锁线进行的激烈战斗之后，仍然没有收获任何形式的安全。第 10 和第 156 伞兵营还剩不到一半的兵力。他们与旅部一道，在铁路线以南布设了防御阵地。哈克特想在午夜前出发，利用天黑的这几个小时向东推进到奥斯特贝克。但厄克特将军告诉他待在原地，等天亮后再行动。

哈克特的担心是对的。厄克特显然不知道边民团第 1 营已经将其连队从哈克特部队需要使用的重要十字路口撤退到了南部。晚上，德国人在沃尔夫海泽公路以及布雷德道（Breedelaan）接近乌得勒支路的周边地区占领了阵地。因此，当第 156 营第二天早上开拔时,他们为打通道路,与德军步兵和突击炮进行了一场可怕的战斗。该营从最开始的270人减少到只有120人仍能参加战斗。

随着来自北部克拉夫特战斗群以及来自西部利珀特战斗群麾下党卫军阿恩海姆士官学员队(Unteroffizier Schule Arnheim)压力的不断增加,哈克特的部队几乎被包围了。他命令第10营向东北进攻,这似乎是唯一的出路。但在森林里,他们失去了联系,哈克特发现与自己一起行动的只有第156营的残部、他的司令部和一个工兵中队。

躲在壕沟里的杰弗里·鲍威尔少校看见哈克特穿过敌军火力,窜到三辆吉普车跟前。其中一辆着火了,旁边的一辆装满了弹药,第三辆挂着一个拖车,拖车内的担架上还绑着重伤的德瑞克·希思科特-艾默里(Derick Heathcoat-Amory)中校。哈克特跳上驾驶座,遮住脸以免火焰燎到他的脸上。他启动吉普车,把它开到敌军射程之外,从而挽救了那名伤员的生命。鲍威尔认为哈克特配得上一枚维多利亚十字勋章。希思科特-艾默里是幽灵分队(Phantom detachment)的指挥官,与陆军部有直接的无线电联系,后来成为哈罗德·麦克米伦的财政大臣。[23]

此外,敌军的火力实在太猛了,以至于当鲍威尔和第156营残部在树林里发现一个巨大的弹坑后他们钻了进去,并进行了全面的防御。加上旅里其他人员,他们大约有150人。这里距哈尔滕施泰因酒店不足1公里而且安全,但德军兵力正在增加。达德利·皮尔逊(Dudley Pearson)上士是哈克特的书记官,他发现自己身边站着一个吓坏了的年轻士兵,后者刚刚还举着步枪直挺挺地冲天放枪。[24]由于暴露在迫击炮火之下,他们损失惨重,尤其是军官方面。皮尔逊还看到一个人倒在他身边,一枚子弹射穿了他的喉咙。第 156 营营长、中校理查德·德沃爵士阵亡，他的副手欧内斯特·里特森（Ernest Ritson）少校以及哈克特的参谋长也阵亡了。

面对德国人的进攻，哈克特宣布他们要突破德军防线，然后径直冲向 400 米开外的英军阵地。鲍威尔同样认为，不论这一行为看起来多么像是在自寻死路，也肯定比他们弹药耗尽后在那里坐以待毙强。"于是我们在山谷边缘列队完毕，等待哈克特下达行动命令。"[25]

哈克特首先向不得不留在后面的伤员们道别。一名下士拒绝离开。他坚持留下来，以便给他们提供火力掩护。此时，他们的骑兵准将喊道："冲啊！"伞兵们怒吼着用他们的"司登"冲锋枪扫射。皮尔逊看见哈克特——也拿着步枪和刺刀——停在一名蜷缩成一团的年轻德国士兵面前，他改变了主意，并继续向前冲。前面惊慌失措的德国人四散奔逃，最终他们以 6 人阵亡为代价，剩下的 90 人成功突围到第 1 机降旅边民团第 1 营的阵地。第 10 营带着他们受伤的营长史密斯中校也来到了哈尔滕施泰因酒店防御圈。但他们的人数减少到只有约 70 人，接近于他们原有兵力的十分之一。

第 21 独立伞兵连得到了 60 名滑翔机飞行员和一个机降工兵支队增援，并在突击炮的掩护下从代伦方向向德国空军战斗群发起反击。他们以哈尔滕施泰因酒店正北 1 公里处一所名为奥默斯霍夫（Ommershof）的大房子为基地。德国人已经于夜间越过了铁路线，企图偷溜过去将他们截断。战斗经验不足的德国空军新兵面对的是一群令人生畏的战士，其中包括那些会说德语的犹太空降先导员——他们丝毫不会让步。一名德国军官要求他们投降，走上前喊道："举起手来！"工兵支队指挥官告诉他的士兵们不要开火，但当德国人继续要求他们投降时，他恶狠狠地骂了回去。"布伦"机枪一通射击，迫使那个令人恼火的人急忙找掩护，战斗随之继续。

下午晚些时候，在又一轮进攻后的短暂休整期间，守军们惊讶地听到树林里传来一阵歌声。德军的一辆广播宣传车正在播放格伦·米勒（Glenn Miller）的《兴致勃勃》（"In the Mood"）。当歌声被一个用英语呼唤他们的声音所代替时，伞兵们感觉更滑稽了。"第1空降师的先生们，想想你们家里的妻子和心上人吧。"[26]接着，这一声音称他们的许多高级军官，包括厄克特将军在内已经被俘，所以他们投降是完全体面的。这激起了一阵辱骂声、嘘声和口哨声，然后是枪声。"一整天都待在原地，"一位名叫莫利特（Mollett）的伞兵写道，"大量的迫击炮和狙击火力，把我变成了小小战壕里的一个传奇……当一群德国佬正好在我们面前的开阔地出现时，我拿定一个主意，当然还存在其他几个可能选项。听着远处移动的喇叭——在舞曲的伴奏下愉快地向德国佬射击。"[27]

沿着通往阿纳姆的铁路再往南一点是国王属苏格兰边民团第7营（除去两个从机降区撤退过程中被截断的连）。他们被困在"白宫"——一家名为德赖耶罗尔德的小旅馆——周围。佩顿-里德中校曾因作为解放者受到那里居民的热烈欢迎而感到十分尴尬，现在却只能为该营历史上最具毁灭性的战斗做准备。他们面对的是得到坦克和突击炮支援的克拉夫特战斗群。9月20日，星期三，国王属苏格兰边民团第7营没有费太大力气就阻止了敌军的试探性攻击，但是真正的战斗将会在次日到来。

* * *

随着埃贝魏因战斗群的前推,位于西侧的边民团第 1 营——到目前为止,它还没有见识到激烈的战斗——卷入了几场不同的战斗。在冯·特陶师面前撤退就意味着对沃尔夫海泽盲人学院的放弃。一位党卫队一级突击队中队长确信,有位英军将领正在那里秘密接受治疗。当范·德·贝克医生否认这一点时,一把枪顶在了他的背上。"如果说谎的话,你就死定了。"[28] 迫于威胁,范·德·贝克医生不得不带领党卫军搜查学院的每一个房间。德国人没有找到将军,于是带走了一名帮助照料伤员的英国随军牧师。

星期二,随着撤退速度的加快,边民团第 1 营下属连队兵力明显太过分散了。其中有三个连被拉回来,并聚拢在从乌得勒支路往南延伸的一条不足 1.5 公里宽的前线上。但由于茂密丛林的阻碍,他们之间几乎没有交流。边民团第 1 营的士兵们必须全力以赴挖掘战壕,因为会有迫击炮弹猝不及防地射过来,击中暴露在外的人员。此外,由于这三个连之间存在空隙,党卫军的小股部队,甚至还有一辆坦克成功穿了过去。在洛德-西蒙兹中校的指挥下,硕果仅存的一门 17 磅反坦克炮摧毁了这辆坦克。D 连得到了一些从未使用过步枪的皇家空军雷达操作员的增援。因此,"我们的团军士长在他们战壕的护墙上爬上爬下",该连连长写道,"在战斗当中给他们提供武器训练指导"。[29]

在铁路线和乌得勒支路之间,A 连正在独立作战。该连的右翼是一个排的滑翔机飞行员,而它正对着的是利珀特麾下党卫军阿恩海姆士官学员队,后者可能是冯·特陶师里面最好的部队。一位名叫迈克尔·朗(Michael Long)的滑翔机中尉飞行员在茂密的灌木丛中与一个德国士兵短兵相接。他们两个近距离互相射击,那个德国人用的是冲锋枪,朗用的是他的"史密斯韦森"(Smith and Wesson)左轮手枪。朗的大腿被射穿,伤势较重。他只打中了那个德国人的耳朵,因此,这名动弹不得的中尉成了俘虏。德国人包扎了他的大腿,而朗也包扎了对方的头。接着,德军排长恩格尔施塔特(Engelstadt)中尉也赶了过来。他和朗愉快地聊着他们曾在哪里打过仗。恩格尔施塔特去过意大利、苏联和西线。朗问他更喜欢哪一个。恩格尔施塔特环视了一下他的部下,然后俯下身,咧着嘴笑了。"西线,"他回答道,"哪哪都比在苏联强。"[30]

星期三晚些时候,当防御圈开始收缩时,奥斯特贝克的许多居民试图逃跑。他们带着自己所能携带的东西,以及制作粗糙的白旗。所谓的白旗,通常只是绑在棍子上的一块手绢或餐巾。

一名波兰战地记者在阿姆斯特丹路南部的树林里被一群泪流满面的女孩围住,她们询问可以去哪里躲避战火。"我们听见一声尖叫,声音甚至盖过了炮火的轰鸣,"他写道,"一大群孩子穿过树林,并试图通过崎岖的地带,她们跌倒又爬起来。一共有10多个人,领头的是一名大约16岁的女孩,剩下的孩子最大的还不到10岁,大家都跟着她跑。"[31]那些决定留下来的平民要么把床垫搬到地窖里——如果他们认为地窖足够坚固的话,要么到邻居那里寻求庇护。许多人发现"这些英国佬"想进来洗个澡,喝杯茶并休息一下。但即使是那些把浴缸灌得满满当当的人,也担心用水可能很快就会成为一个大问题。

在防御圈北部的中间地带,哈尔滕施泰因酒店正随着时间的流逝逐渐失去它的优雅。伞兵们扯下百叶窗以遮蔽他们的战壕。德军炮弹已经开始轰炸屋顶，燃烧的吉普车冒出的浓烟把白色的墙壁也熏黑了。厄克特将军高大而结实的身材给了许多人以安慰，但是现在他们被困住了，他也无能为力。他们师那点儿可怜的残部将继续战斗，希望自己能保住下莱茵河以北的桥头堡，如此一来，第2集团军一旦打通奈梅亨穿过贝蒂沃地区圩田——也被称为"小岛"（Island）——的通道后，立马就能用上它。

派驻在第1空降集团军的美军前进航空控制员保罗·约翰逊中尉报告了他们遭到迫击炮猛烈炮击的情形。一名在这支部队帮忙的英国皇家空军中士被打死。他和自己的手下在战壕里隐蔽得很好，但他们的车辆和装备仍然暴露在外。"随着炮火变得越来越猛烈，其他人几乎都蹲在了狭长的战壕里。"[32]考虑到这是他们第一次参加战斗，约翰逊认为无线电报务员们在炮火下表现得很勇敢。

美军中尉布鲁斯·戴维斯因为自己在哈尔滕施泰因酒店外帮不上什么忙，便在夜间外出巡逻。"我们仨寻找一处机枪阵地，并在距离师部大约400码的地方发现了它。有六个人无所事事地坐在机枪旁边。我们扔了两枚手榴弹，然后就往回走了。在回来的路上，我开枪击中一名狙击手的头部，他从20英尺高的树上掉了下来。我想那是我见过的最令自己满意的景象之一。他要么是粗心大意，要么是过于自信而选了一棵最高的树，而且枝叶不是很茂密，如此一来，自己成了个完美的活靶子。他甚至都没有看见我。"[33]

党卫军对奥斯特贝克的包围对许多协助英国人的荷兰志愿者构成了更大的威胁。最引人注目的志愿者是查尔斯·杜·

范·德·克拉普，他是海军军官，曾在1940年保卫鹿特丹抵抗德国的入侵。他被德国人囚禁在波兰的一个集中营里，最近，他从那里逃了出来并参加了华沙起义的早期阶段。就在空降部队着陆之前，范·德·克拉普抵达阿纳姆，并准备在哈尔滕施泰因酒店服役。荷兰联络官阿诺尔德斯·沃尔特斯（Arnoldus Wolters）海军少校听说过他的大名，让他把大约40名荷兰志愿者组成一个连。但是，由于缺乏武器和弹药，他们的主要任务是取回空投在德军后方的物资补给。

范·德·克拉普渴望击退德国人，但他不相信英国人会赢，这就意味着那些勇敢的年轻人的牺牲将付诸东流。他向厄克特的情报军官休·马圭尔（Hugh Maguire）少校解释说："这些英国人将被俘虏，荷兰男孩们则会被当场枪杀。"34 马圭尔仔细地听着，不得不同意他的悲观看法。年轻的志愿者被遣散回家。大多数人极不情愿地离开了，但仍有一些人坚持要战斗到最后一刻，同时，还有几个人去了一家临时医院。

虽然英国人被包围了，但他们也关押了相当数量的德国俘虏，这些俘虏在看管之下被安置在酒店的网球场里。负责看管他们的团军士长惊讶地发现，他们中很少有人受伤，"当时，这让我很恼火，因为在网球场外面，我们正经历伤亡"。这也许是对德军迫击炮部队闻名遐迩的射击精度的佐证。发给一个德国军官的口粮和英国军官收到的口粮一模一样。"这份口粮又被拆分成每人半块饼干以及差不多六分之一条的沙丁鱼。整个过程做得非常小心，每个德国人都提出多要一些。他们对此很不高兴。"35

那天，当哈尔滕施泰因酒店遭到猛烈的迫击炮袭击时，布鲁斯·戴维斯手下一名美军无线电报务员被击中。沃拉克上校用

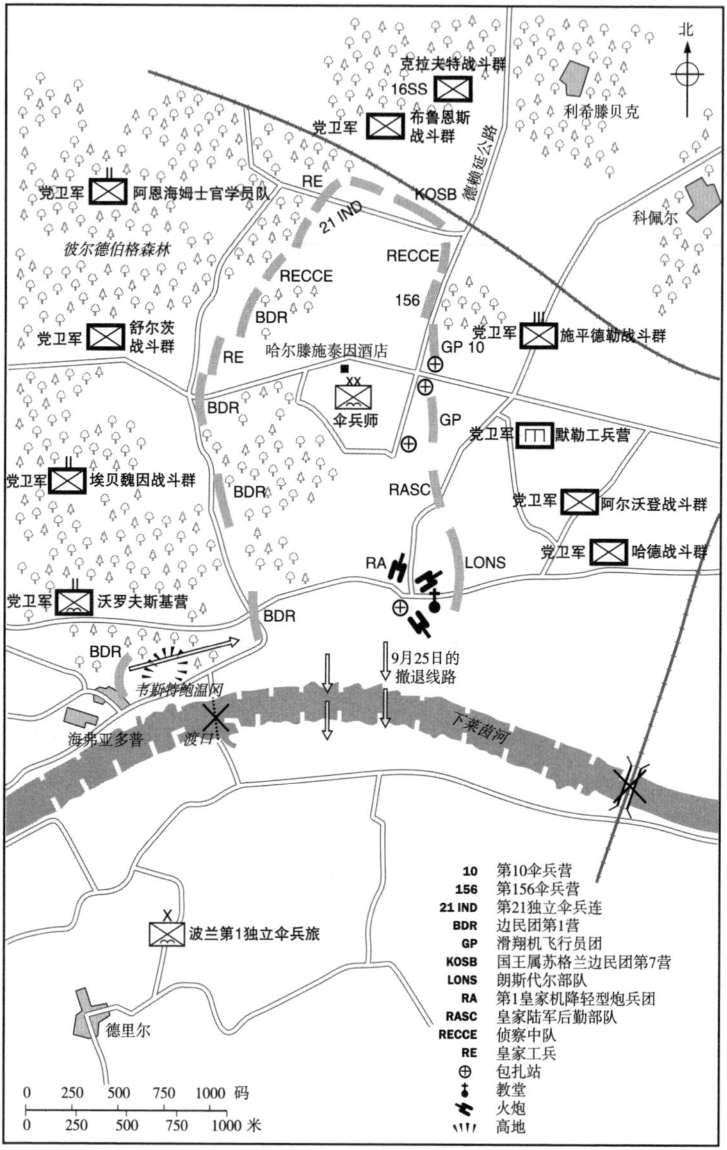

地图 9　1944 年 9 月 21~25 日，奥斯特贝克防御圈

一辆吉普车直接将他送到斯洪奥德酒店的急救站,但就当他还在那儿的时候,德军迅速占领了医院。为了避免被俘,沃拉克匆忙"摘掉他的军衔标志,并以二等兵的身份工作"。[36]沃拉克是个身材高大、性格开朗的人,并不容易隐藏,但他还是蒙混过关了。

在从圣伊丽莎白医院附近的战斗中撤退之后,南部通往奥斯特贝克教堂的公路并不是唯一还开放着的交通线。往北1公里左右,南斯塔福德郡团第2营的一群士兵气喘吁吁地来到奥斯特贝克斯洪奥德酒店附近的十字路口。许多掉队的士兵声称有坦克在他们后面跟着,以证明他们的恐慌是合理的,而三辆德国坦克的出现证明他们并没有夸大其词。幸运的是,第2机降轻型炮兵连的一个分队(炮排)出现了,并成功将他们击退。

进攻方来自默勒战斗群。据汉斯·默勒说,英军6磅反坦克炮与他们遭遇,并在连部杀死了一级突击队大队长恩格尔(Engel)。炮弹直接命中了他的身体,并将其炸得粉碎。来自"霍亨施陶芬"师的工兵现在得到了一些20毫米轻型高射炮、两辆坦克和一门突击炮的支援。这些车辆推倒了乌得勒支路周围花园的栅栏,以加快向前推进的速度。该战斗群还获得了帝国劳工组织、德国海军和德国空军人员的加强。他们没有接受过巷战训练,"但那些幸存下来的人很快就学会了"。[37]

默勒后来写道,英军不是对让他们投降的要求不予理会,"就是用刻薄的语言进行回应,比如'傻缺德国佬'"。他声称英国人也会"诙谐地通过扩音器回答问题",比如播放《莉莉玛莲》("Lili Marlene")或者《我们要在齐格菲防线上晒衣服》("We'll Hang out Our Washing on the Siegfried Line")。但战斗的激烈程度毋庸置疑。"任何人胆敢莽撞地把头伸向窗外,脑袋上都会留下个洞。"[38]

尽管斯洪奥德酒店周围响起了激烈的枪声,志愿者们还是继续用水桶和肥皂给伤员们进行清洗。他们跪在伤员身边,每当爆炸声响起时他们再趴到地上。那些还没有完全丧失行动能力的伤员戴着网面的伞兵头盔躺在床上,看起来很别扭。据亨德里卡·范·德·弗利斯特说,其中一名英国医生向伤员们强调必须保管好附在作战服上的医疗卡,因为有关治疗的所有细节都记录在那里。"你千万别把它弄丢了,"他开玩笑道,"否则被截掉的可能就是那只不该被截的胳膊或大腿了。"[39]他的一番妙语引发了一阵哄堂大笑。

突然,从酒店的厨房里传来一阵大呼小叫的声音。一些从阿纳姆监狱释放出来的犹太人在那里和几名可以走动的伤员以及勤务兵聊天。由于不知道纳粹的种族迫害行为,英军士兵无法理解为什么这些人会仅仅因为自己犹太人的身份就被关押起来。他们对纳粹的种族政策几乎一无所知,这令人吃惊。在交谈中,一名党卫军军官出现了。他用枪指着一名英军医护兵,喊道:"武器!你有没有武器?"[40]然后,他推开弹簧门来到曾经的餐厅——这里现在是另一间病房。

这个身材高大的军官全副武装地出现在门口。他身着党卫军迷彩服,那张邋里邋遢的脸上留着黑色的胡茬子。据亨德里卡·范·德·弗利斯特说,他目光毒辣地环顾四周。其他的德国人也跟着这么做。所有英国医护兵都举起双手,他们都没有武器。当这一切发生的时候,那些犹太人从后门逃了出去。苏斯(Suus)修女走进餐厅,抓住那个凶恶的德国人的手臂。她非常平静地说:"这家医院刚刚遭到射击。"[41]

"不,修女,不!"他答道,"我们和美国人不一样。我们不会向医院开火。"她指了指墙上的弹孔。他随即坚持要去看望他受伤的同胞。一名英国医生走了过来,并由亨德里卡·范·德·弗利斯特充当他们的翻译。英国医生将德国伤员指给军官。德国军官握着第一个人的手,祝贺他重获自由。他问这个伤员遭到了怎样的对待,声音里带着一种挑衅的味道。亨德里卡不认为这个受伤的德国人在听到自己获得自由的消息后表现得很高兴,他只是回答说他被照顾得很好。据当时隐匿身份的沃拉克上校所说,可能存在一个例外,但这不是医务人员的过错。一个狂热的年轻纳粹分子四个小时以来始终拒绝使用吗啡,并拒绝任何帮助。他的膝关节骨折了,一定非常痛苦。"最终,他屈服了,喊道:'朋友!'然后接受了治疗。"[42]

这名军官还坚持要去看看手术室,一名德军士兵正在那里接受小手术。一看到自己的同胞,他突然说:"Muss das sein?"——"一定要这样吗?"——仿佛这场战争只不过是一场带来了悲剧性后果的不幸的误会。德国军官经常试图宣称他们从未想要战争。"我们不想打仗。"[43]这都是强加在他们身上的。野战医院的指挥官阿瑟·马拉布尔(Arthur Marrable)是名沉着冷静的陆军中校,他仍在不紧不慢地抽着烟斗,对手下说:"好样的,伙计们。不要理会那些德国佬。继续干吧,就当什么事都没发生一样。"[44]

德军在奥斯特贝克东部的突然推进导致了另一个严重的问题。将伤员从斯洪奥德酒店运送到桌山酒店的外科手术室变得更加危险,尽管在战斗不那么紧张的情况下这种转运仍然是可能的。如此一来，马拉布尔手下的一名医生就不得不利用一把用来锯牢房门闩的"逃跑锉"，来锯掉一名士兵粉碎的脚，因为所有的截肢锯都在前线另一边的桌山酒店。

与斯洪奥德酒店一街之隔的弗雷维克酒店（Hotel Vreewijk）已经变成一个术后康复中心，但很快它就变得更大了。一位名叫珍妮·范·勒文（Jannie van Leuven）的勇敢年轻女士驾着一辆载有伤员的马车来到这里，她从战场上收拢伤员并带着他们穿过战场。她的衣服被她照顾的伤员的鲜血浸透了，于是大家给了她一件作战服，直到被俘她还穿着这件衣服。尽管斯洪奥德酒店上清楚地标有许多红十字，但机枪仍在继续射击，一门突击炮向大楼发射了四发炮弹。酒店前宽大的窗户上"开着一个个大洞，洞边都是刺出的玻璃碴"。[45]那些极其脆弱的伤员除了用毯子盖住脸来抵挡飞来的玻璃渣子外什么也做不了，这让他们看起来有些像试图藏在被子里的孩子。迫击炮不断地轰炸着，有几个人再次被弹片击伤。医务人员的脸和头上覆盖着厚厚的粉尘，仿佛他们在与面粉炸弹搏斗。不论是荷兰志愿者还是皇家陆军医疗队的工作人员，他们都惊讶地发现这些病人竟然毫无怨言，最多也就是"露出一丝苦笑"。[46]

在阿纳姆和奥斯特贝克的战斗也导致了严重的精神创伤。长时间疲劳作战所造成的心理崩溃会诱发许多奇怪的行为。尽管身体上几乎没有受伤，某个人也会脱下全部的衣服，挥舞着手臂在房间里走来走去，像火车头一样发出噪声。时不时地，他会连声咒骂道："该死的消防员，他从来都不是个好东西。"另一个患者会在夜里把人叫醒，弯下腰来，盯着他们的眼睛问道："你有信仰吗？"[47]在圣伊丽莎白医院，斯特兰斯基（Stransky）修女与一名德军战斗疲劳症患者有一段奇怪的际遇。

一个德国国防军士兵带着手枪出现,维也纳人斯特兰斯基修女不让他进门。他不停地对她重复说:"我是带着崭新的武器大老远从西伯利亚赶来营救元首的。"[48]当仍被拒绝入内时,他在医院门口的台阶上坐了下来,开始啜泣。有些人死得很平静。一名知道自己命不久矣的中士对医生说:"我知道我快要死了。请你握住我的手好吗?"[49]

当天,德军把进攻的重点放在了东南角,通往奥斯特贝克教堂的低矮的公路上。汤普森中校曾要求再增派一些军官以帮助组织该区域的防御工作,于是第 11 伞兵营的副营长理查德·朗斯代尔少校被派到了他那里。朗斯代尔是爱尔兰人,曾在西西里岛获得优异服务勋章(Distinguished Service Order)。他作为军官,这次刚好在跳下去之前,手掌被高射炮的弹片打伤。他走上前线,在汤普森中校的榴弹炮前方大约 1 公里的位置布置好防线。

突然,一个士兵喊道:"小心,他们来了!"[50]朗斯代尔看见三辆德军坦克从树林里出来,开到了大约 300 米开外的公路上。德军步兵也跟在一门自行突击炮后面向前推进。南斯塔福德郡团第 2 营的一等兵约翰·巴斯基菲尔德(John Baskeyfield)指挥着一门 6 磅反坦克炮。他和他的炮组摧毁了两辆坦克,每一辆都是在其行进到距他们 100 码内被击毁的。尽管腿部受了重伤,但巴斯基菲尔德仍在其他炮组成员负伤或阵亡后,独自一人继续装弹、射击。在德国人发起的新一轮进攻中,他的 6 磅反坦克炮被打掉了,于是他慢慢爬向另一门反坦克炮,该炮的所有炮组成员都阵亡了。巴斯基菲尔德独自一人又开了两炮,击毁了另一辆自行突击炮。"然而,就在他准备开第三炮时,一辆赶来支援的敌军坦克一炮击中了他。"[51]死后，巴斯基菲尔德被追授维多利亚十字勋章。

过了一会儿，德军的火焰喷射器引发了一阵恐慌，一群被击溃而逃跑的南斯塔福德郡团第2营士兵不得不由一名军官聚拢起来，并根据军官的命令回到前线。那天下午，德国人又重新发动了几轮进攻。德军一辆自行突击炮一度被隐藏在一栋房子的背面，于是罗伯特·凯恩少校花了大量时间来玩一种被称为致命滚球（deadly pétanque）的游戏，在这栋房子的屋顶上发射PIAT反坦克破甲弹，就好像是在用迫击炮一样。炮兵军官伊恩·米克尔（Ian Meikle）中尉勇敢地贴着墙站在上方的烟囱后面，试图指引凯恩向目标射击。当一枚德军炮弹击中烟囱时，米克尔付出了生命的代价，与此同时，PIAT反坦克破甲弹的持续射击也震破了凯恩的鼓膜。

当又出现两辆坦克时，凯恩同样用他的PIAT反坦克抛射器攻击了它们。为了确保他击中的那辆坦克被彻底摧毁，他又发射了一枚，但这一次PIAT炮弹在发射装置中爆炸了。"爆发出一道亮光，然后少校将PIAT扔到空中并向后倒了下去，"一名滑翔机中士飞行员报告说，"大家都以为他是被坦克爆炸时迸出来的弹片给击中了。他躺在那里，双手蒙着眼睛，脸又黑又肿。凯恩说道：'我想我的眼睛瞎了。'"[52]他的脸上扎满了细小的金属碎片。士兵们用担架把他抬走了。在救护站，他的视力得到了恢复，于是他在短暂地休息一会儿后便出院，重新回到了战场。不一会儿，他听到一声"'虎'式坦克！"的大喊，于是他跑向那门6磅反坦克炮。凯恩叫来另一名士兵给他帮忙并一发命中，把坦克炸停了。凯恩喊道："重新装弹！"一声回应传过来："不行，长官，驻退机（Recoil mechanism）坏了，它得返厂维修。"[53]凯恩显然非常欣赏这个冷静又专业的回答。①

傍晚时分,朗斯代尔被允许带着三个营的余部回到教堂。当他们中的大多数人在破旧不堪的教堂里休养身体时,朗斯代尔头上缠着绷带,胳膊挂在脖子上,走上了讲坛,用激动人心的语气向他们发表演讲。第二天,汤普森部队被正式更名为朗斯代尔部队。第1营和第3营的士兵驻扎在教堂以南的圩田地带,一直延伸到河边。与此同时,南斯塔福德郡团第2营驻扎在教堂周围,第11营驻扎在公路北侧。第11营的连军士长戴夫·莫里斯(Dave Morris)搬进了弗雷德霍夫酒店(Vredehof),即和平之家(Peace House)。[55]由于大门被两架钢琴堵住,他们只能从窗户爬了进去。在地下室,他们发现了15名平民,包括3名儿童和1名一个月大的婴儿。令人相当惊讶的是,和平之家的主人弗兰斯·德·苏特(Frans de Soet)向伞兵讨要来了一支步枪。第二天,他就和连军士长莫里斯一道,从天窗里进行狙击。

视线回到英国,索萨博夫斯基少将的波兰独立伞兵旅忍受着焦躁和沮丧的折磨。星期日,他们目送了第一批空降部队的离开。斯特凡·卡奇马雷克(Stefan Kaczmarek)中尉认为这支部队看起来如此强大,以至于当他一想到战争即将结束,就会有"一种略带伤感的喜悦"。[56]但是,在连续两天经历行动取消后,索萨博夫斯基和他的军官们对信息的缺乏感到愤怒,这是可以理解的。有一次,他们都已经到机场了,然后又被送了回来。

星期三上午8时45分,第1空降军与波兰方面的联络官乔

---

① 凯恩,阿纳姆战役维多利亚十字勋章获得者中唯一一个在战斗中幸存下来的人,他是杰瑞米·克拉克森(Jeremy Clarkson)的岳父。[54]——原注

治·史蒂文斯（George Stevens）中校带来了一项新的命令。他们不能在阿纳姆公路桥附近着陆，而是要在西面德里尔村（Driel）附近着陆。他们很好奇的是，如果阿纳姆大桥仍掌握在空降兵的手中，那么为什么要把他们空投到那么靠西的位置？他们开始怀疑事情出了大岔子。史蒂文斯中校只会说，该旅将被空投至下莱茵河以南，然后"乘渡船过河"。[57]

索萨博夫斯基向营连指挥官们简要介绍了新计划，然后该旅登上飞机，计划于 12 时 30 分起飞——这又推迟了一个小时。但"在引擎启动后，由于天气原因，起飞再次推到了 24 小时以后"。然而，盟军第 1 空降集团军的一份报告暗示，该计划取消的真正原因在于要优先考虑空投补给物资，但结果是"绝大部分空投给第 1 空降师的补给物资落入了敌人手中"。[58] "士兵们度过了既紧张又充满期待的一天，疲惫不堪，回到营地时怨气冲天，"一名波兰伞兵写道，"晚上，他们聚集在无线电收音机旁收听华沙方面的消息，那里的同胞正垂死挣扎，等待着他们的帮助。"[59]

当天 22 时，史蒂文斯中校回来说"形势危急"。第 1 空降师被包围了，急需增援。与欧洲大陆的通信状况显然没有得到改善，因为史蒂文斯认为奈梅亨北部以及那里的大桥仍掌握在德国人的手中。他承认目前的情况"与预期的完全不同"。[60] 毋庸赘言，现在波兰伞兵旅存在的价值只能是为拯救英国人而火中取栗了，这再明显不过。

索萨博夫斯基对整个"市场花园"行动计划从来就不抱任何信心，现在他更是出离愤怒。他一直反对将自己的反坦克炮与英军一道由滑翔机机降到阿纳姆北部，可现在木已成舟。既然德军控制着阿纳姆大桥，这就意味着他的旅将在得不到任何反坦克武器保护的情况下,被空投到下莱茵河南岸。索萨博夫斯基要求史蒂文斯通报盟军第1空降集团军指挥部,如果他没有收到一份关于阿纳姆现状的正式简报,他就拒绝前往。他说,应该"要求布里尔顿将军来做出决定。[索萨博夫斯基]坚持认为如果前一项任务被取消,在将该旅投入战斗之前,应当事先提供关于己方部队和敌人阵地的详尽情报"。[61] 一个小时后,史蒂文斯中校了解到,布里尔顿将军在欧洲大陆上的某个地方,但即便是他自己指挥部的人都不知道他具体在哪里,而且布朗宁将军也已经失去联系超过24小时了。由此可知,索萨博夫斯基对他的顶头上司失望透顶就不足为奇了。

第十九章　9月21日，
奈梅亨和"地狱之路"

视线转移到德方，德国军队是否还在瓦尔河公路大桥以南的奈梅亨战斗，这一困惑在大家心头萦绕了一整个晚上。比特里希向莫德尔的司令部报告说："过去的两个小时里没有收到桥头堡的进一步报告，守军似乎已经被摧毁了。"[1]

党卫队一级突击队中队长卡尔-海因茨·伊林部分依托于贝尔维代尔瞭望塔的塔楼，部分依托于附近的房屋指挥了瓦尔霍夫古堡和洪纳公园的防御。在鲁宾逊中士的部队冲过去之后，战斗一直进行得很顺利。但在午夜时分，伊林和他近60名部下以及阿尔博恩少校指挥的一小股伞兵部队不知怎么地成功逃脱了。[2]

伊林声称，建筑物在大火中倒塌，给人以一种他和他的手下已经阵亡的印象。但事实上，他们已经爬下瓦尔霍夫古堡陡峭的山坡，并从大桥下穿了过去，而与此同时，更多的英军坦克正从他们上方轰隆隆驶过。他们隐藏在下方的黑暗当中，瓦尔霍夫古堡的崖壁掩护了他们，使他们躲过了上方城市的大火。然后，伊林带领他的手下排成一列，"大大咧咧地沿大街走去，就好像他们是美国人一样"。[3]伊林声称他和他的手下沿着河岸推进到奈梅亨东部，在那里他们找到了一些船，然后渡河来到了瓦尔河北岸。由于美军和地下抵抗组织都进行过搜索却什么都没找到，他们似乎是异乎寻常地幸运。

当伊林和他的党卫军装甲掷弹兵因勇敢而受到高度赞扬时，位于北岸由哈通（Hartung）少校指挥的预备队显然在英军坦克出现时"没有接到命令就擅自解散了"。[4]他们跑回了贝默尔（Bemmel），甚至跑到了埃尔斯特。在那里，他们被党卫军第10装甲团的部分部队收编并带回到前线，无疑，这是在枪口威逼下。到9月21日拂晓时分，第2装甲军报告说已经建立了从奥斯特豪特（Oosterhout）到雷森（Ressen）再到贝默尔的防线，在他们的阻击下，盟军在公路桥以北推进了不到4公里。[5]该防线得到一些Ⅳ号坦克的加强，这些坦克是在潘讷登渡河过来的。这支部队得到了同样驻扎在潘讷登的第10"弗伦茨贝格"装甲师炮兵团的支援。[6]哈梅尔把指挥所迁到了渡口，因为补给物资没有被足量运过河去。

尽管莫德尔元帅承担了未能炸毁大桥的责任，但约德尔大将指出，希特勒仍然对"任由大桥完好无损地落入敌人之手这样的愚蠢行为"怒气冲冲。[7]德国国防军最高统帅部少将霍斯特·冯·布特拉尔-布兰登费尔斯男爵（Horst Freiherr von Buttlar-Brandenfels）继续要求提供更多细节来说明"为什么奈梅亨大桥没有被及时摧毁"。[8]莫德尔的参谋长不得不解释说该命令在第一批盟军着陆时就已经下达。对于那时阿纳姆的情况，下达这样的命令是完全合理的。如果阿纳姆大桥被炸毁，巩固奈梅亨的防御就不再可能了。至于奈梅亨大桥，（德国）第2伞兵军从东面发动进攻便可随时将其夺回。

英国和美国指挥官都意识到了危险。在格沃特金准将的命令下，第21反坦克炮团的M-10坦克歼击车紧接着在凌晨出发，紧随爱尔兰禁卫团第3营第1连之后。爱尔兰禁卫团第2

装甲营第 1 中队副中队长罗兰·兰顿（Roland Langton）上尉率领自己的队伍跟在后面，但在黑暗中他们很难找到第 3 营的步兵。尽管前一天伤亡惨重，但黎明时分，朱利安·库克少校那个营在坦克歼击车的支援下又推进了 1 公里。"每前进 1 英寸都伴随着激烈的争夺，"库克写道，"德国佬占尽优势。他们控制着果园、沟渠、农舍等地。"[9]库克和他的部下突破了哈梅尔的防线。但在爱尔兰禁卫团做好部署准备之前，他们也只能做这么多了。

在来自瓦尔河对岸的攻击和帝国森林的反击下，第 82 空降师的伤员数量在过去 24 小时内攀升到有 600 多人需要住院治疗。第 307 空降医疗连刚刚在奈梅亨南郊一处原为修道院的建筑外设立了一个伤员清洗站。伞兵们称这座修道院为"婴儿工厂"，因为人们认为纳粹党卫军士兵在那里与经过种族选择的年轻女性交配。① 当地人开玩笑说，这些来自花花世界的部队应该被称为"好色之徒"（Lustwaffe）。[11]

美国军医和医护兵得到了大量女性志愿者的极大帮助。她们不得不对付一名喝下用来给医疗器械消毒的医用酒精的医护兵，以及迫切想把纪念品送回家的美军伞兵。一名美国大兵不断拿出越来越多的钱给一名荷兰护士来购买她的红十字胸针。然而，她对美军内部紧张的种族关系倍感震惊。每当她照顾某个军需营的黑人士兵时，一名白人士兵就会讽刺地对她说：

---

① 1942 年，在希姆莱的命令下，党卫军接管了这座名为贝克思曼研究院（Berchmanianum）的修道院来开展他的"生命之源"计划（Lebensborn project）。[10] 来自慕尼黑的一支党卫军先遣队改造了修道士房间和生活空间，以便为 60 名"雅利安"妇女和 100 名"血统纯正"的孩子在"海尔德兰生命之源"（Lebensborn Gelderland）提供居住空间。这个地方直到 1943 年底才完工，所以直到最后也没有一个孩子出生在这里。——原注

"那是你的新男友吗？"[12]

那天，第307空降医疗连通过公路运输将一些伤员送回了比利时边境利奥波茨堡的第24转运医院。当德国人开始集中注意力攻击"地狱之路"时，这个解决方案就维持不下去了。该医疗连——得到额外一批外科医生的支援——毫无疑问承担了艰巨的任务。他们完成了大型手术284次，普通手术523次。正如大家所料，78%的"伤情在四肢——手、胳膊、脚和腿"。[13]

在这种情况下，第307医疗连的人员死亡率低得只有惊人的2.5%。自第一次世界大战以来，随着青霉素、葡萄糖注射液、氧气、抗破伤风药物、磺胺粉和改良麻醉剂的使用，军事医学取得了巨大进步。吉普车的快速疏散作用也提供了很大的帮助。医疗连的医生只遇到过一例气性坏疽，该伤员直到负伤30小时后才被送抵医院。上一场战争遗留下来的过时的伤员分类系统——该系统任由那些头部和腹部严重受伤的人死亡——在很大程度上被取代。"通常的程序是把重伤者直接从住院处送进抢救室。"总计10000加仑的氧气和4500万单位青霉素的使用起到了巨大作用。输血也是如此。第307医疗连的报告指出，"血液是挽救休克患者和大多数大出血患者的主要因素"。[14]除了使用1500单位血浆外，第307空降医疗连的医生们还呼吁轻伤患者充当献血者，以补充他们的血库。

奥蒂斯·L.桑普森（Otis L. Sampson）中士被88毫米榴弹的弹片重伤，被吉普车带到"婴儿工厂"。"我被一具低腿担架抬进医院，"他写道，"然后被安置在走廊的地板上。在这里，我得到了2夸脱的血液：我可以感觉到生命又流回了我的身体。一名少校打量了我一下，然后让一名护理员脱掉我的衣服，之后把我翻过来，让我仰面躺着。我告诉他，'少校，我被击中了后背'。'我知道，'他说，'但是弹片的位置在你的腹部。如果这是在第一次世界大战中，以你目前的伤情，你是活不下来的。如果你愿意的话，你可以喝点水，它不会对你造成任何伤害。'"

那名护理员试图拿着他的伞兵靴走开，说道："你要去的地方不需要它们。"这一举动激怒了桑普森，他试图从担架上爬下来阻止护理员，于是少校命令护理员把鞋子拿了回来。在病房里，桑普森看着医生把床单盖在死者的脸上。但不是所有的病人都受伤严重。一个德国飞行员从他的飞机上跳伞下来，降落到了他们从窗户里能看得到的位置。"他的降落伞被什么东西给缠住了，就这样悬挂在空中。"两名尚能走动的受伤伞兵立即出去把飞行员的手表和手枪卸了下来。[15]

这个德军飞行员是当天下午早些时候驾驶战斗机袭击奈梅亨，并在那里造成一阵恐慌的飞行员之一。留在城里的人认为该城将会遭到像艾恩德霍芬那样的轰炸，于是都挤进了最近的防空洞。这些战斗机还用机枪扫射了"婴儿工厂"。当贝斯特布勒尔切上尉走过去包扎伤口时，医生对他说："你知道那些德国杂种都干了些什么吗？他们飞过来扫射医院，尽管屋顶上有一个大大的红十字。你知道他们飞过来时我在干什么吗？我正在救一个德国人的命——而我碰巧又是个犹太人。"[16]

在奈梅亨大桥的战斗结束之后，有大量的清理工作要做。许多人为一张照片所震撼。在靠近奈梅亨一侧的公路桥上，一具僵直的德国士兵尸体伸着一只手臂，似乎指向河的对岸。在大桥上总共找到80具德国人的尸体，而且"当天早上"，皇家

第十九章 9月21日，奈梅亨和"地狱之路" / 343

工兵中队托尼·琼斯中尉写道，"一大批俘虏被甄别分类，老的、少的，党卫军、警察、国防军、海军步兵，简直就是个大杂烩。一些人暂且保持趾高气扬的姿态（但只持续了很短一段时间），不过大多数人完全处于茫然无措的状态。缴获和遗弃的装备更是五花八门：88毫米、50毫米、37毫米火炮，一辆小型法国坦克，'施潘道'和'哈奇开斯'机枪，新式步枪和1916年款老式长管步枪与长刺刀步枪，地雷，火箭筒，以及各种型号、大小和样式的手榴弹。以此为基础，差不多可以建一座战争博物馆了"。[17]

在奈梅亨当地，由于该城北部的大部分地区被烧毁，形势要严峻得多。"这座城市看起来极其糟糕，"音乐厅经理写道，"大量房屋被烧毁，道路上满是弹坑，玻璃和瓦砾堆积如山，树木被连根拔起，一片凄惨的景象。"[18] 单单是这座著名的德弗里尼欣音乐厅本身，就有超过1000块窗户玻璃被打碎。

当然，瓦尔霍夫古堡周围遭到的破坏更加可怕，"遭到炮轰、一片狼藉的战壕，被撕成碎片的军服，干涸的血泊，弹痕累累的车辆和武器"。德国人的尸体仍倒在街上，有些还盖着大衣。据一名目击者称，美国人在这一情景中懒洋洋地晃荡。"一名美军伞兵正在一具德军士兵的尸体旁吃着午餐罐头。"[19] 受伤的平民被送往圣卡尼修斯医院，"在那里，有8个或10个平民同时接受手术"。[20] 乡下的村民们听说了奈梅亨遭受到的破坏，立即尽其所能对他们施以援手，特别是在食品供应上，以帮助那些失去一切的人。

1940年，奈梅亨有540名犹太人，四年后就只剩下60来人了。西蒙·范·普拉克（Simon van Praag）被一名天主教神父藏了起来，为避免被发现或被告发，他不得不在黑暗中度过了大部分时间。[21]在战斗愈演愈烈以及房屋着火的时候，要保持隐藏状态一定是件很可怕的事情。当这段苦难结束时，他于白天出现在城市里，却没有感到多少宽慰，他看到这座城市在战斗中被摧毁了一半。

尽管仍有炮弹落在奈梅亨，但德国人的最后撤离意味着荷兰红白蓝三色旗的再次升起，肃反运动重新启动。"那些曾服务过德国占领者的妓女们，"科内利斯·罗伊恩斯（Cornelis Rooijens）写道，"被城市暴民和游手好闲的人用大号剪刀剃掉头发并裹在著名纳粹分子的画像里。"[22]马丁·路易斯·戴尼姆也目睹了将被逮捕的荷兰民族社会主义运动成员游街的场景，其中有"一个脖子上挂着希特勒肖像，脑袋被剃得光溜溜的女人"。[23]许多人不喜欢这种报复方式，而另一些人则对英国士兵试图干预这样的行为相当反感。"总的来说，他们对德国人的仇恨没有我们那样强烈，"一名女性写道，"我告诉他们，他们无法想象我们这几年的经历。他们认为把那些和德国人有瓜葛的人的头发剪掉太坏了，以至于一旦他们有机会，就会试图阻止这样的行为。"[24]

截至当天上午 11 时，莫德尔的指挥部听说"到目前为止，已有 45 辆敌军坦克越过大桥向北挺进"。[25]据推测，这些坦克可能由 Q 连的坦克歼击车和爱尔兰禁卫团的"谢尔曼"坦克混编而成。格沃特金准将已经命令范德勒堂兄弟俩以正常速度接敌行军，两小时前进 15 英里。但他们马上就能看到，在堤坝的顶部有一条公路，两侧则是沼泽地，"要在这里开坦克简直是在搞笑"。[26]在没有机会驶离道路的情况下，沿一条只容一辆坦克排开的道路推进无异于自寻死路。当然，他们别无选择，只能服从命令。蒙哥马利拒绝听从伯恩哈德亲王的建议,而且计划制订者也没咨询荷兰军官的意见,这是个重大错误。

10时40分,兰顿上尉接到20分钟后部队开拔的命令,然而爱尔兰禁卫团的作战日志显示,他们最终要到13时30分才出发。[27]兰顿起初以为贾尔斯·范德勒中校是在开玩笑。他们有的只是一张公路图。命令传来,"无论如何也不能停下来"。[28]当许诺给他的"台风"战机并没有出现时,兰顿大发雷霆。事实上,他们的确来了,但是通信中断了。

"'台风'战机开始陆续抵达,一次一个中队,"前进航空控制员、英国皇家空军上尉唐纳德·洛夫叙述道,"[空军少校]萨瑟兰试图与他们取得联系,但通信车上的甚高频电台坏掉了。太可怕了……'台风'战机在头顶像无头苍蝇一样乱窜,而地面上,火炮和迫击炮攻击还在继续。我感到沮丧和愤怒。什么也做不了。'台风'战机得到严格指示,不能凭猜测去攻击任何目标。"[29]当英国皇家空军的无线电报务员神经崩溃时,洛夫的情绪并没有得到改善。

领头的四辆"谢尔曼"坦克一个接一个地被击毁了。"[德军]用了不到一分钟"就把前三辆给打掉了,[30]正如另一名禁卫团军官所言,它们"就像摆在游乐场货摊上的金属鸭子一样,排着队等着被打掉"。[31]敌军防线上部署有88毫米火炮、突击炮以及至少两辆隐藏在树林里的"虎王"坦克。贾尔斯·范德勒隔老远冲他堂兄弟喊道,如果他们还让坦克沿着这条公路前进,"那就是血腥的谋杀"。[32]

几分钟后,乔·范德勒中校与他的堂兄弟贾尔斯加入了兰顿的队伍,后者出发时,坦克中队只带了四辆"谢尔曼"坦克。兰顿问他们是否能得到空中支援。范德勒摇了摇头,非常不准确地告诉他，所有的飞机都被派去执行支援波兰伞兵旅的空降行动了。兰顿坚持说："但如果能得到支援的话，我们就能完成任务。"³³范德勒又摇了摇头说，他也很抱歉。他命令兰顿留在原地，等待进一步的命令。根据皇家空军上尉洛夫的说法，乔·范德勒中校随后带着一把上了膛的左轮手枪徒步进入树林，亲自去执行侦察任务，看上去"就像狂野的西部电影［里的情景］"。³⁴兰顿非常生气，那天下午，当他目睹在他们左侧，德军战斗机在没有任何盟军飞机前来截击的情况下袭击了德里尔附近的波兰空降行动时，他变得更加愤怒。

"当看到那个'小岛'的时候，我的心一下子沉了下去。"这位禁卫装甲师师长如此说道。"小岛"是指瓦尔河与下莱茵河之间，贝蒂沃地区那一片又平坦又潮湿的圩田。"你无法想象还有什么比这里更不适合坦克作战。"³⁵阿代尔缺少步兵，而前方的任务明显是"步兵的工作"，于是他说服霍罗克斯转而让第43步兵师先行通过。等在他前面的是一场恶战。随着阿纳姆大桥被打通，哈梅尔的防线得到了布林克曼战斗群首批部队的加强——克瑙斯特营和一个连的V号"豹"式坦克抵达了埃尔斯特。

当天破晓时分，王室骑兵团派遣D中队两个连渡过瓦尔河向西侦察。他们遭到了猛烈炮击，损失了三辆白色侦察车，但还是成功在薄雾中穿过了哈梅尔的防线前往德里尔——波兰伞兵旅将被空投至那里。

在一天接着一天被困在英国后，索萨博夫斯基少将和他的士兵们生活在一种难以忍受的紧张状态中。他们渴望进入荷兰的战场，而他们的思绪却飞去了华沙与波兰国内军的绝望防守为伴。9月21日凌晨3时,史蒂文斯中校收到来自盟军第1空降集团军的消息,称其确认了德里尔附近的新空投场,并说渡轮仍然掌握在英国人的手中。消息还说奈梅亨大桥已经被占领,英军炮兵将很快具备支援位于奥斯特贝克的空降师的能力。当天早上晚些时候,盟军第1空降集团军参谋长弗洛伊德·L. 帕克斯准将再次向索萨博夫斯基保证,渡轮在第1空降师的手中。[36]当时的确如此,但德国人随后发动的进攻将击退边民团第1营守卫渡轮的那个连,并让德国国防军摧毁了它。

7时整,波兰伞兵旅官兵抵达他们的三个机场。雾气很浓,以至于机库、飞机和建筑物的轮廓很难被辨认出来,但由于天气要比前几天更为暖和,波兰人坚信这次他们可以起飞。一名年轻的波兰军官描述了当时的场景:"放眼望去,一群喧闹的伞兵围在'达科他'运输机周围,他们的武器装备和个人物品随意散落在水泥跑道上。有些人簇拥在一起讨论问题,有些人从容不迫地在那儿闭目养神,另外还有些人去拜访邻近'达科他'运输机旁的朋友们。尽管如此,所有人都没有走远,时刻准备着在接到通知后立马登机。大家都期盼着收到这次起飞不会被取消的消息。但是飞机又延误了,一个小时接着一个小时。"[37]

14时过后不久,雾气消散得差不多了,大家终于接到了出发的命令。有72架飞机从索尔特比(Saltby)和科茨莫尔机场起飞,另外46架则从斯潘霍(Spanhoe)机场起飞。大部分飞机成功在北海上空找到了气象窗口,但从斯潘霍起飞的运输机则被责令返回,这让乘员们难以置信。着陆后,当他们听闻其他人的任务还在继续执行时,无力感油然而生,"虽然这不是我们的过错,但它把我们推向了绝望,唤起了无法遏制的愤怒,以及对我们战场上同志的嫉妒"。[38]

16时05分,位于敦刻尔克包围圈的一名德国通信兵报告称天空出现了大量盟军飞机。哈策尔命令冯·斯沃博达中校的高射炮旅在阿纳姆公路桥西南方向的新阵地待命。附近机场上的60架战斗机奉命起飞。通过德军的叙述可以发现,此刻他们已经激动得忘乎所以了。他们得意扬扬地说:"密集的高射炮火就像一记燃烧的铁拳,猛烈地捶打着盟军。"[39]德国人声称他们击落了43架盟军飞机。一个德国目击者估计,盟军伞兵的伤亡率在60%左右,但波兰人的记录显示,这样的想法太过乐观。

德军的高射炮火力的确很猛烈。大部分波兰伞兵是虔诚的天主教徒,他们把向他们飞来的曳光弹戏称为"火球念珠"。[40]5架C-47运输机被击落,另有16架受损。德军在伞降区及其周围大约部署有一个连规模的兵力。伞兵旅的作战日志中写道:"飞机和降落过程中的伞兵都遭到了猛烈的射击。"[41]

只有屈指可数的几个人在降落过程中被击中。"那些被子弹'找到'的人也会着陆,"一名波兰人对战死疆场流露出浪漫主义的情感,"他们的遗体随着白色的伞篷慢慢地、庄严地飘落,仿佛他们也即将投入战斗。"[42]然而,在索萨博夫斯基已经缩减到957人的兵力中,死亡人数不超过4人,受伤人数不超过25人。"随后发生了一些用刺刀和手榴弹进行的近身格斗。敌人的抵抗很快被瓦解,而且还俘虏了11人。"[43]他们最大的担忧是第1营全体以及第3营一半官兵莫名其妙的缺席。他们不知道这些人已经受命返回,还担心他们已被击落。

他们的随军教士阿尔弗雷德·贝德诺尔茨(Alfred Bednorz)神父看到了德里尔教堂的尖塔,便立即前去拜访当地牧师，他们在交谈中可能使用的是拉丁语。"我介绍自己是一名波兰军队的随军教士。那名教区牧师很惊讶：'一名波兰教士是如何到这里来的？'我微笑着指向天空。他明白了刚刚降落在这里的伞兵是波兰人。我们像兄弟一样互相拥抱。教区牧师跑到他的办公桌前，递给我一个可爱的古董十字架。'愿这个十字架成为我们从希特勒手中被解放出来的见证。'"[44]

着陆后不久，地下抵抗组织成员科拉·巴尔图森（Cora Baltussen）就专门骑自行车前来拜访索萨博夫斯基。她警告后者渡轮已经被摧毁，德国人现在已经控制了北边的那段河岸。索萨博夫斯基一边在德里尔边缘的一所农舍里设立自己的指挥部，一边派出一支侦察巡逻队到下莱茵河河岸核实渡轮的情况。[45]但巡逻队回来后证实了科拉·巴尔图森的说法。河对岸的第1空降师正遭到敌军机枪和迫击炮的攻击，铁路桥残骸也在德军手中。没有任何迹象表明有船只存在。

当天22时30分，厄克特的师部派驻到波兰旅的联络官卢德维克·茨沃兰斯基（Ludwik Zwolanski）上尉出现了，他刚刚从对岸泅渡过来，衣裤又湿又满是泥泞。上尉皮肤黝黑，因此被称为"黑强盗"。由于不知道口令，他在那里破口大骂，一名战友听出了他的声音，便向哨兵证明了他的清白，并向他指明索萨博夫斯基指挥所的位置。茨沃兰斯基进入指挥所，干练又充满敬意地介绍了自己："茨沃兰斯基上尉向您报到，长官。"

索萨博夫斯基正在一张桌子前俯身研究着地图，这时转过身来，惊讶地盯着他，问道："你到这里来干什么，茨沃兰斯基？"[46]茨沃兰斯基解释说，厄克特派他到这里是想让他传个话，说当晚就提供木筏将索萨博夫斯基的人马运送过河去。然而，茨沃兰斯基自己都不得不泅水过河的事实让人很是泄气。尽管如此，索萨博夫斯基还是把他的两个营转移到河边。但直到凌晨3时木筏都没有出现，索萨博夫斯基便将他的大部分人马带回到德里尔挖掘战壕。河岸在大白天太过暴露了。

茨沃兰斯基同时还带来了厄克特的一则命令：一旦时机成熟，索萨博夫斯基应当率先渡河，向第1空降师师部报到。[47]索萨博夫斯基根本不想干这种事。他认为一名指挥官以这样的方式离开自己的部队简直是疯了，而且当他后来听闻这些英国人的师长——一名准将——和侦察中队指挥官全部脱离部队的遭遇后，他认为自己的决定更合理。

布朗宁希望波兰伞兵旅过河以加强第1空降师的力量并避免灾祸的发生，党卫队全国副总指挥比特里希和莫德尔的司令部都认为，新近降落在下莱茵河以南贝蒂沃地区的部队打算与"从奈梅亨向北推进的敌军建立联系"。[48]

比特里希在雷森周围的防线正设法堵住向北通往埃尔斯特和阿纳姆的道路。向西开往奥斯特豪特附近的第4/7禁卫龙骑兵团（营级）的运气要好得多。"英军坦克排成纵队向前开进，"第504团第1营报告道，"大约在17时30分左右抵达该连正前方。他们扫平了德军的据点，吓跑了一辆从奥斯特豪特出来的Ⅳ号坦克，摧毁了两辆坦克以及一辆行驶在通往奥斯特豪特公路上的半履带车，并摧毁了一个德军的迫击炮阵地。'布伦'机枪运载车在果园里打死、打伤或赶走了大约50名德国人。"[49]如果你想通过荷兰参谋学院（Netherlands Staff College）的考试，这条线路将是正确的选择。不管怎么样，伊雷妮公主旅这支荷兰军队在那天路过了艾恩德霍芬和奈梅亨，并受到了同胞们的热情欢迎。他们很幸运能顺利通过，因为第30军的行军路线即将赢得它"地狱之路"的绰号。

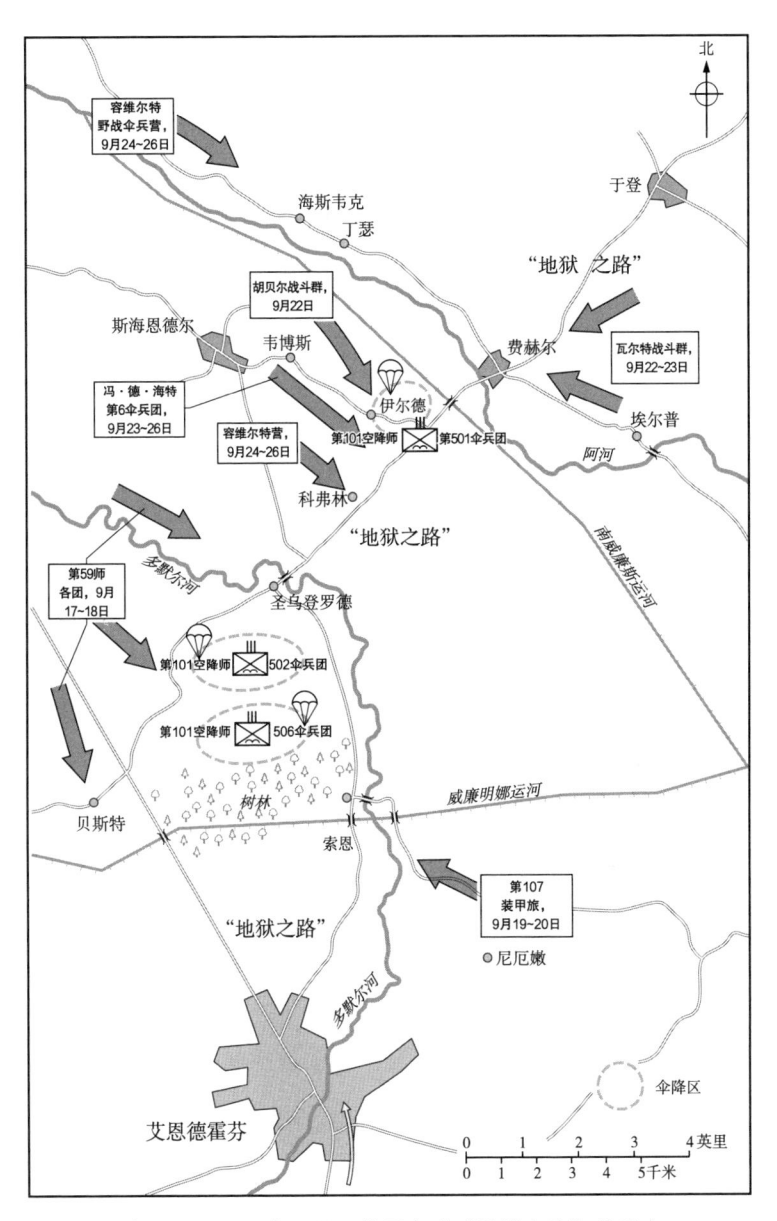

第十九章　9月21日，奈梅亨和"地狱之路"/ 351

地图10　1944年9月，德国人对"地狱之路"的反击

* * *

9月21日,第501伞兵团的约翰逊上校根据金纳德对费赫尔的攻势防御战略,以团为单位对斯海恩德尔发动了一轮夜袭。斯图登特大将前往一所学校会见波佩中将,后者将他的指挥所设在了该镇南部边缘的这所学校里。斯图登特问情况怎么样。波佩冷冷地答道:"局势稍微有些糟糕。"[50]他的意思是说他们在斯海恩德尔遭到了袭击,必须撤离。但是,当第107装甲旅——得到了伞兵和瓦尔特上校指挥的党卫军一个营的加强——从东边发起攻击时,美军将遭到沉重的打击。

行军途中,金纳德的第1营突然遭到一门装在卡车上的20毫米火炮攻击。他看见自己手下纷纷扑进了公路两旁的沟渠里。德国人故意把20毫米曳光弹往高里打,与此同时,另一挺装着普通子弹的机枪则在膝盖高度进行扫射。金纳德没有意识到德国人又在故技重施,他跑到公路上,命令自己的手下起身继续前进。"别停下!"他喊道,"敌人的炮火打得很高。""也许吧,上校,"黑暗中,一名二等兵答道,"但是我们已经有8个人腿部中弹了。"[51]其他人在沟渠里蹲着往前跑,直到他们能与20毫米火炮炮组人员接上火,并将他们逼退。

进入斯海恩德尔以后,他们发现许多房子里都有德军士兵酣睡。到凌晨时分,这个小镇已经安全了。当地一名牧师联系到金纳德,前者也是地下抵抗组织的成员。"不要让你的人上街,"金纳德恳求道,"告诉他们不要打出彩旗,要装出不欢迎我们的样子。今晚就把我说的这些话传达给他们。"[52]他们可能会遭到反攻,而且可能无法守住这个小镇。牧师同意了,并答应派侦察员骑自行车去看看德军可能在哪里集结。幸运的是,斯海恩德尔的居民们按照他们的要求做了,甚至在天亮以后都还待在家里。当街上一名伞兵身旁的百叶窗突然打开时,他吓了一跳,窗户里伸出一只手,递给了他一杯代用咖啡。[53]

德国人对整条"地狱之路"的持续攻击也影响到了圣乌登罗德。卡西迪中校那个营预计于9月21日6时30分发起反击,但在战斗的前几分钟,由于缺乏炮兵支援,他的士兵中有3人阵亡,5人受伤。对被德军占领的修道院的攻击仍在继续。每个排都得到2辆英军坦克的支援。他们面对着德军猛烈的炮火,但敌人的射击非常不精确,就好像他们开火时根本没有瞄准过一样。当卡西迪的手下占领并搜查那些建筑物时,所有德国人都溜走了。然而在10时左右,德军突然炮击了第502团指挥所,一枚炮弹在树上爆炸,击伤了米凯利斯上校和他大部分的参谋人员。卡西迪当时正走向指挥所,他被冲击波掀到了沟里,受了轻伤。他不得不指挥这个团,于是决定把指挥所暂时迁往修道院,在那里能够得到稍微好一点的保护。

激战仍在继续。"迫击炮兵中士詹姆斯·A. 科隆被狙击手打死。一等兵罗伯特·L. 德卡德在试图帮助一名受伤的德国人时,被附近掩体里的一个德国人射杀。拉森中尉在几名士兵的火力掩护下爬到掩体,用2枚手榴弹和他的0.45英寸口径手枪干掉了德国人。第2排排长沃尔中尉、1名班长和其他4人受了重伤。"[54]

直到一辆英军坦克远远出现在左翼,并在离伞兵前方大约150码处穿过炮口时,情况才有所改善。"它向步兵们正前方的一门88毫米火炮开火并将其击毁。然后它又直接击中了88毫米火炮附近的一门自行火炮。"这"就好像把软木塞从瓶口拔了出来一样"。德国人"开始像蘑菇一样"从前方的田地里冒出来，准备投降。"军官们打扮得整整齐齐的，就好像他们一直在计划着投降一样。"一名德军士兵坚持要索回自己背包里的肥皂和盥洗用品。"一名士兵猛踹了他一脚，然后他就走开了。"16时整，"一辆坦克从大约600码外穿过C连前方。该连的一门6磅［反坦克］炮给了它一炮，打在了坦克后方，这辆坦克立马转向，屁股冲向他们。随后，一辆'谢尔曼'坦克向这辆'虎'式坦克连开了三炮，'虎'式坦克随即爆炸并起火燃烧"。[55]

卡西迪接到退回到圣乌登罗德的命令，但当天晚上，德国人重新占领了修道院。两天后，一个英国装甲团①和一个步兵营付出了惨重代价才重新将其夺回。由于第30军的两支英军侧翼部队发生了延误，霍罗克斯的"俱乐部路线"就变得过于狭窄，以至于无法进行有效的防御。美国伞兵营和英国装甲中队不得不像消防员一样来回奔跑。泰勒将军将他们的角色比作保卫铁路线、前哨站和定居点，以免遭到美洲土著部落攻击的美国骑兵部队。

德国炮兵不断向车队开火，造成了运输线的持续中断，美国部队因此只能得到日常口粮的三分之一。王室骑兵团在奥斯发现的大量德军口粮被用来补充日常饮食。但由于双方都不能拿出足够的兵力来守卫这座城镇，一种奇怪的局面出现了。双方都派武装人员去领取补给品。"在这个时候很可能发生的事情是，"王室骑兵团在其作战日志中写道，"英国人在早上领取口粮，而德国人则在下午领取口粮。就排队而言，我们是一个

---

① 实际兵力相当于坦克营。——译者注

多么令人惊叹的国家。"[56]一名英国军官注意到,来自奥斯的德国补给迫使他的禁卫团战友们承认,也许他们的"战地组合口粮"包还不是世界上最糟糕的。一名美国军官强调说:"德国人的口粮很难吃。"[57]美国伞兵发现这些用马肉做的干香肠和一种叫作长寿面包(Dauerbrot)的如岩石般坚硬的食品,甚至要比他们时不时收到的英国组合食品还要糟糕。在战地组合口粮包中,他们只喜欢糖浆布丁。至于 Player's 牌香烟,"它们尝起来像热风,吸起来很费劲"。[58]另一名伞兵说,抽英国香烟就像"在用吸管吸棉花"。[59]

对于加文的第 82 空降师而言,攻击依然来自帝国森林而非高速公路的两边。迈因德尔的德国第 2 伞兵军已经接管了费尔特战斗群的指挥权,因为"他的部队不足以应对一次猛烈的、系统性的进攻,更不能独自发动攻击"。[60]

其中最激烈的战斗发生在对名为登赫弗尔的主战场的争夺,不出所料,这里后来被称为恶魔之山(Devil's Hill)。来自德国第 3 伞兵师的贝克尔战斗群不间断地进行攻击。第 508 团 A 连的机枪弹药一度用完,大部分机枪手每人只剩 5 发子弹。一名士官及时带着 4 条子弹带出现在了营指挥所。他们也缺少食物。持续不断的攻击——特别是发生在晚上的——使该连精疲力竭。他们把空的帆布子弹带绑在一起,从一个散兵坑连到另一个散兵坑,以便敌人一旦发动突然袭击,就可以通过拉动子弹带来互相叫醒。A 连成功坚持到了 9 月 23 日晚间,最终他们被解救出来。

9 月 21 日黎明前,位于贝克的第 3 营突然遭到猛攻。一个连几乎已被围困了,但其他连发起了猛烈反击,稚嫩的德国伞兵在黄昏前被赶出了小镇。

到夜幕降临时，第508伞兵团的伞兵们就能看到左边的探照灯从奈梅亨探入夜空。高射炮连一直在向试图摧毁瓦尔河大桥的德军夜间轰炸机开火，而莫德尔元帅此前一直顽固地拒绝摧毁这座大桥。

第二十章 9月21日，奥斯特贝克

尽管阿纳姆公路桥上的抵抗已于前一天晚上结束，但盟军一些部队仍然没有屈服。巴尼特中尉的警卫排决心继续战斗。他们被困在燃烧的大楼里，知道自己唯一的机会是从后方突围，在那里，德国人正等着他们。"我召集了差不多10来名［士兵］，"巴尼特回忆道，"并让他们装好刺刀，然后我们便扑向了德军。他们待在后花园，我们还没到他们跟前，他们就站起来跑了。我们大喊'哇，穆罕默德！'我认为，他们中被我们吓死的人要比被子弹打死的多。"[1]他们朝河边走去，希望从大桥下方过河，但突然，一辆"虎"式坦克清晰的轮廓映入他们的眼帘。看到这一情景他们愣住了，过了一会儿才搞明白，原来它已经被击毁和遗弃了。这辆坦克属于胡梅尔装甲连。当晚余下的时间，他们都躲在大桥下面，直到德军搜寻幸存者的巡逻队到来。

在接到高夫少校向奥斯特贝克突围的命令后，美国战略情报局托德中尉带着一小队人马向那里跑去。[2]在混乱和浓烟中，他成功脱离了战场。当发现只剩自己一人时，他爬上一棵躲过了大火的树木，并把自己绑在树枝上。这个非常难受的夜晚只是暂时保住了他的自由，第二天早上，他被德军发现了。

德国装甲掷弹兵彻底清理了战场。"太可怕了，"霍斯特·韦伯写道，"战壕里满是尸体。到处都是尸体。"韦伯随后发现了两名装死的英国伞兵。"当我经过这两具尸体时,无意间转过身去瞥了他们一眼——我和他们的目光相遇了。我用手枪指着他们,微笑着对他们说:'早上好,先生们。现在可以给您上早餐了吗?'"³韦伯押送他们来到教堂。外面,武器被丢成一堆。他仔细地看守着自己的俘虏,因为经过激烈的防御战,他不能排除他们抢到武器的可能性。

一等兵约翰·史密斯(John Smith)是旅里的一名传令兵,他加入了另一个小组,试图突围,但他们闯入了党卫军一个分队的阵地,随即被押走了。他们被关押在一个类似于教堂大厅的地方,舞台上放着一架钢琴。⁴一名伞兵忍不住走上前去,开始用它演奏爵士乐。德国看守在取得胜利后心情大好,哈哈大笑起来。

一名当天晚上留守在旅指挥部后面狭窄战壕里的伞兵,记录了他们是如何遭到迫击炮袭击并不得不击溃几次反击的。"到了上午晚些时候,我们被分解为若干个小组,其中一名军官下达命令,现在每个人都要各自为战。"他和另外三人决定通过以挨家挨户躲藏的方式前往圣伊丽莎白医院。他们有两把"司登"冲锋枪以及一把子弹。他们藏在一间办公室里,但很快被众多前来搜寻幸存者的德国巡逻队中的一支发现了。"不到半小时,我们和一大群同胞团聚了,与党卫军握手,并分享他们的香烟。我们发现这些党卫军中有许多人在北非、西西里和意大利跟我们打过仗。我本人也非常惊奇地发现,他们仍然认为自己会赢得这场战争——怎么能跟一个狂热分子争论呢?"⁵一些党卫军还采用了正如一名伞兵所说的"他们常用的把戏——'我们应该站在一边'",主张英国人应该加入他们对抗苏联人的战斗。⁶

第 3 营刘易斯那个连的一名伞兵惊奇地发现，正在搜查他的那名年轻的德军士兵浑身都在发抖。[7] 然而，更多的装甲掷弹兵心情大好。一些人分发着他们收集来的英军空投下来的巧克力。"偶尔，会有人停下来拍拍英军士兵的肩膀，表示祝贺。'打得漂亮，汤米。'"一名德国军官问一名工兵此前在哪儿打过仗。按照规定，他拒绝回答。军官用纯正的英国口音说："没关系，你是一个非常勇敢的人，但也很愚蠢。"[8]

另一名德国军官因手下一名士兵嘲笑英军战俘而打了他。在阿纳姆取得的胜利给了党卫军一个机会来展示他们是多么有骑士风度。在会合点，他们放下武器后，高夫少校发布命令，所有被俘的人在出发前都要好好表演一番。于是，他们整齐列队，靠右昂首挺胸地往前走。[9] 一队人最后纵情大吼一声："哇，穆罕默德！"[10]

装甲掷弹兵阿尔弗雷德·林斯多夫分队长回想起他们刚刚经历的一切。"没有人能在经受了如此可怕的战斗，命悬一线后还能告诉我他一点儿也不害怕。我不管他的骑士铁十字勋章是不是获得了钻石饰，我敢肯定他很害怕。"在大桥上的战斗结束后，幸存下来的士兵们聚集在阿纳姆城郊的一座公园里。"当我们聚在一起的时候，我专心地听着一只鸟儿歌唱。仿佛重获新生一般，就好像在战争期间我一直遗世独立。我突然又活了过来，意识到自己从战争中幸存了下来。"[11]

同样来自党卫军第 21 装甲掷弹兵团的霍斯特·韦伯写道："即便英国人已经投降，他们走出来的时候依然昂首挺胸。他们看起来很自豪，一点儿也不气馁。但我为他们感到难过，因为他们看起来如此憔悴和疲惫。当确定已经打败了英国人后，我们想到的第一件事就是控制他们的食物补给和香烟。我一心想要分得一杯羹，以至于拒绝向一位双腿被枪打掉的英国士兵提供帮助。他靠着墙，非常地无助。"韦伯也描述了当他和他的同伴——这些十七八岁、"总是饿着肚子"的孩子——在英军空投箱内找到口粮、急救包、速溶咖啡以及所有奢侈品时，有多么难以置信。"还有肥皂，"韦伯写道，"这个东西我们已经好几年没见过了。我们一直在用沙子洗澡。我们都想把这些东西夺过来并把它们带回家。我们都是战争中的孩子，只对自己能得到什么东西感兴趣。"他们对磺胺粉印象尤其深刻。"因为没有青霉素，我们军队里有很多士兵死于坏疽。"[12]

韦伯的一些战友乐于扒走盟军身上的军服。即便是通常装备精良的党卫军，也可能会有混穿军服的现象。一些人穿着虎斑迷彩服，一些人穿着田野灰的制服，还有许多人穿着英国人或美国人的裤子，因为它们远比德国裤子有弹性。美军伞兵靴被认为是最珍贵的，但任何穿着它的德军俘虏都有可能被当场射杀。大家都在盘算着盟军物资，即便在最高层也是如此。莫德尔的参谋长很快签署了一项命令，禁止处于优势地位的部队击落滑翔机。"他们携带着珍贵的战利品，特别是重型武器、汽车和摩托车。"[13]

弗罗斯特手下的抵抗一结束，克瑙斯特战斗群和来自党卫军第10"弗伦茨贝格"师的装甲掷弹兵就奉命向南进军，以加强埃尔斯特附近的防线。据克瑙斯特所说，来自第9"霍亨施陶芬"师侦察营的一些格雷布纳的手下在半履带车中被发现，他们伤势严重，但还活着，这些半履带车是三天前在大桥上被击毁的。[14]有几个人严重烧伤。林斯多夫还描述了那天早上乘半履带车去往埃尔斯特时的情景。"我们来到桥上,那里停放着一些被烧毁的车辆。司机还在车里,他们都被烧焦了。"[15]

克瑙斯特在看到贝蒂沃——或"小岛"——的地形时的反应和阿代尔将军是一样的。隆起的道路两旁都是积水的圩田,这样的地方是无法开行坦克的。他的战斗群装甲连很快就得到了"虎王"坦克以及一些"豹"式坦克的强力增援,克瑙斯特估计总共有45辆左右。他们营还得到一个由巡洋舰和U型潜艇水兵组成的海军营的增援——"他们是了不起的人,大多数人是士官,但不幸的是,他们完全不知道如何在陆地上作战。至于所谓的德国空军野战营,他们于黄昏时分在我这报到。这是我第一次,也是唯一一次看到这个营。黎明时分,它便消失了"。[16]克瑙斯特靠着柏飞丁(Pervitin)——一种在德国军队中使用的甲基苯丙胺药丸——来保持清醒。

当天,比特里希拜访了克瑙斯特。"再等24小时,"比特里希对他说,"我们还需要24小时。"[17]他强调一定不能让英国人通过,因为他还没有消灭奥斯特贝克的第1空降师。只有到了那个时候,他们才能将第2装甲军主力调整到南方。经验丰富的装甲兵指挥官克瑙斯特亲自为每辆坦克选定部署位置。这名独腿指挥官没有拄着拐杖四处踱步,而是乘一辆边三轮摩托车到处转移。边三轮摩托车的机动性很强,而且在遭遇空袭时,它也是一个更小的目标。

比特里希把新近抵达的党卫军荷兰营部署在大桥和阿纳姆火车站之间,作为克瑙斯特战斗群后方的一个支撑点。位于东普鲁士的元首大本营仍然担心蒙哥马利会凭借大规模的坦克突破防线。德国国防军最高统帅部向比特里希施压,让他尽快肃清位于奥斯特贝克的第1空降师的残部。希特勒要求迅速结束这场战斗，以便向奈梅亨发动大规模反攻。他们认为，位于奥斯特贝克的英国人肯定已经弹尽粮绝了，而且"毫无疑问，德国空军控制着阿纳姆的上空"，盟军的补给运不进来。[18]因此，他们推断，抵抗将是非常短暂的。

比特里希在前一天晚上报告说，他们已经在下莱茵河以北俘虏了2800名盟军官兵。[19]而且，冯·特陶将军位于沃尔夫海泽东侧铁路线的左翼部队已经与哈策尔第9"霍亨施陶芬"师右翼部队合拢，英军被完全包围了。但是，由于指挥官与党卫队一级突击队大队长利珀特发生了激烈争吵，这个所谓的冯·特陶师内部情况并不乐观。[20]因此，比特里希决定让"霍亨施陶芬"师指挥包围第1空降师的所有部队。

黎明前一小时，位于奥斯特贝克周边的英国军官们吹响哨子，以唤醒他们位于狭窄战壕里的士兵，准备迎接黎明的到来。一些人大声喊道："越位！"[21]这是一个很拙劣的笑话，但仍然引发了一些笑声。几名滑翔机飞行员在哨声响起时还在睡觉，醒来时，发现一名德军士兵躺在他们的战壕边，吓了一跳。他一直在等他们醒来，那样他才可以投降。[22]他已经40多岁了，不想再打仗了。考虑到他要投降的那些人的危险处境，他肯定是不知情，或者已经绝望了。第1伞兵营的一名二等兵非常疲惫，以至于他后来在战斗中睡着了。[23]当他醒来时，一名战友吓了一大跳，后者以为他已经死了。

进攻直到8时才发起，经过半小时的炮轰和猛烈的迫击炮炮击，步兵在几个高射炮连的直瞄射击支援下投入了战斗。炮声震耳欲聋。"塔菲（Taffy）和我唯一的交谈方式，"南斯塔福德郡团第2营的一名二等兵说，"就是冲对方的耳朵大喊。"[24]机枪火力异常猛烈,以至于朗斯代尔少校不得不乘坐一辆"布伦"机枪运载车前往他手下部队在奥斯特贝克教堂北部的防御工事。[25]据哈克特的书记官所说,朗斯代尔是一个"令人恐惧的人物",他的一只胳膊吊在血淋淋的绷带里,脑袋和大腿上都裹着沾满血渍的绷带。[26]

"就像往常一样,在黎明后不久就爆发了'仇恨',"第11伞兵营的布莱克伍德中尉在当天的日记中写道,"约翰·道格拉斯(John Douglas)和一枚迫击炮弹同时到达同一个地点。邦尼·斯皮克(Bunny Speake)的腹部和胸部承受了这枚炮弹的大部分弹片。这就让B连连长盖伊·布莱克利奇(Guy Blacklidge)和我成了仅存的军官。这是有趣的一天,炮火不断,坦克也没有给我们喘息的机会。我们的炮手非常值得称赞,至少敲掉了两辆'虎'式坦克。不幸的是,我驻守在距我方17磅火炮侧面大约20码远的壕沟里,每开一炮都几乎要把我的脑袋给震掉。"[27]

南斯塔福德郡团第2营的罗伯特·凯恩少校也同样引人注目,一枚PIAT反坦克破甲弹在他面前爆炸,他一夜间就恢复了过来。"第二天早上,"他的维多利亚十字勋章嘉奖令中这样写道,"这名军官无畏地使用他的PIAT反坦克破甲弹赶走了三辆坦克。每一次,当他离开掩体并在开阔地占据射击阵位时都全然不顾自己的安危。"[28]后来凯恩不得不撤退到奥斯特贝克教堂,他的大部分手下待在附近的洗衣房里,而这间洗衣房的主人拒绝离开。

这些守军很快就会需要大量的反坦克弹药。当天中午,德国人的第503重装甲营带着他们的45辆"虎王"坦克抵达了阿纳姆,与之一同抵达的还有来自聚特芬的第171炮兵团和由荷兰纳粹志愿者组成的党卫军"尼德兰风暴"师，该部队被比特里希部署在阿纳姆大桥后方。

由边民团第 1 营负责的西南部分防线是冯·特陶将军所部的主要进攻目标。三个排被派去防守陡峭的韦斯特鲍温冈（hill at Westerbouwing），从那里可以俯瞰下莱茵河以及通往德里尔的渡口。山顶上有一个咖啡馆，在那里可以欣赏下莱茵河和远处贝蒂沃的风景。这座小山非常重要，但是边民团第 1 营已经无法分出更多的兵力来保卫它了。

当天上午 8 时，沃罗夫斯基营——赫尔曼·戈林师的士官学员队——发动了进攻，支援他们的是几辆 1940 年缴获的老式"雷诺"坦克。战斗非常激烈。那几个排被击退了。随后，B 连发起反击，但遭受了惨重的损失，以至于不得不撤退到河边的煤气厂。一名二等兵用 PIAT 反坦克抛射器成功击毁了四辆坦克中的三辆。

毫无疑问，B 连与优势巨大的敌人进行了英勇搏斗。"他们好像有数百人之多，"一名一等兵写道，"就像足球场上的观众一样。所有能开火的武器我们都用上了。"[29]富尔里德中校在他的日记中写道："沃罗夫斯基（Worrowski）那个营在对奥斯特贝克的进攻中损失了除一名中尉以外的所有军官和半数士兵。"富尔里德是赫尔曼·戈林师的一员，当他把这支几乎没有受过训练、仓促拼凑起来的部队派到战场上时，对伤亡情况感到震惊。"尽管国防军陆军总司令部（Oberkommando des Heeres，OKH）下达了禁令，"他在评论陆军总司令部时写道，"但他们仍把大约 1600 名新兵送回了德国，因为他们的部署决策无异于使他们'犯下'杀婴罪。"[30]

B 连余部撤退到了位于丹尼诺德（Dennennoord）的一栋大白房子里。这栋房子属于约恩克海尔·博尼费修斯·德扬（Jonkheer Bonifacius de Jonge）——荷属东印度的前总督，退休后他迁居到以宁静和平著称的奥斯特贝克。当网球场被炮火炸毁，整座房子都在摇晃时，他尽量保持冷静。由于缺水，他们不得不用水桶去附近农场的井里装水，这是非常危险的。德扬在日记中记录了那天 12 名受伤的士兵是如何出现的，以及他们在厨房里吃东西的场景。"他们想放弃，因为他们几乎没有什么弹药了。然后我告诉他们，只要还有一发子弹，就不要想着投降。一名军官过来看了看发生了什么，谢天谢地，他把他们带走了。但一个小时后，他们又回来了。毫无领导力和凝聚力。形势非常危险。当初把他们空投下来时，本以为这些伞兵有三天的独立作战能力，但后来不得不派陆军来解救他们，可那支陆军部队还没有过来。这座房子还没塌，不过这是唯一值得说道的了。"[31] 房子周围的草坪遭到毁坏，被改造成战壕和武器坑，伤员们则被转移到约恩克海尔·德扬的酒窖。

在对防御圈的第一次大规模袭击中，位于下莱茵河与乌得勒支路中间的边民团第 1 营 D 连也遭到沉重打击。连续一整天，该连都在遭受迫击炮的猛烈袭击，爆炸导致大量伤亡。在周围相当茂密的树林里，来自党卫军埃贝魏因战斗群的士兵轻松渗透进了这条延伸的防线。击退从正面进攻的部队是一回事，但不断遭到来自后方的火力骚扰对士气还是造成了一定的打击。由于该连离一个小村庄很近，而且无法将伤员送回后方进行治疗，因此当地一些勇敢的居民和医护兵就在自己家里照顾他们。

希克斯麾下机降旅的另一支部队，国王属苏格兰边民团第

7营,同样在为防守防御圈北端的"白宫"——德赖耶罗尔德旅馆做准备。营长佩顿-里德中校描述了"一座鬼屋里的恐怖气氛。月光透过墙上的弹孔照射进来,投下怪诞的影子,到处都能听到敌人走来走去的脚步声,人们感觉每扇窗户外都有人在窥视"。周围的树木被炮弹炸得粉碎。一棵巨大的栗树被击倒了,而且旅馆四周都是被炮火震碎的屋顶瓦片。破碎的窗帘在风中飘动,"就像鬼魂一样"。[32]

"'白宫'之战"在黎明开启,德国狙击手将自己绑在树干高高的枝杈上。所有阵地都笼罩在多管火箭炮猛烈的炮火下,这种6管火箭炮有时被英国人称为"呻吟的米妮",因为它发出的声音就像尖声嘶叫。广播车散布消息称,蒙哥马利已经忘记他们,既然已经被包围了,他们就应该投降。

主攻从当天下午开始。克拉夫特战斗群跟在密集的迫击炮弹幕后面向前推进,但当他们发起冲锋的时候,"所有武器一起开火",佩顿-里德中校写道,"步枪手和'布伦'机枪手相互竞争看谁的射速更快;迫击炮的炮管几乎是垂直的,它在尽可能小的射程内将炮弹抛过我们的头顶,反坦克炮保护着我们的侧翼,'维克斯'机枪向四周喷射着一串串子弹。随之而来的是一股带有浓重苏格兰口音的报复性话语,喧嚣声更大了"。德军幸存者趴倒在地,但是"当我们发出令人毛骨悚然的叫声,装上老式刺刀冲向他们时",他们被干掉了。[33]

虽然兵力减少到只有270人,但国王属苏格兰边民团第7营的士兵们还是给向他们发起进攻的人造成了大量伤亡。该营营史里记载了营部和D连与敌人激烈交战的情景。"营部连连长亚历山大·科克伦(Alexander Cochran)和军乐队鼓手长泰特(Tait)用'布伦'机枪,宪兵中士格雷厄姆(Graham)用一挺'维克斯'机枪，三个人杀死了数十名德国人。"大家没有得到，也没有期待得到一丁点儿援助。显然，"D连连长戈登·谢里夫（Gordon Sherriff）少校在陪同指挥官巡视国王属苏格兰边民团第7营的阵地时，遇到了一名德国人，并徒手杀死了他"。[34]A连被击溃了，该营其他部队也被迫撤退，但在一轮凶猛的白刃冲锋后，阵地又被夺了回来。到那时，该营已经没有连长了，只有一名受伤的军士长还没有倒下。

当晚，厄克特少将命令边民团士兵们退回到哈尔滕施泰因酒店以北数百米处的一片住宅区中。这些新的阵地变成了一个郊区战场，自行突击炮占据了大街小巷，而且巷战变得异常胶着。英军士兵声称，他们仅凭发霉烟草的气味就能辨别出德国人是否在场。

配属第156伞兵营残部的侦察中队部分人员在中午时分遇到了压力。"我们第一次见识到了行进中的德国步兵，"侦察中队A分队第1小队小队长约翰·史蒂文森（John Stevenson）中尉在日记中写道，"他们在十字路口另一侧的房子里进进出出，然后走向一家面包店，那是我们防御圈内最大的房子。他们一过来，我们就把他们击倒在地。面包店里部署有我们的3名士兵和1挺机枪。［德国人］用燃烧弹把它点燃了，我们的伙计只好离开。我们不确定［德国人］是否进入了这家面包店，不过鉴于这栋建筑挡住了我们的其他阵地，我们认为最好还是把它完全炸掉。我们在50码的距离内发射了一枚PIAT反坦克破甲弹，在墙上打出一个大洞，这一定让里面的人很难受。我们对这所房子进行了巡视，并往里面扔了手榴弹，直到我们确信没有人在里面了。在那天剩下的时间里，他们多多少少在放任我们不管，弃自己死伤的同胞于不顾。那时，我们已经歼灭了很多德国佬。"[35]

防御圈内的守军并不仅仅因精疲力竭而垂头丧气,他们还弹药紧缺且饥肠辘辘。美国陆航支援军官保罗·约翰逊中尉报告说:"口粮快要消耗完了,所以我们决定削减口粮,尽可能让剩下的口粮维持得久一点。"[36]但他的部队的状况比大多数人的要好,因为他们的吉普车还很充足。

一个很关键的问题来自被空投到防御圈外的空投箱,因为缺乏无线电联络意味着英国皇家空军对防守区域没有清晰的概念。战场上的浓烟遮挡住了彩色标识牌,在此情况下,发信号弹和扔烟幕弹也没什么效果,因为德国人也在做同样的事情,他们已经掌握了盟军所有的信号示意图。当空投箱被拿到时,里面往往缺少食物。"虽然补给到了,"乔治·科萨蒂诺斯(George Cosadinos)下士写道,"但大多数补给被扔到了错误的地方。我们只收到6磅[反坦克]炮弹。这些东西又不能当饭吃!"[37]更让人愤怒的是那些装着栗色贝雷帽、作战服、腰带甚至布兰可①,而非装食物或弹药的空投箱。

其他部队渴望得到6磅反坦克炮弹,但在他们的17磅反坦克炮被打掉后,他们可能还是会收到17磅反坦克炮弹。而在另一方,德国人似乎并不缺乏弹药。由于莫德尔的组织,这些弹药一路用卡车运到荷兰,并被送往每支部队。约翰逊中尉注意到,当守军开火时,"德国人几乎立马抄起他们的迫击炮进行还击,对该地区进行彻底轰炸"。[38]

---

① 布兰可(blanco)是一种主要用于清洁和给武器装备上色的化合物。它最初被英国军队用来给皮革装备增白,后来开发的彩色布兰可用于给步兵棉网上色。布兰可在两次世界大战期间被广泛使用。——译者注

当英国皇家空军运送补给物资的飞机靠近时,几乎所有人的注意力都集中在空中,许多人承认他们的心都提到嗓子眼儿了,想象着要让飞机在密集的高射炮火下保持航向需要多么大的勇气。"一架燃烧着的'达科他'运输机引起了我的注意,"一等兵琼斯写道,"就在那一刹那,两个人影出现在机舱门口。一人有降落伞,而另一人则没有。他们俩挂在同一顶降落伞下跳了出来,但刚一出舱,他们就分开了。背着降落伞的那个人缓缓飘了下来,而另一人则像石头一样重重地砸向地面。我还能回想起他坠落时的情景:双手叉腰,头朝下冲向地面。"[39]尽管损失了一些飞机,但9月21日的补给物资空投行动比此前大多数时候要更为成功,而且也肯定比随后几天的空投行动要成功得多。第1机降轻型炮兵团平均每门火炮的备弹数量已经降到30发以下,而当天为榴弹炮送去的700发75毫米炮弹使该团实力得以保存。[40]

对于那些找到补给的人而言,他们所表现出的自控力令人印象深刻,这些人把大部分空投下来的口粮都交给了伤兵。当德国士兵为从天而降的战利品而欢欣鼓舞之时,这样的事实却时常折磨着他们的对手,一些英国士兵实在是饿得不行了,以至于有时他们在吃鸡或兔子时都不取出内脏,这显然是不明智的。不管对方是德国人还是英国人,他们毫无愧疚地翻开死者的口袋,只想看看里面还有没有口粮。如果幸运的话,早餐能得到半块燕麦片,然后将其磨碎兑上水,做成粥喝。他们的食物大多来自菜园和果园,许多伞兵因食用未成熟的梨和苹果而腹泻。那些远离哈尔滕施泰因酒店的人不得不依靠慷慨的居民所提供的食物储备过活。当了解到在被德国占领期间,普通荷兰家庭是靠着多么少的一点东西而存活下来时,这些英军士兵往往非常震惊。而战争开始后，这种情况变得更加严重。似乎唯一数量充裕的东西就只剩下茶叶了。士兵们把它们交给自己所保卫的房子的主人，主人会为大家泡上几壶茶。但那里几乎没有牛奶供应，缺水问题变得非常严重。

对茶叶的渴望是如此强烈，以至于一些士兵不惜一切代价想得到更多的茶叶。第156伞兵营火力支援连机枪排排长杰弗里·诺布尔（Jeffrey Noble）中尉的传令兵、二等兵麦卡锡（McCarthy）在德国人的炮火下，搜寻了一个又一个空投箱，终于找到了一盒茶叶。[41]由于冒了如此巨大的风险，他跑回去后被诺布尔一通臭骂，但毫无疑问，他是战友们的英雄。

除了茶叶之外，英国人还送给荷兰房主香烟、糖果和巧克力，以及从空投箱中得到的牛肉和沙丁鱼罐头。刚开始时，他们在香烟方面太慷慨了，以至于后来又不得不要了些香烟回来。他们还惊奇地发现，在奥斯特贝克，许多人自己种植烟草。但荷兰人还有很多方面值得英国人感恩戴德，尤其是平民对他们的伤员，乃至那些仅仅只是精疲力竭的人的照顾。一名男子说，当一些又累又脏的伞兵到达他们的地窖时，由于没有水，"我的妻子用古龙水给他们洗脸"。[42]

一些荷兰男孩会悄悄穿过德军阵地运送苹果和蔬菜。其他一些人则对危险感到十分兴奋，疯狂地冒险从英军空投箱，甚至德军物资那里搜寻补给。卢西亚努斯·弗勒门（Lucianus Vroemen）和一位朋友偶然遇到一辆没人的半履带车。[43]他们发现了几盒沙丁鱼罐头、几瓶法国葡萄酒和几包寡淡无味的匈牙利烟草。他们琢磨着要不要带上一把手枪，但最终还是决定不带了。他们对死去的德国士兵感到好奇而不是厌恶，在这些死者的口袋里一通搜寻。当他们献出战利品时，英国伞兵恳求他们不要如此鲁莽。

第二十章 9月21日，奥斯特贝克

* * *

为数百名伤员提供食物成了越来越艰巨的任务。在桌山酒店附近，人们看到四只绵羊在走来走去。[44]当地的志愿者扬·东德温克尔指出，这些羊很快被射杀、剥皮、屠宰，然后被炖掉。在战场上，照顾伤员也变得越来越困难。在桌山酒店，由于曾作为手术室的两间办公室的屋顶被炮火掀翻了，手术暂时无法进行。[45]

哈克特第4伞兵旅的部分人马成功将德军赶出了斯洪奥德酒店。水资源的短缺几乎使得护士们无法工作，他们现在不能清洗伤员的身体，而且医护人员也没法洗手。他们的战地止血包、绷带以及纱布非常短缺，以至于志愿者们不得不挎着篮子挨家挨户地讨要床单，那可以被撕成绷带。在某些情况下，医务人员甚至把它们从死者身上取下来重复使用，但每时每刻都有越来越多的伤员被送来。

滑翔机飞行员团的随军牧师从临时医院报告道："战斗的喧嚣变得明显令人不快。"他遇到了一个"身体上没有受伤，但精神上受到严重刺激的小伙子"。

"牧师，我冷，"男孩说，"能再给我一条毯子吗？"牧师解释说没有多余的，因为还有很多伤员一条毯子都没有。男孩让牧师给他掖好被子，并请求帮他做个祷告。"这些轰鸣声把我吓坏了。"战斗的声音还继续在周围的街道上回荡。在让他平静下来后，牧师继续着自己的巡视工作。第二天早上，佩尔牧师没有找到那个孩子，便问他去了哪里。"他在你离开后两小时就死了，"有人答道，"是因为外面的轰鸣声。"[46]

佩尔牧师继续尝试着安慰那些受到精神刺激的人，或帮忙给母亲或爱人写信。不管前景多么黯淡，他都得装出乐观的样子。

沃拉克上校报告说，伤员们"非常渴望得到第 30 军的消息"。[47]

在奥斯特贝克东侧的马里恩贝格路（Marienbergweg），党卫军士兵朝一名年轻荷兰妇女开了枪，后者正试图帮助一名受伤的英国伞兵。[48]但幸运的是她并没有死。她被带到斯洪奥德酒店时手臂严重骨折。然而，当抬着担架的勤务兵穿过马路，从斯洪奥德酒店到弗雷维克酒店时，射击停止了。战斗期间，有一次一名医护兵看见一位荷兰老人从奥斯特贝克车站沿马路走过来。"当走到十字路口时，他左右看了看，然后撑起雨伞，沉着地穿过街道，消失在去往桌山酒店的方向。"[49]

当教堂附近的斯洪奥德酒店、桌山酒店、弗雷维克酒店和教堂南边特尔·霍斯特家的住宅变得越来越肮脏破败时，战场上医护兵的身上还常常散发出先前战斗中留下的恶臭。一枚迫击炮弹在哈尔滕施泰因酒店爆炸后，隶属于侦察中队的荷兰突击队员阿里·伊塔利安德尔（Arie Italiaander）不得不临时充当起外科医生。"这名伤者的脚几乎被撕裂了"，伊塔利安德尔——他有一把锋利的刀子——被要求把伤员的脚完全切掉，他照做了。"那个正在吸着烟，被注射了吗啡的受伤男子勇敢地微笑着。"[50]德国人知道里面正发生着什么，所以没有开火。后来，伊塔利安德尔把靴子埋在了他们的壕沟附近，脚还留在靴子里面。

理论上，每个被注射了吗啡的人都应该在额头上用擦不掉的蓝色墨水标明剂量。医护人员没有告诉伤员们吗啡已经用完了。相反，他们会说："你要吗啡干什么？吗啡是给真正受伤的人准备的。你不是。"[51]在战斗快要结束的时候，第 1 空降师确实收到了一批新的补给。一架"蚊"式战斗轰炸机从低空进入，空投了一些用毯子裹着的吗啡。[52]

德国和英国伤员并排躺在临时搭建的医院里，战场上的敌意常常让位于人类共同的苦难。工兵蒂姆·希克斯（Tim Hicks）颈部中弹。他浑身麻木，担心自己已经瘫痪，但令他宽慰的是他感受到了痛感，他觉得自己又能走路了，这让他松了口气。他的战友们把他带到一个伤员急救站。"有一名士兵躺在我旁边，"他写道，"我看不见他，但能听见他的声音。他呻吟并哭泣着。我们被炮弹击中了，他伸出手来握住我的手，捏得死死的。随后他似乎安静了下来，这同样对我也是一种抚慰。早上，我看了看他，发现他是个德国人。他很年轻，和我差不多大，二十一二岁的样子。他的右侧身体有一处严重的伤口。他意识清醒，当他看到我正在看他时，冲我笑了笑，嘴里嘟囔着什么。我把我水壶里的水分享给了他。"[53]①

甚至在德国人控制下的圣伊丽莎白医院也没有水。因此，为了清洗这个溅满鲜血的地方，范·戴克修女组织了一支由护士和志愿者组成的队伍，在红十字旗的保护下前往河岸，用水桶和其他容器装水。他们从来没有遭到过射击，但他们必须在一片尸体中找出一条路来。"到处都躺着人——英国人和德国人。满地都是残缺的胳膊和大腿，我们必须非常小心，以免踩到手榴弹上。"[54]

第1机降轻型炮兵团的团救护站位于奥斯特贝克教堂附近、特尔·霍斯特教区长的住宅内，他们的情况要糟糕得多。房屋被炮火摧毁，他们有将近100名伤员，却只有1名医生——马丁上尉。那天，一辆德国坦克向房子开火。"一枚炮弹呼啸着

---

① 值得一提的是，1589年9月22日于聚特芬战场上身负重伤，并死于阿纳姆的伊丽莎白时代英雄、诗人战士菲利普·西德尼爵士（Sir Philip Sidney），在他受到重创后同样把自己最后一点水奉献给了另一名伤员，并说出了那句不朽的话："你比我更需要它。"西德尼爵士曾与荷兰人并肩作战，抵抗卡斯蒂利亚步兵的"西班牙狂怒"（furia cspañola）。　　原注

打在一个住着伤员的房间的墙上，"一名勤务兵写道，"砖块和木头掩埋了他们。马丁上尉和我刚开始挖掘他们，又发生了一次爆炸，眼前一片漆黑。5名伤员在第二次爆炸中阵亡。马丁上尉双腿受伤。"[55] 马丁包扎好自己的伤口，继续工作。

厄克特将军早上和洛德-西蒙兹中校前往这一地区视察时，被花园里堆放着的大量尸体吓了一跳。他叮嘱轻型炮兵团的汤普森中校务必把他们埋了，因为"这会影响士气"。[56]

厄克特、洛德-西蒙兹和汤普森随后走进洗衣房后面逼仄的炮兵连连部。9时35分，炮兵前进观察员进入了一支不明身份的英国部队的无线电通信网，说道："我们就是你们想见的人。"[57] 他被命令离开，但他坚持要待在里面。"我们遭到了猛烈的炮击。你能帮我们吗？"[58] 由于深知德国人企图制造麻烦，两名军官开始使用暗语谨慎地辨别对方的身份。

这名前进观察员把麦克风和耳机递给洛德-西蒙兹。"我是阳光（Sunray）"，西蒙兹亮明自己的身份，这也是指挥官的标准代号。为了推进这一进程，他说出自己的第一个名字是罗伯特。随后他被要求说出一个共同的朋友。他这样做了，然后心满意足地把脸转向厄克特，向他宣布现在他们已经同与第43师在一起的第64中型炮兵团取得了联系。现在，他们不但终于联系上了第30军，还可以从奈梅亨那里调来火力支援。汤普森说："指挥所里的紧张气氛在一片欢乐中放松了下来。"[59]

第64中型炮兵团夜以继日地从比利时边境赶往奈梅亨。在与位于奥斯特贝克的炮兵前进观察员首次取得联系的一个小时内，他们的一支部队已经准备好用4.5英寸（约114毫米）火炮向指定的三个目标中的一个开火。一天中，射击任务一个接一个地下达,并且在16时,该团还得到了一个连的155毫米"远程汤姆"(Long Tom)榴弹炮的加强。尽管射程长达15公里,第1空降师记录到他们的射击具有"不可思议的精准性",即便在德国人突破防御圈时也是如此。[60]美国空中支援小组的保罗·约翰逊承认他们没能帮到空降师,他描述了轻型炮兵团的炮兵前进观察员是如何"调整第30军的一些155毫米火炮的。他们成功地击毁了两门并击伤了一门突击炮,从而使东南翼免遭一次危险的攻击"。[61]

对于轻型炮兵团而言,他们的另一个有利机会于当天下午晚些时候到来。当波兰独立伞兵旅在德里尔附近空降时,德国人将所有火力都集中到了那个方向。这最终给了奥斯特贝克的炮兵们机会去运送弹药,完善他们的火炮掩体,并清理炮弹空壳。

对于当天仍然被困在地窖里的奥斯特贝克居民而言,任何时候的停火都是一种解脱。在炮击期间,父母有时让孩子们将平底锅扣在头上,就像戴上头盔一样。[62]这样的停火还能让孩子们不再哭闹,甚至还能让他们有机会上楼舒展一下蜷缩的双腿,甚至有多达25人在同一间房子里寻求掩蔽。[63]有些人会偷偷溜出去,看看哪些房子还没垮塌,哪些人还活着。还有一些家庭会抓住机会用手推车载上老弱病残者一起逃离。有几个老人坚决不离开。那天,滑翔机飞行员团的迈克尔·当西(Michael Dauncey)中尉正在检查一栋房子,看他们是否应该把它变成一个军事据点。他上楼察看房间,打开一扇门,一个穿着睡衣的老太太从房间里的大床上坐了起来。[64]他们互相微笑着冲对方点了点头,然后当西走了出去,并关上门。他不知道战斗愈演愈烈时她会经历什么。

在战斗中，对平民真正的威胁来自党卫军装甲掷弹兵，他们通过向地下室投掷手榴弹来清理房屋里的残敌。一个意想不到的危险是孩子们还会玩弄哑火的弹药。[65]一名中士看见某士兵走近手里拿着手榴弹的孩子，手榴弹的保险已经被拔掉，他设法把它从孩子手上拿过来，结果炸掉了自己的手。

受伤是完全无法预料的，尤其在当天频繁的迫击炮轰击中更是如此。有人曾记录，迫击炮一度在一分钟内爆炸了18次。美军中尉布鲁斯·戴维斯的脚在爆炸中被弹片击中，当时他正头朝下跳入哈尔滕施泰因酒店附近的散兵坑。当金属弹片被取出后，他有些无所事事，在停火间歇，他一瘸一拐地走来走去，试图用第30军即将到来的传言来鼓舞士气。他后来说："我想我肯定向他们承诺过，要连续四天由一个装甲师来充当我们的早点。"

戴维斯最关心的是敌人。他注意到党卫军已经为进攻做好了准备，但普通德国步兵害怕红色贝雷帽①，"而且如果没有装甲兵或自行火炮的帮助，他们不会发起进攻"。他注意到一挺MG-42机枪发出了持续30秒的开火声，这是德国人紧张不安的迹象。他在报告中写道，德国机枪开火时间如此之长，从5秒到30秒不等，表明了他们有多害怕。"不断有证据表明，英国步兵给德军带来了严重的威胁。英国步兵的惊人之处在于，他们仍然像在主日学校的第一次春季野餐时那样无忧无虑。"[66]

当运送补给的飞机飞过头顶时，许多人泪流满面，飞行员们表现出令人难以置信的勇气。死亡是如此司空见惯，以至于几乎每个人都变得冷酷无情。在乌得勒支路以北的东侧，一群

---

① 二战时，英军伞兵着红色贝雷帽。——译者注

正在玩克里比奇纸牌（cribbage）的滑翔机飞行员会不时地停下来，好让他们中的某人干掉一名德国士兵。[67]

宣传车回到了防御圈北部，在切换到呼吁放下武器的广播之前，再次播放了格伦·米勒的《兴致勃勃》。[68]紧接着是"第21［独立伞兵连］里的德裔犹太人用德语大骂'去你妈的'"。[69]但他们的仇恨有时变得不理智且无法控制。一名空降先导员中士记录了一大群德国人挥舞着白色手帕从树林中走出来时的情景。沙利文中士所在的排里，一名德裔犹太人用德语喊道："你是谁？"

"通信兵。"他们回答。

"过来。"[70]

在通向英军阵地的半路上，伞兵们开火，杀死了所有德国人。①

那天晚上，另一名空降先导员在日记中写道："现在可以非常清楚地听到河对岸我们自己的大炮声了。希望他们快点加入我们，因为我们坚持不了多久了。"[71]第11伞兵营的布莱克伍德中尉写道："第2集团军麾下第30军本该在昨天抵达我们这里，但好赖我们还是通过无线电与他们取得了联系。他们的中型炮兵团正在给予我们无与伦比的支持。今天下午，他们在敌人完全准备好前，粉碎了其大规模的反击。黄昏时分，我们仅存的反坦克炮被击毁了，一辆嗜血的'虎'式坦克还在山脊上嘶叫。我们这里有82枚手榴弹等待它的到来，

---

① 杰拉尔德·拉马克（Gerald Lamarque）是第21独立伞兵连的一名排长，化名为Zeno写了一部关于阿纳姆空降先导员的畅销小说，名为《沸锅》（*The Cauldron*），并获得了阿瑟·库斯勒奖（Arthur Koestler prize）。这本小说是在监狱里完成的，当时他因被控谋杀而在监狱里服刑。——原注

但它没有出现。我们很高兴一门波兰反坦克炮及其炮组人员出现在我们中间。据我们所知,第1空降师的残部现在正据守着一个大约1.5英里见方的区域,它的三面是德国佬,第四面是下莱茵河。"[72]

第二十一章 9月22日，黑色星期五

守卫"地狱之路"的美国第101空降师的空降兵和英国装甲团将永远铭记9月22日这个黑色星期五。从这一天起，德国人开始了对这一线路长达三天的无情进攻。第506伞兵团的一名上尉写道："士兵们一度极度疲惫，在接到休息的命令后，[他们] 齐刷刷倒在地上，甚至连自己的背包都懒得取下，很快就进入了梦乡。"[1]

德国人的主要目标仍然是费赫尔，它被斯图登特大将认为是扼住第30军前进之路的咽喉。[2]位于费赫尔的约翰逊上校不久便意识到，他的那个团对斯海恩德尔发起进攻的时机不对。9月22日上午，被困在斯海恩德尔的几个德国人在那里漫无目的地开火，并且由金纳德那个营发起了"一场激烈的、挨家挨户的'捕鼠行动'"，打死了15个德国人。[3]真正的威胁正在逼近费赫尔。

当天上午9时30分，莫德尔元帅发出命令，要求"今天的进攻务必斩断敌人的前进路线"。[4]他还要求尽快派出第245和第712步兵师。"加强我的左翼力量！"来自第59师胡贝尔战斗群的三个营，在五辆"豹"式坦克和炮兵部队的支援下，正从西部出发前去"夺取费赫尔西边运河上的大桥并将其炸毁"。[5]与此同时，冯·奥布斯特费尔德（von Obstfelder）将军已经从东部派出海尔蒙德以北的海因克战斗群和第107装甲旅。[6]

当危险变得愈发显而易见时,约翰逊立即联系了泰勒少将,后者已经将第 101 空降师的师部转移到了圣乌登罗德边缘的亨肯斯哈赫城堡。不像在索恩时那样,这个指挥所现在由第 502 伞兵团和第 377 伞降野战炮兵营严密防守。泰勒已经将第 44 皇家坦克团的一个中队派给了约翰逊,现在又承诺派出一些英军的自行火炮。

当瓦尔特战斗群和德国第 107 装甲旅从东边进军时,德军从西边发起的包抄式进攻切断了费赫尔和于登(Uden)之间的"地狱之路"。[7]这迫使位于奈梅亨的阿代尔将军调回第 32 禁卫旅,以重新打通这条公路。第 506 团第 2 营,包括温特斯上尉的 E 连在内,带着两辆英国坦克及时赶到了于登。这场对第一支接近于登的德国巡逻队进行的猛烈攻击,给人以一种该镇已经被牢牢控制住的印象。德国人的反攻在费赫尔引起了恐慌。镇上的居民们试图挤进医院以寻求庇护。斯赫雷弗斯医生回忆道:"一时间,数百名惊恐万分、歇斯底里的居民挤在大门外等着进来。"[8]他不得不安抚他们,并劝大家回到自家的地下室去。医院的地下室正在被用来收容伤员。

派往支援金纳德位于斯海恩德尔那个营的英军坦克被匆忙召回到费赫尔,那里由安东尼·麦考利夫准将〔他后来领导了发生在阿登森林的巴斯托涅保卫战〕负责指挥。朱利安·尤厄尔(Julian Ewell)中校的第 3 营被调回伊尔德(Eerde),准备支援坦克作战。他成功将 150 名俘虏移交给荷兰地下抵抗组织,后者用缴获的德军武器看守着他们。金纳德把受伤的俘虏交给他们的德国医生照顾,他很清楚这些人可能会重新加入德国国防军,但在这种情况下他别无选择。他把缴获的所有德国车辆都交给了地下抵抗组织,仅留下一辆备货充足的野战炊事车。

这种带有烟囱的黑色轮式炊事车被普遍谑称为"炖牛肉加农炮"（Gulaschkanone）。金纳德还用德军的步枪和冲锋枪来武装地下抵抗组织成员，并要求他们护送自己的250名俘虏回到费赫尔，而他麾下的那个营则沿着伊尔德西南的沙丘构建了一条防线。

10时30分，当进攻开始时，约翰逊只有一个单独的营和位于费赫尔的第377伞降野战炮兵营。幸运的是，辛克上校的第506伞兵团部分人马已近在咫尺，而且第321机降野战炮兵营也在运河边占领了阵地，以便在与"豹"式坦克交战时拥有一个开阔的视野。由泰勒将军派来的另一支英国坦克中队和自行火炮部队也及时赶到，并在后来的战斗中发挥了重要作用。

即使是在激烈的战斗间隙，一个荷兰家庭依然邀请了一等兵约翰·奇波拉（John Cipolla）与他们共进晚餐。[9]后者实在无法抗拒在一张铺着桌布的桌子上用餐的邀请。他们刚刚坐下，奇波拉的军士长碰巧从窗户前走过，往里面瞄了一眼，然后往前蹚了几步才反应过来，他冲回来对奇波拉大吼，让他回到自己的岗位。奇波拉抓起一只鸡腿和他的步枪，谢过了主人，然后朝门口跑去。

午后，德国人显然已经无力摧毁位于费赫尔的大桥。16时30分，斯图登特通知莫德尔的司令部，第59师已经距离他们不足1公里了。[10]德军确实成功炸毁了南威廉斯运河（Zuid Willems Canal）上的桥梁，但是胡贝尔战斗群在战斗中被包围，几乎被全歼。当辛克上校告诉麦考利夫，他们已经成功破解了一次德军进攻，并击毙140人时，麦考利夫打趣道："你太能吹牛了。"[11]辛克坚持让他过来清点尸体。

一名在袭击费赫尔时受伤的伞兵中尉后来承认："我担心如果德国人占领了我们的急救站，他们会向我开枪，就像我手下一些人在诺曼底时对德国人所做的那样。"[12] 一名中士后来承认，是他们的随军神父桑普森成功阻止了他在费赫尔实施谋杀，当时他刚巧遇到一名重伤的德军士兵。"我曾多次希望，如果是我碰见这样的情况，某个德国士兵会朝我脑袋开一枪，替我结束这一切。我正要对这个可怜的家伙这样做时，我感到一只手搭在了我的肩膀上。那是桑普森神父。他阻止了我做这件事，这是我一直所感激的。"[13]

当德军开始撤退时，泰勒将军呼叫了第 2 战术航空队。他们派来英国皇家空军的一大群"台风"战机带着火箭弹与坦克交战。当地面上的伞兵看到一架架飞机转向一侧、翻滚、俯冲，然后呼啸着发射出一枚枚火箭弹时，一阵热烈的欢呼声从他们中响起。那天，由于第 107 装甲旅部署在远离海尔蒙德的位置，位于第 30 军右方的第 8 军以很小的代价就占领了那里的桥头堡。混乱的组织和糟糕的通信状况削弱了德国人的进攻。当时的状况是如此混乱，以至于在清晨时分，一些德军军官竟然开着一辆指挥车驶入了费赫尔，他们以为该地仍掌握在德国人手中，结果不是被击毙就是被俘虏。一名美国士兵报告称，在战斗开始前，甚至有一名出纳员驶入小镇，"打算给留驻在小镇的德国守军发放薪水，却发现他们被囚禁在大街上的笼子里，这令他十分难过，于是我们把他留在了那里。他的确是疯了"。[14] 战斗一结束，当地的餐馆就做起了饥肠辘辘的士兵们的生意，以 3 荷兰盾［约合 1.1 美元，相当于今天（2018 年）的 15.3 美元］的价格向他们兜售火腿和鸡蛋，供销两旺。

泰勒少将也许对费赫尔的战果是满意的，但令他不满的是"花了 7 天时间才把第 101 空降师所有部队都运进来。在此期间，该师必须在执行地面任务的同时，抽调相当规模的部队保护空降场。这减少了该师可供调遣去执行其他重要任务的兵力"。他强调说,第101空降师仅仅守住了他们自己的24公里防区。他们"在每一个关键时刻都很虚弱",这需要"他们在攻占这条长长的走廊的过程中,不断高强度地调动部队来应对多方威胁"。[15]

当死亡在平静的时刻突然降临时,它更加令人震惊。在伊尔德,下士理查德·克莱因(Richard Klein)从一座风车的窗户里向外望去,此时争夺费赫尔的战斗已经结束,他对身旁的伞兵雅各布·温加德(Jacob Wingard)说,似乎德军已经退出了这片区域。几分钟后,一枚子弹击中了温加德。他知道这已经无力回天,说了三遍"我死了",然后就去世了。[16]

当第101空降师在"地狱之路"上长驱直入时,加文准将的第82空降师仍在抵抗来自迈因德尔的第2伞兵军的进攻。加文还对运输机司令部在运送他的师上花了太长时间而深怀不满。他的第325机降步兵团还没有到达。他也意识到需要通过不断主动发起进攻,来保持与数量上占据优势的敌人之间的力量平衡。舍伍德义勇骑兵队从那天开始便与第82空降师展开合作,以支援第508团第3营对贝克东北方地区韦尔切伦(Wercheren)的兵力侦察。

加文的情报人员因为缺乏关于敌军兵力的信息而痛苦不堪,这主要是由于他们没有俘虏可以审问。师部已经下达了死命令,必须抓住德军俘虏进行审问,要留活口。由于师部对俘虏的需求激增,各营营长都迫切想要得到他们,甚至开始为任何能带来俘虏的人提供免费的巴黎之旅。位于贝克地区的一名伞兵在喝了大量缴获的德国杜松子酒后决定试一试。"令他周围的士兵们大吃一惊的是，"弗格森上尉报告说，"大家还没来得及阻止他，这名士兵就已经拿起步枪，戴上头盔，开始穿过平坦的瓦尔河河滩，向 200~300 码之外的德军防线走去。每个人都目瞪口呆地看着，包括加文将军，这名士兵在众目睽睽之下穿过这片开阔地，爬上一个涵洞，呵斥'德国佬'举起手滚出来。三四名受惊的德国人温顺地走了出来，在这名士兵的催促下走向我们的前线。加文将军接见了这名还有些醉意的士兵，并把一枚银星勋章别在了他的身上。"17①

抓捕俘虏进行审问通常是一项充满危险的行动。"在一次深入德国境内的巡逻中，"一名伞兵写道，"梅加勒斯（Megellas）中尉俘虏了几名德国人。第二天晚上，我们过于心急的团参谋人员命令另一支巡逻队（属于不同的连）进入同一地区。不出所料，这支巡逻队遭到大规模德军的伏击，有多人死伤。带领这支巡逻队的中尉身受多处枪伤，留下终身残疾。"19

德军虽然从帝国森林向"地狱之路"发起进攻，但还是沮丧地发现英国人在瓦尔河和下莱茵河之间的贝蒂沃地区迅速集结。10 时 30 分，党卫队全国副总指挥比特里希打电话给莫德尔的参谋长克雷布斯，警告他英国人正在往奈梅亨—阿纳姆的铁路线上集结更大规模的兵力。他不得不把自己最后的预备队派往埃尔斯特以南的战场。15 分钟后，克雷布斯回电，告知了莫德尔的回复："必须尽一切手段阻止从奈梅亨向阿纳姆进军

---

① 第 82 空降师随后俘虏了一个名为海因里希·乌尔曼（Heinrich Ullman）的装甲掷弹兵。18他作为战俘被送回美国，并在获释后申请成为美国公民。他加入了美国陆军，进入位于布拉格堡（Fort Bragg）的第 82 空降师服役。——原注

的敌军与阿纳姆以西的敌军会合。"[20]至于"阿纳姆以西的敌军"指的是下莱茵河以北的第1空降师还是南侧的波兰独立伞兵旅,就不能确切得知了。那天早上,克雷布斯承受着巨大的压力,因为冯·伦德施泰特元帅一直在追问他们什么时候能摧毁奈梅亨大桥。他们只能回答说打算当天晚上把它炸掉。

艾弗·托马斯（Ivor Thomas）少将率领的第43"威塞克斯"师正接替禁卫装甲师,担当奈梅亨—阿纳姆轴线上的主攻手,而且也在向西北方向的德里尔推进。前一天晚上,休伯特·埃塞姆（Hubert Essame）准将的第214步兵旅已经通过铁路桥和公路桥过了瓦尔河。该旅将以萨默塞特轻步兵团第7营进攻奥斯特豪特,并保护第129旅的左翼,后者将进攻从主干道延伸到雷森的德军防线。[21]该防线控制在克瑙斯特战斗群手里,后者有2个步兵营、1个机枪营、20门20毫米轻型高射炮,最关键的是有2门88毫米火炮。但那天晚上,在失去了奥斯特豪特之后,克瑙斯特把他们撤回到了埃尔斯特。

"清晨,在薄雾的笼罩下,黎明初现",王室骑兵团的两支部队间隔半个小时,依次从奥斯特豪特附近的德军眼皮子底下溜走。[22]他们前往法尔堡（Valburg）,寻觅一条去往德里尔的最佳路线,以便与索萨博夫斯基的波兰伞兵旅取得联系。紧随其后的是康沃尔公爵轻步兵团第5营和第4/7禁卫龙骑兵团B中队。

在奥斯特贝克,厄克特少将于当天清晨派人把他的参谋长查尔斯·麦肯齐中校叫来,让他带着他们的工兵指挥官埃迪·迈尔斯（Eddie Myers）中校渡过下莱茵河。麦肯齐奉命将前往奈梅亨会见布朗宁和霍罗克斯,因为厄克特认为他们没有意识到事态的严重性。"他们必须意识到各自为战的条件已经不存在了，大家都是一根绳上的蚂蚱。"[23] 麦肯齐明确地说，如果当晚他们还得不到补给物资的话，那可能就为时太晚了。迈尔斯将陪他一同前往，目的在于前者会就如何渡河提供建议。正是这位迈尔斯，在 1942 年特别行动处完成炸毁位于希腊的戈尔戈波塔莫斯（Gorgopotamos）铁路高架桥这项伟大的行动中，扮演了核心角色。

麦肯齐和迈尔斯乘坐一辆载着橡皮艇的吉普车出发了，但由于遭到猛烈的炮击，他们不得不在奥斯特贝克的教堂避难。这一耽搁就意味着当他们抵达下莱茵河岸边时，河上的薄雾已经消散。他们大老远就听见了战斗的声音，但没有任何迹象表明，他们曾被告知可以期盼的波兰接应部队在这里。

索萨博夫斯基束手无策，只好让他的士兵们在德里尔周围的果园里深挖战壕。他骑着一辆女式自行车摇摇晃晃地围着他们转，大声喊道："再挖深一点！再挖深一点！"[24] 他手下的一些人反问他有没有拿到驾照。

大约就在这个时候，理查德·泰斯（Richard Tice）少尉阵亡。泰斯是波兰裔美军志愿兵，尽管几乎不会说波兰语，但他还是加入了这个旅。他深受部下爱戴，他们亲切地称他为"牛仔"，因为他长得太像美国人了。他手下的一名士官说，泰斯"在我们跳下去之前"就已经预感到了自己的死亡。大约 15 时左右，一群士兵出现在几百米外。有些人看出他们是德国人，但泰斯确信他们是友军。当他们走近到还剩大约 300 米的距离时，一个声音喊道："不要开枪！不要开枪！"

"那些是我们的人，美国人！"泰斯很高兴，但他的手下并不相信。他让那一排士兵靠得更近了一些。突然，他们扑倒在地并开火。泰斯那个排进行了反击。他下令让自己的手下"一个接一个地向农场撤退"。[25]他和格雷德基(Gredecki)下士留了下来,并用一挺轻机枪掩护他们离开,但那挺机枪被击中,无法使用。现在处于明显弱势的两个人边往回跑,边用他们的随身武器往后射击。泰斯扑倒在一棵苹果树旁,用他的"司登"冲锋枪向德国人射击,但他身中数弹,最终阵亡。

过了一段时间,当索萨博夫斯基前去视察他的另一个连队时,发现了一些装甲车。波兰人以为他们是德国人,但结果表明他们是英军的"戴姆勒"装甲车和白色侦察车,来自王室骑兵团由罗茨利(Wrottesley)上尉和扬(Young)中尉指挥的两支部队。麦肯齐和迈尔斯已经到了,于是扬的部队就扮演了一个传声筒的角色,让麦肯齐得以和霍罗克斯第30军的参谋长通话。他把厄克特的口信传递给了霍罗克斯:"我们缺少弹药、人员、食物和医疗用品。DUKW两栖运输车务必要有,两三辆就足够了。①如果补给物资今晚还运不到,那可能就太晚了。"麦肯齐坚持要与布朗宁在奈梅亨会面。与此同时,迈尔斯警告索萨博夫斯基说,他们只有橡皮艇来将他的手下摆渡过下莱茵河。[26]

作为侦察部队,第2王室骑兵团在可能的情况下会尽量避免卷入战斗,但当波兰人发现一些德军坦克时,罗茨利和扬"很难阻止他们自然而然地接管自己部队的装甲车和侦察车",因为这是波兰人唯一可用的车辆。[27]索萨博夫斯基的手下只有PIAT反坦克抛射器,因为他们的反坦克炮全部在河的北面。这些坦克刚一开走,索萨博夫斯基随后就想向四面八方派出巡逻

---

① DUKW是一种六轮两栖运输车。——原注

队。霍罗克斯将军对厄克特的口信做了答复:"我们将尽一切可能解决关键问题。"

在第 30 军可望而不可即的情况下,厄克特的不耐烦是可以想见的。糟糕的通信状况把一切都变得更糟糕。他唯一希望的就是,在等待麦肯齐到来的过程中尽量保持士气。哈尔滕施泰因酒店的情况很不妙,屋顶被炸成碎片,四壁满是窟窿。在战壕外面,每个人的活动范围都需要保持在距离战壕一步以内。所幸这些战壕的底部被士兵们垫上了降落伞,相当柔软。但是,"面对迫击炮最大的问题",布莱克伍德中尉说,"就是在没有任何哨音警示的情况下,炮弹就到了"。[28]

另一个危险来自藏匿在高大的山毛榉树上的德国狙击手。他们等着士兵冲过去取水,然后将其射杀。一旦狙击手的位置被确定,"布伦"机枪手就会把他从树上轰下来。PIAT 反坦克破甲弹太珍贵了,现在已经停止使用。它们必须被留作对付坦克和自行突击炮之用。一个隐蔽得很好的德军狙击手有着一种令人毛骨悚然的幽默感。他藏在高高的树林里,从那里可以俯瞰靠近哈尔滕施泰因酒店的唯一一口井。"他通常会放我们穿过一阵迫击炮雨,靠近水井,"一名滑翔机飞行员回忆说,"然后庄重地在水井边的木桶上打出几个洞来。一个真正的虐待狂!"[29]

德军迫击炮班的射击精度令人印象深刻,因为他们总能成功避开酒店里关押着他们的同胞的网球场。关在笼子里的德国人不断抱怨食物匮乏,而实际上他们得到的并不比关押他们的人的少。据美国陆航前进航空控制员布鲁斯·戴维斯上尉说,一名德军少校——也是一战老兵——对他们说了如下的一些话:"这些人站在我所见过的最可怕的炮火之下。他们连续几天不吃不睡地战斗。虽然他们是我们的敌人，但他们是我见过的最勇敢的人。当你们抱怨时，你们让我为自己是德国人而感到羞愧。我建议你们安静下来，以他们为榜样。"[30]

看守他们的第 1 空降宪兵连的一名下士被一个受了轻伤的德国中士给逗乐了，他抱怨说美国人使用 0.45 英寸口径的子弹是不公平的，因为它比德国人的 9 毫米（约 0.35 英寸）子弹要大得多。[31] 他的中尉说，他们关押了这么多俘虏，"越来越像在血腥的温布尔登了"。

经过五天的战斗，饥饿和疲惫在守军身上起了效果。北边，第 21 独立连的士兵们太累了，因此前一天晚上没挖掘战壕。"结果发现我们一直睡在一片德军墓地中间，幸亏我们没有挖战壕，"一名空降先导员说，"谢天谢地，德国佬对他们的安眠之地很好，晚上也没怎么打扰我们。"[32]

9 月 22 日，星期五，早上，第 11 伞兵营的布莱克伍德中尉在日常对迫击炮轰炸的"仇恨"中开始了一天的战斗。唯一的不同是弹雨更加密集了。"连队撤退到钢筋混凝土加固的教堂休息，并趁机吃点东西保养武器。泥浆把'司登'冲锋枪的活动部件弄得一团糟，而我们的 0.45 英寸口径手枪已经无法使用，因为它的活动部件对灰尘和沙砾太敏感了。勉强吃了些炖菜，喝了点热茶，并清理完所有弹匣，11 时许，我们进入了西部侧翼'相对平静的地区'。在那里，我们和边民团第 1 营的一些士兵一起沿着一个大型公园的边缘挖掘战壕，对面大约 400 码外就是敌人控制的建筑物。由于我们的［机枪］部署在我们的左侧，我们几乎没有得到一点安宁。迫击炮的轰击持续不断，而且异常猛烈，一挺'施潘道'机枪间歇性地向我们开火。我们整日严阵以待，击退了几轮步兵进攻。他们中的伤亡人员都由德军担架队负责收集，后者掌握在一个非常焦躁不安的德国佬手中，他使劲挥舞着一面巨大的红十字［旗帜］，并反复喊道：'你们停火！红十字旗！'不过，德国佬自己对战争规则也遵守得相当好。"

布莱克伍德被希克斯准将召到一个指令小组。他被告知要做好进攻的准备，"这次进攻将穿过 400 码非常平整开阔的地域，跨越 15 英尺高的铁丝网，进入三栋被敌人控制的建筑并将其清理干净，清除一个数百码长果园内的敌人，进攻并肃清一个村庄部分区域内的敌人，加强防守，抵抗不可避免的反击。这是个相当棘手的问题，因为我的部队只有 10 名伞兵、6 名滑翔机驾驶员和 2 名炊事兵"。[33] 对布莱克伍德和他的手下来说，幸运的是进攻后来被取消了。他继续服用苯丙胺药片，喝着一大瓶荷兰白兰地。

上面提及的这个大公园几乎可以肯定就是丹尼诺德了，它属于前总督约恩克海尔·博尼费修斯·德扬。德扬指出，那天早上一直很平静，直到大约 10 时，一连串炮弹突然击中了房子和花园，并摧毁了暖房。"我们把床垫拿到廊厅。"[34] 伤员们躺得到处都是，现在房子里差不多有 60 人，只有几根蜡烛用来照明。山羊和牛在外面的牧场被杀了，但他评论说大家是在冒着生命危险去屠宰它们，吃它们的肉。

在第 171 炮兵团的支援下，德军对防御圈西侧的进攻率先由利珀特战斗群从乌得勒支路两侧发起。在它的南面，埃贝魏因战斗群在右翼沃罗夫斯基营的支援下向前推进，后者在前一天夺取韦斯特鲍温冈的行动中损失惨重。但是，装备着 1940 年产法国步枪的舰员训练营的水兵们遭受的损失最大。他们遭到了"重击"。[35] 只有当缴获的英军武器以及从空投箱内获取的弹药开始发下去后，德军的武器装备情况才得到改善。

哈策尔现在同样拥有对冯·特陶师的指挥权，他指出，这些临时拼凑的部队缺乏野战厨房，同时德国空军部队将会抛弃本应该由他们保护的坦克。哈策尔调来了一些党卫军士官来增强战斗纪律。"'霍亨施陶芬'师的任务是将战斗精神灌输给各军种形形色色的部队。"[36] 冯·特陶将军毫无疑问非常恼怒，他下达命令说："在过去几天的战斗中，由于下级指挥官在局部地区的兵力部署不当，以及未能得到步兵的配合，已经至少有六辆坦克被摧毁。我们承担不起这样的损失了。"[37] 第224装甲连现在只剩下三辆坦克，而且该连连长明确指示说，一旦失去步兵的支援，他们就让坦克退出战斗。

哈策尔对第503重装甲营的第一批"虎王"坦克的到来感到振奋，但他很快就意识到，这些重达72吨的怪兽一次只能投入一辆进行战斗，否则奥斯特贝克砖砌的街道会被它们的重量碾碎。哈策尔写道："每当'虎王'转弯时，路面就会被挤压到一边。"[38]

莫德尔的司令部突然有了一个令人不安的想法。他们觉得不能排除有更多盟军部队空降的可能性。当天的形势报告声称："敌人还能再投入3~4个空降师。"[39]

位于奥斯特贝克的另一位美国军官约翰逊中尉注意到，德军现在正在避免利用步兵发动进攻。"相反，他们会开上一辆坦克或突击炮，把我们从房子里轰出来，然后在我们拿出反坦克炮或PIAT反坦克抛射器与之战斗之前把它们撤回去。他们还拥有一些火焰喷射器，这让他们占据优势。他们无时无刻不在想着把重型迫击炮和火炮炮弹扔到我方那些让他们感到很难受的小据点。对他们来说,这是一个缓慢的过程,但他们似乎知道自己有的是时间……士兵们多次成功发起反击,夺回这些丢掉的阵地,但德国人只需要使用装甲车、火炮和自动武器重复这一过程,最终我们没有足够的兵力去做任何反击。"[40]

侦察中队的史蒂文森中尉也注意到了战术上的这些变化。"星期五,我们几乎没有看到德国步兵活动的迹象。德国佬开始稳扎稳打,他们让这片区域淹没在了一片迫击炮弹的火海之中,并使用自行火炮系统性地摧毁房屋。我们所在区域内的每栋房子都至少被这些火炮在极短的距离内击中过一次。我们总能听到它们驶过时履带发出的嘎吱声,这让人很不舒服。"他们决定伏击下一辆突击炮,于是一名士官和一名士兵进入了十字路口处的一条战壕。"大约过了半个小时,一辆车咯吱咯吱地又开了过来。那名士兵纵身一跃,在距它大约70码的位置开了第一炮。不幸的是,炮弹把车打瘫痪了,但没有击中它的火炮。车组人员一定是很快就恢复了过来,他们用机枪对着战壕一阵射击,打死打伤了两名位于我们战友旁边战壕里的滑翔机飞行员。幸运的是,士兵和士官很快就脱身了。"[41]

伤员们得以疏散,但是收集死者遗体的工作太过危险。有些尸体在那里躺了好几天,已经开始肿胀,就像是被充了气一样撑着他们的作战服。这是一幅非常令人不快的景象,而且年轻、没有经验的士兵可能会受到严重影响。在防御圈外,两名荷兰男孩在寻找他们的伞兵朋友时,决定埋葬一名失事运输机里的机组人员。正当他们挖掘墓穴时,两名德国国防军士兵拦住了他们,要求知道他们在做什么。当他们做完解释后,其中一人生气地质问道:"你们为什么要埋葬一个杀人犯?他们轰炸了我们的城市，杀害了我们的妇女和儿童。他们不应该被埋葬，应该就这么躺在地里腐烂掉。"[42]

由于现在只能从厕所的水箱和屋内的散热器里取水，战壕里的士兵转而饮用早上瓢泼大雨后留下的水坑里的水。苯丙胺的快感仍然促使一些士兵相信整个第2集团军即将赶来解救他们。一名伞兵听到了坦克的履带声，对他的同伴喊道："我就知道他们是不会让我们失望的！"[43]随后，拐角处出现了一辆"虎王"坦克。

到第六天，当哈策尔的党卫军工兵在20毫米高射炮的支援下用火焰喷射器发起进攻时，压力开始显现。伞兵们突然惊慌失措地跑回位于哈尔滕施泰因酒店的师部。两名待在战壕里的滑翔机飞行员中士惊讶地看见一辆吉普车从酒店的拐角处开了过来，厄克特将军笔直地站在车里。他的脸气得通红，开始对惊慌失措的伞兵们咆哮道："滚回去，你们这些混蛋！你们对我一无是处！"一些士兵羞愧难当地退了回去。在战壕里，哈奇中士不以为然地对他的同伴说："一名该死的将军在干中士的活！"[44]疲劳作战甚至导致一些人吞枪自尽。

由于那天对防御圈内的攻击非常之多，第64中型炮兵团的炮手们不得不执行不少于31种不同的射击任务。此外，还配备了一个连的5.5英寸火炮以支援他们的行动。他们精准的射击再一次让观察员们叹服。位于贝蒂沃的萨默塞特轻步兵团第7营的一名军官写道："我敢肯定任何一位有经验的步兵军官都不会否认，在第二次世界大战期间，皇家炮兵是英国军队中最老练、最出色的一群人。"[45]他说得没错，但他也应该提到皇家工兵。

* * *

在奥斯特贝克逐渐缩小的防御圈内，房屋地下室已经被挤得满满当当。爆炸和炮击的轰鸣声，行动不便以及由缺水造成的糟糕的卫生条件导致大家精神高度紧绷，而恐惧又使情况变得更为糟糕。一名天主教徒和一小群朋友一道躲避炮火的袭击，他描述道："随着炮击的到来，他们提高嗓音，撕心裂肺、有节奏地喊着'万福马利亚'。当外面墙壁开始摇晃时，这个祈祷的声音越来越大，听起来像是在呼救。这样的折磨真是不堪忍受！"[46]

对于那些待在地下室里的人来说，现在他们正处在前线的消息是由满怀歉意的英国士兵带来的，士兵宣称他们的房子现在已经成了一个射击阵地。但荷兰人仍然对英国士兵的过分礼貌感到好笑。"同样也有有趣的时刻，真是谢天谢地，"一位不知姓名的女性日记作者写道，"昨天晚上，正当我们准备下到地下室睡觉时，那时孩子们已经睡着了，一个英国人悄无声息地走下楼来，对我说：'你们能不能尽量保持安静，不要开灯？'若是德国佬则只会简单粗暴地说：'闭嘴！'"[47]

由于无法通过无线电与第1空降师取得联系，盟军第1空降集团军直到"市场花园"行动的第六天才意识到自己的损失。沃拉克上校报告说，该师的伤亡超过2000人，与此同时，"医务人员的人数减少到只有18名军官和120名其他级别人员"。[48]一开始的总人数是31名军官和371名其他级别人员。德国人已经从圣伊丽莎白医院俘虏了一些医务人员，不过担架队的损失才是灾难性的。许多德国士兵，甚至是党卫军都尊重红十字标志，但也有人把目标对准医务人员，因为他们知道这对士气的影响会很大。第16伞兵野战医疗队的一名下士拒绝佩戴

臂章。"我在北非学到的是，红十字标识的唯一作用就是让你变成个活靶子。"⁴⁹

防御圈内所有的临时医院都遭到了攻击。一名进入位于桌山酒店内急救中心的年轻志愿者，对大楼还没有被烧毁而惊讶不已。"对伤员来说，这里简直就是炼狱，"他写道，"试想一下，这是一幅多么可怕的场景：当你被截去一条腿，躺在病床上，发现你旁边的墙壁被炮弹击中并伤及你的邻床，他第二次中弹，只不过这次没能挺过来。以上就是这里发生的事情。窗帘已经拉上，以便挡住飞溅的碎玻璃。一支摇曳闪烁的小蜡烛是大厅里唯一的光亮。有些病人听到一声响动就不住地呻吟，有些则紧咬着嘴唇保持沉默。在手术室里，英国和荷兰医生们在烛光下一起工作。我觉得他们没有得到多少休息。我穿过一个大厅，那里至少还有100个英国人躺在担架或是铺在地板上的床垫上。我想他们的伤情一定不重。至少我希望如此。"⁵⁰

靠近奥斯特贝克教堂，属于卡特·特尔·霍斯特的老旧神父寓所里的情况也同样不容乐观。墙壁上满是弹孔，57位阵亡人员堆在他们的花园里，散发出令人作呕的腐烂尸体的气味。特尔·霍斯特这位"高挑、苗条、金发碧眼的荷兰女子"被称为"阿纳姆的天使"。⁵¹尽管有五个孩子需要照看，但她还是帮忙照顾着被送往设在她家的团急救站里的250名士兵。她大声朗诵《英王詹姆斯钦定版圣经》以抚慰伤员和在死亡线上挣扎的人。她的声音和这些熟悉而又优美的文字抚平了所有倾听她朗诵的人内心的恐惧。

卡特·特尔·霍斯特也敏锐地观察着他们照顾的年轻人。她描述说罗德（Rod），这名长着棕色头发的苏格兰人"看起来好像有40多岁……我很吃惊这些年轻人——从他们的嗓音和行为判断,他们中大多数人不会超过25岁——是如何拥有使他们看起来更像是一位父亲,而非一个刚从大学里出来的年轻人的控制力、责任感和自律意识的"。在长达五年的战斗生涯中,罗德觉得奥斯特贝克的战斗是他所经历过的最残酷的战斗。"这不是在打仗,"他告诉她,"这是在谋杀。"[52]

虽然迫不得已回缩部分防御圈,但是他们重新占领了斯洪奥德酒店。整个医院所在的区域——目前包含九栋建筑——都处在猛烈的迫击炮火之下。"相当数量的伤员在他们的病床上被打死,或再次受伤,"沃拉克上校报告说,"人生中最为痛苦的经历莫过于看着这些在战斗中受伤的人来到医院寻求帮助和保护,却发现自己仍然处在前线,甚至比在狭窄的战壕还更加危险。即便是当迫击炮弹在病房里爆炸的时候,这里也没有一声怨言。"[53]医院周边的战斗仍在继续,但这次一名英国士兵开始从花园的一处弹孔里向外开枪,破坏了医院的中立。

伤员们总会感到口渴,于是趁着凌晨下起大雨,工作人员和志愿者们利用所有可用的防水斗篷和水管把水从屋檐和排水沟引到水桶及一切可用的容器里。"水是我们现在迫切需要的东西!"亨德里卡·范·德·弗利斯特写道,"厕所变成了粪堆。"她仍然对德国伤员之间的显著差异感到兴趣盎然。一名被俘的军官,大声要求注射破伤风疫苗,他坚持说这是德国医院的标准做法。他还要求用他交换一名被关押在德国的英国军官。亨德里卡问一名能与之轻松交流的普通士兵是否投过希特勒的票。他回答说自己那时还是个学生。"那么,你多大了?"她问道,以为他已经30多岁了。"23。"他回答说。看到她很惊讶,他补充道:"战争让我变老了。"为了缓和气氛,亨德里卡说:"幸运的是,战争就快结束了,所以你可以重新变得年轻了。"他回答说："当你的灵魂老去，就不可能再变得年轻了。"

与大多数即便是受了重伤也依旧乐观的英国士兵相比，这些年轻德国士兵的悲观主义情绪令她震惊。但接着她又想，"他们未来又将要面对什么呢？如果他们真的从这场战争中存活下来，等待他们的只有苦难"。她记得自己一名学生的母亲曾说，过不了多久，"你就会认为除了德国人，你什么都能接受"。在纳粹党卫军服役的另一名乌克兰伤员的情况可能会在战后变得更加糟。他并非志愿加入德军，但如果他被送回苏联的话，这个理由也救不了他。

同样还有来自反坦克炮中队的波兰籍伤员。他们被召集在一起互相帮助，提振精神。德国伤员明显很害怕波兰人，却不害怕英国人。然而，共同的命运似乎常常能把双方伤员拉到一起。当一个新的伤员被放在担架上送来时，亨德里卡弯下腰用英语问他哪里受伤了。他用德语答道："听不懂。"由于他身上盖着毯子，亨德里卡没有发现那件德军制服。他旁边的那名英国伞兵抬起头，饶有兴趣地问此人是不是德国人。她点了点头。他把自己的一盘食物递给了这名德国士兵。后来，这名德国士兵阻止了一位好心人递给另一名新来的士兵水喝。"小姐，这位同志不能喝水，他肚子受了伤。"[54]

斯洪奥德酒店内的死亡人数也在急剧增加。皇家陆军医疗队的军士长命令担架队员把尸体堆到花园里，因为酒店的车库里已经没有地方了。晚上是最困难的时候，由于没有电，工作人员在跨过尸体和残肢时只能用火柴来照明。第11伞兵营的一名连军士长观察到，他周围的伤员渴望任何能让他们想起家和家庭生活的事物。"一名女子走了进来，带着个一周大的婴儿。

所有的人都要求看一看孩子。"[55]

斯洪奥德酒店不久就被德国人重新占领。他们带来了武装哨兵假装守卫这个地方，不过由于这栋建筑位于前线，这为他们提供了一种迫使英军后撤到其他阵地的方法，因为后者无法朝医院方向射击。

那天晚上，索萨博夫斯基命令阿尔贝特·斯马奇内（Albert Smaczny）中尉的波兰旅第3伞兵营第8连渡河，但他们没有属于自己的船。皇家工兵第9野战连在前一天晚上曾尝试用吉普拖车临时拼接浮桥，但没能成功。前线的工兵不得不转而用六艘小型侦察船和一艘英国皇家空军的小艇来运送这些波兰人。他们原本希望能建造一个渡口，拉着船来回在河上穿梭，一次可以运送两名波兰人，但由于水流湍急，拉船的信号电缆断裂，工兵们只能划船过河，这样来回一趟只能运送一名波兰人。

黑暗带来了进一步的混乱。"由于实在没有办法过河，"斯马奇内写道，"我们不得不等了很长时间，直到工兵驾驶着两艘橡皮艇到来。有些船最多只能坐两个人。过了一会儿，英国工兵又开来了两艘橡皮艇。我们开始两艘船一组，有时是一艘船一艘船地渡河。敌人不时地向渡船发射火箭弹，同时，德军的'施潘道'机枪也在搜寻和射击河面上的目标。我成功地抵达了对岸。"[56]

滑翔机飞行员们的任务是带他们去奥斯特贝克的教堂，但带领斯马奇内那个小组的飞行员迷失了方向，他们误打误撞地碰上了正在吃东西的德国反坦克炮小组。"突然，我听到几步外传来一个惊恐的声音：'上士，他们是英国佬！'我意识到我们走进了一个德军聚集地。"接着是一场混乱的小规模战斗，波兰人一齐投掷手榴弹才让自己脱身。但当他们接近英军防线时，又遭到了攻击，斯马奇内对他们大喊不要开枪。那天晚上，总共只有52名波兰伞兵被摆渡到河对岸。[57]

其他的意外事件还包括第4/7禁卫龙骑兵团的两辆"谢尔曼"坦克，当时他们正护送康沃尔公爵轻步兵团第5营前往德里尔。他们跑进了波兰人在马路上布设的雷区，然后向王室骑兵团的装甲车开火。这支来自第130步兵旅的先头部队设法绕开了位于法尔堡附近的德军阵地。更糟糕的是，两辆为第1空降师运送急需医疗物资的DUKW两栖运输车深深陷入了河岸的淤泥中。

在这一天里，莫德尔元帅重组了荷兰的指挥结构，由第15集团军负责从北海到雷嫩（Rhenen）一线，斯图登特的第1伞兵集团军负责从雷嫩到鲁尔蒙德的东部地区。

与此同时，在凡尔赛，艾森豪威尔将军在他位于特里亚农宫酒店（Trianon Palace Hotel）的总部召开了一次重要会议，以讨论战略问题。拉姆齐海军上将在日记中写道："除了蒙蒂，大家都在那儿。"[58]蒙哥马利在前一天早上发来了一则消息："出于战事原因，我明天无法离开前线到凡尔赛参加你们的会议。我将派我的参谋长带着我对所有问题的全面意见前去参会。"[59]蒙哥马利声称自己忙于指挥阿纳姆战役，但由于他几乎没有什么事可做，许多人把他的缺席看作有意怠慢艾森豪威尔。

蒙哥马利派遣参谋长德·甘冈少将代替参会的决定被美国军官视为一种狡猾的策略。"参谋长无权替他做出承诺，"布莱德雷的副官指出，"蒙蒂可以随意否决它们。"[60]显然，在会议之前，盟军最高统帅部内有很多人打赌陆军元帅不会出现。奥马尔·布莱德雷将军后来自己也说:"我们后来核查了一下,发现那天蒙蒂除了坐在他的[指挥部]外什么都没做。除了他自己的虚荣心和自负在作怪以外,他没有理由不来参加那个会议。他太了不起了,没有必要去艾克的司令部。"[61]

也许还有另一个原因。尽管蒙哥马利在给艾森豪威尔的信中说,他认为"搏一把"仍然有机会占领阿纳姆大桥,但他当时一定已经意识到了一场可怕的灾难正在发生,这将极大地损害他的声誉。毕竟是他要求率先由北方的部队通过莱茵河,他肯定不想在凡尔赛与布莱德雷、巴顿和艾森豪威尔当面交锋。而且他也不可能希望与比德尔·史密斯或斯特朗将军会面,他曾嘲笑他们对德军在荷兰南部兵力的担忧。第二天,蒙哥马利在他的日记中写道:"我现在非常怀疑自己,他们[第1空降师]是否能坚持得住,我们也许不得不把他们撤回来。"[62]在整个战斗过程中,他从未拜访过霍罗克斯,这也证实了他一直在刻意与大家保持距离的印象,这对"负责人"来说是很少见的。

这个灾难性计划的另一位策划者,"男孩"布朗宁中将更不愿意承认现实。盟军第1空降集团军指挥官布里尔顿将军于9月23日在日记中写道:"一个令人振奋的消息传来。布朗宁对黑克威尔-史密斯(Hakewill-Smith)将军——[盟军第1空降集团军麾下的空运部队]第52低地师的师长——主动提供帮助一事进行了回复,后者表示他可以提供一支完整的滑翔机部队以协助'红魔鬼'的行动。布朗宁将军的消息是这样的:'谢谢你的提议,但请不要提供,的确不需要,因为情况比你想象中的要好。我们,包括波兰人所需要的飞机已经计划好了。第2集团军绝对需要你的部队,并且一旦情况允许,就会让你飞到代伦机场。'很难想象布朗宁是如何说服自己相信'情况比你想象中的要好'的。"[63]

布朗宁已经把他的军部搬到了奈梅亨，他的大篷车就停在索菲娅大街（Sophiaweg）上的一处花园里。他的副官埃迪·纽伯里注意到气氛变得越来越凝重，布朗宁不停地捻着自己胡子的末端。这位将军不能坐视不管，但他除了对英国第1空降师的控制权外，没有其他实际指挥权，而且此时他甚至连前者都联系不上。加文对自己防区的处置令人赞叹不已，布朗宁没有理由横加干涉，因此唯一有效控制在他手下的部队就只有保卫赫拉弗大桥的荷兰皇家陆军伊雷妮公主旅了。

"市场花园"行动对第1空降师造成了毁灭性打击，但它即将引发一场更大的人道主义灾难。应艾森豪威尔将军的要求，荷兰流亡政府呼吁铁路全面罢工，以协助空降行动。德国人被激怒了，打算进行报复。9月22日，星期五，18时45分，国防军驻荷兰总司令的参谋长冯·维利施中将致电莫德尔的司令部，与克雷布斯上将讨论德国对荷兰支持盟军行动的报复性措施。"诸如炸毁鹿特丹的电力设施等行动会在居民中引起骚乱，"他说，"恐慌的爆发是可能的。"克雷布斯建议，他们可以将包括对供水设施和发电站在内的破坏行动推迟24小时。

维利施随后接着说道："作为对荷兰铁路工人罢工的报复，计划封锁阿姆斯特丹和海牙的物资供应，以迫使他们恢复铁路交通。"[64]这标志着德国报复荷兰"叛国"迈出第一步。它将导致一场蓄意而为的荷兰大饥荒——"饥饿的严冬"（Hunger Winter）。

第二十二章　9月23日，星期六

位于奥斯特贝克的第1空降师的命运也受到德军对"地狱之路"的进攻的影响。他们阻止了霍罗克斯带领更多的部队前来增援奈梅亨以北位于贝蒂沃的那两个师。只有第43"威塞克斯"师的一个步兵旅可以加入位于德里尔的波兰人的行列，并穿过下莱茵河，增援厄克特疲惫不堪的部队。由于德国炮兵攻击了第30军沿补给线北上的车队，该军几乎陷入了瘫痪。

随着德国第107装甲旅和瓦尔特战斗群从东部，以及胡贝尔战斗群从西部发起进攻，费赫尔再次成了德国人的首要进攻目标。胡贝尔战斗群得到了从博克斯特尔前往费赫尔的冯·德·海特中校的第6伞兵团的支援。海特严厉地批评了为守卫荷兰防线而临时拼凑起来的补充和后备部队。他知道，他手下大部分士兵根本没有接受过训练，无法发动一场像样的进攻。更糟糕的是，他接到命令，要派一个营去解决第245步兵师防区内的一场危机。作为交换，海特从第2伞兵团得到了"一个战斗力甚至更低、军官素质很差的营，它在纪律方面远不能令人满意，而且喜欢擅自行动、偷窃，以及对平民施暴"。[1]

约翰逊上校命令金纳德的第501团第1营守卫位于伊尔德的沙丘地带，这片沙丘横亘在海特的前进路线上。突击炮和一辆"猎豹"坦克歼击车猛烈地轰击着小村庄里的风车和教堂尖顶。德军一枚迫击炮弹击中了街上的一辆弹药车，造成数人伤亡。另一枚炮弹在指挥所外爆炸，炸伤了英军联络官，削掉了约翰逊上校的一部分耳朵。金纳德和他们站在一起,只觉得头痛得厉害。

约翰逊向第44皇家坦克团求助。不久之后,九辆坦克抵达,但其中有几辆被"猎豹"坦克歼击车"炸开了花"。美国伞兵试图冒着大火营救车组人员,但没有成功。他们被烧焦了。美国方面宣称,其他英军坦克车长在这场灾难后对继续前进非常抵触,他们不得不自己清理沙丘地带。金纳德的计划是发动一次钳形攻势,但正如一位目击者所指出的,"最开始作为一次战术转移而展开的行动后来演变成一场孤军奋战"。[2]

海特抱怨说,他的全面进攻晚了半个小时才发起。"右翼那个营不得不穿过几乎没有掩护的平地进行攻击,与此同时,左翼那个营则要穿过茂密的灌木丛进行攻击。临近中午时分,右营在斯海恩德尔东南方向树木繁茂的边缘处停了下来,左营则迷失了方向,误入右营的作战区域。"[3]然而,正如波佩中将所观察到的那样,海特明显从一开始就"对行动结果信心不足"。[4]看过美国伞兵的实际行动后,海特知道,他手下大多数毫无经验的士兵在与他们训练有素的对手进行的直接较量中根本毫无胜算。

约翰逊尚且能够从圣乌登罗德叫来炮兵支援,但金纳德从一个阵地穿梭到另一个阵地的伞兵部队常常陷入近身肉搏,这几乎让炮兵前进观察员无法在确保不击中己方部队的情况下呼叫炮兵开火。部署在伊尔德周边武器坑里的营迫击炮能通视攻击目标,射击精度也更高。到了13时,由于部队伤亡惨重,海特决定取消进攻。正如海特自己承认的那样,第501团的伞兵们在口粮不足的情况下表现出了惊人的耐力,并在战斗中出色地战胜了进攻方。

美军一名排长回忆说:"我看到德国人三三两两地跳进了机枪掩体。我看到我们的一些人单独冲向还有两三名德国士兵的散兵坑。至于在那一刻我们都干了些什么,事后大家很难想得起来,因为当时根本没有时间去思考。这是一种让我感到不可思议的勇气——几乎是愚蠢的勇气——我怀疑是否有一群人能够坚定不移地反对这种勇气。"[5]

在费赫尔以东,瓦尔特战斗群和德国第 107 装甲旅遭到了英国皇家空军第 2 战术航空队的空袭和来自霍罗克斯派回的第 32 禁卫旅的反击,被重创。20 时 50 分,克雷布斯上将从 B 集团军群位于克雷菲尔德以南的新阵地发出命令,要求第 107 装甲旅重新向西北方向发起进攻。斯图登特的参谋长回复道:"第 107 旅损失惨重。装甲旅、装甲营和装甲掷弹兵营的指挥官们纷纷倒下。"[6] 由于部下们敏锐地察觉出了少校贝恩特-约阿希姆·冯·马尔灿男爵的严重伤势,马尔灿被迫选择撤退。该旅只剩下 3 辆坦克和 2 门突击炮还能用,后来的评估将其修正为还有 12 辆坦克有战斗价值。无论如何,瓦尔特战斗群和装甲旅残部都必须迅速撤退,因为从海尔蒙德开来的英国第 8 军威胁到了他们的后方。

德国人对"地狱之路"的袭击使得伤员在接下来的四天里无法被转移到位于利奥波茨堡的第 24 转运医院。[7]第 101 空降师在荷兰作战期间出现了 163 例战斗衰竭症,其中 30% 的人在师部接受治疗后返回部队执行任务。更严重的是缺乏用于治疗战伤的血浆。位于"婴儿工厂"的第 82 空降师医护人员还缺乏必要的补给。马丁·路易斯·戴尼姆在日记中写道:"再也没有车辆从南方开过来了。"[8]奈梅亨与其他盟国军队暂时断了联系,变得孤立无援。由于战斗和蓄意的纵火,有超过 16000 人无家可归。

* * *

那天，德国第107装甲旅迅速撤退的另一个原因是看见头顶上C-47"达科他"运输机正拖着"韦科"滑翔机向马斯-瓦尔运河上空的空投场飞去。在迟到了五天后，加文准将的第325机降步兵团和第80空降防空营正在抵达。他派出机降步兵，在舍伍德义勇骑兵队"谢尔曼"坦克的支援下，拓宽莫克周围的桥头堡，以便第8军占领该地。奈梅亨以东，同样在舍伍德义勇骑兵队一个中队的支援下，第504伞兵团第2营成功将迈因德尔将军的第2伞兵军北翼击退到埃勒科姆（Erlekom）一线。"一场短暂但激烈的战斗接踵而至，"该营汇报道，"敌军有三辆坦克和一辆半履带车被击毁，在多人被击毙后，他们彻底崩溃。我们得到了两辆英军坦克的支援，并由后者负责对付敌军坦克。"[9]

迈因德尔抱怨说他仍然缺乏弹药，但他至少得到了奥地利恩斯特·哈默（Ernst Hammer）中将指挥下的第190步兵师。从克拉嫩堡（Kranenburg）到亨讷普（Gennep）之间的整个帝国森林防区都交给了该师。而且，当第325机降步兵团开始负责南部地区时，塔克的第504伞兵团接管了从瓦尔河往南到赫鲁斯贝克的北部防区。登赫弗尔森林以及一些先前的机降区就在它的前方。"无人区里到处都是滑翔机的骨架，就像幽灵一样躺在那里，"亚当·A. 科莫萨（Adam A. Komosa）上尉写道，"它们上面的帆布织物被德国人给剥走了，很可能被他们拿去搭窝棚了。"[10]

加文的师部仍然要求得到一些俘虏以便审问情报，于是F连接到命令，在炮击过后对森林发动夜间突袭。抓捕一名落单的哨兵很难做到悄无声息。"现在，发生了机枪和轻武器的激烈交火，并传来一系列怒吼、嘶叫和辱骂声。"他们带着一名俘虏回来了，但仍然争论不止。"让我用刺刀捅死那群狗娘养的。""你个蠢货！"毕晓普（Bishop）中士冲他吼道，"如果我们不把这个干瘪的小杂种活着带回指挥所，我们明晚还得跑到这儿来再原模原样地干上一票。"[11]

不久之后，又有一支巡逻队被派去抓俘虏。他们刚一离开，一支德军巡逻队就穿过第3营的防线，杀死一名外出巡逻的士兵的兄弟。当他们带着俘虏回来，得知发生了什么事情后，马上就想开枪打死这名俘虏。他们的排长阻止他们杀死德国人，在他遭到粗暴对待后把他带到了营指挥所。"这名俘虏不肯开口，"库克少校写道，"我对他进行了审讯，知道他能听懂英语，于是告诉他我将给他两分钟，如果还不开口，我就杀死他，因为这样的人对我毫无用处。两分钟过去后，我夸张地拿出我的0.45英寸口径手枪，同时作战参谋基普上尉和情报参谋[①]卡迈克尔（Carmichael）上尉走了出来，分别站在这名俘虏两旁。第一次，我从这名士兵眼睛里读到了真正的恐惧，他开始回答问题。"[12]

舍伍德义勇骑兵队是英军装甲部队中最有战斗力的一支，他们已经从冷溪禁卫团手中接过防区，并与第82空降师在帝国森林的侧翼密切合作。美国伞兵不知道"Yeomanry"是什么意思，但他们认识"Rangers"这个词，并认为他们的精锐程度是能与美军相提并论的装甲部队。骑兵们当然钦佩第82空降师的

[①] 此处原文是S-2，指"intelligence staff officer"，即情报参谋军官，美军用不同的字母加上数字表示参谋军官的职务。S是低级别参谋军官，用于师、团以下级别的单位，还有其他的字母比如N代表海军，G代表陆军或者陆战队一级的指挥部参谋。数字从1到9分别代表：人事管理；情报；作战计划、行动；后勤保障；民事和公共关系；通信和电子信息；训练；财务；军民合作。——译者注

作战能力。在贝克附近的一场战斗中，斯图尔特·希尔斯中尉目睹了一名伞兵"在一条腿和一只胳膊被炸飞的情况下，继续开火"。[13]舍伍德义勇骑兵队的指挥官斯坦利·克里斯托弗森（Stanley Christopherson）中校对詹姆斯·加文将军颇有好感，认为对方的伞兵是他们合作过的最优秀的步兵——"坚韧、勇敢而又爽朗"。不过，"也许在某些情况下"，克里斯托弗森在其日记中写道，"他们太过强硬，尤其是在对待俘虏方面，他们很少收留他们。我永远不会忘记所见到的一辆行驶着的满载美军伞兵的吉普车，一个德国人的头被铁桩刺穿，绑在车头上。这一场景至今仍让我不能释怀"。[14]

位于奥斯特贝克的英国伞兵同样很强硬。9月23日，第1伞兵营的一名受伤军官躺在桌山酒店附近的一个急救站。"我们的一个小伙子躺在我旁边，他在那里冷静地抽着烟，手指被炸飞了，香烟就夹在血淋淋的断指之间。从某种程度上来说，这就是我对空降兵的认识吧。"[15]那会儿，烟草还不是人们最关心的东西。"食物变得非常短缺，"一名空降先导员在那天写道，"今天只吃了几块饼干和一点儿果酱。我不得不拆开我的应急口粮。"[16]

尽管黎明时下起了大雨，战斗仍在无情地进行着。"早上7时，可怕的迫击炮火接踵而至，"侦察中队的史蒂文森中尉说，"自行火炮又开了过来，并开始有计划地摧毁每一座可以避难的房子。一直以来，几乎每家每户的地窖里都藏着被迫卷入战争的包括荷兰妇女和儿童在内的平民。现在我们已经没有了时间概念。自行火炮越来越多，炮击也越发猛烈。"[17]希克斯准将并不是个喜欢夸大其词的人，他把对奥斯特贝克的炮击形容为"我所经历过的最糟糕、最可怕的炼狱，比第一次世界大战的堑壕战还要糟糕"。[18]

心理崩溃的病例不可避免地增加了,即使是在最勇敢的人中也不乏这一病症。一名滑翔机飞行员记录了一名士兵如何将自己锁在奥斯特贝克教堂附近的一间小屋里,然后开始用他的"司登"冲锋枪朝四周的墙壁扫射,并大喊"来啊,混蛋!"[19]最后,他自杀了。一名上尉后来写道,身体的疲惫几乎已经达到了"即便被杀也是值得的程度"。[20]

"我这边的小伙子绝大多数还可以,"布莱克伍德中尉在日记中写道,"尽管有两人得了炮弹休克症:其中一人是强壮的战士,他从战壕中苏醒过来,发现同伴的断头躺在自己的大腿上。"在奥斯特贝克教堂,他们吃了一些战地组合口粮,另外还有两只由一名中士带来的安哥拉兔子。"我们在小镜子里看着自己脏兮兮的胡子,不禁咧嘴笑了起来。炮手们把教堂当作他们的观察阵地,而狡猾的德国佬则带来了他们的 88 毫米火炮对付我们。其中一发炮弹把炖兔子肉给打翻了。我们不得不放弃教堂。屋顶坍塌了。我们待在英军 75 毫米火炮阵地附近的散兵坑里。我们的战壕周围全是坑,在我们和河流之间躺着一些不可避免被打死的牛和一匹内脏被处理干净的马。"[21]

党卫军残酷无情的决心再一次显现出来。名叫德·苏特的荷兰工程师看到十几名德国士兵双手举在空中,他们被四名英国伞兵看守着。随后发生了爆炸,似乎是一名德国人因投降而向他们当中扔了一枚手榴弹。[22]

第 156 伞兵营 C 连连长鲍威尔少校反映说,他抓跳蚤的原因是他们营的营部设在了一座鸡舍里。[23]他预计这个防御圈随时都可能会被攻破,但德国人正依托坦克和自行火炮来摧毁他们头顶的房屋。那天,来自第 64 中型炮兵团的支援减少了。他们只能执行 25 次射击任务。由于德国人切断了第 30 军的补给线,弹药储备成了个令人担忧的问题,而且他们自己的师也在寻求支援。一些士兵试图用老办法来提振士气,比如唱《莉莉玛莲》或者播放唱片。一名奥地利士兵称,当他们的唱片快要播完时,这些英国人会大喊"再来一曲,弗里茨①!",而当对方的唱片播完时,德国人也会大喊"再来一曲,汤米!"[24]

在丹尼诺德的西侧,约恩克海尔·博尼费修斯·德扬写道:"情况一天比一天糟。"那个星期六,房子被三发炮弹击中。只有中央楼梯完好无损。他们正南边的煤气厂被击中,正在熊熊燃烧。地下室里挤满了人,士兵们背靠背坐在地板上,闷得透不过气来。在这么多天不吃不睡后,他们面如死灰。前总督的妻子给了一名士兵一些干邑白兰地酒,让他振作起来。"但我没有受伤,"他说,"你不应该把那个给我。"

博尼费修斯·德扬试图转移他们的小孙女尼尔谢(Neelsje)对炮火的注意力,他把蜡烛从包里拿出来,然后再放回去。"但是,当所有伤员都躺下的时候,你可以看到尼尔谢在浸透鲜血的床垫之间跳来跳去,跨过血淋淋的绷带和残破的作战服,那些可怜的人带着温柔的微笑向她伸出手来。有时这是一幅令人心碎的场景。"[25]

那天,斯洪奥德酒店再一次落入德国人的掌控之中。一名下士得意扬扬地带了很多人来看管这个地方。在确认德国伤员仍在接受良好的治疗后,他说:"我就知道英国人不像俄国人

---

① 弗里茨(Fritz)原本为德国名字弗里德里希(Friedrich)的昵称,在两次世界大战期间,英国人用其称呼德国士兵,就如同德国人称呼英国士兵为汤米(Tommy)一样。——译者注

那样。"²⁶他宣布，所有可以被转移的德国伤员都将被疏散。但他也坚持在所有的窗口部署警卫，而这只会鼓励该地区的波兰伞兵向他们开枪。波兰伞兵一看到德国人就想抄起家伙杀了他。一名德国机枪手一度在楼顶的一扇窗户前布好阵势，这引起了英国医生的愤怒抗议。

这家酒店在战斗中受了重创。许多天花板开始塌落，这很难让下面的伤员安心。党卫军挑选了那些还能走动的英国伤员，由一支小分队将他们押送到阿纳姆。滑翔机飞行员团的一名随军牧师发现自己的谈话对象是一名年轻的装甲掷弹兵。"我们恨的是犹太人，"这名年轻的党卫军士兵说，"犹太人和俄国人。"

"你们为什么恨犹太人？"

"因为他们挑起了战争。"

"你们为什么恨俄国人？"

"我们为什么恨俄国人？"这名年轻的纳粹分子脸上露出鄙夷的笑容，然后对这名牧师说，"因为……嗯，如果你见到他们你就明白了。"²⁷

沃拉克上校不得不向团急救站发出命令，告诉他们不要再疏散伤员了，因为包扎站和医院都没有办法救治他们。躺在地板上的伤员不得不共用一条毯子。依旧在坚持战斗的士兵们将从空投箱中取出的大部分食品送给了伤员，但营养不良仍然是一个主要问题。更严重的问题是缺乏药品。沃拉克在他的报告中指出，"吗啡和绷带的供应越来越少"。²⁸"食物和水的短缺就已经够糟糕的了，"一名荷兰志愿者写道，"但最糟糕的是吗啡被用光了，人们只能盯着天花板，痛苦地默默掉眼泪。"²⁹由于没有水源——除了偶尔能在下暴雨时获得一些雨水外——他们无法为伤员清洁伤口，也无法做手术。"外科手术肯定是动不了了，休息、取暖和补液都很困难。"尽管水十分地珍贵，但第181机降野战医疗队的指挥官马拉布尔中校仍然坚持所有军官都应该刮胡子——他们用同一个装着又冷又脏的水的军用饭盒刮胡子。奥斯特贝克的所有商店和大多数空房子被洗劫一空。所以，"随军降落的牙医格里芬（Griffin）上尉用他的'司登'冲锋枪帮我们搞到了两只羊，并把它们做成了炖肉"。[30]

位于特尔·霍斯特家的包扎站最缺乏的是抗坏疽血清。"起初，许多伤口并不严重，"一名医护人员说，"但它们开始出现坏疽。这只需要几个小时便会……我们每天都要送出去四五个死者。"[31] 一名受伤的伞兵证实，皇家陆军医疗队的士官们表现出惊人的勇气和决心。一辆德国坦克开始炮轰特尔·霍斯特家的房子。皇家陆军医疗队的一名下士擎起一面红十字会的旗帜，径直走向坦克。[32] 当车长从炮塔中出现时，他愤怒地质问为什么他们要炮击一所有红十字标志的房子。坦克车长道了歉，掉转车头，返回阿纳姆。

13时05分，莫德尔的B集团军群司令部获悉希特勒发现第1空降师还没有被歼灭时大为光火。他刚刚下令"这15辆'虎'式坦克将由党卫军第2装甲军使用"。[33] 不久之后，传来了另一个消息，说第506重装甲营带着"虎王"坦克与第741反坦克营一道，正驰援比特里希的党卫军装甲军和迈因德尔的第2伞兵军。

比特里希位于贝蒂沃的部队已经在第129旅的逼迫下，从雷森的防线撤退到埃尔斯特。比特里希很清楚英国人正在集结兵力增援位于德里尔的波兰人，他企图向西进攻法尔堡以切断他们的路线，但是克瑙斯特战斗群的装甲连在萨默塞特轻步兵团第 7 营和位于奥斯特豪特的第 4/7 禁卫龙骑兵团的进攻下损失了三辆坦克。而且他还无法使用自己的"虎"式坦克，因为乡间小路无法承载这些坦克的重量。比特里希还命令第 30 机枪营在下莱茵河附近占领阵地以掩护渡口。[34]

当天，国防军驻荷兰总司令克里斯蒂安森航空兵上将发布了一则荒诞的指示，祝贺冯·特陶师处在"冯·特陶将军正确而有力的领导下"。[35]赫尔曼·戈林师的富尔里德中校在读到这份指示时一定会感到恶心。克里斯蒂安森声称盟军被迫向东撤退，而特陶却抱怨说由于来自第 64 中型炮兵团的炮火——当时他认为那是波兰的重型炮兵部队，他们无法向前推进。

"弗伦茨贝格"师侦察营的一个连在党卫队二级突击队中队长卡尔·齐布雷希特（Karl Ziebrecht）的指挥下，奉命沿下莱茵河北岸推进，以监视德里尔那一侧河岸的情况。侦察营的其余士兵则与斯沃博达的高射炮旅一道，沿埃尔登（Elden）至埃尔斯特的铁路一线部署在河对岸，直面波兰军队。白天，第 130 旅的其余部队在瓢泼大雨的掩护下，经由法尔堡向德里尔进军。与此同时，第 214 旅与萨默塞特轻步兵团第 7 营、伍斯特郡团第 1 营和第 4/7 禁卫龙骑兵团的一个中队一道，进攻了埃尔斯特。

德国第 21 装甲掷弹兵团的阿尔弗雷德·林斯多夫分队长正坐在埃尔斯特的一所房子里弹着钢琴。[36]他没有听到"谢尔曼"坦克靠近的声音，直到一发炮弹穿堂而过，所幸，它没有击中钢琴。但克瑙斯特少校待命的强大的"虎"式坦克开始开火，"谢尔曼"坦克在摧毁了一辆"豹"式坦克后随即撤退。

"我们有四辆'虎'式坦克和三辆'豹'式坦克，"霍斯特·韦伯回忆道,"我们坚信一定会在这里再一次取得胜利,我们一定能粉碎敌人的有生力量。但后来,'台风'战机把这些火箭扔到我们的坦克上,把全部七辆坦克都炸得粉碎。我们哭了起来,大家都怒不可遏,怎么能这么不公平?一方士兵什么都有,而另一方什么都没有。我们会看到天空中有两个黑点,那通常就是火箭弹。然后火箭弹会击中坦克,随之爆发剧烈的燃烧。车内的士兵浑身是火,痛苦地尖叫着从车内爬出来。"[37]

韦伯承认,当"台风"战斗轰炸机击毁这些坦克时,他和他的装甲掷弹兵同伴们"正以最快的速度逃命"。但就在这时,克瑙斯特开着他的半履带车出现了,他挥舞着拐杖,大喊"回去!回去!"因为出现的是克瑙斯特少校,他们感到羞愧,并按照吩咐的去做了。年轻的装甲掷弹兵们显然很崇拜他,尽管他不是党卫军成员。"他拯救了我们位于埃尔斯特的前线,我愿意为他做任何事情。"

克瑙斯特重新调整了防线。他把两辆"虎"式坦克给了挨着他们阵地的"弗伦茨贝格"师的装甲掷弹兵们。"这就像是一种合作关系。我们互相掩护。我们确保没有步兵能从侧面袭击这些坦克,同时'虎'式坦克则保护我们不受'谢尔曼'坦克的攻击。但最重要的是,这些'虎'式坦克帮助我们战胜了恐惧。"[38]

麦肯齐中校在经历了各种不必要的麻烦后来到了布朗宁的司令部。据王室骑兵团的作战日志记载,他"有过一段非常激动人心的经历,当时,他乘坐的'戴姆勒'装甲车与敌军一辆半履带车交火,他作为装填手发射了8枚炮弹"。[39]装甲车后来翻倒了。当德国步兵沿防线向外推进时，麦肯齐差一点就被俘房了，"他们就像外出打猎一样"搜寻着车组人员，并大喊着"出来，汤米！"[40]

布朗宁的副官埃迪·纽伯里指出，麦肯齐的出现使他们感到震惊。他"满脸胡子拉碴，衣服又脏又乱，看上去很疲倦"。[41] 布朗宁后来说，麦肯齐和迈尔斯"脸色苍白，就像熬过索姆河地区的冬天一样"。[42]

无论布朗宁此时还存有什么幻想，都应该被麦肯齐关于防御圈内局势的报告所粉碎。麦肯齐并没有顾及他的感受，但事后觉得布朗宁依旧没有意识到他们处境的危险性。第2王室骑兵团再次提供了"装甲出租车"服务，将麦肯齐和迈尔斯送回到德里尔，以便他们能在当晚带着更多的波兰伞兵渡过下莱茵河，向厄克特将军报到。

霍罗克斯将军最关心的不是夺取埃尔斯特的战斗。毫无疑问，他关心的是位于奥斯特贝克的第1空降师的命运。他派自己的参谋长派曼准将前去拜访第2集团军司令登普西将军，后者此时已经赶到圣乌登罗德。他们做出决定：进行最后的努力，增援空降师的桥头堡。如果行动失败，并且有报道称德军正准备全力以赴摧毁防御圈，那么幸存下来的伞兵将过河，撤退到贝蒂沃一侧。登普西授权霍罗克斯和布朗宁可以自行决断。他们可以在第二天第43师位于法尔堡的师部召开的会议上拿定主意。

厄克特向他的两位准将——希克斯和哈克特，以及洛德-西蒙兹中校透露了他打算向布朗宁传达信件，描述关于他们的情况。他在结尾写道："士气依然高涨，但持续的炮击正在显现出它的威力。我们会坚持下去，但同时也希望未来的24小时会更加光明。"[43]

早晨，雨过天晴，美国空中支援小组的约翰逊中尉和加拿大军官利奥·希普斯（Leo Heaps）中尉主动在拂晓前乘小艇渡过了下莱茵河。[44]他们前往索萨博夫斯基位于德里尔的指挥部，向他的参谋简要介绍了防御圈内的局势。两名中尉一个多星期以来第一次吃了顿热饭，喝了杯像样的饮料。

有了万里晴空，他们就可以回望下莱茵河北岸（那是他们出发的地方），观察盟军飞机的行动。"我们第一次看到了真正的空中支援。在半个多小时的时间里，'台风'和'雷电'战机对德军防空阵地进行了扫射和轰炸。然后'斯特林'和'达科他'运输机带着补给物资进来了。我从德里尔看到有信号弹从我们的防御圈内升空，越过下莱茵河，来标明空投场的位置，几乎同时，德军在该师所在地区的三面也发射了信号弹。看到这些如此迫切需要的补给物资空投在了距离该师5000码的地方，真是令人心碎。该师收到的物资不超过总数的10%。我宁愿用我的右臂换来无线电台，这样就可以联系到那些飞机，并引导它们飞抵正确的区域。两架'达科他'运输机被防空炮火引燃，但它们仍继续前进，直至投下物资。在两架飞机相撞前，只有一个人从飞机里脱身。"[45]当天共有123架英军"斯特林"和C-47"达科他"运输机运送补给物资。最终，6架失踪，63架受损。[46]德军的防空火力正以如此之快的速度消耗着英国皇家空军的运输机编队，以至于补给空投无法持续太久。

当天下午，索萨博夫斯基少将收到一则消息，说冲锋舟已经在路上了。"我并没有很高兴，"他说，"我无法理解，为什么在第43师拥有船只并且接受过专门突击训练的情况下,他们却要牺牲经过特殊训练的空降部队进行一次突击渡河。但我只能听令行事。"[47]

黄昏时分,天空已经完全放晴,留下一个星光灿烂的夜晚。在南岸的迈尔斯中校,负责监督将第130旅的冲锋舟分配给波兰旅。[48]他非常同情这些波兰人。这些船的型号和大小与先前告诉他们的完全不一样。直到凌晨2时它们才抵达,而且只有10艘船能够漂起来。另外2艘在运输途中被德军炮火击穿。船上没有配备工兵,所以这些从未接受过渡河训练的波兰人很难划动它们。在暗夜剩下的几个小时里,只有153名波兰官兵抵达北岸,而不是全营。还有许多人被沿固定弹道向水面射击的德军第30机枪营打死打伤。伤亡人员被带回南岸。在堤坝上观察的索萨博夫斯基在黎明前停止了行动。他可能听过美国人的笑话:"英国人会战斗到还剩最后一个盟友。"[49]①那天晚上,这句话一定浮现在他的脑海里。

---

① 这句话的原文是"The British would fight to the very last alley"。——译者注

第二十三章　9月24日，星期日

索萨博夫斯基少将几乎一整晚都待在堤坝上观察第8连的渡河行动，直到黎明时分才入睡。上午10时，他被叫醒，并被告知霍罗克斯将军已乘装甲车抵达，随行的还有联络官史蒂文斯中校。索萨博夫斯基见到霍罗克斯既惊讶又高兴，尤其是在从奈梅亨经法尔堡过来的路线仍然会遭到德国人攻击的情况下。他想知道自己的顶头上司布朗宁为什么没有来。两人爬上了位于德里尔的教堂塔楼。从塔顶，索萨博夫斯基可以清楚地指出要害之地，包括德国人从边民团第1营手中夺取的韦斯特鲍温冈。厄克特的第1空降师现在据守着不到1公里长的河滩，而且德国人正试图完全切断它。

霍罗克斯一直在听着，但没有提供什么信息。他没有透露自己的参谋长派曼准将和第43师师长艾弗·托马斯少将已计划于当天晚上渡河。相反，他只是让索萨博夫斯基于上午11时30分到托马斯位于法尔堡的司令部参加一个会议。[1]

索萨博夫斯基派了一名传令兵去找他的翻译耶日·迪尔达（Jerzy Dyrda）中尉，后者正在堤坝上观察下莱茵河北岸的情况。[2]当迪尔达抵达农舍时，霍罗克斯已经离开。索萨博夫斯基告诉他带上一挺机枪和一些手榴弹。他、迪尔达和史蒂文斯将一起乘坐由尤哈斯（Juhas）中士驾驶的吉普车离开。迪尔达有点困惑为什么索萨博夫斯基会被从前线召回参加会议。

对索萨博夫斯基来说有个好消息，但令人吃惊的是，他此前从未被告知过这一消息。第 1 营全体和第 3 营的部分人员并没有如他所担心的那样失踪。[3]他们终于在前一天被空运过来,降落在赫鲁斯贝克附近相对安全的第 82 空降师的防御圈内。当时正刮着大风,许多人在着陆时把腿给摔断了,但重要的是,该旅的其他士兵正在前往德里尔的路上。

在抵达法尔堡小镇前不久,索萨博夫斯基的吉普车被英国宪兵拦住,示意他们驶离道路。他们随后被领到一个果园内,在那里,一顶巨大的帐篷被搭建在空地上。霍罗克斯和布朗宁站在外面等着他们。"对两位将军的问候显然非常冷淡,"迪尔达说,"我没有看到英军将领们对索萨博夫斯基将军表现出丝毫的友好。"[4]

索萨博夫斯基没有见到第 43 师师长托马斯少将。托马斯是一个既无趣又自负的人,他可能是整个英国军队中最不受欢迎的将军。因为他对外表现出的对普鲁士风格的痴迷,他手下的军官们称这位纪律极其严明的人为"冯·托马将军"。如果下属部队在夺取某一目标时,没有按照规定的尺寸挖厕所,托马斯就会把指挥官们骂得狗血淋头。他也被称为"屠夫",因为他会不惜一切代价达到目的。[5]

索萨博夫斯基问霍罗克斯自己是否可以把迪尔达中尉带进会场担任翻译,以免产生误解。霍罗克斯拒绝了,坚持认为没有必要。但是,布朗宁对迪尔达很感兴趣,他在之前的讨论中认识了这位中尉,于是布朗宁同意让迪尔达出席。霍罗克斯无法拒绝,这还是让他心里很不舒服。一进会场,他就不让迪尔达中尉坐在索萨博夫斯基身边,而是坚持让他站在索萨博夫斯基身后,这太小气了。迪尔达开始怀疑霍罗克斯并不想让另一名波兰军官见证这次会议。更加异乎寻常的是,索萨博夫斯基和迪尔达被安排坐在桌子的一边,而所有的英国高级军官坐在他们对面。这看起来像是军事法庭,而不是盟友之间的会议。甚至连联络官史蒂文斯中校也没有坐在波兰这边。霍罗克斯坐在索萨博夫斯基对面,两边是布朗宁和托马斯。

迪尔达的叙述是目前仅存的详叙法尔堡会议过程的记录,他满含愤怒之情地记下了英军将领们对待索萨博夫斯基的傲慢态度。英国人忘不了一直以来,索萨博夫斯基都是对整个"市场花园"行动最直言不讳的批评者,既然他的警告已经被证明是完全正确的,那么布朗宁和霍罗克斯一定已经预料到对英国灾难性计划的另一次抨击。很明显,他们从一开始就决心让索萨博夫斯基留在自己的位置上。

霍罗克斯主持会议。他宣布,他们的意图仍然是在下莱茵河以北建立一个强大的桥头堡。那天晚上,将由托马斯少将指挥两次渡河行动,波兰伞兵旅也将向他汇报。然后是托马斯发言,他宣布多塞特郡团第4营和波兰伞兵旅第1营将在海弗亚多普(Heveadorp)渡口对面过河。他们会把额外的弹药分配给第1空降师。与此同时,波兰伞兵旅的其余部队将在与前一晚大致相同的地点渡河。"两次渡河行动都将由B. 沃尔顿(B. Walton)准将指挥,他是第130步兵旅的旅长,"迪尔达写道,"船只将由第43步兵师提供。所有指示都以一种非常专横同时又带有一点优越感的口吻被下达。"[6]托马斯既没有明确他们要提供什么样的船只,也没有说要提供多少以及是否会配备工兵,还没有提供有关烟幕或炮兵支援的信息。事实上,既然提供的信息如此之少,那么霍罗克斯大可在德里尔向索萨博夫斯基简要介绍情况,避免让其前往法尔堡。

两位波兰军官吃了一惊。托马斯不仅选了个比索萨博夫斯基级别低的人来指挥这次行动，而且此人还是个从未到过这条河的人。这看起来就像是蓄意挑衅。当索萨博夫斯基被告知他的第1营将被移交给沃尔顿准将时，他十分克制地指出，他才是波兰独立伞兵旅的指挥官，他将决定选择哪个营来执行一项特定任务。

英国方面的资料——根据第43"威塞克斯"步兵师官方历史记录——声称，索萨博夫斯基对此大发雷霆，他对霍罗克斯说："我是索萨博夫斯基将军，波兰伞兵旅由我来指挥。我喜欢怎么做就怎么做。"在这个版本的故事里，霍罗克斯反驳道："你受我的指挥。我他妈叫你干什么你就得干什么。""那好吧，"索萨博夫斯基看来是已经让步了，"我指挥波兰伞兵旅，我百分百照你说的去做。"[7]几乎可以肯定这是杜撰的，只是军官们茶余饭后闲聊的那种逸事。索萨博夫斯基是个满怀热情的爱国者，他是不会迁就笨蛋的，不管他们的地位如何，而且也很难相信他会说"我百分百照你说的去做"这样的话。迪尔达的叙述里甚至没有与这段对话类似的内容。

迪尔达有充分的理由怀疑霍罗克斯和布朗宁想要逃避闯下如此大祸的责任，并试图"强词夺理地说是因为索萨博夫斯基的反对、固执和桀骜不驯妨碍了他们向第1空降师提供有效的帮助"。[8]但是，他不承认索萨博夫斯基对形势存在误解。与托马斯的计划不同的是，索萨博夫斯基呼吁不如集全师之力在更靠西的地方进行一次大规模渡过下莱茵河的行动，如此一来包围第1空降师的德国部队就会从后方被反包围。然而，这是行不通的，因为英国人没有足够的船只和架桥设备，无法及时运送够多的兵力，而且不管怎么说，托马斯最多只能派出一个旅。但索萨博夫斯基正确地指出，托马斯计划让多塞特郡团第4营的士兵们和他的第1营在海弗亚多普渡口登陆至少是莽撞的,该地正好位于德军占据主导地位的韦斯特鲍温冈下方。德军机枪阵地的火力范围覆盖着这条河,这意味着刚才描述的行动不是一次简单的渡河行动,而是一次强行突破。①

迪尔达刚一翻译完,托马斯将军就站了起来,无视索萨博夫斯基所说的一切,宣布渡河行动将于22时整在他所指定的地点进行。索萨博夫斯基在此之前一直很克制,但是一名同等级别军官故意粗鲁地拒绝回应他的建议,这使他怒火中烧。他比在场的任何人都更有经验,对地形也更加了解。他可以感觉到霍罗克斯和布朗宁——他们在会议期间均缄默不语——并没有真正继续为阿纳姆而战的意思。托马斯所描述的行动显然只不过是一个保全面子的姿态。

索萨博夫斯基缺乏睡眠,这也加剧了他对整个行动因计划不周而导致的徒劳无功的愤怒。他站起身来,用自己那支离破碎的英语警告道,多塞特郡团第4营的士兵们和他的第1营的牺牲将完全是徒劳的。他再次强调,把多塞特郡团第4营派去进攻韦斯特鲍温冈是在让他们送死。如果英国人没有发动大规模进攻的手段,那么他们必须把厄克特那个师撤离。托马斯试图打断他的话,但索萨博夫斯基反击道:"别忘了,

---

① 霍罗克斯在他的回忆录中从未提到过法尔堡会议。他声称自己是直接从德里尔前往圣乌登罗德会见登普西将军的。更令人惊讶的是,他写道:"获得后见之明总是很容易,但了解到现在我所做的,我认为把第43师放在另一个方向上会更好。我应该命令托马斯将军从莱茵河下游更靠西的地方渡河,并以一记左勾拳从后面进攻与第1空降师交战的德国人,而不是在9月22日把他们交给禁卫装甲师。"⁹ 他似乎忘记了这正是被他断然否决的、千真万确由索萨博夫斯基提出的建议。同样值得一提的是,索萨博夫斯基从西面合围的计划是唯一被荷兰陆军参谋学院所接受的方案,当时他们否决了军官们提出的直接北上沿奈梅亨—阿纳姆公路推进的计划。——原注

在过去的七天里，不仅有波兰伞兵，还有你们英国最优秀的孩子——空降师里的志愿者，白白牺牲在了莱茵河上。"

"简报会结束，"霍罗克斯愤怒地宣布，"托马斯将军发布的命令必须得到执行。"他接着转向索萨博夫斯基道："而且如果你，索萨博夫斯基将军，不愿意执行下达给你的命令，我们将为波兰伞兵旅另寻一位能够执行我们命令的指挥官。"[10]

当第30军的军官们离开时，他们没有再对索萨博夫斯基说什么，但布朗宁将军留了下来，并邀请他到奈梅亨吃午饭。这一定程度上消除了索萨博夫斯基的沮丧情绪，他接受了邀请，希望能说服布朗宁改变霍罗克斯的想法。但当他从布朗宁那里听说当天晚上几乎没有船只可以渡河时，第30军的拖沓和无能让他爆发了。迪尔达后来警告他说，这样做是不明智的。布朗宁和霍罗克斯是老朋友，并且他们会在英国军队受到批评时团结在一起。索萨博夫斯基对迪尔达中尉大发雷霆，认为他说话太直，越权了。索萨博夫斯基拒绝再和他说话，但战后意识到迪尔达是对的。他正中对手的下怀。

如前所述，由于伤情严重，霍罗克斯的身体和精神状态都很糟糕，而且疼痛一直折磨着他。蒙哥马利不应该让他担负如此重大的责任。布朗宁也身体状况不佳，一直在患感冒，没有得到根治。索萨博夫斯基的确是个难相处的人，但这不能作为他应遭到如此对待的理由。正如厄克特所承认的那样，把他置于一个年轻而又缺乏经验的准将之下是完全没有必要的侮辱。在使蒙哥马利相信波兰伞兵旅不愿参战这件事情上，霍罗克斯和布朗宁一定发挥了某些作用。

前一天，查尔斯·麦肯齐中校一结束与布朗宁将军的会面，便从奈梅亨返回,坐在下莱茵河的南岸。"我思索着该向将军汇报些什么,"他后来写道,"我既可以告诉他我的想法——在观察过河两岸的情况后,我确信从南边渡河不会成功。或者我可以像别人告诉我的那样对他说,[第30军]正在尽最大的努力,将会组织一次渡河行动,我们应该坚持下去。"过了一段时间,"我决定把[霍罗克斯和布朗宁]跟我说的告诉他:他们正在做一切可能的事情,而且会组织一次渡河行动。我觉得如果我这么说的话,他会更容易让人们继续坚持下去"。[11]回到师部后,麦肯齐向厄克特报告,厄克特小心翼翼地不流露出任何情感。

他们在哈尔滕施泰因酒店的处境令人绝望。以前干净整洁的酒店庭院现在就像是"一个露天矿场,到处都是战壕和弹坑",而建筑本身看起来就像是"你一推它,它就会倒塌一样"。[12]师急救站有30多名伤员。在德国人对哈尔滕施泰因酒店的迫击炮轰击所造成的大批受害者中,就包括哈克特准将和他的书记官皮尔逊上士。[13]皮尔逊看到他的准将不得不用手指吃东西,心里很不是滋味,于是就出去为他找副刀叉。就在那时,他被迫击炮弹片击中。他设法把自己挪到哈尔滕施泰因酒店的急救站,却发现哈克特也在那里,紧紧地捂住自己的肚子,他腹部受了重伤。后来,他们两人作为德国人的俘虏,乘坐同一辆吉普车被送往圣伊丽莎白医院。哈克特的肠子上至少有14个洞。拉思伯里准将——当时他已经在那里住院——听说哈克特只有50%的存活可能。[14]

9月24日9时,沃拉克上校前去会见厄克特将军。他劝告厄克特应该允许自己与德军高级医疗军官联系,以便"安排将伤员撤离到德国占领区内的安全地带",因为从河上撤离显然是不可能的。"师长明确表示，无论在什么情况下，决不能让敌人认为这是崩溃的开始，而且必须让他们清楚地认识到这么做纯粹是出于人道主义的原因。"那天下午将停火一段时间，"清理战场上的伤员，以便双方继续战斗"。[15]

沃拉克上校在红十字会旗的保护下，可以在哈尔滕施泰因酒店和斯洪奥德酒店之间自由通行，他走近斯洪奥德酒店那里的一名德国医生。此人是党卫军"霍亨施陶芬"师高级军医、党卫队二级突击队大队长埃贡·斯卡尔卡（Egon Skalka）。斯卡尔卡是个来自克恩滕州（Carinthia）的奥地利人，年仅29岁。他身着剪裁考究的制服，梳着波浪状的头发，散发着刺鼻的古龙水的味道。他修剪整齐的双手戴着一枚党卫军金图章戒指，这表明他并没有屈尊自己动手术。沃拉克要求与德军师长会面。斯卡尔卡同意了，随后两人在红十字会旗帜的保护下开了一辆吉普车前往阿纳姆外，位于阿珀尔多伦公路上赫塞尔贝赫别墅（Villa Heselbergh）内的"霍亨施陶芬"师师部。①

斯卡尔卡进去面见师长，沃拉克只好等着。斯卡尔卡称，由于自己没有蒙住沃拉克的眼睛，且没有事先获得批准，惹得哈策尔很生气。哈策尔道："你未经允许就把他带到这儿来是什么意思？"[18]然后，哈策尔走到隔壁比特里希的办公室，问他关于休战和撤离英军伤员的意见。比特里希立即同意了这个想法。与此同时，沃拉克打电话给该地高级军医，要求他们拿出所有的救护车和交通工具。

---

① 斯卡尔卡后来声称，主动走过去的是他而不是沃拉克。他说，通过德军截获的无线电信号，他已经从哈策尔那里听说了伤员的困境。[16]根据斯卡尔卡的说法，是他开着一辆吉普车冲进了防御圈，副驾驶坐着一名英军俘虏，手里挥舞着白旗。[17]——原注

比特里希和哈策尔前去与沃拉克谈话，表达了德国人一贯的遗憾，"我们两国之间竟会有这么一场战争"，其潜台词是两国应该团结一致对抗苏联。[19]休战和疏散伤员的协议很快就达成了，但厄克特担心这种做法只会鼓励德国人，让他们认为自己即将取得胜利。他的担心是正确的。哈策尔给沃拉克送上三明治，并给了他一瓶白兰地，让他带给厄克特。哈策尔及其军官还提供了吗啡，这些吗啡是从散落在防御圈外的英国空投箱中获得的。[①]

　　然后，斯卡尔卡带着沃拉克前往圣伊丽莎白医院看望那里的英国伤员。他们躺在铺着床单的床上，受到荷兰医生和护士以及德国修女的精心照料。当然，沃拉克感到震惊，这里与他们位于奥斯特贝克的伤员的处境形成了鲜明的对比，那里因缺水而不可能进行手术。当他们回到斯洪奥德酒店时，停火已经开始了。德国军用卡车排成一列，但由于英国军用担架太长，无法横着摆放，所以每辆车只能竖着放三个担架。这意味着需要较之平日三倍数量的车。马拉布尔中校悄悄告诉他的参谋人员务必尽快把危重伤员送走，不过随后他们应该慢慢吞吞地处理其他人，说不定第30军会赶来把他们从战俘营中救出来。

　　正如厄克特所预料的，一名德国医生试图说服沃拉克上校，英国人无疑应该投降，因为他们的伤员太多了。他应该尽力说服师长。据充当翻译的亨德里卡·范·德·弗利斯特说，沃拉克静静地听着，然后泰然自若地道："不，我们不是来这投降

---

　　① 战后，战俘营里的哈策尔给厄克特写信，希望对方能够对"霍亨施陶芬"师的"侠义之举"提供一份证明。"纽伦堡审判的结果是将整个党卫军定性为犯罪组织。作为对阿纳姆战役是君子之战的回应，我呼吁参加战斗的英国士兵们记住那一刻，并承认至少那些参与此次行动的德国士兵的行为是公道的。请为我的陈述作证。"[20]他要求厄克特写一封回信，但没有成功。——原注

的，我们是来这战斗的。"

"当然，这个我可以理解，"这名党卫军军医不得不说，"这只是一个建议。"[21]

在撤离伤员的过程中，德军设法接管了一些红十字会的吉普车。〔盟军下次再见到这些车辆是在阿登，当时它们被奥托·斯科尔策尼（Otto Skorzeny）的突击队使用，伪装成了美军涂装。〕他们还占领了挤满伤员的桌山酒店。

一个身材矮小的德国士兵——头盔几乎盖住了他的眼睛——开始对一名帮助英国士兵的荷兰护士大呼小叫。一名英国医护兵走到他跟前，冲着他的脸大喊："如果你再不闭嘴，我就打得你满地找牙。"[22]这个出乎意料的反抗让他彻底安静了下来。局部停火至少给了许多被困在防御圈内的平民以逃生的机会。当难民们经过德军阵地时，装甲掷弹兵们奚落他们，说他们和英国人的友谊为他们带来了什么。

16时，德国部队前推至斯洪奥德酒店，以便利用那里的建筑物为掩护发动进攻。马拉布尔中校坚决要求他们离开医院大楼，但他无法说服他们撤退。留下来的德国卫兵的出现激怒了新来的波兰人，波兰人立即向他们开枪。"马拉布尔中校冒着来自双方的相当大的风险前去与波兰人谈判，并设法恢复了当时的和平。"[23]而另一名医生莫森上尉则面临更为艰巨的任务，他要说服第21独立伞兵连的威尔逊少校放弃他充分准备的阵地，因为德军的先头部队把斯洪奥德酒店置于交战当中。

党卫军继续施加压力，威胁英国人称如果他们不放弃某些建筑，斯洪奥德酒店就会被摧毁。他们带来了两辆突击炮，但威尔逊的空降先导员成功摧毁了其中一辆，并逼退了另一辆。阻止装甲掷弹兵进入医院大楼需要进行长期的战斗，然而，正如沃拉克所看到的那样,"说时迟那时快,一个面相凶狠的党卫军下士端着一挺'施潘道'机枪,脖子上挂着一串子弹'跳了进来',并(用英语)告诉他们,'滚到这里来,快点儿',这一切引得大家面露愤怒并指了指手臂上红十字袖标"。[24]

等到四个小时的停火期限结束后,比特里希才敢把这件事告诉 B 集团军群司令部。莫德尔非常愤怒。"你脑子里到底在想些什么?"他问道,"敌人从这次停火中捞了好处。"[25]但莫德尔还是准备保护比特里希,并确保元首大本营从未听说过此事。要是让希特勒知道了,他一定会大发雷霆。他仍在发布与战场上正在发生的事情毫不相干的命令,当天早上冯·伦德施泰特元帅就下发了他的最新指令。"元首已经下令,必须尽快摧毁阿纳姆—奈梅亨—莫克一线,以及以东的敌人,并采用向心进攻的方式封堵艾恩德霍芬北部前线的缺口。"[26]莫德尔仅仅回复说,奥斯特贝克地区内盟军的防御圈预计将在第二天被抹去。[27]

德军将领预计还会有进一步的空降行动,而比特里希听闻第 506 重装甲营将会带着更多的"虎"式坦克于当天晚些时候抵达,顿时松了一口气。在盟军前一天晚上的渡河行动后,"霍亨施陶芬"师工兵营意识到现在他们正在与波兰伞兵对抗。默勒称,对伤者和死者的尊重"突然改变了"。[28]这些波兰人只想杀死德国人。

波兰人对英国守军的增援极大地鼓舞了士气。"中午,房主从地窖里出来了,"其中一名空降先导员在日记中写道,"用他仅剩的口粮给我们做了顿饭。主要用的是土豆和菠菜,不管怎么说,它们还是很受欢迎的。就在饭快要做好的时候,我们看到隔壁房子里有动静。一些长相奇怪的家伙向我竖起大拇指,做出胜利的手势,我们意识到他们是[被投送]在河对岸的波兰先头部队。每个人都情绪高涨。"[29]

波兰人在奥斯特贝克地区的防御圈内找不到什么可以让他们打起精神的东西。瓦迪斯瓦夫·科罗布(Władysław Korob)下士写道:"似乎你能看见的,不是英国人,就是波兰人、德国人或是一头死牛。"[30]军官学员亚当·涅别什赞斯基(Adam Niebieszczanski)发现一具英国少校的尸体曝晒在战壕前方。[31]由于担心尸体会腐烂,他和一名同伴决定将其扔到另一条战壕,并埋在那里,但当他们分别提起他的胳膊和腿时,少校惊讶地睁开了眼睛。他只不过是抓紧停火的间隙,露天睡了一觉。道过歉后,涅别什赞斯基和他的战友幸运地找到了一个装着圣诞布丁的空投补给箱。[32]这些食物给他们提供了充足的营养,让他们一整天都觉得很饱。斯马奇内中尉是第一个渡河的人,他回忆说,他们夺取空投箱的战术是由一小队人马带着手雷,大喊大叫地从旁边发起佯攻,而另一小队人马则偷偷摸摸地去夺取空投箱。

在局势缓和的时候,一名会说德语的炮手跑去与一些波兰人会合,并开始与他们攀谈。但是"完全让他出乎意料并感到绝望的是,其中一名波兰人说,一旦他们结束了与德国人的战争,就必须为下一场战争做好准备——与苏联人的战争"。[33]和当时几乎所有的英军士兵一样,他只是从报纸和新闻短片中听到过有关红军英勇善战的事迹。他对苏联对待波兰的方式一无所知。

这些新来的波兰伞兵对他们的英国盟友的处境感到震惊。科罗布下士观察后说:"每个人都因睡眠不足而眼睛发红,嘴唇因缺水而变白。"[34]由于极度疲劳和营养不足,大多数人在那个星期里减掉了 1 英石①甚至更多的体重。一些仍在地窖里被照料的伤员变得有些神志不清，会大喊："杀了他们！杀了他们！"[35] 与此同时，那些还没倒下的人也不再打赌看谁能射杀最多的德国人。人们可能会累得精神恍惚，以至于他们发现自己会渴望负伤，以便能到什么地方躺下。在奥斯特贝克教堂附近，一些逃兵从他们的战壕溜进殡仪馆后面的砖制谷仓，偷偷地在布满灰尘的旧灵车里睡觉。那是一辆由黑马拉着的装饰着鸵鸟羽毛的灵车。

由于精神高度紧张，人们变得更容易为小事发脾气。他们的反应和理解力也要慢得多。军官和士官们不得不重复几次才能让他们明白自己的意思。师部幽灵分队的斯普林格特·德梅特里亚迪（Springett Demetriadi）上尉将厄克特的消息发送给布朗宁后，布朗宁描述了他们的悲惨处境，他说："这就像在给自己致悼词。"[36] 他们的诙谐幽默也消失了，现在变得非常愤世嫉俗。内维尔·海（Neville Hay）中尉——德梅特里亚迪的幽灵分队同事——说："你知道他们为什么把这次行动命名为'市场'吗？""不知道。""因为我们把它买下来了。"[37]

在防御圈的东北角，国王属苏格兰边民团第 7 营只剩下 7 名军官和不到 100 名士兵。那些尚有气力的人继续进行狙击作战，其余的人在他们破旧的房子里等待下一次袭击。他们旁边侦察中队的士兵们第一次看到"台风"战机带着火箭弹前来帮助他们时感到无比振奋，它们对德军阵地的精确打击令人印象深刻。史蒂文森中尉在日记中写道："德国佬显然不喜欢这样，

---

① 1 英石（stone）约合 6.35 公斤。——译者注

而且我们也暂时免受炮击。""表演"一结束，他们发现自己又回到了迫击炮雨以及不到50米远的房子里的狙击手射出的子弹中。"一名粗暴的党卫军士兵在街上受了伤，并为此大吼大叫。迫于对方狙击手的火力，我们的人无法接近他，所以他们就从窗户里给他唱了一首《莉莉玛莲》的催眠曲——人们正在做那种疯狂的事。"他们已经四天没有领到口粮了，主要靠水果过活，但"最大的困难还是没有香烟"。[38]

布莱克伍德中尉和他第11伞兵营的幸存者们也饱受食物和香烟的长期短缺之苦，因为空投箱落在了他们够不着的地方。"一整天都在遭受猛烈的闪电炮击和狙击，"布莱克伍德那天在日记中写道，"我们的'台风'战机带着火箭弹过来了，并沿着两翼低空扫射。景象壮丽优美。像往常一样，'达科他'运输机来了，投下空投箱，其中大部分落在了德国佬的地盘上。我挥舞着帽子，向这些飞行员致敬。他们穿过最猛烈的防空炮火给我们提供补给。我看到其中两架飞机被可怕的炮火引燃，但飞行员仍保持着飞机稳定，机组人员继续将货物抛出舱门……即使是少数落在我们防线上的空投箱，要获得它们也很困难。我们如果马上冲过去，就会遭到德国佬的迫击炮攻击。如果我们等到天黑，其他地区的'耗子'就会偷偷抢先赶到。今天我们一无所获。"[39]

对于守军而言，一想到敌人在多么美妙地享用着他们的给养，他们就更加恼火了。"多亏了英国人的补给，我们吃得很好，甚至很奢侈，"哈策尔回忆道，"补给箱里有些东西我们很多年都没见过了，比如巧克力和真正的咖啡。"[40]

9月24日，托马斯的第43师第129旅继续进攻埃尔斯特附近的克瑞斯特战斗群。英国人已经发现,对进攻方而言,贝蒂沃的圩田和小果园要比诺曼底的树栅更难对付。

圣乌登罗德和费赫尔之间的"地狱之路"仍然是德国人的主要打击目标。海特的第6伞兵团发动了另一次进攻,即便此时他们已经在伊尔德附近的"沙丘之战"中被击败,并且胡贝尔战斗群已经事实上被摧毁了。容维尔特营在科弗林村附近突袭了第30军的主要行军路线,这一意外的成功鼓舞了海特加入他们的行列,对英军长长的补给车队进行阻击。从很远的地方就可以看到烟柱,橡胶燃烧的恶臭也四散开来。美国人后来声称,英国人在他们被炮击时停下来喝茶。但事实上,英国人是因接到了德军突击炮就在前方的报告而停下了脚步。在一些轻型高射炮的支援下,汉斯·容维尔特少校的士兵们和海特的部队有足够的时间来洗劫没有被他们摧毁的卡车。他们甚至俘虏了几名不顾危险坐在参谋车上的军官以及两辆"谢尔曼"坦克。

在几辆坦克的支援下,第506伞兵团的两个营从费赫尔沿行军路线而下。第502团的一个营从另一个方向赶来,第50师的一支英国部队也赶了过来。得到了海特支援的容维尔特的部队在第二天就几乎被包围了,但是他们对英国车队造成了破坏,对"地狱之路"的阻塞也又持续了两天,这对于一个规模如此之小且毫无战斗经验的营来说是一项非凡的成就。海特写道:"我们对这次胜利的喜悦是短暂的。"[41]然而,第30军物资供应的中断让登普西和霍罗克斯相信,任何增援下莱茵河以北第1空降师的想法都过于乐观了。不幸的是,托马斯少将计划于当晚进行的渡河行动仍在继续。

第一要务是提供紧急医疗用品,但DUKW两栖运输车出于陷入泥沼而未能提供这些物资。马丁·赫福德（Martin Herford）中校、珀西·路易斯（Percy Louis）上尉和第 163 野战医疗队的四名勤务兵在白天"乘坐一艘满载医疗用品、悬挂着红十字会旗帜的船来到北岸。他们没有遭到射击"。[42]但他们一上岸，德国军队就包围了他们。他们被告知不能把医疗物资运送到第 1 空降师那里，但这些物资将被用来治疗英国战俘。随后，路易斯和四名勤务兵被允许渡河，返回英军防线。那天晚上，路易斯上尉带着新的补给再一次做了尝试。他们上岸后传来一阵猛烈的炮声，路易斯就再也没有出现过。

多塞特郡团第 4 营营长杰拉尔德·蒂利（Gerald Tilly）中校当天下午收到了一份简报。他在德里尔遇到了沃尔顿准将，然后他们登上了教堂的塔楼，就像那天早上霍罗克斯和索萨博夫斯基所做的那样。沃尔顿告诉他，他们必须拓宽奥斯特贝克防御圈内基地的范围，如此一来，蒂利那个营就得搭上正在路上的 DUKW 两栖运输车。考虑到 DUKW 两栖运输车在前一天晚上的遭遇，这很难让人感到鼓舞。沃尔顿暗示道，第 2 集团军的其余部队很快就会跟上多塞特郡团第 4 营。考虑到缺乏可用的船只和架桥设备，这似乎不能令人信服。

蒂利前去向他的连长们通报情况，但 18 时，一名信使赶到，要求蒂利再次前往德里尔南部的一所房子向沃尔顿准将报到。沃尔顿告诉他大规模的行动已经结束。相反，蒂利将带领他那个营渡过下莱茵河，帮忙守住防御圈，直到空降师撤离。他要尽可能少带人。"我们的想法是在空降师成功撤退之前转移敌人的视线。"[43]

刚一返回分散着他那个营的果园，蒂利就勉为其难地挑选了大约 300 名士兵和 20 名军官同他一起去，他这种情绪是可以

第二十三章 9月24日，星期日 / 433

理解的。他觉得他的营正在被毫无理由地"拿去送死"，所以他把副营长和自己的副官留下了。[44]后来，蒂利把A连连长詹姆斯·格拉夫顿（James Grafton）少校叫到一边。"吉米，我必须告诉你一件事，因为除了我之外，必须得有其他人知道这次渡河的真正目的。我们不是去增援桥头堡，我们过去的目的是试图在空降部队撤退时守住那个地方。恐怕我们会被遗弃在那里，以便让空降部队离开。"听到这一消息，格拉夫顿目瞪口呆，一度只是怔怔地盯着蒂利。

"长官，我可以问一下我们的人是否已经得知这一决定了吗？"[45]蒂利回答说没有，并且他不能向任何人透露哪怕一星半点儿的消息，即使是军官也不可以。沃尔顿给了蒂利两份一模一样的撤离计划副本，让他交给厄克特将军。蒂利自己留了一份，并将另一份给了格拉夫顿。

夜幕降临后，多塞特郡团第4营和波兰伞兵旅做好了渡河准备。夜色渐浓，蒂利的火气越来越大。答应给他们的给养没有送到，而且到了22时，仍然没有船只到来的迹象，这是托马斯将军曾坚持要发起行动的时间。就像"市场花园"行动中的大多数作战行动一样，几乎每件事情都出了差错，通常是由于无能再加上运气不好。本应载着橡皮艇前往德里尔的部分车队没有向左转，而是径直沿着奈梅亨通往阿纳姆的路行驶，穿过了前线。德国人让车队继续前行进入了埃尔斯特镇，在那里，卡车被克瑙斯特的装甲掷弹兵包围了，令皇家陆军后勤部队的司机们大吃一惊。俘虏他们的人相当失望，他们本来希望得到口粮，当然还有香烟，却只找到了小艇。车队剩余的2辆卡车则深陷泥沼，最后只有9艘小艇被送达。

多塞特郡团第4营直到星期一凌晨1时才收到他们的船只。

至于波兰伞兵旅的剩余人员，他们有 3 艘可载 2 名士兵的橡皮艇和 3 艘可载 6 名士兵的橡皮艇。该旅的作战日志写道："接二连三的照明弹照亮了渡河区域。"[46]北岸一座木材场也在燃烧，可能是德军故意纵火的结果，如此一来，便可为他们的机枪提供照明，否则的话，它们只能沿固定弹道射击。火光倒映在水面上，多塞特郡团第 4 营用枪托和工兵铲奋力地划着水，以抵御强劲的水流。由于缺乏船桨，波兰人甚至用手划船。来自第 30 军的 3 个炮兵团越过他们头顶向对岸开炮，虽然在白天他们的射击精度很高，却无法压制第 30 机枪营的阵地，因为那里离防御圈太近了。

蒂利中校窝了一肚子火，他坚持要乘第 1 艘船渡河。船在北岸的一处沙滩登陆，他拿出白色布条，引导其他船只进入。但蒂利和他那个小组只能孤军作战。由于在计算路线上出现错误，其他人没能跟着他们，而是在德军防线后方登陆。蒂利和他的手下已经开始攀登韦斯特鲍温冈的一部分，这时，他们碰到了一些德国预备役军人，这些德国军人可能很乐意投降。在混乱的遭遇战中，蒂利中校被一枚木柄手榴弹砸中头部，所幸没有爆炸，但随着越来越多的德国士兵抵达，他不得不在投降前销毁自己身上那份撤退计划副本。

怀特少校指挥下的 B 连在渡河和上岸时都受到了重创。多塞特郡团第 4 营出发时有 18 名军官和 298 名士兵，但最后返回的只有 5 名军官和不到 100 名士兵。关于海弗亚多普—韦斯特鲍温冈路线上存在的危险不幸被索萨博夫斯基对托马斯将军的警告言中了。凌晨 2 时 15 分，仅仅 75 分钟之后，沃尔顿准将就叫停了行动，因为敌人的火力太过猛烈了。根据波兰伞兵旅作战日志的记载，多塞特郡团第 4 营试图在凌晨 4 时再渡过下莱茵河。⁴⁷但是，沃尔顿的决定——等候在多塞特郡团第 4 营之后渡河——对第 1 营的波兰人来说是极大的安慰。他们从法尔堡出发，连夜行军，直到午夜前才到达。在更远的东部，另外两个营的波兰军队在登陆时只有不到 153 人没有受伤。布朗宁和霍罗克斯试图以此作为指责索萨博夫斯基和他手下伞兵旅的证据，尽管事实上运送他们的船有一半被机枪击沉了。布朗宁暗示索萨博夫斯基是为了保护他的部下而叫停了他们的行动。

与多塞特郡团其他人不同的是，格拉夫顿少校和 A 连大部分人员安全登陆，并穿过圩田来到了奥斯特贝克教堂。格拉夫顿在那里找到了朗斯代尔少校，他的伤口还缠着绷带，但人已经轻松不少，很明显，他受到了"像是在乡村别墅度周末的主人一般的欢迎"。⁴⁸一名牧师把装着撤离计划的包裹直接交给了位于哈尔滕施泰因酒店的厄克特将军。

第 1 空降师的工兵指挥官埃迪·迈尔斯中校驾驶一辆 DUKW 两栖运输车顺利渡河，毫发无损。他给厄克特带来了一封来自布朗宁的信。布朗宁向厄克特保证"集团军正在倾尽全力向你提供帮助"，并在结尾处声称，他，布朗宁，正忙于指挥运输通道的防守行动，这一表述准会让泰勒少将和加文准将大感意外。"这可能会让你搞笑地认为我的前线四面受敌，但我们只在东南方向约 8000 码处与敌人有近距离接触，在目前的处境下，这一形势足够我们应对。"⁴⁹正如布朗宁后来私底下承认的那样，事实证明他司令部的参谋人员完全无法令人满意，而这也让是他指导了"地狱之路"作战的说法更加站不住脚了。

迈尔斯还带来了托马斯少将的一封更为重要的信。撤离第 1 空降师残部的准备工作正在进行中，这一撤离行动的代号为"柏林"行动（Operation Berlin）。一旦厄克特决定他们不再坚持下去，他就应该立即发出信号。

那天晚上，阿纳姆地下抵抗组织的成员秘密地聚集在彭塞尔（Penseel）家位于费尔佩尔广场（Velperplein）联排别墅的地下室里。[50]由于第1空降师即将失败，他们开会讨论下一步该怎么办。从提供有关德军动向的重要情报到看守战俘，他们已尽己所能地提供帮助。他们甚至在德国人的鼻子底下把空投在防御圈外面的医疗用品弄了回来。[51]但最后他们所做的远不止如此。

气氛很凝重，大家认为英国人本可以更多地使用他们。一名英国军官向他们中的一员——阿尔贝特·霍斯特曼承认，由于他们从法国抵抗组织那里收到过许多不准确的报告，他们错误地认为在荷兰也会是这样。[52]在场的许多人坚持认为，不管德国人是输是赢，他们都应该参战。另一些人则认为这不过是在做无谓的牺牲，特别是在战争显然还会持续一段时间的情况下。

他们的领袖皮特·克鲁伊夫说服了他们不要拿起武器，将自己的生命置之不顾。由于攻占下莱茵河北岸的行动仍在进行，他们还有工作要做，与此同时还要为位于贝蒂沃的盟军提供情报。此外，还有大量已经藏匿起来的英军士兵需要在他们的帮助下重新回到自己的阵营。克鲁伊夫本人后来偷偷溜进了圣伊丽莎白医院，先后从德国人的眼皮子底下救出了拉思伯里准将和哈克特准将。哈克特形容克鲁伊夫"40来岁，身材瘦削，有一张睿智的尖脸和一双机警的眼睛"。[53]这两名高级军官都被荷兰家庭隐藏起来，然后被偷运回英军前线。但在国防军驻荷兰总司令的心目中，地下抵抗组织只不过是一帮"恐怖分子"。他说，就连被盟军解放的那些地区的居民也"被武装起来，成了恐怖组织"。[54]

第二十四章 9月25日，"柏林"行动

在"市场花园"行动诸多颇具讽刺意味的事情中，有一件是，德军于9月25日凌晨撤退到埃尔登的同时，英军决定撤回第1空降师。克瑙斯特战斗群在与第129旅和第4/7禁卫龙骑兵团的战斗中损失惨重，于是比特里希命令它从埃尔斯特一路撤退到埃尔登两侧。这里距离阿纳姆公路桥南端不足2公里，而第1空降师之前未能夺取这座大桥。巧合的是，第50"诺森伯兰"师的另一个旅即将接替第129旅，所以德军在撤退时没有遭到追击。比特里希报告说："敌人只是小心翼翼地跟着。"[1]

厄克特将军在黎明前收到了托马斯的来信——信中详细说明了"柏林"行动的细节——并在两个小时内做出了决定。该师在目前精疲力竭、缺乏弹药和补给的情况下无法在德军的攻击下生存。德国人试图切断他们与河岸的联系，以便达到困住他们的目的。他命令无线电报务员给第43师指挥部打电话。这个决定要经过指挥链的最后确认。"用事先商量好的暗语与霍罗克斯通话，"登普西将军在日记中写道，"有两个选项，其中'小的'代表撤退；'大的'代表前进。"

"我想一定是'小的'那个。"霍罗克斯如此说道。

他回答说："我正准备告诉你，无论如何它都应该是'小的'那个。"[2]登普西随后通知陆军元帅蒙哥马利，撤退行动将于当晚进行。蒙哥马利别无选择，同意了撤军决定。

蒙哥马利的官方传记作者在谈及这一刻时评论道:"事实证明,蒙蒂孤注一掷,以阿纳姆为跳板夺取鲁尔地区完全是鲁莽之举。"[3]他作战指挥部的参谋们从未见过这位"大师"如此沉默寡言。第1空降师的牺牲巨大。"市场花园"行动同样也耗尽了第2集团军的战斗力,并将其引入了贝蒂沃的死胡同,在那里,他们毫无施展的空间。就连蒙哥马利的最大支持者布鲁克元帅也断定,他的策略有问题。布鲁克在日记中写道:"他应该首先稳定住安特卫普的阵地,而不是向阿纳姆推进。"[4]未能确保通向那一重要港口的斯海尔德河口的安全,存在明显的决策失误。

莫德尔向元首大本营做出保证,他们将摧毁位于奥斯特贝克、被他们称为"釜锅"(Kessel)的包围圈。在这之后,德军不得不于当天发起大规模进攻。迫击炮、火炮、突击炮和坦克火力达到了前所未有的强度。施平德勒战斗群现在有了来自第506重装甲营的15辆"虎王"坦克。[5]美军战斗机控制小组军官布鲁斯·戴维斯中尉"在7时20分与8时05分之间发现,有133枚炮弹落在哈尔滕施泰因酒店周围"。一门发射着"呻吟的米妮"火箭弹的多管火箭炮,极大地刺激着守军的神经。但令他们既惊喜又意外的是,英国皇家空军的战斗轰炸机连续第二天出现了,一架"台风"战机用火箭弹彻底摧毁了这门多管火箭炮。

7时50分,比特里希的军部向B集团军群报告:"被围困在奥斯特贝克地区的敌人仍在垂死挣扎。每幢房子都变成了堡垒。"[6]9时,厄克特通知沃拉克上校,决定撤回到下莱茵河对岸。因为无法带走伤员,所以医护人员会留下来,以便在被俘期间照顾他们。沃拉克毫无怨言地接受了这一要求;这是医疗队的职责。他去了轻型炮兵团的指挥所,以确保南面第30军的炮兵知道所有包扎站和急救站的确切位置。[7]据信,只有一枚来自第64中型炮兵团的炮弹击中了一个医疗中心。

河对岸,位于德里尔的波兰军队旅部和急救站也遭到了猛烈袭击。"战斗首日,"瓦迪斯瓦夫·斯塔夏克(Władysław Stasiak)中尉写道,"这里的医生看起来和其他在普通医院工作的医生没有区别。现在,他们把白帽子换成了伞兵头盔。在白色长袍下,他们穿着防护装甲背心。"[8]至少在他们的伤员收容站没有太多的战斗疲劳病例需要处理。只有两名波兰伞兵"彻底精神崩溃",还有一人在战壕中自杀。[9]

10时30分,德军从前一天占领的桌山酒店附近向哈尔滕施泰因酒店以南发起进攻。"在哈尔滕施泰因酒店与下莱茵河之间的森林里发现了100余名德国人,"布鲁斯·戴维斯报告说,"由于担心德国人探听到了有关该计划的风声,于是他们用无线电告知第43师的炮兵向他们周围的树林开火,特别是哈尔滕施泰因酒店与河岸之间的南侧地区。"[10]正是洛德-西蒙兹中校用无线电与第64中型炮兵团取得了联系。他后来说:"我们向距离自己部队不足100码的地方发射了炮弹,这非常棘手。"[11]事实上,他们或多或少也将炮弹打到了自己的防御圈内。布莱克伍德中尉及其第11伞兵营残部离得太近了,让人心生担忧。"我们的炮手呼叫了第2集团军的炮火以粉碎敌人的反击威胁。有些炮弹射得很近,我们获益良多。地面随着爆炸晃动起来,我们也一样。"那天早上下着瓢泼大雨,炮弹也像雨点一样落下。"我们从一座破房子里偷了把雨伞,并把它支了起来,"布莱克伍德说,"不够专业,但是有用。"[12]

*   *   *

中午时分，沃拉克上校回到了斯洪奥德酒店。30余辆德军救护车、吉普车甚至是手推车前来疏散伤员，此时战斗还在继续。斯洪奥德酒店随后又被从其他地方疏散来的伤员重新填满，因为那些地方已经人满为患了。斯卡尔卡坚持只能从斯洪奥德酒店开始疏散，尽管在桌山酒店有许多人受了重伤。为了掩盖该师极度虚弱的现状，沃拉克在第一次见面时告诉他只有600名伤员，但真实数字是这个的三倍还要多。

德国人正把英国伤员带往阿珀尔多伦的一座兵营——威廉三世兵营，被俘的英国医生和勤务兵正把这个兵营改造为一家临时医院。亨德里卡·范·德·弗利斯特决定过去帮他们一把。她发现自己不得不应付一些荷兰纳粹党卫军。"在英国人面前，我为我的同胞感到羞愧，但我必须努力与他们相处。"当荷兰党卫军发现英国伤员持有印着威廉明娜女王肖像的荷兰货币时，她便有些无能为力了，这些货币在德国占领区是禁止流通的。党卫军开始搜查每个人，并拿走他们的钱。英国人开始强烈反对。"向他们解释一下，修女。我们从他们身上拿走的不是真正的钱，"这些党卫军士兵说道，"这不过是垃圾。"[13]

波兰援军的到来意味着他们可以接手一些阵地，那里，尚未负伤的英军士兵一个巴掌都能数得过来。克雷默-金马（Kremer-Kingma）夫人发现这些波兰人在负责防守她房子时的做法非常不同。他们的军官阵亡后，负责指挥的那名波兰士兵指着入口，宣布"当德国人进入这所房子，我们将在地窖里抵抗到底"。[14]

"那我们怎么办？"荷兰平民惊恐地问道。波兰人想了想，同意不在地窖里作战。他们会把这里留给房主一家。在另一间由波兰人防守的房子里，父母正在为他们的小儿子哭泣，弹片几乎切掉了他半个屁股。[15]军官学员亚当·涅别什赞斯基将自己最后一块巧克力给了他，这名勇敢的小男孩将巧克力放进了嘴里，并挤出一丝微笑向他表示感谢。

派驻到哈尔滕施泰因酒店的联络官茨沃兰斯基上尉——他曾游泳往返于下莱茵河两岸——现在身体严重脱水。"我们已经两天没喝水了，"他写道，"我们剩下的少量饮用水是留给伤员的。"他决定炮击一结束，就向最近的水井跑去。两名英军士兵同意和他一起去，但考虑到有一名德军狙击手正瞄准着大门，他们很清楚必须一起冲出去。他们之间的任何停顿都会给他时间瞄准。"我们从一棵树旁跳到另一棵树旁，然后跳进水沟里，最后来到了水井边的一簇灌木丛中。这两个英国人躲在一个小土堆后面，爬到离水井更近的地方。他们刚把水桶提起来放到井下，其中一人就发现手上受了轻伤。我们还是将水壶装满了水，并迅速折返，赶在另一轮炮击开始之前回到了沦为废墟的指挥部。"[16]

吸烟使一个人逃过了一死。在一轮更猛烈的炮击中，一名英军中尉从战壕中跑到旁边的斯马奇内中尉这里讨要一支烟抽。[17]随着炮火变得愈发密集，他回不去了，于是决定留在斯马奇内的连队里抽烟。几秒钟后，一枚迫击炮弹正中几米开外他那条战壕的中心，将其炸成了碎片。

下午早些时候，德军向奥斯特贝克教堂地区的东翼发起主攻，试图切断英军与下莱茵河之间的联系。朗斯代尔的部队和一个滑翔机飞行员小组意识到自己陷入了困境。党卫军装甲掷弹兵得到了装备有火焰喷射器、突击炮和几辆"虎王"坦克的工兵的支援，对第1机降轻型炮兵团榴弹炮的安全构成了威胁。

一些炮手在不到 50 米的射程内射击，其中一个炮兵连已经超负荷运转了。最后，残存的一些反坦克炮也被拉上阵地。那天下午，与朗斯代尔的部队待在一起的布莱克伍德中尉写道："没有什么比坦克靠近时发出的咯噔咯噔的声音更让人害怕了。"但他们守住了阵地。"有一些黑色幽默的事情，"他还说，"我们看见一个德国佬发疯似的徒劳无功地奔跑，子弹在他的脚跟前溅起一块块泥土。"[18]

南斯塔福德郡团第 2 营 B 连连长凯恩少校在抓住一个意想不到的机会剃过胡子后，觉得自己神采奕奕起来，他再一次展现了自己非凡的勇气。现在，PIAT 反坦克破甲弹已经用完，他抓起一门 2 英寸迫击炮投入了战斗。"通过熟练地使用这种兵器并对仍在他指挥下为数不多的几个人的英勇领导，"他的维多利亚十字勋章的表彰词这样写道，"他彻底击败了敌人，后者在交战三个多小时后仓皇撤退。"[19]

厄克特告诉他的军官们在傍晚前不要向大家透露撤军的消息，以防有人被俘后泄密。前一天晚上，在西翼的丹尼诺德，前总督约恩克海尔·博尼费修斯·德扬以为他们就要得救了。他确信盟军从南部发射的炮弹是为了支援一次大规模渡河行动。与之形成巨大反差的是，"一个下午就进来了这么多伤员，我们已经应付不过来了。士兵们一个挨着一个躺在那里，塞得满满当当的，连饭都没法做了。少校说，今晚他们将带上所有还有行动能力的人渡河回到对岸的德里尔。所以，整个计划彻彻底底地失败了。所有的牺牲、所有的痛苦煎熬都是毫无意义的！"[20]

鲍威尔少校在哈尔滕施泰因酒店听闻他们将于当晚撤离时

也十分沮丧。[21]他原以为多塞特郡团第4营的到来意味着第2集团军随时会渡过下莱茵河。他一想到白费了那么大的力气，牺牲了那么多人就十分愤怒。布莱克伍德中尉在当晚听到撤离的消息时，并没有抱任何幻想。"这是一个痛苦的时刻，但随着食物和弹药的枯竭，反坦克炮全部被摧毁，人们被9天的炮击炸得天旋地转，他们别无选择。"[22]

撤离的决定一经做出，厄克特少将就召来了查尔斯·麦肯齐、埃迪·迈尔斯以及参谋部其他人员。他解释说，自己还是一名年轻军官时，研究过联军在加里波利①的撤退行动，他打算效仿这一撤退方案。夜幕中，在工兵们提供的白色带子的指引下，该师大部分人马将撤退到河岸边。一支后卫部队会一直守在侧翼直到行动结束，以防止德国人意识到正在发生的事情。当厄克特基于加里波利撤退行动的经验制订计划时，希克斯准将嘟囔着"另一个敦刻尔克"。[23]实际上，并不只有他这么认为。

17时30分，详细的撤离计划被发到所有军官手中。不幸的是，英军传统里"最后进，最后出"的规则意味着波兰人将成为主力后卫部队。一名英军少校向第8连连长斯马奇内中尉下达命令："第8连待在原地，掩护撤离。你连将在适当的时候被解除任务。撤离阵地的命令将由传令兵送达。"[24]斯马奇内怀疑这样一道命令将宣判他和他所在连队的死刑。

---

① 加里波利战役（Gallipoli Campaign）是第一次世界大战期间，发生在土耳其加里波利半岛上的一次著名战役，时间为1915年2月17日至1916年1月9日。协约国打算趁奥斯曼帝国虚弱之际，登陆加里波利以达到控制土耳其海峡的目的。在双方伤亡大约25万人之后，该战役以奥斯曼帝国的胜利告终。对于协约国而言，撤退是整个战役中最成功的行动，在土耳其人完全没有察觉的情况下，9万军人秘密撤离加里波利。——译者注

对波兰伞兵而言，这是一个痛苦万分的时刻。他们没有和自己的同胞一起在华沙作战，而且红军就守在首都华沙的大门口，他们不知道自己是否会被允许回家。他们阵亡在奥斯特贝克的官兵遗体被就近掩埋在他们倒下的地方——通常是弹坑、战壕或散兵坑。在他们的坟墓上，战友们放上一顶头盔，用树枝做了一个简单的十字架，并用身份牌或写上军衔、名字、国籍和死亡日期的牌子做标记。葬礼结束后，士兵们做了一段简短的祷告。"他们眼里噙满泪水——这是为战友的逝去而落下的悲伤泪水，这是为希望的破灭而落下的悲伤泪水。"[25]

尽管离开奥斯特贝克炼狱的预期让他们感到宽慰，但冒着枪林弹雨再次渡河的想法并没有激发他们多少好感。他们觉得自己第一次能成功渡河就已经很幸运了。"期望这样的奇迹再次发生，显然是在滥用神的耐心。"命令来了，除了武器，他们要扔掉所有东西。"帆布背包整齐地排列着，如此一来，德国人就不能说波兰人是落荒而逃。"[26]

第1空降师的三名随军记者——英国广播公司的斯坦利·马克斯特德（Stanley Maxted）和盖伊·拜厄姆（Guy Byam），以及《每日快报》（*Daily Express*）的艾伦·伍德（Allan Wood）——被告知他们每人可以携带一个背囊。拜厄姆在他的报道中写道："很多人都很累，以至于当他们微笑的时候，似乎嘴角的咧动都会给他们带来痛苦一样。"[27]钉有铁掌的军靴必须用毯子包裹起来，以保持安静。大雨倾盆而下，所有人都欢迎大雨的到来，因为它可以帮助他们避开敌人。希克斯准将写道："我们从未像现在这样高兴地看着雨落下来。"[28]许多人抓住机会用他们的斗篷接水喝。

师部的幽灵分队砸碎了他们的无线电台，并在哈尔滕施泰因酒店厨房的一个炉子里销毁了他们的一次性密码本。[29] 布鲁斯·戴维斯中尉帮助焚烧文件，并用灰烬将自己的脸涂黑。然后他走了出去，坐在一条战壕里，让眼睛适应黑夜。他最后看了一眼周围的环境。"我从未见过如此一幅毁天灭地的场景。"哈尔滕施泰因酒店周围的山毛榉树已经被迫击炮炸得粉碎。"四处都弥漫着硝烟的味道。这栋硕大的四层楼房已经变成一堆废墟，部分屋顶被炸穿了。这个地方已经没有窗户了——好几天前就已经没有了——好几个地方的墙被炸塌，到处都是死人。我们从一开始就没能埋葬死者。"[30]

当他们离开奥斯特贝克教堂附近残破不堪的房子时，一名炮手不禁注意到，在其他所有东西几乎都被摧毁之后，墙上用英语写着"回到温馨的家"（Home Sweet Home）的木框还在。[31]"当撤离的命令到来时，"一名空降先导员中士回忆说，"我为地窖里的荷兰人感到恐惧，尤其是那些年轻人。我们有武器，他们则一无所有。我们正在撤离，他们还在坚守。"[32]

师部人员被分成十人一组，并被告知，除非有指挥人员的命令，否则任何人不得开火。在他们快要出发的时候，厄克特将军倒了一杯威士忌让大家轮流喝，像是在举行告别圣餐似的，然后由那位滑翔机飞行员团随军牧师领着他们念主祷文。[33]

第 43 师的部队从德里尔以西 4 公里处的海特伦村（Heteren）发起佯攻，用机枪和迫击炮向河对岸开火，给人以一种突击渡河，向那里发起进攻的印象。然后，21 时整，第 30 军炮兵打出一片弹幕，攻击防御圈边缘的目标，对他们进行掩护。"第 2 集团军的火炮全力开火，"一名空降先导员写道，"我从来没听过这么大的声音，它完全压倒了德国佬的火力。"[34]

正如事先所盘算的那样，德国人确信如此大规模的炮击一定是在用力支援新一轮渡河行动：英国人是在增援空降师，而不是将其撤离。[35]

对于仍在奥斯特贝克的平民来说，炮击太可怕了。地窖里的人蜷缩着躺在床垫下。"在我们房子的后面，"一位匿名日记作者写道，"炮弹炸出一个巨大的坑。门窗都被震碎了。天花板上出现了巨大的窟窿。橱柜门被弹片炸成了筛子；灯罩、椅子套，所有东西都被毁了。壁炉上挂着一幅朱丽安娜〔公主〕与伯恩哈德〔亲王〕以及他们的孩子们的肖像画，他们看着我，就好像往常一样。"[36]

大雨和暗夜使得能见度非常之低，以至于一些伞兵花了三个小时才抵达河岸。就连工兵们布设的白色飘带也很难看到。士兵们被要求抓住前面那个人的枪托或衣角，以免走丢。当有人停下来时，后面的每个人都会撞到他前面那个人的后背上。他们裹着皮靴，迫切想安静下来，他们可以听到雨点打在树叶上的声音，在接近防御圈的短暂时间内甚至能听到德国士兵在低声聊天。在沿路每个拐弯的地方，都有一名滑翔机飞行员中士站在那里，以确保每个人都沿着正确的方向前进。"时不时，会有一枚照明弹从侧翼升起，"布莱克伍德中尉写道，"然后，一长列精疲力竭、冻僵了的士兵就会一动不动，直到那些亮光消失。"[37]

其他部队，包括那些波兰人，在经过斯马奇内那个连的阵地时，都对他们还没有撤离而感到惊讶。他们不得不解释第8连是接到了由他们组织殿后的命令。德国人开始发射迫击炮，他们在晚上通常不会这么做。许多人担心这意味着他们已经发现了正在进行的事情。由于当时几乎所有人都暴露在开阔地而不是在战壕里，伤亡是不可避免的。边民团第 1 营的一名二等兵永远也不会忘记其中一名受害者。"我们沿马路向前走着，有一名受伤的战友躺在那里，他在为自己的母亲哭泣，每个人都感到很难过，但没有人能帮得了他。"[38]

佩顿-里德中校带领国王属苏格兰边民团第 7 营的残余力量前往下莱茵河的途中，经过了"在黑暗中现在已经是鬼影幢幢、死气沉沉"的哈尔滕施泰因酒店。[39]在这样一幅死亡场景中离去，每个人的心情都很忧郁。更多的人死在前往河岸的途中。布鲁斯·戴维斯中尉在他的报告中写道："我们沿着一条小路，躲在树篱后面徒步行军，直到抵达一片由一挺德军机枪把守的开阔地带。当我们匍匐前进的时候，一盏非常明亮的灯亮了起来，但他们显然没有看见我们。我们又进入了树林。我们停下来休息，当大家蹲下来时，我身后的那个人脸朝下向前倒了下去。我以为他看到了什么，然后扑倒在地。之后我把他翻过来，发现他已经死了。他是第 14 个在距我几英尺内被打死的人，其余的人都是被迫击炮炸死的。"[40]

在接近河岸前的堤坝时，迈尔斯的皇家工兵部队让每个小组卧倒等待，直到有人招手再向前进。"我们在草地上躺下，等着轮到我们上船，"前面那名空降先导员继续写道，"这时雨下得很大，云层很低，我想这是唯一保证我们不被人看见的因素了。德国佬正在大量地发射照明弹，而且时不时还会向河岸发射迫击炮弹。"[41]其他人则平躺在泥地里。正如拜厄姆所描述的那样，"为了最大限度地避免被敌人的迫击炮弹击中，士兵们排成长长的队伍，紧紧趴在地面上"。[42]

"柏林"行动虽然是仓促拼凑起来的，但在组织和执行方面都有了很大的进步。马克·亨尼克（Mark Henniker）中校是第 43 师的工兵指挥官，除了自己的部队之外，他还得到了加拿大第 20 和第 23 野战连的增援。这些加拿大人有 21 艘装备了喜运来（Evinrude）舷外马达的木制平底船，而英国工兵只有帆布冲锋舟。那天早上，当加拿大军官被叫去参加简报会时，亨尼克仍然不知道要带多少人过河，甚至连登船地点在哪里都还没有确定。"我们接到的命令是应该继续战斗，直到河滩上的敌人被清理干净。"[43] 然后，他们发现自己需要架桥设备来跨越堤坝和沟渠。

在克服了所有这些问题后，第一艘船于 21 时 20 分下水了，但大量的河水从一条裂缝处灌入。下一艘船出发了，但被一枚迫击炮弹直接击沉。它上面的士兵再也没有出现过。第三艘船要成功得多。它上面的士兵们一口气划了 15 个来回。第一批船于 21 时 40 分到达北岸，各个小组屈身跑到河岸，然后跳进水中爬到船上。波涛汹涌的河面仍被木材场内熊熊燃烧的火焰照得透亮。"博福斯"（Bofors）高射炮定期向他们的左右两侧发射曳光弹，标明防御圈的范围和船只应该驶向的河岸。航行非常不易，水流太快，大雨又给舷外的马达带来了无尽麻烦。它们经常抛锚，这就意味着船只会被河水冲走，然后士兵们不得不奋力划回来。

德军试图用机枪扫射这条河，他们本应该水平射击，但由于它们被部署在了地势较高的地方，所以射击效果不如水平扫射。加拿大工兵说话的声音轻快而愉悦，为了减轻士兵们渡河时的恐惧，他们做了很多的工作。由于下着大雨，一名加拿大士兵无法启动舷外马达。他让最后赶到的两名士兵用枪托划水。其中一人看见自己前面的那名士兵明显没有受伤，便质问他为什么不帮忙划船。那个人转过身来，非常平静地说："我失去了一只胳膊。"[44]

许多船只遭到了迫击炮或机枪的攻击，因此科罗布下士和一名波兰伞兵同伴决定泅渡过去。他们俩找到一根大木头，然后死命地抱着它游开了。[45]其他人也开始用自己的方式渡过下莱茵河。大多数试图随身携带武器的人被淹死了。通信中尉刘易斯·戈尔登（Lewis Golden）问他的小组中是否有人愿意和他一起泅渡过河。只有连军士长克利夫特（Clift）和戈尔登的勤务兵德赖弗·希比特（Driver Hibbitt）响应。"我们脱掉罩衫、上衣、裤子和靴子，"戈尔登写道，"但是有一样，我把贝雷帽紧紧地扣在头上，因为里面扣着我千方百计想保住的银制烟盒。我们把枪扔进河里，然后游开了。"[46]希比特水性不佳。当他在水里扑腾挣扎时，另外两个人试图救他，但他的手从他们手中滑落了，他们失去了他。

三名滑翔机飞行员对这长长的队伍有些不耐烦，他们在下游河岸边发现了一艘小船。[47]小船里面有两具被枪杀的年轻平民的尸体。他们没把尸体挪开就爬了进去，并开始用枪托划桨，但船开始下沉。这两具尸体在他们身边浮了起来，三人迅速弃船而逃。他们游回岸边，在那里，他们加入一列排队等候加拿大船只的队伍。另一个小组则要幸运得多。他们发现了一艘被遗弃的登陆艇，上面布满了机枪打出的弹孔。在又召来另两名军官和几名士兵后，他们便出发了。一组人用枪托使劲划水，其余人则用头盔尽可能快地往外舀水。每隔几分钟他们就交换一次角色，直到精疲力竭地抵达对岸。

有些人充当帮手，站在水里把尚能走路的伤员抬上船。[48]当船离开时，他们抓着船舷漂浮在水里，让自己被拖过去。但如果船只遭到攻击，他们可以脱手游完剩下的路程。

夜色将尽，数百名仍在等待撤离的士兵变得越来越紧张。"破晓时分，"加拿大第23野战连报告说，"麻烦开始了。每一次穿行都变得更加危险。小水花标记着迫击炮弹击中水面的地方，船只碎片和挣扎的人则表明击中目标。"工兵船里的士兵们没有动摇，继续前进。但"有的时候，无法控制船上的人数。士兵们惊慌失措地冲到船上，有时甚至把船都给弄翻了。在很多情况下，为了避免船只倾覆，不得不打退或拿枪威胁这些士兵……他们非常害怕自己还没获救，我们就因为天亮而不得不停止摆渡了"。[49]

索萨博夫斯基从他的士兵那里听闻一名军官是如何冲一群正在争抢着上船的英国士兵大喊大叫的："后退！表现得像个英国爷们儿！"[50] 但是，来自第1伞兵营的一等兵哈里斯（Harris）也目睹了一群波兰人冲向一艘船时的情景。"他们不想被德国人俘虏，毫无疑问，是出于对他们自己国家里战俘遭遇的了解。"[51] 哈里斯把自己的步枪扔进河里，脱下靴子和作战服。他把工资簿和打火机放在贝雷帽里并牢牢地扣在头上，只穿着内衣就出发了。由于缺少食物和休息，他变得很虚弱，害怕强劲的水流会将自己冲走，但他还是成功游到了对岸。

亨尼克中校命令5时45分停止行动，"很明显，那时采取任何进一步的营救行动都无异于让船员们去送死"。但加拿大第23野战连的拉塞尔·肯尼迪（Russell Kennedy）中尉，甚至在破晓之后还在继续工作。炮兵尝试发射烟幕弹，但在潮湿的环境下收效甚微。在他倒数第二次渡河时，肯尼迪带上了缴获的德国救生圈，以备那些排在后面的人想要泅渡过来。"他带着这些救生圈跑了两趟，留了大约100个给那些想要使用它们的人。每趟他都带回来一船人。第一趟大约有 5 人伤亡。第二趟几乎没人不被击中，很多人死了。这是一种英勇无畏的行动，但不能让他再试一次了。"[52]

两支殿后部队——斯马奇内的第 8 连和另一支由普代乌科（Pudełko）中尉指挥的部队——整晚都在等待传令兵给他们带来放弃阵地的命令，就像他们当初被承诺的那样。[53]他们徒劳地等待着，不知道传令兵是被打死了，还是在黑暗中迷失了方向，或是负责此事的军官干脆忘了。就在黎明前，毋庸置疑，他的连队已经完成了任务，斯马奇内命令他的士兵撤退。普代乌科也做了同样的事情，但当两队人马抵达河岸时，他们发现已经太晚了。几乎看不到任何船只，只有许多伤员躺在泥滩上。普代乌科被打死在了水里。其余大部分人在德军进入时被俘虏。休伯特·米苏达（Hubert Misiuda）神父是第 3 营的随军教士，他一直在把伤员抬到船上，拒绝抛弃那些留下来的人。"在过去的三天里，这位随军教士没日没夜地在战场上穿梭，祈祷，聆听忏悔，包扎伤口，记录死亡人数，收集身份牌。在那些日日夜夜里，当他自己处于精神崩溃的边缘时，他还在鼓励那些正在失去灵魂的人。"[54]米苏达在帮助其他人登上最后几艘船时被打死在了水中。

早上 6 时，一名波兰人回忆道："最后离开的那艘船返回来了。德军火箭弹如此耀眼，以至于它们不仅照亮了站在河岸边的我们，还照亮了对岸的人们，那时，他们正狼狈地翻过唯一能提供掩护的堤坝。"[55]轻型炮兵团的军士长在送走了他的士兵后，决定自己也该离开了。他看见另外三人溺水身亡，于是自己脱光了衣服。当他到达德里尔时，发现第 2 机降轻型炮兵连连长 J. E. F. 林顿（J. E. F. Linton）少校"穿着女士衬衫和法兰绒裤子"。[56]当地村民一得知发生了什么事,就拿着他们所有多余的衣物出来,递给这些泅渡过来且还在瑟瑟发抖的人。光着身子游过河的士兵们为自己的赤身裸体感到尴尬,但从他们身边走过、递给他们衣服和木屐的妇女们则不这么想。[57]

当杰弗里·鲍威尔少校抵达南岸时,他回过头看了看自己出发的地方。"我盯着那里看了几秒钟,随后,我突然意识到自己过河了。这是一种完全不可思议的感觉。我简直不敢相信自己竟然能活着出来。"[58]从河里出来,士兵们跟着白色的引导带走过泥泞的堤坝。尽管精疲力竭还浑身发抖,一名伞兵却用优美的声音唱起了《灯再亮起时》("When the Lights Go On Again")这首歌。[59]越来越多的声音加入进来,好像有几百个人在一起唱歌一样。

德国人终于意识到第1空降师正在逃跑,于是朝德里尔开了几炮。在去往村庄的路上,海中尉停下来和第43师的一名上尉交谈。"天哪!"上尉答道,"别站在这里,危险。"[60]海忍不住笑了起来,因为这是一个多星期以来他待过的最安全的地方。刚一抵达德里尔,凯恩少校便受到了希克斯准将的欢迎。希克斯走过去,仔细地打量着他。"好吧,"他说,"至少这名军官刮了胡子。"凯恩笑了:"我是一个很有教养的人,长官。"[61]

在德里尔的谷仓里,幸存者们得到了一杯加了朗姆酒的热茶和一条毯子搭在肩上。大约有40辆配备担架的吉普车在等待伤员。剩下的人则要走很长一段路才能到达包扎站,会有卡车从那里接走他们。许多人太累了,走着走着就睡着了。

根据盟军第1空降集团军的统计,当晚,有1741名第1空降师官兵、160名波兰伞兵、75名多塞特郡团第4营官兵和422名滑翔机飞行员被疏散。[62]第二天晚上又有几人逃了出来。国王属苏格兰边民团第 7 营营长佩顿-里德中校写道："我们回来时只有 4 名军官和 72 名士兵。"[63] 这几乎是他们九天前着陆时兵力的十分之一。

在留在北岸的一个小组中,一名英国军官看到形势已经毫无希望,就对周围的人说除了投降,他们别无选择。他挥舞着一块白手帕,但德国人以开火作为回应,将他当场射杀。[64]

当德军向蜷缩在泥泞的河岸上的幸存者靠近时,一名波兰士兵惊恐地看见四名英军伞兵手挽着手紧紧地站成一圈,随后,其中一名士兵拔下一枚手雷的保险,握住手雷。"一阵爆炸过后,这四人倒下了。"[65] 斯马奇内中尉那个连在接近河岸时只剩下不到 20 人。[66] 他们突然听到喊叫声和开火声。斯马奇内及其手下发现他们和一大群英国伞兵一起被包围了。他命令他的士兵立即放下武器。幸运的是,这些波兰人将他们的灰色贝雷帽装在了口袋里,而不是戴在头上,因此他们没有被立即辨认出来。

德军看守把这一大群俘虏一起带走了,但过一会儿他们停了下来。一名德国党卫军军官大声吼道,要求所有波兰人出列。知道德国人尤其是党卫军对波兰人的仇恨,一名英国军官将自己的红色贝雷帽递给了斯马奇内,并用蹩脚的德语喊道:"这里没有波兰人。"斯马奇内和他的士兵们担心他们会被命令脱下伞兵罩衫,这样就会露出隐藏在下面制服上的波兰白鹰刺绣。但就在这时,第 30 军炮兵从下莱茵河的南边又展开了一轮炮击,于是他们的德军看守催促他们尽快上路。

许多被围困在北岸的俘虏后来都在想,他们是否应该冒险独自游过河去。很难说那天晚上有多少人溺水身亡。根据来自下游 25 公里处雷嫩的一份报告,"死去的英国士兵顺着下莱茵河漂浮而下。孩子们用船篙把他们从水里拖出来拉到岸上,在那里,红十字会把他们收拢起来,然后埋在平民公墓里。大家都轻车熟路了"。[67]

第二十五章 9月26日，奥斯特贝克，阿纳姆，奈梅亨

枪炮声沉寂了下来。窗户上的玻璃也不再因隆隆的炮声而啪啪作响。"情况正在起变化，"滑翔机飞行员团的随军牧师回忆起那天早上斯洪奥德酒店的情景时道，"我一时无法理解为什么会这样，但随后我明白了。四处都异常安静。"他也和皇家陆军医疗队军士长一样，向外眺望。就是在那时，这名随军牧师听到的如下消息。就像他们从第30军猛烈的炮火中所觉察出的那样，第2集团军夜里没有渡河来到北岸。相反，第1空降师残部已经撤回到下莱茵河对岸。正如他所承认的，这是一剂苦药，但"士气开始提振——战斗结束了，而我们还活着。荷兰小伙子和小姑娘们都很不高兴。我相信他们比我们更沮丧"。[1]

对所有帮助过英国人的荷兰人来说，这是一个非常危险的时期。德国人决心查明他们的身份。"当我们第二天早上醒来时，一切都很安静，"C. B. 拉布谢尔（C. B. Labouchere）写道，"这是我们九天来从未经历过的平静。没有听到一声枪响。"德国当局命令奥斯特贝克的居民立即离开。沿着公路，党卫军将从网球场释放出来的150名德军俘虏排成一排，让他们辨认在哈尔滕施泰因酒店待过的所有平民。拉布谢尔明白，从身高和衣着来看，自己非常容易被认出来，他想知道怎样才能从他们面前通过而不被发现。"我看见两位老太太推着一辆

载有行李和毯子的小推车。我主动提供帮助。两名老太太一左一右挨着我走,我将毯子披在肩上,弯下身推着车,想办法尽可能让我看起来比实际年龄至少大上一倍。"[2]通过这样的方式,拉布谢尔得以回到他的妻子和女儿身边,她们住在阿纳姆另一边的费尔普——平民是不允许穿过阿纳姆的——他发现自己家的房子挤满了16个躲避战争的难民。

突击炮旅仅存的一些车组成员正在预热他们的发动机,准备开出去进行早上的进攻,就在此时,他们看见了一队英军俘虏。他们目瞪口呆地盯着这些人,简直不敢相信战斗终于结束了。跟其他人一样,卡特·特尔·霍斯特被命令离开自己的家,她不得不把孩子和行李放在手推车上和一个朋友一起出发,却不知道该去往何处。一些荷兰党卫军志得意满地冲着一群女人大喊大叫:"瞧瞧,你们庆祝得太早了吧!"其中一位女士冷静地写道:"过了一会儿,我朝身后望去,房子里冒出了滚滚浓烟和火焰。我们感到正与它渐行渐远。我们还有自己的生活。"[3]

几个班的党卫军士兵已经开始在残垣断壁中搜寻那些藏匿于此的散兵游勇。"时不时地,"沃拉克上校写道,"远处会有小型武器交火,好像有人拒绝投降。"[4]许多伞兵已经筋疲力尽,他们在撤离过程中一直在睡觉,现在突然醒来,做出反击。然而,大多数人没有被转移到包扎站,他们的伤势太重,无法过河。

扬·艾克尔霍夫和三名受伤的英国士兵藏在一所房子的地下室里,这时,从上面传来了一名德军士兵的声音。"这里有人吗?"

"有人。"士兵们大声答道。两名德军士兵冲下楼。其中一人尖声叫道:"你们被俘虏了!举起手来!"[5]他显然是已经疯了,因为他开始侮辱他们,说他们是雇佣兵以及脑袋里能想到的一切东西。艾克尔霍夫描述了其中一名士兵是如何受伤的,这名受伤的士兵无动于衷地听着,然后艾克尔霍夫掏出一包香烟并递给了德军士兵一支。这个德国人大吃一惊,停止了叫喊,只是半张着嘴,目瞪口呆地站在那里。

截至上午,德国人已经在奥斯特贝克发现300名英国士兵,而这一数字到下午的时候又翻了一番。[6]伤员们被抬了出来,放置在人行道上等着被收拢。美丽的奥斯特贝克村在战争中变成了一片荒野,到处都是残破的树木和路灯,从马路上的弹坑中被炸出来的碎砖头,以及被扯落下来的电线。空气中弥漫着硝烟的气息。唯一令人感到愉悦的味道是松脂的气味,它来自被炮弹炸烂的冷杉树。那天早上,赫尔曼·戈林师的富尔里德中校造访了奥斯特贝克。"德国人和英国人的尸体躺得到处都是,"他在日记中写道,"树上挂满了彩色的降落伞,伞上绑着英国人空投给他们部队的补给物资。我们的两辆'豹'式坦克停在那里,里面是被烧死的车组人员。"[7]

那些还能走动的俘虏被集中起来。据第10伞兵营的一名中士说,德国军官确实对英军俘虏说过:"对你们而言,战争已经结束了。"[8]一个军官带着一种愉悦的神情,端详着一名身材矮小、蓬头垢面、满脸是伤、穿着不常见的深蓝色制服的男子。军官用英语说:"我不要法国人,只要英国人。"

"我他妈才不是法国佬(froggie)①,"那人反驳道,"我在海军服役。"

---

① Froggie 为对法国人的蔑称。这一称呼在19世纪以前用于蔑称荷兰人,因为他们居住在沼泽地带。当法国人取代荷兰人成为英国人的主要敌人时,这个绰号就转移到了法国人身上,因为法国人喜欢吃青蛙腿。——译者注

"你很快还会告诉我，你是坐着一艘潜水艇顺下莱茵河而上的。"[9]军官回应他说。原来，这名俘虏是海军航空兵部队的一名装配工，他与一个运输中队在同一个机场工作。有人请他乘其中一架飞机去阿纳姆，于是他决定前去帮忙把空投物资推出去。但飞机被击中了，他别无选择，只能和机组人员一起跳伞。他降落到灌木丛中，脸被划破了。

俘虏们被押往阿纳姆，他们胡子拉碴，眼睛因缺乏睡眠而布满血丝，伤口上缠着肮脏的绷带，制服也很脏。他们一边前进一边唱歌，每当看到德国的摄像机或摄影师时，他们就会咧嘴笑，或者做出代表胜利的 V 字手势。一名中年荷兰女士骑着一辆老式自行车经过一群人，用英语高声唱着《天佑吾王》。[10]这引起了一阵热烈的欢呼。一些俘虏还唱起《国际歌》或《红旗》来激怒那些俘虏他们的人。德国人彻底被英国人在逆境中还能有搞恶作剧的冲动而搞得茫然无措。一名被俘的滑翔机飞行员面对一个用"毛瑟"步枪指着自己胸部的装甲掷弹兵，从口袋里掏出一面小镜子查看自己长出的胡子。他板着脸问俘虏他的人那天晚上城里有没有舞会。[11]

一些俘虏被挑选出来接受审讯。德军情报官员会假装拿出一些红十字会表格让他们填写，以获取他们的家庭住址和亲属的详细信息，也会在无意中夹带上一个具有军事意义的问题。疲惫会让人们放松警惕，而且他们急于让家人知道自己还活着，所以经常会泄露更多的信息，而不仅仅是他们的名字、军衔和部队番号。

沃拉克上校警告他手下仅存的医生说，这些德国人打算把所有伤员转移到位于阿珀尔多伦的兵营。在斯洪奥德酒店的废墟上，"弗雷泽（Frazer）少校开设了一间石膏诊所，以便尽可能地为押解途中的士兵固定骨折部位——他一整天都忙于此事，毫无疑问挽回了很多骨头和四肢"。沃拉克惊讶于来自军医斯卡尔卡上尉和其他德国医生的帮助，也从中松了口气。"德国人的态度自始至终都是值得尊重的，"他在报告中写道，"而且他们对待我们的方式是一贯正确的。"[12]

那天清晨，当莫德尔造访比特里希位于阿纳姆北郊的指挥部时，他还对头天晚上发生的事情一无所知。他追问道："比特里希，这里的事什么时候才能最终消停下来？"比特里希也没有收到英军撤退的消息。他后来说，在整个战斗过程中他几乎没有洗过脸，也没有刮过胡子，睡觉是在椅子上，或坐在他的指挥车里。"元帅先生，"他回答说，"昨天和前天我们打了一场此前从未打过的仗。我们把自己所有的弹药都扔到了他们头上。"[13]就在此时，一名信使骑着边三轮摩托车到了，带来了英国人停止战斗的消息。

"好吧，谢天谢地！"莫德尔欢呼道。比特里希终于可以发出消息："阿纳姆西部下莱茵河北岸的敌人已被清理干净。"[14]他现在可以集中贝蒂沃地区下莱茵河附近的兵力，但他首先取得了莫德尔的许可，授予克瑙斯特和哈策尔骑士铁十字勋章。他还统计了他们的损失。在3300名伤亡人员中，有1100人阵亡。[15]他们估计英国人的损失为1500人阵亡，6458人被俘，其中1700人受伤，三天后最后这个数字增加到1880人。[16]

德国人对他们的胜利感到非常满意。一个德国空军军官在信中写道："党卫军再次以卓越的方式证明了自己，并在摧毁英国第1空降师的过程中发挥了决定性作用。"[17]克拉夫特的一名部下、党卫队突击队员班加德宣称："在阿纳姆的胜利再次向我们的敌人证明，德国人仍有能力发动致命性打击。"[18]位于费尔普的"霍亨施陶芬"师一名成员向荷兰听众吹嘘道："我们将在圣诞节前回到巴黎！"[19]负责编写德国国防军最高统帅部作战日志的军官称，盟军原本打算取得像1940年5月德国人一举击败荷兰那样的成果，但"更强大的战斗意志在，而且一直在德国一方"。[20]

莫德尔和比特里希不允许自己沉溺于赞美和自满当中。B集团军群将第363国民掷弹兵师部署在下莱茵河北岸，同时召集了更多的零散部队为"接下来的空降行动"做准备。[21]莫德尔还命令第9装甲师和第116装甲师的部分人马做好立即出动的准备。他们将被用来执行元首大本营的反攻命令，从贝蒂沃横扫盟军。

"男孩"布朗宁将军在"柏林"行动期间未能前往德里尔，这令他不为第1空降师的军官所喜。他摆出的唯一姿态是派他的吉普车把厄克特少将接回到他位于奈梅亨的司令部。厄克特一大早就到了那里，身上仍是湿漉漉的，胡子没刮，并且还脏兮兮的，他不得不等着布朗宁。"当他可算是出现的时候，"厄克特写道，"他像往常一样把自己收拾得干干净净的，看上去就好像是刚从阅兵式中走出来一样，而不是在战斗期间从自己床上爬起来。我在报告时试图表现得轻快一些：'第1空降师目前几乎都已经撤离了。很抱歉，我们没能完成我们计划要做的事情。'"布朗宁递给他一杯酒。"你已经尽力了，"他说，"现在你最好休息一下。"厄克特称这是一次"彻头彻尾不合时宜的会面"。[22]

当天晚些时候，查尔斯·麦肯齐和一名同僚从德里尔出发，拖着疲惫的步伐，沿着公路向能把他们带到奈梅亨的吉普车和卡车走

去。他回忆道:"我们几乎没有说话,我们没什么可说的。"²³

由于没有给波兰伞兵提供运输工具,他们不得不一路行军到奈梅亨。在总计1625名官兵里,有1283人被遗弃,索萨博夫斯基曾询问布朗宁是否也能给他们分配一些卡车,但被布朗宁愤怒地拒绝了。²⁴后来,布朗宁又指责索萨博夫斯基在重要时刻用细枝末节的琐碎小事分散他的注意力。布朗宁似乎还着手编造了一个故事,说索萨博夫斯基于9月24日晚间至25日将他的部队撤退,而让多塞特郡团第4营过河。但事实是,托马斯少将命令索萨博夫斯基于21时45分把他的船只移交给多塞特郡团第4营。

第82空降师军医罗伯特·弗兰科上尉在第1空降师抵达奈梅亨时碰巧看到了这些幸存者。他说:"只消看上一眼就知道怎么回事了。"²⁵当第一批幸存者于当天凌晨抵达时,美军中尉保罗·约翰逊就在那里。"先是给了他们一小杯朗姆酒喝,然后是热腾腾的食物和茶。吃完饭,他们走到一张长桌旁登记自己的姓名、军衔和所属部队。随后,他们被安排好床位过夜,第二天想睡多久就睡多久。他们是一群什么样的人?浑身脏兮兮、湿漉漉的,胡子拉碴又面容憔悴。不过,他们既没有被吓倒,也没有被打败。他们的精神状态很好,纪律也很严明。即使是那些在渡河时扔掉所有衣服的人也没有试图插别人的队,好赶紧爬到温暖的床上。"²⁶

约翰逊——他的十人美军小组被派往第1空降师,负责与战斗机和战斗轰炸机的空对地联络——第二天在奈梅亨与负责空中支援的第2集团军参谋开会。"当我们告诉他我们的甚高频出现问题时,他十分惊讶……看上去这些飞机似乎从来没有对上我们的频率。"²⁷

*　*　*

那天晚上，布朗宁将军坚持要举办一次派对来庆祝他们的归来，以及希克斯准将前一天的49岁生日。在这种情况下，不论是厄克特还是希克斯，都对香槟没什么"胃口"。[28]厄克特写道："即便是坦然面对这样的食物都是一种煎熬，更别提享用它了。"布朗宁还邀请了霍罗克斯。厄克特很想问他是什么耽搁了第30军这么长时间，但他发现霍罗克斯有自己的一套催眠技术。"他的习惯是用手、眼睛和声音来左右别人，而且在这一过程中，他会与他的受害者越靠越近。"在那个特别的晚上，厄克特"发现他的催眠远远不能使人安心"，而且自己一直没有机会能问一下为什么沿"俱乐部路线"行军北上会这么慢。[29]

第1空降师的幸存者被安置在奈梅亨一所学校内的三座红砖建筑里。许多人充分享用了这里提供的食物、热茶和床铺。有些人睡了48个小时。另一些人则因他们的损失而感到震惊。"有人走来走去，问'第1营在哪儿？'一名下士含着泪回答说：'就是这儿了。'他旁边站着几个浑身湿透的人。"[30]第1机降轻型炮兵团的士兵也寥寥无几，炮手克里斯蒂（Christie）同样"想哭"。[31]哈克特的第4伞兵旅从2000多名官兵锐减至9名军官和260名士兵。[32]

当伞兵们抵达时，第2王室骑兵团的一名骑兵下士看见了他们。"他们看起来相当悲惨。浑身脏兮兮的，而且神情沮丧，他们每个人都需要洗澡，把胡子刮掉，然后睡个好觉。"他们中的一些人冲着禁卫装甲师愤怒地吼道："什么，你们这会儿才到？"，[33]"你们旅途还愉快吗？"或者"兄弟，你他妈到底去哪儿了？"[34]

一名伞兵冲着一个爱尔兰禁卫兵喊道："朋友，休息好了吗?""天地良心,"这个爱尔兰人回答说,"难道我们不是从D日开始战斗的吗?不是星期五!"³⁵ 授予特种部队和空降师的优先权并不受常规部队欢迎。据一名禁卫师军官说,他们的坦克车组人员嘲笑伞兵,大喊:"有些人他妈的就是运气好——打一仗就能回到英国。"³⁶

这种敌对情绪并没有随着时间的推移而完全消失。1984年,在阿纳姆战役四十周年纪念活动上,约翰·弗罗斯特中校——当时已晋升为少将——从禁卫装甲师本该出现的地方朝奈梅亨方向挥舞着拳头,咆哮道:"你们管这叫战斗吗?"³⁷

"市场"行动已经惨淡收场,而现在"花园"行动也正陷入泥沼。主要由于第8军和第12军沿公路的两侧推进,德国人对费赫尔和科弗林之间的"地狱之路"的进攻已成强弩之末。到了第二天,第327机降步兵团的士兵们终于可以在费赫尔洗他们的第一个澡了。"给士兵一封信、一盘热菜、一双干净的袜子和一条干毯子,他就会以为自己到了天堂,"第327团的路易斯·辛普森在他的诗中写道,"今天,我洗了个澡,冲掉了我厚重的外壳,以及伊丽莎白·雅顿①永远也无法在她的瓶子里封存的谷仓味。"³⁸

9月的最后一周,剩下的主要活跃战场是奈梅亨以北的贝蒂沃,以东的赫鲁斯贝克高地,以及东南方向的莫克。那时的莫克已经是"一个充满破碎的玻璃、砖块和燃烧的废墟的小镇"。第325机降步兵团第1营的医疗站设在一所房子的废墟中。德军的黎明攻势穿过"低矮浓密的晨雾"而来,雾气可能

---

① 伊丽莎白·雅顿(Elizabeth Arden)为美国著名香水品牌伊丽莎白雅顿的创始人。——译者注

会突然消散，但加文知道他也必须不断地攻击敌人。现在，他那个师齐装满员，并且得到英国装甲部队和炮兵的支援。在莫克周围，他们还受益于当地地下抵抗组织登巴克（Den Bark）提供的良好情报。"大家胡子很重，脸很脏，"第325团一名中士在他们进军前抽最后一支烟时回忆道，"几辆英国坦克停在路边，发动机空转着。一队人悄无声息地沿着树篱走到路边，爬到坦克背上。"有人发现了加文带着枪的高大身影，于是低声说："加文将军在这儿。"[39]

再往北，第82空降师遭遇了一股集结在帝国森林的德军兵力。但在最终清除干净了贝克和赫鲁斯贝克之间的区域，并占领了登赫弗尔或恶魔之山之后，他们的地位变得稳固多了。这是一场艰苦卓绝的战斗，没有机会转移伤员。一名中士称："在攻占恶魔之山的过程中，我手下有5名士兵腹部受伤，倚靠着树木坐着。他们12~15个小时后才咽气，我没有听到任何一个人哭泣或呻吟。"[40]

在执行加文所坚持实施的进攻性夜间巡逻的过程中，第504团一名中士带领他的小队巡查了登赫弗尔森林里的一所农舍。"一个德国军官从门口走了出来，用德语滔滔不绝地冲我们大骂。我们把他俘虏了。在司令部的审讯中，我们得知他是连长，他以为我们是被派去补充他们连里兵员的，嫌我们太吵闹了。"[41]第505团的一名伞兵收获了一份不一样的惊喜。他在散兵坑里睡得很熟，醒来时吓了一跳，发现一名高大的德国人正站在他上方。他不知道自己能否在那人杀他之前抢到步枪，但事实上那名德国人只是想把一张纸塞到他手里。它用德文和英文两面印刷，保证任何投降的德国人都会得到安全的对待。[42]

德国增援部队中几乎没有人掌握地图，也不知道自己身在何处。第505团的一名伞兵描述了他看到三名德国士兵沿着马路径直走到他们排阵地时的情况。"他们受到了挑衅,并错误地试图开火。他们被击倒——两人受伤,一人死亡。伤员由我们的医护人员照顾。"[43] 不久之后,附近农场的一个荷兰人和他的妻子推着一辆手推车来了,他们找回了那个死去的德国人,并将其埋葬在自家谷仓后面的一块地里。

迈因德尔的德国第2伞兵军也得到了炮兵的增援。由于英国"兰开斯特"轰炸机罕见地在白天对克莱沃进行了轰炸,德国炮手向美军阵地发射了彩色烟幕弹,希望头顶上的飞行编队将炸弹投到那里。在这样丛林密布的地形上,为火炮和迫击炮观察目标是个问题。在某个防区,一名中尉记录道,德军"连续几天利用一个又高又大的烟囱作为[观察哨]。我们不知道那些歇斯底里的[火箭弹]来自何方,也不知道它们击中了哪里,这太愚蠢了。我们终于搞来一辆坦克将其炸毁。看见那些德国佬飞了100英尺高,还没有降落伞,真是一番壮观的景象啊!"[44] 两天后,当德国人用坦克向贝尔赫-达尔酒店发起猛烈反击时,舍伍德义勇骑兵队再次证明了他们的价值。C中队成功摧毁了四辆坦克,其中一辆是企图倒车进入一幢房子的"豹"式坦克,它准备逃跑,但是"谢尔曼"坦克炮手"不停地将炮弹倾泻到它身上,房屋在熊熊大火中倒在了坦克周围"。[45]

加文的士兵不得不忍受重重炮火,这引发了罕见的精神崩溃。在一次特别激烈的炮击中,一名年轻的伞兵一遍又一遍地说:"他们想对我们做什么?杀了我们吗?"[46] 他无法承受这样的压力,朝自己的脚上开了一枪,最终使自己因伤退出了战斗。与此形成鲜明对比的是,第505团另一名刚刚收到"分手信"的士兵,他"志愿执行每一个危险的行动,以此实现自杀，直到一名狙击手将其杀害"。[47]

受伤的美国伞兵依旧被送回奈梅亨的"婴儿工厂"接受治疗，他们对纪念品的渴望也丝毫没有减弱。一天，一个在贝蒂沃被俘获的党卫军士兵被担架抬了进来。"他很冷静，"第508团的一名伤员说，"直到一个身材颀长、没刮胡子的伞兵走了过来，开始绕着担架走来走去。"那名党卫军士兵一开始只是有些不安，但是，当伞兵伸手从自己的靴子里拔出匕首时，那个德国人真的被吓得瑟瑟发抖了。"这名伞兵伸出他的刀，干净利落地割下了这个德国佬的党卫军袖标作为纪念。"[48]伞兵和机降步兵一样，都喜欢把一些德国和典型的荷兰物品带回家。木屐尤其受欢迎，但缺乏有关军队邮局是如何处理这些东西的记录。

对于留在奈梅亨的居民而言，境况似乎没有什么改变。"我们仍然每天遭到德国人的炮轰，"马丁·路易斯·戴尼姆写道，"英国人的空中行动非常伟大，但他们一离开，德军飞机就会前来轰炸这座城市。我们越来越不害怕，因为我们已经习惯了所有的轰鸣声，但我们看起来很糟糕，体重也减轻了很多。"戴尼姆言之过早。"晚上，德国人就对我们进行了猛烈的轰炸。太可怕了……我觉得自己很脆弱。然后是飞机低空飞行的噪声。紧张加剧，没有人说话，一声爆炸又一阵轰鸣。我们听到玻璃破碎和瓦砾落下的声音。"[49]在元首大本营的命令下，德国空军将所有可用的轰炸机都调来轰炸奈梅亨大桥。希特勒心里一直惦记着这件事，以至于冯·伦德施泰特元帅的司令部不得不在进攻结束后立即打电话询问，想知道行动是否取得了成功。[50]第二天晚上，伦德施泰特的参谋长把电话打到了莫德尔的司令部，问"是否可以由陆军工兵炸毁奈梅亨大桥"，但总指挥回答说需要的炸药太多,无法用小船运过来。⁵¹德国空军还尝试了一种"背驮式"(piggyback)攻击,即用一架飞机驮着另一架装满炸药的飞机,然后在尽可能靠近目标的位置将其放下,但他们没有击中目标。⁵²

夜幕降临后不久,最后一批来自奥斯特贝克的英国伤员被转移到位于阿珀尔多伦的兵营,而根据"市场花园"行动的进度安排,第30军本该在两天前占领这座城镇。与他们一同到达的还有剩余的医务人员和六名荷兰护士,其中就包括亨德里卡·范·德·弗利斯特。还有一些伤员留在了圣伊丽莎白医院,包括拉思伯里准将、哈克特和迪格比·泰瑟姆-沃特少校,这些人后来都在德国人搞清楚他们是谁之前被地下抵抗组织的皮特·克鲁伊夫和他的同事们偷偷弄了出来。

沃拉克上校已经在阿珀尔多伦会见了德国高级军医青格林(Zingerlin)中校,他认为青格林是一个"非常讲道理且有效率的人"。⁵³青格林负责大约2000名德国伤员,其中许多人被安置在威廉明娜女王的罗宫(palace of Het Loo),那里已被德国国防军接管作为军医院使用。他们一起选择了这座兵营作为英军伤员的安置地,皇家陆军医疗队人员将其清理干净,并及时为第一批抵达的伤员铺好了稻草。在塞满来自奥斯特贝克的伤员后不久,党卫军出现了,对他们当中的这个英国医疗队产生了怀疑,并进行了彻底的搜查。

沃拉克仍对第2集团军能够突破阻碍渡过下莱茵河抱有希望,为了把伤员留在荷兰,他玩尽了把戏。他坚持只能用正规的医院火车将他们送到德国,而那时候即便是德国人也是用运牛的车送他们的伤员回德国的。他还要求莫德尔元帅允许盟军空投医疗物资，因为他的小组几乎什么都没有了，而德国人只能提供纸制绷带。来自阿姆斯特丹的三个外科小组承诺帮助提供毯子和储备物资。他们甚至安排把一些伤情复杂的伤员转到荷兰的医院，其中之一就是位于阿珀尔多伦的圣约瑟夫医院。

有时候，那些受了致命伤的人要过很长时间才会死去。在圣约瑟夫医院，一个来自坎伯兰卡莱尔（Carlisle in Cumberland）的男孩在医护人员试图把他抬去做 X 光检查时大声尖叫起来，声音之大以至于他们不得不放下他。他的伤情突然且迅速地恶化。一名德国护士后来告诉二等兵安德鲁·米尔本（Andrew Milbourne），这名男孩已经奄奄一息了。那天晚上，当一些人在病房里聊天时，他们听到他"用沙哑、含混的声音试着唱《天佑吾王》的前几个小节。病房里死一般的寂静"。[54] 听着男孩的声音，米尔本浑身打起寒战，他本能地试着躺在他的床上照顾他。每个人都保持沉默。护士们把垂死的男孩搬到病房的角落里。米尔本站起来，跟着他到了那里。他还在试着唱国歌。半小时后，他去世了。

第二十六章 1944年9月23日~11月，疏散并劫掠阿纳姆

莫德尔元帅没有等到奥斯特贝克战斗的结束，就开始处理东面仅3公里外的阿纳姆的居民问题。9月23日，星期六，安娜·范·莱文（Anna van Leeuwen）在她的日记中写道："令人恐慌的传言——整个阿纳姆必须被疏散。"[1]

关于即刻处决那些曾在战斗中庇护或照顾英国伤员的居民的故事广为流传。一位不知姓名的日记作者写道："有三家人被枪决，包括这些人的孩子。"[2]另一位写道："我们的房子里塞满了英国士兵。当德国士兵发现他们时，包括范·茨沃尔（van Zwol）医生和家具店的恩格斯曼（Engelsman）先生在内的10个人被摔到墙边枪毙了。"[3]他们还听说德国士兵正在清理该城的交战区域。"手榴弹被扔进地窖里，没有人会在意地窖里居民的哭喊。结果导致许多平民遇难。"[4]最近的研究表明，仅在阿纳姆市就有188名平民在战斗中丧生，其中大约40人被认为是被德国人当场处决的。疏散的压力、盟军的炮击和空中行动，再加上其他一些原因致使平民死亡人数（不止限于阿纳姆市）又增加了2000人。[5]

德国人给大家的印象是疏散阿纳姆市的命令是由荷兰民族社会主义运动成员领导下的市政当局下达的。事实上，这个命令是由党卫军"霍亨施陶芬"师宪兵连连长、党卫队二级突击队中队长赫尔穆特·彼得（Helmut Peter）下达给市长的。[6]他甚

至赤裸裸地威胁说，如果不进行疏散，那么就"必须考虑进行地毯式轰炸"。[7]

该师师长、党卫队一级突击队大队长哈策尔后来坚称，他亲自从莫德尔元帅那里受领了此项任务。他声称，疏散阿纳姆及周围地区的目的是"避免地毯式轰炸、炮火和巷战给平民造成进一步严重损失"。这意味着大约有15万人将被赶出家园。据他描述，市长随即来到他的指挥所，"我们就如何能够而且必须以最人道的方式撤离阿纳姆居民达成一致意见"。[8]这种人道主义关切几乎不可信。这一决定是在该城战斗结束两天后做出的，而真正的原因在很短的时间内就残酷地暴露出来。9月23日，哈策尔在一封写给赛斯-英夸特位于荷兰的委员会的信中声称，"基于军事上的理由"，他已下令进行为期三天的疏散行动。[9]为了逃避对后续发生事件的进一步追责，哈策尔在战后宣称，9月28日之后他就不再负责阿纳姆了。

这是一个可怕的消息，而且不只是对年老体弱的人来说是如此。许多躲藏在城里的德国逃兵知道，党卫军宁愿将逃兵活活打死，也不愿给他们一枪，因为他们不配。那些被友好的市民藏匿起来的犹太人和在战斗中被切断退路并被市民们藏匿起来的几十名英国士兵一样，都吓坏了。他们不能在没有食物也不懂当地语言的情况下被留下来，因此，这些老百姓把他们带在身边，并用平民的衣服伪装他们，尽管他们的军靴经常出卖他们，因为没有人有多余的鞋子可以给他们穿。一些平民被穿着英军制服假装寻求帮助的党卫军欺骗，这样在审讯中他们就会被迫透露其他伞兵可能藏匿的地点。[10]当在奥斯特贝克被俘的英军俘虏成群结队地穿过该地，被押往火车站，然后被运往位于德国的集中营时，荷兰平民为他们加油打气，或做出团结一致的姿态，即便他们被警告如果再看这些人一眼就会被开枪打死。[11]

真相很快就大白于天下，疏散行动不过是"针对平民采取的报复性措施"中的一部分。[12]副市长宣布："每个人都必须自己想办法给自己找条出路。没有交通工具。医院里的伤员将被用平板马车拉到奥特洛（Otterloo）。"[13]"没有交通工具"的说法是站不住脚的，因为大量德国人驾驶着缴获的吉普车到处乱闯，这些吉普车的飞马标志上涂着黑色的铁十字。[14]他们中的一些人似乎喝醉了。阿尔贝特·霍斯特曼和"国家炮手"地下抵抗组织看到一辆吉普车里坐着两个德国士兵，一个打扮成新娘，另一个打扮成新郎，他们抢劫了商店的橱窗。

疏散过程将从阿纳姆市中心开始。[15]任何试图留下来的人都将面临被处死的风险。讽刺的是，在下达疏散命令的那天早上，阿纳姆的供水终于恢复了。市中心的大部分区域仍在燃烧或阴燃。党卫军将火灾归咎于"英国人的破坏行为",[16]但他们又不允许荷兰人扑灭大火。[17]（志愿消防员冒着极大的风险试图减少损失，但在战争结束时被指控通敌，这是最不公平且不合情理的。）那些住在市中心的人在战斗期间每晚都和衣而睡，准备着万一房子着火就立马逃出来，他们对在最危险的时刻刚刚过去后就不得不离开而感到非常懊恼。

一名住在阿纳姆东部郊区的女子当天写道："那些住在市中心的人都到郊区来寻求庇护。下午有传言说，在夜幕降临之前，整个城市都必须疏散，市民们必须徒步前往聚特芬或阿珀尔多伦。17时，海报张贴了出来，说整个市中心必须在20时之前清空。成千上万乘坐各种交通工具的市民会聚成一股人流。这是一幅令人悲伤的景象。他们都来到了费尔普。他们是如何找到一个栖身之所的，这是个谜。莫伦贝克再也装不下他们了。

一座房子里挤上20个人都很正常。一名妇女推着手推车进来了,她前一天晚上刚生完孩子。"[18]通往费尔普的道路上到处都是被烧毁的军用车辆。

第二天,9月24日,星期日,这名女子还写道:"凌晨4时,更多的人被赶出了这座城市……11时,命令下达,整个城市的人员必须撤离,通往阿珀尔多伦的公路仍然开放。"[19]这些命令被张贴在树木和建筑物上。一些人将这与"圣经中的《出埃及记》"相提并论,浓烟笼罩着城市,烧焦的纸张和煤灰像"黑雪"一样缓缓飘落。[20]"作为对所谓的通敌行为的报复",德国人烧毁了更多的房屋。

名叫尼古拉斯·德·博德的电话工程师描述了当时的场景:"一位老妇人穿过阿纳姆城,一只手里提着个装有一只小鸟的鸟笼,另一只手拿着本用红色天鹅绒包裹的家庭相册,胳膊下还夹着块垫子。"他问她为什么带这些东西而不带过冬的食物和衣物。她回答说那只鸟是她所拥有的唯一活着的东西。如果她失去了她的相册,那么她就失去了她的家人;如果她失去了她最喜欢的垫子,那么她将无法入睡。另一位老妇人坐在一把加装了轮子的椅子上被推着走。"这里不是几十人,也不是几百人,而是成千上万的人,他们不知道将去向何方。"他相信他们虽然表面上没有哭泣,但是"内心深受打击,伤心至极"。[21]

安娜·范·莱文在一长列难民队伍中看到了来自沃尔夫海泽精神病院的病人。"很多人不得不步行,这是一幅凄凉的景象,那些生病的人被装在平板车上。而精神严重失常的人则被绳子绑在一起,以防他们逃跑。"[22]阿尔贝特·霍斯特曼发现"一个女人,穿着精致的皮大衣和高跟鞋,走在通往埃德的路上,撕心裂肺地哭着"。他还目睹了"一位胡须花白的老人突然倒在路边死去，身边的孩子们陷入一片惊慌和悲伤之中"。[23]

为了表明自己不是战斗人员，成年人会佩戴白色臂章或手持白旗，后者通常只是一个绑在扫帚上的枕套。孩子们在雨中艰难地走在父母身边。他们效仿父母的做法，把手帕绑在棍子上。沃斯奎尔一家被迫于9月26日离开奥斯特贝克，沃斯奎尔夫人坐在手推车上，因为她被一枚手榴弹炸成重伤。当英国伤员被带出他们的房子时，一名党卫军士兵指着周围被破坏的地方，四周到处都是倒下的电线和树木，说："那么，你们看到和英国人交朋友的结局了吧。"有那么一刻，一位母亲看见她年幼的儿子正盯着一具被炸成两半的尸体看。她担心这样的情景会给他的心灵造成创伤，但他转向她，指着下面说："看，妈妈，半个人。"[24]然后他跨过尸体，将棍子和手帕举过肩膀。

许多人用白床单把自己的东西打包背在背上。由于需要用摇篮车来装像土豆这样的食物，他们不得不把婴儿抱在身上。人们推着自行车往前走而不是骑着，狗经常坐在自行车后面的箱子里。那些有手推车的人则更加幸运，他们可以带上装在柳条笼子里的兔子和鸡，有时甚至还会拴上一只山羊。在阿纳姆北部，他们经过一片可怕的公墓，那里的坟茔被炮火掀开，墓碑倒在地上，骨头散落得到处都是。

"对逃离阿纳姆的人们来说，他们的家畜是一个大问题，"动物园管理员安东·范·霍夫（Anton van Hooff）指出，"他们通常会把动物带到城外，然后将它们放出来。如果这些动物能够跟着他们走，那就让它们跟着。在其他情况下，它们只能被留在后面。今天上午11时左右，一些人带着一只几乎筋疲力尽的小狗来了。就在动物园前，他们问一名德国士兵能否帮忙射杀那只小动物。士兵把狗拴在树上，然后开始向它开枪，但只打中了它的腿部。"[25]最后，安东·范·霍夫的父亲坚持要把这只狗带走，并为它包扎了受伤的腿。

不过，并不是所有（德国）人都表现得如铁板一般。一位母亲带着她的小儿子尽可能地往前走，直到精疲力竭地倒在路边。多年后，她的儿子回忆说："突然间，一辆豪华轿车停了下来，一名德国军官向我们敬礼，问我们要不要搭车。我尖着嗓子说：'好的，请务必带上我们。'"[26]他开车送这对母子去了下一座城。然而，大多数德国人却没有表现出多少同情心。"赫尔曼·戈林师的两名士兵看到我们那弱小可怜的队伍，笑了起来，喊道：'哈哈！当英国人来的时候你们可是高兴得很呢。'"[27]

没有人知道这么多的人是如何在为寻找一处栖身之所而进行的一场看似永无止境的跋涉中养活自己的。周围所有村庄的食物都被吃得精光，此时此刻，配给券已经一文不值了。由于奥斯特贝克和贝蒂沃的战斗还在继续，几乎没有人能够向西或向南转移，所以超过3.5万人涌向了东部的费尔普。"其余的人已经跋涉到别的地方去了。德国人带着所有20~60岁的男子来埋葬死者……一些勇敢的人想回到阿纳姆看看他们的房子是否还好，但他们被德国人抓住，并被强迫去埋葬尸体。"[28]德军纠察队还叫住难民队伍，带走了所有体格健全的人，强迫他们在艾瑟尔河防线上做苦工。在托特组织①的监督下，他们不得不一直劳动，直至筋疲力尽或疾病缠身。然后他们会被释放，得不到任何食物和交通工具。

---

① 托特组织（Organisation Todt）是纳粹德国时期一个专门从事军事建筑工程的官方机构，因它的创始人弗里茨·托特（Fritz Todt）而得名。它在德国及欧洲其他地方修建了很多著名的大型工程，同时也强征、奴役了上百万劳工。——译者注

截至星期四，费尔普已经涌入了5万多人。随后，传来一道命令，整个下莱茵河北岸的难民都要撤离，这估计会使难民总数达到20万。然而，由于德国人强行疏散了北海沿岸的居民，内陆的村庄和城镇早已人满为患。

有些人无视撤离的命令，在阿纳姆留了下来。尽管古董书商赫哈德斯·吉斯伯斯（Gerhardus Gysbers）的书店被毁，窗户被打得稀碎，他的书也散落在外面的街道上，但他还是留下来了。然而，他父亲位于威廉斯兵营对面那所学校旁边的房子几乎毫发无损。"一切都和他们于9月17日下午离开时一样，"他写道，"盘子里的肉还在，而且刀叉也交叉着放在盘子上。只多了一样东西——一只死透了的大黑猫直挺挺地横躺在桌子上。"不管是否因为猫的死亡或离去而产生了影响，一股古老的力量迅速膨胀，填补了真空。"放眼望去，你会看见老鼠到处都是。"[29]他如此补充道。一名秘密返回阿纳姆的市民同胞遇到了一个可怕的德式玩笑。11个橱窗模特被吊死在树上。[30]很快人们就明白，除了惩罚那些帮助盟军的人之外，强迫荷兰人离开下莱茵河北部家园的真正目的在于，掠夺整个地区而不会被别人发现。

即使在空降部队进入后的第一周，该地区的荷兰人也遭受了英美两国士兵的劫掠。"他们中的一些人十分伟大，"马丁·路易斯·戴尼姆这样描述奈梅亨的美国伞兵，"但遗憾的是，他们中间也有许多的流氓，因为他们什么都偷。"[31]甚至一些军官也加入了劫掠，他们认为自己在冒着生命危险为荷兰人战斗后，理应得到这些。位于奈梅亨第508团的一群人决定要喝一杯，但他们在把塞子从酒桶里拔出来时遇到了点困难，"于是兰姆（Lamb）中尉让所有人退后，然后用他的柯尔特 0.45 英寸口径自动手枪冲酒桶开了两枪，啤酒从桶洞里喷出来，所有人都拿着水壶挤了过来"。[32]

其他人则对更为持久、更有价值的物品感兴趣。"一些士兵听说荷兰是钻石之国，"麦考利夫准将手下的一名参谋写道，"他们幻想带着装满宝石的口袋回到美国。由于火箭筒的使用，荷兰许多大型铁制保险箱得到了处理。"[33]第 101 空降师的一名下士也讲述了"我们中一些士兵是如何用火箭筒打开银行金库，并'解放'大量荷兰货币的。泰勒将军确实造访了我们营，并告诉我们如此对待自己的盟友并不恰当"。[34]战争结束时，仅仅因为在奈梅亨地区的抢劫，盟军就不得不共同向荷兰当局支付 22 万英镑（相当于今天的 900 万英镑）。[35]

英国军事当局张贴英文布告，命令军队停止掠夺空着的房子，因为民众已经受尽苦难，然而太多士兵无法抵抗在战争中轻松掠夺的诱惑。[36]在阿纳姆公路桥上的第 3 伞兵营的一个二等兵对这个问题相当坦率。"这违反了所有的规定，但每个人都这么做了，"他后来说，"小伙子们已经搜刮了一些不错的宝贝。我得了满满 4 个抽屉的精美餐具，肯定值 100 英镑乃至更多。我妹妹要结婚了，我认为这将是一份很好的结婚礼物。"[37]但是，即便没有后来战俘营的经历，他也不知道该如何把这些东西带回家。士兵们总是一而再再而三地进行掠夺，随后又把赃物扔掉。

在战争中，荷兰平民甚至也抢劫了一些东西，他们认为如果自己不将其据为己有，德国人随后也会这么做。[38]在阿纳姆，荷兰的家庭主妇们从德宗酒店（Hotel De Zon）拿走了所有的亚麻布。但是，当德国人因当地民众支持英国人而向他们发泄不满时，这些荷兰人的个例做法就显得相形见绌了。

根据帝国元帅戈林于1943年8月14日颁布的法令，帝国专员赛斯-英夸特宣布将整个阿纳姆充公。"由于敌人对帝国领土上的平民发动了恐怖袭击，元首已经做了以下决定：未来，敌人在被占领的领土上所拥有的公共和私人财产，诸如室内陈设、家具、家用物品、布匹、衣服此类都将被无情地搬走，以补偿因敌人的恐怖袭击而造成的财产损失。"戈林寄给荷兰占领当局的另一份文档声称德国人的严苛是正当的："荷兰人对于此事［盟军轰炸德国］的态度尤其扎眼，这样的事在其他被占领土上闻所未闻。此番行为以一种居心叵测且毫不掩饰的方式，公开表达了对帝国领土遭到恐怖袭击的恶毒的喜悦。"[39]

医院和疗养院甚至也遭到抢劫。在迪亚科内森诊所，荷兰民族社会主义运动的副市长阿尔延·舍默尔（Arjen Schermer）发现代表经济别动队（Wirtschaftskommando）的四名官员在一名中校的带领下进行经济战争，"他们的任务就是把所有留在阿纳姆的货物中有用的那部分发往德国，然后将［余下的］那部分交由帝国专员赛斯-英夸特处置"。[40]舍默尔试图弱化这一命令，他要求获得许可，带走对难民有用的物品，如毯子和食物，并将它们交给红十字会。据克里斯蒂娜·范·戴克修女回忆，在圣伊丽莎白医院被疏散前的某一天，德国士兵赶来企图偷走所有的绷带。"我们憋不住笑了起来，因为他们拿走了一箱箱的卫生巾。"[41]

照理说，洗劫是有条不紊地进行的。德国人用长长的金属棒探测埋藏在花园中的所有银制和其他贵重物品。为了寻找藏匿在假墙里的画作，新砌的砖墙和新刷的墙面要么被推倒，要么被凿开。保险箱根本起不到任何保护作用，而且阿纳姆是一个非常富裕的地区。由当地纳粹党官员或托特组织成员领导的所谓的驱逐别动队（Räumungskommando）被带了进来，然后德国官僚机构必须在工厂、商店和房屋被清理完毕后（且在他们纵火以掩盖他们的所作所为之前），立马列出所有物品的清单。[42]

然而，纳粹的方法很少像他们认为的那样奏效。一个来自威斯特法伦（Westphalia）的驱逐别动队成员，据说其为埃森（Essen）和杜塞尔多夫（Düsseldorf）遭到轰炸的家庭收集家具，他在一封信中透露对国家的掠夺变成了捞取个人利益的机会。"亲爱的埃米（Emmy），我从阿纳姆向你送来最诚挚的问候。你将通过最快的方式得到毛皮大衣。我现在已经能够满足你最热切的愿望了。但要给你的不止那些。你一定会大吃一惊。我找到了一个大号无线电台、六个小收音机，以及给你和英格丽德（Ingrid）的内衣。还有一条披肩和一件晨袍要给你。最漂亮的床，缎子桌布，一个电熨斗和一个电水壶。而且，简单地说，所有做梦才能享受得到的东西在这里都可以随便拿。肉罐头和黄油。所以，亲爱的埃米，你可以想见我们生活在天堂里。我们这里有如此之好的床，这样的东西在德国根本没有。"[43]随着圣诞节的临近，德国国防军军官、士官和托特组织成员都为家人们找到了送回家的礼物。

正如党卫队帝国领袖海因里希·希姆莱在写给纳粹党中央党部书记马丁·鲍曼（Martin Bormann）的一封信中所指出的那样，一些纳粹党中的强盗显然有更大野心。纳粹党大区领袖被告知，他们的"抢救突击队"（salvage commando）不可以带走有价值的画作。"特姆勒（Temmler）——来自杜塞尔多夫的纳粹党地方武装别动队（Gaukommando）领导人——已经在阿纳姆待了几个星期，试图打开各大银行分支机构的保险柜。帝国专员［赛斯-英夸特］禁止他这样做。然后，他接洽了德国［第2］伞兵师师长［瓦尔特·］拉克纳（Walter Lackner）中将，请他派一些焊工给自己。这名将军拒绝了他，理由是他的伞兵不是破坏安全的人。"安全警察确认，特姆勒的地方武装别动队有6名指挥官和300名手下，他们炸开了阿姆斯特丹银行、荷兰银行和鹿特丹银行的保险柜，并试图打开第四家银行的保险柜。他们偷走了价值数百万帝国马克的名画、贵金属和货币。"一份不完整的清单中就涉及了34件艺术品。"①

特姆勒与几个荷兰姑娘住在一所房子里，这些姑娘在那里工作，他送给她们银器、纺织品和食物作为礼物。"他卧室的墙壁上装饰着粗鄙的裸体照片和纳粹标志。"他过着奢侈的生活，宴请宾客，并将三架大钢琴据为己有。希姆莱担心这样无耻的行径会损害纳粹党在荷兰的声誉。"当士兵们正在进行英勇无畏、艰苦卓绝的战斗时，这些年轻人却怀着同样的热情在阿纳姆实施抢劫。"45

保护财产的尝试是徒劳的。战斗结束三天以后，约恩克海尔·博尼费修斯·德扬去面见当地司令官，试图为他的房子签署一份保护令来保护他的酒窖。46他未能如愿，于是，他和他的家人把尽可能多的东西打包装进一辆汽车，然后离开了。接下来那天，丹尼诺德遭到洗劫。位于阿纳姆北部的动物园的遭遇则有所不同。德国士兵进来后，公然偷走动物的食物，然后高

---

① 2017年11月，在阿纳姆被盗的其中一幅画作——荷兰绘画大师雅各布·奥克特维尔特（Jacob Ochtervelt）的《牡蛎餐》（The Oyster Meal）在来源被确认后，最终被伦敦金融城政府（City of London Corporation）归还给了原主人的女儿。44——原注

价出售。动物园园长约翰内斯·范·霍夫（Johannes van Hooff）向党卫队一级突击队中队长多恩斯坦（Dornstein）表达了强烈的抗议。一句不耐烦的"Es ist Krieg"——"这是战争"——就把他们给打发了。⁴⁷

相比于明目张胆的抢劫，更令荷兰人厌恶的是那些毫无意义的破坏和糟践。这种行径暗示着一种对世界无厘头的愤怒——日耳曼尼亚与全世界都不对付（Germania contra mundum）。"在我们周围，"一位目击者写道，"一群又一群德国佬进入无人居住的房屋，拿走任何他们想要的东西。任何他们不想要的东西——椅子、桌子、衣柜——都会被他们用斧头劈碎。"当德国士兵闯入德宗酒店时，他们尽其所能地喝下酒窖里的酒，剩下的则被打碎，这样它们就不会被别人享用了。"一桶桶黄油被抹在街对面。在商店里，大量糖浆和面粉被扔在地板上。'先生们'在一片狼藉中走来走去，然后又把这些东西抹得房间里的家具上到处都是。商店的橱窗遭到了系统性破坏，那些陈列的物品也被带走。一辆坦克开进了V&D商店并大肆破坏内部设施。"⁴⁸纳粹洗劫阿纳姆的行径充满了邪恶和肆意糟践。

第二十七章 1944年9~11月，"男人的小岛"

由于大多数妇女已经撤离，瓦尔河和下莱茵河之间的贝蒂沃地区被称为"男人的小岛"。作为果园和沼泽牧场被开垦出来的圩田全靠周围的堤坝，才得以高出水面。用一名美国伞兵的话来说，这里的"地面就像台球桌一样平坦"。[1]而且，不管伞兵们多么喜欢当地居民，他们都不喜欢在这里作战，因为天气不断恶化。他们刚挖了一个散兵坑，水就从坑底渗了出来，并开始往上涨。

美国士兵在完成了他们的既定任务后，觉得自己不应该作为普通步兵留在这里。他们的指挥官们也是这么认为的，而且后者对蒙哥马利控制他们的方式感到愤怒。美军将领们怀疑，一直想要指挥美国军队以及英国和加拿大军队的蒙哥马利正在利用这种局面。"'市场花园'行动的一个吊诡之处在于，"詹姆斯·加文准将写道，"这是我们历史上第一次将几个美军师置于外国集团军的指挥之下。"[2]勃然大怒的布里尔顿将军向艾森豪威尔的司令部警告道，这两个师的伤亡率都达到了35%。"这批训练有素，总计达7382人的空降部队是不可替代的……如果他们继续作为地面部队使用，那么直到来年春末他们都不能够被用来执行空降任务。"[3]

第18空降军军长李奇微少将大概是最生气的一个。他发现"很难相信蒙蒂将于11月1日前将他们撤出来的承诺"。[4]事实

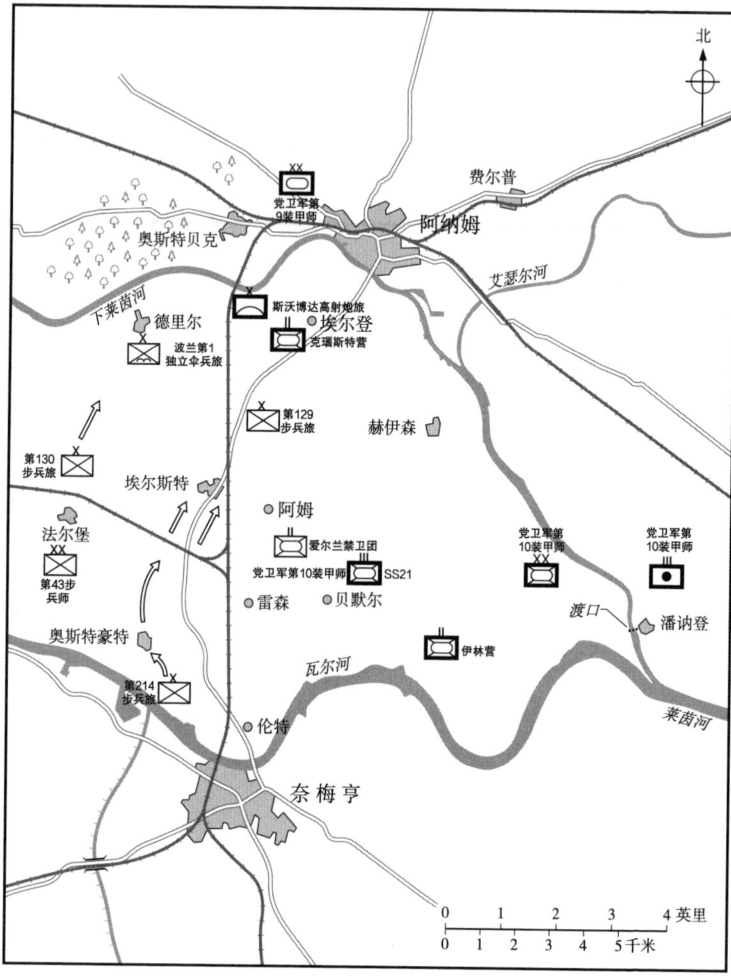

地图 11　1944 年 9 月 21~25 日，"小岛"（贝蒂沃）

证明他是对的。第82空降师直到11月中旬才离开，第101空降师直到行动接近尾声才被放走。反蒙蒂的嘲讽越来越流行。当乔治六世国王访问位于比利时和卢森堡的美军司令部时，身上穿的是陆军元帅的制服，"这让那些开玩笑的人问他的军阶是否高于蒙蒂"。[5]美国人的怀疑很大程度上是合乎情理的，但英国第2集团军就跟加拿大第1集团军一样，也面临着严重的兵力不足的问题。

对于为什么不喜欢延长他们在贝蒂沃地区的作战时间，马克斯韦尔·泰勒少将有他自己的理由。在视察第501团第3营位于下莱茵河边靠近海特伦的前沿阵地时，他命令迫击炮排向远处的树桩射击，以展示他们射击的准确性和效果。伞兵们向他警告说这样会遭到德国人的报复。泰勒依旧坚持要这样做，德国人确实进行了反击，每个人都不得不掩蔽起来。情况刚一缓和，泰勒就又一次不顾别人的劝告，决定离开。一名当时在场的军官说："这就是他获得紫心勋章（Purple Heart）的时刻——弹片扎进了他的臀部。"[6]"我们遭遇了一轮迫击炮袭击，"泰勒的贴身警卫说道，"我转过身，看到泰勒躺在地上，就跑回去把他抱起来。当我把他扛在自己身上，跌跌撞撞地往前走时，炸弹在我们周围爆炸，我听到他咕哝着，'该死——屁股上挂彩了！'"[7]毫无疑问，泰勒将军已经预想到会有人拿他打趣。他并不受自己手下待见，当然也没有李奇微和加文那么受人尊敬。

当第501团转移到海特伦时，一个连接管了一间砖厂，砖厂里有一所德军的野战医院。那里仍有许多被截去的残肢待清理。一头饥饿的猪走了进来。[8]一名在屠宰场工作过的士兵自愿把它放倒，因为他们不想和德国人在如此近的距离发生枪战。

他将这头猪击倒在地,但当他弯下腰时,这头猪又跳起来,并跑出了工厂,士兵在后面追着它。德国人惊讶地看着这一幕,但没有开枪。这头猪又返回了工厂,在那里有人用他们的 0.45 英寸口径手枪打死了它。德国炮兵当时的确开火了。许多伞兵想到这头猪曾经可能吃过什么,便对这些猪肉一点儿也提不起食欲。

第 82 空降师的第 508 伞兵团也和英国第 50 师在贝蒂沃度过了一段时光。他们待在苹果园里,那里的苹果至少是彻底成熟了的,这降低了腹泻的风险。德韦恩·伯恩斯写道:"正是在这条战壕里,我庆祝了自己的 20 岁生日。"他们的散兵坑"不过是个大泥坑"。他从家里收到一个漂亮的钢笔和铅笔套装作为礼物。

"伯恩斯,如果你被杀了,能把它给我吗?"斯坎伦(Scanlon)上士问道。"当然,"伯恩斯答道,"只要你不是那个扣动扳机的人就行。"

士兵们能得到的唯一消遣,就是看战机在空中狗斗①,因为沿着下莱茵河有相当多的空中行动。9 月 28 日,斯图登特大将的儿子、战斗机飞行员汉斯-迪特里希·斯图登特(Hans-Dietrich Student)中尉在阿纳姆上空被击落并死亡。伯恩斯在盯着两架 P-51"野马"战斗机看。"孩子,那才是生活,"伯恩斯评论道,"出去飞一会儿,干掉几个德国人,然后回家,和你的女朋友美餐一顿,晚上躺在温暖的床上。孩子,这他妈是一种什么样的作战方式啊!我敢打赌他甚至都不知道我们正坐在下方的泥地里,穿着一个多月前跳下来时穿着的衣服。"但

---

① 狗斗(dogfight)指战斗机近距离空中格斗,又译为缠斗。——译者注

其中一架飞机随后就被高射炮火击中并发生爆炸，坠落到地面上。伞兵们突然相信，"躺在安全的地面上"还是比在空中作战要强一点。[9]

第 82 和第 101 空降师都会在夜间沿着下莱茵河河岸巡逻，因为德国人经常会派突击队员乘橡皮艇过来偷袭。一天晚上，来自第 506 团 E 连的一支巡逻队撞上了一队德国人。双方互相投掷手榴弹，但收效甚微。指挥美军的中尉喊道："上刺刀！"但他是唯一随身带着刺刀的人。他手下名叫厄尔·麦克朗（Earl McClung）的伞兵说："在夜间巡逻时，任何一个脑子正常的人都不会带着这种叮当作响的东西。"他和他的伙伴们只会用这种东西来挖挖散兵坑。这名中尉将刺刀固定在自己的卡宾枪上，一跃而起并跑了几步，随后，敌人的炮火让他不得不扑倒在地。他发现没人跟着他，大为恼火。麦克朗没有透露自己的姓名，在黑暗中回答说："中尉，你是唯一一个有刺刀的人，你去吧，我们会尽我们所能给你火力掩护。"这引得"防线上的士兵咯咯作笑"。[10]

再往西，在奥普赫斯登（Opheusden），德军的一个连向第 506 伞兵团的阵地推进。"我们美军的一枚迫击炮弹在敌军卧倒的地方爆炸了，"连部的斯威尼（Sweeney）上尉写道，"一个德国士兵蹦了出来，疯狂地向我方前线跑去。他的手掌从手腕上方位置被炸掉了。血液像花园软管里的水一样喷涌而出。毫无疑问，他会因失血过多而死。我们的军医马登（Madden）上尉冲出去迎接受伤的敌军士兵。当所有人看着这名美国军医迅速地给他受伤的手臂绑上止血带，并温和地把这名充满感激的敌军士兵领到美军防线，让他得到庇护和照顾时，枪声停止了。"[11]根据美军连长的说法，这样的做法"无疑影响了敌人的投降决定"。

几乎可以肯定的是,迫击炮给双方造成的致命伤害比子弹要多得多。在视察沿一段堤坝设置的阵地时,第501伞兵团的霍华德·R.约翰逊上校在迫击炮弹袭来时表现出了他对危险一贯的漠视态度,与他一起的官兵们则纷纷扑倒在地。约翰逊笑了,但他们的随军神父桑普森写道:"下一块弹片就奔着他去了。"约翰逊对接替他的朱利安·尤厄尔中校说的遗言是:"朱利安,照顾好我的孩子们。"[12]

英国人在"小岛"上的步兵战术并没有给美国伞兵留下深刻印象。二等兵唐纳德·伯吉特(Donald Burgett)描述了康沃尔公爵轻步兵团第5营的一次进攻。他们"肩并肩地穿过这片开阔地",从臀部位置开枪,"拉动枪栓,然后再次开火"。带着悲哀又钦佩的心情,他想,"这样的进攻方式已经随我们南北战争中血腥的冲锋而退出了历史的舞台"。[13]和美国人一样,英国人用阵亡人员带着刺刀的步枪垂直插在地上,标记每一具尸体的位置,方便以后收集。

对于"小岛"上的美国伞兵而言,另一个不利之处在于他们的食物供应由英国军事当局提供,其中包括大量来自澳大利亚的老羊肉。然而,他们想要的是新鲜的肉。"我们吃空了这些可怜的荷兰人,"第508团的一名士兵后来承认,"大多数房子旁边都有兔子窝,所以我们吃了很多兔子肉。"[14]他们不喜欢英国的食物供应,唯一的例外是配给的朗姆酒。尽管它的颜色和黏稠度与重机油相似,但那些喜欢烈酒的人为其进行了很多交易。"我们的一个男孩喝醉了,"第505团的一名上士写道,"带着一把'汤普森'冲锋枪出去打猎。他哼着歌回来时手里提了两只家兔，随后他被拘押在散兵坑里，直到清醒过来。"[15]

最重要的是，这些美国士兵做梦都想吃牛排，所以有相当数量的牛被轻机枪射杀，并被当场屠宰。随军神父桑普森写道："太多的牛因为不知道口令而变成了牛排。"[16]由于来自荷兰农民的抱怨声越来越大，泰勒将军下令严厉打击这样的行为。每杀死一头牛将被处以500美元的罚款。[17]在约翰逊去世之后，尤厄尔中校接管第501团后不久去视察了他的三个营来强调这一信息。巴拉德（Ballard）中校试图为他们营获得大量鲜肉而开脱。"牛是被88毫米炮弹击中死亡的，猪踩到了地雷，鸡就这么死了，可能是战斗疲劳所致。"就在这时，一头猪尖叫着跑了过来，四名伞兵在后面追赶，向它开火。"我想你现在会告诉我，"尤厄尔对巴拉德说，"那头该死的猪正在攻击你的人。"[18]

位于欧洲的美国军事当局更加担心严重的犯罪事件，就像盟军第1空降集团军在每日简讯中披露的那样："有关军事人员正在从非法渠道获取资金——例如将敌人的货币据为己有，与战俘以物换物，进行黑市交易，以及其他类似手法——的报告已经引起本司令部的注意。"美国士兵获得了大量面额为100比利时法郎的老版钞票，以及正在流通的"大量伪造的法国盟军军票（Allied Military French Franc）"。一些伞兵在业余时间炒作货币市场，甚至还"做金条交易"。[19]然而，伞兵们不会原谅任何人以牺牲战友为代价来谋取利益。绰号"里弗斯"的拉里维埃中尉指出，调查结果显示，有一名士兵一直在偷吗啡。几乎可以肯定他将这些吗啡拿到黑市上贩卖。"里弗斯"透露，这个士兵在被移交给宪兵队之前，被自己排的人彻底痛打了一顿。"这人原来是个死不悔改的惯犯。"[20]

虽然有些难以置信，但是一些当地人似乎认为，相比之下，

"小岛"上的英国军队就像天使一样。"所有房子都被英国士兵占领了，"其中一人后来写道，"他们接管了这些房屋，留下的[荷兰]人则变成了客人。他们并不介意，因为即使我们和他们之间互不理解，但大家充满了善意。我们不像害怕德国人那样害怕他们。他们很有礼貌，不会给我们的生活造成不必要的困扰。他们给我们香烟还有包括大米在内的食物，我们已经很多年没有吃过大米了。我们给他们牛奶和鸡蛋，他们礼貌地接受并主动付钱。"他接着写道："我们本以为整个过程只会持续几天，但最后持续了七个月。"[21]1944年12月2日，德军炸毁了位于被摧毁的奥斯特贝克铁路桥以东的堤坝，给他们的生活造成巨大打击。这导致了贝蒂沃地区大面积洪水泛滥。

对于英国军队来说，由"市场花园"行动的失败造成的一种虎头蛇尾的感觉，又因早秋连绵的阴雨而变得更加糟糕。当第11装甲师接管第30军东部侧翼的一片防区时，一则可能是由一名英国军官写的打油诗被印在传单上匿名分发了出去：

  当我坐在马斯河畔
  沉思这该多么浪漫
  在我人生的这个年纪
  与自己的妻子远隔千里
  又孤身陷入泥潭[22]①

---

① 此处原文为：As I sit on the banks of the MAAS
  I reflect that's really a FAAS
  At my time of life
  And miles from my wife
  To be stuck in the mud on my ASS——译者注

德国人对他们所看到的英国人朝九晚五式的士兵生活毫无兴趣，后者就像是在静待寒冬的结束一样。德国士兵说："一到晚上，汤米就要回去睡觉了。"[23]蒙哥马利选择了能想象得到的最糟糕的地形，那里有无尽的被浸泡透了的圩田，还有围住他们的蜿蜒曲折的下莱茵河。春天到来之时，这里只有一条路可以出去，这条向东穿过马斯河进入帝国森林的道路留给坦克的机动空间也很有限。

那些仍然待在奈梅亨的市民有一种他们几乎是在前线的印象。"我们仍然觉得自己身处战争中，"马丁·路易斯·戴尼姆在日记中写道，"德军的炮弹不停地落下来，因此我们还不能感到安全。"他显然还不能深刻理解他所谓的"英国人乐观的冷漠"。[24]

德国人的进攻重点仍然是瓦尔河上的两座桥梁。英军用探照灯和高射炮将公路桥包围起来，以击退夜间轰炸机和"背驮式"飞机。然而，最具戏剧性的尝试来自一队蛙人。在德军一次拙劣的侦察行动之后，英军意识到了这种威胁的存在，于是部署了17磅反坦克炮来掩护通往大桥的道路。这12名蛙人来自第65海军特种突击队（Marine Einsatzkommando 65），他们曾在威尼斯受训，此时为哈梅尔旅队长位于潘讷登的指挥所工作。哈梅尔警告他们说："敌人在桥上的守军异常警惕。"[25] 9月28日晚，每组4人，一共三组蛙人分别在上游10公里处投下了他们的半吨鱼雷。强劲的水流让这项任务变得异常困难，结果只有1枚鱼雷准确命中目标。这摧毁了部分铁路桥，但公路桥仍完好无损。12名蛙人中，只有2人顺流而下逃了出来，没有被抓住。而在被捉拿的10人中，有3人伤重不治。[26]

* * *

第82空降师也有他们自己的非官方秘密武器，那就是第504伞兵团的二等兵西奥多·H. 巴亨海默（Theodore H. Bachenheimer）。[27] 21岁的巴亨海默是出生在德国的犹太人，他自封为间谍。他的父母都是戏剧演员，而且当他们移民到美国时就居住在好莱坞。巴亨海默说的英语仍然带有德国口音，而且他是在布拉格堡受训时才获得了美国国籍的。当第504伞兵团还在安齐奥的时候，巴亨海默就会溜过敌人的防线，利用和德国士兵一起在野战厨房排队的机会搜集情报，为此他获得了银星勋章。

9月18日，当盟军还没有进入奈梅亨的时候，巴亨海默就已经溜进了这里的火车站，许多德国士兵正在这里的餐馆享用晚餐。在一位荷兰铁路工程师的帮助下，他接管了公共广播系统。在向车站里的所有德国人发出投降的命令后，他端起冲锋枪在麦克风前扫射。这使得车站里的40名德国士兵惊慌失措地跑了出去。奈梅亨被占领后，他的专长是抓捕德国士兵进行审讯。巴亨海默与当地地下抵抗组织领袖扬·波斯图拉特（Jan Postulart）密切合作，后者被称为"黑人扬"（Zwarte Jan）。

塔克上校的副官记得加文说过，他不知道巴亨海默到底是应该因他不合规的行为被送上军事法庭，还是应该被晋升为军官，征战沙场。[28] 有一回，作家兼战地记者玛莎·盖尔霍恩拜访了她的情人詹姆斯·加文后，于一篇发表在《科利尔》（Collier）杂志上的文章中将巴亨海默的指挥部描述为"位于奈梅亨一所破旧学校里的一个塞得满满当当的小房间"。在那里，巴亨海默向自己的特工网络询问情况，听取德国线人的意见，提审俘虏，与荷兰地下抵抗组织合作，还接待了需要情报的英国和美国军官。盖尔霍恩旁听了一次审讯。"对巴亨海默来说，任何细节都不会太大或太小，他是一个非常能干且严肃的人。谁也无法打破他的谦逊，"她写道，"巴亨海默在作战方面有着非凡的天赋，但实际上他是一个爱好和平的人。"[29]

这位自封为间谍的士兵穿越德国边境，从克莱沃到贝蒂沃。当地地下抵抗组织位于蒂尔（Tiel）附近的总部就设在埃本斯（Ebbens）家的果园里，埃本斯全家都被党卫军抓获并杀害。10月22日晚上，巴亨海默也被德国人抓获并枪杀，据说他当时正试图逃跑。对于这一点，几乎没人相信，子弹从他的后脑勺进入并射穿了他的脖子。最令人费解的是，巴亨海默的尸体被发现时穿着美国中尉飞行员的制服。

拜访期间，盖尔霍恩对炮火下的奈梅亨进行了描述，令人印象深刻。"每天早上，这些荷兰人都把碎玻璃清扫得干干净净，但是没有运输工具把玻璃运走，所以，在秋天飘着落叶的树下以及满是弹坑的街道边上，整齐堆放着成堆的碎石和玻璃。"社会上对待不同级别叛徒的方式也激起了她的兴趣。"警察和地下抵抗组织一直在忙着围捕那些通敌者，并在城里追踪德国特工。他们把通敌者安置在一栋布满了弹孔的大校舍里，而且与这些通敌者吃同样的食物。他们等待着荷兰政府的回归，以便进行适当的审判。校舍里，一股令人作呕又熟悉的气味从人们脏兮兮的身体上散发出来……荷兰人对这些人并不残忍，而且对这些囚犯的看管也不严格。看到是什么样的人被逮捕后，人们总是会惊讶不已；最让人惊讶的是他们显而易见的贫穷。有些房间里，病恹恹的年轻妇女带着很小的婴儿躺在床上。这些妇女曾和德国士兵住在一起，现在是德国人的母亲。有些房间里住着老人，他们或是与德国人做过交易，或是为荷兰纳粹政府工作过，或是告发过别人，或是在某种程度上伤害过真正的荷兰人和这个国家。一个房间里住着一名修女，她看起来非常冷淡和无情。和她住在一起的是两个愚蠢又相貌平平的女孩，她们曾在德国人的厨房里工作，'副业'是给这些德国士兵带来点乐子。"[30]

在奥斯特贝克的最后一批伞兵投降后，党卫军第9"霍亨施陶芬"装甲师出发前往德国锡根。9月28日，莫德尔向来自德国陆军的第9和第116装甲师的指挥官们简要介绍了他为党卫军第2装甲军夺回贝蒂沃而要采取的行动。比特里希对这个计划并不满意，他对在这样的地形发动进攻的疑虑很快就被证明是合理的。这两个师都很难抵达阿纳姆。第116装甲师卷入了亚琛周围的战斗，后来又因盟军战斗轰炸机的攻击而减慢了行军速度。莫德尔拒绝再次推迟进攻，即使还有部队没有抵达。

10月1日6时，这两个师在大雾的掩护下向埃尔斯特进军，哈梅尔报告称，但是"面对敌人的顽强抵抗，他们只取得了微不足道的进展"。[31]第506重装甲营的"虎王"坦克在整个行动中扮演了非常不好搞定的角色。爱尔兰禁卫团阻止了第9装甲师对阿姆（Aam）的攻击。正如比特里希所担心的那样，德国人在穿过开阔地带发起进攻的过程中，英军炮兵让他们付出了沉重的代价。到10月4日，党卫军第10"弗伦茨贝格"装甲师已经伤亡惨重，被更名为哈梅尔战斗群。第二天，比特里希请求结束进攻。莫德尔则坚持继续进攻，但是10月8日美军在亚琛的进攻迫使伦德施泰特撤出了第116装甲师。为了掐断"小岛"上德军的补给，盟军轰炸机摧毁了阿纳姆公路桥，而为保护这座大桥，弗罗斯特的部队曾进行殊死的搏斗。对一些人来说，这确实突显了"市场花园"行动的最终失败。

在莫德尔的进攻结束后，德国人开始为在阿纳姆以东艾瑟尔河上游构筑防御阵地而做准备。大批忍饥挨饿的苏联战俘被派去劳动，当地人很同情他们，一名年轻的荷兰人回忆道："当奶奶偷偷地从餐馆里递给这些苏联人几瓶啤酒时，他们都不知道该如何打开瓶盖。为了喝啤酒，他们打碎瓶颈，从破瓶子里喝啤酒。他们看起来也相当饥饿。除了我们送的鸡蛋，肥皂块也让他们为之疯狂，这些人没有丝毫犹豫，直接就把它吞了。他们还趁一匹死马体温尚存时把它切开撕碎，当场吃起它的肉来。"[32]

在下莱茵河北部的战斗结束后，第1空降师还有大约500人仍在潜伏。迪格比·泰瑟姆－沃特少校希望得到空投武器，如此一来，这些英国散兵游勇就可以和地下抵抗组织一起作为游击队来协助任何新的渡河尝试。但在"市场花园"行动失败后，盟军就放弃了任何在荷兰渡过莱茵河的进一步想法。

德国人强行疏散阿纳姆意味着隐藏在该地区的英国士兵需要被转移到西部以避免被捕，并防止德国人对帮助过他们的家庭进行报复。由皮特·克鲁伊夫领导的阿纳姆地下抵抗组织将大批人员从阿纳姆和奥斯特贝克带了出来，其中就有拉思伯里准将和哈克特准将。克鲁伊夫已经与吉尔伯特·萨迪－基尔申（Gilbert Sadi-Kirschen）上尉指挥的特种空勤团①一队比利时人马取得了联系，后者自9月15日起就开始向西行动。他们与比尔·维尔德博尔（Bill Wildeboer）领导的位于埃德周围的地下

---

① 特种空勤团（Special Air Service，SAS）为英国的精英特种部队，也是世界上第一支正规的特种作战部队。——译者注

抵抗组织合作,将英军士兵隐藏在周围的村庄里。最终,在该地区聚集了非常多的英国人,以至于收留他们变得非常危险。这个特种空勤团的小组联系了位于摩尔庄园的特种部队司令部寻求建议,而地下抵抗组织则通过 PGEM 发电厂的电话网与位于奈梅亨的英国情报机构取得了联系。"飞马"行动(Operation Pegaus)计划于 10 月 22 日晚间实施,该行动旨在尽可能多地将英军士兵偷渡过下莱茵河。[33]在第 101 空降师的美国伞兵把守着渡口,美国工兵驾驶船只的情况下,共计 138 名空降兵和被击落的机组人员被安全带了回去。

一个月后,军情九处——该组织的职责是负责军事人员的潜逃工作——的艾雷·尼夫(Airey Neave)决定上马"飞马 II 号"行动,再撤离一批差不多数量的士兵。[①]不幸的是,他们闯入了位于下莱茵河北岸树林里的一处德军阵地,所有的努力都以灾难告终。从那时起,大规模渡河行动被禁止了。在阿纳姆战役之后的严冬中仍有小股部队继续渡河,包括 2 月时哈克特准将参与的那次行动,当时他已经从自己的伤情中恢复得差不多了,可以做此尝试。

哈克特和格雷姆·沃拉克上校被地下抵抗组织分成不同梯队从靠近大海的位置渡过下莱茵河,进入贝蒂沃地区最西部,那里仍掌握在德国人手中。哈克特乐于听从他们能干的护卫队的决定。"那感觉就像是回到了童年,"他后来写道,"在人群中有一双手牵着你走。我既没有能力左右事态的发展,也没有

---

① 艾雷·尼夫是第一位从科尔迪茨城堡(Colditz Castle)逃出来的军官,他成为军情九处背后的精神象征。战后,他曾参加纽伦堡国际军事法庭(International Military Tribunal at Nuremberg)工作。后来,尼夫成为议员以及撒切尔夫人最喜欢的顾问,直到 1979 年 3 月他在下议院的汽车炸弹袭击中被爱尔兰民族解放军暗杀。——原注

兴趣探知他们的秉性。"[34]

　　当地熟悉沼泽地带和瓦尔河河口地带水道的船夫利用加拿大军队提供的电动小舟在荷兰解放区和敌占区之间办起了摆渡服务。在一个多风的夜晚，哈克特被其中一名船员带过河，在布满芦苇的水道上行驶了很长一段距离后，他们于拂晓前不久抵达了下莱茵河南岸。碰巧，这一区域已经被第11轻骑兵团占领，在西部沙漠战役①中结交的朋友在那里等着迎接他。"得知我也在这群人中间，他们感到极其欣慰。在陆军中，也许没有别的团比我这个团更有名、更受人喜爱了。"在这座小型码头旁边的房子里，"身材魁梧的格雷姆·沃拉克洋溢着激动与喜悦"。沃拉克的个头几乎是哈克特的两倍，他浑厚有力地说道："他来了！这个小个子男人终于来了。"[35]

---

　　① 西部沙漠战役（Western Desert Campaign）发生于埃及和利比亚的沙漠地区，是二战期间北非战场上的一次主要战役。——译者注

第二十八章 1944年11月~1945年5月,饥饿的严冬

9月28日,哈罗德·尼科尔森(Harold Nicolson)前往下议院听取温斯顿·丘吉尔关于结束战斗的声明。"在去那儿的路上,"他在日记中写道,"我在想,如果我处在他的位置,我会如何处理阿纳姆的投降行动。一方面,有必要把它说成广泛蔓延的战事中一段相对无足轻重的插曲。另一方面,也有必要不给焦急不安的父母们一种这一切只不过是一起意外的印象。温斯顿熟练地化解了这一难题。当他谈及第1伞兵师①的将士们时,情绪十分激动。'我们的牺牲没有白费'是那些回到我们身边的人最值得吹嘘的资本;'我们的牺牲没有白费'是那些倒下的人最好的墓志铭。"[1]

战败后通常会强行表现出最好的一面,这是可以理解的。即便考虑到这一点,盟军高级指挥官之间所表现出的那种自我吹捧和相互推诿也还是令人无所适从。布里尔顿将军在10月时声称:"除了第2集团军未能抵达阿纳姆并在下莱茵河上建立一座稳固的桥头堡外,'市场'行动取得了巨大的成功。"[2]这意味着任何责任都必须由霍罗克斯和第30军而非盟军第1空降集团军承担。

霍罗克斯则反过来指责厄克特和他的手下。"第1空降师的

---

① 此处原文为1st Parachute Division(第1伞兵师),疑有误,应为第1空降师(1st Airborne Division)。——译者注

作战计划根本就不周全，他们打了一场乱仗，"霍罗克斯战后说，"他们不知道如何作为一个师参加战斗。"³登普西也在指责厄克特的计划，他还不知道布里尔顿和威廉斯少将没有给他留有选择。他说，第1空降师"几乎没有胜算，因为他们自己的作战计划太糟糕了"。"作为一个师来说，这不是一支好部队。将士们很勇敢，但他们的战术不够娴熟，一旦到了地面，他们不知道如何进行一场常规战斗。"⁴正如人们预料的那样，厄克特没有责怪任何人，也没有招惹是非。他在报告的结尾这样写道："'市场'行动并非百分之百成功，结局也不完全像预期的那样。损失虽然惨重，但各级官兵都认为所冒风险是合理的。毫无疑问，今后在类似的情况下，所有人都愿意再次采取行动。我们没有遗憾。"⁵

似乎没有人知道，也没有人敢质疑整个行动是如何演变的。艾森豪威尔在给布里尔顿的信中写道："你参谋工作的完美之处体现在空中、地面和空降部队之间完美的协调配合上，这种协调配合已经产生了极大的战术效果。"⁶很少有人会如此脱离实际地恭维别人。

蒙哥马利决心通过实施他的计划来迫使盟军空军屈服，很显然他没有意识到，拥有最终决定权的是那些人而不是他。当威廉斯少将拒绝让他的飞机靠近阿纳姆大桥和奈梅亨大桥时，布朗宁——最终得到了自己所渴望的战场指挥权——却没有采取任何行动。所有试图出奇制胜的希望就此破灭，而出其不意正是轻装空降部队所拥有的唯一优势。甚至布里尔顿的指挥部后来也承认，"从着陆到进入阵地之间所花的时间相对较长——有2~3个小时。[事实上花了将近6个小时。]如此一来，在阿纳姆打敌人一个措手不及的有利条件就丧失了"。⁷威廉斯也基于某些理由否决了运输机部队一天两次升空的提议，而这是能为他们的作战目标投送足够兵力的唯一机会。所以，布朗宁必须承担大部分责任，因为他没能直接回到蒙哥马利那里并坚持在上述限制条件的情况下，重新考虑整个行动。

事实上，"市场花园"行动的基本理念已经违背了军事逻辑，因为该行动既没有考虑过任何可能出现的差错，也没有考虑到敌人可能的反应。对德国人而言，最理所当然的反应就是炸毁奈梅亨的各座桥梁，只不过由于莫德尔自己对军事逻辑的蔑视，"市场花园"行动才有了取得成功的唯一希望。出现的其他所有问题，如通信不畅和缺乏地空联络，不过是让这个核心问题更加复杂化。简而言之，整个行动都忽略了一条古已有之的准则：任何作战计划在与敌人打起仗来后都会失效。这种狂妄似乎总是会触犯墨菲定律。事实上，就像哈克特很久之后所说的那样，"所有可能出错的事情的确都出了错"。[8]

蒙哥马利抱怨的是天气而不是计划。他甚至一度声称行动已经成功了90%，因为他们已经走完了通往阿纳姆的90%的路程。艾森豪威尔的副手、空军上将阿瑟·特德对此嗤之以鼻，他说："一个人跳下悬崖却不死甚至拥有更高的成功率，直到落地前的最后几英寸。"[9]据说，伯恩哈德亲王在听到蒙哥马利对这场战役的乐观评价后说："我的国家再也消受不起蒙哥马利的又一次胜利了。"[10]但至少陆军元帅向第1空降师致以了理应得到的敬意。在厄克特准备飞回英国的时候，蒙哥马利给他写了一封公开信，结尾处写道："多年之后，一个人能说'我在阿纳姆打过仗'，将是一件了不起的事。"[11]

德国人以强烈的专业兴趣分析了英国人的失利，[12]特别是他们以什么样的方式失去了"出奇制胜"的机会。[13]正如冯·德·

海特中校后来指出的那样,阿纳姆战役的作战计划存在的最大缺陷在于,第一天着陆的英国伞兵部队兵力不够强大,而且没有着陆在下莱茵河两岸。他总结道:"他们在阿纳姆做了一大堆让人惊掉下巴的事情。"[14]德国和荷兰军官都不认同威廉斯所声称的下莱茵河南岸靠近大桥的地方不适合滑翔机和伞兵着陆的说法。正如斯图登特大将所指出的那样,高射炮的力量也被严重夸大了。他补充道,其结果是英国人失去了"空降部队最强大的武器——出其不意。在阿纳姆,敌人没有打出这张王牌,这让他们与胜利失之交臂"。[15]在阿纳姆战役之后,比特里希改变了对蒙哥马利的看法,在此之前,他一直很仰慕蒙哥马利的将帅之才。[16]

期望霍罗克斯的第30军从比利时境内的默兹-埃斯科运河(马斯-斯海尔德运河)出发,沿着一条单行道推进103公里到阿纳姆无异于自讨苦吃。即便拥有空中优势,这种行动在德国总参谋部看来也无非是一次考虑不周的骑兵突袭,这正是他们所不屑一顾的。对前进速度的要求不容许有任何耽误,而且,尽管出现了越来越多相反的证据,但蒙哥马利仍然认为德军没有能力迅速做出反应,形成有效的防御。戴维·弗雷泽(David Fraser)将军曾作为掷弹兵中尉参加了奈梅亨之战,他后来写道:"'市场花园'行动,确切地说,徒劳无益。这是一个彻头彻尾的坏主意,作战计划很糟糕,唯独执行此次任务的官兵以他们的非凡勇气弥补了一些不足——这是很可悲的。"[17]

对索萨博夫斯基的部队来说,他们承受着双重悲剧。10月的第一个星期,他们"收到了华沙陷落的悲痛消息。消息像闪电一样在各级官兵中传开了。也正是在此时,这支部队才真正感到疲惫和沮丧。"[18]似乎没有其他人关心波兰的命运。

两名波兰伞兵——斯坦利·诺塞基和他在反坦克炮兵连的战友加西奥（Gasior）一起回到了他们位于英国的基地。他们发现自己是他们那间尼森小屋①中仅有的两名幸存者。突然间，加西奥（几乎可以肯定这是他的化名），一名西班牙内战和法国外籍军团的老兵，在悲伤和愤怒中爆发了。"我们正在被屠杀，没有人帮助我们。我们在华沙的兄弟正在被屠杀，没有人帮助他们。我们最好不要坐在这空荡荡的营房里，因为这里有太多的伤感和太多的痛苦。让我们离开这里吧。"[19]

在营地外，一辆由黑人士兵驾驶的美军卡车停下来等他们。他认出他们是波兰伞兵，并且让他们搭便车去北安普顿（Northampton）。他说："你们应该好好放松一下。"在北安普顿，这两名波兰士兵走进一家旅馆。"我们遇到了英国皇家空军的一名中士、他美丽的妻子和他的岳母，后者是一位高贵的女士。"他们谈论着阿纳姆和奥斯特贝克，这名中士在皇家空军一定听说了很多关于这两个地方的事。他们一起吃了晚饭，然后去了酒吧。这时，诺塞基和加西奥返回营地已经太晚了，所以他们决定留在旅馆里。其中一人，几乎可以肯定是加西奥，最后和那位"高贵的女士"上了床。从悲惨阴郁的波兰军队营地中的短暂抽身以及他们遇到的那些美好事情，足以让他们恢复理智。

索萨博夫斯基少将比他的士兵们更有理由感到被抛弃和糟践。不管是霍罗克斯还是布朗宁，都不能原谅他对英军作战计划和指挥的批评。当索萨博夫斯基告诉布朗宁波兰政府打算授

---

① 尼森小屋（Nissen hut）：一种墙体和屋顶呈半圆柱形的临时性铁皮房屋。——译者注

予他波兰复兴勋章星芒章（star of the Order Polonia Restituta）时，布朗宁回答说："我要绝对坦白地告诉你，目前授予你波兰勋章对我来说是不合时宜的。你一定非常清楚，在过去的几个星期里，我与你以及你的旅之间的关系并不是很愉快；事实上，我们的关系已经发生了天翻地覆的变化。"[20] 索萨博夫斯基立即回信，就"倘若在任何时候我的观点没有以你希望的方式或言语表达出来"表示道歉。[21]

布朗宁的不满并没有平息下来。他认为索萨博夫斯基直言不讳的批评是不服从命令的表现。他继续说服自己相信，索萨博夫斯基于9月24日渡河期间把自己的手下留了下来以保存他们的有生力量。但事实上，波兰人是接到了命令才把他们的船只移交给多塞特郡团第4营的。布朗宁的观点显然传到了蒙哥马利那里，后者本来就对波兰流亡政府在诺曼底登陆之前不愿交出波兰伞兵旅的做法极为不满。10月17日，他在给布鲁克元帅的信中说："波兰伞兵旅打得非常糟糕，如果一场战斗要他们冒上自己的生命危险，他们就不会表现出战斗热情。我不希望这个旅待在这里，也许你会乐意派他们到意大利加入其他波兰人的行列。"[22] 这是无耻的诽谤。但正如布朗宁的传记作者所写的那样，是"男孩"布朗宁自己在一封写给当时负责盟军编队的副总参谋长、陆军中将罗纳德·威克斯爵士（Sir Ronald Weeks）的信中"向波兰人挥刀"的。[23]

"自打波兰第1独立伞兵旅于7月被动员起来，"布朗宁在11月24日写道，"索萨博夫斯基少将就在证明自己是个极其难以共事的人。他的'刻薄'显然不仅针对自己麾下的指挥官，而且针对其他空降编队的相关参谋人员。在此期间，他给我的印象非常清晰，他提出反对意见并制造困难，因为他认为自己的旅还没有完全做好参战的准备。"[24] 这有违事实。索萨博夫斯基完全相信他的旅已经做好了准备，尽管他们并没有得到多少跳伞训练设施。

"这名军官，"布朗宁接着说，"证明他自己完全没有认识到这次行动的紧迫性，而且不断暴露出他好争论的特点，以及不愿在这次行动中充分发挥自己的作用，除非为他和他的旅做好了一切准备。"他既没有提到索萨博夫斯基自抵达法尔堡起，是如何受到霍罗克斯和托马斯的侮辱，也没有提到索萨博夫斯基再次正确地指出送多塞特郡团第4营过河前往韦斯特鲍温冈的危险性。布朗宁唯一能抱怨的是索萨博夫斯基要求用卡车将他的伞兵送回奈梅亨。"这名军官让我和我的参谋们（当时正在打一场硬仗，以维持从奈梅亨到艾恩德霍芬的交通走廊的畅通）还操心着弄两三辆卡车来补充他的运输力量这样的事。最后，我不得不极其简单粗暴地对付这个军官，命令他从那时起只管执行他的命令，不许质疑和阻挠。第30军军长和第43师师长都将为我在整个行动过程中对这位军官的批评态度提供依据。"[25]

索萨博夫斯基意识到布朗宁要将他解职，要求知道对他的指控是什么，但即使是波军总司令卡齐米日·索斯恩科夫斯基（Kazimierz Sosnkowski）将军也无法为他辩护。在11月的第二周，索萨博夫斯基被调任到一个基本上是虚设的岗位——补充单位督查员。愤怒的波兰伞兵旅几乎要哗变了，索萨博夫斯基还不得不让他的士兵们冷静下来。12月7日，在一次没有结果的通信联系和会见之后，参谋长斯坦尼斯瓦夫·科潘斯基（Stanisław Kopański）从位于白金汉宫路（Buckingham Palace Road）上的鲁本斯酒店（Rubens Hotel）回信道："不管你到底有没有过错，你与英国人在合作中遇到的困难实际上不可能解决。让你来负责伞兵旅对这个旅是不利的,那样它将从第21集团军群的战斗序列中被剔除。你很清楚,装备、供给、训练场地,甚至一定程度上的人员补充,都掌握在英国人手中。"[26]这是这一可耻事件的可悲结局。

说布朗宁和霍罗克斯试图让令人讨厌的索萨博夫斯基成为"市场花园"行动失败的替罪羊就太离谱了,但他们对待索萨博夫斯基的行为是可耻的。自阿纳姆战役溃败后,布朗宁无法继续留任空降部队指挥官,于是他去了海军上将路易斯·蒙巴顿勋爵(Lord Louis Mountbatten)的东南亚司令部担任参谋长。第1空降师的残余部队此后一直没有参加战斗,直到1945年5月德国投降时,他们被空运到挪威去解除仍在那里的35万德军的武装。该师于当年8月被正式解散。

陆军元帅蒙哥马利对阿纳姆战役的反思并没有持续很长时间。他声称"市场花园"行动的失败是因为他没有得到足够的支持,这一问题在艾森豪威尔的司令部也没有得到很好的响应。他试图抓住两个美国空降师不放,结果使事情变得更糟。蒙哥马利是他自己最大的敌人。他仍然没有把占领斯海尔德河口北侧放在绝对优先的地位,所以安特卫普港仍然不能使用。而且6万多名德国第15集团军士兵渡过斯海尔德河逃走,去参加9月对"地狱之路"的袭击的事实,也没能让他在美国军官中的声望得到提高。

"蒙蒂试图把安特卫普放到一边,"空军上将特德后来回忆道,"他一直把它撇在一边,直到艾克不得不对他强硬起来。"[27] 10月5日,艾森豪威尔在凡尔赛再次召开会议。这次蒙哥马利无法推辞,因为布鲁克元帅也要出席。在艾森豪威尔和布鲁克的暗中支持下,海军上将拉姆齐重新掌管安特卫普,并当着所有美国将军的面痛斥蒙哥马利。蒙哥马利非常愤怒。之后,他电告艾森豪威尔:"请你替我问问拉姆齐,他凭什么向你胡乱发表有关我的行动的言论,他对我的行动一无所知。实际情况是,加拿大军队的进攻于两天前开始,而且根据汇报,今晚的情况要比起初好得多……这些行动都得到了我个人的关注……你们可以依靠我做每一件有可能让安特卫普尽早通航的事情。"[28]事实上,他们又花了一个月的时间,直到11月8日才肃清了河口北侧的德军,之后又花了近三周时间来清理河口的水雷。直到11月28日,即安特卫普被占领12个星期后,第一批船只才进入安特卫普港。

蒙哥马利认为他已经让批评他的人闭嘴了,于是重新提出自己的观点,即他应该单独指挥夺取鲁尔的战役,如此一来,他就得统率阿登地区以北的所有美军。10月16日,蒙哥马利收到盟军统帅的来信,信中表明,如果他不同意自己的命令,那么这件事应提交给更高一级的权力机构处理。蒙哥马利对艾森豪威尔权威的挑战由此被粉碎。他别无选择,只能立即屈服。参谋长联席会议会毫不犹豫地支持艾森豪威尔反对他。不幸的是,为了维护英美关系,还是没能使蒙哥马利元帅从中得到教训。

德国将领们认为,蒙哥马利要求将主要兵力集中在北方,置于他自己的指挥下是错误的。和巴顿一样,他们认为马斯河、瓦尔河和下莱茵河等一系列运河和大型河流使这一地区成为他们最容易防守的区域。"水道从东向西贯穿这里,形成一道道障碍,"冯·灿根将军写道,"这里的地形为固守阵地提供了很好的可行性。"[29]有记录显示,在亚眠被英军俘虏的埃伯巴赫装甲兵上将对其他被囚禁的将军说:"他们所有主攻的地点都是错

第二十八章 1944年11月~1945年5月，饥饿的严冬 / 505

地图12 饥饿的严冬

的。传统上来讲,萨尔是门户所在。"[30]萨尔正是蒙哥马利要求巴顿的第3集团军驻足的地方。

"市场花园"行动的失败打击了英国人的士气。但对荷兰来说,这一结果影响到的不仅仅是下莱茵河北岸那被迫离家的180000名居民,而是整个的荷兰人口。战争的景象已经足够糟糕了。阿纳姆变成了"一座死城"。[31]①"我曾到过城里!"安德里斯·蓬佩-波斯图玛(Andries Pompe-Postuma)如此写道,他偷偷地溜了回来。"被烧毁的城区、遭到炮击的房屋、光秃秃的树木,到处都遭到了普遍的破坏。街道面目全非,全部都被一扫而空。只有军车隆隆驶过。一片凄凉。在该死的德国佬拿走了几乎所有东西之后,托特组织又拿走了所有剩下的东西。"[33]在奈梅亨,这个饱受德国人炮击和纵火之苦的地方,据估计已经有2200名平民死亡,5500人致残以及10000人受伤。[34]大约有22000座房屋要么被完全损毁,要么损毁程度在四分之三以上,只有4000座房屋未遭到破坏。

纳粹想要对所有帮助过盟军的荷兰人民进行报复,他们打算使用镇压和饥饿这两种武器。在9月25日的一份秘密报告中,荷兰流亡政府还听说"妇女和儿童被当作人质,作为对铁路罢工者的报复,还有一种选择是破坏罢工者的房屋和财产"。"帝国专员赛斯-英夸特下令任何处在德国控制下的荷兰地区都不得发放食品,这不仅仅是为了打破铁路罢工而采取的临时性措施,它现在仍然有效。"[35]

---

① 荷兰官方历史记载,估计共有超过3600名平民在"市场花园"行动中丧生,其中包括阿纳姆的200人、沃尔夫海泽的100人以及奥斯特贝克的200人。[32]——原注

另外，仅鹿特丹就有 4 万名年龄在 17～40 岁的男子作为强制劳工被送往德国，这也使得整个战争期间沦为强制劳工的荷兰平民共计 40 万人左右。[36]许多曾经帮助过盟军，并英勇无比地与他们并肩作战的地下抵抗组织成员被德国人处决了。在被占领期间，大约有 3000 人被枪决，其中与"市场花园"行动有关的人的占比最大。[37]10 月 2 日，亨德里卡·范·德·弗利斯特在阿珀尔多伦看到街上有几具尸体，上面有明显遭到过虐待的痕迹，他们的衣服上挂着写有"恐怖分子"的小牌子。[38]这里看不见男人。他们要么与荷兰地区另外的 25 万人一起藏了起来，要么被抓去做托特组织控制下的强制劳工。德国抓捕男性参加劳动的行动被称为"突袭"（Razzias）。似乎他们想确保所有处在兵役年龄的男性都处于他们的控制之下。

9 月 28 日，在位于伦敦的威廉明娜女王的敦促下，首相彼得·海布兰迪（Pieter Gerbrandy）致函温斯顿·丘吉尔。在对试图从阿纳姆突围的英勇行为表示敬意之后，他写下了这次行动带给荷兰人民的灾难。"许多参加罢工的人和地下抵抗运动成员已经或正在被处决，他们的家人遭到了最狠毒的报复。大城市的饥荒——这一表述并不过分——已迫在眉睫。德国人正在大规模地破坏港口设施、码头、工厂、发电厂、桥梁等。"[39]

流亡政府要求英国对德国在荷兰实施的暴行发出公开警告，但英国外交部拒绝了这一要求。"我们一直反对这类有限的警告，一方面是因为这些警告可能对德国人产生不了丝毫影响，另一方面是因为如果发得太频繁，它们会降低国际声明的影响力。"[40]但他们不能说的是，在阿纳姆战役失败后，盟军的军事战略对解放更多的荷兰领土没了兴趣。现在所有的注意力都集中在了东方。将军们肯定会争辩说，停止世界各地苦难的唯一方法是尽快地击败德国，丝毫不能偏离这个目标。即便加拿大和英国军队在即将到来的严冬中获得了优先补给，也很难想象他们如何能在不造成重大伤亡的情况下渡过泛滥的下莱茵河并攻破德军防线。

海牙、阿姆斯特丹和鹿特丹是最容易遭受饥荒的城市，因为它们的人口规模庞大，而且人们为了寻找食物需要走更远的距离。其结果是在1944年与1945年之交的那个冬季，这三个城市的死亡人数占总死亡人数的80%以上，其中鹿特丹的死亡人数最多。在德国人夺走了几乎所有可以得到的谷物、鸡蛋、奶制品和牲畜之后，剩下的食物只有由甜菜做成的恶心的糊料以及土豆，但即便这些东西也很快就很难得到了，甚至郁金香球茎也只能在黑市上见到。城市居民不得不骑自行车或推着婴儿车到乡村寻觅食物，拿着有价值的物品与农民以货易货。一旦这个乡村被厚厚的冰雪封锁，他们还不得不在试图返回之前找个地方睡觉。[41]

起初，物物交换往往是唯一的生存手段。"附近的雪茄店和成百上千家其他商店已经变成了货栈，但现在没有留下什么东西可供交换了，饥饿在四处蔓延。由于极度虚弱，人们站着站着就倒了下去。"[42]伦敦方面获悉阿姆斯特丹有伤寒疫情，鹿特丹有白喉疫情。肺结核的死亡率增加了一倍多。饥饿和维生素缺乏，再加上寒冷侵袭，削弱了每个人的抵抗力。"因为缺乏维生素A，我们的手和脚都有洞，这样的日子非常地可怕和难熬。"[43]

位于伦敦的荷兰流亡政府试图讨论允许瑞典船只把食物补给运进去的可能性，但丘吉尔回答说，德国人只会将食物占为己有。不过，总参谋长并不反对。艾森豪威尔同意了一项计划，但前两艘军舰直到 1945 年 1 月底才抵达。[44] 即便如此，盟军最高统帅部还是担心德国人会将这些中立国的船只作为他们自己作战行动的前线目标。

随着冬季的推进，每天配给的食物的热量从 800 卡路里减少到 400 卡路里，然后又减少到 230 卡路里。短期内的绝望情绪变得如此强烈，以至于有报道称，富人从穷人手中购买配给证，"造成的结果显而易见"。[45] 只有那些体重下降超过三分之一，并得到医生证明的居民，才有资格获得教堂收集来的额外食物。[46] 食用甜菜常常会引发腹泻和呕吐，从而进一步削弱了人们的体质。据一份报告称，"遭受饥饿折磨的男性人数是女性的 5 倍"，[47] 另一份报告称，75% 的受害者是男性。[48] 这似乎与列宁格勒围城战期间的情况非常相似，当时有研究证实，男性的脂肪储备要少得多。

寒冷迫使人们砸烂家具、地板、门和门框来充当柴火。废弃的房屋被洗劫一空。任何被抓到实施抢劫的人都被要求在一块板子上写下"我是个抢劫犯"。[49] 他们随后就会被枪决，木板竖在他们的遗体旁边以警告大家引以为戒。木制棺材也被纸板箱代替了。

"对这种东西的需求也是十分迫切，"海牙的某个市民写道，"尸体无法得到掩埋，在地上放置了 14~18 天。没有交通工具，也没有灵柩。对于幸存者来说，死者身上散发出来的恶臭往往让他们无法居住在自己的房子里，因此他们不得不到外面去。当幼小的孩子死去时，父母被告知'你们自己把孩子的尸体带到墓地去吧'。"[50]

在阿姆斯特丹，情况就没有那么糟糕了。"用自行车和手推车把那些尸体收集起来，然后像送行李一样将其驮到墓地，"

法律系学生扬·彼得斯（Jan Peters）写道，"在那里，它们被一个叠一个地摞在上面。家人不允许到现场来。这种感觉就像是身处交易大厅。高效！所有人都被放入一个大坑里。也有些人被在地面上放了几个星期。那些主持葬礼的人腿都要跑断了。你必须提前给他们付钱，如果你有一点黄油或糖给他们，那么你还能有机会拥有一口木制棺材。"[51]

"这并不奇怪，"彼得斯继续说，"在这种环境和黑市价格下，一批一批的人正在饿死，尤其是老人和非常小的孩子。德国人偷走了大部分的交通工具，以便带走几乎所有能搬得动或搬不动的东西。这也是食物匮乏的原因之一。生活变得很原始！我经常看到人们慢慢地摇摇晃晃起来，然后倒在大街上以及中央厨房外面的队伍里。街上有很多乞丐，大多是声音很糟糕的歌手。人们去别人屋里，乞求一片面包或一个土豆。这一切的另一面是约旦[区]猖獗的黑市。有些街道上挤满了人，他们拖着箱子，以离谱的价格买东西。在咖啡馆里，大买卖还在继续。你可以随便购买任何东西。在街角有人盯梢。警察什么也不管。他们正忙着从带着婴儿车、长途跋涉来到维灵厄梅尔（Wieringermeer）的人那里偷一袋土豆。"[52]德国军官和官员在黑市上大赚了一笔。根据冯·德·海特中校的说法，这些党卫军在黑市上经营着来自荷兰的咖啡。[53]

任何形式的身体上和道德上的抵抗都会在饥饿的支配下瓦解。位于鹿特丹的国防军成员曾堂而皇之地夸口说他们不需要去妓院，也不需要花这份钱。据一名叫霍夫曼（Hoffmann）的德国海军少尉候补军官的说法，这些人吹嘘道："半条面包就能使他们从荷兰女孩那里得到任何想要的东西。"[54]

随着越来越多的人道主义危机在不断恶化的可靠证据传到

伦敦，要求采取行动的政治压力增大了，哪怕只是为了避免日后发生社会动荡。当蒙哥马利听说荷兰流亡政府正在抱怨他在缓解局势方面做得不够时，他写信给艾森豪威尔道："这个问题很清楚。我没有足够的部队进攻位于荷兰西部的德军。如果这些德军从荷兰西部撤退，我必须去东边和他们作战。我无法既到东边去与德国人作战，同时又带着现有资源进入荷兰西部。这两个选项我只能选择一个，不可兼得……所以我搞不明白为什么我正被当作替罪羊。除非对我来说收拾烂摊子是理所当然的！！"[55]

在荷兰的解放区内同样存在严重的物资短缺情况，比利时也是这样。值得赞扬的是，蒙哥马利在1945年2月掀起了一场风波，他迫使盟军最高统帅部开始分发食物储备，因为平民只能得到盟军士兵所摄入热量的三分之一。饥肠辘辘的孩子在盟军的营地附近徘徊，想要在泔水桶里捞一捞，扔在里面的食堂里没吃完的食物都已经被捞空了。有一部分人愿意用自己的身体来换取食物。那些和德国人暧昧不清的年轻女性被剃掉了头发，她们因受人嫌弃而四处晃荡。其中许多人被迫做起了皮肉生意。

一名地下抵抗组织成员写道："随着德国的军事地位变得越来越不稳固，他们也变得越来越卑鄙。"[56]报复行动不断升级。1945年3月7日晚，荷兰地下抵抗组织成员穿着德军制服在阿珀尔多伦到阿纳姆的公路上准备劫持一辆汽车。路上的车辆很少，于是他们拦下了一辆宝马轿车，碰巧车上坐的是党卫队全国副总指挥汉斯·阿尔宾·劳特尔。在随后的枪战中，劳特尔负伤并在他的同伴被杀后装死。一支德国巡逻队赶过来，把他送到医院。袭击他的人逃跑了。希姆莱无视伏击的随机性，认为这一事件是莱因哈德·海德里希（Reinhard Heydrich）布拉格遇刺事件的重演。他下令在荷兰处决500名人质作为报复。最后，只有一半人被枪杀，包括117名被公交车带到袭击现场的人质。他们排成长长一队，随后被身着绿色制服的秩序警察处决，这些人在战争期间曾在劳特尔战斗群中服役。①

在3月，对日益增长的共产主义势力的恐惧一定程度上刺激了伦敦态度，但是直到赛斯-英夸特感受到真正的压力之前，大家都无法就救济品的分配达成协议。在蒙哥马利于1945年3月24日从韦瑟尔渡过莱茵河后，加拿大第1集团军于4月5日突然左转，围困荷兰西部位于格雷伯防线（Grebbe Line）后的德军和赛斯-英夸特。十天之后，阿纳姆剩下的地区获得了解放，但在那些主要城市，仍有360万平民在忍饥挨饿。当红军准备进攻柏林时，赛斯-英夸特通过荷兰地下抵抗组织主动示好。为了保住自己的项上人头，他认为可以商定一项通过某种方式让荷兰再次保持中立的单独协议。他提出停止处决平民并允许粮食进入占领区，而且他愿意停止战斗，如果盟军也这么做的话。但如果他们发动进攻，德国人就会捣毁堤坝，淹没整个国家。盟军准备谈判，因为这是向饥馑的城市提供食物的唯一机会。

4月28日，蒙哥马利的参谋长"弗雷迪"·德·甘冈少将和加拿大高级军官在阿默斯福特附近会见了德国代表。艾森豪威尔的司令部已经通知了红军最高统帅部大本营（Stavka）总参谋长阿列克谢·安东诺夫（Alexei Antonov）将军。斯大林担

---

① 劳特尔此后一直待在医院，直到1945年5月德国投降后被英国宪兵逮捕。英国人把他交给了荷兰当局；他在海牙受审，最后于1949年3月24日在斯海弗宁恩（Scheveningen）监狱被处决。——原注

心在荷兰的德国军队可能会被转移到东部。西方盟国向他保证，在他们开出的条件里，准备包含禁止任何此类调遣的内容，尽管"德国人目前没有从该地区调遣军队的途径"。[57]由于斯大林怀疑美国和英国可能想要单独媾和，派驻到艾森豪威尔司令部的红军代表伊万·苏斯洛帕罗夫（Ivan Susloparov）将军将出席每次会议。

蒙哥马利的情报主任"比尔"·威廉斯准将陪同德·甘冈共同前往。他描述了领头的德国军官是如何入场并行纳粹礼的。"'弗雷迪'决定不回礼，也不握手……为了取悦苏联人，我们要求设置一个代表席位。苏联人派了一个完美的人选来做这项工作——他有着英雄的身高，非常扎眼，但完全是个哑巴。我不会忘记当德国人突然发现自己站在这位巨人的下巴底下时脸上露出的表情。"[58]这些德国人被打发回去与赛斯-英夸特讨论细节问题，并通知后者必须在两天后亲自参加谈判。双方达成了一项临时协议，即德军不得向空投物资的飞机开火，而盟军将停留在他们位于荷兰的现有阵地里，并停止所有轰炸行动。第二天，美国B-17中队和英国的"兰开斯特"轰炸机中队出现在那些划设在受影响最严重的城市的空投场上方，500吨食品被打包扔给接收委员会。共计1040万份的口粮被准备好，在盟军派出轰炸机中队后，它们便可以海运和空运的方式被输送到荷兰。[59]

就在4月30日13时之前，艾森豪威尔的参谋长沃尔特·比德尔·史密斯抵达阿默斯福特以东8公里的阿赫特费尔德（Achterveld）。他和赛斯-英夸特在村里的一所学校会面，学校有两个入口，每个代表团各用一个。加拿大第1军已经安排好了一切，并提供警卫。大街上挤满了军官座车以及被这一场面吸引的当地围观者。"弗雷迪"·德·甘冈、"比尔"·威廉斯和苏斯洛帕罗夫将军率先抵达那里。"那些苏联人穿着他们的制服,"加拿大人说,"看起来就像是刚从裁缝店里出来一样,他们佩戴着闪闪发亮的肩章,引起了人们极大的兴趣。当一位身材修长、神情和善的女翻译也穿着帅气的中尉制服出现在人群中时,围观的人们都瞪大了眼睛。"[60]

德国人从阿默斯福特赶来,下了车。"以赛斯-英夸特为首,全体人员走进了这所乡村学校。每名军官、其他各级人员和村民们的目光都集中在了这台戏的中心人物身上。一瘸一拐地走在队伍前面的,是那令人憎恶的驻荷兰帝国专员赛斯-英夸特。他由两个身穿黑色制服、佩戴银色徽章的党卫军军官护送。谈判气氛冷冰冰的,双方就事论事地讨论了与分发食物有关的各项要点。与此同时,整个事件的本质变得越来越明显。这是盟军在一系列他们无法掌控的局势下,被迫与这个最恶毒的战犯进行的媾和。"[61]

"比德尔一开始很强硬,"威廉斯后来回忆道,"但令我们反感的是,他开始甜言蜜语起来,还说到了他自己的德国血统。当赛斯-英夸特不为所动时,他又变得强硬起来……顺便提一句,[伯恩哈德亲王]是坐着一辆被地下抵抗组织偷去的赛斯-英夸特的车来的。然而,赛斯-英夸特坐的那辆车和这辆差不多,跟他一同来的还有一位女士,当她看到伯恩哈德的车时尖叫起来,询问车被偷时她留在车里的三个包裹在哪儿。"[62]

"关于向荷兰西部输送食物的安排已经达成了一致,"官方报告写道,"明天在当地指挥官之间将做出进一步的安排,以便每天进行必要的停火让运粮车队进入。而且这很可能导致该段前线的全面停战,以使问题简单化。至于投降,赛斯-英夸特没有明确表示同意,但普遍的看法是,如果这块奶酪看起来足够有吸引力,他准备咬上一口。"[63]

尽管德国军官已经乘红十字会的火车逃往德国,但接替斯图登特的德军驻荷兰总司令约翰内斯·布拉斯科维茨(Johannes Blaskowitz)认为,在抵抗运动仍在别的地方继续的情况下,他们不会屈服。比德尔·史密斯坚持要与赛斯-英夸特进行私下会谈,来说服他现在就投降而不是等到以后。在讨论过程中,史密斯将军对赛斯-英夸特说:"我想知道你是否意识到我正在给你最后一次机会。"

"是的,我知道这一点。"这位帝国专员回答说。

"你自己的结局将会很堪忧。你清楚你在这里扮演了什么样的角色。你清楚荷兰人对你的态度。你清楚你可能会被枪毙。"

"这让我不寒而栗。"赛斯-英夸特说道。

"通常情况下就是这样的。"[64]比德尔·史密斯回答。①

5月5日,也就是希特勒自杀后的第五天,布拉斯科维茨将军在奥斯特贝克以西瓦赫宁恩的一家旅馆里签署了驻荷兰国防军的投降书。②

在过去的一个星期里,食品供给通过轮船、飞机和卡车涌入荷兰。居民们成群结队地欢迎加拿大军队。一份报告断言:

---

① 在纽伦堡国际军事法庭上被判为战争犯后,赛斯-英夸特于1946年10月16日被执行绞刑,而非被枪决。——原注

② 希特勒其实并不信任布拉斯科维茨,因为他对党卫军在波兰的犯罪行为进行了强烈的批评。据称,他在位于纽伦堡的监狱里自杀身亡,即便他知道自己将被判为无罪。他的死亡疑云重重,一种说法认为他是被党卫军成员从窗户里扔出去而身亡的。——原注

"粮食危机没有之前预料的那么严重。饥饿情况并不,再说一遍,并不明显。城市中心存在营养不良的现象,但在乡村地区未发现这样的迹象。在鹿特丹,营养不良状况尤其明显。"[65]一些军官们似乎认为,流亡政府夸大了饥荒的严重程度。这些人的观点完全是基于他们在街上看到的欢迎他们的人群而得出的,但正如盟军最高统帅部驻荷兰代表团负责人指出的那样:"在盟军到来时,迎接士兵的是欢呼声和彩旗,他们穿过一个喜气洋洋的村庄。但这是具有欺骗性的,因为不幸的是,那些躺在床上慢慢饿死的男男女女,无法挥舞着旗帜快快活活地在街上走来走去。"[66]

据通常的估计,死于饥饿的人数是 16000~20000,但无法评估还有多少人死于因严重营养不良而引发和加剧的疾病。[67]大家可以肯定的是,如果盟军最高统帅部的物资没有及时送达,死亡率将会呈指数级攀升。在鹿特丹和阿姆斯特丹,特别是在较贫穷的地区,那些迎接盟军抵达的平民的羸弱身躯堪比集中营里的受害者。①

十足的喜悦或解脱感并没有随解放而来。许多荷兰人无法理解为什么盟军花了这么长时间才来帮助他们。他们还怀疑特别行动处在 1942 年对特工人员糟糕的管理致使德国反间谍机构阿勃维尔在"北极圈"行动中对特工进行逮捕、折磨和杀害。来自贝蒂沃和下莱茵河北岸地区的人们很难原谅 1944 年秋冬季

---

① 没有人知道饥荒所带来的长期影响,但最近的一项研究表明,"在二战末期大饥荒期间怀孕的荷兰妇女所生的女孩患精神分裂症的风险高于平均水平"。[68]早些时候的另一项研究表明,那些靠吃郁金香球茎存活下来的人比那些饮食中含有小麦的人身体状况更好,但在解放期间,当他们食用空投过来的美国面包后,他们很快就死于乳糜泻(coeliac disease)。——原注

节毫无意义的炮兵决斗,他们摧毁了城镇和村庄,没有任何向前推进和保护居民的尝试。

1945年夏天,当那些被迫撤离阿纳姆和奥斯特贝克的居民回到他们被摧毁的家园时,许多人都震惊地发现,这场战争正被重新拍摄成电影《他们是荣耀》(Theirs Is the Glory,又名《阿纳姆人》)。一些真正的亲历者也参与到电影的拍摄中,包括卡特·特尔·霍斯特,她朗读着《圣经·诗篇》第91篇,就像曾经对待在她家里的伤员那样。其他人,尤其是那些装扮上德军制服的年轻荷兰人,似乎很享受这项工作以及它所带来的在获取食物方面的好处。

尽管社区努力清理废墟并恢复基本服务,但这仍不足以恢复被摧毁的城镇的生机。1945年夏天,一则呼吁帮助阿纳姆的号召被发向全国其他地区。阿姆斯特丹实质上"收养"了阿纳姆,工匠们来到这里帮助重建这座城市。多亏了马瑟(Matser)市长的公关技巧,这个故事传开了,各项援助也从四面八方涌来。阿纳姆的重建最终于1969年完成。[69]

尽管在"市场花园"行动之后有很多地方需要荷兰人去宽恕,但他们在当时以及此后对退伍军人与生俱来的慷慨一直是第二次世界大战最感人的遗产之一。有一个故事尤其令人心酸,在此故事中平民和军人都表现出了惊人的勇气。

伞兵团一名婚姻幸福美满的中尉,在猛烈的炮击下精神崩溃。他和两名状况相似的医护兵一起,躲在位于奥斯特贝克西部乡村一座大房子内的小地窖里。这个地方属于海布勒克(Heijbroek)一家,他们躲在一处更大的地窖里。[70]但这三个人显然还是被吓呆了,在整个战斗中都待在原地一动不动,没有试图重新加入他们的部队。

9月26日,在厄克特的人马渡过下莱茵河撤离之后,这三人仍待在那里。海布勒克一家冒了很大的风险。如果在他们的房子里发现了英军士兵,他们就会被处死。当德国人命令奥斯特贝克的居民离开家园时,他们不得不恳求英国人逃跑。海布勒克家的儿子丹(Daan)——当地地下抵抗组织的成员——终于说服这三人在天黑后跟着他到下莱茵河,他们从那个位置游过河就是盟军位于南岸的防线。由于其中一名医护兵水性不佳,三人试图绑在一起游过去,但湍急的河水让他们不得不拼命挣扎。中尉和那名水性不佳的士兵不幸溺亡。另一名医护兵切断绳索顺着水流漂了下去,他最终得救了。

两年后,中尉年轻的遗孀来到奥斯特贝克,她拜访了海布勒克一家。后来她再次前往那里并嫁给了丹的哥哥亨利·海布勒克(Henri Heijbroek),而当初正是丹将她丈夫领到了河边。

注 释

缩略语

AAMH	Archief Airborne Museum Hartenstein, Oosterbeek
AHB	Air Historical Branch, RAF, Ministry of Defence, Northwood
ALDS	'Arnheim, der letzte deutsche Sieg', Generaloberst Kurt Student, *Der Frontsoldat erzählt*, no.5 , 1952
BArch-MA	Bundesarchiv-Militärarchiv, Freiburg-im-Breisgau
CBHC	Chester B. Hansen Collection, USAMHI
CBW	Centralna Biblioteka Wojskowa, Warsaw
CRCP	Cornelius Ryan Collection of World War II Papers, Mahn Center for Archives and Special Collections, Ohio University, Athens, OH
CSDIC	Combined Services Detailed Interrogation Centre, documents in the National Archives, Kew
DDEP	Dwight David Eisenhower Papers, DDE Presidential Library, Abilene, KS
EC-UNO	Eisenhower Center, World War II Archives and Oral History Collection, University of New Orleans, courtesy of the National WW II Museum, New Orleans, LA
FCPP	Forrest C. Pogue Papers, OCMH, USAMHI
FLPP	Floyd Lavinius Parks Papers (Diary chief of staff First Allied Airborne Army), USAMHI
FMS	Foreign Military Studies, USAMHI
GAA	Gelders Archief Arnhem
GA-CB	Gelders Archief-Collectie Boeree, Collection of Papers of Colonel Theodor A. Boeree
HKNTW	L. de Jong, *Het Koninkrijk der Nederlanden in de tweede Wereldoorlog*, vol. 10a: *Het laatste jaar*, Amsterdam, 1980 (The Netherlands Official History)
HvdV	Hendrika van der Vlist, *Die dag in september*, Bussum, 1975
IWM	Imperial War Museum, London
JMGP	James M. Gavin Papers, USAMHI
KTB	Kriegstagebuch, or war diary
LHCMA	Liddell Hart Centre of Military Archives, King's College London

MPRAF	Museum of the Parachute Regiment and Airborne Forces, Duxford, Cambridgeshire
NARA	National Archives II, College Park, MD
NBMG	Nationaal Bevrijdingsmuseum Groesbeek
NIOD	Nederlands Instituut voor Oorlogsdocumentatie, Amsterdam
OCMH	Office of the Chief of Military History
PISM	Polish Institute and Sikorski Museum, London
PP	*The Patton Papers*, ed. Martin Blumenson, New York, 1974
PUMST	Polish Underground Movement Study Trust, London (Studium Polski Podziemnej Londyn)
RAN	Regionaal Archief Nijmegen
RHCE	Regionaal Historisch Centrum Eindhoven
RvOD	Rijksinstituut voor Oorlogsdocumentatie, *Het proces Rauter*, Ministerie van Onderwijs, *Kunsten en Wetenschappen*, 's-Gravenhage, 1952
TNA	The National Archives (formerly the Public Record Office), Kew
USAMHI	US Army Military History Institute, Carlisle, PA
WLB-SS	Württembergische Landesbibliothek, Sammlung Sterz, Stuttgart

第一章 追击开始!

1. Stuart Hills, *By Tank into Normandy*, London, 2003, p.148.
2. CBHC, Box 4, Folder 13.
3. Brian Horrocks, *A Full Life*, London, 1960, p.195.
4. Hills, *By Tank into Normandy*, p.148.
5. Ibid.
6. TNA WO 171/837.
7. Ibid.
8. Horrocks, *A Full Life*, p.198.
9. Ibid.
10. CBHC, Box 4, Folder 13.
11. Montgomery on 1.9.44, Nigel Hamilton, *Monty:The Field Marshal 1944-1976*, London, 1986, pp.8-14.
12. PP, p.535.
13. Robert W. Love and John Major (eds.), *The Year of D-Day: The 1944 Diary of Admiral Sir Bertram Ramsay*, Hull, 1994, p.129.
14. CBHC, Box 4, Folder 13.
15. PP, p.539.
16. OKW KTB, FMS B-034.
17. Forrest C. Pogue interview with Bedell Smith 13.5.47, OCMH WWII Interviews,

USAMHI.
18. TNA WO 171/837.
19. TNA WO 171/1256.
20. TNA WO 171/837.
21. Ibid.
22. Major Edward Eliot, 2nd Bn Glasgow Highlanders, IWM 99/61/1.
23. Diary Uffz. Heinrich Voigtel, 3.9.44, Stab/Beob.Abt. 71, 59 160 A, WLB-SS.
24. 2.9.44, Fullriede Tagebuch, BArch-MA MSG2 1948; also RAN 80/328.
25. Oskar Siegl, 6.9.44, Feldpostprüfstellen 1944, BArch-MA RH13/49, 62.
26. A. Schindler, Reichenberg, 10.9.44, Feldpostprüfstellen 1944, BArch-MA RH13/49, 65.
27. 1.9.44, Raymond G. Moses Collection, USAMHI.
28. CBHC, Box 41.
29. CBHC, Box 4, Folder 13.
30. CBHC, Box 42, S-2.
31. M148 Montgomery Papers, quoted Hamilton, *Monty: The Field Marshal*, p.18.
32. Ibid., p.22.

第二章 "疯狂星期二"

1. C. A. Dekkers and L. P. J. Vroemen, *De zwarte Herfst. Arnhem 1944*, Arnhem, 1984, p.18. Prins Bernhard, TNA HS 7/275.
2. For *Dolle Dinsdag* ('Mad Tuesday'), see among others Karel Margry, *De Bevrijding van Eindhoven*, Eindhoven, 1982; H. Lensink, NIOD 244/313; HKNTW, pp.265ff.; Jack Didden and Maarten Swarts, *Einddoel Maas. De strijd in zuidelijk Nederland tussen September en December 1944*, Weesp, 1984; Diary Albertus Uijen, RAN 579/23-33; Antonius Schouten, CRCP 123/35; Sister M. Dosithée Symons, St Canisius Hospital, CRCP 123/39.
3. Diary mej. Crielaers, RHCE D-0001/1383/2042.
4. H. Lensink, NIOD 244/313.
5. Louis van Erp, CRCP 120/18.
6. P. Nuis, CRCP 93/5.
7. The 'wrong' Netherlanders, Didden and Swarts, *Einddoel Maas*, p.22.
8. Feldkommandantur Utrecht, 28.12.43, BArch-MA, RW 37/v21, quoted Gerhard Hirschfeld, *Nazi Rule and Dutch Collaboration: The Netherlands under German Occupation 1940-1945*, Oxford, 1988, p.307.
9. Letter to Gefreiter Laubscher, 7.9.44, Feldpostprüfstellen 1944, BArch-MA RH13/49, 24.
10. Frau Chr. Jansen, Niederbieber-Neuwied, 17.9.44, Feldpostprüfstellen 1944, BArch-MA RH13/49, 42.

11. Kanonier Felix Schäfer, OKH-Funkstelle, 10.9.1944, WLB-SS.
12. HKNTW, p.266.
13. Eindhoven destruction, RHCE D-0001 Nr. 2042.
14. Oberleutnant Helmut Hänsel, 15.9.1944, Heeres-Bezugs-Abnahmestelle für die Niederlande, 36 610, WLB-SS.
15. Netherlands government-in-exile and attacks on locomotives, TNA FO 371/39330.
16. Paul van Wely, CRCP 122/5.
17. Hirschfeld, *Nazi Rule and Dutch Collaboration*, p.310.
18. *Deutsche Zeitung in den Niederlanden*, TNA FO 371/39330.
19. Oberleutnant Helmut Hänsel, 4.9.44, Heeres-Bezugs-Abnahmestelle für die Niederlande, 36.610, WLB-SS.
20. GA-CB 2171/1.
21. Dagboeken Burgers, AAMH.
22. 4.9.44, Robert W. Love and John Major (eds.), *The Year of D-Day: The 1944 Diary of Admiral Sir Bertram Ramsay*, Hull, 1994, p.131.
23. NARA RG407, 270/65/7/2.
24. Stuart Hills, *By Tank into Normandy*, London, 2003, pp.153-4.
25. TNA WO 171/837.
26. Château d'Everberg, 'just like a hotel', Alistair Horne and David Montgomery, *The Lonely Leader: Montgomery 1944-1945*, London, 1994, p.328.
27. CBHC, Box 4, Folder 13.
28. War Diary, 2nd (Armoured) Bn, Irish Guards, TNA WO 171/1256.
29. TNA WO 171/837.
30. Diary mej. Crielaers, RHCE D-0001/1383/2042.
31. ALDS.
32. Heydte, TNA WO 208/4140 SRM 1180.
33. CSDIC, TNA WO 208/4140 SRM 1156.
34. BArch-MA RL33/115.
35. 7th Fallschirmjäger-Division, Generaloberst Kurt Student, FMS B-717.
36. Ibid.
37. Ibid.
38. For Chill's 85th Division at this time, see Jack Didden, 'A Week Too Late?', in John Buckley and Peter Preston-Hough (eds.), *Operation Market Garden: The Campaign for the Low Countries, Autumn 1944*, Solihull, 2016, pp.74-98.
39. Major Zapp, Sich. Rgt 16, TNA WO 208/4140 SRM 1126.
40. Obersturmbannführer Lönholdt, 17 SS Pz Gr Division, TNA WO 208/4140 SRM 1254.
41. SS Standartenführer Lingner, TNA WO 208/4140 SRM 1206.
42. Model not allowing officers to speak, Oberst Wilck, commander of Aachen, TNA WO 208/4364 GRGG 216.

43. TNA WO 171/4184.
44. GA-CB 2171/1.
45. For the fate of Arnhem Jews, see Margo Klijn, *De stille slag. Joodse Arnhemmers 1933-1945*, Westervoort, 2014.
46. Jews in Eindhoven, Margry, *De Bevrijding van Eindhoven*.
47. RvOD, p.615.
48. The camp at Vught, Didden and Swarts, *Einddoel Maas*, p.26.
49. Sachsenhausen and Ravensbrück, HKNTW, vol. viii, p.61.
50. J. Presser, *Ashes in the Wind: The Destruction of Dutch Jewry*, London, 1968, p.495.
51. CSDIC, TNA WO 208/4178 GRGG 341.
52. *Englandspiel*, for the most detailed account see M. R. D. Foot, *SOE in the Low Countries*, London, 2001.
53. Destruction of Nijmegen, 22.2.44, HKNTW, vol. viii, p.96.

第三章　盟军第 1 空降集团军

1. Maj J. E. Blackwood, 11 Para, 4th Parachute Brigade, NIOD 244/1237.
2. Montgomery to F. de Guingand, TNA WO 205/5D.
3. Brereton to Eisenhower, 20.8.44, FAAA, NARA RG 331/Entry 254/Box 19.
4. Operations cancelled, HQ FAAA, 12.9.44, NARA RG498 290/56/2/3, Box 1466.
5. *Kansas City Kitty* etc., FAAA, NARA RG331/Entry 254/Box 18.
6. Miss Claire Miller MBE, CRCP 107/26.
7. CBHC, Box 4, Folder 13.
8. HQ FAAA, NARA RG331/Entry 254/Box 19.
9. M148 quoted Montgomery Papers, Nigel Hamilton, *Monty: The Field Marshal 1944-1976*, London, 1986, p.22.
10. FAAA, NARA RG331/Entry 253/Box 5.
11. Professor Gary Sheffield, RUSI presentation, 20.11.2013.
12. CBHC, Box 4, Folder 13.
13. Dempsey Diary, 4.9.44, TNA WO 285/9.
14. Lt Stefan Kaczmarek, Polish Parachute Brigade, CRCP 132/38.
15. Maj Gen R. E. Urquhart (with Wilfred Greatorex), *Arnhem*, Barnsley, 2008, p.17.
16. Maj Gen Sosabowski, CRCP 132/45.
17. Lt Robin Vlasto, A Company, 2nd Para Bn, CRCP 111/7.
18. FAAA, NARA RG498 290/56/2/3, Box 1466.
19. FLPP, Box 2.
20. FAAA, NARA RG498 290/56/2/3, Box 1466.
21. Brereton to Montgomery, 9.9.44, TNA WO 205/197.
22. Brig E. T. Williams, FCPP, Box 24.

23. Brereton failure to invite AOCs 38 and 46 Groups, letter Leigh-Mallory to Brereton, 6.9.44, NARA RG331/Entry 253/Box 5.
24. Sosabowski, CRCP 132/45, and PISM A.v.20 31/19.
25. Dempsey Diary, 8.9.44, TNA WO 285/9.
26. Ibid.
27. M524 Montgomery Papers, quoted Hamilton, *Monty: The Field Marshal*, p.44.
28. LHCMA 15/15/48 and LHCMA Gale 11/22.
29. Tedder to Portal, 10.9.44, Tedder Papers, Duplicates 1944, July-September, p.347, AHB.
30. LHCMA Gale 11/22.
31. Tedder to Portal, 10.9.44, Tedder Papers, Duplicates 1944, July-September, p.347, AHB,
32. Dempsey Diary, 10.9.44, TNA WO 285/9.
33. Codeword 'New', TNA WO 205/692.
34. Eisenhower to Brereton, FAAA, NARA RG331/Entry 254/Box 19.
35. M196 Montgomery Papers, quoted Hamilton, *Monty: The Field Marshal*, p.58.
36. List of attendees, 10.9.44, FAAA, Brig Gen Floyd L. Parks Diary, FLPP.
37. Browning and control over planning, see Sebastian Ritchie, *Arnhem: Myth and Reality. Airborne Warfare, Air Power and the Failure of Market Garden*, London, 2011, pp.180-81.
38. FAAA, NARA RG331/Entry 254/Box 20.
39. FAAA, NARA RG331/Entry 254/Box 20.
40. Lt Col John Norton, G-2, 82nd Airborne, CRCP 100/3.
41. Parks Diary, FLPP.
42. Urquhart, *Arnhem*, p.1.
43. Pogue interview with Bedell Smith, 13.5.47, OCMH WWII Interviews, USAMHI.
44. TNA CAB 106/1133.
45. Hollinghurst memo, 11.9.44, kindly provided by John Howes.
46. Brereton memo, 11.9.44, TNA WO 219/4997.
47. Taylor and Gavin upset about their DZs, FCPP, Box 24.
48. 101st Airborne responsibility reduced to twenty-five kilometres, Ritchie, *Arnhem: Myth and Reality*, p.119.
49. Norton, CRCP 100/3.
50. Urquhart, *Arnhem*, p.7.
51. FCPP, Box 24.
52. Prince Bernhard, HKNTW, p.385.
53. Brig E. T. Williams, FCPP, Box 24.
54. Robert W. Love and John Major (eds.), *The Year of D-Day: The 1944 Diary of Admiral Sir Bertram Ramsay*, Hull, 1994, p.137.
55. DDEP, Box 83, and TNA WO 205/693.

56. M196 Montgomery Papers, quoted Hamilton, *Monty: The Field Marshal,* pp.57-8.
57. DDEP, Box 83.
58. Omar N. Bradley, *A Soldier's Story*, New York, 1964, p.410.
59. PP, p.548.

第四章　尘埃落定

1. Lt Robin Vlasto, A Company, 2nd Para Bn, CRCP 111/7.
2. Lt Col Charles Mackenzie, GSO1, 1st Airborne, CRCP 108/3.
3. Joseph F. Brumbaugh, I/508/82, EC-UNO.
4. 60 per cent losses, Edward C. Boccafogli, B/I/508/82, EC-UNO.
5. Brumbaugh, EC-UNO.
6. Capt Patrick J. Sweeney, H, 506/101, CRCP 98/40.
7. Capt A. Ebner Blatt, Medical Detachment, 502/101, CRCP 97/31.
8. Gordon Carson, 506/101, EC-UNO.
9. Maj Richard Winters, E/506/101, EC-UNO.
10. Louis Simpson, *Selected Prose*, New York, 1989, p.92.
11. Unnamed American officer observing Polish paratroopers in training, PISM A.v.20 31/16 35.
12. Cpl Bolesław Wojewódka, CRCP/47.
13. Stanley Nosecki memoir, PISM A.v.20 31/38 26.
14. 2nd Lt Jerzy Lesniak, 1st Bn, 1st PPB, CRCP 132/41.
15. PUMST A 048-055.
16. PISM A.v.20 31/60 28.
17. Ibid.
18. PUMST (2.3.2.1.3.1/4) file A.053.
19. Gen Sosnkowski, 16.8.44, PISM A.v.20 31/16 16.
20. Lt Stefan Kaczmarek, Polish Parachute Brigade, CRCP 132/38.
21. Meeting at Moor Park, 12.9.44, War Diary, 1st Polish Parachute Brigade Group, PISM A.v.20 31/27.
22. 14.9.45, PISM A.v.20 31/19.
23. War Diary, 1PIPB, PISM A.v.20 31/27 3.
24. Ibid.
25. Brig P. H. W. Hicks, 1st Airlanding Brigade, CRCP 112/3.
26. For the fate of 1st Airborne if not deployed, see John Peaty, 'Operation MARKET GARDEN: The Manpower Factor', in John Buckley and Peter Preston-Hough (eds.), *Operation Market Garden: The Campaign for the Low Countries, Autumn 1944*, Solihull, 2016, pp.58-73.
27. Memo to General H. H. Arnold from Brereton, JMGP, Box 15.
28. Generaloberst Kurt Student, FMS B-717.

29. For the battle for Geel, see Jack Didden, 'A Week Too Late?', in Buckley and Preston-Hough (eds.), Operation Market Garden, pp.85-7; Stuart Hills, *By Tank into Normandy*, London, 2003, pp.157-72; and Heydte, BArch-MA RL33 115.
30. Hills, *By Tank into Normandy*, p.157.

第五章 清算之日

1. O'Zahlm.d.R. Heinrich Klüglein, Heeres Kraftfahrzeugpark 550, Utrecht, 8.9.44, WLB-SS.
2. GA-CB 2171/24d.
3. Ibid.
4. Ibid.
5. Rauter, Model and Krebs, see also RvOD.
6. GA-CB 2171/24d.
7. Ibid.
8. Wehrmachtbefehlhaber der Niederlande, Hauptmann Ritter von Schramm, BArch-MA MSG2 2403.
9. 10.9.44, 3. Jagddivision KTB, BArch-MA RL8 171, 3.
10. Trevor-Roper report, TNA CAB 154/105. I am most grateful to Max Hastings for passing me this detail.
11. CBHC, Box 4, Folder 13.
12. GA-CB 2171/29b.
13. II SS Panzer Corps, FMS P-155.
14. Three Mark V Panthers, BArch-MA RS3-9, pp.3-4.
15. Kampfgruppe Walther, FMS P-188.
16. Ultra decrypts on II Panzer Corps, 5 & 6.9.44, TNA DEFE 3/221.
17. Pogue interview with Bedell Smith, 13.5.47, OCMH WWII Interviews, USAMHI.
18. NARA RG498 290/56/2/3, Box 1466.
19. FCPP, Box 24.
20. Charles B. MacDonald, *The Siegfried Line Campaign*, OCMH, Washington, DC, 1963, p.122; see also Kenneth Strong, *Intelligence at the Top*, London, 1968, p.49.
21. Brig E. T. Williams, FCPP, Box 24.
22. Harmel, GA-CB 2171/24.
23. For photo-reconnaissance mission, see Sebastian Ritchie, *Arnhem: The Air Reconnaissance Story*, AHB, 2015.
24. TNA WO 171/837.
25. 3rd Bn Irish Guards, TNA WO 171/1257.
26. War Diary, 2nd (Armoured) Bn, Irish Guards, TNA WO 171/1256.
27. Lt Rupert Buchanan-Jardine, HCR, TNA WO 171/837 and CRCP 114/46.
28. Reaction in Eindhoven, Diary mej. Crielaers, RHCE D-0001/1383/2042.

29. Ibid.
30. 13.9.44, Fullriede Tagebuch, BArch-MA MSG2 1948.
31. TNA WO 171/837.
32. FAAA, NARA RG331/Entry 253/Box 6.
33. Air support conference, FAAA, NARA RG331/Entry 254/Box 20,
34. Lieutenant Colonel C. D. Renfro, CRCP 96/1.
35. Maj Gen R. E. Urquhart (with Wilfred Greatorex), *Arnhem*, Barnsley, 2008, p.10.
36. Ibid., p.15.
37. Ibid.
38. Browning and Gale, Richard Mead, *General 'Boy': The Life of Lieutenant General Sir Frederick Browning*, Barnsley, 2010, p.120
39. Urquhart, *Arnhem*, p.10.
40. For the 1st Airborne's signals problems, see the analysis in Lewis Golden, *Echoes from Arnhem*, London, 1984, pp.139-69.

第六章　最后的修饰

1. 11.9.44, Diary Johanna Marie Fokkinga, RAN 579/662.
2. Furniture to be sent to Germany, P. C. Boeren, city archivist Nijmegen, CRCP 124/1.
3. Teachers into hiding, Diary Albertus Uijen, RAN 579/23-33.
4. Nijmegen threat of executions for sabotage, Diary Albertus Uijen, RAN 579/23-33.
5. 07.45h, 16.9.44, BArch-MA RH 19 IX/22, 187.
6. 21.50h, 15.9.44, H.Gr.B., Feindlagebeurteilungen, BArch-MA RH 19 IX/19, 3.
7. Munitions dump near Arnhem, anonymous diary, NIOD 244/1040.
8. Lucianus Vroemen, CRCP 121/26.
9. Dr van der Beek, NIOD 244/5.
10. GA-CB 2171/1.
11. Urquhart's request to bomb Wolfheze, CRCP 93/3.
12. Kruijff's group, Albert Horstman, LKP, CRCP 120/28.
13. Reprisals threatened in Arnhem, NIOD 244/1040.
14. Nicholas de Bode, PTT engineer, CRCP 120/11.
15. PGEM, GA-CB 2171/17.
16. HKNTW, p.384.
17. Prince Bernhard, CRCP 120/2.
18. Oosterbeek, *Niet tevergeefs. Oosterbeek September 1944*, Arnhem, 1946, p.17.
19. Wouter van de Kraats, CRCP 125/8.
20. Wilhelm Bittrich, Boeree interview, GA-CB 2171/33a.
21. Ibid.

22. Walter Harzer, Boeree correspondence, GA-CB 2171/25.
23. Harmel, GA-CB 2171/25.
24. Walter Harzer, Boeree interview, GA-CB 2171/25.
25. Diary Leutnant Gustav Jedelhauser, CRCP 130/3.
26. 15.9.44, Fullriede Tagebuch, BArch-MA MSG2 1948.
27. 15.9.44, H.Gr.B., KTB, BArch-MA RH 19 IX/5, 238.
28. BArch-MA RL33 109/5.
29. Heydte and church towers, TNA WO 208/4140 SRM 1195.
30. Heinz Volz, 'Fallschirmjäer Regiment von Hoffman', *Der Deutsche Fallschirmjäger* 2/55, quoted Robert Kershaw, *It Never Snows in September*, London, 1976, p.27.
31. BArch-MA RL33 109/5.
32. 15.9.44, Fullriede Tagebuch, BArch-MA MSG2 1948.
33. Allied airpower in the west, L. Brümmer, BArch-MA RH 13 v.54.
34. Adolf Kutsch, Stab/Sich.Btl.772, 9.9.44, 1o731A, WLB-SS.
35. Market air plan, FAAA, NARA RG331/Entry 254/Box 20.
36. TNA CAB 106/1133.
37. 505th Parachute Infantry Regiment in Sicily, JMGP, Box 1.
38. Capt Eddie Newbury, Browning's ADC, CRCP 108/5.

第七章　9月16日，战斗前夜

1. TNA WO 171/837.
2. HKNTW, p.366.
3. Briefing, Brian Horrocks, *Corps Commander*, London, 1977, pp.96-100.
4. Lt Col C. D. Renfro, CRCP 96/1.
5. Lt Col Charles Pahud de Mortanges, CRCP 122/32.
6. Napoleonic maxim, Major Jhr Jan Beelaerts van Blokland, Princess Irene Brigade, CRCP 127/39.
7. Horrocks sickness, Brian Horrocks, *A Full Life*, London, 1960, pp.191-2.
8. Horrocks interview, 15.5.46, LHCMA 15/15/130.
9. For an analysis of the Guards Armoured Division and manpower, see John Peaty, 'Operation MARKET GARDEN: The Manpower Factor', in John Buckley and Peter Preston-Hough (eds.), *Operation Market Garden: The Campaign for the Low Countries, Autumn 1944*, Solihull, 2016, pp.58-73.
10. Sir Michael Howard, conversation with the author, 16.12.15.
11. Lt Col J. O. E. Vandeleur, CRCP 102/17.
12. War Diary 3rd Bn Irish Guards, TNA WO 171/1257.
13. Maj Edward Tyler, 2nd (Armoured) Bn, Irish Guards, CRCP 115/33.
14. Capt Roland Langton, 2nd (Armoured) Bn, Irish Guards, CRCP 115/4.

15. Lt Neal W. Beaver, H/3/508/82, CRCP 105/27.
16. Dwayne T. Burns, F/II/508/82, EC-UNO.
17. Capt Carl W. Kappel, H/504/82, CRCP 103/1.
18. Ibid.
19. Ibid.
20. PISM A.v.20 31/32 43.
21. PISM A.v.20 31/38 26.
22. E. J. Vere-Davies, D Company 1 Para, AAMH, DOOS NO: 038.
23. Capt R. Temple, 4th Parachute Brigade HQ, CRCP 117/36.
24. 16.9.44, Diary Martijn Louis Deinum, NBMG 5.3.20548.
25. HvdV, p.22.
26. 16.9.44, H.Gr.B., KTB, BArch-MA RH 19 IX/5, 232.
27. Hitler's announcement of Ardennes offensive, Diary of General der Flieger Kreipe, FMS P-096.
28. 16.9.44, H.Gr.B., KTB, BArch-MA RH 19 IX/5, 241.
29. 16.9.44, 11.20h, H.Gr.B., KTB, BArch-MA RH 19 IX/90.
30. Harmel journey to Berlin, SS-Brigadeführer Harmel, FMS P-163, and CRCP 130/13.
31. GA-CB 2171/24a.
32. GA-CB 2171/24c.
33. Krafft Diary, TNA WO 205/1124.
34. SS-Sturmmann K. H. Bangard, SS-Panzergrenadier-Ausbildungs-und Ersatz-Bataillon 16, GA-CB 2171/24a.
35. Dwayne T. Burns, F/II/508/82, EC-UNO.
36. S/Sgt Neal Boyle, E/II/506/101, EC-UNO.
37. Lt Edmund L. Wierzbowski, H/III/502/101, CRCP 98/5.

第八章　9月17日，上午，空中进击

1. Allied Air Operations Holland, TNA AIR 37/1214.
2. Smoked haddock, Sgt Robert Jones, 2nd Para Bn, CRCP 110/50.
3. Frost's preparations, John Frost, *A Drop Too Many*, Barnsley, 2008, p.124.
4. Pvt James Sims, 2 Para, CRCP 111/1.
5. Browning's teddy bears, Richard Mead, *General 'Boy': The Life of Lieutenant General Sir Frederick Browning*, Barnsley, 2010, p.125.
6. Col Charles Mackenzie, GSO1, 1st Airborne Division, CRCP 108/3.
7. Harry Butcher, *Three Years with Eisenhower*, London,1946, p.573.
8. Bottle of sherry, Capt B. W. Briggs, HQ 1st Para Brigade, CRCP 109/30.
9. Urquhart, CRCP 93/3.
10. S/Sgt Leslie Gibbons, D Squadron, quoted George Chatterton, *The Wings of Pegasus*, London, 1982, p.187.

11. Lt Sam H. Bailey, 505/82, CRCP 104/4.
12. Laurence Critchell, *Four Stars of Hell*, New York, 1947, p.113.
13. Self-inflicted injuries, Brig Gen Anthony C. McAuliffe, CRCP 96/9, and Richard L. Klein, III/501/101, CRCP 97/11.
14. JMGP, Box 15.
15. 2nd Lt William 'Buck' Dawson, JMGP, Box 15.
16. Lt Col C. D. Renfro, NARA RG407, Entry 427B, ML 2124.
17. Artillery regiments, TNA WO 171/1256.
18. Binoculars and telescopes, C. A. Dekkers and L. P. J. Vroemen, *De zwarte herfst. Arnhem 1944*, Arnhem, 1984, p.22.
19. Gerhardus Gysbers, antiquarian bookseller, CRCP 120/20.
20. St Catharina Gasthuis, Willem Tiemens, CRCP 121/22.
21. Sister Christine van Dijk, CRCP 120/15.
22. Dutch joke on RAF inaccuracy, Jan Voskuil, CRCP 125/22.
23. Anonymous diary, NIOD 244/1040.
24. H.Gr.B., KTB, 17.9.44, BArch-MA, RH 19 IX/5, 249.
25. Ton Gieling, GAA 1557/1511.
26. Dr Marius van de Beek, neurologist, NIOD 244/5.
27. The men had 'dived', Heimrich Bisterbosch, CRCP 120/10.
28. ALDS.
29. GA-CB 2171/4.
30. Lt Col J. O. E. Vandeleur, CRCP 102/17.
31. Nuns in convent, Lt James J. Coyle, E/II/505/82, CRCP 92/9.
32. Dawson, JMGP, Box 15.
33. Lt Col Harold W. Hannah, CRCP 96/7.
34. KOSB brewing tea, Sergeant William Oakes, Glider Pilot Regiment, CRCP 116/41.
35. White silk scarf, Philip H. Nadler, F/II/504/82, CRCP 103/12.
36. Dawson, JMGP, Box 15.
37. L/Bdr Percy Parkes, Light Regiment RA, CRCP 113/55.
38. FAAA, NARA RG331/Entry 254/Box 20.
39. JMGP, Box 15.
40. Pvt James Sims, 2nd Para Bn, CRCP 111/1.
41. CRCP 97/3.
42. Sgt Paddy Campbell, 2nd Para Bn, CRCP 110/34.
43. Lt Col Patrick Cassidy, I/502/101, FAAA, NARA RG331/Entry 254/Box 20.
44. Pfc Patrick J. O'Hagan, E/II/505/82, CRCP 104/73.
45. S/Sgt Paul D. Nunan, D/I/505/82, CRCP 104/72.
46. Chaplain Kuehl, quoted T. Moffatt Burriss, *Strike and Hold*, Washington, DC, 2000, p.105.

47. CRCP 104/74.
48. CRCP 92/9.
49. CRCP 92/9.
50. British Broadcasting Corporation, *War Report: A Record of Dispatches Broadcast by the BBC's War Correspondents with the Allied Expeditionary Force, 6 June 1944-May 1945*, London, 1946, p.233.
51. Col Frank J. McNees, 435 TCG, CRCP 107/16.
52. Dwayne T. Burns, F/II/508/82, EC-UNO.
53. Melton E. Stevens, 326th Airborne Engineer Bn, Veterans Survey, 101st Airborne Division, USAMHI, Box 2.
54. Jeep filled with explosive, Capt Eric Mackay, 1st Para Sqn RE, CRCP 110/55.
55. FAAA, NARA RG331/Entry 254/Box 20.
56. CRCP 96/1.
57. CRCP 97/1.
58. Stevan Dedijer in *Princeton Alumni Weekly*, 21.12.94, EC-UNO.
59. Diary Lt Col Harold W. Hannah, CRCP 96/7.
60. Lieutenant Colonel Warren R. Williams, HQ/504/82, CRCP 103/26.
61. Edward R. Murrow, CBS, in British Broadcasting Corporation, *War Report*, pp.233-4.
62. William True, EC-UNO.
63. Capt Arthur W. Ferguson, III/504/82, CRCP 102/23.
64. JMGP, Box 15.
65. Capt Patrick J. Sweeney, H, 506/101, CRCP 98/40.
66. Gordon Carson, E/II/506/101, EC-UNO.
67. Capt Adam A. Komosa, 504/82, CRCP 103/5.
68. Lt Col John Frost, CO 2 Para, CRCP 110/42.
69. Captain Eric Mackay, 1st Para Sqn RE, CRCP 110/55.
70. Glider disintegrated, Warrant Officer Allan Schofield, 38 Group RAF, CRCP 117/32.
71. Chatterton, *The Wings of Pegasus*, p.183.
72. Cows on landing zone, Sgt Roy Hatch, Glider Pilot Regiment, CRCP 116/2.
73. Brian Horrocks, *A Full Life*, London, 1960, p.212.
74. J. O. E. Vandeleur, CRCP 102/17.
75. Lt John Quinan, 2nd (Armoured) Bn, Irish Guards, CRCP 115/21.
76. Flt Lt Donald Love, CRCP 115/17.
77. Quinan, CRCP 115/21.
78. Maj Edward Tyler, 2nd (Armoured) Bn, Irish Guards, CRCP 115/33; and TNA WO 171/1256.
79. Quinan, CRCP 115/21.
80. J. O. E. Vandeleur, CRCP 102/17.

第九章　9月17日，德军的反击

1. SS-Sturmmann K. H. Bangard, 16 SS Training and Replacement Battalion, CRCP 131/9.
2. SS Sturmbannführer Sepp Krafft, GA-CB 2171/24a.
3. ALDS.
4. Diary Leutnant Gustav Jedelhauser, CRCP 130/3.
5. GA-CB 2171/24c.
6. Schoonoord Hotel, CRCP 125/3.
7. Dr Erwin Gerhardt, CRCP 131/21.
8. BArch-MA RL8 171, 4.
9. Krafft Battalion account based on KTB, SS Panzergrenadier-Ausbildungs-und Ersatz-Bataillon 16, TNA WO 205/1124, and GA-CB 2171/24a.
10. Bangard, CRCP 131/9.
11. Krafft, GA-CB 2171/24c.
12. Ibid.
13. Bangard, CRCP 131/9.
14. SS-Sturmmann K. H. Bangard, CRCP 128/2.
15. Battalion strength, KTB, SS-Panzergrenadier-Ausbildungs-und Ersatz-Bataillon 16, TNA WO 205/1124.
16. GA-CB 2171/24c.
17. KTB, TNA WO 205/1124.
18. Ibid.
19. GA-CB 2171/25.
20. Pionier-Bataillon 9, SS Kampfgruppe Brinkmann, BArch-MA N756 158A.
21. Diary Gefr. Schulte-Fabricius, 19.9.44, WLB-SS.
22. Stelzenmüller, CRCP 132/18.
23. Harmel at Bad Saarow, 'could rely only...', SS-Brigadeführer Harmel, FMSP-16.
24. The telephone rang, GA-CB 2171/1.
25. Fullriede Tagebuch, BArch-MA MSG2 1948.
26. GA-CB 2171/24d; see also RvOD, p.614.

第十章　9月17日，英军着陆

1. Death of Corporal Jones, Pvt Alfred Jones, CRCP 114/12.
2. Lt Col Robert Payton-Reid, KOSB, CRCP 111/36, MPRAF.
3. Diary Col Graeme Warrack, GAA 1557/322; FAAA, NARA RG331/Entry 256/Box 35.
4. Diary Leutnant Martin, Mohren-Bataillon, Rautenfeld-Regiment, published in *Veghelse Courant*, 19.3.49.

5. Jan Donderwinkel, CRCP 125/1.
6. Lt John Stevenson, 'Arnhem Diary', *Reconnaissance Journal*, vol. 4, no. 1, Autumn 1947.
7. Gough's insistence on parachuting, Maj C. F. H. Gough, 1st Airborne Reconnaissance Squadron, CRCP 114/17.
8. Barnett and batman, Lt Patrick Barnett, Defence Platoon, 1st Parachute Brigade, CRCP 109/26.
9. Locals cutting rigging lines, AAMH 50EO 0782.
10. Cpl Terry Brace, 16th (Para) Field Ambulance, CRCP 109/29.
11. Military police detachment, CRCP 109/29.
12. Lieutenant Paul B. Johnson air support party, FAAA, NARA RG331/Entry 253/Box 1.
13. Maj E. M. Mackay RE, 'The Battle of Arnhem Bridge', *Royal Engineers Journal*, Dec. 1954, p.306.
14. Left side of the road, L/Bdr James Jones, 1st Light Regiment RA, CRCP 113/52.
15. DDMS 1st Airborne Division, Diary Col Graeme Warrack, GAA 1557/322; FAAA, NARA RG331/Entry 256/Box 35.
16. Lieutenant Bucknell's troop, Gough, CRCP 114/17.
17. Hicks's main concern, Brig P. H. W. Hicks, 1st Airlanding Brigade, CRCP 112/3.
18. Hibbert quoted John Waddy, *A Tour of the Arnhem Battlefields*, Barnsley, 2011, p.59.
19. Jan Voskuil, CRCP 125/22.
20. Jan Eijkelhoff, CRCP 125/3.
21. Stuart Mawson, *Arnhem Doctor*, Staplehurst, 2000, p.40.
22. Oosterbeek, *Niet tevergeefs. Oosterbeek September 1944*, Arnhem, 1946, p.17.
23. Gough, CRCP 114/17.
24. Pvt James Sims, 2nd Para Bn, CRCP 111/1.
25. Lt Peter Barry, 2 Para, CRCP 100/32.
26. Lt H. A. Todd, CRCP 102/5.
27. Lt Robin Vlasto, A Company, 2nd Para Bn, CRCP 111/7.
28. Cpl Terry Brace, 16th (Para) Field Ambulance, CRCP 109/29.
29. Pvt William Lankstead, 2 Para, CRCP 110/52.
30. Diary Col Warrack, DDMS 1st Airborne Division, GAA 1557/322; FAAA, NARA RG331/Entry 256/Box 35.
31. Sister Christine van Dijk, CRCP 120/15.
32. Ton Gieling, GAA 1557/1511.
33. Sister Christine van Dijk, CRCP 120/15.
34. Louis van Erp Taalman Kip, neurologist, CRCP 120/18.
35. Bittrich, GA-CB 2171/24c.
36. Ibid.

37. Meindl, FMS B-093.
38. Cassidy, CRCP 128/4.
39. Generaloberst Dessloch, CRCP 129/12.
40. 17.9.44, Kreipe Diary, FMS P-069.
41. 19.05, H.Gr.B., KTB, BArch-MA RH 19 IX/90, 32. American airborne division Warsaw, CRCP 128/4.
42. 17.9.44, Kreipe Diary, FMS P-069.
43. Cassidy, CRCP 128/4.

第十一章 9月17日，美军着陆

1. General der Infanterie Reinhard, LXXXVIII Corps, FMS B-156 and B-343.
2. P. Nuis, CRCP 93/5.
3. Report of 13.3.1949, Municipality of Nijmegen, CRCP 99/25.
4. Cpl Ray Lappegaard, CRCP 97/12.
5. Dutch widow, Sgt Richard R. Clarke, G3/101, CRCP 96/5.
6. Cpl Richard L. Klein, III/501/101, CRCP 97/11.
7. After Action Report, 506th Parachute Infantry Regiment, CRCP 96/1.
8. Hollowed-out haystacks, FAAA, NARA RG331/Entry 254/Box 20.
9. Ibid.
10. Dr Leo Schrijvers, CRCP 126/22.
11. ALDS.
12. Five tanks, Lt William C. Dwyer, E/I/502/101, NARA RG407, Entry 427B, Box 19182, ML2235.
13. FAAA, NARA RG331/Entry 254/Box 20.
14. FAAA, NARA RG331/Entry 254/Box 20.
15. Lt Bates R. Stinson, NARA RG407, Entry 427B, Box 19182, ML2235.
16. Stevan Dedijer in *Princeton Alumni Weekly*, 21.12.94.; Stevan Dedijer, Headquarters/101, EC-UNO.
17. Action in Son, FAAA, NARA RG331/Entry 254/Box 20.
18. Ibid.
19. Maj Richard Winters, 506/101, EC-UNO.
20. The Bridge at Son, Lt Col Hannah, G-3/101, NARA RG407, Entry 427B, Box 19182, ML2235.
21. Melton E. Stevens, 326th Airborne Engineer Bn, Veterans Survey, 101st Airborne Division, USAMHI, Box 2.
22. Diary Lt Col Harold W. Hannah, G.3 CRCP 96/7.
23. Dr Leo Schrijvers, CRCP 126/22.
24. FAAA, NARA RG331/Entry 254/Box 20.
25. Lt Edmund L. Wierzbowski, H, III/502/101, CRCP 98/5.

26. Three half-tracks, FAAA, NARA RG331/Entry 254/Box 20.
27. Lt Edmund L. Wierzbowski, H, III/502/101, CRCP 98/5.
28. Wierzbowski's command, Wierzbowski, CRCP 98/5.
29. Maria de Visser, CRCP 126/24. NSB mayor lynched, George Hurtack, C/I/506/101, CRCP 98/21. NSB mayor lynched, George Hurtack C/I/506/101, CRCP 98/21.
30. Cornelis de Visser, CRCP 126/24.
31. Francis L. Sampson, *Look Out Below!*, Washington, DC, 1958, p.85.
32. Guy R. Anderson, HQ/I/505/82, NARA RG407, Entry 427B, Box 19182, ML2235.
33. 2nd Lt Raymond L. Blowers, 436TCG, NARA RG407, Entry 427B, Box 19182, ML2235.
34. JMGP, Box 15.
35. Shooting machine-gunner, Capt Arie Bestebreurtje, CRCP 101/7; Gavin lecture at US Army War College, JMGP, Box 1.
36. JMGP, Box 1.
37. Joseph F. Brumbaugh, I/508/82, EC-UNO.
38. Browning's command post, Col George Chatterton, Glider Pilot Regiment, CRCP 108/2.
39. Browning's tent and sleeping trench, Capt Eddie Newbury, Browning's aide, CRCP 108/5.
40. Dwayne T. Burns, F/II/508/82, EC-UNO.
41. First Allied Airborne Army, NARA RG331/Entry 254/Box 20.
42. Hauptfeldwebel Jakob Moll, Ersatz-Bataillon 39, CRCP 132/12.
43. Fr H. Hoek, Groesbeek, CRCP 122/44.
44. Diary Petronella Dozy, NBMG 9.7.8082379105.
45. Brumbaugh, EC-UNO.
46. Diary Petronella Dozy, NBMG 9.7.8082379105.
47. J. H. M. Verspyck, NIOD 244/204.
48. 'Cowbly Joe', Pfc Leonard J. Webster, CRCP 105/16.
49. T. Moffatt Burriss, *Strike and Hold*, Washington, DC, 2000, p.105.
50. Colonel Reuben H. Tucker, 504/82, CRCP 100/7.
51. Tiled roof, Capt Louis A. Hauptfleisch, Rgtl Adjutant, 504/82, CRCP 102/29.
52. Lt James H. Nelson, E/II/504/82, NARA RG407, Entry 427B, Box 19182, ML2235.
53. Ibid.
54. Diary Martijn Louis Deinum, NBMG 5.3.20548.
55. Diary Albertus Uijen, RAN 579/23-33.
56. Ibid.
57. Bestebreurtje, CRCP 101/7.
58. Gavin interview, 20.1.67, CRCP 101/10.

59. Nazi eagle at the infantry barracks, Diary Albertus Uijen, RAN 579/23-33.
60. Diary Martijn Louis Deinum, NBMG 5.3.20548.
61. Nijmegen bridge defences, Georg Jensen, CRCP 132/4.
62. Lt Winston O. Carter, HQ/III/505/82, CRCP 104/16.
63. Arthur Schultz, C/I/505/82, EC-UNO.
64. RAF Bomber Command, FAAA, NARA RG331/Entry 254/Box 20.
65. Lt Col C. D. Renfro, CRCP 96/1.
66. Lt Col J. O. E. Vandeleur, DSCN 6212, CRCP 102/17.
67. Brian Horrocks, *Corps Commander*, London, 1977, p.103.

第十二章 9月17~18日，阿纳姆的一昼夜

1. Anonymous diary, GAA 1557/163.
2. Rev Fr Bernard Egan, CRCP 110/40.
3. Determined to display conspicuous gallantry, Pvt Ronald Holt, A Company, 1st Para Bn, CRCP 110/49.
4. Lieutenant John Grayburn VC, 2nd Para Bn, Citation, CRCP 110/45.
5. C Company, 2 Para, TNA CAB 106/1133.
6. Emil Petersen, RAD, CRCP 132/18.
7. 1st Parachute Squadron RE, Maj E. M. Mackay, 'The Battle of Arnhem Bridge', *Royal Engineers Journal*, Dec. 1954, pp.305ff.
8. Oosterbeek, *Niet Tevergeefs. Oosterbeek September 1944*, Arnhem, 1946, p.39.
9. Hauptsturmführer Möller, BArch-MA, N 756-158/A.
10. Jan Voskuil, CRCP 125/22.
11. HvdV, p.37.
12. 20.00h, 17.9.44, BArch-MA RH 19 IX/22, 175.
13. Interview with Bittrich, GAA 2171 33a.
14. WBNdl, 18.9.44, BArch-MA RH 19 IX/12, 219.
15. 11.00h, H.Gr.B., KTB, BArch-MA RH 19 IX/5, 258.
16. Reinforcements, 'temporarily motorized', H.Gr.B., KTB, BArch-MA RH 19 IX/90, 26, 27.
17. Police battalion from Apeldoorn, GA-CB 2171/24c.
18. SS-Werferabteilung 102, II.SS-Pz. Korps, H.Gr.B., KTB, BArch-MA RH 19 IX/5, 250.
19. Hans-Peter Knaust, CRCP 130/13.
20. 22.15h, 17.9.44, H.Gr.B., KTB, BArch-MA RH 19 IX/5, 253.
21. Desertion of SS guard battalion *Nordwest*, Collection P. A. Berends, GAA 1557/1438.
22. Kampfgruppe Lippert, 'limited to rolling . . .', GA-CB 2171/1.
23. H.Gr.B., KTB, BArch-MA RH 19 IX/90, 32.

24. Pionier-Bataillon 9, SS Kampfgruppe Brinkmann, BArch-MA N756/158A.
25. Horst Weber, I/21 SS Pzgr-Rgt, CRCP 131/1.
26. Alfred Ringsdorf, I/21 SS Pzgr-Rgt/10 SS Pz-Div, CRCP 130/14.
27. Pvt James Sims, 2nd Para Bn, CRCP 111/1.
28. Report by Lt H. A. Todd on Claude Mission, JMGP, Box 15, and CRCP 102/5.
29. Sims, CRCP 111/1.
30. Lt Col John Frost, CO 2 Para, CRCP 110/42.
31. Todd on Claude Mission, JMGP, Box 15, and CRCP 102/5.
32. Mackay, 'The Battle of Arnhem Bridge', p.307.
33. Maj Richard Lewis, C Company, 3rd Para Bn, CRCP 111/20.
34. Mackay, 'The Battle of Arnhem Bridge', p.307.
35. Sims, CRCP 111/1.
36. Frost, CRCP 110/42.
37. Kampfgruppe Knaust, Bob Gerritsen and Scott Revell, *Retake Arnhem Bridge: Kampfgruppe Knaust, September-October 1944*, Renkum, 2014, p.53.
38. Assumption of fighting in the Betuwe, Gerhardus Gysbers, CRCP 120/20.
39. Anonymous diary, NIOD 244/1040.
40. Horst Weber, CRCP 131/1.
41. Coenraad Hulleman, LO, CRCP 120/30.
42. E. J. Vere-Davies, AAMH DOOS NO: 038.
43. AAMH 50EO 0782.
44. Pvt Walter Boldock, HQ 1 Para, CRCP 109/28.
45. Albert Horstman, CRCP 120/28.
46. RSM John C. Lord, 3rd Para Bn, CRCP 111/21.
47. Ton Gieling, GAA 1557/1511.
48. Sister Christine van Dijk, CRCP 120/15.
49. 3.15h, 18.9.44, BArch-MA RH 19 IX/22, 165.

第十三章　9月18日，阿纳姆——第二次升空

1. Col Charles Mackenzie, GSO1, 1st Airborne Division, CRCP 108/3.
2. Brig P. H. W. Hicks, 1st Airlanding Brigade, CRCP 112/3.
3. Ibid.
4. March routine, Pvt Robert Edwards, D Company, 2nd South Staffords, CRCP 111/47.
5. Lt Bruce E. Davis, 306th Fighter Control Squadron, FAAA, NARA RG331/Entry 253/Box 1.
6. BArch-MA N756 390/B.
7. Adriaan Beekmeijer, No. 10 Commando, attached 1st KOSB intelligence section, CRCP 127/30.

8. Jagdgeschwader 11, BArch-MA RL8 171.
9. 18.9.44, Kreipe Diary, FMS P-069.
10. Brereton to Eisenhower, 1.9.44, TNA WO 219/2121.
11. Hicks, CRCP 112/3.
12. 16th (Para) Field Ambulance, Diary of Events, DDMS, 1st Airborne Division, CRCP 109/3.
13. HvdV, p.37.
14. Volunteers in the Schoonoord, Jan Eijkelhoff, CRCP 125/3.
15. 181st (Airlanding) Field Ambulance, Major Guy Rigby-Jones, CRCP 109/20.
16. Nebelwerfer strike on aid station, Cpl Geoffrey Stanners, 16th (Para) Field Ambulance, CRCP 110/24.
17. SS-Brigadefürer Heinz Harmel, 9th SS Panzer-Division, GA-CB 2171/1.
18. Interview Walter Harzer, 9th SS Panzer-Division, GA-CB 2171/25.
19. Harmel, BArch-MA N756 162.
20. SS-Brigadeführer Harmel, FMS P-163.
21. Horst Weber, 1st Bn, 21st SS Panzergrenadier-Regiment, CRCP 131/1.
22. Rev. G. A. Pare, Glider Pilot Regiment, CRCP 117/1.
23. Aircraft deployed 18.9.44, FAAA, NARA RG331/Entry 254/Box 20.
24. Davis, FAAA, NARA RG331/Entry 253/Box 1.
25. Capt Frank King, CRCP 113/4.
26. Maj J. E. Blackwood, 11 Para, 4th Parachute Brigade, NIOD 244/1237.
27. Pare, CRCP 117/1.
28. On the heath with its sandy tracks, S/Sgt Les Frater, Glider Pilot Regiment, CRCP 116/21.
29. CRCP 114/30.
30. Pvt Reginald Bryant, B Company, 156th Para Bn, CRCP 112/34.
31. Death of Lieutenant John Davidson, Maj John Waddy, 156th Para Bn, CRCP 113/33.
32. PISM A.v.20 31/38 26.
33. Pvt Alan Dawson, 21st Independent Parachute Company, CRCP 114/7.
34. Sgt Stanley Sullivan, 21st Independent Parachute Company, CRCP 114/12.
35. Garrit Memelink, CRCP 121/6.
36. Maj B. A. Wilson, MPRAF.
37. Waddy, CRCP 113/33.
38. Mackenzie, CRCP 108/3.
39. Hicks, CRCP 112/3, Mackenzie, CRCP 108/3.
40. Stuart Mawson, *Arnhem Doctor*, Staplehurst, 2000, p.34.
41. Blackwood, NIOD 244/1237.
42. Mawson, *Arnhem Doctor*, p.35.
43. Anonymous, Arnhem, NIOD/244/1400.

44. Sgt Ralph Sunley, 10 Para, CRCP 113/29.
45. Weber, CRCP 131/1.
46. Harmel, FMS P-163.
47. Lt Col John Frost, CO 2 Para, CRCP 110/42.

第十四章 9月18日，美国空降师和第30军

1. Lt Col J. O. E. Vandeleur, CRCP 102/17.
2. Student's claim, ALDS.
3. 59th Division, Generalleutnant Walter Poppe, FMS B-149.
4. Lt Edmund L. Wierzbowski, H, III/502/101, CRCP 98/5.
5. CRCP 97/35.
6. Capt LeGrand K. Johnson, F/II/502/101, NARA RG407, Entry 427B, Box 19182, ML2235.
7. FAAA, NARA RG331/Entry 254/Box 20.
8. Capt Ernest D. Shacklett (medical corps), II/502/101, NARA RG407, Entry 427B, Box 19182, ML2235.
9. FAAA, NARA RG331/Entry 254/Box 20.
10. Pfc Albert F. Jones, B/II/502/101, CRCP 97/53.
11. Shacklett, NARA RG407, Entry 427B, Box 19182, ML2235.
12. FAAA, NARA RG331/Entry 254/Box 20.
13. Ibid.
14. RHCE D-0001/1383.
15. TNA WO 171/837.
16. RHCE D-0001/1383.
17. FAAA, NARA RG331/Entry 254/Box 20.
18. J. F. Fast, Eindhoven, NIOD 244/191.
19. Diary Frans Kortie, CRCP 122/24.
20. FAAA, NARA RG331/Entry 254/Box 20.
21. RHCE D-0001/1383.
22. Dr J. P. Boyans, CRCP 122/17.
23. Richard Winters, E/II/506/101, EC-UNO.
24. RCHE SISO 935.4.
25. J. F. Fast, Eindhoven, NIOD 244/191.
26. Louis Simpson, *Selected Prose*, New York, 1989, p.128.
27. Ibid., pp.128-9.
28. Ibid., p.129.
29. X-ray machine, Capt Robert B. Shepard, HQ/II/327/101, CRCP 98/55.
30. FAAA, NARA RG331/Entry 254/Box 20.
31. Walter Cronkite letter, 13.9.67, CRCP 96/6.

32. Signalman Kenneth Pearce, CRCP 96/1.
33. GA-CB 2171/1.
34. BArch-MA N756 162.
35. BArch-MA RS2-2 32, p.4.
36. GA-CB 2171/24c.
37. SS-Brigadefürer Harmel, FMS P-163.
38. RAD to Valkhof, P. C. Boeren, city archivist Nijmegen, CRCP 124/1.
39. General der Kavallerie Kurt Feldt, FMS C-085.
40. Ibid.
41. Ibid.
42. Gavin lecture at US Army War College, JMGP, Box 1.
43. Diary Martijn Louis Deinum, NBMG 5.3.20548.
44. Diary of mevrouw C. W. Wisman, RAN 579/665.
45. Gavin interview 20.1.67, CRCP 101/10.
46. Fr H. Hoek, Groesbeek, CRCP 122/44.
47. Lt Wayne H. Smith, F/II/508/82, NARA RG407, Entry 427B, Box 19182, ML2235.
48. Dwayne T. Burns, F/II/508/82, EC-UNO.
49. Pfc Joe Tallett, C/I/505/82, EC-UNO.
50. Ibid.
51. Other accounts, Arthur Schultz, C/I/505/82, EC-UNO, and CRCP 105/2; Gerald Johnson, C/I/505/82, EC-UNO.
52. Lt Jack Tallerday, C/505/82, CRCP 105/9.
53. B. Warriner, 434th Troop Carrier Group, USAAF, EC-UNO.
54. Memorandum for Charles B. MacDonald, Office of the Chief of Military History from Major Thomas P. Furey, 8.3.54, JMGP, Box 15.
55. Capt Eddie Newbury, Browning's ADC, CRCP 108/5.
56. TNA WO 171/1257.
57. TNA WO 171/1256. Aalst, War Diary, 2nd (Armoured) Bn, Irish Guards, TNA WO 171/1256.
58. Vandeleurs' swim, J. O. E. Vandeleur, CRCP 102/17.
59. Flt Lt Donald Love, CRCP 115/17.
60. Assault guns, Maj Edward Tyler, 2nd (Armoured) Bn, Irish Guards, CRCP 115/33.
61. German guns north of Aalst, War Diary, 2nd (Armoured) Bn, Irish Guards, TNA WO 171/1256.
62. Diary Jeanette Roosenschoon Gartion, RHCE 13154:1/10794.
63. RHCE D-0001/1383.
64. Lt John Quinan, 2nd (Armoured) Bn, Irish Guards, CRCP 115/2.
65. J. O. E. Vandeleur, CRCP 102/17.
66. 107 Panzer-Brigade and the Soeterbeek Bridge, RHCE D-0001/1383; also

Eindhovens Dagblad, 31.1.66.
67. Tallett, C/I/505/82, EC-UNO.
68. 2nd Lt Jack P. Carroll, 505/82, NARA RG 407, Entry 427B, Box 19182, ML2235.
69. Tallett, C/I/505/82, EC-UNO.
70. SS trooper and grenade, P. Nuis, CRCP 93/5.
71. Elias H. Broekkamp, Nijmegen, CRCP 123/14.
72. Fr Wilhelmus Peterse, CRCP 123/30.
73. P. Nuis, CRCP 93/5.
74. Diary Albertus Uijen, RAN 579/23-33.
75. Ibid.

第十五章 9月19日，阿纳姆

1. AAMH 50EO 078.
2. Hans Möller, SS Pionier-Bataillon 9, BArch-MA N756 158A, 59.
3. Maj Robert Cain VC, 2nd South Staffords, CRCP 113/44.
4. Maj J. E. Blackwood, 11 Para, 4th Parachute Brigade, NIOD 244/1237.
5. Pvt Maurice Faulkner, CRCP 111/49.
6. Warrack report, FAAA, NARA RG331/Entry 256/Box35.
7. SS panzergrenadier crying, Signalman Stanley Heyes, 3rd Para Bn, CRCP 111/19.
8. Blackwood, NIOD 244/1237.
9. Cain at St Elisabeth Hospital and Den Brink, Cain, CRCP 113/44.
10. Stuart Mawson, *Arnhem Doctor*, Staplehurst, 2000, p.57.
11. Rev. G. A. Pare, Glider Pilot Regiment, CRCP 117/1.
12. GSO1, 1st Airborne Division, CRCP 108/3.
13. LKP underground, Albert Horstman, CRCP 120/28.
14. FAAA, NARA RG331/Entry 253/Box1.
15. Maj John Waddy, 156th Para Bn, CRCP 113/33.
16. Maj G. Powell, 156th Para Bn, CRCP 113/18.
17. Sgt Francis Fitzpatrick, 10th Para Bn, CRCP 112/48.
18. Victoria Cross citation, *London Gazette*, 1.2.45.
19. Lt Bruce E. Davis, 306th Fighter Control Squadron, USAMHI and FAAA, NARA RG331/Entry 253/Box1.
20. Diary H. E. L. Mollet, GAA 1557/27.
21. Pare, CRCP 117/1.
22. Stasiak in Jerzy Kisielewski (ed.), *Polscy spadochroniarze. Pamiętnik Żołnierzy*, Newtown, 1949, p.291, CBW.
23. PISM A.v.20 31/38.
24. Maj Francis Lindley, 10 Para, CRCP 113/5.
25. Pvt James Jones, 10 Para, CRCP 113/2.

26. FAAA, NARA RG331/Entry 253/Box1.
27. Flying Officer Henry King, CRCP 117/30.
28. Hans Möller, SS Pionier-Bataillon 9, BArch-MA N756 158A, 5.
29. Interview Walter Harzer, 9th SS Panzer-Division, GA-CB 2171/25.
30. Bob Gerritsen and Scott Revell, *Retake Arnhem Bridge: Kampfgruppe Knaust, September-October 1944*, Renkum, 2014, p.60.
31. Interview Walter Harzer, 9th SS Panzer-Division, GA-CB 2171/25.
32. Upright piano riddled with bullets, Coenraad Hulleman, CRCP 120/30.
33. Lt D. R. Hindley, 1st Para Squadron RE, CRCP 117/36.
34. Sgt Norman Swift, A Troop, 1st Para Squadron RE, CRCP 111/5.
35. Sapper Gordon Christie, B Troop, 1st Para Squadron RE, CRCP 110/36.
36. Alfred Ringsdorf, I/21 Pzgr-Rg/10 SS Pz-Div, CRCP 130/14.
37. Maj E. M. Mackay RE, 'The Battle of Arnhem Bridge', *Royal Engineers Journal*, Dec. 1954, pp.305ff.
38. Diary unknown paratrooper, 2 Para, CRCP 94/3.
39. German counter-attack, report by Lt H. A. Todd on Claude Mission, JMGP, Box 15.
40. Mackay, 'The Battle of Arnhem Bridge', pp.305ff.
41. Todd on Claude Mission, JMGP, Box 15.
42. Logan and Egan, Rev Fr. Bernard Egan, CRCP 110/40.
43. Cpl Eric Gibbins, 2nd Para Bn, CRCP 110/43.
44. Todd on Claude Mission, JMGP, Box 15.
45. Mackay, 'The Battle of Arnhem Bridge', pp.305ff.
46. Maj C. F. H. Gough, 1st Airborne Reconnaissance Squadron, CRCP 114/17.
47. Lt Patrick Barnett, Defence Platoon, 1st Parachute Brigade, CRCP 109/26.
48. Pvt Arthur Watson, C Company, 3rd Para Bn, CRCP 111/32.
49. Gough, CRCP 114/17.
50. Horst Weber, 1st Battalion, 21st SS Panzergrenadier-Regiment, CRCP 131/1.
51. Signalman James Haysom, 1st Para Brigade, CRCP 110/47.
52. Blackwood, NIOD 244/1237.
53. Pvt Robert Edwards, D Company, 2nd South Staffords, CRCP 111/47.
54. S/Sgt Dudley Pearson, chief clerk, 4th Para Brigade, CRCP 113/17.
55. Sgt Stanley Sullivan, 21st Independent Parachute Company, CRCP 114/12.
56. Col R. Payton-Reid, CRCP 112/15.
57. Diary of Events, DDMS, 1st Airborne Division, FAAA, NARA RG331/Entry 256/Box 35.
58. HvdV, p.44.
59. Ibid., p.46.
60. Sturmgeschütz Brigade, Wilhelm Rohrbach, CRCP 132/18.
61. Lt Col John Frost, CO 2 Para, CRCP 110/42.

62. Tiger tank at the school, Maj Richard Lewis, C Company, 3rd Para Bn CRCP 111/20.
63. H.-G. Köhler, Schwere Panzer Abteilung 506, B.Arch-MA MsG2 5173/3.
64. Model and Nijmegen, Chef Gen.St.H.Gr. 15.20h, 19.9.44, H.Gr.B., KTB, BArch-MA RH 19 IX/90, 45.
65. Ibid.
66. Pvt James Sims, 2nd Para Bn, CRCP 111/1.
67. Lt Patrick Barnett, Defence Platoon, 1st Parachute Brigade, CRCP 109/26.
68. GA-CB 2171/1.
69. Weber, CRCP 131/1.
70. Alfred Ringsdorf, I/21 Pzgr-Rg/10 SS Pz-Div, CRCP 130/14.
71. Ibid.
72. Anonymous diary, NIOD 244/1040.

第十六章　9月19日，奈梅亨和艾恩德霍芬

1. War Diary, 2nd (Armoured) Bn, Irish Guards, TNA WO 171/1256.
2. Wierzbowski's little force, Lt Edmund L. Wierzbowski, H, III/502/101, CRCP 98/5.
3. Ibid.
4. Fired their last rounds, ibid.
5. Frank Gillard, in British Broadcasting Corporation, *War Report: A Record of Dispatches Broadcast by the BBC's War Correspondents with the Allied Expeditionary Force, 6 June 1944-May 1945*, London, 1946, pp.236-7.
6. Browning on 19.9.44, Col George Chatterton, Glider Pilot Regiment, CRCP 108/2.
7. Daphne du Maurier, letter, 29.3.67, CRCP 108/1.
8. Capt A. G. Heywood, 2 Grenadier Guards, CRCP 115/7.
9. Interview Gavin, 20.1.67, CRCP 101/10.
10. Maj Gen Sir Allan Adair, Guards Armoured Division, CRCP 114/38.
11. Heywood, CRCP 115/7.
12. Maj H. F. Stanley, 1st Motorized Battalion, Grenadier Guards, CRCP 102/17.
13. Jan van Hoof, Fr Anton Timmers SJ, Official Waalbridge report of 13.3.49, for the Municipality of Nijmegen, CRCP 102/17, and RAN; Capt Arie Bestebreurtje, CRCP 93/1 and 101/7.
14. Meeting with Horrocks, Gavin letter to General Smith, OCMH, 17.6.54, JMGP, Box 15.
15. Capt Robert Franco, 2/505/82, CRCP 104/33.
16. Maj R. Winters, E/II/506/101, Veterans Survey 101st Airborne Division, USAMHI, Box 2.

17. Stanley, CRCP 102/17.
18. Gerardus Nicolaas Groothuijsse, CRCP 101/7.
19. Bridge approach blocked, TNA WO 205/1125.
20. 2nd Lt Jack P. Carroll, 505/82, NARA RG407, Entry 427B, Box 19182, ML2235.
21. 2nd Battalion paratroopers on rooftops, Gavin lecture at US Army War College, JMGP, Box 1.
22. Diary Albertus Uijen, RAN 579/23-33.
23. Cornelis Rooijens, CRCP 123/34.
24. P. Nuis, CRCP 93/5.
25. Diary Johanna Marie Fokkinga, RAN 579/662.
26. R. W. Van den Broek, Nijmegen, NIOD 244/850.
27. Lt William J. Meddaugh, E/II/505/82, CRCP 104/3.
28. Diary Martijn Louis Deinum, NBMG 5.3.20548.
29. Nuis, CRCP 93/5.
30. Rooijens, CRCP 123/34.
31. SS-Brigadeführer Harmel, FMS P-163.
32. 21.30h, 19.9.44, H.Gr.B., KTB, BArch-MA RH 19 IX/90.
33. Capt Louis A. Hauptfleisch, Regimental Adjutant 504/82, CRCP 102/29.
34. Chatterton, CRCP 108/2.
35. Gittman and accidental shot, T. Moffatt Burriss, *Strike and Hold*, Washington, DC, 2000, pp.108-9.
36. FAAA, NARA RG331/Entry 254/Box 20.
37. H.Gr.B., KTB, BArch-MA RH 19 IX/90, 45.
38. D/I/502/101, NARA RG407, Entry 427B, Box 19182, ML2235.
39. Ibid.
40. FAAA, NARA RG331/Entry 254/Box 20.
41. Capt LeGrand K. Johnson, F/II/502/101, NARA RG407, Entry 427B, Box 19182, ML2235.
42. CRCP 93/5.
43. Hauptmann Wedemeyer, RHCE D-0001/1383/2042.
44. 107th Panzer-Brigade, Lt Col Hannah, G-3 101, NARA RG407, Entry 427B, Box 19182, ML2235.
45. Diary Jeanette Roosenschoon Gartion, RHCE 13154:1/10794.
46. RHCE 10166.94.
47. Door J. Slagboom, RHCE 14475.
48. Dr J. P. Boyans, CRCP 122/17.
49. Brereton to Dempsey headquarters, TNA WO 219/4998.
50. CBHC, Box 4, Folder 13.
51. Diary mej. Crielaers, RHCE D-0001/1383/2042.
52. RHCE D-0001/ 1383.

53. J. F. Fast, Eindhoven, NIOD 244/191.
54. Diary mej. Crielaers, RHCE D-0001/1383/2042.
55. 227 killed and 800 wounded, HKNTW, p.511.

第十七章 9月20日，奈梅亨——渡过瓦尔河

1. Maj H. P. Stanley, 1st Motorized Battalion, Grenadier Guards, CRCP 102/17.
2. Homeless fed at hospital, Sister M. Dosithée Symons, St Canisius Hospital, CRCP123 /39.
3. Q Battery 21st, Anti-Tank Regiment, TNA WO 205/1125.
4. Stanley, CRCP 102/17.
5. Ibid.
6. Ibid.
7. Maj Gen Sir Allan Adair, Guards Armoured Division, CRCP 114/38.
8. Sgt Peter Robinson, No. 1 Squadron, 2nd (Armoured) Bn, Grenadier Guards, CRCP 115/22.
9. Lt Henry B. Keep, letter to his mother, 20.11.44, JMGP, Box 15.
10. Capt Carl W. Kappel, H/504/82, CRCP 103/1.
11. Keep, letter to mother.
12. Gavin Correspondence, letter to General Smith, OCMH, 17.6.54, JMGP.
13. Maj Edward Tyler, 2nd (Armoured) Bn, Irish Guards, CRCP 115/33.
14. Lt Virgil F. Carmichael, III/504/82, CRCP 102/16.
15. Sgt T4 Albert A. Tarbell, HQ/II/504/82, CRCP 103/21.
16. Preparations for the crossing, Capt W. A. Burkholder, HQ/III/504/82; 2nd Lt H. H. Price, I/III/504/82, NARA RG407, Entry 427B, Box 19182, ML2235.
17. Lt Col Giles Vandeleur, CRCP 115/36.
18. Carmichael, CRCP 102/16.
19. Maj Julian Cook, III/504/82, CRCP 102/17.
20. Keep, letter to mother.
21. Lt John Gorman, 2 Irish Guards, CRCP 115/2.
22. Giles Vandeleur, CRCP 115/36.
23. Keep, letter to mother.
24. Lt Hyman D. Shapiro, III/504/82, CRCP 106/52.
25. Keep, letter to mother.
26. Gorman, CRCP 115/2.
27. Lt Col Giles Vandeleur, CRCP 102/17.
28. Tyler, CRCP 115/33.
29. Keep, letter to mother.
30. S/Sgt Clark Fuller, H/504/82, CRCP 102/25.
31. TNA WO 205/1125.

32. Quoted Bob Gerritsen and Scott Revell, *Retake Arnhem Bridge: Kampfgruppe Knaust, September-October 1944*, Renkum, 2014, p.87.
33. Carmichael, CRCP 102/16.
34. Seventy-five German bodies, British Broadcasting Corporation, *War Report: A Record of Dispatches Broadcast by the BBC's War Correspondents with the Allied Expeditionary Force, 6 June 1944-May 1945,* London, 1946, p.243.
35. Lt Richard G. La Riviere, H/III/504/82, CRCP 103/7.
36. Scattered banknotes, Shapiro, CRCP106/52.
37. Burkholder, NARA RG407, Entry 427B, Box 19182, ML2235.
38. Cpl Jack Louis Bommer, HQ Company/504/82, CRCP 102/11.
39. Kappel, CRCP 103/1.
40. Railway bridge massacre, Lt Edward J. Sims, H/III/504/82, Veteran Survey 82nd Airborne, Box 1, USAMHI; Kappel, CRCP 103/1; La Riviere, CRCP 103/7.
41. 175 prisoners at railway bridge, Burkholder, NARA RG407, Entry 427B, Box 19182, ML2235.
42. Cutting off fingers for wedding rings, La Riviere, CRCP 103/7.
43. 27.9.44, Fullriede Tagebuch, BArch-MA MSG2 1948.
44. Message confusion over which bridge, War Diary, 2nd (Armoured) Bn, Irish Guards, TNA WO 171/1256.
45. Stanley, CRCP 102/17.
46. Capt Arie Bestebreurtje, CRCP 101/7.
47. Robinson, CRCP 115/22.
48. Lt A. G. C. Jones, troop commander, 14 Field Squadron RE, CRCP 102/17.
49. Lt Col B. H. Vandervoort, CRCP 105/14.
50. SS-Brigadeführer Heinz Harmel, 10th SS Panzer-Division, GA-CB 2171/17.
51. American officer threatening Carrington, T. Moffatt Burriss, *Strike and Hold*, Washington, DC, 2000, p.124.
52. Pogue interview with Bedell Smith, 13.5.47, OCMH WWII Interviews, USAMHI
53. Harmel, GA-CB 2171/17.
54. Keep, letter to mother.
55. Brian Horrocks, *A Full Life*, London, 1960, p.221.
56. Ibid., p.197.
57. 18.35h, 20.9.44, H.Gr.B., KTB, BArch-MA RH 19 IX/90, 62.
58. Ibid., 52.
59. 19.30h, H.Gr.B., KTB, BArch-MA RH 19 IX/90, 62-3.
60. Harmel's claim about Nijmegen Bridge, *Der Freiwillige*, Nr. 7/8 1981, p.49, BArch-MA N756 163/A.
61. H.Gr.B., KTB, BArch-MA RH 19 IX/90.
62. Letter Rauter, Scheveningen, 10.10.48, GA-CB 2171/24d; and RvOD, p.617.
63. II SS Panzerarmeekorps, BArch-MA RS2-2 32, p.6.

64. German attack on 20.9.44, BArch-MA RH24-203/4, pp.55-6.
65. Gavin lecture at US Army War College, JMGP, Box 1.
66. Horrocks, *A Full Life*, p.229.
67. Grave for seven German soldiers, Fr H. Hoek, Groesbeek, CRCP 122/44.
68. Americans setting off on patrol, Jhr van Grotenhuis van Onstein, Groesbeek, CRCP 123/1.
69. Lt Col Hannah, G-3/101, NARA RG407, Entry 427B, Box 19182, ML2235.
70. T/Sgt D. Keimer, 101st Airborne Military Police Platoon, EC-UNO.
71. Hannah, NARA RG407, Entry 427B, Box 19182, ML2235.
72. Rations problem, XVIII Airborne Corps, NARA RG498 290/56/2/3, Box 1466.
73. 2HCR War Diary, TNA WO 171/837.
74. FAAA, NARA RG331/Entry 254/Box 20.
75. Ibid.
76. Ibid.
77. Ibid.
78. ALDS.
79. Laurence Critchell, *Four Stars of Hell*, New York, 1974, pp.120-1.
80. Ibid.
81. ALDS.
82. Fr Wilhelmus Peterse, CRCP 123/30.
83. Diary Albertus Uijen, RAN 579/23-33.
84. Peterse, CRCP 123/30.
85. Joseph F. Brumbaugh, I/508/82, EC-UNO.
86. DDEP, Box 83.

第十八章 9月20日，阿纳姆大桥和奥斯特贝克

1. Piet Hoefsloot, CRCP 120/25.
2. SS-Brigadeführer Harmel, FMS P-163.
3. II SS Panzerarmeekorps, BArch-MA RS2-2 32, p.5.
4. Lt Col John Frost, CO 2 Para, CRCP 110/42.
5. Signalman Stanley Copley, 1st Para Brigade, CRCP 110/1.
6. ALDS.
7. Harmel, FMS P-163.
8. Capt Eric Mackay, 1st Para Squadron RE, 'The Battle of Arnhem Bridge', *Royal Engineers Journal*, Dec. 1954, pp.305ff.
9. Ibid.
10. Alfred Ringsdorf, I/21 Pzgr-Rg/10 SS Pz-Div, CRCP 130/14.
11. Frost, CRCP 110/42.
12. Pvt James Sims, 2nd Para Bn, CRCP 111/1.

13. Ibid.
14. Frost, CRCP 110/42.
15. L/Bdr John Crook, Light Regiment RA, CRCP 113/48.
16. Sapper Gordon Christie, B Troop, 1st Para Squadron RE, CRCP 110/36.
17. Sims, CRCP 111/1.
18. Dr Pieter de Graaf, CRCP 120/19.
19. Tank at hospital, Ton Gieling, GAA 1557/1511.
20. CSM Dave Morris, 11 Para, CRCP 113/8.
21. Lt Col William Thompson, 1st Light Regiment RA, CRCP 114/1.
22. Pvt William O'Brien, 11 Para, CRCP 113/13.
23. Heathcoat-Amory and Phantom, David Bennett, 'Airborne Communications in Operation Market Garden', *Canadian Military History,* vol. 16, issue 1, Winter 2007, p.40.
24. Terrified young soldier, S/Sgt Dudley Pearson, chief clerk, 4th Para Brigade, CRCP 113/17.
25. Maj G. Powell, 156th Para Bn, CRCP 113/18.
26. 'In the Mood', "Gentlemen of the...", Capt Harry Faulkner-Brown, 4th Para Squadron RE, quoted John Waddy, *A Tour of the Arnhem Battlefields*, Barnsley, 2011, pp.146-7.
27. Diary H. E. L. Mollett, GAA 1557/27.
28. Dr Marius van de Beek, CRCP 126/24.
29. Maj Charles Breese, D Company, 1 Border, CRCP 111/42.
30. Lt Michael Long, Glider Pilot Regiment, CRCP 116/32.
31. HKNTW, p.380.
32. Lt Paul B. Johnson, FAAA, NARA RG331/Entry 253/Box1.
33. Lt Bruce Davis, FAAA, NARA RG331/Entry 253/Box1.
34. Charles Douw van der Krap, CRCP 125/2, and Jan Eijkelhoff, CRCP 125/3.
35. RSM William Kibble, CRCP 109/13.
36. Diary of Events, DDMS, 1st Airborne Division, FAAA, NARA RG331/Entry 256/Box35.
37. Hans Möller, SS Pionier-Bataillon 9, BArch-MA N756 158A, 61.
38. Ibid.
39. HvdV, pp.56-7.
40. Ibid., p.57.
41. Ibid., p.58.
42. Diary of Events, DDMS, 1st Airborne Division, FAAA, NARA RG331/Entry 256/Box35.
43. HvdV, pp.59-60.
44. Stuart Mawson, *Arnhem Doctor*, Staplehurst, 2000, p.89.
45. Ibid., p.83.

46. Ibid., p.81.
47. Cpl T. Brace CRCP 109/29.
48. Sister Stransky, St Elisabeth Hospital, CRCP 121/20.
49. Cpl Terry Brace, RAMC, CRCP 109/29.
50. Maj Richard T. H. Lonsdale, 2ic 11 Para, CRCP 113/6.
51. Lance Sgt John Baskeyfield VC, South Staffordshire Regiment, *London Gazette*, 23.11.44.
52. S/Sgt Richard Long, Glider Pilot Regiment, CRCP 116/33.
53. Maj Robert Cain VC, 2nd South Staffords, CRCP 113/44.
54. Major Robert Cain VC, *London Gazette*, 2.11.44.
55. The Peace House, CSM Dave Morris, 11 Para, CRCP 113/8.
56. Lt Stefan Kaczmarek, Polish Parachute Brigade, CRCP 132/18.
57. War Diary, 1st Polish Parachute Brigade Group, PISM A.v.20 31/27.
58. FAAA, NARA RG331/Entry 254/Box 20.
59. Jerzy Kisielewski (ed.), *Polscy spadochroniarze. Pamiętnik Żołnierzy*, Newtown, 1949, p.292, CBW.
60. PISM A.v.20 31/27 3.
61. Ibid.

第十九章 9月21日，奈梅亨和"地狱之路"

1. H.Gr.B., KTB, BArch-MA RH 19 IX/90, 64.
2. Fallschirmjäger under Major Ahlborn, SS-Brigadeführer Harmel, FMS P-163.
3. Erich Kern, *Buch der Tapferkeit*, Starnberger See, 1953, p.111.
4. Harmel, FMS P-163.
5. Defence line, BArch-MA RS2-2 32, p.7.
6. Artillery at Pannerden, SS-Brigadeführer Heinz Harmel, 9th SS Panzer-Division, GA-CB 2171/1.
7. CRCP 128/4.
8. Generalmajor Buttlar, H.Gr.B., KTB, BArch-MA RH 19 IX/90, 72.
9. Maj Julian Cook, III/504/82, CRCP 102/17.
10. *Trouw*, 25.5.96.
11. Johanna Bremen, Nijmegen, CRCP 123/13.
12. Bremen, CRCP 123/13.
13. 307th Airborne Medical Company, FAAA, NARA RG331/Entry 256/Box 35.
14. Ibid.
15. Otis Sampson, JMGP, Box 15.
16. Capt Arie Bestebreurtje, CRCP 101/7.
17. Lt A. G. C. Jones, troop commander 14 Field Squadron RE, CRCP 102/17.
18. Diary Martijn Louis Deinum, NBMG 5.3.20548.

19. Diary Johanna Marie Fokkinga, RAN 579/662.
20. Cornelis Rooijens, CRCP 123/34.
21. Simon van Praag, CRCP 123/33.
22. Rooijens, CRCP 123/34.
23. Diary Martijn Louis Deinum, NBMG 5.3.20548.
24. Diary mevrouw C. W. Wisman, RAN 579/665.
25. 11.00h, 21.9.44, BArch-MA RH 19 IX/22, 119.
26. Lt Col Giles Vandeleur, CRCP 102/17.
27. Timings of attack, War Diary, 2nd (Armoured) Bn, Irish Guards, TNA WO 171/1256.
28. Capt Roland Langton, 2nd (Armoured) Bn, Irish Guards, CRCP 115/14.
29. Flt Lt Donald Love, CRCP 115/17.
30. War Diary, 2nd (Armoured) Bn, Irish Guards, TNA WO 171/1256.
31. Capt Michael Willoughby, Coldstream Guards, CRCP 115/44.
32. Lt Col J. O. E. Vandeleur, CRCP 102/17.
33. Langton, CRCP 115/4.
34. Love, CRCP 115/17.
35. Maj Gen Sir Allan Adair, Guards Armoured Division, CRCP 114/38.
36. Brigadier General Parks's assurance, Maj Jerzy Dyrda, 'Przemilczana odprawa w historiografii bitwy o Arnhem', *Wojskowy Przegląd Historyczny*, issue 1 (127), 1989, pp.125-37; and FAAA, NARA RG331/Entry 254/Box 20.
37. 2Lt Sz. Relidziński, in Jerzy Kisielewski (ed.), *Polscy spadochroniarze. Pamiętnik Żołnierzy*, Newtown, 1949, p.299, CBW.
38. PISM A.v.20 31/32 41.
39. Kern, *Buch der Tapferkeit*, p.107.
40. Kisielewski (ed.), *Polscy spadochroniarze*, p.301, CBW.
41. War Diary, 1st Polish Parachute Brigade Group, PISM A.v.20 31/27.
42. Kisielewski (ed.), *Polscy spadochroniarze*, p.303, CBW.
43. 957 men, War Diary, 1st Polish Parachute Brigade Group, PISM A.v.20 31/27.
44. Fr Alfred Bednorz, in Kisielewski (ed.), *Polscy spadochroniarze*, p.305, CBW.
45. Reconnaissance patrol, S/Sgt Woll Juhas, CRCP 132/37.
46. Maj Gen Sosabowski, CRCP 132/45.
47. Urquhart's order to Sosabowski, PISM A.v.20 31/60.
48. 21.35h, 21.9.44, H.Gr.B., KTB, BArch-MA RH 19 IX/90, 76.
49. C/I/504/ 82, CRCP101/1.
50. ALDS.
51. FAAA, NARA RG331/Entry 254/Box 20.
52. Ibid.
53. Cup of coffee, Schijndel, Laurence Critchell, *Four Stars of Hell*, New York, 1974, pp.128-30.

54. FAAA, NARA RG331/Entry 254/Box 20.
55. Ibid.
56. TNA WO 171/837.
57. FAAA, NARA RG331/Entry 254/Box 20.
58. Critchell, *Four Stars of Hell*, p.145.
59. Carl Cartledge, 501/101, EC-UNO.
60. General der Fallschirmtruppen Eugen Meindl, FMS B-093.

第二十章 9月21日，奥斯特贝克

1. Lt Patrick Barnett, Defence Platoon, 1st Parachute Brigade, CRCP 109/26.
2. Lieutenant Todd, Report by Lt H. A. Todd on Claude Mission, JMGP, Box 15.
3. Horst Weber, 1st Battalion, 21st SS Panzergrenadier-Regiment, CRCP 131/1.
4. Piano on the stage, L/Cpl John Smith, Royal Signals, 1st Parachute Brigade, CRCP 109/22.
5. Diary unknown paratrooper, 2 Para, CRCP 94/3.
6. Signalman James Haysom, 1st Para Brigade, CRCP 110/47.
7. Trembling soldier, Pte Arthur Watson, C Company, 3rd Para Bn, CRCP 111/32.
8. Sapper Gordon Christie, B Troop, 1st Para Squadron RE, CRCP 110/36.
9. Marching off from collecting point, Capt B. W. Briggs, HQ 1st Para Brigade, CRCP 109/30.
10. Diary unknown paratrooper, 2 Para, CRCP 94/3, and CRCP 92/9.
11. Alfred Ringsdorf, I/21 Pzgr-Rg/10 SS Pz-Div, CRCP 130/14.
12. Weber, CRCP 131/1.
13. Generalleutnant Krebs, 1.10.44, H.Gr.B., Feindlagebeurteilungen, BArch-MA RH 19 IX/19, 52.
14. Gräbner's men still alive, Hans-Peter Knaust, CRCP 130/13.
15. Ringsdorf, CRCP 130/14.
16. Knaust, CRCP 130/13.
17. Ibid.
18. Walter Harzer, 9th SS Panzer-Division, GA-CB 2171/25.
19. Bittrich's report 20.9.44, II SS Panzerarmeekorps, BArch-MA RS2-2 32, p.7.
20. Lippert and Tettau, Wilhelm Bittrich, Boeree interview, GA-CB 2171/24c.
21. Sgt Edward Basnett, Glider Pilot Regiment, CRCP 116/12.
22. German soldier surrendering, S/Sgt Holt, Glider Pilot Regiment, CRCP 116/28.
23. Falling asleep during the battle, Pvt Walter Boldock, HQ Company, 1st Para Bn, CRCP 109/28.
24. Pvt Robert Edwards, D Company, 2nd South Staffords, CRCP 111/47.
25. Lonsdale in Bren-gun carrier, Cpl Mills, Interview MPRAF.
26. S/Sgt Dudley Pearson, chief clerk, 4th Para Brigade, CRCP 113/17.

27. Maj J. E. Blackwood, 11 Para, 4th Parachute Brigade, NIOD 244/1237.
28. Maj Robert Cain VC, 2nd South Staffords, *London Gazette*, 2.11.44.
29. L/Cpl Wilson, 12 Platoon, quoted John Waddy, *A Tour of the Arnhem Battlefields*, Barnsley, 2011, p.131.
30. 21.9.44, Fullriede Tagebuch, BArch-MA MSG2 1948.
31. Jhr B. C. de Jonge, AAMH 50N00635.
32. Col R. Payton-Reid, CRCP 112/15.
33. Ibid.
34. Hugh Gunning, *Borderers in Battle*, Berwickon-Tweed, 1948, p.198.
35. Lt John Stevenson, 'Arnhem Diary', *Reconnaissance Journal*, vol. 4, no. 1, Autumn 1947.
36. Lt Paul Johnson, FAAA, NARA RG331/Entry 253/Box 1.
37. Cpl George Cosadinos, 1st Para Squadron RE, diary, CRCP 109/5.
38. Johnson, FAAA, NARA RG331/Entry 253/Box 1.
39. L/Bdr James Jones, 1st Light Regiment RA, CRCP 113/52.
40. Ammunition resupply Light Regiment RA, Lt Col R. G. Loder-Symonds, CRA, MPRAF.
41. Private McCarthy's search for tea, Lt Jeffrey Noble, 156th Para Bn, CRCP 113/13.
42. Oosterbeek, *Niet Tevergeefs. Oosterbeek September 1944*, Arnhem, 1946, p.44.
43. Lucianus Vroemen, CRCP 121/26.
44. Sheep at Tafelberg, Jan Donderwinkel, CRCP 125/1.
45. Tafelberg operating theatres, Diary of Events, DDMS, 1st Airborne Division, FAAA, NARA RG331/Entry 253/Box 1.
46. Rev. G. A. Pare, Glider Pilot Regiment, CRCP 117/1.
47. DDMS, 1st Airborne, FAAA, NARA RG331/Entry 256/Box 35.
48. Dutch young woman shot, Jan Lammerts, *Oosterbeek, September 1944*, Vereniging Vrieden van het Airborne Museum, Oosterbeek, 1988, p.76.
49. Cpl Geoffrey Stanners, 16th (Para) Field Ambulance, CRCP 110/24.
50. Arie Italiaander, No. 2 (Netherlands) Troop, 10 Commando, attached Reconnaissance Squadron 1st Airborne, CRCP 127/3.
51. Cpl Terry Brace, 16th (Para) Field Ambulance, CRCP 109/29.
52. Mosquito fighter-bomber with morphine, Maj Guy Rigby-Jones, 181st (Airlanding) Field Ambulance, CRCP 109/20.
53. Sapper Tim Hicks, C Troop, 1st Para Squadron RE, CRCP 110/8.
54. Sister Christine van Dijk, CRCP 120/15.
55. Cpl Roberts, RAMC, MPRAF.
56. Lt Col William Thompson, 1st Light Regiment RA, CRCP 114/1.
57. War Diary, 64th Medium Regt RA, TNA WO 171/1059.
58. Lt Col I. P. Tooley, RA, 'Artillery Support at Arnhem', *Field Artillery Journal*, April 1945.

59. GA-CB 2171/1.
60. FAAA, NARA RG331/Entry 254/Box 20.
61. Johnson, FAAA, NARA RG331/Entry 253/Box 1.
62. Saucepans on their heads like helmets, Jan Voskuil, CRCP 125/22.
63. Up to twenty-five people, anonymous diary, NIOD 244/1040.
64. Old lady in bed, Lt Michael Dauncey, Glider Pilot Regiment, CRCP 116/18.
65. Child with grenade, L/Sgt Harold York, CRCP 115/49.
66. Lt Bruce E. Davis, 306th Fighter Control Squadron, USAMHI and FAAA, NARA RG331/Entry 253/Box 1.
67. Glider pilots playing cribbage, S/Sgt George Baylis, CRCP 116/13.
68. 'In the mood', S/Sgt Holt, Glider Pilot Regiment, CRCP 116/28.
69. Signalman Kenneth Pearce, CRCP 114/30.
70. Sgt Stanley Sullivan, 21st Independent Parachute Company, CRCP 114/12.
71. Diary H. E. L. Mollett, GAA 1557/27.
72. Blackwood, NIOD 244/1237.

第二十一章 9月22日，黑色星期五

1. Capt Patrick J. Sweeney, H, 506/101, CRCP 98/40.
2. German attack on Veghel, Kreipe Diary, FMS P-069.
3. FAAA, NARA RG331/Entry 254/Box 20.
4. 09.30h, 22.9.44, H.Gr.B., KTB, BArch-MA RH 19 IX/90, 81.
5. Generalleutnant Walter Poppe, 59th Infanterie-Division, FMS B-149.
6. Kampfgruppe Heinke and the 107th Panzer-Brigade, 10.15h, 22.9.44, H.Gr.B., KTB, BArch-MA RH 19 IX/90, 82.
7. Kampfgruppe Walther, Poppe, FMS B-149.
8. Dr Leo Schrijvers, CRCP 126/23.
9. Pfc John J. Cipolla, CRCP 97/4.
10. Student claims 59th Division within a thousand metres, 22.9.44, H.Gr.B., KTB, BArch-MA RH 19 IX/90, 83.
11. Interview with Brig Gen Anthony C. McAuliffe, CRCP 96/9.
12. Lt Eugene D. Brierre, CRCP 96/19.
13. Sgt Desmond D. Jones, III/501/101, CRCP 97/7.
14. Lt Bates R. Stinson, NARA RG407, Entry 427B, Box 19182, ML2235.
15. FAAA, NARA RG331/Entry 254/Box 20.
16. Cpl Richard L. Klein, CRCP 97/11.
17. Capt Arthur W. Ferguson, 3/504/82, CRCP 102/23.
18. Heinrich Ullman, Capt Arthur W. Ferguson, 3/504/82, CRCP 102/23.
19. Edward J. Sims, WWII Veterans Survey, 82nd Airborne, Box 1, USAMHI.
20. 10.45h, 22.9.44, H.Gr.B., KTB, BArch-MA RH 19 IX/90, 82.

21. Ressen line, War Diary, 2nd (Armoured) Bn, Irish Guards, TNA WO 171/1256.
22. 2HCR War Diary, TNA WO 171/837.
23. Col Charles Mackenzie, GSO1, 1st Airborne Division, CRCP 108/3.
24. Albert Smaczny, OC 8 Company, 3rd Bn, 1st Polish Parachute Brigade, CRCP 132/44.
25. Cpl K. Gredecki, cited Jerzy Kisielewski (ed.), *Polscy spadochroniarze. Pami0tnik Żołnierzy*, Newtown, 1949, p.313, CBW;
26. Myers warning on dinghies, Maj Gen Sosabowski, CRCP 132/45.
27. 2HCR War Diary, TNA WO 171/837.
28. Maj J. E. Blackwood, 11 Para, 4th Parachute Brigade, NIOD 244/1237.
29. S/Sgt Dennis Ware, Glider Pilot Regiment, CRCP 117/14.
30. Lt Bruce E. Davis, 306th Fighter Control Squadron, USAMHI and FAAA, NARA RG331/Entry 253/Box 1.
31. German sergeant and calibre of bullets, Cpl Leonard Formoy, 1st Airborne Provost Company, CRCP 110/4.
32. Diary H. E. L. Mollett, GAA 1557/27.
33. Blackwood, NIOD 244/ 1237.
34. Jhr B. C. de Jonge, AAMH 50N00635.
35. 'H.G' Schiffs-Stamm-Abt., 18.45h, 22.9.44, H.Gr.B., KTB, BArch-MA RH 19 IX/90, 87.
36. Interview Walter Harzer, 9th SS Panzer-Division, GACB 2171/25.
37. Tettau, BArch-MA RH26-604 1, 8; Divisions-Befehl Nr. 15, BArch-MA MSG2 13622.
38. Harzer, GA-CB 2171/25.
39. 22.9.44, H.Gr.B., Feindlagebeurteilungen, BArch-MA RH 19 IX/19.
40. Lt Paul Johnson, FAAA, NARA RG331/Entry 253/Box 1.
41. Lt John Stevenson, 'Arnhem Diary', *Reconnaissance Journal*, vol. 4, no. 1, Autumn 1947.
42. Hendrik Valk, CRCP 121/24.
43. Sgt William Fenge, CRCP 116/20.
44. Sgt Roy Hatch, Glider Pilot Regiment, CRCP 116/26.
45. Sydney Jary, *18 Platoon*, Bristol, 1998, p.60.
46. HKNTW, p.379.
47. Anonymous, NIOD 244/1349.
48. ADMS, 1st Airborne, FAAA, NARA RG331/Entry 256/Box 35.
49. Cpl Geoffrey Stanners, 16th (Para) Field Ambulance, CRCP 110/24.
50. HKNTW, p.391.
51. Maj Gen R. E. Urquhart (with Wilfred Greatorex), *Arnhem*, Barnsley, 2008, p.126.
52. Kate A. ter Horst, CRCP 93/7.
53. Diary of Events, DDMS, 1st Airborne Division, FAAA, NARA RG331/Entry 256/

Box 35.
54. HvdV, pp.75-9.
55. CSM George Gatland, 11th Para Bn, CRCP 112/50.
56. Kisielewski (ed.), *Polscy spadochroniarze*, p.316, CBW.
57. Fifty-two Polish paratroopers, War Diary, 1st Polish Parachute Brigade Group, PISM A.v.20 31/27.
58. Robert W. Love and John Major (eds.), *The Year of D-Day: The 1944 Diary of Admiral Sir Bertram Ramsay*, Hull, 1994, p.129.
59. Montgomery to Eisenhower, 09.30, 21.9.44, DDEP, Box 83.
60. CBHC, Box 4, Folder 13.
61. CBHC, Box 42 S-19.
62. Montgomery diary, quoted Richard Mead, *General 'Boy': The Life of Lieutenant General Sir Frederick Browning*, Barnsley, 2010, p.140.
63. Brereton Diaries, p.354.
64. H.Gr.B., KTB, BArch-MA RH 19 IX/90, 86.

第二十二章 9月23日，星期六

1. Heydte, 6th Fallschirmjäger-Regiment, FMS C-001.
2. Laurence Critchell, *Four Stars of Hell*, New York, 1947, p.141.
3. Heydte, FMS C-001; and BArch-MA RL33 109.
4. Poppe, FMS B-149.
5. Lt James Murphy, A/I/501/101; Critchell, *Four Stars of Hell*, p.141.
6. 23.9.44, H.Gr.B., KTB, BArch-MA RH 19 IX/90, 97.
7. Casualty evacuation, FAAA, NARA RG331/Entry 256/Box 35.
8. Diary Martijn Louis Deinum, NBMG 5.3.20548.
9. FAAA, NARA RG331/Entry 254/Box 20.
10. Capt Adam A. Komosa, 504/82, CRCP 103/5.
11. Ibid.
12. Maj Julian Cook, 3/504/82, CRCP 102/17.
13. Stuart Hills, *By Tank into Normandy*, London, 2003, p.187.
14. Stanley Christopherson, *An Englishman at War*, London, 2014, p.451.
15. E. J. Vere-Davies, 1 Para, AAMH DOOS NO: 038.
16. Diary H. E. L. Mollett, GAA 1557/27.
17. Lt John Stevenson, 'Arnhem Diary', *Reconnaissance Journal*, vol. 4, no. 1, Autumn 1947.
18. Brig P. H. W. Hicks, 1st Airlanding Brigade, CRCP 112/3.
19. Sgt Edward Mitchell, Glider Pilot Regiment, CRCP 116/37.
20. Capt Benjamin Clegg, CRCP 112/36.
21. Maj J. E. Blackwood, 11 Para, 4th Parachute Brigade, NIOD 244/1237.

22. Grenade thrown among prisoners, Oosterbeek, *Niet tevergeefs. Oosterbeek September 1944*, Arnhem, 1946, pp.54-5.
23. 156th Battalion, Maj G. Powell, 156th Para Bn, CRCP 113/18.
24. Joseph Sick, CRCP 132/18.
25. Jhr B. C. de Jonge, AAMH 50N00635.
26. HvdV, p.90.
27. Rev. G. A. Pare, Glider Pilot Regiment, CRCP 117/1.
28. Diary of Events, DDMS, 1st Airborne Division, FAAA, NARA RG331/Entry 256/Box 35.
29. Jan Eijkelhoff, CRCP 125/3.
30. Diary of Events, DDMS, 1st Airborne Division, FAAA, NARA RG331/Entry 256/Box 35.
31. Cpl Roberts, RAMC, MPRAF.
32. RAMC co-rporal at ter Horst house, Cpl Daniel Morgans, 1st Para Bn, CRCP 110/14.
33. 13.05h, 23.9.44, H.Gr.B., KTB, BArch-MA RH 19 IX/90, 97.
34. Troop movements Betuwe and Neder Rijn, BArch-MA RH26-604 1.
35. BArch-MA RH26-604 1, 17
36. Piano in Elst, Alfred Ringsdorf, I/21 Pzgr-Rg/10 SS Pz-Div, CRCP 130/14.
37. Horst Weber, 1st Battalion, 21st SS Panzergrenadier-Regiment, CRCP 131/1.
38. Ibid.
39. 2HCR War Diary, TNA WO 171/837.
40. Col Charles Mackenzie, GSO1, 1st Airborne Division, CRCP 108/3.
41. Capt Eddie Newbury, CRCP 108/5.
42. Maj Gen R. E. Urquhart (with Wilfred Greatorex), *Arnhem*, Barnsley, 2008, p.145.
43. Ibid., p.150.
44. Lieutenant Paul Johnson, FAAA, NARA RG331/Entry 253/Box 1.
45. Ibid.
46. Stirlings and C-47 casualty rate, FAAA, NARA RG331/Entry 254/Box20.
47. Maj Gen Sosabowski, CRCP 132/45.
48. Assault boats, Lt Wiesław Szczygieł, CRCP 132/44; and War Diary, 1st Independent Polish Parachute Brigade Group, PISM A.v.20 31/27.
49. Komosa, CRCP 103/5

第二十三章 9月24日，星期日

1. 11.30 that morning, War Diary, 1st Polish Parachute Brigade Group, PISM A.v.20 31/27.
2. Dyrda's account, Maj Jerzy Dyrda, 'Przemilczana odprawa w historiografii bitwy o Arnhem', *Wojskowy Przegląd Historyczny*, issue 1 (127), 1989, pp.125-37.

3. 1st Battalion, 1st Polish Independent Parachute Brigade, PISM A.v.20 31/32.
4. Dyrda, 'Przemilczana odprawa w historiografii bitwy o Arnhem', pp.125-37.
5. Richard Mead, *General 'Boy': The Life of Lieutenant General Sir Frederick Browning*, Barnsley, 2010, p.140 n. 9.
6. Ibid.
7. Hubert Essame, *The 43rd Wessex Division at War 1944-1945*, London, 1952, pp.132-3.
8. Dyrda, 'Przemilczana odprawa w historiografii bitwy o Arnhem', pp.125-37.
9. Brian Horrocks, *A Full Life*, London, 1960, p.231.
10. Dyrda, 'Przemilczana odprawa w historiografii bitwy o Arnhem', pp.125-37.
11. Col Charles Mackenzie, GSO1, 1st Airborne Division, CRCP 108/3.
12. Sgt Dwyer, quoted Stuart Mawson, *Arnhem Doctor*, Staplehurst, 2000, p.122.
13. Hackett and Pearson, S/Sgt Dudley Pearson, chief clerk, 4th Para Brigade, CRCP 113/17.
14. Hackett's chances at St Elisabeth Hospital, Brig G. Lathbury, CRCP 110/12.
15. Diary of Events, DDMS, 1st Airborne Division, FAAA, NARA RG331/Entry 256/Box 35.
16. Skalka and German intercepts, Karl Schneider, 'Ein Sieg der Menschlichkeit', *Der Landser*, Nr. 847, March 1993, pp.67-8, GAA 1557/1478.
17. Skalka driving into perimeter under white flag, SS-Stabsarzt Dr Egon Skalka, CRCP 131/6.
18. Diary of Events, DDMS, 1st Airborne Division, FAAA, NARA RG331/Entry 256/Box 35.
19. Warrack, ibid.
20. Harzer letter, 15.11.46, GA-CB 2171/25.
21. HvdV, p.106.
22. Maj John Waddy, 156th Para Bn, CRCP 113/33.
23. Diary of Events, DDMS, 1st Airborne Division, FAAA, NARA RG331/Entry 253/Box 1.
24. Ibid.
25. GA-CB 2171/24c.
26. H.Gr.B., KTB, BArch-MA RH 19 IX/5, 436.
27. Elimination of the Oosterbeek perimeter, 20.30h, 24.9.44, H.Gr.B., KTB, BArch-MA RH 19 IX/90, 111.
28. Hans Möller, SS Pionier-Bataillon 9, BArch-MA N756 158A, 61.
29. Diary H. E. L. Mollett, GAA 1557/27.
30. Cpl Władysław Korob, CRCP 132/40.
31. The apparently dead major, Cadet Adam Niebieszczański, CRCP 132/42.
32. Seizing containers, Albert Smaczny, OC 8 Company, 3rd Battalion, 1st Polish Parachute Brigade, CRCP 132/44.

33. Gunner Robert Christie, 1st (Airlanding) Light Regiment RA, CRCP 113/45.
34. Korob, CRCP 132/40.
35. Jan Voskuil, CRCP 125/22.
36. Capt Springett Demetriadi, Phantom, CRCP 116/7.
37. Ibid.
38. Lt John Stevenson, 'Arnhem Diary', *Reconnaissance Journal*, vol. 4, no. 1, Autumn 1947.
39. Maj J. E. Blackwood, 11 Para, 4th Parachute Brigade, NIOD 244/1237.
40. Harzer, GA-CB 2171/25.
41. 6th Fallschirmjäger-Regiment, FMS C-001.
42. Capt Percy Louis, FAAA, NARA RG331/Entry 256/Box 35.
43. Lt Col Gerald Tilly, 4th Dorsets, CRCP 116/4.
44. Ibid.
45. Maj James Grafton, 4th Dorsets, CRCP 116/5.
46. War Diary, 1st Polish Parachute Brigade Group, PISM A.v.20 31/27.
47. Dorsets try further crossings, ibid.
48. Grafton, CRCP 116/5.
49. Letter Browning to Urquhart, 23.9.44, CRCP 108/7, and Urquhart, *Arnhem*, pp.163-5.
50. Meeting of Arnhem underground, Albert Deuss, CRCP 120/14.
51. Bringing in medical supplies, FAAA, NARA RG331/Entry 256/Box 35.
52. British officers admit underestimation of Dutch underground, Albert Horstman, LKP, CRCP 120/28.
53. Gen Sir John Hackett, *I was a Stranger*, London, 1977, p.34.
54. 19.25h, 25.9.44, H.Gr.B., Eingegangene Einzelmeldungen, BArch-MA RH 19 IX/22, 63.

第二十四章 9月25日，"柏林"行动

1. II SS Panzerarmeekorps, BArch-MA RS2-2 32, p.8.
2. LHCMA, Dempsey papers, 15/15/30.
3. Nigel Hamilton, *Monty: The Field Marshal 1944-1976*, London, 1986, p.89.
4. Field Marshal Lord Alanbrooke, *War Diaries 1939-1945*, London, 2001, p.600.
5. Kampfgruppe Spindler and Royal Tigers, Hans Möller, SS Pionier-Bataillon 9, BArch-MA N756 158A, 61.
6. 07.50h, 25.9.44, H.Gr.B., Eingegangene Einzelmeldungen, BArch-MA RH 19 IX/22, 68.
7. Warrack visiting Light Regiment, Diary of Events, DDMS, 1st Airborne Division, FAAA, NARA RG331/Entry 256/Box 35.
8. Władysław Klemens Stasiak, *W locie szumią spadochrony. Wspomnienia*

Żołnierza spod Arnhem, Warsaw, 1991, p.172.
9. Col Jan Golba, Polish Army Medical Corps, PISM A.v.20 31/43 17.
10. Lt Bruce E. Davis, 306th Fighter Control Squadron, USAMHI and FAAA, NARA RG331/Entry 253/Box 1.
11. Lt Col R. G. Loder-Symonds, CRA, MPRAF.
12. Maj J. E. Blackwood, 11 Para, 4th Parachute Brigade, NIOD 244/1237.
13. HvdV, p.116.
14. A. L. A. Kremer-Kingma, Oosterbeek, *Niet tevergeefs. Oosterbeek September 1944*, Arnhem, 1946, p.117.
15. Wounded boy, Cadet Adam Niebieszczański, CRCP 132/42.
16. Zwolański in Jerzy Kisielewski (ed.), *Polscy spadochroniarze. Pamiętnik Żołnierzy*, Newtown, 1949, pp.334-5, CBW.
17. British lieutenant and cigarette, Smaczny in ibid., p.326, CBW.
18. Blackwood, NIOD 244/1237.
19. *London Gazette*, 2.11.44.
20. Jhr B. C. de Jonge, AAMH 50N00635.
21. Powell at the Hartenstein, Maj G. Powell, 156th Para Bn, CRCP 113/18.
22. Blackwood, NIOD 244/1237.
23. Brig P. H. W. Hicks, 1st Airlanding Brigade, CRCP 112/3.
24. Stasiak, *W locie szumią spadochrony*, p.172.
25. Ibid.
26. Wieczorek in Kisielewski (ed.), *Polscy spadochroniarze*, p.338, CBW.
27. Guy Byam, British Broadcasting Corporation, *War Report: A Record of Dispatches Broadcast by the BBC's War Correspondents with the Allied Expeditionary Force, 6 June 1944-5 May 1945*, London, 1946, p.252.
28. Hicks, CRCP 112/3.
29. Phantom signals detachment, Lt Neville Hay, Phantom with 1st Airborne, CRCP 116/8.
30. Lt Bruce E. Davis, 306th Fighter Control Squadron, USAMHI and FAAA, NARA RG331/Entry 253/Box 1.
31. Gunner Ralph Cook, Light Regiment RA, CRCP 113/47.
32. Sgt Stanley Sullivan, 21st Independent Parachute Company, CRCP 114/12.
33. Urquhart and glider pilot chaplain, S/Sgt Les Frater, Glider Pilot Regiment, CRCP 116/21.
34. Diary H. E. L. Mollett, GAA 1557/27.
35. Germans convinced the British were reinforcing, Hauptmann Ritter von Schramm, BArch-MA MSG2 2403, p.4.
36. Anonymous, NIOD/244/1400.
37. Blackwood, NIOD 244/1237.
38. Pvt Henry Blyton, Border Regiment, CRCP 109/27.

39. Col R. Payton-Reid, CRCP 112/15.
40. Davis, USAMHI and FAAA, NARA RG331/Entry 253/Box1.
41. Mollett, GAA 1557/27.
42. Guy Byam, British Broadcasting Corporation, *War Report*, p.252.
43. Maj M. L. Tucker, 23 Canadian Field Company RCE, CRCP 117/39.
44. Pvt Arthur Shearwood, 11 Para, CRCP 113/24.
45. Swimming with a log, Cpl Władysław Korob, CRCP 132/40.
46. Lewis Golden, *Echoes from Arnhem*, London, 1984.
47. Three glider pilots, Sgt Roy Hatch, Glider Pilot Regiment, CRCP 116/26.
48. The helpers, Cpl George Potter, 1st Para Battalion, CRCP 110/18.
49. Report on evacuation, 23 Canadian Field Company RCE, CRCP 117/39.
50. Maj Gen Stanislaw Sosabowski, *Freely I Served*, Barnsley, 2013, p.188, and HKNTW, p.394.
51. L/Cpl Thomas Harris, 1st Para Bn, CRCP 110/7.
52. Maj Gen R. P. Pakenham-Walsh, *History of the Corps of Royal Engineers*, vol. ix, Chatham, 1958, p.320.
53. Smaczny in Kisielewski (ed.), *Polscy spadochroniarze*, p.326, CBW. Lieutenant Pudełko's company, Mieczysłw Chwastek, 3rd Bn, Polish Parachute Brigade, CRCP 132/36.
54. Kisielewski (ed.), *Polscy spadochroniarze*, p.342, CBW.
55. PISM A.v.20 31/36 14.
56. RSM Siely, 1st Light Regiment RA, MPRAF.
57. Naked men embarrassed, Payton-Reid, CRCP 112/15.
58. Maj G. Powell, 156th Para Bn, CRCP 113/18.
59. 'When the Lights Go on Again', Frater, CRCP 116/21.
60. Lt Neville Hay, Phantom with 1st Airborne, CRCP 116/8.
61. Maj Robert Cain VC, 2nd South Staffords, CRCP 113/44.
62. Numbers evacuated night of 25/26 September, FAAA, NARA RG331/Entry 254/Box 20.
63. Lt Col Robert Payton-Reid, KOSB, MPRAF.
64. He waved a white handkerchief, Kisielewski (ed.), *Polscy spadochroniarze*, p.342, CBW.
65. Chwastek, CRCP 132/36.
66. Smaczny's 8th Company at the riverbank, Lt Albert Smaczny, OC 8; Company, 3rd Bn, 1st Polish Parachute Brigade, CRCP 132/44.
67. Jan Blokker, *Achter de laatste brug*, Amsterdam, 2012, p.99.

第二十五章 9月26日，奥斯特贝克，阿纳姆，奈梅亨

1. Rev. G. A. Pare, Glider Pilot Regiment, CRCP 117/1.

2. C. B. Labouchere, 'Herinneringen aan de slag om Arnhem', GAA 2869/15.
3. Oosterbeek, *Niet tevergeefs. Oosterbeek September 1944*, Arnhem, 1946, p.60. Sturmgeschütz-Brigade, Wilhelm Rohrbach, CRCP 132/18.
4. Diary of Events, DDMS, 1st Airborne Division, FAAA, NARA RG331/Entry 256/Box 35.
5. Jan Eijkelhoff, CRCP 125/3.
6. Numbers of British soldiers found in Oosterbeek, 11.45h, 26.9.44, H.Gr.B., KTB, BArch-MA RH 19 IX/90, 129.
7. 26.9.44, Fullriede Tagebuch, BArch-MA MSG2 1948.
8. Sgt Ralph Sunley, 10 Para, CRCP 113/29.
9. Signalman Victor Reed, 1st Para Brigade, CRCP 110/20.
10. Dutchwoman singing 'God Save the King', L/Bdr James Jones, 1st Light Regiment RA, CRCP 113/52.
11. Glider pilot and mirror, S/Sgt George Baylis, CRCP 116/13.
12. Diary of Events, DDMS, 1st Airborne Division, FAAA, NARA RG331/Entry 256/Box 35.
13. Interview Bittrich, GA-CB 2171/24c.
14. BArch-MA RH 19 IX/12, 271.
15. German estimates of losses, H.Gr.B., KTB, BArch-MA RH 19 IX/90, 125.
16. 1,880 wounded, 29.9.44, H.Gr.B., KTB, BArch-MA RH 19 IX/90, 167.
17. Erwin, 28.9.1944, WLB-SS.
18. SS-Sturmmann K. H. Bangard, 16 SS Training and Replacement Battalion, CRCP 131/9.
19. Lucianus Vroemen, CRCP 121/26.
20. Hauptmann Wilhelm Ritter von Schramm, OKW, BArch-MA MSG2 2403, p.4.
21. 26.9.44, 9th SS Panzer-Division *Hohenstaufen*, BArch-MA RS3-9, pp.3-4.
22. Maj Gen R. E. Urquhart (with Wilfred Greatorex), *Arnhem*, Barnsley, 2008, pp.179-80.
23. Col Charles Mackenzie, GSO1, 1st Airborne Division, CRCP 108/3.
24. Trucks for the Poles refused, PISM A.v.20 31/60.
25. Capt Robert Franco, 2/505/82, CRCP 104/33.
26. Lt Paul B. Johnson, FAAA, NARA RG331/Entry 253/Box 1.
27. Ibid.
28. Brig P. H. W. Hicks, 1st Airlanding Brigade, CRCP 112/3.
29. Urquhart, Arnhem, pp.184-5.
30. Sgt Stanley Sullivan, 21st Independent Parachute Company, CRCP 114/12.
31. Gunner Robert Christie, 1st (Airlanding) Light Regiment RA, CRCP 113/45.
32. Hackett's 4th Parachute Brigade, Capt R. Temple, 4th Pct Bde Hq, CRCP 117/36.
33. Corporal of Horse William Chennell, 2HCR, CRCP 114/47.
34. Capt Roland Langton, 2nd (Armoured) Bn, Irish Guards, CRCP 115/4.

35. Maj Edward Tyler, 2nd (Armoured) Bn, Irish Guards, CRCP 115/33.
36. Charles Farrell, *Reflections 1939-1945*, Edinburgh, 2000, p.106.
37. Stuart Hills, *By Tank into Normandy*, London, 2003, p.175.
38. Louis Simpson, *Selected Prose*, New York, 1989, pp.95-6.
39. S/Sgt J. C. Reynolds, 325th Glider Infantry, JMGP, Box 15.
40. Sgt Frank C. Taylor, A/1/508/82, CRCP 105/37.
41. Sgt Theodore Finkbeiner, H/504/82, CRCP 102/24.
42. German surrendering with safe-conduct pass, ibid.
43. Pfc Joe Tallett, C/I/505/82, EC-UNO.
44. Lt Sam H. Bailey, 505/82, CRCP 104/4.
45. Hills, *By Tank into Normandy*, p.187.
46. Pfc Robert S. Cartwright, HQ/1/505/82, CRCP 104/17.
47. Sgt James T. Steed, F/505/82, CRCP 105/5.
48. Pfc James R. Allardyce, 1/508/82, CRCP 105/25.
49. Diary Martijn Louis Deinum, NBMG 5.3.20548.
50. Rundstedt's headquarters, 01.05h, 27.9.44, H.Gr.B., KTB, BArch-MA RH 19 IX/90, 140.
51. 23.30h, 27.9.44, H.Gr.B., KTB, BArch-MA RH 19 IX/90, 146.
52. 26.9.44, JMGP, Box 1.
53. FAAA, NARA RG331/Entry 256/Box 35.
54. Pvt Andrew Milbourne, 1st Para Bn, CRCP 110/13.

第二十六章　1944 年 9 月 23 日 ~11 月，疏散并劫掠阿纳姆

1. Anna van Leeuwen, GAA 1557/1053.
2. Anonymous diary, NIOD 244/1040.
3. Anonymous diary, GAA 1557/163; other versions include 'a local doctor and four others', H. Lensink, NIOD 244/313.
4. Lensink, NIOD 244/313.
5. Civilian casualties, Reinier Salverda, 'Beyond a Bridge Too Far: The Aftermath of the Battle of Arnhem (1944) and its Impact on Civilian Life', in Jane Fenoulhet, Gerdi Quist and Ulrich Tiedau (eds.), *Discord and Consensus in the Low Countries 1700-2000*, London, 2016, p.110.
6. Obersturmführer Peter, 9th SS Panzer-Division Hohenstaufen, BArch-MA RS3-9/28.
7. P. R. A. van Iddekinge, *Arnhem 44/45. Evacuatie, verwoesting, plundering, bevrijding, terugkeer*, Arnhem, 1981, p.52.
8. Harzer letter, 13.10.75, 9th SS Panzer-Division *Hohenstaufen*, BArch-MA RS3-9/5, p.3.
9. 9th SS Panzer-Division *Hohenstaufen*, BArch-MA RS3-9/29, p.1.

10. SS dressed in British uniforms, Pieter van Aken, Wolfheze, CRCP 126/24.
11. British prisoners marched through Arnhem, Lensink, NIOD 244/313.
12. WBfh.Nd., 24.9.44, BArch-MA RS3-9 5.
13. Arjen Schermer, NSB deputy mayor, CRCP 121/17.
14. German soldiers in Jeep, Albert Horstman, LKP, CRCP 120/28.
15. Evacuation starting with town centre, Lensink, NIOD 244/313.
16. Sturmmann K. H. Bangard, 16 SS Training and Replacement Battalion, CRCP 131/9.
17. Dutch not allowed to put the fires out, anonymous diary, NIOD 244/1040.
18. Ibid.
19. Ibid.
20. Johannes van Hooff, CRCP 120/25.
21. Nicholas de Bode, PTT engineer, CRCP 120/11.
22. Anna van Leeuwen, GAA 1557/1053.
23. Horstman, CRCP 120/28.
24. Jan Voskuil, CRCP 125/22.
25. Anton van Hooff, CRCP 120/26.
26. Anonymous diary, GAA 1557/163.
27. Anonymous, NIOD 244/1400.
28. Anonymous diary, NIOD 244/1040.
29. Gerhardus Gysbers, antiquarian bookseller, CRCP 120/20.
30. Shop-window mannequins, NIOD 244/1400.
31. Diary Martijn Louis Deinum, NBMG 5.3.20548.
32. Woodrow W. Millsaps, H, III/508/82, EC-UNO.
33. Capt Harrell, CRCP 96/7.
34. Cpl Ray Lappegaard, CRCP 97/12.
35. Allied settlement for looting, Sean Longden, *To the Victors the Spoils: D Day and VE Day: The Reality Behind the Heroism*, London, 2007, p.238.
36. Placards against looting, Collection Herman Jeansen, RAN 764/7.
37. Private Arthur Watson, C Company, 3rd Para Bn, CRCP 111/32.
38. Dutch looting, anonymous diary, NIOD 244/1040.
39. RvOD, pp.622-3.
40. Schermer, CRCP 121/17.
41. C. A. Dekkers and L. P. J. Vroemen, *De zwarte herfst. Arnhem 1944*, Arnhem, 1984, p.107.
42. German bureaucracy, Tj. de Boorder and W. Kruiderink, *Rovers plunderenArnhem. Een verhaal van Oorlog, Ballingschap, Vernieling en Massale Roof*, Arnhem, 1945.
43. Räumungskommando, 'eviction task force', GAA 1557/244.
44. Dutch old master, 'Lord Mayor of London returns Nazi-looted Old Master', *Art*

Newspaper, 6.11.2017.
45. Letter by teleprinter Himmler to Bormann about looting of Arnhem, 23.2.45, BArch-MA N756 390/B.
46. Attempt to obtain protection order, Jhr B. C. de Jonge, AAMH 50N00635.
47. Johannes van Hooff, CRCP 120/25.
48. Lensink, NIOD 244/313.

第二十七章　1944 年 9~11 月，"男人的小岛"

1. Joseph F. Brumbaugh, I/508/82, EC-UNO.
2. JMGP, Box 15.
3. FAAA, NARA RG331/Entry 254/Box 19.
4. CBHC, Box 4, Folder 14.
5. 14.10.44, ibid.
6. Cpl Richard L. Klein, CRCP 97/11.
7. Stevan Dedijer in *Princeton Alumni Weekly*, 21.12.94, EC-UNO.
8. Heteren and the hog in the brick factory, Carl Cartledge, 501/101, EC-UNO.
9. Dwayne T. Burns, F/II/508/82, EC-UNO.
10. Pfc Earl McClung, 3/E/II/506/101, EC-UNO.
11. Capt Patrick J. Sweeney, H, 506/101, CRCP 98/40.
12. Francis L. Sampson, *Look Out Below!*, Washington, DC, 1958, p.93.
13. Burgett, quoted David Bennett, *A Magnificent Disaster: The Failure of Market Garden: The Arnhem Operation, September 1944*, Philadelphia, PA, 2008, p.viii.
14. Brumbaugh, EC-UNO.
15. S/Sgt William L. Blank, 505/82, CRCP 104/8.
16. Sampson, *Look Out Below!*, p.94.
17. $500 fine, S/Sgt William L. Blank, Veterans Survey, 82nd Airborne, Box 2, USAMHI.
18. Sampson, *Look Out Below!*, p.94.
19. FAAA, NARA RG331/Entry 254/Box 18.
20. Lt Richard G. La Riviere, H/3/504/82, CRCP 103/7.
21. J. W. Lammert, NIOD/244/629.
22. 11th Armoured Division, TNA WO 171/4184.
23. TNA WO 171/4184.
24. Diary Martijn Louis Deinum, NBMG 5.3.20548.
25. GA-CB 2171/1.
26. British version of events, TNA WO 171/4184.
27. Details on Pfc Theodore H. Bachenheimer, 504/82, CRCP 101/6.
28. Tucker's regimental adjutant, Captain Louis A. Hauptfleisch, 504/82, CRCP 102/29.

29. *Collier's*, 23.12.44.
30. Ibid.
31. SS-Brigadeführer Harmel, FMS P-163.
32. Johannes van Hooff, CRCP 120/25.
33. Operation Pegasus, FAAA, NARA RG331/Entry 253/Box 2.
34. Gen Sir John Hackett, *I was a Stranger*, London, 1977, p.188.
35. Ibid., p.197.

第二十八章　1944 年 11 月~1945 年 5 月，饥饿的严冬

1. Nigel Nicolson (ed.), *Harold Nicolson Diaries 1907-1963*, London, 2004, pp.301-2.
2. FAAA, NARA RG331/Entry 256/Box 34; and Narrative of Operation Market, Headquarters FAAA, 9.10.44, NARA RG498 290/56/2/3, Box 1466.
3. Horrocks interview, 15.5.46, LHCMA 15/15/130.
4. Dempsey interview, 4.6.46, LHCMA 15/15/30.
5. 1st Airborne Division Report on Operation Market, FLPP.
6. FAAA, NARA RG331/Entry 253/Box 1.
7. FAAA, NARA RG331/Entry 256/Box 34.
8. Hackett to Michael Howard, conversation with the author, 16.12.15.
9. Vincent Orange, *Tedder: Quietly in Command*, p.289, quoted Rick Atkinson, *The Guns at Last Light*, New York, 2013, p.286.
10. Prince Bernhard, CRCP 92/9.
11. Quoted Maj Gen R. E. Urquhart (with Wilfred Greatorex), *Arnhem*, Barnsley, 2008, p.189.
12. German analysis, BArch-MA RS3-9/5, p.80; FMS P-163; FMS C-001.
13. 9th SS Panzer-Division *Hohenstaufen*, BArch-MA RS3-9/5, p.82.
14. TNA WO 208/4140 SRM 1195.
15. ALDS.
16. Bittrich on Montgomery, interview Bittrich, GA-CB 2171/24c.
17. David Fraser, *Wars and Shadows: Memoirs of General Sir David Fraser*, London, 2002, pp.241-2.
18. PISM A.v.20 31/34.
19. Stanley Nosecki, PISM A.v.20 31/38 26.
20. 2.10.44, Lt Gen F. A. M. Browning to Sosabowski, PISM A.v.20 31/60.
21. Ibid.
22. 17.10.44, quoted Richard Mead, *General 'Boy': The Life of Lieutenant General Sir Frederick Browning*, Barnsley, 2010, p.164.
23. Ibid., p.165.
24. PISM A.v.20 31/60.

25. Ibid.
26. PISM A.v.20 31/60.
27. FCPP, Box 24.
28. Montgomery to Eisenhower, 9.10.44, DDEP, Box 83.
29. General der Infanterie Gustav von Zangen, FMS B-475.
30. CSDIC, TNA WO 208/4177.
31. Cornelis Doelman, *Arnhem. Stad der bezitloozen*, Arnhem, 1945, p.21.
32. 3,600 civilian deaths, HKNTW, p.511.
33. Andries Pompe-Postuma, GAA 1557/1022.
34. Nijmegen casualties, RAN B248.
35. TNA FO 371/39330.
36. 40,000 men from Rotterdam, TNA WO 208/4156.
37. 3,000 shot during occupation, 250,000 'divers', HKNTW, p.513.
38. HvdV, p.134.
39. TNA WO 208/4156.
40. Ibid.
41. Asking for places to sleep, J. S. H. Weinberg collection, Folder 10, RHCE 10166:94.
42. Ibid.
43. Ibid.
44. For negotiations on the Swedish ships and delivery of supplies, see William I. Hitchcock, *Liberation: The Bitter Road to Freedom 1944-1945*, London, 2009, pp.103-7.
45. TNA WO 202/838.
46. Church meals, Elsa Caspers, *To Save a Life*, London, 1995, p.12; and J. S. H. Weinberg collection, Folder 10, RHCE 10166:94.
47. SHAEF Mission to Netherlands, 15.5.45, NA WO 202/838.
48. 75 per cent of the victims male, Collection S. H. A. M. Zoetmulder, RHCE 10086:6.
49. Ian Gardner, *Deliver Us from Darkness*, New York, 2013, p.61.
50. Letter The Hague, 9.5.45, J. S. H. Weinberg collection, Folder 10, RHCE 10166:94.
51. Letter, 1.3.45, Jan Peters, Collection S. H. A. M. Zoetmulder, RHCE 10086:3.
52. Ibid.
53. SS black market in coffee, Heydte, CSDIC, TNA WO 208/4140 SRM 1189.
54. Fähnrich zur See Hoffmann, TNA WO 208/4156.
55. Montgomery to Eisenhower, 20.2.45, TNA WO 32/16168.
56. Caspers, *To Save a Life*, p.121.
57. TNA WO 106/4420.
58. Brig E. T. Williams, FCPP, Box 24.

59. 10.4 million rations, TNA WO 208/4420.
60. TNA WO 106/ 4420.
61. Ibid.
62. FCPP, Box 24.
63. TNA WO 106/4420. For agreement, see also 1 Cdn Corps, 6.5.45, TNA WO 205/1073.
64. Walter Bedell Smith, *Eisenhower's Six Great Decisions: Europe 1944-45*, New York, 1956, p.199; D. K. R. Crosswell, *Beetle: The Life of General Walter Bedell Smith*, Lexington, KY, 2010, p.913.
65. TNA WO 208/4420.
66. Maj Gen J. G. W. Clark, SHAEF Fortnightly Report No. 16, 15.5.45, TNA WO 202/838.
67. 16,000 dead, Hitchcock, *Liberation*, p.122; 18,000, Ian Buruma, *Year Zero: A History of 1945*, London, 2013.
68. Helen Thomson, *Guardian*, 22.8.2015.
69. For the revival and rebuilding, see Doelman, *Arnhem*, p.2; and Reinier Salverda, 'Beyond a Bridge Too Far: The Aftermath of the Battle of Arnhem (1944) and its Impact on Civilian Life', in Jane Fenoulhet, Gerdi Quist and Ulrich Tiedau (eds.), *Discord and Consensus in the Low Countries 1700-2000*, London, 2016;
70. Heijbroek story, Lt Col Th. A. Boeree papers, GA-CB 2171/47.

参考文献

Alanbrooke, Field Marshal Lord, *War Diaries 1939–1945*, London, 2001
Allport, Alan, *Browned Off and Bloody-Minded: The British Soldier Goes to War 1939–1945*, New Haven, 2015
Ambrose, Stephen E., *Band of Brothers*, New York, 1992
—— *Citizen Soldiers*, New York, 1998
Amsterdam, *Amsterdam tijdens den Hongerwinter 1944–1945*, Amsterdam, 1946
Atkinson, Rick, *The Guns at Last Light*, New York, 2013

Barr, Niall, *Yanks and Limeys: Alliance Warfare in the Second World War*, London, 2015
Bauer, Cornelis, *The Battle of Arnhem*, New York, 1968
Bedell Smith, Walter, *Eisenhower's Six Great Decisions: Europe 1944–45*, New York, 1956
Bekker, C. D., *K-Men: The Story of the German Frogmen and Midget Submarines*, London, 1955
Belchem, David, *All in the Day's March*, London, 1978
Bennett, David, 'Airborne Communications in Operation Market Garden', *Canadian Military History*, vol. 16, issue 1, Winter 2007
—— *A Magnificent Disaster: The Failure of Market Garden: The Arnhem Operation, September 1944*, Philadelphia, PA, 2008
Bennett, Ralph, *Ultra in the West*, New York, 1980
Bentley, Jr, Stewart W., *Orange Blood, Silver Wings: The Untold Story of the Dutch Resistance during Market Garden*, Milton Keynes, 2007
Bestebreurtje, A. D., 'The Airborne Operations in the Netherlands in Autumn 1944', *Allgemeine schweizerische Militärzeitschrift*, vol. 92, no. 6, 1946
Blair, Clay, *Ridgway's Paratroopers: The American Airborne in World War II*, New York, 1985
Blokker, Jan, *Achter de laatste brug*, Amsterdam, 2012

Blumenson, Martin (ed.), *The Patton Papers 1940–1945*, New York, 1996

Blunt, Roscoe C., *Foot Soldier: A Combat Infantryman's War in Europe*, Cambridge, MA, 2002

Boeree, Th. A., *De slag bij Arnhem en 'het verraad van Lindemans'*, Oosterbeek, undated

Bollen, Door Hen and Jansen, Herman, *Het manneneiland. Kroniek van de gebeurtenissen in de Over-Betuwe van september 1944 tot juni 1945*, Zutphen, 1982

Boorder, Tj. de and Kruiderink, W., *Rovers plunderen Arnhem. Een verhaal van oorlog, ballingschap, vernieling en massale roof*, Arnhem, 1945

Booth, T. Michael and Spencer, Duncan, *Paratrooper: The Life of James M. Gavin*, New York, 1994

Boscawen, Robert, *Armoured Guardsman: A War Diary, 6 June–April 1945*, Barnsley, 2001

Bradley, Omar N., *A Soldier's Story*, New York, 1964

Brereton, Lewis H., *The Brereton Diaries*, New York, 1946

British Broadcasting Corporation, *War Report: A Record of Dispatches Broadcast by the BBC's War Correspondents with the Allied Expeditionary Force, 6 June 1944–5 May 1945*, London, 1946

Buckley, John, *Monty's Men: The British Army and the Liberation of Europe*, London, 2013

Buckley, John and Preston-Hough, Peter (eds.), *Operation Market Garden: The Campaign for the Low Countries, Autumn 1944*, Solihull, 2016

Burgett, Donald R., *The Road to Arnhem*, New York, 2001

Burriss, T. Moffatt, *Strike and Hold*, Washington, DC, 2000

Buruma, Ian, *Year Zero: A History of 1945*, London, 2013

Butcher, Harry, *Three Years with Eisenhower*, London, 1946

Caspers, Elsa, *To Save a Life*, London, 1995

Chatterton, George, *The Wings of Pegasus*, London, 1982

Christopherson, Stanley, *An Englishman at War*, London, 2014

Clark, Lloyd, *Arnhem*, London, 2009

Critchell, Laurence, *Four Stars of Hell*, New York, 1947

Crosswell, D. K. R., *Beetle: The Life of General Walter Bedell Smith*, Lexington, KY, 2010

Dagboeken, *Niet tevergeefs, Oosterbeek September 1944*, Arnhem, 1946

Deenen, Tienus, Kamp, Aloys and Stalpers, Frank, *De Beerzen in oorlogstijd 1940–1945*, Middelbeers, 1994

Dekkers, C. A. and Vroemen, L. P. J., *De zwarte herfst. Arnhem 1944*, Arnhem, 1984

D'Este, Carlo, *Eisenhower: Allied Supreme Commander*, New York, 2002

Devlin, Gerard M., *Paratrooper*, New York, 1979
Didden, Jack, 'A Week Too Late?', in John Buckley and Peter Preston-Hough (eds.), *Operation Market Garden: The Campaign for the Low Countries, Autumn 1944*, Solihull, 2016, pp. 74–98
Didden, Jack and Swarts, Maarten, *Einddoel Maas. De strijd in zuidelijk Nederland tussen September en December 1944*, Weesp, 1984
Doelman, Cornelis, *Arnhem. Stad der bezitloozen*, Arnhem, 1945
Dover, Victor, *The Sky Generals*, London, 1981
Dyrda, Major Jerzy, 'Przemilczana odprawa w historiografii bitwy o Arnhem', *Wojskowy Przegląd Historyczny*, issue 1 (127), 1989, pp. 125–37

Eisenhower, Dwight D., *Crusade in Europe*, London, 1948
Essame, Hubert, *The 43rd Wessex Division at War 1944–1945*, London, 1952

Farrell, Charles, *Reflections 1939–1945: A Scots Guards Officer in Training and War*, Edinburgh, 2000
Fenoulhet, Jane, Quist, Gerdi and Tiedau, Ulrich (eds.), *Discord and Consensus in the Low Countries 1700–2000*, London, 2016
Foot, M. R. D. (ed.), *Holland at War against Hitler: Anglo-Dutch Relations 1940–1945*, London, 1990
—— *SOE in the Low Countries*, London, 2001
Fraser, David, *Wars and Shadows: Memoirs of General Sir David Fraser*, London, 2002
Frost, John, *A Drop Too Many*, Barnsley, 2008

Gardner, Ian, *Deliver Us from Darkness*, New York, 2013
Gavin, James M., *On to Berlin*, New York, 1985
Gerritsen, Bob and Revell, Scott, *Retake Arnhem Bridge: Kampfgruppe Knaust, September–October 1944*, Renkum, 2014
Giskes, H. J., *London Calling North Pole*, London, 1953
Golden, Lewis, *Echoes from Arnhem*, London, 1984
—— *There is War*, privately printed, 2012
Govers, Frans, *Corridor naar het verleden, Veghel. Een snijpunt in Oost-Brabant 1940–1945*, Hapert, 1983
Greelen, Lothar van, *Verkauft und verraten. Das Buch der Westfront 1944*, Welsermühl, 1963
Gregg, Victor, *Rifleman*, London, 2011
Guingand, Major General Sir Francis de, *From Brass Hat to Bowler Hat*, London, 1979
Gunning, Hugh, *Borderers in Battle*, Berwick-on-Tweed, 1948

Hackett, General Sir John, *I was a Stranger*, London, 1977
Hagen, Louis, *Arnhem Lift*, London, 1993
Hamilton, Nigel, *Monty: The Field Marshal 1944-1976*, London, 1986
Hastings, Max, *Armageddon*, London, 2004
Heaps, Leo, *The Grey Goose of Arnhem*, London, 1976
Heide-Kort, Ans van der, *Zij komen . . . Dolle Dinsdag 5 september–Bevrijding mei 1945*, Driebergen-Rijsenburg, 1989
Heintges, Jos (ed.), *Son en Breugel 1944-1994*, Eindhoven, 1994
Hills, Stuart, *By Tank into Normandy*, London, 2003
Hinsley, F. H., *British Intelligence in the Second World War*, vol. 3, part 2, London, 1988
Hirschfeld, Gerhard, *Nazi Rule and Dutch Collaboration: The Netherlands under German Occupation 1940-1945*, Oxford, 1988
Hitchcock, William I., *Liberation: The Bitter Road to Freedom 1944-1945*, London, 2009
Horne, Alistair and Montgomery, David, *The Lonely Leader: Montgomery 1944-1945*, London, 1994
Horrocks, Brian, *A Full Life*, London, 1960
—— *Corps Commander*, London, 1977

Iddekinge, P. R. A. van, *Arnhem 44/45. Evacuatie, verwoesting, plundering, bevrijding, terugkeer*, Arnhem, 1981
—— *Door de lens van De Booys. Een Arnhemse reportage 1944-1954*, Utrecht, 1999
Ingersoll, Ralph, *Top Secret*, London, 1946

Jary, Sydney, *18 Platoon*, Bristol, 1998
Jong, Dr L. de, *Het Koninkrijk der Nederlanden in de tweede wereldoorlog*, vol. 10a: *Het laatste jaar*, Amsterdam, 1980

Keizer, Madelon de and Plomp, Marijke (eds.), *Een open zenuw*, Amsterdam, 2010
Kerkhoffs, Bert, *Arnhem 1944. Slag van de tegenslag*, The Hague, 1994
Kern, Erich, *Buch der Tapferkeit*, Starnberger See, 1953
Kerry, A. J. and McDill, W. A., *The History of the Corps of Royal Canadian Engineers*, vol. ii, Ottawa, 1964
Kershaw, Robert, *It Never Snows in September*, London, 1976
—— *A Street in Arnhem*, London, 2014
Kisielewski, Jerzy (ed.), *Polscy spadochroniarze. Pamiętnik żołnierzy*, Newtown, 1949
Klaauw, Bart van der and Rijnhout, Bart, *Luchtbrug Market Garden*, Amsterdam, 1984
Klijn, Margo, *De stille slag. Joodse Arnhemmers 1933-1945*, Westervoort, 2014

Koskimaki, George E., *Hell's Highway: A Chronicle of the 101st Airborne in the Holland Campaign*, Philadelphia, PA, 2003

Lamb, Richard, *Montgomery in Europe 1943–45*, London, 1983
Lammerts, Jan, *Oosterbeek, September 1944*, Vereniging Vrienden van het Airborne Museum, Oosterbeek, 1988
Longden, Sean, *To the Victors the Spoils: D-Day and VE Day: The Reality behind the Heroism*, London, 2007
Love, Robert W. and Major, John (eds.), *The Year of D-Day: The 1944 Diary of Admiral Sir Bertram Ramsay*, Hull, 1994
Lunteren, Frank van, *The Battle of the Bridges*, Oxford, 2014

MacDonald, Charles B., *The Siegfried Line Campaign*, OCMH, Washington, DC, 1963
Mackay, Major E. M., 'The Battle of Arnhem Bridge', *Royal Engineers Journal*, December 1954, IWM Docs 22796
McManus, John C., *September Hope*, New York, 2012
Margry, Karel, *De bevrijding van Eindhoven*, Eindhoven, 1982
Martens, Allard and Dunlop, Daphne, *The Silent War: Glimpses of the Dutch Underground and Views on the Battle for Arnhem*, London, 1961
Mawson, Stuart, *Arnhem Doctor*, Staplehurst, 2000
Mead, Richard, *General 'Boy': The Life of Lieutenant General Sir Frederick Browning*, Barnsley, 2010
Middlebrook, Martin, *Arnhem 1944: The Airborne Battle*, Barnsley, 1994

Neillands, Robin, *The Battle for the Rhine 1944*, London, 2005
Nichol, John and Rennell, Tony, *Arnhem: The Battle for Survival*, London, 2011
Nicolson, Nigel, *The Grenadier Guards 1939–1945*, vol. i, Aldershot, 1945
—— (ed.), *The Harold Nicolson Diaries 1907–1963*, London, 2004
North, John, *North-West Europe 1944–5*, London, 1953

Oosterbeek, *Niet tevergeefs. Oosterbeek September 1944*, Arnhem, 1946
Orde, Roden, *The Household Cavalry at War*, Aldershot, 1953
Overmans, Rüdiger, *Deutsche militärische Verluste im Zweiten Weltkrieg*, Munich, 2000

Pakenham-Walsh, Major General R. P., *History of the Corps of Royal Engineers*, vol. ix, Chatham, 1958
Paul, Daniel and St John, John, *Surgeon at Arms*, London, 1958
Peatling, Robert, *No Surrender at Arnhem*, Wimborne Minster, 2004

Peaty, John, 'Operation MARKET GARDEN: The Manpower Factor', in John Buckley and Peter Preston-Hough (eds.), *Operation Market Garden: The Campaign for the Low Countries, Autumn 1944*, Solihull, 2016, pp. 58–73
Pereira, J., *A Distant Drum*, Aldershot, 1948
Pogue, Forrest C., *Pogue's War: Diaries of a WWII Combat Historian*, Lexington, KY, 2001
Powell, Geoffrey, *The Devil's Birthday*, London, 1984
—— *Men at Arnhem*, Barnsley, 1998
Presser, J., *Ashes in the Wind: The Destruction of Dutch Jewry*, London, 1968

Reddish, Arthur, *A Tank Soldier's Story*, privately published, undated
Revell, Scott, Cherry, Niall and Gerritsen, Bob, *Arnhem: A Few Vital Hours*, Renkum, 2013
Rijksinstituut voor Oorlogsdocumentatie, *Het proces Rauter*, Ministerie van Onderwijs, Kunsten en Wetenschappen, 's-Gravenhage, 1952
Ritchie, Sebastian, 'Learning the Hard Way: A Comparative Perspective on Airborne Operations in the Second World War', *Royal Air Force Air Power Review*, vol. 14, no. 3, Autumn/Winter 2011, pp. 11–33
—— *Arnhem: Myth and Reality: Airborne Warfare, Air Power and the Failure of Market Garden*, London, 2011
—— *Arnhem: The Air Reconnaissance Story*, Air Historical Branch RAF, 2015
—— 'Airborne Operations from Normandy to Varsity', *Journal of the Royal Air Force Historical Society*, vol. 59, 2015, pp. 76–106
—— 'Learning to Lose? Airborne Lessons and the Failure of Operation Market Garden', in John Buckley and Peter Preston-Hough (eds.), *Operation Market Garden: The Campaign for the Low Countries, Autumn 1944*, Solihull, 2016, pp. 19–36
Rosse, Earl of and Hill, E. B., *The Story of the Guards Armoured Division*, Barnsley, 2017
Rossiter, Mike, *We Fought at Arnhem*, London, 2012
Ryan, Cornelius, *A Bridge Too Far*, New York, 1974

Salverda, Reinier, 'Beyond a Bridge Too Far: The Aftermath of the Battle of Arnhem (1944) and its Impact on Civilian Life', in Jane Fenoulhet, Gerdi Quist and Ulrich Tiedau (eds.), *Discord and Consensus in the Low Countries 1700-2000*, London, 2016
Sampson, Francis L., *Look Out Below!*, Washington, DC, 1958
Schneider, Karl, 'Ein Sieg der Menschlichkeit', *Der Landser*, Nr. 847, March 1993, pp. 67–8
Schretlen, Trees, *Nijmegen '44–'45. Oorlogsdagboek van Trees Schretlen*, Groesbeek, 2014
Schrijvers, Peter, *The Crash of Ruin: American Combat Soldiers in Europe in World War II*, New York, 1998

Seth, Ronald, *Lion with Blue Wings: The Story of the Glider Pilot Regiment 1942–1945*, London, 1955
Shulman, Milton, *Defeat in the West*, London, 1988
Simpson, Louis, *Selected Prose*, New York, 1989
Sims, James, *Arnhem Spearhead*, London, 1978
Sosabowski, Major General Stanislaw, *Freely I Served*, Barnsley, 2013
Stainforth, Peter, *Wings of the Wind*, London, 1988
Stasiak, Władysław Klemens, *Go! Album wspomnień spadochroniarza*, Wap., West Germany, 1947
—— *W locie szumią spadochrony. Wspomnienia żołnierza spod Arnhem*, Warsaw, 1991
Stevenson, Lieutenant John, 'Arnhem Diary', *Reconnaissance Journal*, vol. 4, no. 1, Autumn 1947
Strong, Kenneth, *Intelligence at the Top*, London, 1968

Tedder, Lord, *With Prejudice: The War Memoirs of Marshal of the RAF Lord Tedder GCB*, London, 1966
ter Horst, Kate A., *Cloud over Arnhem, September 17th–26th 1944*, London, 1959
Tieke, Wilhelm, *Im Feuersturm letzter Kriegsjahre. II. SS-Panzerkorps mit 9. u. 10. SS-Division 'Hohenstaufen' u. 'Frundsberg'*, Osnabrück, 1976
Tooley, RA, Lieutenant Colonel I. P., 'Artillery Support at Arnhem', *Field Artillery Journal*, April 1945

Urquhart, Major General R. E. (with Wilfred Greatorex), *Arnhem*, Barnsley, 2008

Vandeleur, J. O. E., *A Soldier's Story*, London, 1967
Vlist, Hendrika van der, *Die dag in September*, Bussum, 1975

Waddy, John, *A Tour of the Arnhem Battlefields*, Barnsley, 2011
Warrack, Graeme, *Travel by Dark*, London, 1963
Weigley, Russell F., *Eisenhower's Lieutenants: The Campaign of France and Germany 1944–1945*, Bloomington, 1990
Woollacott, Robert, *Winged Gunners*, Harare, Zimbabwe, 1994

Zee, Henri A. van der, *The Hunger Winter: Occupied Holland 1944–45*, Lincoln, NB, 1982

致　谢

当我在写一本关于"市场花园"行动的新书时，我认为如果不能在故事中加入大量新的素材和有关个人的细节性描述，那将是毫无意义的。结果，这些东西比我预想中的要多得多。为此，我对每一个处处为我提供帮助的人表示深切的感谢。

我欠里克·阿特金森（Rick Atkinson）一个大人情，他把自己在美国和英国档案馆做的所有笔记都慷慨地传给了我。也是里克指引我前往俄亥俄大学奥尔登图书馆（Alden Library）的马恩档案和特别收藏中心，那里保存着科尼利厄斯·瑞恩的文章。瑞恩拥有一个由研究人员和采访人员组成的优秀团队，他们为他提供了数量惊人的材料，其中大部分材料他从未使用过。我非常感谢时任手稿管理员（Curator of Manuscripts）的道格拉斯·麦凯布（Douglas McCabe），他的慷慨建议和帮助让我在那里的工作迥然不同。

在美国，其他档案学家的学识和帮助同样被证明是无价的。我再次感谢来自马里兰州大学公园市国家档案馆的蒂姆·嫩宁格（Tim Nenninger）博士，来自宾夕法尼亚州卡莱尔美国陆军军事历史研究所（United States Army Military History Institute）的康拉德·克兰（Conrad Crane）博士及其同事，来自新奥尔良大学第二次世界大战档案和口述历史收藏馆艾森豪威尔中心（Eisenhower Center, World War II Archives and Oral History Collection）的林赛·巴尔内斯（Lindsey Barnes）和泰勒·本森

（Taylor Benson），以及由新奥尔良国家第二次世界大战博物馆（National WWⅡ Museum）无偿提供的资料。

在荷兰，我特别感谢罗伯特·沃斯奎尔（Robert Voskuil），他带领我们重访战场，并以自己无与伦比的学识帮助我们修正了许多错误的认识，他还经常向我们阐释自1944年以来有什么发生了变化以及有什么未曾改变。对这项研究有很大帮助的档案管理员包括阿姆斯特丹荷兰战争文献研究所（Nederlands Instituut voor Oorlogsdokumentatie）的胡贝特·贝尔库特（Hubert Berkhout）、阿纳姆海德尔斯档案馆（Gelders Archief Arnhem）馆长海尔特·马森（Geert Maassen）、奈梅亨地方档案馆（Regionaal Archief Nijmegen）的德里克·普林斯（Derek Prins）和弗里克·惠汀（Freek Huitink）、艾恩德霍芬地方史中心（Regionaal Historisch Centrum Eindhoven）服务协调人员扬·苏可布克（Jan Suijkerbuijk）、赫鲁斯贝克国家解放博物馆（Nationaal Bevrydings Museum Groesbeek）的文物保护员伦斯·哈文加（Rense Havinga），以及奥斯特贝克哈尔滕施泰因空降博物馆（Airborne Museum Hartenstein）的马利克·马滕斯（Marieke Martens）和蒂姆·斯特雷夫凯克（Tim Streefkerk）。H. C. 穆伦堡（H. C. Moolenburgh）友善地提供了他关于"金刚"事件（King Kong saga）的研究，奥斯特贝克的德·布尔格拉夫（de Bourgraaf）家族慷慨地借予我们皮特·范·霍伊顿克（Piet van Hooydonk）的日记原稿。

关于波兰方面的资料，尤为感谢伦敦波兰研究所和西科尔斯基博物馆的安杰伊·苏奇茨（Andrzej Suchcitz）博士，伦敦波兰地下抵抗运动研究基金会（Polish Underground Movement Study Trust）的雅德维加·科瓦尔斯卡（Jadwiga Kowalska）女士，波兰军队博物馆（Polish Army Museum）的斯瓦沃米尔·科瓦尔斯基（Sławomir Kowalski），以及位于伦敦的波兰文化协会（Polish Cultural Association）的工作人员，感谢他们的帮助。

在德国，弗莱堡联邦档案馆军事档案室（Bundesarchiv-Militärarchiv, Freiburg-im-Breisgau）的埃尔弗里德·弗里施穆特（Elfriede Frischmuth）夫人、柏林战地邮件档案馆（Feldpost Archiv）的贡纳尔·格勒（Gunnar Goehle），以及斯图加特符腾堡州立图书馆施特尔茨收藏室（Sammlung Sterz at the Württembergische Landesbibliothek）的档案管理员伊琳娜·伦茨（Irina Renz）夫人都提供了极大的帮助。亚琛工业大学（Rheinisch-Westfälische Technische Hochschule Aachen）的延斯·韦斯特迈尔（Jens Westemeier）慷慨地分享了他自己关于党卫军的研究成果，而且教授克莱门斯·施文德（Clemens Schwender）博士——研究德国军队邮政服务问题的大行家——同样慷慨地提供了资料。

与负责荷兰档案材料的安杰利克·胡克（Angelique Hook）、负责德国档案材料的安杰莉卡·冯·哈泽（Angelica von Hase），以及负责波兰档案材料的阿纳斯塔兹亚·平多（Anastazja Pindor）一起工作是件非常有意思的事情，也让我受益匪浅。他们在研究和翻译方面的勤勉和专业精神，毫无疑问对我产生了巨大的影响。他们和罗伯特·沃斯奎尔还参与了最终文本的校对，并指出了一些必要的更正。当然，如有任何错误遗漏，均由我自己承担全部责任。

再一次，我要感谢国防部航空史馆负责人塞巴斯蒂安·考克斯（Sebastian Cox），还要尤其感谢他的同事，《阿纳姆：迷雾与现实》（*Arnhem: Myth and Reality*）和《阿纳姆：空中侦察故事》（*Arnhem: The Air Reconnaissance Story*）的作者塞巴斯蒂安·里奇（Sebastian Ritchie）博士。他们为本书的写作提供了许多有价值的建议，并为"市场花园"行动空中部分提供了许多有价值的细节，他们帮助我理清了自己的思路，即便我们没有在作战计划责任划分这一棘手的问题上达成完全一致。

我同样非常感谢很多人的审阅、意见和建议，包括教授迈克尔·霍华德爵士（Sir Michael Howard）、多年来教会我很多空降和特种作战知识的已故教授 M. R. D. 富特（M. R. D. Foot）、阿兰·米利特（Allan Millett）教授、陆军元帅布拉莫尔勋爵（Lord Bramall）、约翰·豪斯（John Howes）、迈克尔·博滕海姆（Michael Bottenheim）、哈里·德·凯特维尔（Harry de Quetteville）、莫里斯·卡纳雷克（Maurice Kanareck）、马克·卡尔顿－史密斯（Mark Carleton-Smith）中将、中将约翰·洛里默爵士（Sir John Lorimer）、孟席斯·坎贝尔 [Menzies Campbell，皮滕威姆的坎贝尔男爵（Baron Campbell of Pittenweem）]，以及"罗伊"·厄克特少将的女儿朱迪丝·厄克特（Judith Urquhart）。路易丝·巴林（Louise Baring）和我的老朋友马克斯·黑斯廷斯爵士（Sir Max Hastings）慷慨地借书给我，后者又一次给了我许多有意思的提示和引文。

在企鹅出版社，维尼夏·巴特菲尔德（Venetia Butterfield）给予了我极大的鼓励。实践证明，丹尼尔·克鲁（Daniel Crewe）是一名技艺精湛的编辑；20 年前曾为《斯大林格勒》设计过书封的约翰·汉密尔顿（John Hamilton）再次证明了自己是无与伦比的艺术总监。再次与彼得·詹姆斯（Peter James）合作，由他来担任文字编辑也让人非常放心。在企鹅出版社

（美国），凯瑟琳·考特（Kathryn Court）和维多利亚·萨凡（Victoria Savanh）一直是理想的编辑。我也庆幸再次与希皮斯利-考克斯（Hippisley-Cox）合作，他充满灵感的策划和宣传对我大有裨益。还有安德鲁·纽伦堡（Andrew Nurnberg）再一次给了我极好的建议，他在过去35年里一直是我的出版经纪人兼好友。他杰出的团队继续与我所有的外国出版商保持着良好的关系。罗宾·斯特劳斯（Robin Straus）将美国的一切事务处理得尽善尽美。

最后，我要将我永恒的感激和爱意献给我的"初审编辑"阿泰米斯·库珀（Artemis Cooper），感谢她当初同意嫁给我，后来又在漫长的岁月里一直包容着我。谨以此书献给她。

索 引

（以下页码为原书页码，即本书页边码）

Aa, River, 112, 194,
Aachen, 71, 107, 133, 190, 361
Abwehr (German military intelligence), and *Englandspiel*, 22, 379; and 'King Kong', 48n
Adair, Maj Gen Allan, 6, 52, 68, 168, 196, 197, 208, 219, 253, 264, 278
Ahlborn, Maj Bodo, 199, 247
Albert Canal, 16, 17, 18, 28, 44, 48
Amersfoort, 376, 377
Amersfoort concentration camp, 48–9, 96, 97, 134, 144, 150
Amsterdam, 9, 20, 29, 46, 71, 109, 133, 293, 343, 380; in Hunger Winter, 373, 374, 379
Antwerp, 7, 13, 14, 16, 18, 26, 27, 370
Antwerp, port of, 5, 7, 13, 27, 37, 71, 322, 369, 370
Apeldoorn, 49, 133, 138, 143, 311, 323, 336, 342, 343, 346, 372, 375
Armée Blanche *see* Belgian Resistance
Armija Kraiowa *see* Home Army
Arnhem, 10, 12, 20, 21, 33, 47, 49, 50, 51, 58, 59, 60, 273n; plans to take, 7, 25, 26, 28, 29–30, 31, 33, 35n, 36, 37, 42, 43, 47, 55, 64, 65–6, 68, 70, 100, 196, 322, 365; during Market Garden, 18, 27, 42, 71, 72, 74, 78–9, 80, 91, 92, 93, 94, 95, 96, 97, 100, 102–7, 126–41, 143, 146–7, 151–3, 162, 172–8, 183, 184–8, 190–93, 195, 203, 210, 218, 219–20, 227, 228–33, 235, 236, 239, 241, 243, 246, 248, 253, 254, 261–4, 266, 281, 292, 300, 301, 308, 311n, 313, 319–20, 321, 334, 336, 337, 339, 361, 364, 365, 366, 367, 369, 374; casualties in, 370–71; evacuation of, 344–9, 362, 370, 379; destruction to, 207, 346, 348, 370–72; recovery, 379–80
Arnold, Gen Henry ('Hap'), 26, 44

Bachenheimer, Pfc Theodore H., 359–60
Baltussen, Cora, 255
Bangard, Strm Karl H., 72, 91, 93, 95, 337
Baskeyfield, L/Sgt John, VC, 244
BBC, 9, 84, 178, 195, 326
Bedell Smith, L Lt Gen Walter, 4, 35n, 37, 38, 50–51, 218n, 292, 377–8

索 引 / 581

Beek, 120, 165, 221, 222, 260, 280, 297, 340
Beek, Dr Marius van der, 58, 79, 237
Belgian Resistance, 6, 13, 14
Bemmel, 247, 248
Berg en Dal, 202, 222, 341; Hotel, 120
Beringen, 16, 19, 44
Bernhard, HRH Prince, 9, 36, 59, 252, 327, 365, 377–8
Best, 85, 112, 115–16, 154–6, 158, 194, 204, 205
Bestebreurtje, Capt Arie, 77, 83, 85, 119, 120, 123, 124, 164, 196, 197, 197n, 217, 250
Betuwe ('the Island'), 60, 80, 87, 107, 238, 253, 256, 264, 266, 281, 288, 294, 301, 303, 315, 319, 322, 337, 340, 341, 348, 353–8, 360, 361, 363, 379
Bittrich, ObGpFh Wilhelm, 49–50, 60–61, 71, 72, 92–3, 95, 96, 103, 106–7, 126–7, 132, 133, 134, 141, 146–7, 162, 184, 191, 202, 220, 221, 228, 247, 256, 264–5, 266, 281, 301, 311, 313, 321, 322, 337, 361, 366
Black market, 357–8, 373, 374, 375
Blackwood, Maj J. E., 23, 148, 149, 151, 175, 176, 188, 265, 276, 284, 285, 298, 315, 323, 324, 325, 328
Blaskowitz, GnObst Johannes, 378, 378n
Bocholt (Germany), 133, 134, 190
Bode, Nicholas de, 59, 346
Boeree, Col Theodor, 49
Boxtel, 112, 154, 294
Bradley, Lt Gen Omar N., 3, 4, 5, 6, 7–8, 14, 25, 29, 38, 48, 292
Brereton, Lt Gen Lewis H., 23–4, 25, 27, 28, 31, 32–3, 44, 53, 63, 69, 144, 206, 222, 224, 246, 293, 353, 364, 365

British Army
  21st Army Group, 7, 14, 36, 50, 369
  Second Army, 7, 26, 28, 29, 30, 31, 46, 52, 54, 107, 186, 205, 229, 238, 276, 287, 293, 303, 316, 322, 323, 325, 327, 334, 338, 343, 355, 364
  VIII Corps, 31, 205, 279, 296, 339
  XII Corps, 31, 205, 339
  XXX Corps, 1, 26, 28, 29–30, 31, 37, 43, 51, 53, 54, 64, 65–7, 105, 106, 114, 125, 136, 141, 147, 153, 154, 155, 162, 166, 167, 185, 187, 191, 194, 202, 203, 205, 209, 219, 220, 221, 223, 224, 228, 229, 256, 259, 271, 274, 275, 276, 277, 279, 283, 294, 299, 309–10, 312, 315, 316, 318, 322, 327, 333, 334, 339, 342, 358, 364, 366, 368
  I Airborne Corps, 24, 25, 26, 26n, 31, 33, 41, 53, 75, 245, 369
British Army divisions
  1st Airborne, 23, 24, 25, 26, 26n, 28, 29, 32, 35, 36, 37, 39, 40, 42, 43, 50, 51, 54, 55, 58, 64, 68, 72, 75, 77, 87, 98, 129, 134, 135, 145, 162, 167, 174, 191, 195, 198, 203, 219, 228, 236, 238, 245–6, 253, 255, 256, 264, 265, 272, 274, 276, 281, 284, 288, 292, 293, 294, 301, 303, 305, 307, 308, 308n, 316, 319, 321–2, 326, 332, 334, 337, 338, 362, 364, 366, 369; and signal problems, 56, 101, 129, 130, 184, 185–6, 195, 269
  6th Airborne, 26n, 55, 101
  Guards Armoured, 2, 5–6, 14, 16, 19, 51, 53, 65, 66, 67–8, 78, 125, 141, 158, 159, 195–6, 203, 216, 219, 228, 253, 281, 339
  11th Armoured, 2, 5, 13, 67, 358

43rd (Wessex) Inf, 1, 66, 253, 274, 281, 294, 303, 304, 305, 306, 307, 308n, 315, 321, 323, 327, 328, 332
50th (Northumbrian) Inf, 44, 167, 316, 321, 355
52nd (Lowland) (Airlanding), 26n, 30, 53, 293

British Army brigades
32nd Guards, 278, 295
1st Parachute, 55, 56, 70, 75, 100, 101, 102, 104, 127, 138, 142
4th Parachute, 55, 142, 144, 147, 178, 179, 188, 202, 234, 271, 339
1st Airlanding, 43, 55, 56, 77, 102, 142
129th Inf, 281, 301, 315, 321
130th Inf, 291, 301, 304, 307
214th Inf, 281, 301

British Army regiments/battalions
2 HCR, 5, 14, 52, 155, 158, 167, 168, 194, 206, 223, 253, 259, 270, 282, 283, 291, 302, 303, 339
4/7 DG, 256, 282, 291, 301, 321
15/19 Hussars, 194, 204, 205, 223
44 RTR, 223, 224, 278, 295
Sherwood Rangers, 1, 2, 13, 44, 45, 280, 296, 297, 341
1 Light Rgt RA, 98, 101, 130, 137, 147, 233, 234, 270, 273, 274, 322, 324, 331, 339
64 Medium Rgt RA, 274, 299, 301, 322, 323
1 (Motor) Gren Gds, 196, 198, 199, 203, 209–10, 216, 217
2 (Armoured) Gren Gds, 196, 197, 198, 199, 203, 210, 219, 220, 231
Gren Gds Group, 5, 14, 194, 196, 198, 219, 366
1 (Armoured) Cldstrm Gds, 16, 196, 203, 221, 222, 297

2 (Armoured) Irish Gds, 5, 89, 125, 168, 169, 202, 203–4, 212, 213, 216, 224, 252
3 (Motor) Irish Gds, 52, 53, 68, 218, 248, 339
Irish Gds Group, 5, 16, 81, 88, 154, 167, 194, 219, 361
2 (Armoured Rec) Welsh Gds, 5, 16
7 KOSB, 82, 98, 143, 144, 147, 174, 179, 181, 189, 236, 267, 268, 276, 314, 328, 332
1 Border, 98, 102, 143–4, 234, 235, 236, 237, 253, 266, 267, 285, 305, 328
2 South Staffs, 98, 142, 143, 147, 149, 172, 174, 175, 176, 188, 234, 239, 244, 245, 265–6, 325
6 Durham Light Inf, 44, 45
7 Somerset LI, 281, 288, 301
4 Dorsets, 307, 308, 309, 316, 317, 318, 325, 332, 338, 367, 368
5 DCLI, 282, 291, 357
1 Para, 55, 70, 100, 101, 102, 114, 131, 132, 134, 139, 140, 172, 175, 330, 339
2 Para, 39, 55, 70, 74, 100, 102, 104, 126, 130, 142, 191, 228, 231
3 Para, 55, 100, 103, 127, 129, 130, 131, 132, 139, 140, 143, 145, 152, 172, 175, 176, 185, 245, 262, 349
10 Para, 151, 152, 179–80, 182, 183, 234, 235, 336
11 Para, 23, 142, 148, 151, 172, 174, 175, 176, 177, 188, 234, 243, 265, 284, 290–91, 315, 323
156 Para, 149, 151, 152, 174, 178, 179, 181, 234, 235, 268, 299
21 Anti-Tank Bn, 198, 208, 222, 248
16 Para Fd Amb, 104, 145, 176, 288

British Army regiments/battalions
  – (Cont.)
    131 Para Fd Amb, 99, 190
    181 Airlanding Fd Amb, 146, 189, 241, 242, 243, 290, 311–12, 334
British Army sub-units
    21 Ind Para Coy (Pathfinders), 77, 98, 150, 236, 275, 276n, 284, 312
    1 Para Sq RE, 87, 104, 130, 137, 153, 185, 187, 229, 230
    1 Airborne Rec Sq, 55, 98, 99, 100, 101, 102, 127, 229, 255–6, 268, 272, 286, 298, 315
    9 Fd Coy RE, 291
    14 Fd Sq RE, 194, 217, 218, 226, 250
    Phantom detachment, 235, 314, 326
Brooke, FM Sir Alan, 29, 30, 32, 38, 322, 367, 369
Browning, Lt Gen Frederick ('Boy'), 24–5, 26, 27, 28, 29, 31, 32, 33, 35, 36, 41, 43, 51, 54, 55, 64, 68, 75, 120, 140, 144, 163, 167, 195, 196, 202, 206, 210, 212, 214, 222, 246, 256, 282, 283, 293, 302, 303, 305, 306, 307, 308, 309, 310, 314, 318, 319, 337, 338, 339, 365, 367, 368, 369
Brussels, advance to, 5–6; Liberation of, 6, 13, 14, 18, 27, 28, 30, 31, 37, 44, 53, 54, 166
Burns, Pfc Dwayne T., 73, 120, 165, 355, 356
Burriss, Capt T. Moffatt, 203

Cain, Maj Robert, VC, 174–5, 177, 234, 265–6, 325, 332
Canadian Army
  First Canadian Army, 7, 37, 355, 363, 369, 373, 376
  I Cdn Corps, 377, 378

Royal Canadian Engineers,
  20th Field Coy RCE, 328, 329, 330
  23rd Field Coy RCE, 328, 329, 330, 331
Carrington, Capt Lord, 217, 218
Cassidy, Lt Col Patrick J, 82, 85, 111, 157, 158, 203, 204, 224, 258, 259
Chappuis, Lt Col Steve, 156, 157, 204
Chatterton, Lt Col George, 75, 195, 202
Chill, GenLt Kurt, 18, 19, 44
Christiansen, Gen d. Flg Friedrich, 19, 20, 47, 94, 97, 134, 301
Churchill, Winston, 3, 8, 26, 103, 364, 372, 373
Cleve, 96, 107, 121, 171, 341, 360
Club Route see Hell's Highway
Cole, Lt Col Robert, 116, 154, 156, 157
Collaboration see also NSB, 10, 12, 13, 21, 46, 48, 57, 110, 117, 121, 159, 160, 178, 206, 225, 251, 346, 360
Combat fatigue, 142, 157, 185, 189, 200, 231, 243, 252, 271, 287, 298, 322, 341, 380
Cook, Maj Julian, 203, 209, 210, 211, 212, 215, 216, 218, 219, 248, 297
Crawley, Maj Douglas, 105, 230, 231
Crerar, Lt Gen Henry, 7
Crete, German airborne invasion of, 17, 91
Cronkite, Walter, 161

Davis, Lt Bruce E., 143, 148, 181, 238, 239, 275, 284, 322, 323, 326, 328
Deelen airfield, 30, 36, 47, 53, 55, 58, 70, 72, 80, 93, 97, 102, 236, 293
De Guingand, Maj Gen Francis ('Freddie'), 7, 24, 25, 26, 292, 376, 377
Deinum, Martijn Louis, 70, 123, 164, 251, 296, 342, 349, 359

Dempsey, Lt Gen Sir Miles, 7, 26, 28–9, 31, 32, 33, 35, 39, 44, 54, 67, 205, 206, 303, 308, 316, 321, 364
Den Heuvel ('Devil's Hill'), 203, 260, 297, 340
Dennennoord, 266, 285, 299, 325, 352
Des Voeux, Lt Col Sir Richard, Bt, 178, 235
Dijk, Sister Christine van, 78, 106, 139, 140, 273, 350
Dobie, Lt Col David, 102, 131, 132, 134, 172, 174, 175
Doetinchem, 49, 60, 93, 191
Dommel, River, 52, 112, 159, 169, 205
Douw van der Krap, Lt Cdr Charles, 58, 238, 239
Dover, Maj Victor, 104, 129
Dreijeroord, Hotel ('the White House'), 189, 236, 267–8
Dutch Resistance *see* Dutch underground
Dutch underground, 10, 11, 12, 13, 20–21, 22, 46, 47, 48n, 50, 57–9, 77, 106, 109, 110, 117, 121, 124, 132, 170, 178, 196, 197, 198, 199, 204, 225, 232, 247, 255, 258, 278, 319–20, 340, 342, 345, 360, 362, 363, 372, 375, 376
Dyrda, Lt Jerzy, 305, 306, 307, 308, 309

Eberbach, Gen d. PzTr Heinrich, 2–3, 370
Eerde, 278, 280, 294, 295, 315
Egan, Father Bernard, 126, 186, 191
Eindhoven, 9, 10, 12, 16, 20, 29, 52, 53, 63, 65, 66, 78, 95, 109, 112, 114, 125, 154, 158, 161, 167, 168, 169, 205–6; bombing of and casualties, 207, 222, 250, 256, 313, 368
Eisenhower, Gen Dwight D., 3–5, 7, 9, 24, 27, 29, 30, 31, 32, 37, 38, 51, 125, 144, 227, 292, 293, 353, 365, 369, 370, 373, 375, 376, 377
Elden, 301, 321
Elst, 59, 100, 107, 247, 253, 256, 264, 281, 282, 301, 302, 303, 315, 317, 321, 361
Euling, HptStFh Karl-Heinz, 95, 130, 162, 163, 199, 216, 217, 219, 220, 221, 247
Ewell, Col Julian, 278, 357

Falaise Gap, 1, 138
Fitch, Lt Col John, 103, 131, 145, 172, 174, 175, 176
Franco, Capt Robert, 197, 338
Frost, Lt Col John, 27, 39, 70, 74–5, 87, 100, 101, 102, 103, 104, 105, 126, 127, 129, 130, 131, 135, 136, 137, 138, 141, 142, 147, 153, 154, 172, 177, 185, 186, 187, 188, 191, 193, 228, 229, 230, 231, 264, 339, 361
Fullriede, Obstlt Fritz, 6, 53, 62, 63, 97, 112, 216, 266, 301, 335

Gavin, Brig Gen James M., 26, 32, 33, 35, 36, 43, 64, 69, 76, 77, 85, 119, 120, 123, 124, 161, 163, 164, 165, 166–7, 169, 195, 196, 197, 202, 203, 208, 210, 219, 221, 222, 260, 280, 281, 293, 296, 297, 319, 340, 341, 353, 355, 360
Gellhorn, Martha, 119, 360
German Army *see also* Waffen-SS
German Army formations
  Army Group B, 17, 19, 47, 57, 60, 62, 92, 93, 94, 107, 132, 163, 220, 221, 295, 301, 313, 322, 337
  Fifteenth Army, 7, 18, 27, 30, 51, 66, 71, 106, 112, 154, 292, 369

German Army formations – (*Cont.*)
  LXXXVIII Corps, 17, 19, 109
  Corps Feldt, 107, 163, 164, 165, 166, 260
German Army divisions
  12th Inf, 71
  59th Inf, 112, 154, 204, 205, 225, 277, 279
  85th Inf, 18
  116th Pz-Div, 71, 337, 361
  176th Inf, 17
  245th Inf, 109, 277, 294
  406th Landesschützen, 107, 163, 221
  712th Inf, 277
  719th Inf, 17, 19
  107 Pz-Bde, 71, 107, 169, 205, 206, 209, 223, 256, 277, 278, 279, 294, 295, 296
  280 StuG Bde, 71, 107, 133, 335
  503 Hvy Pz Bn, 132, 266, 286
  506 Hvy Pz Bn, 133, 190, 301, 313, 322, 361
  171 Arty Rgt, 266, 285
  30 Machine-Gun Bn, 301, 304, 318
German Army Kampfgruppen
  Chill, 18, 19, 44
  Greschick, 221, 222
  Huber, 277, 279, 294, 315
  Knaust, 133–4, 138, 139, 184, 253, 264, 281–2, 301, 302, 315, 317, 321
  Walther, 50, 52, 62, 63, 89, 95, 256, 278, 294, 295, 296
Ghent (Gand), 13, 84
Golden, Lt Lewis, 329–30
Göring, Reichsmarschall Hermann, 17, 19, 108, 350
Gough, Maj Freddie, 55, 99, 100, 102, 104, 127, 185, 187, 193, 229, 230, 231, 261, 262

Gräbner, StBnFh Viktor, 80, 81, 95, 102, 107, 126, 132, 136, 137, 146, 147, 153, 230, 264
Grafton, Maj James, 317, 318
Graham, Maj Gen Miles, 30, 31
Granville, 4–5, 7, 29, 37
Grave, 53, 122, 194, 195, 293
Grayburn, Lt John, VC, 127, 229
Grebbeberg, 97, 134
Gregory Hood, Maj Alec, 196, 209
Groenewoud, Capt Jacobus, 104, 105, 186
Groesbeek, 85, 119, 120, 121, 123, 124, 165, 166, 196, 221, 222, 297, 306, 340
Groesbeek heights, 43, 64, 85, 120, 121, 122, 123, 220, 340
Gwatkin, Brig Norman, 68, 125, 154, 167, 168, 202, 219, 222, 248, 252

Hackett, Brig John ('Shan'), 27, 55, 56, 75, 142, 144, 147, 150–51, 178, 179, 234, 235, 265, 271, 303, 310, 319, 339, 342, 362, 363
Hague, The, 20, 46, 96, 109, 293, 373, 374, 376n
Hansen, Maj Chester B., 6, 14, 16
Harmel, BdeFh Heinz (10 SS), 60, 61, 71, 96, 107, 133, 135, 146, 153, 162, 163, 184, 187, 190, 191, 192, 202, 218, 220, 228, 229, 230, 248, 253, 359, 361
Hartenstein, Hotel, 131, 146, 151, 152, 177, 178, 181, 235, 236, 238, 239, 268, 270, 272, 275, 283, 284, 287, 310, 318, 322, 323, 324, 325, 326, 328, 334
Harzer, StndFh Walter (9 SS), 60, 61, 80, 81, 95, 107, 126, 132, 133, 134, 135, 146, 172, 174, 183, 184, 254, 265, 286, 287, 311n, 315, 337, 344, 345

Heathcoat-Amory, Lt Col Derick, 235
Hechtel, 44, 54, 125
Heeswijk, 119, 225
Hell's Highway, 66, 203, 205, 223, 226,
    249, 256, 258, 277, 278, 280, 281,
    294, 296, 315, 316, 319, 339, 369
Helle, Stbnnfh Paul, 49, 96, 97, 134, 144,
    150, 190, 251
Helmond, 223, 277, 279, 296
Henke, Obst Friedrich, 50, 162, 164
Heumen, 122, 221
Heveadorp, ferry, 307, 308, 318
Heydte, Oblt Friedrich Fhr v. der, 17, 19,
    44, 62, 63, 156, 224, 294, 295, 315,
    316, 366, 375
Hibbert, Major Tony, 103, 104, 141
Hicks, Brig Philip ('Pip'), 43, 55, 56, 75,
    102, 142, 143, 144, 146, 150, 151,
    267, 272, 285, 298, 303, 325, 326,
    332, 338, 339
Hills, Lt Stuart, 45, 297
Himmler, Reichsführer-SS Heinrich, 17,
    47, 48, 72, 97, 249n, 351, 375
Hitler, Adolf, 7, 11, 16, 17, 19, 20, 22, 46,
    49, 50, 62, 67, 71, 96, 108, 144,
    217, 220, 221, 248, 251, 255, 264,
    290, 301, 313, 342, 378
Hodges, Lt Gen Courtney H., 4, 7,
    30, 38
Hollinghurst, AVM Leslie, 32, 35
Home Army (Armia Krajowa), 42, 69, 253
Horrocks, Lt Gen Brian, 1, 2, 3, 5, 14,
    28, 29, 31, 51, 54, 65, 66, 67, 68,
    78, 81, 125, 167, 197, 203, 210,
    214, 219, 220, 222, 253, 259, 282,
    283, 292, 294, 295, 303, 305,
    306-8, 309, 310, 316, 318, 321,
    339, 364, 366, 367, 368, 369
Horstman, Albert, 58, 140, 319, 345, 347
Hunger Winter, 373-9, 379n

IJssel, River, 58, 348, 361
IJsselmeer (Zuyder Zee), 30, 66, 68

Jedburgh teams, xiii, 77, 104, 124, 136,
    186
Jedelhauser, Lt Gustav, 62, 92
Jews, 300; under German occupation, xiv,
    20, 21, 47, 48, 175, 251; in
    Pathfinders, 77, 150, 236, 275-6;
    in Market Garden, 190, 241, 242,
    250, 345, 359
Jodl, GenObst Alfred, 62, 71, 108, 248
Johnson, Col Howard, 117, 225, 226,
    256, 277, 278, 294, 295, 356-7
Johnson, Capt LeGrand K., 204, 238
Johnson, Lt Paul B., 101, 269, 274, 286,
    303, 338
Jones, Capt Robert, 115, 116, 117,
    154, 155
Jones, Lt Tony, 217, 218, 226, 250
Jonge, Jhr Bonifacius de, 266, 267, 285,
    299, 325, 352
Jungwirth, Maj Hans, 225, 315, 316
Jüttner, ObGpFh Hans, 96

Keep, Capt Henry, 210, 211, 212, 213,
    214, 297
Kinnard, Lt Col Harry, 117, 119, 225,
    226, 256, 258, 277, 278, 294, 295
Kraats, Wouter van der, 59, 60
Krafft, StmBnFh Sepp, 71-2, 91, 93, 94,
    95, 101, 102, 103, 234, 236, 268,
    337
Krap, Lt Cdr Douw van der, 58, 238, 239
Krebs, GenLt Hans, 47, 60, 68, 72, 92,
    183, 220, 281, 293, 295
Kreipe, Gen d. Flgr Werner, 108
Kriegsmarine, 96, 241, 375
    Schiffs-Stamm-Abteilung, 9, 134,
    143, 285

Kruijff, Piet, 58, 59, 319, 342, 362
Kussin, GenM Friedrich, 92, 94, 103, 132, 178

La Riviere, Lt Richard G., 215, 358
Landelijke Knokploegen *see also* Dutch underground, xiv, 58, 109, 110, 170, 178, 345
Langton, Capt Roland, 248, 252, 253
Lathbury, Brig Gerald, 55, 56, 75, 100, 102, 103, 104, 127, 131, 132, 141, 142, 145, 176, 310, 319, 342, 362
Lea, Lt Col George, 172
Leigh-Mallory, ACM Sir Trafford, 23, 28
Leopoldsburg (Bourg Léopold), 16, 65, 206, 249, 296
Lewis, Major Peter, 103, 129, 130, 137, 138, 153, 191, 230, 262
Liège, 7, 18, 25, 94
Lindemans, Christiaan Antonius ('King Kong'), 47–8n
Lindquist, Col Roy E., 123–4
Lippert, ObStBnFh Hans, 134, 143, 234, 237, 265, 285
Loder-Symonds, Lt Col Robert, 142, 178, 237, 273–4, 303, 323
Logan, Capt Jimmy, 138, 186, 230, 231
Lonsdale, Major Richard, 151, 243–4, 245, 265, 318, 324
Lonsdale Force, 245, 324
Looting, in Belgium, 6; in the Netherlands, 4, 6, 10–12, 21, 46, 76, 110, 123, 169, 170, 263, 316, 349–52, 374
Lord, Flt Lt David, VC, 182–3
Love, Flt Lt Donald, 88, 168, 252–3
Luftwaffe
  First Fallschirm (Parachute) Army, 17, 57, 62, 80, 292
  Luftflotte Reich, 18

II Fallschirmjäger Corps, 107, 163, 221, 248, 260, 280, 296, 301, 341
Luftwaffe divisions, Fallschirmjäger, xiii, 110, 112, 223, 225, 247, 260
  Hermann Göring, 51, 53, 64, 112, 114, 120, 124, 266, 301, 335, 348
  3rd Jagd (Fighter), 47, 72, 93
  2nd Fallschirmjäger, 19
  3rd Fallschirmjäger, 164, 260
  5th Fallschirmjäger, 164
  7th Fallschirmjäger, 17
Luftwaffe regiments
  2nd Fallschirmjäger, 294, 315, 351
  6th Fallschirmjäger, 17, 19, 44, 62, 156, 224, 294, 315, 316
  Fallschirmjäger Rgt v. Hoffmann, 89
  1st Fallschirmjäger Trg Rgt, 162, 164
  JG 51, 14
  Kampfgruppe Becker, 164, 221, 222, 260
  Kampfgruppe Henke, 162, 164
  Kampfgruppe Hermann, 221
  VI Luftwaffe Battalion (penal), 17
  Worrowski Bn, *Hermann Göring*, 266, 285

Maas, River (Meuse), 7, 25, 29, 47, 122, 194, 358, 359, 370
Maas–Scheldt Canal, 50, 51, 62
Maas–Waal Canal, 122, 167, 211, 296
Maastricht, 17, 23, 25, 49, 57
McAuliffe, Brig Gen Anthony C., 32, 54, 76, 161, 278, 279, 349
McCardie, Lt Col Derek, 172
McCrory, Sgt Paddy, 203–4, 224
Mackay, Capt Eric, 87, 104, 130, 137, 138, 153, 185, 187, 229, 230
Mackenzie, Lt Col Charles, 39, 58, 64, 75, 104, 142, 150–51, 177, 178, 282, 283, 302–3, 309, 310, 325, 338

Maltzahn, Maj Berndt-Joachim Frh v., 169, 205, 296
Marrable, Lt Col Arthur, 242, 300, 311, 312
Marshall, Gen George C., 24, 26
Maurier, Daphne du, 24, 120, 195
Mawson, Capt Stuart, 151, 312
Meindl, Gen d. FSTruppen Eugen, 107, 163, 164, 221, 260, 280, 296, 301, 341
Mendez, Lt Col Louis G., 68, 85, 222
Michaelis, Col John, 156, 258
Model, GFM Walter, 18, 19, 47, 48, 50, 57, 60, 61, 62, 70, 72, 79, 92–3, 94, 106, 107, 108, 132, 133, 134, 146, 162, 163, 164, 183, 191, 197n, 202, 204, 220, 221, 247, 248, 251, 256, 260, 263, 269, 277, 279, 281, 286, 292, 293, 301, 313, 322, 337, 342, 343, 344, 361, 365
Möller, HptStFh Hans, 95, 131, 134, 135, 143, 174, 183, 241, 313
Montfroy, Harry, 59
Montgomery, FM Sir Bernard, 3, 4, 5, 7–8, 9, 14, 23, 24, 25, 26, 27–8, 67, 154, 195, 227, 252, 264, 268, 292, 309, 321, 358, 365–6, 367, 369, 370, 375, 376; and Eisenhower, 3, 4, 7, 29, 30, 37, 38, 227, 292, 370; and Antwerp, 7, 13, 27, 31, 37, 292, 322, 369; and planning Market Garden, 28–9, 30, 31, 32, 39, 44, 47, 50, 51; and air force, 23, 27, 31, 32, 32n, 33, 36, 353, 365; and Poles, 41, 309, 367
Mook, 122, 163, 165, 203, 221–2, 296, 313, 340
Moor Park, 33, 42, 64, 68, 178, 362
Munford, Maj Dennis, 130, 131, 147
Murrow, Edward R., 86

Myers, Lt Col Eddie, 282, 283, 302, 303, 304, 319, 325, 328

Neder Rijn, River, 26, 29, 33, 42, 43, 47, 49, 55, 87, 97, 100, 107, 135, 137, 139, 143, 162, 163, 245, 253, 255–6, 265, 266, 281, 282, 283, 294, 301, 303, 305, 308, 309, 317, 319, 322, 324, 328–9, 333, 334, 337, 348, 349, 353, 355, 356, 362, 363, 364, 366, 370, 373, 379, 380
Neerpelt, 51, 53, 62, 65
Netherlands, 9–10, 12, 57, 60; 1940 German invasion of and occupation, 10, 12n, 16, 19, 20, 21–2, 46, 71, 91, 337, 350, 351, 372, 375–6, 377–8; and Market Garden, 30, 46, 48, 76, 79, 97, 125; government in exile, xv, 9, 12, 293, 372–3, 375, 379
Royal Netherlands Army, 48, 60, 76–7, 252, 256, 293
Prinses Irene Brigade, 48, 60, 256, 293
Newbury, Capt Edward, 64, 293, 302
Nijmegen, 26, 28, 33, 70; and Market Garden, 26, 28, 29, 33, 43, 57, 59, 78, 80, 96, 100, 107, 109, 110, 120, 123–4, 146, 161, 162, 164–7, 169, 170–71, 196–207, 208–16, 227, 228, 247, 248–50, 251, 253, 256, 260, 274, 278, 281, 282, 283, 293, 296, 309, 337, 338, 339, 341, 342, 349, 359–60, 366, 368; and American bombing of, 22, 208; casualties in, 22, 370–71
Nijmegen road bridge, 36, 37, 48, 53, 64, 124, 132, 133, 162, 163, 187, 191, 216–20, 221, 231, 248, 250, 253, 281, 342, 365

Normandy, 1–4, 6, 14, 17, 18, 19, 23, 24, 25, 36, 39, 40, 41, 44, 45, 49, 50, 61, 62, 68, 73, 80, 83, 97, 101, 115, 156, 164, 183, 279, 315, 367
Nosecki, Stanley, 69, 366–7
NSB (Nationaal-Socialistische Beweging), xiv, 10, 12, 46, 48, 57, 58, 110, 117, 121, 159, 160, 178, 206, 251, 344, 350

Office of Strategic Services (OSS) *see* Jedburgh
OKW (Oberkommando der Wehrmacht), 4n, 108, 264
Oosterbeek, 47, 48, 57, 59–60, 62, 70, 72, 79, 91, 92, 93, 103, 104, 105, 109, 127, 130, 131, 132, 133, 134, 143, 145, 152, 174, 176, 178, 189, 218, 229, 232, 233–4, 237, 238, 239–42, 243, 253, 261, 264, 265–9, 270, 272–5, 282, 286, 288–91, 294, 298, 300, 303, 311, 313–16, 322, 324, 326, 327, 334–7, 342, 344, 345, 347, 348, 361, 362, 367; civilian casualties in, 370n, 379, 380
Oosterhout, 248, 256, 281, 282
Operations
　Bagration, 42
　Berlin, 319, 321–2, 325–32, 337
　Comet, 25, 26, 28, 29, 31, 33, 37, 39, 50, 70, 74, 100
　Linnet, 24, 25, 32
　Market Garden, 29–30, 31, 33, 36, 38, 43, 47n, 50, 51, 59, 64, 68, 69, 70, 154, 227, 246, 299, 293, 306, 314, 317, 321, 322, 339, 342, 353, 358, 361, 362, 364–6, 369, 370, 370n, 372, 380
　Pegasus, 362

Sabot, 5
Order Service (OD), xv, 110
Organisation Todt, 348, 350, 351, 370, 372

PAN (Partisanen Actie Nederland), xv, 159
Pannerden (ferry-point), 135, 162, 228, 248, 359
Pare, Rev G. A., 149, 271, 334
Parks, Brig Gen Floyd L., 25, 32, 253
Patton, Lt Gen George C., 1, 3, 4, 23, 24, 29, 30, 38, 40, 220, 292, 370
Payton-Reid, Lt Col Robert, 189, 236, 267, 268, 328, 332
Pearson, S/Sgt Dudley, 235, 265, 310
Penseel, Jan, 20, 59, 319
Peterse, Father Wilhelmus, 170, 226
PGEM electricity company, 59, 78, 209, 211, 362
Poland *see also* Warsaw, 3, 20, 40, 41–2, 69, 239, 245–6, 314, 366, 378n
Polish Army, 26–7, 41–3
　1st Independent Pct Bde, 26n, 29, 40–41, 42, 43, 55, 69, 181, 182, 185, 245–6, 252–6, 274, 281, 282, 291, 299, 304; and Valburg conference, 307–9; 313–14; crossing Neder Rijn, 317–18, 322, 323; and evacuation, 326; and aftermath, 329, 332, 333, 338, 366–9
　Anti-tank sq, 147, 150, 181, 182, 189, 276, 290
Poppe, GenLt Walter, 112, 154, 256, 295
Powell, Maj Geoffrey, 179, 235, 299, 325, 332
Pyman, Brig Harold, 78, 125, 303, 305

Queripel, Capt Lionel, VC, 179, 181

Ramsay, Adm Sir Bertram, 3, 13, 37, 292, 369
Rauter, SS-ObGpFh Hans Albin, and Final Solution, 20, 21; and SS and Waffen-SS, 21, 48, 96, 97, 376; and fear of Dutch uprising, 46–7, 57–8, 97; and defence of Netherlands, 47, 48, 61, 70, 221; and ambush, 375–6
'Red Ball Express', 14–15, 16
Reichsarbeitsdienst (RAD), xv, 96, 129, 163, 200, 225
Reichswald, 43, 64, 122, 123, 124, 163, 165, 196, 248, 260, 281, 296, 297, 340, 359
Reinhard, Gen d. Inf Hans Wolfgang, 17, 18, 19, 44, 109, 116
Renfro, Lt Col C. D., 54, 66, 78, 125
Reprisals, 6, 20, 21, 57, 79, 117, 293, 345, 346, 362, 372–6
Ressen, 248, 256, 281, 301
Rhine, River *see* Neder Rijn
Ridgway, Maj Gen Matthew Bunker, 25, 206, 221, 222, 353, 355
Ringsdorf, RttnFh Alfred, 185, 192, 230, 263, 264, 301
Roberts, Maj Gen 'Pip', 2–3, 5, 67
Robinson, Sgt Peter, 210, 216, 217–18, 219, 220, 247
Roermond, 9, 292
Rotterdam, 20, 29, 46, 48, 71, 133, 239, 293, 372, 373, 375, 379
Royal Air Force (RAF), 12, 27, 28, 35, 54, 55, 77, 82, 88, 147, 148, 168, 182–3, 237, 367
   Bomber Comd, 54, 78, 125
   Air Def GB, 54, 79, 148
   2nd Tac AF, 12, 54, 79, 81, 88, 109, 168, 252, 279, 295, 303, 322
   RAF Transport Command
   38 Group, 28, 35, 182–3, 184, 254, 269, 304
   46 Group, 28, 182–3, 184, 254, 269, 304
Rundstedt, GFM Gerd v., 16, 62, 71, 92, 107, 108, 281, 313, 342, 361
Rutland, Capt the Duke of, 196, 209

Saar, 29, 38, 370
St Elisabeth Hospital, 79, 105, 106, 129, 132, 138, 139, 140, 143, 144, 145, 152, 172, 175, 176, 177, 184, 186, 232, 233, 239, 243, 262, 273, 288, 310, 311, 319, 340, 342, 350
St Oedenrode, 112, 115, 157, 203, 204, 224, 258, 259, 277, 295, 303, 308n, 315
Sampson, Padre Francis L., 76, 100, 117, 119, 249, 279, 357
Scheldt estuary, 7, 18, 27, 37, 71, 154, 322, 369
Schijndel, 157, 203, 225, 226, 256, 258, 277, 278, 295
Schoonoord, Hotel, 70, 93, 145–6, 189–90, 239, 241, 242–3, 271, 272, 289, 290, 291, 299, 310, 311, 312, 323, 334, 336
Seyss-Inquart, Reichskommissar Dr Arthur, 12, 20, 46–7, 345, 350, 351, 372, 376–8, 378n
SHAEF (Supreme Headquarters Allied Expeditionary Force), 35n, 50, 178, 292, 373, 375, 379
First Allied Airborne Army, 7, 23, 24, 25, 26n, 27, 30, 31, 32n, 43–4, 50, 53, 63, 157, 206, 245, 246, 253, 288, 293, 332, 357, 364
Sicily, airborne operation, 24, 25, 27–8, 36, 55, 64, 69, 70, 74, 83, 101, 191, 243, 262

Siegfried Line (Westwall), 4, 27, 30, 241
Sikorski, Gen Władysław, 41
Simpson, Louis, 40, 160, 161, 340
Sink, Col Robert, 85, 112, 114, 115, 158, 159, 278, 279
Sionshof, Hotel, 120, 164, 196
Slangenburg, Kasteel (Doetinchem), 60, 93
Smaczny, Lt Albert, 291, 314, 324, 326, 328, 331, 332–3
Smyth, Lt Col Ken, 179, 182, 235
SOE (Special Operations Executive), xiii, 22, 47n, 58, 379
Son, 85, 109, 111–14, 115, 116, 125, 154, 156, 157, 158, 160, 168, 169, 194, 205, 209, 223–4, 227
Sosabowski, Maj Gen Stanisław, 26–7, 28, 32, 41–3, 55, 185, 245, 246, 253, 254, 255, 282, 283, 291, 303, 304, 305–8, 308n, 309, 316, 318, 330, 338, 366, 367, 368, 369
SS (Schutzstaffel) *see also* Waffen-SS, 22
  Gestapo, xv, 47, 110, 199
  SD (Sicherheitsdienst), xv, 47, 48n
  Ordnungspolizei, 48, 376
Stalin, Josef V., 85, 376
Stanley, Maj Henry, 196, 198, 208–9, 217
Stefanich, Capt Anthony, 166
Stevens, Lt Col George, 245, 246, 253, 305, 306
Stevenson, Lt John, 268, 296, 298, 315
Strong, Maj Gen Kenneth, 50, 51, 292
Student, GenOb Kurt, 16–17, 18, 19, 44, 57, 62, 63, 80, 91, 106, 112, 154, 163, 224, 225, 229, 256, 277, 279, 292, 296, 356
Sunninghill Park, Ascot, 24, 32
Susloparov, Gen Ivan, 276, 377
Sutherland, Sq Ldr Max, 88, 252
Swoboda, ObstLt Hubert v., 184, 254, 301

Tafelberg, Hotel, 47, 60, 61, 92, 146, 179, 242, 271, 272, 288, 298, 312, 323
Tatham-Warter, Maj Digby, 104, 105, 126, 127, 139, 187, 191, 232, 342, 362
Taylor, Maj Gen Maxwell, 26, 35, 40, 82, 84, 85, 114, 115, 157, 159, 161, 205, 223–4, 259, 277–8, 279, 280, 319, 349, 355, 357
Tedder, ACM Sir Arthur, 30, 31, 365, 369
Tempelhoff, Obst i.G. Hans Georg v., 92
ter Horst, Kate, 104, 234, 289, 335, 379
Tettau, Gnlt Hans v., 97, 134, 174, 179, 189, 191, 236, 237, 265, 266, 286, 301
Thomas, Maj Gen Ivor, 281, 305, 306, 307, 308, 309, 315, 316, 317, 318, 319, 321, 338, 368
Thompson, Lt Col 'Sherriff', 233–4, 243, 245, 273, 274
Tilly, Lt Col Gerald, 316, 317, 318
Todd, Lt Harvey A., 104, 105, 136, 137, 186, 187, 192, 261
Trotter, Maj John, 210, 216
Tucker, Col Reuben H., 69, 122, 202, 209, 210, 211, 212, 214, 215, 219, 231, 296–7, 360

Uijen, Albertus, 170, 171, 226
Ultra signals intercepts, 50
United States Army, formations
  12th Army Group, 3, 4, 6–7, 14
  First Army, 4, 28, 30, 31, 37, 71
  Third Army, 1, 3, 4, 40, 370
  First Allied Airborne Army *see under* SHAEF
  XVIII Airborne Corps, 24, 25, 26n, 206, 221, 353
  XIX Corps, 5, 48

592 / 阿纳姆战役

US Army divisions
  17th Airborne, 26n
  82nd Airborne, 25, 26, 29, 36, 39, 40; and planning, 43, 55, 64; and preparing, 69, 72; crossing and landing, 81, 82, 83, 86, 87, 119; in action, 109, 121, 163, 164; and Nijmegen and Waal, 196, 199, 200, 202, 211–16, 218, 248, 260, 280, 281n, 296, 297, 306, 338, 340, 353, 355, 356, 359
  101st Airborne, 17, 26n, 29, 32, 35, 40, 54, 66, 73, 78, 101; crossing and landing, 76, 81, 82, 84, 85, 86, 88, 110, 111, 112, 114, 125; in action, 154, 155, 160, 161, 166, 169, 198, 205, 206, 223, 277, 280; and combat exhaustion, 296; and looting, 349, 353, 356, 362
US Army regiments
  325 Glider Inf, 221, 280, 296, 340
  327 Glider Inf, 40, 160, 161, 204, 205, 339–40
  501 PIR, 86, 112, 115, 117, 225, 256, 294, 295, 355, 356, 357
  502 PIR, 84, 112, 115, 156, 157, 158, 194, 195, 203, 204, 205, 258, 278, 316
  504 PIR, 69, 83, 85, 122; and crossing Waal, 167, 202, 203, 211–16, 256, 296, 340, 359
  505 PIR, 64, 122, 124, 166, 169, 197, 222, 340–41, 357
  506 PIR, 85, 86, 87, 111–14, 158, 205, 223, 277, 278, 316, 356
  508 PIR, 40, 68, 120, 122, 123, 164–5, 167, 203, 260, 280, 341, 349, 355, 357
US Army units
  321 Glider Fd Arty Bn, 278
  326 Ab Eng Bn, 84, 115
  376 Pct Fd Arty Bn, 212
  377 Pct Fd Arty Bn, 161, 278
  456 Pct Fd Arty Bn, 221
US Army Air Force (USAAF)
  Eighth AF, 22, 35, 54, 63, 74, 148
  Ninth AF, 54
  IX Troop Carrier Command, 23–4, 55, 68, 75, 77, 280
Urquhart, Maj Brian, 51, 112
Urquhart, Maj Gen Robert ('Roy'), and planning, 27, 28, 32, 33, 35, 36, 39, 42, 43, 54, 55, 56, 58, 59, 64, 75; and Market Garden, 79, 102, 103–4, 127, 131, 132; away from headquarters, 132, 142, 145, 146, 150, 151, 152, 172, 177; at Hartenstein, 178, 179, 190, 228, 234, 236, 238, 255, 268, 273, 274, 282, 283; and evacuation, 287, 294, 303, 305, 309, 310, 311, 311n, 312, 314, 317–19, 321, 322, 325, 327; and aftermath, 337–9, 364, 366, 368
Utrecht, 10, 46, 125

V-2 rockets, 22, 29, 136
Valburg, 282, 292, 301, 303, 305; and conference, 305–8, 308n, 309, 318, 368
Valkenswaard, 52, 53, 62, 90, 125, 154, 167
Valkhof, 163, 170, 199, 200, 208, 209–10, 216, 217, 247, 251
Van Limburg Stirum School, 130, 137, 153, 184, 185, 186, 187, 191, 229, 230
Vandeleur, Lt Col Giles, 81, 168, 169, 211, 212, 213, 214, 252
Vandeleur, Lt Col, J. O. E., 52, 68, 81, 88, 89, 90, 125, 154, 168, 169, 252

Vandervoort, Lt Col Benjamin H., 197, 198, 199, 200, 208, 209, 217
Veghel, 112, 115, 117, 119, 194, 224, 225, 256, 277, 278, 279, 280, 294, 295, 315, 316, 339–40
Velp, 146, 229, 319, 334, 337, 346, 348
Vlist, Hendrika van der, 70, 145, 189, 190, 241, 242, 290, 312, 323, 342, 372
Voskuil, family, 103, 347, 441
Vreewijk, Hotel, 232, 272
Vught, concentration camp, 21, 80, 91, 106

Waal, River, 19, 29, 37, 47, 78, 87, 107, 122, 135, 162, 170, 198, 199, 223, 228, 247, 253, 260, 280, 281, 297, 353, 359, 363, 370; crossing of, 197, 202, 203, 209, 210–16, 219, 220, 221, 248
Waddy, Maj John, 149, 150, 179,
Waffen-SS, 21, 49, 60, 61, 71, 96, 152, 232, 241, 242, 262, 263, 298, 302, 311n, 341, 345
  Führungshauptamt (HQ), 61, 96
  II Panzer Corps, 49, 50, 51, 61, 92, 107, 134, 184, 202, 220, 301, 361
  Waffen-SS divisions
    9th SS *Hohenstaufen* Pz-Div, 49, 50, 51, 60, 61, 80, 95, 107, 131, 133, 134, 135, 138, 146, 174, 183, 234, 241, 265, 286, 310, 311, 311n, 313, 337, 344, 361
    9th SS Pz Rec Bn, 80, 95, 102, 126, 136, 146, 264
    10th SS Frundsberg Pz-Div, 49, 50, 51, 60, 61, 62, 71, 80, 81, 95, 96, 107, 124, 129, 130, 133, 135, 141, 146, 153, 162, 184, 191, 196, 202, 209, 220, 231, 247, 248, 264, 301, 302, 361
    21st SS Pzg-Rgt, 135, 162–3, 263
    34th SS Gren-Div *Landstorm Nederland*, 48
  Waffen-SS units
    Wachbataillon *Nordwest see* Kg Helle
    16th SS Pzg Trg & Rep Bn *see* Kg Krafft
  Waffen-SS Kampfgruppen
    Brinkmann, 129, 130, 184, 229, 230, 253
    Eberwein, 236, 267, 285
    Euling, 95, 130, 162, 163, 199, 216, 217, 219, 220, 221, 247
    Helle, 96, 97, 134, 144, 150, 190
    Krafft, 72, 91, 93, 94, 95, 101, 102, 103, 234, 236, 268, 337
    Lippert, 134, 143, 234, 237, 265, 285
    Möller, 95, 131, 134, 135, 143, 174, 183, 241, 313
    Reinhold, 162, 163, 170, 199, 220, 221
    Spindler, 95, 103, 105, 132, 174, 178, 179, 322
Wageningen, 97, 378
Walcheren, 27, 32, 63
Walther, Obst, 50, 52, 62, 63, 89, 95, 256, 278, 294, 295, 296
Walton, Brig Ben, 307, 316, 317, 318
Warrack, Col Graeme, 101, 176, 189, 239, 242, 271, 288, 289, 300, 310, 311–13, 322–3, 335, 336, 342, 343, 363
Warsaw, 42, 69, 108
Warsaw Uprising, 41, 42, 69, 239, 245, 253, 326, 366, 367
Weber, Stmn Horst, 135, 147, 152, 188, 261, 263, 302
Wesel, 7, 25, 29, 31, 376

Westerbouwing, 266, 285, 305, 308, 309, 318, 368
White, S/Sgt John J., 73, 116
Wierzbowski, Lt Edward, 73, 116, 117, 154, 155, 156, 158, 194, 195, 205
Wilhelmina, Queen, 9, 323, 342, 372
Williams, Brig Edgar, 27, 36, 51, 376, 377
Williams, Maj Gen Paul L., 32, 33, 35, 364, 365, 366
Winters, Maj Dick, 114, 160, 198, 278
Wolfheze, 58, 72, 79, 87, 91, 94, 99, 101, 102, 111, 131, 142, 149, 179, 188, 189, 190, 191, 234, 236, 265, 347, 370n
Wolfsschanze (Rastenburg), 16, 71, 108, 221
Wühlisch, GenLt Heinz-Hellmuth v., 20, 47, 61, 97, 293
Wyler, 221, 222

Zangen, Gen d. Inf Gustav v., 18, 71, 106, 370
Zutphen, 95, 266, 273n, 346
Zuyder Zee *see* IJsselmeer
Zwolański, Capt Ludwik, 255, 324, 344

图书在版编目（CIP）数据

阿纳姆战役：市场花园行动，1944 /（英）安东尼·比弗（Antony Beevor）著；石迪译. -- 北京：社会科学文献出版社，2023.10

书名原文：Arnhem: The Battle for the Bridges, 1944

ISBN 978-7-5201-9899-8

Ⅰ.①阿… Ⅱ.①安… ②石… Ⅲ.①第二次世界大战战役-史料-1944 Ⅳ.①E195.2

中国版本图书馆 CIP 数据核字（2022）第 047008 号

审图号：GS（2023）2219 号。本书插图系原文插附地图。

阿纳姆战役：市场花园行动，1944

著　者 /［英］安东尼·比弗（Antony Beevor）
译　者 / 石　迪
校　者 / 董旻杰

出 版 人 / 冀祥德
责任编辑 / 张金勇
文稿编辑 / 姜子萌
责任印制 / 王京美

出　版 / 社会科学文献出版社·甲骨文工作室（分社）（010）59366527
　　　　　地址：北京市北三环中路甲 29 号院华龙大厦　邮编：100029
　　　　　网址：www.ssap.com.cn
发　行 / 社会科学文献出版社（010）59367028
印　装 / 北京盛通印刷股份有限公司

规　格 / 开本：889mm × 1194mm　1/32
　　　　　印 张：20.875　插 页：1.5　字 数：466 千字
版　次 / 2023 年 10 月第 1 版　2023 年 10 月第 1 次印刷
书　号 / ISBN 978-7-5201-9899-8
著作权合同
登 记 号 / 图字 01-2019-1386 号
定　价 / 128.00 元

读者服务电话：4008918866

版权所有 翻印必究

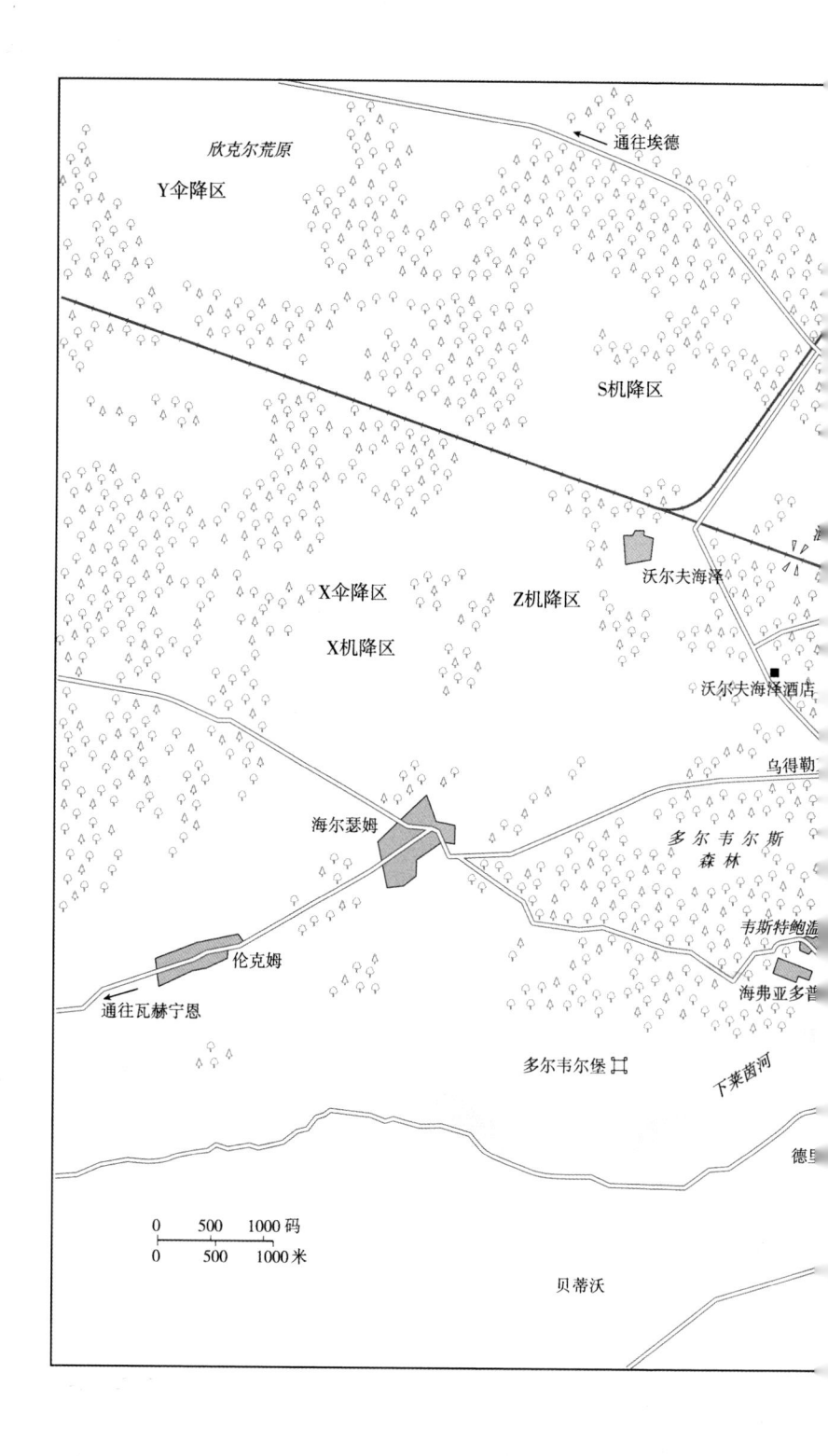

欣克尔荒原
Y伞降区
通往埃德
S机降区
沃尔夫海泽
X伞降区
Z机降区
X机降区
沃尔夫海泽酒店
乌得勒
海尔瑟姆
多尔韦尔斯森林
伦克姆
韦斯特鲍滋
海弗亚多普
通往瓦赫宁恩
多尔韦尔堡
下莱茵河
德里
| 0 | 500 | 1000 码 |
| 0 | 500 | 1000 米 |

贝蒂沃